本刊受上海市高水平地方高校（学科）建设项目资助

CSSCI来源集刊

法律方法
Legal Method

第36卷

主　编·陈金钊　谢　晖
执行主编·蒋太珂

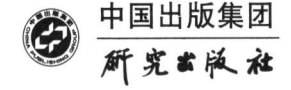

中国出版集团
研究出版社

图书在版编目 (CIP) 数据

法律方法. 第 36 卷 / 陈金钊, 谢晖主编. -- 北京：研究出版社, 2021.12
ISBN 978-7-5199-1123-2

Ⅰ. ①法… Ⅱ. ①陈… ②谢… Ⅲ. ①法律 – 文集 Ⅳ. ① D9-53

中国版本图书馆 CIP 数据核字 (2021) 第 257974 号

出 品 人：赵卜慧
责任编辑：张立明

法律方法（第 36 卷）
FALV FANGFA（DI 36 JUAN）

作　者	陈金钊　谢　晖
出版发行	研究出版社
地　　址	北京市朝阳区安定门外安华里 504 号 A 座（100011）
电　　话	010-64217619　　64217612（发行中心）
网　　址	www.yanjiuchubanshe.com
经　　销	新华书店
印　　刷	北京中科印刷有限公司
版　　次	2021 年 12 月第 1 版　2021 年 12 月第 1 次印刷
开　　本	787 毫米 ×1092 毫米　1/16
印　　张	27.5
字　　数	561 千字
书　　号	ISBN 978-7-5199-1123-2
定　　价	96.00 元

版权所有，翻印必究；未经许可，不得转载

法律方法
（第36卷）

主　编
陈金钊　谢　晖

学术顾问
（以姓名拼音为序）

郝铁川	胡玉鸿	蒋传光	季卫东
李桂林	刘作翔	舒国滢	沈国明
孙笑侠	王　申	熊明辉	叶　青
於兴中	张斌峰	郑成良	张继成

编辑委员会
（以姓名拼音为序）

陈金钊	戴津伟	杜文静	黄　涛
金　梦	蒋太珂	刘风景	吕玉赞
孙光宁	宋保振	杨铜铜	杨知文
俞海涛			

本卷执行主编
蒋太珂

序　言

人们不能总是消费别人的信任而不断地进行压服，司法裁判只有阐明裁判结论的形成过程和正当性理由，才可能提高裁判的可接受性，实现法律效果和社会效果的有机统一。法律方法就是站在维护法治的立场上，把法律作为修辞进行说服的纠纷解决方法，其包括但不限于法律发现、法律解释、利益衡量、漏洞填补、法律推理以及法律论证。而法律方法论则是对法律如何被运用的一系列解释、论证和推理的技巧、规则、程序、原则的系统思考。由于对逻辑思维的轻视，我国对法律方法论的研究起步较晚。但自 21 世纪初以来，随着对思维方式的体系化改造，法律方法论研究逐渐成为我国法学研究中的一门显学。

创刊于 2002 年的《法律方法》，迄今已经出版 36 卷，为法律方法论人才的培育，法律方法论研究的普及、深化、繁荣，提供了专业化的学术交流、切磋平台。多年来，幸赖学界同仁的支持、出版界同仁的合作，《法律方法》与学界同仁一道，共同推动了中国法律方法论的研究，见证了法律方法论研究的繁荣。

法律方法论研究的持续繁荣蕴含着研究契机的转换。随着裁判文书上网、案例指导制度的建立，学界越来越关注司法实践发展出来的教义规则及其方法支撑。法律方法论的研究正从以译介消化域外相关理论为特色的学说继受阶段，转向以本国立法、司法实践的教义学化为契机的本土化时代。面对这一新的发展趋势，我们认为，促进法治中国建设、生成法学教义规则，理应成为今日法律方法论研究的出发点和落脚点。法律方法论研究也应当在继续深挖法律方法的基础理论之上，提炼能够回应我国实践需求的命题。

因而，我们需要继续深挖法律方法的基础理论，拓展法律方法论的应用研究。

一是法律方法与法治的关系。法律方法依托于法治，没有法治目标，要不要法律方法都无所谓。基于何种法治立场、实现何种法治目标、讲述何种法治故事，是奠定法律方法论价值取向的前提性问题。如果忽略对这些问题的研究，法律方法的研究、运用必将沦为方法论上的盲目飞行。

二是法律方法与逻辑的关系。逻辑是思维的规律和规则。法律方法表现为各种具体的法律思维规则，法律思维规则构成了法律方法的骨架。如今，逻辑学经历了传统的形式逻辑向实质逻辑的转向。结合逻辑学的新变化，建构法律解释、法律推理、法律论证模型，对夯实法律方法论的逻辑基础，强化法律方法论的实践指向，具有重要的理论和实践意义。

三是回应实践的需要，提炼新的命题。面对法律供给不足的现实，我们应当坚持"持法达变"思维，把法律当成构建决策、裁判理由的主要依据，重视体系思维，将宪法中的"尊重和保障人权"原则融入法律思维或者法律方法之中，以防止"解释权"的误用、滥用。这意味着法律规范的供给不足隐含的是法律方法或者说法律思维规则供给不足。因此，面对法治实践的需要，应不断提炼出反映中国法治实践需要、满足中国法治实践需要的新的理论命题或者规则。

在法律方法研究重点发生转向的新时代，《法律方法》将"不忘初心、牢记使命"，继续秉持"繁荣法律方法研究，服务中国法治实践，培养方法论学术新进"的宗旨，为我国法律方法研究的繁荣、法律方法研究的实践取向，以及法律方法人才的培养做出应有的贡献。同时也希望各位先达新进不吝赐稿，以法律方法论研究为支点，共同推动中国法治建设。

陈金钊

目 录　　法律方法（第36卷）

序　言　　　　　　　　　　　　　　　　　　　　　　　　　　陈金钊／I

域外法律方法

制定法解释中的司法自由裁量权　　　［美］弗兰克·伊斯特布鲁克著　邱　铌译／3
分析实证主义、法律现实主义和法律方法的未来
　　　　　　　　　　　　　　　　　　　　［美］E. 博登海默著　陈　杰译／18
论法律论证的性质：以"属人管辖权"范式为视角
　　　　　　　　　　　　　　　　　［美］理查德·K. 格林斯坦著　王　园译／28
法哲学对教义学研究的补强：三种哲学方法的引入
　　　　　　　　　　　　　［荷兰］萨内·泰克玛　维布伦·范德堡著　孙嘉伟译／48
基于贝叶斯解释回应被告人讲述的故事　　［荷兰］海尔克·杰勒玛著　李　琦译／64
法律文本语义的自动提取：机遇与挑战　　［美］凯文·D. 阿什利著　李　亚译／75
作为国际法渊源的条约　　［美］Anthony A. D'amato 著　王雅儒译　李伟芳校／96
日本宪法学说史中的"国体"概念：一个比较的视角
　　　　　　　　　　　　　　　　　　［加拿大］John S. Brownlee 著　杨　陈译／107

法律方法前沿

新兴权利保护中利益合法性判定的动态系统论　　　　　　　　　　时　诚／121
基于贝叶斯定理的证据推理研究　　　　　　　　　　　　　　　　陈　婕／138
作为法源的区域经济政策　　　　　　　　　　　　　　　　　　　丁　瑶／157
伦理与法律：作为方法的"家国同构"及其统合功能　　　　　　　陈祎舒／171
过度刑法化的倾向及其纠正　　　　　　　　　　　　　　　　　　薛静丽／183

论自贸区规范性文件合法性审核的标准与方式　　　　　　　　　　于　洋 / 195
数据爬取行为规控的法解释路径　　　　　　　　　　　　　　　　刘　源 / 209

司法方法论

行政法上之不利类推禁止　　　　　　　　　　　　　　　　　　　曹　磊 / 225
刑事追缴的教义学构造　　　　　　　　　　　　　　　　　　　　何　鑫 / 236
刑事指导性案例中的法律论证　　　　　　　　　　　　　　　　　梁苏琴 / 247
论行政自由裁量的"解释性控权"　　　　　　　　　　　　　　　卢政峰 / 265
论民事共同诉讼的识别进路　　　　　　　　　　　　　　　　　　宋春龙 / 277

部门法方法论

不可抗力免责规范构造逻辑的义务类型基础　　　　　　　　　　　聂卫锋 / 291
　　——《民法典》第180条第1款立法方法论之历史性检讨
自杀参与行为可罚性之探析　　　　　　　　　　　　　　　　　　刘炳君 / 316
登记行为瑕疵与善意取得排除的解释论　　　　　　　　　　　　　郭怡廷 / 328
妨害安全驾驶罪条款解析　　　　　　　　　　　　　　　　　　　彭辅顺 / 341
司法解释关于行政机关协助法院执行行为可诉范围之澄清与拓展路径　原浩洋 / 356
配偶短线交易利益返还责任的解释论展开　　　　　　　　　　　　张龄升 / 374

国际法和比较法中的法律方法

柔性国际法的疆界及其界定方法　　　　　　　　　　　　　　　　姚选民 / 389
论作为国际法渊源的一般法律原则　　　　　　　　　　　　　　　黄　骅 / 400
基于霍夫斯坦德文化心理学理论的比较法案例选择
　　　　　　　　　　　　　　　　　　　[荷兰] 戴夫·范·托尔著　陈宁祥译 / 416

附：《法律方法》稿约　　　　　　　　　　　　　　　　　　　　　　　　/ 428

域外法律方法

制定法解释中的司法自由裁量权

[美] 弗兰克·伊斯特布鲁克* 著　邱铌** 译

摘　要　制定法解释过程中，法官与行政机关的自由裁量权存在差异。从行政裁量权的内涵和美国宪法的不同规定可以很好地理解这一差异。法官与行政机关应当平等地享有来自授权的自由裁量权。但实践中，法官的自由裁量权要小于行政机关，因为行政机关解释制定法可以确保生效解释的唯一性，另一方面，法官也更容易偏离政治共识。两者自由裁量权方面的差异可以通过控制"一般性标准"实现。审判实践表明，法官提高一般性标准可以获得更广泛的解释空间，从而突破文本主义解释的限制。

关键词　法律解释　自由裁量权　一般性标准　文本主义

引　言

解释制定法时，联邦法官应遵循怎样的一般性标准？这个问题困扰我多年，也关乎思考法律文本解释过程的每一个人，包括法官和律师。解释者的身份影响解释的方法，进而影响法律的含义。几年前，我对宪法解释的一般原则展开研究，[①] 并得出了相对满意的结论，但却无法将其适用于制定法解释。在解决这个问题，即定义一般性标准之前，我先做一些背景介绍。

大多数引起诉讼的制定法都承认多种解释，诉讼案件也多具有争议性。当文本模棱两可，或存在冲突，或由于语言或法律文化的变化使一度清晰的含义变得模糊时，人们才诉诸法院。

---

*　弗兰克·伊斯特布鲁克（Frank H. Easterbrook），美国第七巡回上诉法院法官，芝加哥大学高级讲师。原文载《俄克拉荷马法律评论》（Oklahoma Law Review）2004 年第 1 期，第 1－20 页。本文中文翻译已获得授权。

**　邱铌，女，华东政法大学经济法学院博士研究生，研究方向为经济法。

①　Frank H. Easterbrook, Abstraction and Authority, 59 U. *CHI. L. REV.* 349,（1992）.

词语本身并不自带含义，要清晰地说明法律含义并非易事。文字的含义来源于语境，包括其他文字、社会习俗或作者拟要解决的问题等。鉴于听众对文字的信赖，人们有目的地进行使用。读者的目的及文字的含义会随着语境和时间的变化而变化。

因此，当行政机关遇到模棱两可的情况，法院支持行政机关进行任何合理的法律解释。"合理"的解释包括出于政治原因做出的解释，这些解释或由利益关切者做出，或由行政机关基于对有益结果的理解而选择的一种取悦利益集团和国会议员的特定解释。普遍注重文主本义（textualist）的最高法院也会予以认可，即使制定法文本在此过程中已经失去了应有的含义。同样，法院会对里根总统任期时劳资关系委员会通过的《国家劳资关系法案》和克林顿总统时期委员会通过的法案执行两种完全不同的解释版本。"雪佛龙"案[1]便是很好的诠释。

洛佩斯诉戴维斯案（Lopez v. Davis）[2] 认为，虽然法律规定，只有实施暴力犯罪的因犯没有减刑资格，但美国联邦监狱局可以利用一项特定的法律拒绝大多数毒品罪犯在完成药物滥用计划（Drug-Abuse Programs）[3] 后获得减刑。国会通过这项法律后，联邦监狱局发布了一项规定：取消实际行为涉及枪支的罪犯的减刑资格，即使定罪与枪支无关。全国上下的法院都认为这种理解是无效的，事实显然如此。定罪的依据是全部违法行为的一部分，而取消减刑资格应完全取决于定罪。随后，联邦监狱局撤销了这项规定，并声称规定是基于自由裁量权而做出。多个上诉法院谴责了这一行为，但最高法院却援引雪佛龙案支持联邦监狱局关于"自由裁量权"的主张。斯卡利亚法官和托马斯法官是最高法院最忠实的文本主义者，在洛佩兹案中也赞同金斯伯格法官的意见。无论是否在法官席上，斯卡利亚法官都宣称自己是雪佛龙案的拥护者。[4] 很难找到对这一案件及其总结的信条的彻底批评者。

这是法官对待行政自由裁量权长期秉持的态度，即使没有非常明确的阐述，雪佛龙案即是最新的例证。认为文字的含义必须直接执行而不能胡乱修改的文本主义法官是这一态度的忠实践行者。行政机关行使裁量权的目的是达成"有益"的结果，其解释制定法时可能依据的要素，例如政治压力、总统对有益结果的看法、成本效益分析、立法史（包括国会议员的信件和口头谴责以及委员会报告）以及政策研究者的其他工具，都是文本主义法官的禁区。不仅如此，即使是最推崇哈特和萨克斯（Hart and Sacks）的法律过程学派（该学派主张"解释者探寻并发扬立法精神"[5]）的法官，也放弃从个人的角度（可能是特

---

[1] Chevron U. S. A. Inc. v. Natural Res. Def. Council, Inc., 467 U. S. 837 (1984).

[2] 531 U. S. 230 (2001).

[3] 国会赋予监狱管理局一项法定权力，如果因犯成功完成一项药物滥用计划，对于被判处非暴力重罪的囚犯，监狱管理局最多可以将监禁期缩短一年。

[4] Antonin Scalia, Judicial Deference to Administrative Interpretations of Law, 1989 *DUKE L. J.* 511 (1990). 然而，斯卡利亚对雪佛龙案的看法与其他法官不同。参见 United States v. Mead Corp., 533 U. S. 218 (2001).

[5] 参见 Henry M. Hart, Jr. & Albert M. Sacks, *The Legal Process*, Foundation Press, 1111-1380 (1994).

殊的角度）解释明智政策。

质言之，法官和学者们经常讨论雪佛龙案及对行政机关解释的尊重，但关注点却集中于制定法的解释主体——终身任期的法官，行政机关的"专家"[1]，或者是听命于总统的政治官员。对此，我持不同的看法，我认为解释方法才是研究重点。对于行政机关的解释方法，法官一方面在工作中否定，另一方面却通过援引雪佛龙案允许行政机关使用。秉承司法尊重的法官认为，行政机关采用的方法是完全合理的，并对解释方法和决策者身份的转变（类似法院间的案件移送）都予以认可。

一、司法自由裁量权的差异

（一）差异的体现

当制定法模棱两可且不存在唯一的正确解释时，行政机关行使自由裁量权进行解释是合理甚至无法避免的。法官为什么不能这样做呢？无论是法官还是行政机关，解释者都享有自由裁量权。文本主义的许多主题——例如，由于宪法的两院制规则[2]而无视立法史，以及长期的一致解释（consistent interpretation）揭示的"制定法是法律而非简单的劝告"，对行政机关和法官同样适用。此外，文本主义解释的基础"解释者是立法决策的忠实代理人"也应同样适用。美国宪法第二条规定，总统及行政官员应忠实地执行法律，不得操纵法律。那么，如果行政机关有权行使自由裁量权解释制定法，为什么法官就不能呢？[3] 如果法官需要遵循文本主义，为什么行政机关不需要呢？

如果法官享有自由裁量权，为什么不是以政策为导向的自由裁量权？法官赋予监狱管理局的权利自己却不享有，这难度不矛盾吗？事实上，对行政解释的尊重一定程度上表明法官的文本主义基础并不牢固。如果由行政机关解释的制定法没有正解，那么由法官解释的制定法也是如此。

要理解法官与行政机关在制定法解释中的差异性矛盾，一方面，要解读行政裁量权在解释上的多重含义；另一方面，要分析美国宪法第二条和第三条下官员的区别。关于前者，如合众国诉米德公司案（United States v. Mead Corp.）[4] 中法官的做法，本文不详加论述（雪佛龙案以来，关于这一问题，此案是最重要的判决；法院忽略或至少没有讨论决

---

[1] 我在引文中使用"专家"一词，因为行政机关的人员并非根据科学水平挑选，所以一般不具备学术研究能力或分析能力，而且他们的结论也几乎从不进行冷静的学术研究。在行政法中使用"专家"一词，要么是修辞策略，要么反映委员会在选择和工作方面的无知。参见 Frank H. Easterbrook, "Success" and the Judicial Power, 65 *INDIANA L. J.* 277（1990）。

[2] 参见 John F. Manning, Textualism as a Nondelegation Doctrine, 97 *COLUM. L. REV.* 673（1997）。

[3] 已有学者提出这个问题。参见 Michael Herz, Textualism and Taboo: Interpretation and Deference for Justice Scalia, 12 *CARDOZO L. REV.* 1663（1991）。

[4] 533 U. S. 218（2001）。

策者的身份和适当的解释规范之间的联系。这一观点还有其他不足,但不是本文的重点)。①

关于法官"尊重"行政决定或承认行政机关的自由裁量权,可能指以下三种情况之一:

授权(Delegation)。当国会授权行政机关以正式的规则制定或行政裁决方式通过法律规范时,法院必须像接受立法一样接受行政机关在授权范围内的解释。行政机关实际上是在制定规则而非解释规则。制定法主要规定裁决主体,而不是裁决方式。这是米德案坚持的观点,也是雪佛龙案的限制。

尊重(Respect)。当制定法要求行政机关实现某一目标时,即当法律具体规定目的(如清洁空气)而非手段(如要过滤掉的微粒物的百分比)时,为实现这一目的所做的选择本质上带有政治性。总统而非法官决定法律的执行方式,因此法院必须尊重政府协调部门的自由裁量权。可以将规定目标而非手段的法律看作是一种授权形式,授权任何将要实现目标的人。

说服(Persuasion)。在没有任何授权的"纯"法律问题上,行政机关的观点若不具备强制性便可能是说服性的。关于法律含义,如果制定法的文字和结构是明确的,行政机关可能会通过"综合制定法的各个部分加以理解"进行说服。在其他要素(统称为"立法意图")重要时,行政机关可能比法官更容易掌握意图所指。米德案中,这一问题属于斯基德莫尔案"尊重"的范围。②

用一个词总结上述三种不同的情况会导致混淆。布雷耶大法官认为,这可能导致法院赋予行政机关更多法律论证("说服"类)的权利,而不是选择明智政策的权利("尊重"类),颠倒了行政部门和司法部门的合理角色。③

在有关行政机关的法律文献中(更糟糕的是在法律意见书中),大多数提到"尊重"或"自由裁量权"的内容都具有误导性,因为没有对这些词的含义加以区分。特定含义并不具有普遍适用性。我认为唯一真正的"自由裁量权"来自授权,即国会授予行政部门立法权,因此带有政治性的行政决定必须得到尊重。④ 米德案中,最高法院也这么认为。另外,授权并不违反宪法。最高法院在惠特曼诉美国卡车运输协会案(Whitman v. American Trucking Ass'ns)⑤ 中强调了这一点,驳回了哥伦比亚特区巡回上诉法院"涵盖实际决策

---

① 一个特别的问题是,米德案将尊重视为授权,将服从的范围等同于以某种正式方式做出的决定,例如规则制定。然而,很难从行政机关选择的履职方式中推断授权范围。行政机关控制履职方式,但国会和总统共同决定授权范围。其他问题参见 Adrian Vermeule, Mead in the Trenches, 71 *GEO. WASH. L. REV.* 347, 355 – 61 (2003)。

② 参见 Skidmore v. Swift & Co., 323 U. S. 134 (1944)。

③ Stephen Breyer, Judicial Review of Questions of Law and Policy, 38 *ADMIN. L. REV.* 363 (1986)。

④ 参见 Krzalic v. Republic Title Co., 314 F. 3d 875, 882 (7th Cir. 2002)。

⑤ 531 U. S. 457 (2001)。

权的授权过于宽泛,违反了'禁止授权'原则(Nondelegation doctrine)"的观点。授权符合宪法,第一届国会最大限度地向总统和法院授权。① 当存在真正的授权时,被授权机关享有真正的自由裁量权。这种自由裁量权必须平等地适用于法官和行政机关。

宪法第三条授权最高法院制定处理州际边界争议的法律。法官们兴致勃勃地履行,从未对"正确划分河道口封闭线"这一合理政策的执行情况发表过任何司法意见。海商法是联邦法院法官的发明,和侵权法一样,随着法官对明智政策看法的改变和时间的推移而发生变化。反垄断法②也是如此,当某一政党取得联邦贸易委员会的控制权并赋予其不同的经济愿景时,法官与联邦贸易委员会的做法没有什么区别。

《谢尔曼法》禁止限制贸易的合同。③ 然而,正如布兰代斯法官在芝加哥期货交易所④观察到的那样,有别于单方意愿,所有合约都具有约束力。法官们探寻国会颁布法律的目的,他们得出的答案是保护消费者免受垄断价格胁迫。这意味着法院针对这一情况已经制定了一套思路、一系列方法,甚至一些法律规则。但是反垄断案件的判决并没有贯彻立法语言。换言之,相对于税法解释,反垄断法解释中,法官基于授权采用了更高的一般性标准。没有人期望税收的"目标"是在不造成经济动荡的同时提高 X 美元的收入,因此,如果因为经济衰退导致国库空虚,或者因为经济繁荣导致居民纳税过高,又或者因为法律导致配置效率低下,法官有权改变边际税率,使一切重回正轨。税法被特别地解释为规则而非标准,它具体规定了行为要求而不是法律目的。最大的区别在于授权的性质:法官在税务案件中没有被授予任何权利。

(二) 差异产生的原因

对司法机关的授权(以及伴随授权的自由裁量权)比行政机关少得多,原因主要来自于现实和宪法两个层面。

1. 现实原因

首先,行政机关解释制定法有助于确保生效解释的唯一性。卫生和公共服务部部长只有一个,但却有十三个上诉法院和大约七百名零散的地区法院法官。当一个问题可以由理性的人以不同的方式裁决时,不可避免会产生争议,因此不难预见,不同的法官可以以不同的方式做出裁判。更糟糕的是,一旦法官做出不一致判决,就会和先前的判例产生冲突,在此背景下,任何结论都能够被"证明"。因此,庞大的司法系统加上司法意见中的规范推理,成为阻止法官做出政策决定的有力依据,这忽视了孔多塞(condorcet)及其继

---

① 例如,第一个专利立法授权,就是由司法部部长、国务卿和战争部长组成的专家组,对他们认为"足够有用和重要"的"发明或发现"颁发专利。Act of Apr. 10, 1790, § 1, 1 Stat. 109, 110. 参见 the discussion in David P. Currie, The Constitution In Congress: The Federalist Period 90 – 93 (1997)。

② 参见 State Oil Co. v. Khan, 522 U. S. 3 (1997)。

③ 15 U. S. C. § 1 (2000).

④ Bd. of Trade of Chi. v. United States, 246 U. S. 231 (1918).

任者提出的投票悖论（voting paradoxes）。授权行政机关可以保证规则在全国范围内的统一，无需最高法院确定每一条法律或规则的含义。① 这也解释了为什么法院几乎总是接受行政机关对自身制定的法规的解释。除非行政机关试图通过解释来规避《行政程序法》中关于法规制定通知和评论的要求，② 那么行政机关的意见就可以被接受，以极小的代价实现解释的一致性。③

其次，授予自由裁量权会推动变革。以《劳动法》为例，法官基于授权，可以根据管理层福利对劳工福利进行政治调整，而无需在国会进行激烈辩论。但是这种调整往往是技术性的，专家型法官比通才型法官更擅长技术性变动，后者倾注大量时间处理可卡因案件。④ 随着我们对致癌物质运作机理（以及致癌物质的定义）认识的加深，健康促进策略的价值也发生变化。因此，除非环境保护局被授予自由裁量权，有权改变政策，否则我们会陷入不利的境地。德莱尼条款（Delaney Clause）⑤ 禁止食品及药物管理局认证任何可能导致癌症的新型食品添加剂。德莱尼条款颁布后的若干年，检测低水平致癌物变得更加容易，导致越来越多的新型食品添加剂无法通过检测（检测成本也变高）。与立法意图相反，德莱尼条款使新型食品添加剂无法进入市场，即便他们比不受法律约束的现有产品安全得多（如甜味剂的安全性比精制糖更高）。如果行政机关享有自由裁量权，可能可以解决这一问题，但这可能正是自由裁量权被长期限制的原因。直到最近，德莱尼条款才得以放宽，⑥ 现有利益集团在政治上成功地保护了其产品免受竞争。

行政机关很难不受利益集团的影响，法官更是如此。国会和总统可以控制行政官员，如果食品及药物管理局局长认证过多、过少或者错误种类的食品添加剂，可能因此被总统革职或受到监督听证会的质询，预算也会受到威胁。赋予食品及药物管理局局长更多的自由裁量权是可行的，因为即使他偏离了上级的意愿，也可以轻易控制（或取代）。但对法官来说，改进立法是唯一的补救办法，从政治角度而言代价更高。

鉴于此，法官确实比行政官员甚至总统更容易偏离政治共识。这与法官间意见不一致

---

① 参见 Peter L. Strauss, 150 Cases Per Year: Some Implications of the Supreme Court's Limited Resources for Judicial Review of Agency Action, 87 *COLUM. L. REV.* 1093 (1987); Homemakers N. Shore, Inc. v. Bowen, 832 F. 2d 408 (7th Cir. 1987)。

② 5 U.S.C. § 553 (2000).

③ 参见 Thomas W. Merrill, Textualism and the Future of the Chevron Doctrine, 72 *WASH. U. L. Q.* 351, 374 (1994)。

④ 这也意味着，即使专家型法官会使用具有微妙差异的解释方法，文本主义解释更适合通才型法官。参见 Frederick Schauer, Statutory Construction and the Coordinating Function of Plain Meaning, 1990 *SUP. CT. REV.* 231 (1990); 参见 Frederick Schauer, The Dilemma of Ignorance: PGA Tour, Inc. v. Casey Martin, 2001 Sup. CT. REV. 267。

⑤ 21 U.S.C. § 348 (c) (3) (A) (2000).

⑥ 参见 Food and Drug Administration Modernization Act of 1997, Pub. L. No. 105 – 115, 111 Stat. 2296; Food Quality Protection Act of 1996, Pub. L. No. 104 – 170, 110 Stat. 1489. 这些行动共同废止了德莱尼条款。

以及判例冲突无关，① 因为能控制他们的工具太少了。从本质上讲，唯一影响法官判决的根据是出台新的法规，而这几乎不可能，原因将在下文论述。可以预见，在立法难度更高的国家，法官会要求更多的政治转圜余地。相对保守的英国司法机关与相对激进的美国司法机关之间的差异就说明了这一点。② 两国法官的任期相同，但英国法官的解释空间更小。他们在议会制度下行事，这使判决容易发生改变，而美国法官则享有更多的司法裁量权。这种结构性差异很好地说明了双方在解释理论上的不同，这是一个积极的观点，但不具有规范性。在我看来，美国宽松的司法裁量权弊大于利，当立法机关想要制定稳定、机械的规则时，会使立法工作变得非常复杂。

2. 宪法原因

前文中，我已经在某种程度上谴责了司法独立，特别是当独立是为了实现特定目的时。这使我想到宪法第二条和第三条关于"官员"的区别——任期。行使自由裁量权解释的意义在于实现决策，任期的差异始终贯穿法官的决策过程。在代议制民主国家，终身任期是阻碍法官参与决策的有力理由。美国尤其如此，因为在美国这样的政治体制下，颁布改变司法裁决的法律极为困难。

终身职位主要是为了保护诉讼当事人免受政治影响。被指控杀害警察的嫌疑人不愿接受面临连任选举压力的法官的审判，因为法官会担心，如果被告无罪释放，警察工会将发起一场反对其留任的运动。经营堕胎诊所的人也不愿意接受选举活动受反堕胎倡议者资助的法官的审判。因此，确保法律公正适用的最佳办法是给予法官足够长的任期。

换言之，终身职位使法官更容易（因为代价更低）忠于过去做出的决定。如果决定需要更改，应该由行政官员、国会、总统这些对时代意志敏感的人来完成。虽然法官比政治官员更公正，但公正并不会使他们更忠于自己过去的判决或当今法律文化的主流观点，只可能使他们更忠于自己的观点。这就是终身任期的弊端。③ 如果时代观点和政治无法左右法官，其自身偏好就变得更加重要。如果美国交通部长过度自负，他可能会被降职，而法官就不会，更不用说被革职了。这就是拥有终身任期的人不应该在解释时行使自由裁量权的原因。

二、如何实现有差异的司法自由裁量权

公职人员不仅要解释法律含义，还要解释为什么含义应该被接受。当含义发生变化，享有终身任期的法官很难解释嫌疑人入狱的原因。对于一个宪法缺少司法审查条款的国家而言，这是一个严重的问题。解释性规则可能因为要遵循的要求的来源不同而有所不同。

---

① 参见 Frank H. Easterbrook, Ways of Criticizing the Court, 95 HARV. L. REV. 802 (1982)。
② 参见 Eli M. Salzberger, A Positive Analysis of the Doctrine of Separation of Powers, or: Why Do We Have an Independent Judiciary?, 13 INT'L REv. L. & ECON. 349, 369 (1993)。
③ 参见 Frank H. Easterbrook, What's So Special About Judges?, 61 U. COLORADO L. REV. 773 (1990)。

当要求取决于最近的选举时,一个灵活的当代解释就足够了。当要求由某位已故总统当政时期的委员会做出,那么就需要更多的文本解释来限制已故总统的影响,摆脱其政治约束。

那么,如何才能制定一项计划,赋予第二条规定下的"官员"解释的自由裁量权,同时不让第三条规定下的"官员"享有此权利?主要通过控制"一般性标准"来实现。

当我提到以较低的一般性标准来解释法律时,我指的是一系列需要遵守的行为规范,而不是一系列需要实现的目标。税法规范就是一个很好的范例,它包含了许多抽象术语,但术语的理解存在于输入(行为描述)而不是输出(结果)。

相比之下,更概括性的表述专注结果而非行为描述。"机动车最高时速不得超过六十五英里每小时"是具体的表述,"这种情况下,机动车驾驶员应合理谨慎"是高度概括的表述,比"雨天驾驶,车速应低于限速"更为抽象。规则越抽象,后期越可能需要详细的审查(何为"合理谨慎"),也可能不需要("不因他人的观点而歧视",这一规则消除了侵权行为法中常见的事后平衡)。

下文将举例说明法官如何利用一般性标准来避免判决受到立法应对(legislative reaction)的影响。加州联邦储蓄和贷款协会诉圭拉案(California Federal Savings & Loan Ass'n v. Guerra)[1],涉及《禁止歧视怀孕法》的规定,该法规定孕妇与其他雇员必须享有同等的职业待遇。[2] 问题在于《禁止歧视怀孕法》颁布后,雇主给予女性产假而不给予男性员工,是否构成对女性的偏袒。对此,法律并未做出明确说明。如果法律授权平等就业机会委员会(EEOC)作出决定,司法机关将接受所有可能的解释。但《禁止歧视怀孕法》并未授权,这一问题就留给了法官。

《禁止歧视怀孕法》是对通用电气公司诉吉尔伯特案(General Electric Co. v. Gilbert)[3]的回应,该案中,怀孕歧视不被视为性别歧视。《禁止歧视怀孕法》推翻了吉尔伯特的观点。这部法律还能实现哪些目的?希望在家照顾年幼儿童的男性是否会获得更多的权利?在处理上述案件中,法院改变了一般性标准。法官关注法律旨在创造的雇佣关系,而不是"相同待遇"的具体含义。大多数法官认为,法律起草者会支持"女性比男性获得更多优待"。因此,法官提高了一般性标准,关注法律的效果而非规则的含义。人们可以以更低的一般性标准提出另一个问题,即"相同待遇"是否意味着"完全等同",两者之间有很多选择。

如何选择正确的一般性标准?一些法官(或立法者)出于道德或审慎的原因而支持形式上的平等;一些法官则希望尽量弱化法律的作用(或联邦对州的作用);也有法官认为法律只需要保护过去遭受歧视的受害者,而其他不公行为则可以通过私力进行救济;还有一些法官主张以家庭为单位作为法律保护的对象从而消除歧视。这些观点意味着,在对待

---

[1] 479 U. S. 272(1987).

[2] 42 U. S. C. § 2000e(k)(2000).

[3] 429 U. S. 125(1976).

规则和效果方面，存在截然不同的看法。这就是即使平等就业机会委员会做出解释，审判法官仍享有一定转圜余地的原因。

那么，终身法官应该怎么做？谁能回答法院的假设性问题？法案提起人还是中间选民？前个选项是错误的，而后者无法自己发声！所以任何一种情况，都必须重塑提问者。如果你重塑一个和你一模一样的人（也许是基于这一理论，即每个人都是理性的，而你是理性的典范），那么假设的过程就变得毫无意义。不妨思考：什么是明智但又必须找借口才能做的事。如果你赋予被塑者不同属性，你只能得到你所赋予的东西，同样，这个过程毫无意义，除了法官的意见，你不能得到任何其他有价值的结论，法官的意见不受文本内容的控制，而受制于一般性标准。

从另一个角度进行探究有助于说明这一观点。几乎每一部法律都要同时解决很多问题。想象一部真正简单的法律：只提供一条决策规则和一项执行预算。

假设60%的国会议员支持"至少像对待男性一样对待女性"这条规则，其中有一半议员希望低成本执法，而其他议员则希望在形式平等的基础上提高执法预算。规则和预算无法同时通过，除非两项分别提出。为了让平等就业机会委员会获得更高的执法预算，国会必须放弃形式平等（多数人认为这比由吉尔伯特代表的现状更可取）。任何将法案提起人的偏好作为提高一般性标准的方式都不可避免地曲解了法律，并将法案无法通过的结果归咎于国会（国会可能是出于其他考虑拒绝法案通过）。如果法院将平等规则"解释"为允许某种偏袒，那么国会就不能否决它（60%的议员将对这一单独问题投反对票）；但如果预先了解这一次序就会导致执行不力。在此之前，这样的做法可能会彻底扼杀这项提案。

也许问题不应该是改变一般性标准是否会打乱一揽子法律议案，而是当法院解释单层面的法案时，涉及两个层面的法案是否有意义。假设立法机关同意（a）执行成本低，但偏袒女性；（b）形式中立，但执行费用高。如果法案提起人拒绝在经费事项做出让步，法案就无法通过。如果将偏袒女性的法案或经费议案分别表决，两者都会通过——不存在两全其美的结果，因为倾向偏袒女性方案的人不愿意提高执行成本。如果单独提出偏袒女性的法案，将得到一个误导性的答案——事实上，即使试图单独解决这个问题也会扭曲答案，或者无谓地归罪于他人！

正如我所强调的，单独列出这个问题，立法者不会撤销任何司法判决，只有联合决策在政治上才是可行的。与法院不同，行政机关可以做出多层面决策并制定一揽子方案解决政治僵局。大部分规则的制定过程都很复杂。法律和规则的通过都需要政客间互投赞成票（logrolling）。诉讼打破常规，这意味着在适当的解释策略之间存在巨大差异。

总之，对法官而言，法律文本是解释过程的唯一参考。Akhil Amar 的文本间主义（intratextualism）也无法解决这个问题。① 圭拉案中，之所以无法比较不同条款的措辞，

---

① Akhil Reed Amar, Intratextualism, 112 *HARV. L. REV.* 747 (1999).

部分原因是条款使用了与预算规定不同的词汇,这些条款与诉讼时效相关,还有部分原因是政治联盟的复杂性,我们不能期望条款之间在实质和语言方面都保持一致。例如《禁止歧视怀孕法》不仅缺乏语言上的一致性,而且缺乏内在的精神,这并不是因为主要法案提起人的目的难以琢磨,而是因为集合性团体没有决策部门。与提案发起人不同,团体作为一个整体只具有表决功能。这将对解释产生很大的影响。这意味着提高一般性标准——从规则到结果的转变——掩盖了国会实际上做的唯一一件事。这一结果不能称之为解释,如果司法机关未获得授权,结果也不具有正当性。

三、裁判实践

回到理论研究与具体问题层面,下文将通过描述三个案件说明文本主义在司法实践中的合理应用以及行政机关如何通过其他方式作出合理的决策。

1. 吉德里诉金属片工人养老基金案(Guidry v. Sheet Metal Workers Pension Fund)

第一个案件来自劳动法。吉德里诉金属片工人养老基金案(Guidry v. Sheet Metal Workers Pension Fund)[1] 中,柯蒂斯吉德里原是基金的受托人,曾挪用养老金计划中的资金。吉德里本人有权从养老金计划中获得养老金,但其余受托人没收了他的养老金,用以赔偿因挪用造成的损失。吉德里提起诉讼,认为这种抵消行为违反了《雇员退休收入保证法》的反转让条款(anti-alienation clause)。他在第十巡回法院中败诉了,法院提出的问题是:反转让条款的立法目的是什么?是为了保护领取养老金的人免受自己无节制消费的影响,而不是让他们保留不义之财——如果允许这种情况,那么就相当于许可他们一方面靠不义之财过着奢靡的生活,另一方面将自己的合法收入进行托管,压制受害者。[2] 法官假设,颁布法案的国会大概率会同意在反转让条款中针对养老金窃取者设立例外条款。所以吉德里败诉了。

判决结果并不令人意外。关注里格斯诉帕尔默案(Riggs v. Palmer)[3] 的人很难想象会有其他结果。里格斯认为,尽管法规要求严格执行遗嘱,但谋杀遗嘱人的继承人不再享有遗产继承权。

吉德里案中,法庭一致推翻了这一判决。本案中,法律语言几乎贯穿始末。反转让条款没有例外规定。无论国会本应做什么,它都没有做。关于立法目的,法院进行了具体而非抽象的构思。反转让条款的目的是为了防止接二连三的案件因追求公平而上诉。换言之,法官们的关注点不在于某一条款的意义而在于整部法律的意义。这促使法院拒绝对这

---

[1] 493 U. S. 365 (1990).
[2] 参见 Guidry v. Sheet Metal Workers Nat'l Pension Fund, 856 F. 2d 1457, 1459 – 60 (10th. Cir. 1988)。
[3] 22 N. E. 188 (1889)。这个案件之所以引人注目,部分原因是反对文本主义的学者们的关注。参见 Ronald Dworkin, Law's Empire, 15 – 20 (1986); William N. Eskridge, Jr. Et Al., Cases And Materials On Legislation: Statutes And The Creation Of Public Policy 565 – 67 (3d Ed. 2002); Richard A. Posner, *Problems Of Jurisprudence* 106 – 07 (1990).

一条款展开一般性解释和含义重构。吉德里案判决代表了当今司法的标准,行政机关可以支持不同的判决结果。如果劳工部拥有授权,就可以宣称国会在制定《雇员退休收入保证法》时考虑了里格斯和类似案件情况,从而证明未来规则制定中一般性标准的变化是合理的。

2. 合众国诉克兰登案（Crandon v. United States）

第二个案件与道德有关。合众国诉克兰登案（Crandon v. United States）① 中,五名波音公司雇员决定为联邦政府工作。波音公司通常不会向离职雇员支付遣散费,但却向这五名雇员支付了薪资补偿,以补足他们在联邦政府服务期间联邦政府和波音公司之间的工资差额。政府对此提起诉讼,认为这些补偿违反了禁止"补充"联邦薪资的法律。美国司法部援引多个典型案例并根据司法部法律顾问办公室发布的系列重要意见,有针对性地对这一法律进行审查。

一些意见是由助理司法部长伦奎斯特和斯卡利亚在主持法律顾问办公室工作期间签署并发布的,其中包括法律颁布的目的——防止联邦雇员不当地感激私人捐助者。即使不附带交换条件,私人补充公务员薪水的行为也带有贿赂的意味。道德法防止不当行为。本案中,雇员无疑会对波音公司心存感激,在未来工作中可能有所偏袒。因此,按照伦奎斯特法官、斯卡利亚法官的解释方法,上诉法院认定波音公司向雇员补充薪资的行为违法。

然而,最高法院一致推翻上述判决,安东宁·斯卡利亚大法官对司法和行政权力提出了自己独到的见解。② 支持意见认为,编写道德法律的方法有很多,目前处理薪资补偿的法律与处理进入政府服务前不当行为的法律在形式上有所不同。为了尊重这一立法选择,最高法院必须执行已选定的策略。否则,法官在解释某项法律可以更好地实现国会目的时,可能偏离立法的本质目的。在此过程中,法院还将剥夺当事人关于公平警告的权利。因此最高法院判决政府败诉。本案中,法官们意见一致,在有目的地对类似道德法律进行较高的一般性建构的背景下做出判决,所以这一案例特别具有启发意义。这是一个与行政机关意见相悖的案例。当缺乏授权且法院不得不直接进行解释时,法院选择较低的一般性标准,注重形式而非职能的履行。

3. 亚当斯诉美国电路城公司案（CircuitCity Stores, Inc. v. Adams）

第三个案件是亚当斯诉美国电路城公司案（CircuitCity Stores, Inc. v. Adams）③,本案争议点在于零售商与雇员之间的合同是否受《联邦仲裁法》约束。双方原先约定将所有可能出现的雇佣关系纠纷（包括联邦法规下的纠纷）通过仲裁解决。但当纠纷出现时,亚当斯诉至法院并声称根据加州法律,仲裁协议无效。当然,这是以加州法律具有约束力为前提,电路城公司认为,根据《联邦仲裁法》该协议合法有效,因为《联邦仲裁法》适用

---

① 494 U. S. 152 (1990).
② 同上注。
③ 532 U. S. 105 (2001).

于联邦商业范围内签订的所有合同，雇员根据《联邦反歧视法》提出的索赔，属于联邦权力范围。但亚当斯提出反对意见，称案件属于《联邦反歧视法》第一条的例外情况。条款规定，"本规定不适用于海员、铁路雇员或从事对外贸易或州际贸易的任何其他类别工人的雇佣合同。"①

解释这一条款的方式至少有两种——如果平等就业机会委员会已获得授权，行政机关可以自由选择解释方式。一种解释是强调"任何……从事对外贸易或州际贸易的工人。"据此，这一条款对亚当斯适用，贸易条款是他起诉联邦的绊脚石，《联邦仲裁法》不涉及劳动关系，劳动关系适用《国家劳动关系法》，对于无组织的工人，则适用州法律。另一种解释是以较低的一般性标准强调所列举的事项"海员、铁路雇员或其他各类工人。"这似乎排除了其他联邦法律和行政机关广泛涵盖的交通运输业。根据这一解释，《联邦仲裁法》第一条划分了行政领域和司法领域。

在不提高一般性标准，不考虑（像行政机关会做的那样）什么是有益结果或者谁在政治上占主导地位的情况下，如何确定正确的解释方式？双方的观点都不合时宜，因为负责执行运输索赔的行政机关在《仲裁法》（1925年颁布）颁布七年后才成立，同时，《联邦劳动法》的结构在随后的十三年内也没有落实到位，这是支持排除条款的重要依据。大多数人尝试使用文本间的方法对比第一条（从事贸易）和第二条（该法适用于"影响"贸易的合同），条款间的差异意味着第一条并没有排除与工人相关的所有合同。这是一个相当好的方法，但难以令人信服。最令我印象深刻的是关于一般性标准的争论，你对此应该也有兴趣。

亚当斯很大程度上依赖立法史，不是委员会报告和其他法律解释，而是立法背景：是谁游说通过？谁持反对意见？他们告诉国会这项法律的作用是什么？在许多方面，上述立法史比立法者的言论更具说服力，因为言论可以篡改；立法史是对法律语言和立法政治背景更客观的呈现，可以传递信息。法院的回答如下：

> 虽然集团游说支持或反对某一特定提案的的确切意图可以确定，即使这一意图在一般规则和个案中都值得怀疑，但不应该据此认定国会的立法目的考虑了集团目的。在起草法律（制定法）目的过程中，应该由国会而不是法院来咨询政客，确定化解冲突的最佳方案。②

这清楚地说明了法院和行政机关的自由裁量权在解释方面的差异。法院通常不会说"我们不会根据输入Y来确定目的X"，而是说成"我们并不在意目的，因为'目的'只

---

① 9 U. S. C. § 1 (2000).
② Adams, 532 U. S. at 120.

关乎结果，我们努力做的是确定游戏规则。"这段话遵循了一项常见的策略，即宣称关心"国会目的"并将目的客观化，同时还原类似霍姆斯法官的意见。霍姆斯认为：

> [一部制定法]法律语言往往并非只揭示一种含义。于是，我们关注的不是这个人表达的是什么意思，而是对于正常的英语使用者而言，在正常使用这些词语时会是什么意思。正常的英语使用者，只是我们的老朋友"谨慎的人"的一个特殊化身、一种文学形式，身处特定起草者位置之外。将"谨慎的人"作为参照标准仅仅是法律外部性的又一实例。

我们并不探究立法者的意图，我们只研究制定法本身的含义。①

亚当斯案中有四位法官提出反对意见。文本解释强调"商业"语言，反对意见一旦超出文本解释就显得无力。史蒂文斯法官和苏特法官都在反对意见中提到"谈判实力不平等"这一不包含任何经济内容的政治口号。持反对意见的法官以此作为论据发表意见，这样的行为看起来更像是行政机关，奇怪的是，反对者却予以否认。史蒂文斯法官在意见的结束语写道：

> 这个案件显示了以色列最高法院法官阿伦·巴拉克的睿智见解。他敏锐地观察到，相比追求判案依据可靠性的法官，主张法律的目的只能从法律语言中获得的"温和改良型（minimalist）"法官拥有更多的自由裁量权。故意采用无根据的法律解释方法且不加以约束，可能会产生与法院对应然结果看法相一致的结果，但也可能无法实现制定规则的目的。这就是本案的消极后果。②

从一位自称"激进分子"③的法官观点中寻求价值中立（value–free）的判决指导是可笑的。难道史蒂文斯法官不知道其援引的法官的审判记录吗？难道他忘记了哈罗德利文撒尔的嘲讽：利用立法史就像在鸡尾酒会上从熙攘的人群中寻找自己的朋友？利文撒尔法官的话概括了我所说的许多内容。很多案件涉及政治的不同方面。当司法任务只限于一个问题时，了解政治的所有方面是为了不遗漏达成一致且有原则性判决的任何可能。

最后，需要强调的是，我不主张从解释学理论的角度理解法律。将"文义"作为理解语言的一种方法并不可取。有趣的是，含义有时并非指"表面字义"；它必须被推演，而

---

① Oliver Wendell Holmes, The Theory of Legal Interpretation, 12 *HaRv. L. Rev.* 417, 417–19 (1899), reprinted in OlIver Wendell Holmes, Collected Legal Papers 204, 207 (1921).
② Adams, 532 U.S. at 133 (Stevens, J., dissenting).
③ 巴拉克法官将自己描述为"激进分子"。参见 Stephen Burbank, Judicial Independence At The Crossroads: An Interdisciplinary Approach 261 (2002); Aharon Barak, Foreword: A Judge On Judging: The Role Of a Supreme Court In a Democracy, 116 *Harv. L. Rev.* 16 (2002).

且含义的选择必须比字典中的字义更有依据——字典是词汇的博物馆,是历史目录,而不是理解立法者工作的工具。①

任何意义论都必须以法理学为基础。根据宪法,立法机构需要满足什么条件才能制定法律?终身任期的法官和不断变化的行政分支机构之间的恰当关系是什么?在宪法允许范围内,相对于狭义解释,宽泛解释所造成的误差代价是什么?这些都是我竭力想要回答的问题,答案存在于相对缺乏想象力和机械化的法庭解释过程,结合更丰富、更符合语境的庭外解释方法。

在新闻界、国会大厅和法学院经常听到一个议题,即文本主义运动是政治性的,是对国会颁布法律、任命左翼法官的保守回应。然而,富兰克林·罗斯福时期的许多法官都是依靠通俗的语言解释制定法(如布莱克法官)。许多国家(如英国和法国)将文义解释作为对立法机关忠诚的保证。法国大革命后,新民主政府将高度形式化的作风强加给了主要由贵族担任的法官。② 新民主政府认为,形式性的文义解释方法可以防止法官过分偏离法律本意。

如果文本主义者解释的是更保守时代制定的法律,那么结果在现代人看来就显得"保守"。但有时差异恰好相反。当解释者为左翼法官,文本主义解释产生政治"自由"的结果。要理解这一点,可以参考十年前的一个著名案例。

圭拉案提高了《禁止歧视怀孕法》的一般性标准。联合汽车工会诉江森自控案(UAW v. Johnson Controls, Inc)③ 中,最高法院再次审查了这一法案。江森自控使用铅生产电池,而铅在孕妇怀孕期间可通过胎盘损害胎儿,尽管风险程度有待商榷。对于男性员工也存在一定风险,风险程度同样是一个大的医学问题。为了应对这些风险并最大限度地减少对下一代的影响,江森自控公司禁止所有育龄女性从事工业劳动。

我的大多数审判都遵循了圭拉案的做法,提高了一般性标准。④ 法官提出两个问题,一是《禁止歧视怀孕法》第七章(Title VII)⑤ 的制定目的是什么?二是这部法律的立法目的是什么。答案是为了防止对女性的歧视。鉴于江森自控表达了对男女儿童的关切,且

---

① Country Mut. Ins. v. Am. Farm Bureau Fed'n, 876 F. 2d 599, 600 (7th Cir. 1989);参见 Ellen P. April, The Law Of The Word: Dictionary Shopping In The Supreme Court, 30 Ariz. St. L. J. 275 (1998); A. Raymond Randolph, Dictionaries, Plain Meaning, And Context In Statutory Interpretation, 17 Harv. J. L. & Pub. Pol'Y 71 (1994); Samuel A. Thumma & Jeffrey L. Kirchmeier, The Lexicon Has Become a Fortress: The United States Supreme Court's Use Of Dictionaries, 47 Buff. L. Rev. 227 (1999); Samuel A. Thumma & Jeffrey L. Kirchmeier, The Lexicon Remains a Fortress: An Update, 5 Green Bag 51 (2001)。在字典之外寻找含义甚至更危险,法官们没有意识到,试图通过报纸和圣经解释"拥有"这个词的含义是徒劳的。参见 Muscarello v. United States, 524 U. S. 125, 129 (1998)。法官们忽略了一点,即一个词的语境取决于接收者的语言环境,而不是词语曾经使用的全部语境。

② 参见 Frederick Schauer, The Practice and Problems of Plain Meaning: A Response to Aleinikoffand Shaw, 45 VAND. L. REv. 715, 733 (1992)。

③ 499 U. S. 187 (1991).

④ UAW v. Johnson Controls, Inc., 886 F. 2d 871 (7th Cir. 1989)(全院庭审)。

⑤ 第七章规定禁止制定针对不同性别胎儿的保护政策。

对女性并无敌意，法官们判定这项政策不存在性别歧视。

江森自控案中，上诉法院多数法官都支持雇主的决定，法官对明智政策可以有自己的理解。较低的一般性标准将判决与法律文本捆绑，以政治自由的方式发挥作用：根据文本，雇主只有在男女工作能力不同的情况下才能区别对待。对下一代的影响并不妨碍工人当前的生产力。长远来看，一个人是否明智可能没什么区别。这确实是最高法院在斯卡利亚大法官的支持下提出的观点，他是文本主义的拥护者。平等意味着相同。女性取得胜利。

四、结语

重新思考下：解释方式的选择具有天然的政治性吗？本文提到的大多数判决都基于法官们的一致意见，或者投票时没有明显的政治倾向，这表明解释方式的选择并不具有天然的政治性。但是，如果解释者缺乏理性忠实，而是依赖法官对理想结果的预估，在"文义"和更宽泛的解释方法之间徘徊，那么其解释方式的选择可能具有政治性。此外，如果解释者以较低的一般性标准为托词掩饰其他解释方法，也可能具有政治性。当然，大部分情况下，相比我讨论的方法，探究立法"目的"的同时提高一般性标准会更赋予法官更大的裁量权。长期以来，我们担心享有终身职位的官员会将他们的意志凌驾于立法机关之上，那么，我们应该提出一种解释模式，将这一行为视为一项犯罪而不是一项准则。

（编辑：杨知文）

分析实证主义、法律现实主义和法律方法的未来

[美] E. 博登海默[*] 著　陈　杰[**] 译

摘　要　分析法学进路与法律现实主义思想在法源理论和司法方法论分析领域的趋同，正导致法律科学陷入停滞。这种停滞源于分析实证主义和法律现实主义未能为司法机关提供一个考虑周全的非形式法源理论。非形式法源在逻辑上与分析法学家的以实在法为法源的基本信条不相容；而现实主义法学家没有提出一种建构性要素的概括理论。这两个学派协力的领域受制于它们对规范不确定性问题的共识，也受制于对障碍之严重性的承认。经验表明，法律的不确定性和解释裁量的问题始终存在。认识到实在法的残缺性及其必要的不完满性，应当作为试图建立这样一种理论成为未来法律方法论的首要任务之一。

关键词　分析实证主义　法律现实主义　法律方法　规范不确定性　法源

分析实证主义和法律现实主义构成了法理学的基本进路。在法律的性质及其司法运用方法问题上，通说认为它们代表着尖锐对立的立场。本文将提出，近年来分析实证主义（或称"分析法学"，这种说法更常提及）的发展趋于与现代法律思想中众所周知的现实主义运动之间达成和解（effectuate a *rapprochement*）；这两种冲突观点的接近在两个相关的法律领域中表现得尤为明显，即法源理论和司法方法论分析；分析法学进路与法律现实主义思想在这两个领域的趋同，正导致法律科学陷入扰人的停滞，一个"死胡同"（cul‑de‑sac）。只有重新审视应用法学（applied jurisprudence）的一些最基本的问题，法律科学才能从停滞中脱身。

---

[*]　E. 博登海默，犹他大学法学教授，华盛顿州律师协会会员，1932年海德堡大学双法博士（J. U. D.），1937年华盛顿大学法学学士（LL. B）。原文见 Edgar Bodenheimer, Analytical Positivism, Legal Realism, and the Future of Legal Method, 44 *VA. L. REV.* 365 (1958).

[**]　陈杰，男，江苏盐城人，华东政法大学法律学院硕士研究生，研究方向为法理学、法律方法论。

一、分析实证主义

1923 年,罗斯科·庞德描述了分析法学家所设想的法律模式,即"设想一批逻辑上相互依存法律规范,这些规范或是通过命令,或是通过国家的权威性认可,或通过如此命令或认可的规范经过逻辑演绎出来的。"① 他还告诉我们,分析法学家眼中的"法律科学是完全自足的(self‐sufficient)",② 因为他们假定存在"一整套没有漏洞与矛盾的法律,其由国家一次性授权,这样,每个法条都仿佛是同时产生的。"③ 因此,根据庞德的观点,分析进路的精髓在于:相信法律科学是自主(autonomous)且自足的(self‐contained),并且确信,从实在法体系的给定原则和已有规范出发,几乎完全可以通过演绎推理的逻辑过程决定法庭上的法律争议。

在 1957 年发表的一篇文章中,牛津大学的赫伯特·哈特(Herbert L. A. Hart)教授激烈反驳了"一种荒谬的观点,其试图将分析法学认定为:法律在其正常运作时无需诉诸其他学科;'正确的'法律决定可以从纯粹的法律前提中通过严格的逻辑方法演绎出来。"④ 哈特严厉批评这种观点,认为它代表了"欧洲大陆普遍存在的一种对分析法学的误解。"⑤ 上述庞德院长著作的引文似乎表明,在哈特看来,不仅是欧陆法学家,至少还有一位杰出的美国法学权威,犯了把"荒谬"的观点归咎于分析实证主义者的错误。

哈特教授在他的文章中明确指出,尽管他将自己归为一个分析法学家,但他本人并不认为法律是一门自足的科学,对其正确的解释和应用无需依赖于非法律学科的帮助和支持。⑥ 然而,值得注意的是,哈特教授不仅否认法秩序的自主和自足,还把自己对这一问题的看法——如果不是全部,那么也在很大程度上——归于分析法学的创始人和首席设计师之一,英国著名法学家约翰·奥斯丁。正如哈特所论证的那样,奥斯丁清楚地认识到,法官在很多情况下从事着"造法",尽管这样做时,他们经常打着"找法"的幌子;这证实了奥斯丁非常清楚一个重要事实:假定法院仅基于形式推理和逻辑一致性进行审判是不合理的。对于这一论点,哈特补充道,奥斯丁同样意识到另一个事实,其使得机械司法的观点是错误且误导的,这个事实是:法律的概念经常是模糊的(vague)、不确定的(in-

---

① Pound, The Theory of Judicial Decision, 36 *HARV. L. REV.* 802 (1923).
② POUND, *LAW AND MORALS* 40–41 (1926).
③ POUND, *ANINTRODUCTION TO THE PHILOSOPHY OF LAW* 61 (Rev. ed. 1954).
④ Hart, Analytical Jurisprudence in Mid‐Twentieth Century: A Reply to Professor Bodenheimer, 105 *U. PA. L. REV.* 953, 955–56 (1957).
⑤ Id. at 956.
⑥ 然而,哈特补充道,他将这种确信与这样的观点结合起来:"在研究法理学时,研究者最好把时间尽可能多地花在对基本法律概念和法律体系边缘概念的细致分析上,而不是吸收其他社会科学的知识。"Hart, supra note 4, at 955. 他倾向于弱化非法律因素对法律实施的影响,但他并未给出任何理由。本文作者可以推测的唯一理由是,英国法院与美国法院(包括美国最高法院)不同,它们不易被基于个案正义、公共政策以及社会福利考量的观点说服。但是,由于主流的司法态度在很大程度上是由大学的法律教育类型所产生的,哈特的基本信念和他的教育论点之间的不一致仍未得到解决。

termediate）和有歧义的（ambiguous），因此其只提供了一种"易错试验"（fallible tests），以确定给定的事实情境是否包含于概念之下。①

尽管在这一问题上，相较奥斯丁，哈特所持观点的正确性是毋庸置疑的，但是我们有理由相信，奥斯丁的法哲学与哈特自身观点之间的差异比后者的预想的还要大。诚然，奥斯丁表明了这样的观点，即英国体制下的法官经常造新法，他还确信此种法官造法往往会发挥比立法更好的效果。② 这些观察显然否定了奥斯丁的任何信念，即司法过程只涉及从确定的法律前提出发而进行的三段论演绎推理。但是奥斯丁也特别指出，英国法官是被迫从事这种造法活动以"弥补所谓立法者的疏忽或无能。"③ 此外，他建议，在一个没有将立法权保留给立法议会的体制下，英国法官可以精明地运用创造性造法权，但他也指责司法部门在"模糊和不确定的语词"的掩盖下过于频繁地立法。④

可以说，奥斯丁毕生的事业在强烈呼吁将法律和伦理彻底分离中达到了顶峰。⑤ 他当然清楚，很少有法律在制定时不考虑道德后果和社会效用。他也愿意承认一门专门的立法科学（science of legislation），其任务在于确定立法过程中必须遵循的原则以获道德认可（moral approbation）。⑥ 另一方面，在奥斯丁的构想中，仅在实在法出现之后才考虑法理学存在，并且在分析和解释法律时无需考虑道德上的好与坏。⑦ 在奥斯丁看来，法理学的主要功能在于阐述发达法律体系中常见的原则、概念和差异。⑧ 他坚持自己的纲领性思想，将《法理学讲演录》（Lectures on Jurisprudence）的大部分内容用于界定和阐明一般法律概念，其中包括权利、义务、救济、损害、责任、制裁、身份、所有权以及主权。如果奥斯丁不相信他进行分析的努力将有助于增进现有实在法体系的自主性，并促成实在法体系从伦理、政治和经济动机中独立出来——这些动机必然会进入新法律的创制，那么他的这项努力将毫无意义。事实上，这是他的信念，这一点可以从下面的段落中得到证明：

> 通过对主要术语的细致分析（会发现——译者注），法律与道德是分离的，法理学研究者的关注点限于仅与法律有关的区别和分类。⑨

---

① Hart, Analytical Jurisprudence in Mid – Twentieth Century: A Reply to Professor Bodenheimer, 105 U. PA. L. REV. 953, 956 (1957).
② AUSTIN, *THE PROVINCE OF JURISPRUDENCE DETERMINED* 191 (Hart ed. 1954).
③ Ibid.
④ Ibid.
⑤ 参见 POUND, *LAW AND MORALS* 40, 43 (1926)。
⑥ AUSTIN, THE PROVINCE OF JURISPRUDENCE DETERMINED 127, 372 (Hart ed. 1954).
⑦ Id. at 126. 然而，奥斯丁意识到，法理学与立法学的分离不可能是板上钉钉（iron-clad）的，因为在解释其起源和目的时，必须考量制定法的道德或功利目标. Id. at 373。
⑧ Id. at 367.
⑨ Id. at 371.

这句话表明了奥斯丁的一种坚定的信念,这一点在他著作的其他段落里也是显而易见,即法律发现的技艺不同于立法的技艺,可以在很大程度上免受道德和其他非法律因素的渗透。

尽管哈特正确地强调奥斯丁意识到了到法律概念的歧义性以及实在法的漏洞,但是他并未对以下两者作出明确区分,一方面是奥斯丁在法学事业中所追求的理想;另一方面是奥斯丁对当时英国法律制度的分析。奥斯丁明确有力地提出其理想:在未来达致全面的法典化,以尽可能消除不确定性和定义的歧义性。① 因此,他希望加快司法立法化(judicial legislation)的消亡。奥斯丁认为司法立法化是一种仓促行事下缺乏计划的造法形式,而且这种造法在大多数时候不为人所知。② 尽管奥斯认识到没有一部法典是整全和完美的,他还是认为"法典的整全性优于法官造法,并且(如果建构得当)能够避免后者中我指出的巨大缺陷"③ 他还期望法典化能够极大改进使法律职业的特性,怀揣着这样的希望,即"如果法律更易理解且科学,那么那些高层次的人才会就接受它,他们现在被它令人反感的特性劝退了;因为它确实令人反感。"④ 在奥斯丁的构想中,通过从立法词汇中删除模糊的、非技术性的短语,如"正义"、"公平"或"合理性",未来的立法者将能够将法律执行中引入价值判断限定在一个不可化约的最低限度(irreducible minimum),从而增强法秩序的确定性。

基于前文所述奥斯丁的立场,我们认为,与庞德院长所表达的观点一致⑤,奥斯丁认为分析法学的作用是锤炼出一门不受社会、伦理或政策判断影响的法律科学。我们还认为,尽管奥斯丁意识到当时的实在法与其法学思想相去甚远,而且,他的最高目标可能永远无法完全实现,⑥ 但他仍然确信,通过致力于定义和阐明基本法律概念,分析法学家可以在实现使法律体系稳定、确定和逻辑自洽的目标方面取得重大进展。

当我们将奥斯丁的法理学进路与哈特所述立场进行比较时,就是否可能创建一个由精确定义的概念和严格制定的规范而组成的法律天国而言,显然后者比前者持有更强烈的怀疑态度。采用一张详尽的法律规则之网以及出版一本定义这些规则所使用的所有术语和概念的权威法律词典,是否会导致法律决定具有近乎机械的确定性和可预测性?哈特对此表示严重怀疑。⑦ 对行动中的法(law in action)的研究使他相信,一般法理学通过对法律术语的统一和教条的定义来确保法律裁决一致性的努力是不切实际和徒劳的。因此,他呼吁

---

① AUSTIN, *LECTURES ON JURISPRUDENCE* 662 – 81 (5th ed., Campbell 1885).

② *Id.* at 650 – 52.

③ *Id.* at 666.

④ *Id.* at 680.

⑤ 参见 POUND, LAW AND MORALS 43 – 44 (1926). *Cf.* Northrop, Ethical Relativism in the Light of Recent Legal Science, 52 *J. PHILOSOPHY* 649 (1955)。

⑥ "Positivism is a Utopia." Kahn – Freund, *Introduction*, RENNER, THE INSTITUTION OF PRIVATE LAW AND THEIR SOCIAL, FUNCTIONS 8 (1949).

⑦ 在这方面,博登海默对哈特教授的就职演讲进行了讨论, Modern Analytical jurisprudence and the Limits of Its Usefulness, 104 *U. PA. L. REV.* 1080, 1081 – 82 (1956).

"放弃对单个语词进行定义的尝试,而倾向于在特定的法律语境(legal context)中对语词的用法进行说明。"① 换句话说,哈特得出的结论是:法律术语或概念的含义和范围可能随着成文法或法律规则的不同而发生变化,也因此,那些含义或范围只能通过探究在制定特定法规范时所使用该术语或概念的目标来确定。尽管我们并不怀疑这一建议的优点,但它必然会在司法中引入一个复杂和不确定的因素,因为经验表明,根据术语的"特征语境"(characteristic context)来阐明术语常常伴随着严重的解释性怀疑和困难。

哈特(和其他一些当代主要的分析法学家)所认识到的"规范的歧义性"问题②——这一存在于任何实在法秩序中令人费解的普遍性问题——是评价二十世纪分析法学地位所要考虑的最重要的单因素(single factor)。正如哈特所说,虽然约翰·奥斯丁承认法律中的语义问题,但他涉及这个问题时只是一带而过。③ 另一方面,在二十世纪的分析法学中,这个问题似乎已经进入和舞台中央,而对词语的"平义"(plain meaning)所持的怀疑论,已成为近来一些分析理论家的主要信念。这一发展无疑与一些西方国家,特别是英国,兴起的"语言哲学"热潮有关。④ 语言哲学家的研究表明,我们词汇中的许多语词,包括许多具有法律意义的术语,代表着许多不同情况下的符号,并且经常被前后不一致的、带有情感色彩的使用。这些研究使一些现代分析法学家得出了一个激进的结论:事实上,语词不存在"正当的"含义。⑤

二、法律现实主义

正是这种现代分析实证主义的语义和概念的怀疑论,大大缩小了这一法学分支与二十世纪法律现实主义之间先前存在的分歧。不同的法律现实主义,尤其是美国的法律现实主义,都有一个共同点,那就是坚决否认法律的确定性可以通过概念形成(concept-forming)和规则崇拜(rule-worship)来实现。现实主义者断言语词和法律条款在很多情况下都是有歧义和模糊的,法官在裁判案件时仍对其解释拥有很大的自由裁量权。⑥ 杰罗姆·

---

① Hart, Analytical Jurisprudence in Mid-Twentieth Century: A Reply to Professor Bodenheimer, 105 *U. PA. L. REV.* 953, 961-62; s 也参见 Hart, *Definition and Theory in Jurisprudence*, 70 *L. Q. REV.* 37, 60 (1954); Hart, Positivism and the Separation of Law and Morals, 71 *HARV. L. REV.* 593 (1958e)。

② McDougal, *Law as a Process of Decision*: A Policy-Oriented Approach to Legal Study, 1 NATURAL L. FORUM 53, 59-64 (1956)。

③ 奥斯丁的论著中与此最相关的段落, THE PROVINCE OF JURISPRUDENCE DETERMINED; 205, 207, 371 (Hart ed. 1954)。

④ 参见 AYER, *LANGUAGE, TRUTH, AND LOGIC* (1950); CARNAP, *THE LOGICAL SYNTAX OF LANGUAGE* (1937); OGDEN & RICHARDS, *THE MEANING OF MEANING* (1925); WITTGENSTEIN, *TRACTATUS LOGICO-PHILOSOPHICUS* (1922)。

⑤ 例如,参见 DIAS & HUGHES, JURISPRUDENCE 16-19 (1957); Williams, Language and the Law, 61 *L. Q. REV.* 386 (1945)。

⑥ FRANK, *LAW AND THE MODERN MIND* 22-31 (1930).; Cohen, Transcendental Nonsense and the Functional Approach, 35 *COLUM. L. REV.* 809, 820 (1935); Llewellyn, A Realistic Jurisprudence-The Next Step, 30 *COLUM. L REV.* 431, 439-40, 453 (1930)。

弗兰克法官（Judge Jerome Frank）极其猛烈地抨击了作为实现法律绝对主义（legal absolutism）徒劳努力的"语词狂热症"（verbomania）①和摆弄"语词魔术（wordmagic）"的人。换句话说，相信那些对他来说只是不完美的言语工具（verbal contrivances）的独立现实，是具有概念思维（conceptually-minded）的律师之原罪。另一位现实主义法学家迪恩·莱昂·格林（Dean Leon Green）说："没有事物像语词一样是明白得不需要解释的。"他敦促法律界的同仁超越语言层面，从后果的角度来接近法律，而不是从概念的语义欺诈（semantic juggling）的有利地位来看。② 在现实主义法学的著作中，反复出现这样一个主题：法律技艺不能通过语言工具掌握，并且，将法律技艺应用于各种生活事实时，除了不可抗拒和无可辩驳的逻辑，没有任何坚实而牢不可破的概念前提。这个学派认为法律程序仅仅是一种语言技巧，为的是挫败它自己的目的。用费利克斯·科恩（Felix Cohen）的话说，"法理学……作为一个由法律的概念、规则和论点组成的自主系统……是先验无意义科学（the science of transcendental nonsense）的一个特殊分支。"③

因此，现实主义法学同新分析法学一道，对语词和概念特征的确定性持怀疑论立场。在这种情况下，对现实主义法学的分析性评论最近表现出比过去更多的友好与赞同，这并非偶然。例如，哈特说："我们从美国现实主义理论中了解到，在司法过程中，从预定前提中进行的部分演绎是多么微不足道。"④迪亚斯（Dias）和休斯（Hughes），都是当今英国主流的分析语义法学（analytical-semantic strain of jurisprudence）的倡导者，他们观察到"现实主义观点在赋予司法以巨大权力与广泛自由裁量权的法律体制中是非常有用的。"⑤ 当然，分析实证主义者对现实主义法学的这种溢美之词，并不意味着这两个法学流派已经完成合并，也不意味着这两种法律立场的主要识别特征已经消失。例如，可以肯定地说，分析法学家的旨趣——促进法律确定性的可行程度以及使得法律规则尽可能的清晰和明确——并没有因为发现这项任务比十九世纪人们通常认为的更加复杂和富有挑战性而放弃。为了推进这一目标，当代英国分析法学家格兰维尔·威廉姆斯（Glanville Williams）提出，例如，在立法和司法中，只要可行，就应当使用"边缘最窄"（the narrowest fringe）的语词。并且，当缺乏对这些术语的迫切需求时，应当避免使用诸如"危险物品""过分的""特别危险行为"等术语。⑥ 另一方面，法律现实主义的拥护者将倾向于淡化法律确定性的至上价值，进而在规范体系中引入广泛而灵活的标准，使案件能够得到个别化处理。因此，这两个学派所追求的终极理想仍然朝着不同方向。这些学派协力的领

---

① FRANK, *LAW AND THE MODERN MIND* 63 (1930).
② Green, The Duty Problem in Negligence Cases, 28 *COLUM. L. REV.* 1014, 1018 (1928).
③ Cohen, Transcendental Nonsense and the Functional Approach, 35 *COLUM. L. REV.* 809, 821 (1935).
④ Hart, Analytical Jurisprudence in Mid-Twentieth Century: A Reply to Professor Bodenheimer, 105 *U. PA. L. REV.* 953, 955 (1957).
⑤ DIAS & HUGHES, *JURISPRUDENCE* 478 (1957).
⑥ Williams, Language and the Law, 61 *L. Q. REV.* 71, 185 (1945).

域受制于它们对规范不确定性问题的共识,也受制于对障碍严重性的承认,这些障碍在任何试图解决问题的路径上都必然存在。

对于分析法学家来说,这种情况呈现出一定的困境和尴尬,而对于现实主义法学家来说,这只是对其基本信念的一种肯定,即只是在相对较小的程度上,司法决定才是一种规范决定的(norm-determined)过程。让我们试着分析一下,在承认法律体系"开放性"的前提下,分析实证主义者在应对这个问题时可能采取的立场。

第一种可能性是,分析法学家将放弃法律实证主义的僵化性,这种严格的观点认为法律的形式渊源,如宪法规定、法律、行政法规以及判例,是法律发现唯一正当和合法的来源。他会认为,在现有法律规范模糊的情况下,这些也应当成为可允许的裁判来源:承认(就像奥斯丁在某种程度上所做的那样)诉诸立法者意图;考虑法律或司法规则实施的社会环境;根据所要达致结果的可欲性来选择对法律术语或规则的解释。如果分析法学家同意做出这种让步,他就必然会在某种程度上妥协他的实证主义,而在决定过程中将"法外(extra-legal)"渊源纳入所用素材(materials)之中。因此,他的实证主义将不可避免地被法社会学或历史法学冲淡。

另一方面,也有分析实证主义者会忠于他的基本信条,在立场上拒绝向其对手让步一寸,这也是最激进和始终如一的当代实证主义者汉斯·凯尔森(Hans Kelson)所持的态度。与哈特还有其他当代这个学派的代表一致,凯尔森认为法律术语和概念的不确定性是法学现实中一个不争的现象,不过他拒绝让这个事实干扰他的坚定的信念,即只有实在法规范才是正当的法源。在讨论法官在一项法律规范易受两三种不同解释的情况下应做何反应问题时,他得出以下结论:

> 站在法律实证主义立场上,不存在一种从复数可能性中选择其一的标准。也不存在一种合法方法,通过它,从一个规范的不同含义中,只能得出一种"正确的"的含义。①

就其自身而言,这种陈述可理解为支持一种激进的解释虚无主义(interpretative nihilism),据此,模糊和歧义的规范之最不合理和最不公正的解释必须与促成公平结果的高度合理的解释得到同等对待。然而,当我们从凯尔森"纯粹法理论"的大背景来看待这样的措辞时,一个更为缓和和理性的含义就表明它本身就是正当且有意向性的。凯尔森通过其陈述可能试图传达的思想是,规范性的模糊性和歧义性向法官呈现了一个立法权性质的问题。由于一般规范(general norm)要求法官在复数选项中作出选择,因此,他就需要通过在个案裁决中澄清有关规范的含义,以使得规范具体化和个案化。"司法裁决延续了范

---

① Kelsen, The Pure Theory of Law, 51 *L. Q. REV.* 517, 525–26 (1935).

围上从一般、抽象到个案、具体的法律创制过程。"① 就法官而言，具体化一般规范或为了案件裁决采用特定的解释，就是在"创制法律"，即立法。凯尔森很可能会认为，造法的动机源于这些考虑：公共政策、社会效用以及通常说服立法者采纳某一立法提案的便利。凯尔森认为，在实施这项活动时，法官并不是一个完全自由的人，因为他必须使得被解释的规范在其语义边界内。对于忠实的实证主义者来说，将立法动机引入审判程序必然会令人失望，因为这阻碍了他所追求的法律确定性的理想。另一方面，对现实主义法学家来说，法律的确定性终究是一种无法实现的，甚至是有害的神话，② 而他会欣喜于这种事实：法律体系不可根除的灵活性（ineradicable flexibility）使得创造的流动性和个案裁判的适应性成为可能，这种流动性和适应性在他看来是适当且有益的。

新分析主义和现实主义对规范不确定性问题的立场都将法学带入了一条死胡同，只有对整个法律方法论领域重新进行广泛而严肃的研究，法学才能摆脱这条死胡同。对上述两种立场，究其本质，我们会得出这样的结论：在确定的法律部门外，存在一种接近混沌的状态。就他们各自对这种事态的评价而言，忠实的分析实证主义者和激进的现实主义者之间的主要区别在于：对前者来说，对法律混沌的深思是令人反感的；对后者来说，司法中大量所谓"多元主义"的出现未必是不可欲的。

上述停滞源于分析实证主义和法律现实主义未能为司法机关提供一个考虑周全的非形式（即非实证）法源理论。对于一贯的分析法学家来说，这种做法在逻辑上与他的一个基本信条——假定只有实在法才是真正意义上的法——是不相容的。③ 从这个观点出发，就完全可以理解奥斯丁得出的结论：如果实在法不能提供可适用的准则，那么法官可以在其他的可能性中，依据"他自己对法律应当是什么的看法（他所假定的标准、普遍效用或任何其他的看法）"，得出一个新的法律规则。④ 对于现实主义法学家来说，非实证法源理论并不一定与他关于法秩序的基本观点相冲突。然而，直至今日，绝大多数现实主义法学家与奥斯丁一道，认为在法秩序的"开放"领域（在他们的思考中，这些"开放"领域的范围是非常广泛的），不受控制的自由裁量权是法官决定的主要来源。他们使我们相信那些进入司法过程的大量非理性考量，即司法决定必然固有的主观性；偏见、特质（idiosyncracies）和先入为主的社会理论在处理诉讼中的主要影响。换言之，现实主义法学家倾向于用强烈而大胆的色彩描绘司法图景的阴暗面，而没有向我们提供一种建构性要素

---

① KELSEN, *GENERAL THEORY OF LAW AND STATE* 135 (Wedberg transl. 1949).
② FRANK, *LAW AND THE MODERN MIND* 7, 21 (1930).
③ 的确，分析法学家约翰·奇普曼·格雷（John Chipman Gray）将"法源"一词定义为包括公共政策和道德原则。GRAY, *THE NATURE AND SOURCE OF THE LAW* 124 (2d ed. 1927). 但应当指出的是，他是在一个非常宽泛的意义上使用"法源"（区别于"法律"本身）这个术语的，将其与促使法官填补实在法空白的全部动机或多或少地联系在一起。在这个意义上，大多数分析法学家都会承认存在非实证法源。
④ AUSTIN, *LECTURES ON JURISPRUDENCE* 638 – 39 (5th ed., Campbell 1885).

（constructive elements）的概括理论，而这种理论为建立一门有用的法律方法论科学所必需。①

三、法律方法的未来

对一个彻底的非正式法源理论的追求是以这样一种确信为前提的，即在实在法规范体系无法提供指导和帮助的地方，将法官丢在没有海图和罗盘的海上是危险且不明智的。尽管少许司法创造性并非没有重要优点和社会价值，然而，在通过法律进行社会控制的主要目标下，将这种创造性保持在某种限度内才是可欲的；毫无疑问，在这些目标中，必须将实现合理程度的法律保障（legal security）包括在内。曾经一度有人认为，在法的技艺来源上将法律规范化约为具体明确的表述将引发法律的可预测性和可计算性标准，其对于制度在社会中的正常运转必不可少。然而，大陆法系和普通法系国家的经验表明，无论是详尽的法典化还是遵循先例的制度，本身都不会消除法律不确定性和解释裁量的一些主要因素。而这种认识正是改进后的分析法学家和现实主义法学家所带给我们的。尽管对现存法律的明确表述可能会带来很大的改进，但技艺（art）的法律观念和法律术语往往受到政治、社会和文化因素的影响，这些因素制约着它们的起源；即便像哈特所倡导的那样，对规范的语境含义进行提取，其仍然没有解决更为深远的问题，即当今的法官是否应该受某一法律规则或概念的历史观念而不是当代意义的约束。

本文不是为了复兴一些被忽视的法律方法科学而概述一种详尽的程序；而是提出一些值得细致讨论和对待的问题：实在法之外，正义标准是否可以作为法律发现的合法来源？公共政策、社会趋势和社会风俗是否可以用来填补实在法中不可避免的空白（lacunae）？当某一制定法条款在个案中适用时可能会产生立法时尚未预见的、难以容忍的、不合理的后果时，法官是否有权偏离该条款进行衡平？我们是否能够像很多法院所做的那样，证立解释制定法时采取的严格实证主义姿态？尽管我们的法官通常倾向于以弹性的、非教义的方式处理过去的司法法（judicial law）。当法律的一些非正式渊源（如：公正和合理性的考量、公共政策、社会趋势、社区的风俗、社会团体或经济团体的习惯等）相冲突时，其可以向司法部门提供哪些指引？② 如何将非正式渊源与法秩序的实在素材相结合，才能既维护法律稳定性的基本价值，又不放弃在个案裁判中追求公平正义？

像罗斯科·庞德和本杰明·卡多佐（Benjamin Cardozo）这样的人清楚地看到了这些

---

① 科恩（Cohen）也对现实主义法学提出了类似的批评, Transcendental Nonsense and the Functional Approach, 35 COLUM. L. REV. 809, 842 – 47 (1935); McDougal, The Law School of the Future: From Legal Realism to Policy Science in the World Community, 56 YALE L. J. 1345, 1349 (1947)。

② 比较案件 Chung Fook v. White, 264 U. S. 443 (1924), 与案件 Funk v. United States, 290 U. S. 371 (1933). 这两起案件的观点是由同一位法官提出的。请看琼斯（H. W. Jones）两篇优秀的论文：Statutory Doubts and Legislative Intention, 40 COLUM. L. REV. 957 (1940), The Plain Meaning Rule and Extrinsic Aids in the Interpretation of Federal Statutes, 25 WASH. U. L. Q. 2 (1939)。

基本问题。正如庞德所指出的,"法院和法学家总是在某种比目前正式的法律规范更重要的基础上进行工作。"① 我们可以在庞德、卡多佐②以及其他美国和欧洲著名法学家的著作中找到许多建设性的建议。作为基础和起点,这些建议能够提供比迄今为止法律界所呈现的更为详细和系统化的非正式法源理论。认识到实在法的残缺性(fragmentary character)及其必要的不完满性(necessary incompleteness),应当作为试图建立这样一种理论成为未来法律方法论的首要任务(也许是最重要的任务)之一。参与实施这项任务所面临的巨大困难不应阻止我们进行这种努力,因为这种努力对律师、法官和法律教育者的益处应当是显而易见的,尽管刚开始,人们可能认为这种努力只能取得部分成功。

(编辑:杨知文)

---

① Pound, The Theory of Judicial Decision, 36 HARV. L. REV. 641, 655 (1923).
② CARDOZO, THE NATURE OF THE JUDICIAL PROCESS passim (1921) and THE GROWTH OF THE LAW passim (1924).

论法律论证的性质：
以"属人管辖权"范式为视角

[美] 理查德·K. 格林斯坦* 著　王　园** 译

摘　要　人们渴望法律具有一致性和确定性，因而试图在法律学说的基础上，用法律论证构建规则和秩序。然而，法律学说实际上具有不确定性，美国州法院关于属人管辖权的正当程序限制的争论就充分说明了这一点。通过分析属人管辖权的多个著名案例，说明不可调和的主题的共存是所有法律学说的固有特征。易判案件易在可以用法律论证推导出一个明确的结论，其代表的是主题之间相一致的价值观。难判案件难在有多个不可调和的主题交织其中，法律论证可以推导出不同且都合理的结论，其代表的是主题之间不一致的价值观。易判案件和难判案件的当事人都有相同的法律权利，因此，作为法官，充分尊重当事人的权利，尽可能排除任意性，在主题所规定的范围内分析和裁决特定的案件。

关键词　法律论证　法律权利　属人管辖权　管辖权

重要法条的理念吸引着我们。我们渴望法律上的一致性和确定性。当然，法律学说往往是不确定的。在特定的案件中，支持一个结论的极具说服力的论证往往可以被支持相反结论的极具说服力的论证所反驳。然而，我们仍继续探寻规则、原则、准则、方法，试图在学说之上构建秩序，但这一追求在州法院主张属人管辖权的正当程序限制的争论中难以

---

* 理查德·K. 格林斯坦，天普大学法学院教授。1970 年获卫斯理大学学士；1973 年获范德比尔特大学法律博士；1982 年获天普大学法学硕士。

衷心感谢天普大学法学院的简·巴龙（Jane Baron）、罗伯特·巴托（Robert Bartow）和大卫·索南森（David Sonenshein）等教授，他们对本文提出了极为有益的见解。本文存在的诸多不足由我个人负责。

** 王园，女，江西乐平人，华东政法大学政治学与公共管理学院博士研究生，上海政法学院国际交流学院专任教师，研究方向为法政治学。

实现。

属人管辖权①的传统观点是这样的：最初，最高法院认为管辖权从根本上是州对实际权力的行使，通过类比国际法原则，限制于州的区域领土。因此，州法院不能在符合正当程序的情况下，对其边界以外的人主张管辖权，除非该人以某种方式服从或同意对其行使管辖权，这就是从"彭诺耶诉内夫案"（Pennoyer v. Neff）② 中发展出来的学说。这一早期观点据认为在1948年发生了变化，当时最高法院宣布对属人管辖权中的正当程序要求进行新的分析。在"国际鞋业公司诉华盛顿案"（International Shoe Co. v. Washington）③ 中，法院着重解决被告是否与法院地州有足够的最低限度的联系，以使该州的司法管辖权的行使符合"公平和实质正义的传统观念"。④ 但"彭诺耶案"仍有影响力。尽管法院坚持根据"国际鞋业案"的"公平和实质正义"标准来评估管辖问题,⑤对领土主权的关注在个别的属人管辖案件中继续发挥作用。⑥ 此外，法院似乎发出了关于如何确定公平和正义的信号。有时，法院会平衡被告与原告、法院地州和国家利益,⑦但其他时候，这种做法只针对被告。⑧ 可想而知，对秩序的追求引发了该领域学者们的不同反应。有些人确定了针对属人管辖权的多种"检验标准"，这些标准因案件的实质性质而异。⑨ 还有一些人批评最高法院在"国际鞋业案"之后的各种案件中的推理是"武断的"⑩ "糊涂的"⑪ 或是"基于错误逻辑的"。⑫

本文提供了另一种方法。最高法院在历史上阐明的属人管辖权学说是一致的和连贯的，虽然它可能不会产生一个单一的测试来确定所有案件中管辖权问题的答案，但它将属人管辖权在宪法层面界定为一组具体的、相互交织的、不可调和的主题和与之相伴的原

---

① 虽然本文聚焦于人身管辖权，但应注意派生原则适用于对物管辖权和准对物管辖权。Shaffer v. Heitner, 433 U. S. 186, 207 – 12 (1977)。

② 95 U. S. 714 (1878)。

③ 326 U. S. 310 (1945)。尽管在批准《第十四修正案》之前发生了关于彭诺耶案件争议，但法院表示，其原则今后将被理解为正当程序要求。Id. at 316。

④ Id.

⑤ See, e. g., Shaffer, 433 U. S. at 212.

⑥ See, e. g., World – Wide Volkswagen Corp. v. Woodson, 444 U. S. 286, 292 (1980); Hanson v. Denckla, 357 U. S. 235, 251 (1958)。领土主权仍然是对物和准对物管辖权的基础，直到最高法院判决 Shaffer v. Heitner, 433 U. S. 186 (1977)。

⑦ See, e. g., World – Wide Volkswagen, 444 U. S. at 292.

⑧ See, e. g., Hanson, 357 U. S. at 254.

⑨ E. g., F. JAMES & G. HAZARD, CIVIL PROCEDURE 81 – 83 (3d ed. 1985).

⑩ Jay, "Minimum Contacts" as a Unified Theory of Personal Jurisdiction: A Reappraisal, 59 N. C. L. REV. 429, 464 (1981).

⑪ Sonenshein, The Error of a Balancing Approach to the Due Process Determination of Jurisdiction over the Person, 59 TEMP. L. Q. 47, 53 (1986).

⑫ Id. at 57.

则。① 这些主题在所有属人管辖权案件中都存在着紧张关系,从"彭诺耶案"到最高法院最近就这一问题发布的公告。尽管这些主题是不可调和的,但其中的任何一个或一组都有可能支配和决定某一特定案件的结果。因此,在关于管辖权的传统观点看来是理论的突然转变或不一致的判决,只是反映了主题之间不断转换的关系。正是这些主题的不断出现,而不是将它们归为一种特定的方法,才使属人管辖法具有了统一性。

本文的第一节试图理清这些主题,并对其进行详细描述。第二节提出,不可调和的主题的共存是所有法律学说所固有的。事实上,对这一事实的理解有助于阐明一些法律论证的奥秘:成功的法律论证和不成功的法律论证之间的区别是什么?为什么有些案件易判,而有些案件难判?最后,第三节试图探讨了这一讨论对近年来备受关注的一个重要问题的影响:当我们将诉讼定性为涉及法律权利的相互冲突的主张时,我们所指的是什么意思?我的结论是,诉讼当事人拥有的"权利"是认真考虑所涉法律学说中的内在主题,而不是任何特定的实质性结果。

一、属人管辖权学说的结构

属人管辖权涉及作为社会机构的法院对个人行使权力,以及一州行使与国内其他州共存的权力。我们可以用两种根本不同的、不可调和的方式来思考个人与社会的关系,以及州和国家的关系,这两种方式都存在于管辖权学说中。下面的分析确定了四个主题,并通过展示每一个主题如何在最高法院审理的不同案件中得到表达,以证明它们在属人管辖权学说中的共存。

1. 关于个人与社会关系的主题

第一个主题,可以称为"个人主义主题",包含了个人与社会关系的两个视角。一种极端的观点认为,个人体验社会是完全独立于她自身的,个人寻求最多的自由来追求自己的目标。她认为社会是对自由的威胁,社会每一次行使权力都是对个人自主权的强加。② 一个较为温和的观点是将社会视为个人的创造,旨在满足某些基本的、有限的需要,如服务和安全。既然社会是个人的工具,它的合法性就来源于个人。因此,社会对个人行使任何权力都只有在个人同意该权力的基础上才是正当的。③

如果你对个人与社会的关系持个人主义观点,你可能会以一种特殊的方式考虑属人管辖权。你可以把管辖权理解为个人自愿接受社会权威,或者理解为一个怀有敌意的社会对

---

① 不可调和主题的概念并不一定表示对立的主题(尽管在某些情况下它们可能是对立的)。相反,它描述的主题呈现出根本不同的关注点,或者对同一关注点有根本不同的视角。简而言之,不可调和的主题不能被归为单一的主题。

② 参见 Horwitz, *Introduction to* THE ANARCHISTS 47-52 (I. Horwitz ed. 1964)(描述个人主义无政府主义理论)。

③ *See* J. LOCKE, THE SECOND TREATISE OF GOVERNMENT (Peardon ed. 1960)(1690); R. NOZICK, *ANARCHY, STATE AND UTOPIA* (1974).

个人使用蛮力的主张。从第一个角度看，你会认为在没有同意的情况下，对个人行使管辖权只是对个人行使"实际权力"①；在这种情况下，管辖权实际上是对社会优越力量的承认。从第二个角度看，只有当个人自由地"服从"② 法院的权威时，你才会认为法院对个人行使管辖权是合法的；你会说管辖权是基于当事人的"同意"③。表达服从或同意的方式可以通过明确的声明或个人"有目的的"④ 行为以及她能"预见"⑤ 基于该行为的法律诉讼可能在某一特定的法院被提起。

第二个主题，也可称为"社群主义主题"，提出了个人与社会关系的另一种观点。这种观点认为个体是一个基本的社会存在。社会不是一个由个人自由意志创造的服务于他们的个人目标的实体；相反，社会是一个基本的单元，通过这个单元，个人不仅获得了生存，还获得了自我定义。从这个观点来看，个人的权利来源于社会。个人的利益虽然可能与社会有关，但最终还是要服从于社会的利益。⑥

如果你对个人和社会之间的关系持社群主义观点，你可能会以一种特殊的方式思考属人管辖权。你可能认为管辖权主要是为"公共利益"⑦ 服务的，主要关注的是"司法的有序运作"。⑧ 个人承认法院行使权力的合法性的义务是基于对社会的"义务"⑨，这是一种"责任"，"源于他与国家的关系。"⑩

管辖权的正当程序要求不取决于个人的主观意愿，而是取决于"公正"和"公平"的公共标准。⑪ 被告服从法院权力的"合理性"⑫ 通过平衡被告的利益与法院地州、原告和国家的利益来衡量。⑬ 当然，在现实中，我们对个人与社会之间的关系并不完全持有个人主义或社群主义的观点。相反，我们同时持有这两种不可调和的观点。同样地，我们对属人管辖权的合法基础同时持有不可调和的观点。如下文所述，这些观点所产生的管辖权概念在最高法院关于这一问题的每一项判决中都有体现。

---

① McDonald v. Mabee, 243 U. S. 90, 91 (1917).
② Adam v. Saenger, 303 U. S. 59, 67 (1938).
③ Phillips Petroleum Co. v. Shutts, 472 U. S. 797 (1985); Bagdon v. Philadelphia & Reading Coal & Iron Co., 217 N. Y. 432, 437, 111 N. E. 1075, 1076 (1976).
④ Burger King Corp. v. Rudzewicz, 471 U. S. 462, 475 (1985); Buckeye Boiler Co. v. Superior Court, 71 Cal. 2d 893, 901, 458 P. 2d 7, 63 – 64, 80 Cal. Rptr. 113, 120 (1969); see Hanson v. Denckla, 357 U. S. 235, 253 (1958).
⑤ World – Wide Volkswagen Corp. v. Woodson, 444 U. S. 286, 297 (1980).
⑥ See, e. g., Marx & Engels, The German Ideology, in READER IN MARXIST PHILOSOPHY 74 – 75 (H. Selsam & H. Martel eds. 1963).
⑦ Hess v. Pawloski, 274 U. S. 352, 356 (1927).
⑧ International Shoe Co. v. Washington, 326 U. S. 310, 319 (1945).
⑨ See Milliken v. Meyer, 311 U. S. 457, 464 (1940).
⑩ Id.
⑪ International Shoe, 326 U. S. at 316.
⑫ Gray v. American Radiator & Standard Sanitary Corp., 22 Ill. 2d 432, 436, 176 N. E. 2d 761, 763 (1961).
⑬ World – Wide Volkswagen Corp. v. Woodson, 444 U. S. 286, 292 (1980).

2. 州与国家关系的主题

思考州的一种方式是把它们比作主权国家。从这个可能被称为"州主权主题"的观点出发，各州同意将有限的权力、有限的部分主权移交给国家政府。但在所有其他方面，每个州都保留了对其事务的主权控制。① 如果你对州与国家的关系有这样的看法，你可能会以一种特殊的方式思考属人管辖权。你可以将管辖权描述为"独立州"② 行使"主权"③ 权力，并诉诸"公（国际）法"④的原则来确定该权力的范围。这些原则将告诉你，"每个州对其领土内的人和财产拥有专属管辖权和主权"，但"任何州都不能对没有在其领土内的人或财产行使直接管辖权和权力。"⑤

但是，正如个人与社会的关系一样，对于州与国家的关系也有另一种看法。从这个角度来看，州被视为一个单一国家的组成部分，这一观点构成了我们所说的"国家主义主题"。⑥ 如果你对州和国家之间的关系持这种观点，你可能会以一种特殊的方式思考属人管辖权。你首先注意到，州承认和执行兄弟州的法律和判决不是礼让的问题（如果州好比是主权国家的话），而是"充分信任和尊重条款"⑦ 规定的宪法义务，你会关注"商业的日益国有化"⑧ 是如何使州界线变得不那么重要的；你会注意到"技术进步增加了州与州之间的商业流动，对非居民管辖权的需求也经历了类似的增长。"⑨ 你可以考虑"州际司法系统在获得最有效解决争议方面的利益，"⑩ 和"几个州在推进基本实质性社会政策方面的共同利益。"⑪ 你还将评估"现代交通和通讯"⑫ 对使本州以外的人服从法院权威的适当性的影响。

当然，在现实中，对于州与国家的关系，我们并不完全持有这两种观点。我们认为美国是一个国家，是各个州的集合。联邦制的本质是同时持有这两种不可调和的观点。⑬ 再次，如下文所述，在最高法院关于这一问题的每一项判决中，都有这两种观点所产生的管辖权概念。

---

① 这一理念在《美国宪法》第十修正案中得到了宪法上的表述："宪法没有授予美国的权力，它禁止各州使用，但分别保留给各州或人民使用。"
② Pennoyer v. Neff, 95 U. S. 714, 722 (1877).
③ *World – Wide Volkswagen*, 444 U. S. at 292; *Pennoyer*, 95 U. S. at 722.
④ *Pennoyer*, 95 U. S. at 722.
⑤ *Id.*
⑥ See *Pennoyer*, 95 U. S. at 729.
⑦ Harris v. Balk, 198 U. S. 215, 221 (1905); *Pennoyer*, 95 U. S. at 729.
⑧ McGee v. International Life Ins., 355 U. S. 220, 223 (1952).
⑨ Hanson v. Denckla, 357 U. S. 235, 250 – 51 (1958).
⑩ Burger King Corp. v. Rudzewicz, 471 U. S. 462, 477 (1985) (quoting *World – Wide Volkswagen*, 444 U. S. at 292).
⑪ *Id.*
⑫ *McGee*, 355 U. S. at 223.
⑬ F. JAMES & G. HAZARD, *CIVIL PROCEDURE* 81 – 83 (3d ed. 1985).

3. 主题的相互作用

本节通过两个比较来探讨四个管辖主题之间的相互关系。第一个是两个具有里程碑意义的案件:"彭诺耶诉内夫案"① 和"国际鞋业公司诉华盛顿案"②;第二个是最高法院最近所做的三项判决:"库尔科诉最高法院案"(Kulko v. Superior Court),③ "环球大众汽车公司诉伍德森案"(World Wide Volkswagen Corp. v. Woodson)④ 和"汉堡王公司诉鲁茨维茨案"(Burger King Corp. v. Rudzewicz)。⑤这些比较的目的是说明,虽然四个主题都存在于涉及属人管辖权的每一个案件中,但主题之间的侧重点转移会产生截然不同的结果。在"彭诺耶案"和"国际鞋业案"中,侧重点的变化导致了人们对管辖权问题的两种截然不同的看法。在"库尔科案"、"环球大众汽车案"和"汉堡王案"中,随着四个永恒存在的主题在不同案件的相互作用,"有意利用"这一关键概念的含义发生了可察觉的变化。以下讨论将探讨与个人与社会关系有关的"个人主义"和"社群主义"主题,以及与州与国家关系有关的"州主权"和"国家主义"主题。

(1)"彭诺耶案"和"国际鞋业案"。

最高法院在"彭诺耶诉内夫案"中面临的问题是联邦法院是否应该承认俄勒冈州法院在先前的诉讼中对内夫作出的个人判决是有效的。在最初的诉讼中,俄勒冈州法院声称对内夫拥有管辖权,尽管他既没有在该州的住所,也没有在该州实际出现。美国最高法院认为,俄勒冈州法院无权对此类案件行使管辖权,因此判决无效。⑥

在"国际鞋业公司诉华盛顿案"中,华盛顿州声称对国际鞋业公司拥有管辖权,目的是根据该公司在该州的业务活动,收取据称欠该州失业保险基金的款项。这些活动对法院分析管辖权问题至关重要。法院认为华盛顿最高法院可以依据宪法对国际鞋业公司行使管辖权。⑦在作出这一裁决时,法院拒绝把分析的焦点集中在该公司是否在该州"出现"⑧ 的问题上,而这一问题在"彭诺耶案"中至关重要。相反,管辖权是在与州"联系"的基础上确定的。⑨

这两种情况下的不同做法可以通过强调不同的主题来解释。"彭诺耶案"的主题主要是关于州主权的。这些"公(国际)法原则"包括对州边界内的个人和财产拥有绝对主权的概念,以及在这些边界外相应缺乏这种权力的概念。⑩ 鉴于内夫当时居住在加州,俄

---

① 95 U. S. 714 (1877).
② 326 U. S. 310 (1945).
③ 436 U. S. 84 (1978).
④ 444 U. S. 286 (1980).
⑤ 471 U. S. 462 (1985).
⑥ *Pennoyer*, 95 U. S. at 734.
⑦ *International Shoe*, 326 U. S. at 321.
⑧ *See id*, at 315 – 17, 321.
⑨ *Id*, at 320.
⑩ *Id*.

勒冈州法院试图对他行使管辖权。"试图对（州以外的人）直接行使权力，由（州）法院执行域外管辖权，将被认为是对个人定居所在州的独立性的侵犯。①相比之下，"国际鞋业案"强调的是社群主义价值观。属人管辖权的宪法要求是否得到满足，取决于"与公平和有序地管理法律有关的（国际鞋业）活动的质量和性质，这是正当程序条款的目的"。②根据法院的说法，当缺席的个人"与（法院）有某些最低限度的联系，就可以对他或她主张管辖权，以使诉讼的维持不违反'公平和实质正义的传统观念'"。③这一准则是在"国际鞋业案"的事实下满足的，因为公司受益于华盛顿在该州开展业务。④因此，规定该公司有义务为这些活动所引发的诉讼进行辩护是公平的。⑤

虽然每个案件都有一个主导主题，但如果认为这些案件没有反映其余的主题，那就错了。贯穿"彭诺耶案"意见的是个人主义主题，即在被告没有"自愿出庭"⑥的情况下，属人管辖权是州对个人行使上级实际权力的一种功能。域外管辖权的行使无异于对兄弟主权州的入侵。同时，法院承认，在离婚诉讼中，基于简单正义的社群主义理由，域外管辖权主张是适当的：如果被告搬到了一个不允许离婚的州，原告所在州应该"在不亲自向犯罪方送达诉讼程序或个人通知的情况下"进行诉讼，否则，"受害公民将得不到赔偿。"⑦法院没有认真调和这些立场。"彭诺耶案"还依赖于重要的国家主义因素。如上所述，该意见将管辖权理解为一种权力主张。但正如法院所知，事实上，实际权力并不是用来对付被告的。相反，州通过程序送达来主张管辖权，这是一种象征性的权力行使，⑧在此之后，被告可以自由离开国家。但是，如果国家没有对被告行使实际权力，它如何执行对被告合法权利的裁决？答案是，宪法"充分信任和尊重"条款，⑨这是由国会实施，⑩要求兄弟州在有效送达法律程序后承认彼此的裁决权，并在大多数情况下执行根据该权力作出的判决。⑪这使国家主义利益生效。这种认为管辖权和判决的效力取决于兄弟州（和联邦政府）承认该州某些象征性行为的法律义务的观点，似乎与管辖权是基于在该州边界行使的实际权力的观点不一致。审理"彭诺耶案"的法院并没有试图调和这两种立场。

"国际鞋业案"揭示了这四个主题。如上所述，关于个人和社会之间关系的社群主义主题占主导地位。然而，法院在提及一个传统观念，即公司在法院地州从事商业活动时

---

① *Id.* at 723.
② *International Shoe*, 326 U. S. at 319.
③ *Id.* at 316.
④ *Id.* at 320.
⑤ *Id.*
⑥ *Pennoyer*, 95 U. S. at 729.
⑦ *Id.* at 734 – 35.
⑧ *See id.* at 719 – 20, 727.
⑨ U. S. CONST. art. IV, § 1.
⑩ 28 U. S. C. § 1738 (1964).
⑪ *See Pennoyer*, 95 U. S. at 729 – 33。

"同意"① 管辖权时,也提出了个人主义的主题。法院讨论了这一同意理论,并最终将其驳回为"法律虚构"。② 取而代之的是,当被告在该州从事有目的的、有益的活动时,州有权对被告人主张属人管辖权,至少对这些活动引起的活动方面是如此。③ 这种管辖权作为交换条件的概念来自被告的选择,它不仅表达了社群主义的公平观念,而且也表达了个人主义的自由意志的本质和合法重要性的概念。

"国际鞋业案"通过"最低限度联系"这一概念提出州主权主题。法院对"公平和实质正义的传统观念"的基本关切中,没有任何东西必然将正当程序与要求被告与法院地州有"联系或关系"④ 联系起来。事实上,很容易假设在没有这种联系的情况下对被告行使管辖权是公平的,或者至少不会不公平到构成对正当程序的否定。⑤ 因此,法院坚持认为被告与法院地州领土之间的最低限度联系具有根本重要性,这可以看作是国家主权思想的持续影响。同时,州主权主题倾向于通过最低限度的联系要求来限制属人管辖权的范围,"国际鞋业案"中强烈的国家主义主题倾向于扩大管辖权,特别是涉及商业企业的案件。

综上所述,最高法院在"彭诺耶案"和"国际鞋业案"中所采取的做法明显不同,只是反映了这两起案件中不同主题的主导地位。尽管如此,这四个主题似乎在每个案例中都是鲜活的。因为这些主题是不可调和的,它们在持续的紧张中共存;因为它们在持续的紧张中共存,所以没有明显的理由表明,"国际鞋业案"中的平衡应该比"彭诺耶案"中的平衡更稳定。这种管辖权学说的内在不稳定性可以通过比较国际法院30多年后判决的三个案件来证明。

(2) "库尔科案""环球大众汽车案"和"汉堡王案"。

"库尔科诉最高法院案"⑥ "环球大众汽车公司诉伍德森案"⑦ 和"汉堡工公司诉鲁茨维茨案"⑧ 这三个案件是调查最高法院对属人管辖权的方法的有用工具,因为每个案件的重点部分在于被告是否进行了有意利用的法院所在州的"益处和保护"。⑨ 这种有意利用被认为在"库尔科案"和"环球大众汽车案"中是不存在的,但在"汉堡王案"存在。更重要的是,有意利用的含义在这些案例中发生了微妙而关键的变化。这些变化反映了属人管辖权四大主题之间的转换关系。

---

① *International Shoe*, 326 U. S. at 318 – 19.
② *Id.*
③ 具体而言,法院从"有意利用"和"可预见性"两个方面讨论了这一概念。
④ *International Shoe*, 326 U. S. at 319.
⑤ 例如,考虑一下后文讨论的"珍稀鹦鹉"假设。
⑥ 436 U. S. 84 (1978).
⑦ 444 U. S. 286 (1980).
⑧ 471 U. S. 462 (1985).
⑨ Shaffer v. Heitner, 433 U. S. 186, 216 (1977), *quoted in* Kulko v. Superior Court, 436 U. S. 84, 94 (1978). 有意利用的概念最早出现于"国际鞋业案"中对公司同意的讨论中。13 年后,法院在 Hanson v. Denckla, 357 U. S. 235 (1958) 中得出结论:"在每一案件中,都必须有某种行为,被告有意利用法院所在州进行活动的特权,因此援引其法律的益处和保护。" *Id.* at 253。

有意利用本质上涉及个体与社会之间的关系。它主要来源于个人主义主题，但并非完全如此。一般的观点认为，通过被告对法院地州的故意行为来证明管辖权的正当性。法院经常把这个想法与被告是否能够预见到被法庭传唤的可能性联系起来。① 因此，如果被告自由地选择从事她可以从中预见在法院可能发生的诉讼的活动，那么属人管辖权就基于这种自由选择，这也符合个人主义主题的一个主要关注点。

更具体地说，有意利用的概念是建立在交换概念之上的：个人欠社会一笔债务，以换取社会通过法律给予他的利益。② 这一债务部分是通过个人服从有秩序的裁判过程来偿还的。如前所述，③ 交换原则既有个人主义的一面，也有社群主义的一面。它是个人主义的，因为它表达了被告自由选择接受义务以换取利益的契约观念。它是社群主义的，因为它表达了社会通过法庭赋予被告利益，并有权追究被告责任的观点。后一种观点不注重主观选择，而注重客观公平；它所表达的不是实际契约原则，而是准契约原则、不当得利原则。④

a. 库尔科诉高等法院：

在"库尔科案"中，加利福尼亚一家法院声称对纽约一名被告具有管辖权，目的是增加他应向其前妻支付子女抚养费，该前妻在加利福尼亚居住，对子女负有主要监护责任。被告反对行使管辖权，理由是侵犯了他的正当程序权利。美国最高法院认为，被告是否与加州有必要的最低限度联系取决于他是否"有意利用"加州法律的"益处和保护"。⑤ 与州政府的主要联系是被告决定送女儿（应其要求）与母亲在加州生活一年的大部分时间。最高法院的结论是，被告这样做并不是有意利用加州法律的"利益处和保护"。起初，这个结论似乎很奇怪；毕竟，被告确实有意将孩子送到加州，他无疑将受益于加州法律对前妻规定的托儿义务以及加州对他自己的子女抚养义务和探视权的规定。

然而，审理"库尔科案"法院所关注的"有意"明显要窄得多。法院否定了上述理由，强调是母亲而不是被告选择加利福尼亚州作为其子女的居住地。⑥ 因此，无论被告有何目的，都不是专门针对加利福尼亚。简言之，被告没有有意利用加州的好处，因为他没有参与选择加州作为母亲和子女的住所。这种对被告选择权的强调是高度个人主义的。同

---

① *E. g.*, *Kulko*, 436 U. S. at 97.

② Cf. Milliken v. Meyer, 311 U. S. 457, 463 – 64（1940）（"住所地事故适合本州内的起诉"）；Adam v. Saenger, 303 U. S. 59, 67 – 68（1938）（"对被告的交叉诉讼的顺从是一个州可能要求的价格，作为向原告开放法庭的条件"）。

③ 参见 *International Shoe*, 326 U. S. at 318 – 19。具体而言，法院从"有意利用"和"可预见性"两个方面讨论了这一概念。

④ 与赔偿原则的类比也表明了这一点，但这种类比可能会产生误导。"环球大众汽车公司案"案表明，在一个州内造成不良影响可能不是管辖权的充分依据。444 U. S. 287, 299. 因此，正是被告的利益，而不是对他人的伤害，触发了被描述为补偿的义务。

⑤ *Kulko*, 436 U. S. at 94 (quoting Shaffer v. Heitner, 433 U. S. 186, 216 (1977)).

⑥ *Id.* at 93 – 94.

时,"库尔科案"法院支持其结论,呼吁社群主义价值观,对公平和合理予以客观公开的关注。

社群主义价值观还需要考虑法院地州在诉讼中的利害关系。在这方面,法院讨论了加利福尼亚州的"在保护未成年居民的福利和尽可能充分地促进健康和支持性家庭环境的重大利益,在这种环境中,该州的孩子将在其中成长"。① 然而,这一利益可以通过加利福尼亚州或纽约修订版的《互助统一执法法》,允许母亲在加利福尼亚州提出子女抚养权要求,并在纽约进行裁决。② 因此,平衡被告、加利福尼亚州和原告的利益——一种表达社群主义主题的技巧——指向纽约,而不是加利福尼亚,作为适当的法庭所在地。③

"彭诺耶案"和"国际鞋业案"的讨论强调了个人主义和社群主义主题之间的紧张关系。正如"库尔科案"所阐述的,这些主题虽然本质上不同,但在某些事实背景下却指向了同一个方向:两者都表明,加州作为"库尔科案"诉讼的法庭是不适当的。"库尔科案"的观点对州主权和国家主义主题的讨论较少。如上所述,最低限度联系的概念反映了对领土主权的持续关切。同时,"库尔科案"的法院承认贯穿案件的国家主义主题。它使用"商业国有化"和"现代交通和通讯"④ 来区分这一国内关系问题和州边界重要性减少的商业活动。⑤ 后一点表明,"库尔科案"的结果在很大程度上是法院分析中各种主题特定组合的作用。对个人主义和社群主义主题的强调导致法院用相当限制性的术语来考虑属人管辖权,特别是"有意利用"。如果法院把更多的注意力放在国家主义主题上,它可能会得出这样的结论:与商业一样,在一个以流动性和家庭日益分裂为特征的社会中,孩子抚养问题已成为一个全国性而非地方性的问题。⑥反过来,这也会为在子女抚养诉讼中弱化州界线的重要性,并相应地在加州的司法管辖范围问题上采取更自由的方法。

b. "汉堡王公司诉鲁德维奇案":

在"汉堡王案"中,汉堡王公司起诉了其在佛罗里达州的一家密歇根特许经营店的所有者,佛罗里达是汉堡王的注册地,也是它的主要营业地。特许经营商在密歇根州独家经营,它与汉堡王公司的联系主要是通过后者的密歇根地区办事处,监督和支持服务来自该地区办事处。尽管如此,在分析被告是否有意利用佛罗里达州法律带来的益处和保护时,⑦ 最高法院认为,佛罗里达州可以根据宪法对被告行使管辖权。⑧

在得出结论时,法院重点关注了被告和佛罗里达州之间的两个联系。首先,被告"肯

---

① *Id.* at 98.
② *Id.* at 98 – 100.
③ 参见 *Hanson*, 357 U. S. at 254 (显然拒绝采用平衡方法)。
④ *Kulko*, 436 U. S. at 101 (quoting McGee v. International Life Ins., 355 U. S. 220, 222 – 23 (1957).
⑤ *Id.*; *see id.* at 97.
⑥ 《互助统一执法法》的存在表明了孩子抚养问题的国家范围,正如《统一商法典》有助于我们将商业视为一种国家现象一样。
⑦ *Burger King*, 471 U. S. at 487.
⑧ *Id.* at 482.

定知道自己与一家主要位于佛罗里达州的企业有关系"。①被告发起了有关特许经营权的谈判安排,把所有的费用和通知发送到佛罗里达总部,而且当经营中出现问题时,显然是直接处理一些佛罗里达的工作人员。②然而,虽然被告显然是故意与汉堡王有联系,但这并不意味着他是故意与佛罗里达有联系的。其次,法院指出,被告和汉堡王之间的特许经营协议明确规定,该协议将受佛罗里达州法律管辖。法院的结论是,这一合同条款表明被告"有意利用佛罗里达法律带来的益处和保护"。③但该条款是由汉堡王写入格式合同中的,其目的当然是使汉堡王受益,而不是被告受益。④

所有这些似乎都表明,"有意利用"在"汉堡王案"和"库尔科案"的应用方式有所不同。法院对这一概念的一般性讨论证实了这一差异。法院认为,当被告"有意将其活动导向法院地居民"并且诉讼与这些活动有关时,"有意利用"即成立,⑤这一特征很好地描述了库尔科的活动。因此,"汉堡王案"扩展了有意利用的含义。"库尔科案"要求被告选择一个特定的法院进行有益的活动。在"汉堡王案"中,与某个恰好在特定法院的人建立一种有益的关系就足够了。

在"有意利用"定义的差异背后,是四个管辖主题下的比例权重的差异。国家主义,只在"库尔科案"中偶尔被援引,却在"汉堡王案"中获得显著地位。法院提醒我们,"现代商业生活中不可避免的事实是,大量的商业活动都是通过州际间的邮件和电报通信进行的,从而避免了需要在一个进行商业活动的州内实际存在"。⑥此外,确定属人管辖权主张的合法性需要考虑"州际司法系统在最有效地解决争议方面的利益",以及"几个州在促进根本的实质性社会政策方面的共同利益"。⑦ 这些国家主义的观点自然会产生压力,迫使人们用更宽泛的术语来考虑属人管辖权。审理"汉堡王案"的法院对这一压力做出了回应,扩大了"有意利用"的含义。

c. "大众汽车公司诉伍德森案":

在"库尔科案"之后和"汉堡王案"之前做出判决的"大众汽车案"向我们展示了不同管辖权主题组合,导致了对"有意利用"的限制性观点。这起产品责任案件始于俄克拉荷马州,诉讼起因于该州的一起车祸。原告的伤势据称是由在纽约海路大众(Seaway

---

① *Id.* at 480.

② *Id.* at 481.

③ *Id.* at 482 (quoting Burger King Corp. v. MacShara, 724 F. 2d 1505, 1513 (1984) (Johnson, J., dissenting).

④ 由于其特许经营权分散得很广,明确规定一个州的法律来管理所有特许经营协议,从而实现结果的一致性,显然符合汉堡王的利益。参见 Siegelman v. Cunard White Star Ltd., 221 F. 2d 189, 195 (2d Cir. 1955).

⑤ *Burger King*, 471 U. S. at 473.

⑥ Id. at 476. 这代表了一个国家主义主题的有趣变形。"国际鞋业案"之前的案例解释了在商业案件中管辖范围的扩大,即企业实体在其开展业务的地方"在场"。参见 International Harvester Co. v. Kentucky, 234 U. S. 79 (1914)。这一存在的隐喻在 *International Shoe*, 326 U. S. at 316 – 17 被放弃使用。

⑦ *Burger King*, 471 U. S. at 477 ((quoting W*orld – Wide Volkswagen*, 444 U. S. at 292).

Volkswagen)购买的一辆有缺陷的汽车引起的。海路大众是纽约大众汽车公司在该地区经销汽车的零售经销商之一。最高法院认为俄克拉荷马州行使管辖权侵犯了海路大众和环球大众的正当程序权利。①

法院的许多分析再次集中在有意利用问题上。法院认为海路大众和环球大众没有直接向俄克拉荷马州的客户销售汽车,因此他们没有有意利用俄克拉荷马州法律的益处和保护。②

但这一分析显然不正确。正如反对者所指出的,现代汽车经常被开到遥远的地方,并且是为这种旅行而设计的。此外,在俄克拉荷马州等偏远州修建和维护汽车行驶道路,增加了对汽车的需求,从而使海路大众和环球大众受益。③事实上,正如大多数人不得不承认的那样,"可以预见,购买环球大众和海路大众出售的汽车的人可能会把汽车带到俄克拉荷马州"。④ 在纽约销售的汽车将在俄克拉荷马州使用的可预见性,即使客户单方面决定将汽车带到俄克拉荷马州,也不足以维持俄克拉荷马州对海路大众和环球大众的管辖权。简言之,这两个案件的被告都受益于其产品在法院所在州的最终使用,而且这种使用是可以预见的。

审理"环球大众案"的法院通过强调个人主义主题,避免了与"格雷案"讨论这些可能的不一致之处。如果汽车销售者可以在买方驾驶汽车的任何地方被起诉,那么"实际上,每一个动产销售者都将指定动产为他的送达代理,他对诉讼的接受将随动产而变化。"⑤这样的结果有点像是将管辖权与"那些声称与非居民被告有某种关系的人的单方面活动"相联系。⑥"汉森案"⑦ 和"库尔科案"⑧ 不同意这种做法。简言之,这种情况下的管辖权是原告的选择,而不是被告的选择。

在"环球大众案"中,州主权的主题和个人主义的主题同样具有影响力。法院一再指出,对管辖权的最低联系限制的目的是"确保各州通过其法院,不超出其作为联邦体系中同等主权体地位对其施加的限制"⑨简而言之,这种限制是"领土限制对各自州权力的后果"。⑩ 这一观点显然让人联想起"彭诺耶案"。"环球大众案"强调个人主义和州主权的主题,导致属人管辖权在相对狭窄的范围内得到明确表述,特别是对"有意利用"概念的

---

① *World – Wide Volkswagen*, 444 U. S. at 295 – 99.
② *Id.* at 297 – 98.
③ *See id.* at 298 – 99; *id.* at 307 (Brennan, J., dissenting); *id.* at 314 (Marshall, J., dissenting).
④ *Id.* at 298.
⑤ *World – Wide Volkswagen*, 444 U. S. at 296.
⑥ *World – Wide Volkswagen*, 444 U. S. at 298. (quoting Hanson, 357 U. S. at 253).
⑦ 357 U. S. at 253.
⑧ 436 U. S., at 98;拒绝这种做法还取决于公平的社群主义主题:为什么本地企业必须在一个偏远的法院为一项诉讼辩护,仅仅因为客户选择将产品带到那里?
⑨ *World – Wide Volkswagen Corp.*, 444 U. S. at 292.
⑩ *World – Wide Volkswagen Corp.*, 444 U. S. at 294 (quoting *Hanson*, 357 U. S. at 251).

限制。因此,尽管"环球大众案"是像"汉堡王案"一样的商业案例,但前一个案例中主题的特定相互作用往往会以一种更让人联想到"库尔科案"的方式来缩小关键的管辖权概念。

这三个案例,由于它们对"有意利用"的不同解释,可能看起来不一致,因而混淆不清。但事实是,"有意利用"这个词可以有不同的含义,它的含义可以扩大和缩小。因此,虽然这三个案例中的短语所赋予的含义不一致,但它们也都是"正确的"。① 与在特定案件中所使用的特定含义相关的是四个管辖主题的特殊组合,这些主题对法院多数人都有吸引力。这种不可调和的主题的共存与法律学说的不确定性之间的关系在法律中普遍存在。

二、法律论证的性质

我们发现"重要法条"的理念如此吸引人,因为我们认为,法律学说的发展是一个持续不断的过程,它将越来越清晰、准确地界定我们的法律关系、权利和义务。简言之,我们把法律论证看作是对规则的追求和认同。②

上述分析提出了另一种模式。我确信变化性不限于属人管辖权,它描述了所有的法律原则。为什么会这样?目前在法律文献中引起关注的一种可能的解释是,关于现实世界的所有想法和感知基本上都是任意的,它们代表了我们强加给世界的人为的分割方式。由于我们的思想和观念在世界上没有根基,当它们被用作与世界打交道的工具时,它们是不稳定的。法律学说号称是一种与世界打交道的工具,只不过是人类思想的所有产物所共有的品质。③ 另一种理论可以建立在心理学数据的基础上,表明我们体验自己既与外部世界分离又依附于外部世界。④因此,我们可以理智地期待我们关于世界的想法,包括我们的法律和其他关系,同时表达异化和共同体的概念。管辖权的四个主题在个人层面(个人主义和社群主义主题)和政治层面(州主权和国家主义主题)上都反映了这种矛盾心理。

无论这些解释的真实性如何,法律学说的基本目的之一无疑是作为解决因不同的物质利益、不同的观点、不同的世界思维方式而产生的冲突的工具。无论是允诺性禁止反言、过失还是属人管辖权,法律原则都试图适应这些差异。但差异是根本的,不能被接纳。它们不会在发展中的法律原则面前消失。相反,它们包含在法律学说的永恒张力之中。

---

① "正确"在这里被用作分析判断,而不是规范判断。有意利用的每一个意义都是正确的,因为它在逻辑上与先例中发展的四个主题的某些混合是一致的。

② 这一现象的一个有趣的例子是《冲突法重述》(1971年)中对法律选择的处理,该重述力求通过对若干具体主题的特别制定长期的具体规则。See generally Reese, *Choice of Law: Rules or Approach*, 57 CORNELL L. REv. 315 (1972)。

③ 这一观点及其对法律推理的影响在 Peller, The Metaphysics of American Law, 73 *CALIF. L. REV.* 1151 (1985)一书中进行了探讨。

④ *See* Gilligan, Remapping Development: The Power of Divergent Data, in *VALUE PRESUPPOSITION IN THEORIES OF HUMAN DEVELOPMENT* (L. Cirillo & S. Wagner eds. 1986); cf Kennedy, The Structure of Blackstone's Commentaries, 28 *BUFFALO L. REV.* 205, 211 – 21 (1979).

综合案例，阅读一组先例，寻找线索，使他们共同表达①的学说连贯一致，这就是揭示不可调和主题的过程。正是这些主题赋予了法律学说以连贯性。② 矛盾的是，正是这些主题使法律学说变得多变。这种将法律学说视为交织主题的结构的观点有时被法院明确采纳。例如，那些采用罗伯特·莱夫拉尔方法处理法律选择问题的法域通过直接讨论五个"选择影响因素"来解决这些问题：结果的可预测性，维护州际和国际秩序，促进法院所在州的利益，简化司法任务，适用更好的法律规则。③这五个主题同四个管辖权主题一样，因案件的相对比例不同而有所不同。④重要的是，莱夫拉尔建议选择法律判决，即使是法院没有公开提及影响选择的五种考虑因素，也可以从这些主题方面得到最令人满意的解释。⑤

处理需要利益平衡的问题的方法是相似的。这个想法是通过同时考虑不同的、经常是矛盾的利益冲突来解决什么程序是正当的问题。然而，平衡的比喻是误导人的。它表明相互冲突的力量可以得到解决，可以达到一个客观的平衡点。但这种"平衡"往往在许多方面都是可以防御的。利益是不可调和的，它们都可以被考虑，但在许多情况下，它们不可能全部被容纳。在这些情况下，一个或多个利益必须妥协，在先例所决定的范围内，可以有无数的妥协公式。⑥

理解法律理论中不可调和主题的共存，有助于解释"易案"和"难案"的区别。⑦在易案中，构成管辖权理论的四个主题导致了相同的结论。关于难判的案件，思考以下事实：

> 我在新泽西州卡姆登的一家宠物店买了一只珍稀鹦鹉，就在我费城家的特拉华河对岸。鹦鹉第二天就死了。店主是新泽西州的一个居民（他不在新泽西州以外做广告），拒绝退还购买价格。我在费城起诉。

---

① *See* Greenstein, Teaching Case Synthesis, 2 *GA. ST. U. L. REV.* 1 (1985).

② 这一点需要强调：连贯性不需要确定性。在同一案件中，两个法院在同一案件中处理四个管辖权主题的方式不同，从而产生不同的结果。尽管如此，因为它们面对的主题是相同的，彼此会理解对方在做什么，因此，这一学说是连贯的。

③ *E. g.*, Milkovich v. Saari, 295 Minn. 155, 203 N. W. 2d 408 (1973); Mitchell v. Craft, 211 So. 2d 509 (Miss. 1968); Clark v. Clark, 107 N. H. 351, 222 A. 2d 205 (1966). *See generally* R. LEFLAR, *AMERICAN CONFLICTS LAW* §§ 96 - 109 (3d ed. 1977); Leflar, Choice - Influencing Considerations in Conflicts Law, 41 N. Y. U. L. REv. 267 (1966); Leflar, Conflicts Law: More on Choice - Influencing Considerations, 54 *CALIF. L. REV.* 1584 (1966).

④ R. LEFLAR, *AMERICAN CONFLICTS LAW*, §§ 96 - 108.

⑤ *Id.* § 108.

⑥ 为了讨论不可调和的合同法和侵权法模式，参见 Feinman & Feldman, Pedagogy and Politics, 73 *GEO. L. J.* 875, 882 - 88 (1985)。

⑦ 在 R. DWORKIN, TAKING RIGHTS SERIOUSLY 81 - 130 (1977) 中详细探讨了"难判案件"的问题。

费城法院能否根据宪法对卡姆登宠物店老板行使管辖权？管辖权主题似乎指向不同的方向。州主权的主题，以其对权力的领土限制，与管辖权相抵触。同样，个人主义的主题，认为个人管辖权完全取决于自愿服从实际权力，也不利于找到管辖权。另一方面，州边界在国家主义主题的背景下没有什么意义，特别是对于具有州际性质的商业企业而言。此外，从社群主义的主题来看，要求宠物店老板跋涉两英里到一个州的法庭上辩护，似乎并没有什么特别不公平的，这个州有兴趣为居民原告提供法庭。

对这个问题的详细分析揭示了其关键：张力在国家主权和民族主义主题之间。通过强调这些主题中的一个或另一个，律师可以影响个人主义和社群主义主题的取向。因此，反对管辖权的论证可能是这样的：尊重新泽西州的主权而严格限制宾夕法尼亚州对其州内人员或财产行使管辖权。一个例外（按狭义解释以便不破坏领土主权规则）是，可以对自愿服从同意法院权威的缺席被告行使管辖权。在此，被告未明确同意管辖权，也未在宾夕法尼亚州做广告或在该州进行其他活动，从而产生同意的暗示。她的商业活动基本上是地方性的；它们不涉及那种使国家边界变得无关紧要的国家商业活动。属人管辖权的标准是被告是否与法院有最低联系。在本案中，被告与宾夕法尼亚州的唯一联系是原告前往新泽西州进行购买。先例清楚地表明，根据原告的单方面行为将被告置于管辖权之下，与"公平和实质正义的传统观念"不相符。

一个相反的论证只需要把重点从州主权转移到国家主义：零售活动被人为地控制在州边界内。在这两个城市的购物区之间客流不断。在经济上，费城和卡姆登由于距离较近，构成了一个单一的地区；两个城市的购物区之间客源不断。因此，任何一个在这两个城市开商店的人都应该合理地预期，部分业务将来自非本地居民客户，特别是如果一家店经营稀有商品的话。正如所预见的那样，被告将为费城的客户提供服务，因此，当来自该州的客户无法付款时，她可以向宾夕法尼亚州法院求助。由于出售给宾夕法尼亚州居民和依赖宾夕法尼亚州法院构成被告商业活动可预见的组成部分，她有意利用了宾夕法尼亚州提供的益处和法律保护。此外，由于被告选择与宾夕法尼亚州居民进行商业活动并利用该州的益处，她可以预见与她的商业活动有关的诉讼将在宾夕法尼亚州法院进行。如上所述，要求她跋涉几英里在这种诉讼中进行辩护似乎是合理和公平的，因此不违反社群主义价值观。最后，由于管辖权不仅是一种越界权力的主张，而是被告自由作出的选择（这里的类比是同意和服从），因此它并不违反领土主权的概念。

"库尔科案""大众汽车案"和"汉堡王案"也都是难案。在讨论这些案件时对最高法院的分析提出的各种反对意见并不是说最高法院的推理是不合理的。更确切地说，法院的推理是基于四个管辖权主题的特定组合；不同的组合会理性地支持相反的结论。这一点隐含着这样一种观点，即关于某一问题的合法法律论证被认为具有某种说服力价值——是基于通过综合与该问题有关的先例而揭示的主题。相反，不能与构成适用学说的一个或多个主题相联系的论证没有说服力价值。

合法论证与主题的整合程度衡量论据的质量。基于单一主题的论证是可信的；使用其他主题充当辅助角色的论证更具说服力。在困难案件中，整合的程度尤其重要，因为这些主题往往会朝相反的方向发展。① 正如前面对管辖权案例和死鹦鹉的假设所表明的那样，对一个主题的强调可以用来扩大或缩小从其他主题衍生出来的原则和概念。通过仔细注意这些主题的相互作用，可以构建出非常微妙的连贯论证。

当然，这些都不能解释为什么一个有着特定主题组合的特定论证，会在一个案件中上诉到法院，而一个具有不同主题组合的不同论证，会在另一个案件中上诉到法院。它也不能解释为什么同一个论证会对不同的法院提出不同的上诉。为什么扩张的国家主义主题在"汉堡王案"中占据主导地位，而限制性的州主权主题在"环球大众汽车公司案"中占据主导地位？为什么判决"环球大众汽车案"的法院会认可地援引"格雷案"，虽然它达到了相反的结果，但在分析上却无法区分？

如果在这些难案中，管辖权主题支持相反的结论，那么基于这些主题选择法律论证显然不是逻辑上的必要性问题。对"环球大众汽车案"和"格雷案"的一个非逻辑比较可以集中在将两个案件的被告与各自的法庭联系起来的链条上。对一个特定的法官来说，这种差异可能会给每个案件带来不同的"感觉"，"格雷案"感觉"就像一个商业案件"。因此，通常与商业案件相关的国家主义主题可能被认为更有说服力。此外，商业上对州法律规定的益处和救济的高度依赖可能突出了"有意利用"的社群主义层面。另一方面，"环球大众案""感觉"像一个侵权案件。② 由于侵权案件传统上具有很强的地域性，③ 州主权主题似乎更为贴切。再者，传统上对侵权案件中主观过错的关注④ 可能会突出有意利用的个人主义维度。从这个角度来看，汉堡王是有道理的。这是一个典型的商业案例。因此，管辖权扩张的国家主义主题占据主导地位并不奇怪。上述对"格雷案""环球大众案"和"汉堡王案"的讨论，不是为了提出某些特定的审判心理学理论，也不是为了描述对案件的普遍反应。相反，它是为了说明在难案中法律论证和司法决策的非理性成分。

属人管辖案件的主题决定了有关管辖权的合法法律论证的轮廓。在易判案件中，这样

---

① 为什么主题要"引导"到任何地方？在某种程度上，这些主题充满了模棱两可的含义，就像它们是教义的组成部分一样。然而，作为一个关注理解管辖权理论主题的共同体，我们对这些主题的理解范围很窄。斯坦利·费什（Stanley Fish）在法律制度本身和包含法律的社会制度网络中探讨了这种共同观点的可能来源。See, e. g., Fish, Fish v. Fiss, 36 STAN. L. REv. 1325 (1984)。

② 当然，世界本身并不分为侵权问题和商业问题，这是我们强加给世界的一个区分。此外，这种情况是循环的：如果"格雷案"和"环球大众汽车案"等案例反映了这种区分，它们也会加强这种区分。这种循环感，即我们不知何故被困在一种感知世界的特殊方式中，这种感觉既创造了法律学说的主题，又被它们所强化，是结构主义分析的核心。See generally Heller, Structuralism and Critique, 36 STAN. L. REV. 127 (1984)。

③ 例如，传统的法律选择理论将侵权诉讼中当事人的实体权利和责任定位于侵权行为地法。See, e. g., Alabama Great S. R. R. v. Carroll, 97 Ala. 126, 11 So. 803 (1892); RESTATEMENT OF CONFLICT OF LAWS, §§ 378 – 379, 384 – 387, 390 – 391, 393, 412, 421 (1934)。

④ See W. PROSSER & W. KEETON, THE LAW OF TORTS 608 – 09 (5th ed. 1984).

的论证必然会得出一个结论。① 难案则是不同的。正当的论证可以朝相反的方向提出，关于主题的任何东西都不能决定法官认为哪个正当论证比其他论证更有说服力。如果论证的说服力不是来自其内在逻辑，那么法律理论的挑战就是从另一个角度来解释这种说服力。

法律理论也必须解释法律权利。具体地说，法律权利的概念在一个易判案件中似乎直觉上是有意义的，在这个案件中只有一个实质性的结果是正确的。② 但是，如果确有其事，在难案中，合法法律论证能够支持不同的结果，那么，这难道不意味着在这种案件中不存在法律权利吗？第三节将讨论这个问题。

三、权利与正确答案

在法律哲学中，一个经常引起争议的问题是，一个人是否真的可以说拥有合法权利。③ 我们所说的合法权利是什么？它们可能来自哪里？我们怎么知道它们是什么？另一个问题是法律是否提供了正确的答案。④ 法律是决定性的吗？或者，法律论证的逻辑形式仅仅是一种伪装，掩盖了所有法律问题对相反决议的敏感性？这两个问题可以合并。罗纳德·德沃金（Ronald Dworkin）这样做，他根据法律的能力，提出了对所有法律问题的明确答案的法律权利。德沃金认为，法律是随着时间推移而出现的一系列原则。⑤ 法官可以利用这些原则及其相对权重来解决任何法律问题。⑥

在法院出庭的当事人传统上是以权利来辩论他们的案件。他们的意思是，应该以一种与过去同样处境的人所受到的待遇相一致的方式来对待他们。⑦ 为了像对待其他人一样对待当事人，法官必须确定适用的原则，赋予他们适当的权重，并将其应用于事实来确定正确的答案。在易判案件中，相关原则的识别和应用也很容易。在疑难案件中，这样做很难。但法律在难易案件中的适用方式并无根本区别。相比之下，哈特（H. L. A. Hart）认为易判和难判案件涉及截然不同的企业。国家授权法官对其审理的案件适用法律规则。⑧

---

① See Michelman, Politics as Medicine: On Misdiagnosing Legal Scholarship, 90 *YALE L. J.* 1224, 1227 (1981).
② "正确"在这里被用作分析判断，而不是规范判断。有意利用的每一个意义都是正确的，因为它在逻辑上与先例中发展的四个主题的某些混合是一致的。
③ See, e. g., R. DWORKIN, TAKING RIGHTS SERIOUSLY 81 – 130 (1977). Symposium: A Critique of Rights, 62 *TEX. L. Rv.* 1363 (1984).
④ See, e. g.,, R. DWORKIN, TAKING RIGHTS SERIOUSLY 81 – 130 (1977).
⑤ R. DWORKIN, TAKING RIGHTS SERIOUSLY 105 – 23 (1977).
⑥ 属人管辖权主题与具体管辖原则之间的关系可以通过以下方式加以说明：其中一项原则是，国家可以对在其境内的任何人行使权力。另一个原则是，法院不应与不法行为联系起来。这些原则必须协调，例如，当被告被欺骗性地诱导进入一个州，然后被送达程序。一般来说，法院通过将避免不法行为的原则视为对州边界内人员享有完全主权原则的资格（或比这一原则更重要）来解决这一问题。See, e. g., Smith v. Gibson, 83 Ala. 284, 3 So. 321 (1888). 完全主权原则体现了属人管辖的州主权主题，避免不法行为原则体现了社群主义主题。一般来说，原则是表达一个或多个学说主题的规范性陈述。
⑦ See, e. g., R. DWORKIN, TAKING RIGHTS SERIOUSLY 112 – 15 (1977).
⑧ H. L. A. HART, *THE CONCEPT OF LAW* 29, 94 – 95 (1961).

在易判案件中，规则规定了结果，有正确的答案。在难判案件中，问题属于哈特所说的法律的"开放性结构"①，规则在此无法决定结果。在这种案件中，法官只被授权作出一种或另一种判决，从而修改规则，以便今后确定类似案件的解决办法。"②因此，这种案件在未来会变得易判。当事人在易判案件中享有合法权利，但在难判案件中谈论法律权利是没有意义的。最后，一些学者，包括美国法律现实主义③和批判法学④的一些代表，认为法律本质上是主观的、不确定的和政治的，没有正确的答案，因为这些答案是从一个封闭的法律体系中合理地推导出的。这些主观性、不确定性和意识形态的特质，传统上被法律论证所披上的表面逻辑和理性所掩盖。这种怀疑论的观点攻击了逻辑和理性的表象，揭示了法律学说的基本的可操作性。

这一观点对法律权利问题的影响是模棱两可的。严格地说，这一观点表明，法律权利并不存在。法律的不确定性意味着对权利存在的所有论证都可以用对其不存在的论证来反驳，并且在这些论证之间没有选择的逻辑基础。从另一个角度看，法律权利的问题包含在更大的政治和社会道德问题中：我们应该如何对待彼此？如果这个问题不能通过规则和原则的逻辑应用来解决（事实上，如果它根本无法解决），那么这是一个持续对话和持续选择的问题。⑤ "权利"的措辞可能不足以描述或促进这一进程。⑥ 这三种截然不同的方法有一个共同的观点：法律权利的存在与法律制度对具体法律问题作出确定答案的能力密不可分。对这些问题的详细探讨远远超出了本文的范围。然而，第一节和第二节中的讨论提出了对法律权利和正确答案的某种不同的思考方式，这至少部分地把这两个问题分开。

法律从根本上讲与价值观有关；每一个案例都会提出这样一个问题：作为个人和作为一个集体的社会，我们应该如何行动。以宪法规定、法规、行政法规和先例为形式的法律学说，包括试图阐明我们为回答这个问题而呼吁的价值观。在某些情况下，这些价值观是一致的，很清楚应该如何解决争端。然而，法律所代表的价值观有时是相互冲突的。解决这些难判问题的过程要求我们就这些相互冲突的价值观展开持续的辩论。在技术层面上，这场辩论是以关于立法意图或案件的审理或一系列先例的判决比率的争论来阐述的。但这些都是隐喻。在这些争论中，我们真正做的是讨论如何在特定的案件中容纳适用的法规、案件或一系列案件中捕捉到的不可调和的价值观。

第二节主张，法律论证的合法性取决于它与所涉法律理论的一个或多个主题之间的联

---

① Id. at 120, 124-32. "开放结构"这个短语来自弗里德里希·怀斯曼在 *Verifiability*, in 1 *ESSAYS ON LOGIC AND LANGUAGE* 117 (A. Flew ed. 1952)。

② H. L. A. HART, *THE CONCEPT OF LAW* 29, 128-32 (1961). See R. DWORKIN, TAKING RIGHTS SERIOUSLY 81-130 (1977).

③ See, e.g., Cohen, The Ethical Basis of Legal Criticism, 41 *YALE L. J.* 201 (1931).

④ See, e.g., Singer, The Player and the Cards: Nihilism and Legal Theory, 94 *YALE L. J.* 1 (1984).

⑤ Id. at 38-39.

⑥ See Tushnet, An Essay on Rights, 64 *TEx. L. REV.* 1363 (1984).

系。这些主题，通过法律解释和案例综合等程序确定，表达了我们对当前问题持有同时存在且不可调和的多重价值观。易判案件是所有主题导致一个结论（我们的价值观是一致的），而难判案件是所有主题导致相反结论（我们的价值观相冲突），如果这一说法是正确的，那么在易判案件中，所有合法论证都会导致同一个结论，而在难判案件中，合法论证会导致不同的结果。这反过来意味着易判案件有正确的答案，但难判案件却没有。然而，这种对法律论证的描述并不能得出这样的结论：在易判案件中有合法的权利，在难判案件中却没有。当事人在任何案件中都有同样的法律权利，即与过去处境相似的当事人一样受到待遇。这是什么意思？它意味着对本案适用对过去案件相同的价值观，即通过认真考虑构成适用法律原则的主题来判定案件。

在易判案件中，相关价值观的应用和相关主题的思考会不可避免地导致特定结果。因为很多案件都很易判，所以我们认为权利实际上就是实质性结果的权利。因此，我们在难判案件中寻找相同的正确答案（依据德沃金观点），或者我们得出结论，难判案件一定是一个完全不同的现象（依据按照哈特观点）。但这两个结论似乎都是错误的。难判案件没有正确的答案，但它们与易判案件也没有根本的区别。所有案件中的当事人都有完全相同的权利，即限制案件中被认为是合法论证的权利，这种限制排除了适用的先例、法规、宪法规定和行政法规中没有的价值。因此，德沃金、哈特和怀疑论者所共有的前提，即法律权利不可改变地依赖于正确答案的可能性，是不正确的。无论案件是否有正确的答案，每一个案件的当事人都有相同的法律权利。①

结 论

在《认真对待权利》一书中，德沃金告诉我们赫拉克勒斯法官的神话，他可以在难判案件中确定正确的答案。赫拉克勒斯法官有能力构建一个完整的法律理论，其中所有的原则都以尽可能一致的方式得到解释。借助这一理论，赫拉克勒斯法官可以解决所有案件。②

就像重要法条的理念一样，赫拉克勒斯法官的神话强烈地吸引着我们。我们需要连贯性，需要正确的答案，也许最重要的是，我们需要确定性。对属人管辖案件的讨论表明，我们可以有一致性。从这些主题衍生出的四个主题和原则构成了连接所有案例的线索。合法论证必须与这些主题结合起来，合法的决策仅限于对这些主题的认真考虑。对属人管辖

---

① 法律权利本质上是程序权利这一观点并不新鲜。约翰·哈特·伊利（John Hart Ely）有力地指出，我们将其写入宪法的基本权利基本上是以程序为导向的。J. ELY, DEMOCRACY AND DISTRUST (1980)。此外，被 Lon Fuller 认为是任何法律制度的基本要求的所谓法律的内在道德，也只涉及形式和程序。L. FULLER, *THE MORALITY OF LAW* ch. 11 (1964); Fuller, Positivism and Fidelity to Law – A Reply to Professor Hart, 71 HARV. L. REv. 630, 644 – 45 (1958)。

② R. DWORKIN, TAKING RIGHTS SERIOUSLY 105 – 30 (1977); 另请参见 R. DWORKIN, *LAW'S EMPIRE* (1986)。

案件的讨论也表明，我们在某些时候可以找到正确的答案。在易判案例中，所有的主题都指向一个方向；在这样的案件中有正确的答案。然而，在难判案件中，这些主题以及由此产生的争论会导致不同但同样正确的答案。因此，我们永远不会有确定性。有多个正确答案的难判案件证明了这一点。但即使是易判案件也不确定。我们每个人都有权在适用的法律原则的主题范围内认真考虑我们的法律问题。但我们不能保证每个法官都会尽责，也不能保证每个法官都能准确地确定主题。

当然，我不能反驳德沃金的论证，即如果我们在难判案件中进行足够的努力，我们将找到一些原则，告诉我们如何权衡有争议的主题和原则，简而言之，我们将能够确定正确的实质性答案。但德沃金的赫拉克勒斯法官的神话承认了一个共同的经验：在难判案件中，理性的凡人不会也可能永远不会就适当的实质性结果达成共识。如果这是真的，那么假设最终不可知的正确答案的存在，我们会得到什么呢？一种可能性是，这种假设为道德批判提供了基础。也就是说，如果我们相信有正确的答案，那么我们就要求法官有责任认真地努力去发现答案。在这一结论的基础上，我们有能力界定和批评裁决中的任意性。[①]

我的结论是，任意性可以用另一种方式来定义。先例界定了关于法律学说的辩论必须围绕的主题，而审判的尽责性——尊重当事人的权利——要求在这些主题所规定的范围内分析和裁决特定的案件。因此，我们可以拥有没有正确答案的权利和没有神话的法治。

（编辑：杨铜铜）

---

① R. DWORKIN, TAKING RIGHTS SERIOUSLY 129 – 30 (1977).

法哲学对教义学研究的补强：
三种哲学方法的引入[*]

[荷兰] 萨内·泰克玛　维布伦·范德堡[**] 著
孙嘉伟[***] 译

摘　要　法律研究可以通过不同的方式进行，法哲学与法教义学研究的关联性某种程度体现在法哲学的运用和系统反思不断构造着法学学者对既有法律秩序的认知。因此本文认为，论证分析与构建、作者分析和反思均衡等三种基本的、不需要进行深入哲学训练就能轻松上手的法哲学研究方法，势必对法教义学研究产生助益。在实际的课题研究中，学者可以根据各自研究目标选择不同的难易度对这三种方法进行融合使用。

关键词　法哲学　法教义学　论证分析与构建　作者分析　反思均衡

一、引言

法律研究可以通过不同的方式进行。在大陆法系国家，大多数学生和研究人员专注于

---

[*] 本文较早的一个版本曾提交给了萨格勒布大学、伦敦玛丽女王大学和鹿特丹伊拉斯谟法学院的学生；我们从学生们的反馈中获益匪浅。我们还要感谢 Irma Bluijs、Noam Gur、Machteld Geuskens、Stuart Goosey、Dimitrios Kyritsos 和 Tamar de Waal 在本文形成过程中进行的指导，以及 Jacqueline Brand、Alma Besic、Lieske Bottema 和 Haris Sabanovic 为研究提供了各种方式的帮助。本文是系列文章的第一部分。在第二篇文章里，我们将讨论教义学研究者运用哲学所欲实现的各种研究目的。

[**] 萨内·泰克玛（Sanne Taekema），鹿特丹伊拉斯谟大学伊拉斯谟法学院教授，研究领域为法哲学和法学方法论；维布伦·范德堡（Wibren van der Burg），鹿特丹伊拉斯谟大学伊拉斯谟法学院教授，研究领域为法哲学、法学理论、法学和伦理学研究方法、多元社会交叉学科研究、宗教学、犯罪防治法、政治理论、民主理论。

[***] 孙嘉伟，男，山东乳山人，华东政法大学助理研究员，政治学与公共管理学院博士研究生，研究方向为法政治学。

传统的法学研究，也可称之为教义学研究；在英国则被称为解释学研究。① 在这种类型的研究中，学者们将法律系统化地归纳到某一具体主题中，或如 Smits 指出："这项研究旨在系统地阐述规制特定法律领域或创制法的原则、规则和概念，并分析这些原则、规则和概念之间的关系，以期解决现有法律中的歧义和空白。"② 然而，大多数教义学研究者不只是进行法律文本的创制。他们还会评估法律并提出修订建议。③ 通常他们会在研究中使用其他学科，其教义学研究也就因此带上了跨学科色彩。

哲学可以与教义学研究有效结合并产生丰硕成果。法哲学在此类教义学研究中所处的地位可以说是当仁不让的。为了研究三权分立、宪法权利的功能或在荷兰实行全民公投的提案，都必须从这些问题的哲学属性出发去研究解决，同时也少不了对于哲学文献的参考。实际上，几乎所有的教义学主题都存在一个与之密切相关的哲学层面问题，因此哲理分析可以为学者们的研究涵养理论深度。

将哲学纳入一个具体的教义学研究项目似乎令人望而却步：未经哲学训练的法学家们怎样才能够精准地阐述哲学观点或哲学理论呢？事实上，建构独创的哲学理论可能要求过高。然而在本文中，我们旨在证明在某一个特定的教义学研究项目中适当使用哲学方法是可行的。有许多不同的哲学方法，它们往往与特定的哲学传统相联系。与功利主义哲学家相比，康德主义学派哲学家不仅在实质性观点上与之大相径庭，他们两派所运用的研究方法也是各不相同。然而，也有一些通用的方法论工具，对理论学者来说是有用且可用的。

本文旨在介绍三种通用的哲学方法，在我们看来，这些方法对于法教义学研究者来说是最有用且可用的。通过对法学博士生开设（法学）研究方法课程，我们在教学中发现很难找到合适的通用资料，为他们的哲学研究提供切入点。能找到的文献资料通常都局限于特定的哲学传统，或具体问题，而不是方法论。本文旨在为没有哲学背景的法教义学研究者作出概括性的介绍，而非着眼于方法论的哲学辩论。

哲学作为对教义学的一种补强，其局限性使得我们必须研究究竟哪些（哲学）方法可

---

① 普通法法系不像大陆法系那么重视对教义学的研究。参考 Van Gestel, R., Micklitz, H. -W., & Rubin, E. (2017). Introduction. In: R. van Gestel, H. -W. Micklitz, & E. Rubin (eds.). *Rethinking Legal Scholarship: A Transatlantic Dialogue* (pp. 1 – 27). Cambridge: Cambridge University Press；参考 Kumm, M. (2009). On the Past and Future of European Constitutional Scholarship. *International Journal of Constitutional Law*, 7 (3), 401 – 415。

② Smits, J. (2017). What is Legal Doctrine: On the Aims and Methods of Legal - Dogmatic Research. In: R. van Gestel, H. - W. Micklitz, & E. Rubin (eds.). *Rethinking Legal Scholarship: A Transatlantic Dialogue* (pp. 207 – 228). Cambridge: Cambridge University Press.

③ 参考 Taekema, S. (2011). Relative Autonomy. A Characterization of the Discipline of Law. In: S. Taekema & B. M. J. van Klink (eds.). *Law and Method. Interdisciplinary Research into Law* (pp. 33 – 52). Tübingen: Mohr Siebeck；参考 Van der Burg, W. (2019). The Merits of Law: An Argumentative Framework for Evaluative Judgements and Normative Recommendations in *Legal Research*. Archiv für Rechts und Sozialphilosophie, 105 (1), 11 – 43。

用。我们主要关注三种方法，它们与在教义学研究中使用的方法很大程度上是一致的。①这些方法具有彼此间部分相似的优点，因此（使用者）不需要（经受）大量的哲学训练。哲学和法学都具有人文研究的基本特征，即都是解释性和论证性学科。但在研究过程中形成这些基本特征的方式却出现了分化。在本文中，我们研究哲学方法的共性问题，但更要聚焦哲学方法的特性。

接下来，我们讨论三种法哲学方法：论证分析与构建（第三节）、作者分析（第四节）和反思均衡（第五节）。在具体研究项目中，通常这三种方法结合在一起使用：研究者可以从研究现有的文献着手，接着分析文献中的论点，然后将立场和论点纳入一个反思均衡范式当中。当然，我们可以清楚地区分上面这三种方法。在讨论方法之前，我们先在第二节里对作为教义研究辅助学科的法哲学作一些概括性的评述。

二、法哲学的相关评论

理论界围绕"法哲学是什么"这一问题存在很多争议。在这里，我们认为法哲学是教义学研究的一种辅助学科。显然，法哲学本身作为一门独立的学科具有重要的地位。然而，更应当关注它对教义学研究的补强意义，这能使我们过滤掉那些与跨学科研究项目不甚相关的各种因素。② 我们广泛考察法哲学领域，将其视为实践哲学的一部分，并与道德和政治哲学相续接。③ 所有这些领域都涉及人类活动和实践问题。因此，可将法哲学定义为与法律实践密切相关的哲学。

在考察法哲学在教义学研究中的应用时，我们认为应将其区分为三个互补的视角：作为行为的法哲学视角、作为观点的法哲学视角和作为理论的法哲学视角。④ 这三个视角显然是相互联系、相互依赖的，即便如此，也应该对其加以区分。（如果）仅把法哲学简化归纳为上述三种视角中的某一种，将贬损哲学本当呈现出的丰富性。

首先，法哲学是一种对法律进行的系统表达。这包括一些非常基本的问题，例如什么

---

① 教义学研究方法详见 Smits, J. (2017). What is Legal Doctrine: On the Aims and Methods of Legal-Dogmatic Research. In: R. van Gestel, H. -W. Micklitz, & E. Rubin (eds.). *Rethinking Legal Scholarship: A Transatlantic Dialogue* (pp. 221 – 227). Cambridge: Cambridge University Press; Kestemont, L. (2018). *Handbook on Legal Methodology. From Objective to Method.* Cambridge: Intersentia; Vranken, J. B. M. (2012). Exciting Times for Legal Scholarship. *Law and Method*, 2 (2), 42 – 62. doi: 10.5553/ReM/221225082012002002004。

② 将法哲学方法论视为一个独立的学科，详见 Coleman, J. (2004). Methodology. In: J. Coleman, K. E. Himma, & S. Shapiro (eds.). *Oxford Handbook of Jurisprudence and Philosophy of Law* (pp. 311 – 351). Oxford: Oxford University Press; Langlinais, A. & Leiter, B. (2016). The Methodology of Legal Philosophy. In: H. Cappelen, T. S. Gendler, & J. Hawthorne (eds.). *The Oxford Handbook of Philosophical Methodology*. Oxford: Oxford University Press. doi: 10.1093/oxfordhb/9780199668779.013.9. 这两篇文章都关注了英美法哲学方面的争论。Klatt, M. (2007). Contemporary Legal Philosophy in Germany. *Archiv für Rechts- und Sozialphilosophie*, 93 (4), 519 – 539。德国法哲学的一个更具一般性的定义（也部分提及了方法问题）。

③ Postema, G. (1998). Jurisprudence as Practical Philosophy. *Legal Theory*, 4 (3), 329 – 357。

④ 这种区分与荷兰的法学院在课程学习目标设置上通常采用的三重区分法相关，即（从事哲学实践活动的）技能、（理解核心概念和原理的）观点和（哲学理论的）知识。

是法律，法律与国家和道德的逻辑关系等。它也包括对人权、民主和法治等基本原则和概念的表达。还包括一些具体问题，比如法律是否应该禁止大麻、色情制品或罩袍。哲学与教义学的区别在于哲学不能直接从法律渊源中找到答案。哲学家们大多超越了法律渊源，并不局限于对某一特定法律秩序的表达。对法律进行系统表达的实践主要遵循两种形式：概念性、理性的思维和规范性的思维。第一种形式将系统性表达视为对法律中所用的概念和原则的澄清。例如，它阐明合法性解释是什么，如何理解权利的概念等问题。第二种形式对法律应当是什么样的，什么的原则才可被接受这类问题提供一个规范性阐释。例如，它论证法律（是否）应该允许安乐死，或者宗教自由（是否）是一项单独的人权。

第二，可以把法哲学看作关于核心的、基本的概念和原则以及法律秩序背后理念的集合。例如：言论自由的正当性在哪里？在此我们可以使用约翰·斯图亚特·密尔（John Stuart Mill）提出的观点，即言论自由对于维持一场公共辩论是必要的，在这场辩论中，最好的观点将涌现出来，这样真理才能获胜。[1] 通常情况下，哲学思辨不会只得出一个可能的答案，而是得出一系列可论辩的答案——尽管个别学者会坚信其中一个答案是最好的。关于言论自由，其他学者认为，自己表达是人类文明繁荣的必要组成部分。[2] 对于法教义学研究者来说，此类见解往往很重要，因为它们是根据法律秩序基本原理和概念进行批判并将法律文本构建为一个逻辑严密的体系的重要基础。

第三，法哲学由诸多理论构成。一些法哲学家花费大量的时间研究某一领域的问题，并提出完整的一般理论来解决该问题。例如，约翰·罗尔斯（John Rawls）提出了正义论[3]，罗纳德·德沃金（Ronald Dworkin）提出权利论[4]，赫伯特·哈特（H. L. A. Hart）提出法律（的概念）理论[5]。这些有影响的书籍是知识巨匠们进行全面系统思考的产物。然而，他们同时也受到其他哲学家的严厉批判。（因为）哲学理论总是存在争议、有待论辩。哲学不仅包括思想家个人的系统思考和表达，也是他与其他哲学家进行的批判性讨论。在进行哲学研究时，最好从研读上述这些具有影响力的文献开始。读者可能同意他们的观点，也可能部分不同意。准确地理解争议点的来源将会为找到更好的答案提供研究方向。哲学文献通常在开篇阐述一种哲学理论，然后对其中何者可进行论辩、何者不可进行论辩的理据进行批判性分析，从而提出修正该理论的建议，有时甚至会全盘否定该理论。

在本文中，我们主要着眼于法哲学的运用和系统反思。当然，这种反思通常建立在现有哲学理论的基础之上，并构成我们对法律秩序的认知。在此法哲学的三个视角是确实相

---

[1] 参考 Mill, J. S., edited by Collini, S. (1989). *On Liberty, with The Subjection of Woman and Chapters on Socialism*. Cambridge: Cambridge University Press.
[2] 参考 Marmor, A. (2018). Two Rights of Free Speech. *Ratio Juris*, 31 (2), 139–159.
[3] 参考 Rawls, J. (1971/1999). *A Theory of Justice*. Cambridge, MA: The Belknap Press of Harvard University Press.
[4] 参考 Dworkin, R. (1978). *Taking Rights Seriously*. Cambridge, MA: Harvard University Press.
[5] 参考 Hart, H. L. A. (1994). *The Concept of Law*. Oxford: Oxford University Press.

关的。教义学研究也是一种（对法哲学方法）的运用，我们感兴趣的是如何通过将哲学子课题融入（教义学研究），以改进和补强这种运用。当教义学研究者想要使用哲学观点和理论时，他们通常不会直接地照搬这些理论的内容；而是必须（对内容）进行翻译和转化，以便能够对其进行文本分析。这种翻译和转化的关键就是（所得内容）可以通过区分法律的内部和外部观点来进行解释。①

教义学研究者通常以内部视角看待法律。他们将法律（关系）视为包括律师和普通公民在内的法律实务参与者（的关系），不断建构、重构着作为（调节）特定法律秩序准据法的文本。即便如此，教义学研究也并不是完全依赖内部视角；它对于来自法律秩序之外的观点并不排斥，比如经验性和哲学性观点。② 哲学理论可以同时从内部和外部视角来审视法律。如果研究者们采取内部视角，他们的成果就很容易与既有的法律文本的内部视角保持一致。正如我们已经注意到的那样，教义学意义和哲学意义上的内部视角，其主要区别在于后者更多地运用法律渊源以外的论点（来审视法律）。这使得哲学研究和教义学研究之间的差异逐渐显现。

然而，许多哲学理论并未采用内部视角，而是从外部视角出发。（提出这些理论的学者们）并不把自己定位为法律实务参与者的讨论伙伴，而是作为这种具体实务或总体法律秩序的观察者或批判者。通常，这些（外部视角哲学理论的）支持者们旨在提出关于法律的一般理论，甚至是通用的理论，或是构建出有关公正社会的逻辑严密的理论体系。他们也可能批判某一特定法律不符合他们的理论标准。然而（此时），他们并不是作为参与者，而是作为法律实务的局外人。外部视角可以产生有趣的见解和理论，但在教义学研究的语境下它们并不能得到直接适用。因为在不同的语境下针对不同的受众提出的某一论点，为使其符合文本的逻辑架构，就必须对其进行翻译和转换。③ 所以这些外部理论与文本迥异，而拥有内部视角的哲学（理论）则不同，（相对外部视角理论来说）它（与文义的差异性）是渐变的，因此在教义学语境下（对具有外部视角理论的）使用需要更加谨慎。④

将法哲学纳入法学理论研究的一大障碍是人们认为它太难了。尽管事实可能确实如

---

① 关于区别解释理论，请参见 Tamanaha, B. Z. (1996). The Internal/External Distinction and the Notion of a "Practice" in Legal Theory and Sociolegal Studies. *Law & Society Review*, 30 (1), 163 – 204. doi: 10.2307/3054037。

② Smits, J. (2017). What is Legal Doctrine: On the Aims and Methods of Legal – Dogmatic Research. In: R. van Gestel, H. – W. Micklitz, & E. Rubin (eds.). *Rethinking Legal Scholarship: A Transatlantic Dialogue* (pp. 221 – 227). Cambridge: Cambridge University Press; Kestemont, L. (2018). *Handbook on Legal Methodology. From Objective to Method.* Cambridge: Intersentia; Vranken, J. B. M. (2012). Exciting Times for Legal Scholarship. *Law and Method*, 2 (2), 42 – 62. doi: 10.5553/ReM/221225082012002002004。

③ 参见《伊拉斯姆斯法律评论》（Erasmus Law Review）2015 年第 8 (2) 和第 8 (3) 两期中关于交叉学科法律研究中的融合陷阱问题，以及我们对这些特殊问题的解读，请参见 Taekema, S. & van der Burg, W. (2015). Introduction: The Incorporation Problem in Interdisciplinary Legal Research Part 1: Theoretical Discussions. *Erasmus Law Review*, 8 (2), 39 – 42. doi: 10.5553/ELR.000050。

④ 它们可以很容易地与其他外部视角的法律观点相融合，比如法社会学。关于在此种语境下引用哈特（Hart）的例子，出处同脚注 12。

此，但这是由于其多科性导致的：任何学科都有自己的特征，对于没有系统学习过该学科的人来说这些特征就很难掌握①。在哲学中有两个特别明显的特征应当引起我们注意。首先，各个学科都有自己的学科术语和技术语言，这与单纯修辞上的术语不同。即使哲学文献中使用了例如"证据""责任"等法律中常用的词语，但这些词语的含义也往往与法律文本中的含义不同。不仅哲学这门学科有自己的技术语言，很多哲学理论也都有各自独特的术语。其次，各个学科都有自己的方法和技术，这绝不是律师使用的那种方法和技巧②，（读懂）哲学文献需要高度抽象和缜密的思维。

抽象思维难以得到直接运用，这成了研究者运用哲学的最大障碍。很多非常抽象、笼统的理论通常都是采用了外部视角，它们并不能直接适用于律师所关心的那些具体的问题。③ 尤其是作为法哲学分枝下的"法理学"，其研究的重点就是对法律概念的理解。④ 这类法哲学家试图寻找所有法律秩序的共同特征，因此分析极为抽象，且与教义学研究没有太多直接关系。毕竟，基于法律实务来定义什么是法律，这在一般的抽象哲学中很难找到，但在规制法律实务的特定规则中却很常见。⑤ 抽象理论在现代哲学乃至于伦理学和科学哲学中都非常普遍。在规范伦理学和政治哲学领域，学者们缔造出了理想化条件下的理论，例如，在假想自然状态下的社会契约、理想社会中的正义原则⑥。显然，这些理论并不直接适用于我们非理想社会中的具体法律秩序，未受哲学训练的研究者要理解这些理论也需要耗费巨大的精力。⑦ 由于这些抽象理论往往采用外部视角，因此，在把它们用作法律改革的论据时，就需要进行翻译和转换。这也要求那些缔造出理想化理论的法学研究者们具备创造性思维。然而，在特定法律研究主题和研究目标的情境下，这些理论通过外部视角对现有制度安排进行批判时常常是有效的。

幸运的是，以构建规范性论据解决实际问题的非理想化理论的哲学著作也越来越多了，这是一条（使哲学）接近现实法律实务的新路径。例如，预防传染病的疫苗是否应具

---

① 参考 Van Klink, B. & Taekema, S. (eds.). (2011). *Law and Method. Interdisciplinary Research into Law*. Tübingen：Mohr Siebeck。

② Smits, J. (2017). What is Legal Doctrine：On the Aims and Methods of Legal - Dogmatic Research. In：R. van Gestel, H.‐W. Micklitz, & E. Rubin (eds.). *Rethinking Legal Scholarship：A Transatlantic Dialogue* (pp. 221 - 227)。

③ 类似理论可参见 Vilaça, G. V. (2015). Why Teach Legal Theory Today? *German Law Journal*, 16 (4), 781 - 820. Retrieved from https：//heinonline. org/HOL/P? h = hein. journals/germlajo16&i = 794。大多数法律理论与欧洲大陆法系国家的意定法律实践都是无关的。

④ 例如，朱莉·迪克森（Julie Dickson）认为，分析法学的首要任务是"分离和解释那些使法律成其所是的特征"。参考 Dickson, J. (2001). *Evaluation and Legal Theory*. Oxford & Portland：Hart Publishing。

⑤ 参考 Vilaça 和 Van der Burg（Van der Burg, W. (2014). *The Dynamics of Law and Morality. A Pluralist Account of Legal Inter‐actionism*. Farnham：Ashgate）。显然，这些规则（的创制）时而受到哲学理论的影响。

⑥ 关于理想理论和非理想理论的讨论，详见 Robeyns 的哲学方法。Robeyns, I. (2008). Ideal Theory in Theory and Practice. *Social Theory and Practice*, 34 (3), 341 - 362。

⑦ 约翰·罗尔斯（John Rawls），其理想理论是目前最具影响力，也明确承认他的理想化条件下的理论成果不能直接应用于具体问题。他关于如何从理想化理论走向非理想化理论的唯一研究就是公民抗命。

有法律义务的问题，就可以通过伦理学和政治哲学来寻求论点支持。① 许多非理想化理论的研究都是采用内部性的政治视角，围绕特定社会或社群进行的，而不是可适用于所有社会的一般性视角。② 即使这一视角并不必然与法律秩序的内部视角相同，但辨析（结果）也不会存在根本性差异。例如，在特定社会的政治性、社会性辩论中，哲学家对隐私和宗教信仰自由等权利的解释，通常与基于法律秩序作出的合法性解释（在逻辑上）是相续接的，即使二者含义上可能存在差异，它们大多数情况下也并不会完全对立。因此，我们把法哲学研究的非理想化理论翻译和转化到教义学中，通常都不会出问题。

鉴于法哲学上述这些特征，我们认为有三种对教义学研究者来说可行且相关的哲学方法值得去研究。它们不仅在法哲学中很常见，而且在哲学的不同领域都被广泛地使用。因此，我们研究的是哲学方法，而非法哲学方法。虽然它们是哲学的三种核心方法，但为了避免误解，（应当知道）它们并非为哲学所独有。包括法律在内的大多数学科都研究文献、分析论据。法学与法哲学之间存在着的是一种逻辑紧密的续接，而非壁垒森严的界限。然而，这三种方法是哲学的核心方法，因此相比于其他大多数学科来说，哲学家们对它们的阐述肯定要更加深入。

三、辩证分析与构建

三种方法中的第一种是辩证分析。哲学和法律都是论辩性的训练。③ 在法庭诉讼中，当事人试图说服法官采纳他们的观点，为此，一方提出论点，并反驳对方的论点。议会（议事）程序为围绕立法法案和政策开展公开辩论提供了可能性，该程序也在这一过程中得到了固定。在法哲学中，一切都是由论辩力（决定的）。全民公决的举行，器官捐献法的立废变动，遗产税的提高，对这些论题的正反论证有多充分呢？在此，教义学家、法社会学家和法哲学家可以相互补强彼此的观点。虽然教义学家的论据大多来源于文本资料，而社会学家以经验数据为基础，（法）哲学家则侧重于实证法以外的论据，但大多数这些（论据推导出的）结论都具有同样的规范性特征——"这部法律需要被改变"。然而，（法）哲学家们也可通过提供概念性论据，以正反论证某个普遍性事物的具体概念（例如，民主是建立在大多数人的公意之上），而非（只是单纯提供）规范论据。

与数学和逻辑学的论点不同，大多数法哲学论点并不是压倒性的。它们都是有道理的，只是各自合理性程度不同而已。辩证分析有助于确定各个论点和整体论证的合理性。

---

① Pierik（Pierik, R. (2018). Mandatory Vaccination：An Unqualified Defence. *Journal of Applied Philosophy*, 35 (2), 381-398.）支持强制接种。当然，此类研究往往也间接地建立在理想化理论的基础上，但哲学家们已经完成从理想化条件到非理想化条件的翻译和转化的艰巨工作，这成为此类学说的优势。

② 该研究通常适用于研究人员熟悉的特定社会集合，比如当代西方社会（如 Engster, D. (2015). *Justice, Care and the Welfare State.* Oxford：Oxford University Press）。

③ 在这里，我们所指的法律和哲学既包括现实实务，也包括学术性的学科（活动）：所有这些都具有这一特征。

以便于我们把论点区分为能够自圆其说的（客观上认定形式合理）和令人信服的（主观上认定内容合理）两种。① 分歧在哲学中是固有的，在法律和法学研究中也是如此。评价论点品质的主要标准就是能够自圆其说，即一个论点必须符合逻辑且可为之进行合理论辩。② 文章编辑、主编决定是否采编一篇学术文章，标准就是文章能够自圆其说。他们不必同意作者的意见，甚至可能强烈反对。说服力则是一个更具主观性的维度，因为说服了一个听众的论点不需要说服其他人。在学术界存在着许多争论，双方都认为对方是值得尊重的且有争议的，但同时并不被对方的这些论点所说服。

辩证分析可以运用在论证的不同方面。在这里我们从三个方面来讨论。③

辩证分析的第一步是制作一个目录或清单：把所有的支持和反对的论据都对应到某个观点上，看辩论中是否有论据缺失。如此便形成了一个论据概述，即一张（列明所有）正反论据的列表。（制作列表）需要从不同的渠道收集论据，比如会议文件、报纸文章、哲学书籍等。在仔细分析后，（我们）往往会发现辩论中重要论据或相反论据缺失了；研究者应该检查是否也存在这种情况，随后加以补充。因此，概述不仅需要收集论据，还需要构建新论据。这一过程需要创造性思维。第二步是分别分析论据。每一个论据都是能自圆其说的、有说服力的吗？对于法律论证而言，问题在于对某一法规或司法判决的解释是否正确。对于经验性论点来说，我们也应该检查这种表述是否是真实准确的。在日常实践中，这（一步骤）有时可以通过直接观察来完成，但在科学研究中我们经常需要借助证人证言和社会学出版物等资料来支撑或修正相关表述。

在论辩的哲学分析中，仅仅依靠法律渊源或事实通常是不够的。我们该怎样评价全民公决究竟是加强民主，还是削弱民主呢？法治是否意味着追溯性规定就构成对法治（精神）的违背呢？（我们）基本上可以通过两种途径建构哲学论点。首先是发挥自己的创造力：学者们可以通过对现有论据的批判性反思找出修改论点的理据，或者通过构建新论据来取代（既有）论据。第二种是通过检视哲学家提出的规范观点和一般理论，判断这些观点如何支持或反驳某些论点。在进行哲学研究时，许多研究者将这两种途径结合起来运用：他们通过各种渠道收集关于某个问题的论据——包括但不限于哲学家们的观点——并以创造性的方式将这些论据结合在一起。因此，辩证分析不仅分析文献中发现的论据，还筛选、组合并创制论据，以建构出一个完整的论证。

---

① 这一区别详见参考 Van der Burg, W. (2019). The Merits of Law: An Argumentative Framework for Evaluative Judgements and Normative Recommendations in Legal Research. Archiv für Rechts \ u0002und Sozialphilosophie, 105 (1), 11 – 43。

② Feteris 和 Kloosterhuis（参考 Feteris, E. & Kloosterhuis, H. (2011), Law and Argumentation Theory. Theoretical Approaches to Legal Justification. In: B. Van Klink & S. Taekema (eds.). *Law and Method. Interdisciplinary Research into Law* (pp. 253 – 273). Tübingen: Mohr Siebeck）将合理的论点定义为具有可接受前提且逻辑自洽的论点。然而，我们更倾向于说服力较弱的论点，而非尚可接受的论点。

③ 三者排序不分先后，在整个研究过程中，学者们会经常在三者之间切换。

第三步是对论证的整体性分析：论证是否能自圆其说、有说服力？通过论据 A 和论据 B 可得出结论 C 吗？例如，论证必须具备逻辑连贯性。一个常见的前后矛盾的例子是："我没有踢我的妻子，而且，我也没有狠狠地踢她。"① 更常见的是，论证的环节不完整；例如，假设有人从几个案例中得出了一般性规则。这种归纳推理有时可能提供形式合理的论证，进而得出高度可信的结论，但现实却往往不是这样。从与两个荷兰人（交往）的美好经历中，我们不能得出所有或者大多数荷兰人都是好人（的结论）；然而，当我们遇到一百个荷兰人，而且他们都很友善时，这个概括就变得更为合理。即便是有相当数量的案例，一概而论仍有失公允。它也是可反驳甚至是可推翻的。论证本来就是如此：结论总是暂时的。

辩证分析也许不能提供驳倒性的论据，但它与教义学研究高度相关。如果我们想得出一项结论，证明必须改革法律—或者相反，不需要改革—我们必须为我们的立场提供能自圆其说且有说服力的论据。如果我们认为最高法院应该修正或否决其判例法，我们也需要能自圆其说且有说服力的论据。辩证分析有助于提高这些论据的品质，有助于我们对论据弃弱补强。此外，这也推动着我们准确地界定他们同意哪些、反对哪些——他们可能想要拒绝、提炼或补充的观点。因此，辩证分析可以揭示法学研究和实务中隐含的哲学假设，为法律陈述提供哲学抗辩。这是提高教义学研究连贯性和透明度的一个重要环节。

四、作者分析

如第三节所述，许多论据在法律和政治实践中并不存在，但其他（学科的）学者已经创制出了这些论据。因此，第二种可行的方法是吸引那些已经对某些学科进行过广泛研究的哲学家。学者们可能会使用其他人的定义，而不是创制自己的定义，例如："根据哲学家亚里士多德（伦理学，第五卷）的说法，正义意味着类案类判。"或者"根据沃伦和布兰代斯（Warren and Brandeis）的说法，隐私是独处的权利。"②

这种方法在学术界非常常见。为了进行实在法的系统解释，我们就要参考权威作者，例如荷兰私法中的 Asser 系列，或英国合同法中 Chitty 的合同法论。有时，教义学工作者特别是法律实务从业者，并不广泛研究判例法、法律文本和法条本身，只是依赖着权威的论文和工具书而已。然而，在我们看来，他们应该把这些文献作为自己研究的出发点或补充，例如，（这些文献）对某一课题提供很好的总结，或是回答了某些判例法和其他来源无法回答的问题。当教义学研究者引用权威作者时，他们不能简单地假设作者的观点是正确的。他们应该调查其他作者是否同意（所引用）作者的观点。最重要的是，他们必须分

---

① 这只是一个例子。目前关于法律论证的文献很多；最新概述详见 Feteris, E. (2017). *Fundamentals of Legal Argumentation. A Survey of Theories on the Justification of Judicial Decisions*. Dordrecht：Springer。

② 参考 Warren, S. D. & Brandeis, L. D. (1890). The Right to Privacy. *Harvard Law Review*, 4 (5), 193-220. doi：10.2307/1321160。

析和检视那些支撑（所引用作者）观点的论点所包含的具体内容是否能自圆其说且有说服力。教义学研究通常包括对主流学说的批判性分析，这可能导致一个结果，就是支撑该学说的论点丧失形式合理性、可信度和说服力。

这种批判态度在哲学中更为重要。哲学作为一门学科，其（主要）特征之一就是激烈的观点分歧和持久的论辩。然而在法学学术界，往往有一个占主导地位或是盛行的学说，[①] 但这在哲学界是罕见的。（哲学界中）围绕几乎每一个问题都有相互矛盾的观点。约翰·罗尔斯（John Rawls）可以说是20世纪最有影响力的政治哲学家，然而有许多文章批判他的作品。未经哲学训练的法学研究者该如何处理这些争议呢？

引用权威哲学家的观点来支撑个人论证都会存在着对权威性的思辨。这种引用确实（对个人的论证）有补强的作用，但并非是决定性的。我们可以通过对援引该位哲学家的理由进行解释来补强论证。但这一论证的局限就在于没有时间去研究其他哲学家的论点。罗尔斯是20世纪被引用最多的政治哲学家，他关于正义的著作对政治辩论产生重大影响，因此使得（引用罗尔斯观点的）论证变得更加有力。也许我们可以补充一些哲学家们支持罗尔斯在特定领域的观点，例如，公民不服从的观点。如果大多数评论家同意罗尔斯在这个问题上的观点——即使他们批判罗尔斯作品的其他部分——就会使论点更加有力。另一方面，如果对这个特定主题存有许多批判，我们应该研究这些批判，并评估它们是否具有可采信度。

最后，（对于引用权威观点用以补强论证的作用来说，）哲学家的声望也不是决定性的，而是取决于其论点的权威性和思辨力。我们引用（某些）作者的观点并不是因为他们个人的权威性，而是因为他们对某些问题进行过长期而艰苦的思考，并提出有趣、可辩的观点。如果这些观点又是可信的、经过充分论辩的，我们就会采纳他们的观点。否则，我们可以经常通过批判这些观点以更好地理解这个问题。哲学文献的主要部分包括对理论的批判性分析、对理论缺陷的描述及对其修正和完善的建议。所以，学者们决不能简单地照搬哲学家的作品。他们必须研究作者的分析，然后就他们对该理论是否具有合理性和说服力表明自己的立场。

研究人员也可能决定援引多个作者。这就意味着要分析不同哲学家的论点和思想，直接使用它们，也可能对其进行融合。作者们经常互相补充，这使得对不同理论中的各种素材进行结合成为可能。而有时哲学家会互相批判，观点之间的驳斥、差异和重叠可以用来建构一种新的立场。最终，（引用权威观点用以补强论证的作用）还是取决于论点的力度；在这种情况下，不同作者的理论综述的论点以及由此推导出的援引者自己的论点就相互融合了。值得警惕的是，虽然（某些）哲学家们貌似是在讨论同一个主题，而实际上却是风马牛不相及的，因为他们使用了不同的（理论）框架来审视同一主题。不加选择地组合不

---

① 荷兰语：de heersende leer，德语：herrschende Meinung。

同作者的素材常常导致矛盾。这类似于比较法中众所周知那个观点：我们不能随意地将法国责任法与英国（责任法）的条文组合起来纳入荷兰（责任）法。即使善于运用比照方法的律师发现国外某些观点有用，他们仍然必须审查这些观点是否与他们希望所纳入的法律制度相适应。① 同样，教义学研究者们不应不加选择、不加批判地从边沁（Bentham）、哈贝马斯（Hbermas）、福柯（Foucault）的理论中寻章摘句、拼接素材并将其纳入一个法律文本中。

五、反思均衡

第三种方法的基本思想很简单：我们收集所有相关的、看上去可信的信念②，并相互对比、检验、扬弃、提炼它们，直到我们构建出一个（逻辑）连贯的理论。试想，侦探们想要根据零碎的信息查明"究竟是谁干的"。③ 他们会使用法医学数据来确定一些可能的嫌疑人，并判断是否有可能根据痕迹、动机、证词等为每个嫌疑人构建一个完整的过程和场景。这就排除了一些因其具有合法不在场证明或缺乏动机的嫌疑人。然而，即使一开始反对某个场景的论据似乎很有力，但保持开放的心态继续追问下去仍然非常重要：也许有人伪造不在场证明，或者具有令人意想不到的动机（例如秘密事务）。只有当所有的要素在一个完整的故事中被结合在一起，并且没有莫名其妙的矛盾和替代场景时，他们才会得出结论：已经收集到足够的证据来构建一个有说服力的场景。

哲学家也可以使用类似的方法。假设我们想知道人头税（所有公民每人必须缴纳相同数额的税）是否公正。我们坚信：我们的出发点包含着所谓的"理性选择"立场。④ 这些判断可以是具体的，例如，边际所得税税率不应挫伤努力工作的意愿。因此，我们在税率上免除了90%（的纳税人的纳税负担）。此类判断也可以具有更普遍的性质，例如支付能力原则就意味着收入更多的人所应该缴纳的税更多。亿万富翁沃伦巴菲特（Warren Buffet）就认为，他缴纳的所得税比例低于他的秘书，这是不公平的。我们还要看相关的事实。国家预算需要多少收入；人头税税率应该定多高？如果我们以事实来面对这些判断，显然会得出这样的结论：基于当期预算而制订的人头税是不公平的。原因是这将导致亿万富翁比他们的秘书缴税更少，而低收入者缴税太多以至于他们（税后）几乎没有足够的余钱来生活。

---

① 参见 Watson, A. (1974/1993). *Legal Transplants. An Approach to Comparative Law*. Athens and London：University of Georgia Press. 其中有关于法律移植的讨论。

② 我们遵循丹尼尔斯 [Daniels, N. (1996). *Justice and Justification. Reflective Equilibrium in Theory and Practice*. Cambridge：Cambridge University Press.]（Daniels, 1996 年，6）使用"信念"作为广义术语来概括所有形式的信息、判断、意见、信条、思考等，对事实、经验性理论以及道德和价值观的信念也都包含在内。

③ 关于如何根据非常薄弱和不可靠的证人陈述，利用反思均衡来解决犯罪的详细说明，请详见 Elgin, C. Z. (2017). *True Enough*. Cambridge, MA：MIT Press. Elgin（2017 年，69-73）。

④ 罗尔斯（1951）提出"理性选择"的概念。罗尔斯给出各种各样的描述，但其核心思想是，这种选择是由理性的人在"无法获得更常见的错误借口和解释的情况下"做出的。

当然，这是一个简单的故事，但它可能足以说明该方法的核心思想。我们收集我们高度确信的信念，分析每个信念的合理性，并试图建立一个囊括这些信念的（逻辑）连贯的综述。我们通过部分否定、部分修改其中某些信念就可以做到这一点。这种方法因可用在规范政治学理论和应用伦理学研究中而广为流传，但（其实）它的（运用）范围更广；只要在方法的（运用）形式上稍加调整，就也可以被用于科学、历史和美学研究之中。①它是万灵药。② 它并没有在那些被宣称是绝对确定的基础（信念）中寻找正当理由，如效用原则或康德（Kantian）的定言命令，反倒是在最后的逻辑连贯的综述中找到了正当理由。由于以所有相关信念为基础，因此哪怕这种综述只是个面临新信息、新思考（随时）修正的临时结果，但它却是当前所能获得的最好的了。

我们至少需要三种信念来构建所谓的狭义反思均衡：

(1) 对具体案件、法律规定、假设作出具体的理性选择。

(2) 与普遍原则、价值观和理想化理念相关的理性选择。③

(3) 人类行为和社会的相关事实和经验理论的知识。④

这些选择究竟是什么？它们是我们高度相信但又不能绝对确定的信条。我们坚信我们可依赖它们，因为其不仅仅是深藏于心的自私和偏见，或是对偶尔强烈情绪的反应。它们是我们经过认真反思和批判性分析，仍然坚信是正确的东西。对于它们，我相信我们有充分的理由（来相信）。然而，理性选择不是教条、公理。它们是临时性的，随时要被检视。仔细分析后我们可能就会发现它们是站不住脚的。总有各种理由来修改、批驳理性判断理论。支撑最初判断的论据可能是错误的。例如，我们可能认为荷兰的犯罪率有所上升，但随后我们发现可信的实证研究（得到的结论）却恰恰相反。因此，我们秉持的为打击不断上升的犯罪率推行严刑峻法的观点，也不再是站得住脚的了。我们也可以得出结论，我们最初的判断都是非理性反应、偏见以及其他可能并不可靠的因素的结果。最常见的原因是，我们整套信念体系内部并不是和谐统一的。支付能力原则就与人人平等取酬原则不统

---

① 更多关于反思均衡的内容可参考：罗尔斯，丹尼斯，范德堡和范威利根堡（Van der Burg, W. & Van Willigenburg, T. (1998) (eds.). *Reflective Equilibrium*: *Essays in Honour of Robert Heeger*. Dordrecht: Kluwer Academic Publishers.）。Elgin 用它来构建科学、历史和艺术的连贯账户。反思均衡有许多版本；我们在本文中是要构建一个与教义学研究最相似、最接近的反思均衡定义。

② 详见罗尔斯，在第 507 页重复："正义是许多理性因素相互支持的问题，是把一切因素结合在一起形成一个逻辑连贯的观点。"

③ （在罗尔斯的研究中）通用理性判断和具体理性判断之间的区别是渐进的。罗尔斯在他的作品中将其从理性选择具体转向通用。在 1951 年，（罗尔斯认为）理性选择应被视为是围绕具体案件的选择［参考 Rawls, J. (1951/1999). Outline of a Decision Procedure for Ethics. Philosophical Review, 60 (2), 177 - 197; reprinted in: S. Freeman (ed.). John Rawls. Collected Papers (pp. 1 - 19). Cambridge, MA: Harvard University Press.］；但在 1971 年的作品中就包含了更为通用性的原则比如良知的平等自由。本文提到的反思均衡同时包括通用的和具体的两种理性判断。在罗尔斯的作品中（《正义论》）更关注理想化理论，而基本原则是另一个截然不同的范畴。但本文认为作为更具应用性的反思均衡，将基本原则视为通用理性判断的一个子集更为便利。

④ 这可以包括具体的事实，也包括来自经验学科的见解。反思均衡能够包含来自不同学科背景的见解，因此它提供了一个使不同学科课题下不同子课题能够结合、整合的框架。

一,即使这两个原则同时为我们所接受。在这种情况下,我们必须修改、完善我们的一些(初始)选择。我们在各种因素间反复权衡如何解决不一致性,直到我们有了一套(逻辑)连贯的选择方法:均衡。这就是为什么我们称这种方法为反思均衡。① 我们现有的理性选择就是反思过程的起点,而非终点:所有的理性选择必须经过反思,并且能够在这个过程中不断被修改甚至驳斥。

这三种信条是哲学分析的核心,但我们还可以添加其他要素。例如,背景理论、宗教观点、关于道德观念的理想化或经验化信息等。② 课题研究的目标决定了这个过程中应该包括哪些具体因素。一方面,添加更多的要素会使(反思均衡)过程更加复杂,也会使构建完整的理论更加困难,因此我们应谨慎考虑不要包含太多的信条。③ 另一方面,添加要素可能会带来更多相关的信息,特别是分析过程中的关键性引入,可能会使分析结果更加可靠、可信。对于哪些要素应被包括或排除,并没有一定之规。作为重要的方法论目标,可行性和可靠性往往背道而驰。

为了使法哲学分析不脱离法学,(反思均衡)就必须包含法律秩序的相关知识。出于这种考虑,我们应该增加第四组要素:

(4)法律秩序和实在法的相关知识。

应该考虑哪些法律知识,并考量其在平衡和完善分析过程中所应有的权重,这都取决于研究的目的。如果我们旨在构建一个符合欧洲人权法院(ECtHR)判例法的隐私权的哲学理论,我们将考虑条约文本和所有相关判例法。尽管有些判例可能会因错误而被改判,但不能(因此)从根本上将判例法排除在(应考虑的要素)外。如果你旨在改革法律,这就不同了。如果我们想评估全民公决是否会改善荷兰的政治制度,我们就要将现行宪法的知识纳入(反思均衡),以便判断全民公决在某种程度上是否合宪。即便如此,根据我们理性选择,如果确实有充分的论据可以判定某些宪法性法律应予以废除,那么我们也可以无视这些法律(即不将其作为要素纳入反思平衡之中)。毕竟,我们要调查的是宪法是否必须改革。我们对民主理性选择的权重会相对变强,而实在法的权重则会减弱。

律师对反思均衡很熟悉,因为他们使用一种大致相似的方法。④ 在描述和构建法学理论时,法学研究者收集常见的法律渊源:判例法、制定法和条约。判例法可以比作是关于

---

① 在文献中,这一术语既指最终结果即我们的所有选择都处于反思均衡状态,也指推导该结果产生的过程和方法。在本文中,我们选择后者。

② Van der Burg, W. & Van Willigenburg, T. (1998)(eds.). *Reflective Equilibrium*: *Essays in Honour of Robert Heeger*. Dordrecht: Kluwer Academic Publishers.

③ Elgin 以尽可能广泛的信念为研究起点,这种信念也包括所有最初成立的义务,这种包括可能缺乏依据。我们认为最好只从那些我们觉得非常确定的信念开始(展开研究);这使得初始信念更加受限,因此整个(反思均衡)过程也更加可行。即便如此,还是有一定程度的确定性的。在这套信条中,我们很难想象我们会被迫放弃它们;在另一些信条体系中,我们更容易接受相反的立场,这也是可以辩解的。

④ 实际上,约翰·罗尔斯(John Rawls)在法律推理中(受到启发)得到了反思均衡思想的灵感。法律论证中的反思均衡方法详见德沃金。

具体案件的理性选择，而制定法和条约的规则则可以比作更普遍的理性选择。教义学研究者在不同的要素之间反复研究，直到他们构建一个完整连贯的（法律）理论。在这个过程中，他们有时会发现法律和法律矛盾中的歧义、漏洞。为了解决这些问题，他们必须根据一般原则和理念寻找基本论点，例如支付能力原则或民主法治理论。①

无论是在法教义学中还是在哲学反思均衡中，（逻辑）连贯性都是方法论的核心概念。② 为什么连贯性如此重要，它意味着什么呢？连贯性包括两个方面：一致性和互补性。显然，侦探、法学家、哲学家的观点应该是一致的。一名法官或科学家（的个人观点）不应自相矛盾。一名法官对嫌疑人 A 处以 1000 欧元的罚款，而在嫌疑人 B 的同类案件中却对其作无罪判决，法官的行为前后矛盾，将损害法律和她个人的声誉。然而，仅仅避免不一致还是不够的。我们还期望司法判决本身符合法律制度，并正确适用其法律秩序的一般规则和原则；因此，这些判决应得到其他判决、规则和一般原则的支撑。同样，我们期望哲学理论能够连贯一致，例如，关于堕胎和安乐死是正当或不正当杀人的观点与关于死刑的观点应是一致的，并且各种观点之间存在相互支撑的关系。

当然，连贯性并不是采信某些理论或立场的唯一标准。一个理论不应该仅仅是对我们偏见的重构，也不应该建立在无效的论据、自私自利或可疑的意识形态立场的基础之上。这给我们引出一个广义的反思均衡的概念。在反思均衡过程中，采用各种方法以提供最大限度的批判性反思，并允许对最初的理性选择进行根本性的修改。讨论这些问题会占用太大篇幅，但我们至少会谈到一些方法以提供实质性的关键观点。③

有多种方法来批判性地评估一系列的理性选择和事实信念。关于事实和经验理论、科学和法律实践，都有着明确的方法论要求，足以超越合理怀疑来证明它们。对于理性选择可以使用类似的方法，例如对照他人的判断，确定我们是否有偏见或自利等（立场）。④ 我们也可以通过明确地拓宽自己的道德视野来扩展评估范围，例如通过倾听具有不同背景和经历的人，通过阅读文学作品、看电影和纪录片，设想在不同的环境下生活的情

---

① 这符合德沃金（Dworkin）的主张，即法官在解决疑难案件时应着眼于两个方面。就是"恰当"法律渊源（特别是判例法和制定法）维度和"政治道德"维度：法律秩序的基本政治、道德原则和价值观。详见德沃金 [Dworkin, R. (1985). *A Matter of Principle*. Cambridge, MA: Harvard University Press.]。

② 法律上的一致性可详见 Amaya (2015) (Amaya, A. (2015). *The Tapestry of Reason. An Inquiry into the Nature of Coherence and Its Role in Legal Argument*. Oxford: Hart Publishing.) 和 MacCormick (2005) [MacCormick, N. (2005). *Rhetoric and the Rule of Law: A Theory of Legal Reasoning*. Oxford: Oxford University Press.]。

③ 应采用哪种方法论原则取决于研究课题的目的和背景；因此，我们在这里只能作出一些论断。在关于罗尔斯的文献中，这一点主要是通过诉诸背景理论来讨论的。然而，这是一个非常广泛的范畴。最重要的背景理论类型，要么集中在使收集和处理理性选择变得更加可靠的方法，要么集中在根据一般的社会学和心理学观点哪些正义理论是可行的。

④ 避免偏见和自私的一种著名方法是罗尔斯的原始境况理论，即人们必须在无知之幕后决定正义问题，而不知道自己的个人特征和社会地位。

境。① 我们希望我们的结论尽可能令人信服并被广泛接受。这意味着我们应该积极寻找引入关键性要素投入的方法，包括不同于我们自己的观点，以便我们能够真正测试我们的理性选择和临时平衡。第二套方法论原则侧重于产出。我们的表述应当是简洁优雅，便于实际应用。就我们所熟知的研究领域而言，它应该是完整、稳固的，足以使它能够应对新情况。根据我们对社会和人类行为的了解，这也应该是可行的方法。②

反思均衡是动态的、可不断修正的方法，它包容性强并接受反驳，因反驳可引入一个新的反思均衡过程，导致进一步的修正和完善。③ 正如我们之前所说，规范性论点仅仅是可接受的，不是不能反驳的。反思均衡并不能保证（推导出）绝对真理，但它有助于提高（论证的）合理性。（论证的）结果总是暂时的，并有待将来改进。由于其对各种理性选择和知识的开放性，反思均衡使法律论证和事实知识能够与哲学论证相结合。且由于其与法律论证同样关注逻辑连贯性，因此它是一种在跨学科的教义学研究背景下有益且可行的方法。

六、结论

教义学研究者有时可能希望在他们的研究中包含哲学维度。本文探讨了无哲学学术背景的学者也能运用的三种哲学方法，即辩证分析法、作者分析法和反思均衡。

在实际的课题研究中，这三种方法并没有被严格区分，它们通常是结合在一起的。如果学者们总是浪费时间做无用功，这将是非常低效的；因此，一个哲学子课题通常应该从哲学文献的作者分析开始。那些哲学家的观点是否合理且有说服力？不同哲学家的观点有重叠、分歧甚至冲突吗？这时就需要一个辩证分析：支持或反对某些立场的论点有哪些，这些论点是否合理且有说服力？随后，这些论点和立场将被纳入一个反思均衡的过程中：它们是否与我们的理性选择或现实保持一致？也许来自哲学家们的论点和立场将导致我们对理性选择进行修正，或者理性选择导致对他们论点和观念的批判和修正。我们不断持续着这个过程，直到我们形成清晰的观点和连贯的理论，然后我们才可以将其纳入我们的教义学研究。

在具体操作每种方法时可以选择不同的难易度。教条学者可以尝试对哈特的作品以及针对哈特进行批判的文献体系进行全面的研究。也可以阅读哈特的主要著作和一些最著名

---

① 参考 DePaul, M. R. (1993). *Balance and Refinement. Beyond Coherence Methods of Moral Inquiry.* London: Routledge.

② 罗尔斯（《正义论》）将一般社会理论、理性选择理论和道德发展的心理学理论结合起来，论证其方法在这些背景理论的指导下也是可行的。

③ 当我们在出版物中呈现反思均衡过程的结果时，我们往往简化实际过程，而忽略大多数中间阶段以及我们拒绝或提炼的信念。我们以连贯的形式呈现最终结果，并用论证来支持它，包括赞成和反对的论点。因此，我们表明，连贯的最终结果可以考虑最重要的信念；这些信念中的每一个都可以被视为我们的理论或结论的论据。虽然这过程与辩证分析的过程有所不同，但结果的合理性可能类似于辩证分析。

的批判文章。这两种选择都是合理的。其他方法的难易度选择也是如此。无论研究人员决定做什么研究,我们都希望本文至少呈现了一些有所助益的(研究)方法。对于没有哲学学术背景的教义学研究者来说,进行法哲学相关研究有时可能很困难,但这(研究方法)是可行的,往往也是非常有益的。

(编辑:吕玉赞)

基于贝叶斯解释回应被告人讲述的故事

[荷兰] 海尔克·杰勒玛（Hylke Jellema）* 著

李　琦** 译

摘　要　在刑事审判中，被告人在为自己的清白做辩护时，经常对事实做出不同的解释。在文雷谋杀案的裁决中，荷兰最高法院讨论了法院何时以及如何拒绝这种替代性解释的问题。根据荷兰最高法院的说法，虽然法院通常应该引用证据来驳回某一解释，但他们也可以辩称该解释"没有变得似真"或"不可信"，最后法院可以声明，一个解释是如此"极不可能"，因此它不需要回应。然而最高法院没有解释这些术语，导致人们对如何解释这些术语感到困惑。本案例评论提出了一个贝叶斯解释，根据这个解释，这三个术语涉及解释的后验概率、被告人的可信性和这个解释为不可能的明显程度等方面的内容。这一解释阐明了最高法院的裁决，并将其与刑法制度的目标联系起来，即错误最小化和有效地做出可以让公众理解的判决。

关键词　刑法　贝叶斯主义　替代性解释　证成

一、引言

2010 年，荷兰最高法院对一桩后来被称为"文雷谋杀案"的案件做出裁决。① 在这个案件中，被告人被指控杀害了他的妻子，他为自己辩护说，他回家时发现妻子已经死了，

---

* 海尔克·杰勒玛（Hylke Jellema），荷兰格罗宁根大学法律系。本文原标题为 "Case comment: responding to the implausible, incredible and highly improbable stories defendants tell: a Bayesian interpretation of the Venray murder ruling"，原文于 2019 年发表在《法律、概率与风险》第 18 期（*Law, Probability and Risk*, 18, pp. 201 - 211），英文原文公开获取网址：https://doi.org/10.1093/lpr/mgz011。

** 李琦，华东政法大学政治学与公共管理学院博士研究生，主要研究方向为技术治理。

① 参见荷兰最高法院，2010 年 3 月 16 日，ECLI：NL：HR：2010：BK3359。这个案件的名字来自受害者和她丈夫居住的城镇。

上诉法院判决被告人无罪，理由是没有证据驳回他的解释。然而被告人是在知道法医的调查结果后才提出这一替代性解释，因此，他有可能精心构建了他的故事，① 这样就不会与证据相冲突。这就提出了一个问题：当没有证据可以驳回被告人的替代性解释时，法院是否永远不会拒绝它？

案件随后提交最高法院，最高法院裁定虽然法院应该在理想状况下针对证据去反驳被告人的解释，② 但即使没有证据可以反驳它，他们也可以拒绝被告人的替代性解释。尤其是最高法院区分了三个否决的理由，第一和第二，法院可以辩称某一解释"没有变得似真"或"不可信"，第三，有些解释"极不可能"，根本不需要回应。

这项裁决很重要，因为它为法院应该如何处理被告人的陈述提供了一个框架，可是这也是一个模糊不清的裁决，最高法院没有对它所使用的措辞做出任何解释，也没有具体说明这些措辞应该如何应用，因此法律学者和法院一直在努力理解这一裁决。在本案中，我对裁决进行了解释。③ 该解释使这一裁决易于理解，并与（荷兰）刑法体系的法律规则和认识目标相一致，目标是尽量减少错误的判决，通过让他人理解判决，使判决合法化，并有效地做出此类判决。此外，我也会思考法院是如何判断解释是否"不似真""不可信"或"极不可能"的。

我是基于广义贝叶斯定理来展开论述的，因为我使用贝叶斯认识论的语言来阐明必要的区别（更多关于这一点的解释在第三部分论述）。我使用这个框架来精确地定义和区分不同的术语，在口语环境中，这些术语都与解释的可能性有关，例如第四到六部分中提到的"似真的""可信的"和"很有可能的"。首先我来更详细地解释文雷谋杀案。

二、文雷谋杀案

在文雷案中，一名男子被控刺死了他的妻子，起初这名男子要求他有保持沉默的权利，一年半过去了，他才提出一种替代性解释，当时他已经知道了法医调查的结果，然后他声称他到现场时发现妻子已经死亡，并假设罪犯可能因为和他发生争执而杀了他的妻子。正如上诉法院所指出的，这一解释与现有的有限证据（血迹和鞋印）相吻合，至少与他没有杀害妻子的陈述相吻合。事实上法院甚至认为这个解释可能更符合实际的证据，例如，因为在被告人的衣服上没有发现血迹，而这通常是很难去除的。不过法院确实注意到，被告人的说法有些难以置信，特别是因为被告人等了这么久才提出，尽管如此，他还是无罪释放了。法院的理由是，只有在有证据驳回替代性解释，或者该解释不似真，不需要明确驳回的情况下，法院才能定罪。上诉法院认为，本案并不存在这两种情况。

---

① 作者在本文使用"故事"和"解释"这两个术语可以进行互换。
② 或者最高法院指出，通过"从反驳证据中得出的事实和情况"（荷兰最高法院，2010 年 3 月 16 日，ECLI：NL：HR：2010：BK3359）。
③ 本文是即将发表在第三届欧洲论据会议（European Conference on Argumentation）论文集上的一份会议论文的扩展版。此外，在一份未发表的手稿中，斯霍尔滕（Scholten, 2019）也提出了对文雷谋杀案的分析，尽管她的分析与我的分析有本质上的不同。

如果我们从荷兰刑法的角度来看，法院的立场是可以理解的。首先，每当被告人提出替代性解释，法院只有在其裁决中提出拒绝这一解释的正当理由时，才能将其定罪。① 第二，荷兰的证明标准规定，只有法院根据可采证据（based on the admissible evidence）确信被告人有罪的情况下，被告人才能被定罪。② 因此初审阶段当法院必须证明为什么它确信被告人有罪时，它也应该参考可采的证据。当定罪涉及法院驳回被告人的故事时，也要求法院引用一些驳回这种替代性解释的证据。

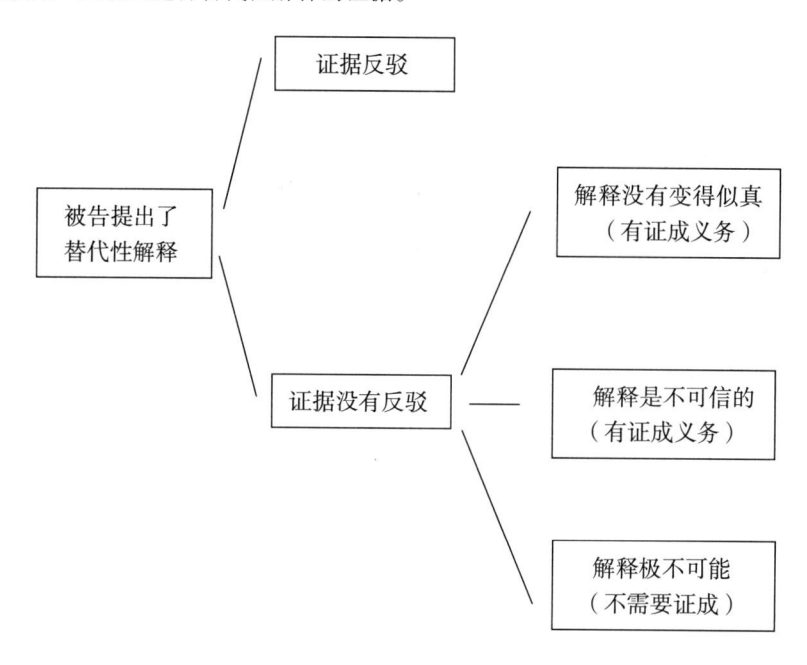

```
                    ┌── 证据反驳
                    │
                    │                ┌── 解释没有变得似真
                    │                │   （有证成义务）
被告提出了 ─────────┤                │
替代性解释          │                │
                    │                ├── 解释是不可信的
                    └── 证据没有反驳 ─┤   （有证成义务）
                                     │
                                     │
                                     └── 解释极不可能
                                         （不需要证成）
```

图 1　裁决示意图

然而，最高法院并不同意这种解读，因为它裁定，即使没有证据来反驳，解释有时也可能被驳回。③ 尤其最高法院表示，法院可以辩称被告人的故事"没有变得似真"或它是"不可信的"，最后，有些解释"极不可能"，因此不需要法院以明确的理由予以驳回。关于裁决的总结，参见图1。

因此，最高法院的裁决是关于法院应该如何处理证据未能"反驳"被告人故事的案件，但他们仍然希望拒绝被告人的替代性解释。在继续我对这项裁决的解释之前，我想讨论两种情况，一种是法院可以通过证据反驳被告人的故事，另一种是尽管没有反驳证据的

---

① 荷兰刑事诉讼法第359条第2款。这条款指出，任何时候，当被告人提出支持其无罪的明确论证时，法院都必须做出回应（荷兰法律术语为"支持立场"（onderboud standpunt），作者的翻译）。这包括对被告人提出的与他无罪的事实的任何替代性解释。
② 荷兰刑事诉讼法第338条。
③ 所以，最高法院把这个案件发回另一个上诉法院。这个上诉法院随后判定被告人犯有谋杀罪。阿纳姆法院，2012年10月15日，ECLI：NL：GHARN：2012：BY0075。

存在，法院依然可以拒绝这一解释。我用贝叶斯框架分析了这两种情况。

三、运用证据或者没有运用证据拒绝故事

当法院拒绝被告人的解释时，他们通常会引用反驳这一解释的证据，但这并不意味着是证据反驳了这一故事，因为这个故事本身不可能是真实的。即使有非常有力的证据证明反对一个解释，比如说有多个看似可靠的证人，那么这个故事是真实的可能性也很小。例如，所有的证人都有理由撒谎，这种情况很少发生，但并非不可能。相反证据只要使故事变的（非常）不可能，就会反驳这个故事。只有在被告人的解释可能性很低的情况下，法院才应该拒绝被告人的解释，以避免错误定罪。

用贝叶斯术语来说，这意味着假设（H，解释）以案件中的所有证据（E）为条件的概率（P（H|E））非常低。这个"后验概率"（posterior probability）可以用贝叶斯公式来计算：

$$P(H|E) = [P(E|H) \times P(H)] / P(E)$$

因此，案件中的证据是否使假设不可能，取决于假设本身的可能性，即假设（解释）为真时观察证据的概率 P（E|H）。似然度低则意味着，如果假设是真的，我们就不会期望出现这种证据。例如，假设（与事实相反的）一名证人在文雷案中作证，他看到该丈夫杀死了受害者，虽然证人可能不可靠，但如果该丈夫关于袭击者的故事是真的，我们就不希望有这样的证人陈述。

在有两种相互矛盾的解释的情形下，例如在文雷案中，我们通常对一种解释跟另一种解释相比，哪一个可能性更大感兴趣。为此，我们可以将贝叶斯规则改写为其"几率"（odds）版本：

$$\frac{P(H_1|E)}{P(H_2|E)} = \frac{P(E|H_1) \times P(H_1)}{P(E|H_2) \times P(H_2)}$$

这里 H_1 和 H_2 表示两个解释中有一个是真的假设。在这一版本的公式中，证据是否偏向于有罪或无罪的先验概率取决于"似然率"（likelihood ratio），P（E|H_1）/P（E|H_2）。当似然率大于1时，意味着证据增加了 H_1 为真的概率，而似然比小于1则意味着 H_2 为真的概率增加。

当考虑接受哪个故事时，拒绝一个故事并接受另一个故事通常意味着找到"分辨证据"（discriminating evidence），即更适合一个故事而不是另一个故事的证据。[1] 用贝叶斯

---

[1] 参见 Van Koppen, P. J. (2011). *Overtuigend bewijs: Indammen van rechterlijke dwalingen* [*Convincing evidence: Reducing the number of miscarriages of justice*], Amsterdam: Nieuw Amsterdam, pp. 52–55.

术语来说，这意味着似然率强烈支持一个故事而不是另一个故事的证据，这样的证据区分了这两种解释，因为如果一种解释相比另一种解释更真，我们会更加期待支持这一解释的证据。如果似然率远远大于1，那么某一种解释为真的概率会很高，而另一种解释为真的概率就会很低，在这种情况下，法院可以将分辨证据作为拒绝替代性解释的理由。

如果证据没有反驳被告人的故事，比如对于文雷案如何处理？在这种情况下，关键的问题是应该接受两个不同故事中的哪一个，这种情况最好由贝叶斯规则的概率版本来决定。法院指出这些证据并没有分辨这些故事，不管是丈夫还是其他人杀了他的妻子，无论如何，我们希望能够查明已经找到的那种证据（比如鞋印和血迹）。这意味着似然率接近于1。所以，证据并没有显著改变任何一种解释的先验概率。

正如我所指出的，只有在被告人的替代性解释为真的可能性很低的情况下，法院才应该拒绝该解释。回想一下，根据贝叶斯规则，假设的低后验概率既可以取决于假设的低似然度 $P(E|H)$，也可以取决于假设的低先验概率 $P(H)$。因此，我们可以假设，如果证据没有根据其似然度来分辨不同的解释，替代性解释的低后验概率只能是因为该解释的先验概率较低。我们应该这样解读最高法院的裁决吗？换言之，当法庭拒绝了被告人的解释，理由是不似真的，不可信的或极不可能的，这是否总是对该解释的先验概率的判断？那么我们应该如何区分这三个术语呢？

在接下来的部分中，我将讨论先验概率只在最高法院提到的三个标准之一起关键作用，即解释是否需要"变得似真"，接下来我将研究这个标准。对于其他两个标准，我们需要不同的概念，我将在第四和第五部分分别讨论。在第四部分中，我认为解释是否"不可信的"取决于被告人的可信性。最后，在第五部分中，我认为解释是否"极不可能"，取决于解释是不可能的明显程度。

四、不似真的解释不可能变的可能

根据最高法院的说法，如果某个解释在刑事诉讼过程中"没有变得似真"，法院可以拒绝该解释。在解释这一陈述时，一个明显的问题是，为什么有些解释需要"变得似真"，这个问题的答案在于证明标准。如前所述，荷兰证明标准规定，法院应根据可采的证据确信被告人有罪，然而在实践中，许多法律学者认为这一标准实际上与英美法系国家的标准相似，即必须排除合理怀疑才能证明有罪。[①] 因此如果被告人希望通过讲述另一个故事而获得无罪释放，那么这个故事就必须足够好，足以对他的罪行产生合理怀疑（假设检方的故事本身足够强大）。

假设被告人的故事不充分，而控方的故事强大。这意味着，如果没有进一步的证据或

---

① 参见 Ter Haar, R., & Meijer, G. M. (2018). De rechterlijke overtuiging. In *Elementair Formeel Strafrecht* (*Praktijkwijzer Strafrecht nr.9*), Deventer: Wolters Kluwer; Nijboer, J. F., Mevis, P. A. M., Nan, J. S., &Verbaan, J. H. J. (2017). *Strafrechtelijk bewijsrecht*. Nijmegen: Ars Aequi Libri, pp. 73–74。

论证,被告人很可能会败诉,并排除合理怀疑被判有罪。所以,如果被告人做了一个最开始不太可能的故事,如果没有新的证据来证实他的故事,他就有败诉的风险。被告人有提出新的论证或证据的义务,使法院做出对他有利的判决,否则他就有可能败诉。①

有两个原因可以说明为什么一个解释是不可能的:案件的证据(似然度)或者其先验概率。如果一个解释因为似然度太低而被判定为是不可能的,那么它与已经在法庭上提出的(可靠的)证据便有了冲突,在这种情况下,法院在证明其拒绝接受被告人的解释是正当的时,可以提出这一证据。然而,最高法院的裁决是针对法院不能提供此类证据的案件,因此法院假定描述了这样一种情况:由于先验概率低,因此这个解释是不可能的。解释的先验概率是在观察到任何证据之前的概率,一个解释的先验概率越低,证明这个解释有可能的证据就必须越有力。如果证据不够有力(就似然度而言),那么先验概率将不会被提高到足以产生合理怀疑的程度。在这种情况下,这种解释并没有变得"似真"。

低先验概率的解释是什么样的?首先,它可能有些部分不能很好地结合在一起,例如该解释可能暗示被告人同时出现在两个地方,或者被告人讲述一个动机和行为不一致的故事。例如关于抢劫案的故事,其中没有任何东西被盗,解释可能包括一些独立和个别不太可能发生的事件;② 第二,一种解释的先验概率很低,因为它不符合我们关于世界通常如何运行的概称陈述。例如,我们可能认为无辜的旁观者不会在警察面前逃跑,嫌疑人不可能在10分钟内穿过城市,或者警察很少伪造证据。一个解释越是不符合这种概称陈述,它的先验概率就越低。

五、不可信的解释源自不可靠的故事者

除了认为这种解释不似真之外,最高法院还规定法院可以因为这个解释"不可信"来驳回它。这和一个不似真的解释有什么不同呢?"不可能"是先验的还是取决于证据?当荷兰法院使用"不可信"一词时,它通常指的是被告人在情节中采取的行为或被告人故事的方式。③ 例如,假设被告人声称他是一起谋杀案的旁观者,但他没有拨打急救电话,而他确实花时间试图隐匿受害者的财产。④ 按照我们刚才看到的那样,这样一个故事是不似真的:它包含了不合逻辑的要素,因此先验概率很低。可是这也将是不可信的,被告人不会被认为是一个可靠的讲故事者。作为一个讲故事者,糟糕的故事和缺乏可信性往往是相

---

① 这就是所谓的策略证明责任(Prakken & Sartor, 2009)。虽然被告人在提出一个无力的解释时要承担被定罪的风险,但他并不总是那个承担证明责任的人,而证明责任将使他的故事变得可信。特别是在荷兰这样的纠问式(相对于对抗式)制度中,也可以由警察或检方负责寻找证实或驳回被告人故事的可能的证据。
② 参见Lettinga, B. (2015). Recht doen aan alternatieve scenario's. *PROCES*, 94, p. 53; Josephson, J. R. (2000). On the proof dynamics of inference to the best explanation. *Cardozo Law Review* 22, pp. 1621–1643。
③ 参见Lettinga, B. (2015). Recht doen aan alternatieve scenario's. *PROCES*, 94, pp. 50–61。
④ 例如:海牙法院,2011年10月17日,ECLI:NL:GHSGR:2011:BT7563;鹿特丹法院,2012年11月30日,ECLI:NL:RBROT:2012:BY4663;米登-荷兰法院,2013年7月30日,ECLI:NL:RBMNE:2013:3068。

辅相成的，但并非总是如此。有些故事和证据与我们的背景和信念吻合得很好，甚至可能比真实的解释要更好，但由于被告人缺乏可信性，仍然是不可能的。

首先，一个看似似真的故事可能令人难以置信，因为它与被告人的特征和过去的行为不符。例如，如果被告人在过去所做的陈述与他当前的故事相冲突，而他对之前的陈述没做有一个很好的解释，那么这会降低他的可信性。文雷案就是这样一个例子，案件回到上诉法院后，被告人做了部分供述，他承认袭击了他的妻子，但声称还有另外一个人割断了她的喉咙。但上诉法院认为，由于被告人的解释前后矛盾，缺乏可信性，因此不相信这部分供词。相反，法院声称被告人蓄意杀害了他的妻子，并判定他犯谋杀罪。①

其次，有些故事是模糊的。例如被告人可能声称"发生了其他事情"，而没有提供进一步的细节，人们往往觉得这样的故事难以相信，因为它们缺乏相关的细节。② 然而这样的故事并不与证据或我们的背景假设相冲突，也不一定有内在的不融贯。不管怎样事实上它是模糊的，有时因为某个原因，这个故事是不可能的。假设被告人声称他是一起谋杀案的旁观者，如果他说的是真话，我们或许希望他能为所发生的事情的细节作证。然而如果他随后提出了一个模糊的解释，我们可能会怀疑他是在撒谎，因为他陈述的故事过于模糊，不足以与现有证据相矛盾。换言之，如果我们能够合理地假设被告人可以做一个更具体的故事，从而更好地解释事实，那么我们就有理由怀疑他的故事的可信性。③

第三类重要的不可信的故事是特设性解释（ad hoc explanations），特设性解释是为了符合现有证据，很难或不可能伪造的解释。例如，有罪的被告人可以要求他保持沉默的权利，并且只有在提供了与现有证据相符的所有证据后，他才可以提出解释。④ 文雷案的被告人可能就是这么做的，这样的故事不一定是似真或不融贯的，相反，对犯罪证据的虚假解释有时比真实解释更为融贯，⑤ 也更能得到证据的支持。⑥ 这是因为他们可以根据已知的事实进行调整，然而如果我们有充分的理由怀疑被告人将他的故事与证据相吻合，那

---

① 阿纳姆法院，2012年10月15日，ECLI：NL：GHARN：2012：BY0075。
② 参见 Pennington, N., & Hastie, R. (1991). A cognitive theory of juror decision making: The story model. *Cardozo Law Review* 13, pp. 519–557。
③ 并非所有模糊的故事都是不可能的。例如，我们的记忆力和观察力远不如我们想象的那么可靠（Wise et al., 2014）。尤其是在压力重重的情况下，例如当我们是谋杀案的旁观者或被警察审问时，我们的记忆可能会失效。所以，一个提出了模糊故事的被告人可能只是不太记得特定的情景。
④ 参见 Mackor, A. R. (2017). Novel facts: The relevance of predictions in criminal law. *Strafblad*, (15), pp. 145–156。
⑤ Vredeveldt, A., Van Koppen, P. J., & Granhag, P. A. (2014). The inconsistent suspect: A systematic review of different types of consistency in truth tellers and liars. In *Investigative Interviewing*, New York: Springer, pp. 183–207。
⑥ 参见 Gunn, L. J., Chapeau-Blondeau, F., McDonnell, M. D., Davis, B. R., Allison, A., & Abbott, D. (2016). Too good to be true: When overwhelming evidence fails to convince. *Proc. R. Soc. A*, 472, 20150748。

么这就会降低我们相信他如实说明自己的经历的程度。①

可信性的概念可以很容易地用贝叶斯的术语来表达。一个故事是否可信取决于对以下问题的回答："假设一个证人为事实 X 作证,那么 X 的概率是多少?"。② 用一个公式来说,我们感兴趣的是 P(被告人的解释 | 被告人以这种方式提出这个解释)。所以这个被告人提出的这个解释的事实,在这个时候,可以作为这个解释是否真实的证据。

这里有一个简短的说明,我之前说过,文雷案是关于被告人的故事没有被证据反驳的情况。然而我刚才主张,因为有关被告人可信性的证据使得被告人提出的解释被认为是不可能的,所以被告人的解释缺乏可信性。这是因为上诉法院(最高法院对此做出了回应)没有考虑到被告人等了这么长时间才提出他的替代性解释的事实作为可采的证据,最高法院声称不能拒绝被告人的故事,因为证据并没有反驳它,尽管它声称考虑到被告人的时间安排,这个故事很难让人相信。在贝叶斯模型上,鞋印、血迹和时间都可以作为证据。

六、极不可能的解释明显是虚假的

当法院认为某一解释不似真或不可信时,在判决被告人有罪之前,通常必须证明为什么不相信被告人的解释。然而,根据最高法院的说法,有些解释是如此"极不可能",以至于法院没有义务对此做出回应。

最高法院裁决中引入的术语里,这可能是最模糊的一个。初一看,这个术语似乎指的是概率非常低(后验)的解释,但是这种直接的解释面临着困难,因为任何被法院拒绝的替代性解释都是极不可能的。我在前面提到过(在实践中)荷兰刑法要求,必须在排除合理怀疑的情况下证明被告人有罪,这是很高的证明标准。在概率方面,这个标准通常被认为意味着有罪的概率应该足够高(例如95%)。③ 然而,这意味着任何与罪行相一致的故事的概率最多可以是5%,而且通常会更低。那么如果所有被拒绝的替代性解释都是非常不可能的,如何区分那些"非常不可能"的不需要采纳的解释呢?也许有些解释是极不可能的,比如低于0.01%。然而这仍然给我们留下了一个问题,为什么法院不必回应这样的解释,是什么让极不可能的解释变得特别?

要回答这个问题,首先要讨论一下为什么法院通常应该证明他们拒绝替代性解释的决定是正当的,从广义上讲,这样的证成有两个目的:一是使解释可以被人理解,二是迫使法院反思其推理。首先,明确的正当理由有助于使其受众,包括审判当事人、法律界和整

---

① 注意并不是所有故事与证据相符的被告人都在撒谎。例如接受事后信息可能会潜意识地影响我们的记忆(Shaw, 2016)。此外新的信息可以提醒我们,我们最初的记忆是错误的("啊,是的,我现在想起来了!")(Vredeveldt et al., 2014)。因此,即使是诚实的被告人也可能给出表面上看来的特设性解释。
② 参见 Goldman, A. I. (1999). *Knowledge in a social world.* Oxford: Clarendon Press, 4.2 – 4.4。
③ Cheng, E. K. (2012). Reconceptualizing the burden of proof. *Yale Law Journal*, 122, p.1256.

个社会都能理解判决;① 其次，如果受众理解法院做出该判决的理由，那么这就使法院的判决对受众来说更加合理，它还允许上诉法院、司法学者、专家和其他利害关系方检查判决是否正确，并指出可能存在的缺陷；最后，通过让大家理解做出该判决的原因，各方可能不太倾向于对判决提出上诉，这将有助于提高刑法制度的效率，因为上诉法院将审理更少的案件。② 法官应该为他们的判决做出辩护的第二个原因是，这会迫使法院对他们做出该裁决的论据进行反思，这反过来又可以帮助他们避免推理错误。③ 这与心理学的研究是一致的，心理学研究表明，解释一个人的决策过程有助于人们做出更好的决策。④

当法院证明为什么拒绝被告人的替代性解释时，这些证成的好处也会出现。在这种情况下，证成让法庭和观众都能深入了解为什么被告人的这种解释是不可能的，不足以产生合理怀疑。然而在有些情况下并不需要这种洞察力，特别是被告人的一些故事显然是不可能的，我们再与他们争论是得不偿失的。例如，以一个（真实的）案件为例，被告人辩称他对自己电脑上的儿童色情作品不负任何责任，因为他的大脑是被外星人控制的。⑤ 公平地说，没有一个理性的人会认为这个"外星人"的解释有一点点可能。此外被告人提出这样的解释要么是妄想，要么是不真诚的，所以这些论证不可能左右法院。因此就当事各方、法律界和一般大众对这一解释的理解而言，法院去解释为什么拒绝这一替代性解释，（极有可能）是得不偿失的。

反思一个人的推理还有什么好处呢？我的建议是，越难看出为什么一种解释是不可能的，就越有可能出错。然而，当一种解释的可能性很低时，理解其为真的概率所要做的推理，并不需要太多的思考，因此通过仔细地阐明一个人的推理来判断它是否合理，就得不偿失了。例如，当法院假定精神控制的外星人不存在时，他们并不需要仔细思考他们是否可能犯了错误。

因此要证成我们为什么拒绝明显不可能的解释，几乎没有什么好处，然而阐明这些论证确实需要时间和精力，并妨碍决策的效率，因此做这种明确证成的成本将超过其收益。

"极不可能"应该被解释为"明显不可能"，荷兰法院也含蓄地指出了这一点。例如，荷兰最高法院曾经推翻了下级法院的一项判决，因为它未能为反驳被告人替代性情节的判决提供一个正当理由。⑥ 最高法院认为，即使下级法院认为被告人的替代性情节是不可能的，它有时也必须为这个论断提供一个理由，因为不是所有的不可能都是"明显的"。

---

① 参见 Knigge, G. (1980). *Beslissen enmotiveren (de artt. 348, 350, 358 en 359 Sv)*. Alphen aan den Rijn: Tjeenk Willink; Dreissen, W. H. B. (2007). *Bewijsmotivering in strafzaken*, Maastricht University, pp. 392 – 404。

② 参见 Buruma, Y. (2005). Motiveren: Waarom? In A. Harteveld, D. H. Jong, & E. Stamhuis (Eds.), *Systeem in ontwikkeling. Liber amicorum G. Knigge*, Nijmegen: Wolf Legal Publishers。

③ 参见 Dreissen, W. H. B. (2007). *Bewijsmotivering in strafzaken*, Maastricht University, pp. 392 – 404。

④ 参见 Wilkenfeld, D. A., & Lombrozo, T. (2015). Inference to the best explanation (IBE) versus explaining for the best inference (EBI). *Science & Education*, 24 (9 – 10), pp. 1059 – 1077。

⑤ 北荷兰省法院，2014 年 11 月 24 日，ECLI: NL: RBNHO: 2014: 11709。

⑥ 荷兰最高法院，1997 年 12 月 9 日，ECLI: NL: HR: 1997: ZD0160。

是什么让一个解释明显不可能？对于这个问题我还没有一个完整的答案。尽管如此，我还是想提出以下的初步回答，理解一种解释是不可能的，通常意味着它与证据或我们的背景假设相冲突，因此，一种解释是否明显不可能取决于我们看到这种冲突有多困难。这既取决于受众所拥有的信息和他们的能力，也取决于他们看到的融贯性关系的数量和复杂性。

不是所有（非常）不可能的解释都是明显不可能的。例如，在刑事案件中，仅仅对证据的描述有时就长达数百页，因此判断证据是否让解释变得不可能，可能需要看到有多少证据是彼此相互关联的。类似地，由于内部不一致，一种解释的先验概率可能非常低，但这一点并不立即显而易见。理解这个解释是非常不可能的，那么可能涉及到一些事情，例如创建一个故事的时间线，并发现这个故事没有意义。例如，我们可能会发现这个故事暗示被告人同时出现在两个地方，这样的故事发生的概率很低（甚至可能为0），但它不是明显不可能。所以一个解释是不可能的明显程度并没有体现在贝叶斯公式中。

最后要说明的是，某件事是否"明显"并不总是显而易见的。首先，"知识诅咒"（the curse of knowledge）是指很难想象别人不知道你知道的事是什么感觉。[①] 当我们知道或理解某件事时，我们有时会把它想象成常识，而不去怀疑它是否是常识，[②] 所以相对于一个在审理整个案件之前看到并思考过证据和论证的法官来说，显而易见的事情可能对局外人来说并不明显。其次，我们中的许多人（如果不是大多数的话）有时会遭受"认知错觉"（the illusion of knowing）——认为我们认识的和理解的比我们实际知道的要多。[③] 与认知错觉相关的一种常见体验是理解一个概念，但当你试图向别人解释它时，却意识到事实并非如此，换句话说，只有当我们解释我们的推理时，我们的认知缺失才会变得明显。[④] 因此虽然法院不必对荒谬的解释做出回应，但他们也应该警惕自己的偏见。

七、结论

在文雷谋杀案中，荷兰最高法院确定了法院可以以什么理由拒绝被告人提出的替代性解释，以及他们应该在什么时候证明他们做出的判决是正确的，在本案中我用贝叶斯概率理论给出了一种解释。

最高法院这个裁决的核心理念是，即使在证据不能反驳被告人的解释的情况下，法院也可以拒绝被告人的解释。虽然用"确凿的证据"（即反驳证据）来否定被告人的陈述可

---

① 参见 Birch, S. A., & Bloom, P. (2007). The curse of knowledge in reasoning about false beliefs. *Psychological Science*, 18 (5), pp. 382 – 386。

② 参见 Nickerson, R. S. (2001). The projective way of knowing: A useful heuristic that sometimes misleads. *Current Directions in Psychological Science*, 10 (5), pp. 168 – 172。

③ 参见 Glenberg, A. M., Wilkinson A. C., &Epstein, W. (1982). The illusion of knowing: Failure in the self – assessment of comprehension. *Memory & Cognition*, 10 (6), pp. 597 – 602。

④ 参见 Schwartz, M. (2013). Khan academy: The illusion of understanding. *Online Learning Journal*, 17 (4), pp. 1 – 14。

能是最理想的做法，但其他的回应也是可能的。最高法院区分了三类情况：第一，有些解释可能会被拒绝，因为它们"没有变得似真"。我认为在刑事诉讼过程中，一个解释是否会"变得似真"取决于它在被提出时的内在似真性，也就是它的先验概率，如果一个低先验概率的解释没有通过证据变得可能，那么这个解释就不能产生合理怀疑；第二，有些解释是"不可信的"，被告人提出的解释是否成立，部分取决于有关被告人可信性的证据；第三，有些解释是如此的"极不可能"，以至于法院没有义务对此做出回应。我认为这些解释和法院应该做出回应的解释的区别在于，它们的不可能性是显而易见的，当一个解释是明显不可能的，法院就不会做出回应来让大众理解自己做出的判决，因此这种做出回应的责任只会降低决策过程的效率。

最后我想指出，我的结论对其他国家的法律制度也有潜在的借鉴意义。首先，一些国家的法律制度规定了类似的义务对被告人的替代性解释做出回应，例如德国刑法也要求法院对事实的替代性解释做出回应，[1] 这一职责的关键目的之一是使法院的裁决能够为其他人所理解（特别是必须审查定罪理由是否有效的高等法院）；[2] 其次，尽管普通法国家没有规定要回应被告人的替代性解释的司法义务，但我的评论可能有助于进一步阐明众所周知的难以解释的排除合理怀疑的证明标准，特别是正如霍（Ho）所指出的那样，这些国家的判例法规定，合理怀疑不是由"幻想和不真实的"、"纯粹的猜测"（澳大利亚高等法院）、"虚幻的"或"幻想的"（新加坡最高法院）或"没有证据且不能从证据中合理推断的"（英国上议院）解释中产生的。[3] 我在这里提出的论点可以提供一些方法来理解为什么有些特定的解释不需要认真考虑，这有助于进一步解释这些术语。

八、致谢

我要感谢亨利·帕肯（Henry Prakken）和安妮·露丝·迈科尔（Anne Ruth Mackor）在本文写作过程中给予的大量帮助和点评。我还要感谢佩帕·梅勒玛（Pepa Mellema），安妮·坎福斯特（Anne Kamphorst）和匿名审稿人对本文先前版本的评论。最后我要感谢2019年欧洲论据会议（European Conference on Argumentation）的与会者所作的有益发言。

九、基金资助

本文得到了荷兰科学研究组织（the Netherlands Organisation for Scientific Research）的支持，作为项目编号160.280.142研究计划的一部分。

（编辑：杜文静）

---

[1] Dreissen, W. H. B. (2007). *Bewijsmotivering in strafzaken*, Maastricht University, p. 319.
[2] Dreissen, W. H. B. (2007). *Bewijsmotivering in strafzaken*, Maastricht University, p. 405.
[3] 参见 Ho, H. L. (2008). *A philosophy of evidence law：Justice in the search for truth*. Oxford：Oxford University Press on Demand, pp. 153–154。

法律文本语义的自动提取：机遇与挑战

[美] 凯文·D. 阿什利* 著　李　亚** 译

摘　要　法律文本语义的自动提取通过运用机器学习、网络图以及法律问答等技术手段对被识别的文本信息进行分析发现，将法律推理和论证的人工智能模型与法律文本直接联系起来预测和解释案件结果。本文结合影响文本分析的限制性条件例如：无法阅读、无法解释以及需要人工注释，并针对这些局限性提出实用策略，以提高法律文本语义分析的技术水平。

关键词　法律文本　语义提取　机器学习

简　介

法律文本分析是一种应用自然语言处理（NLP）、机器学习（ML）等方法从法律案件判决、合同或法规的文本档案中自动提取含义或语义的计算技术。① 论证挖掘侧重于对案例语料库中与论证相关的信息进行文本分析发现，包括前提和结论、论证和抗辩关系以及在法律论证和判决中起一定作用的句子。②

通过识别法律文本中与论证相关的信息和其他语义信息，新的应用程序可以通过帮助将文档结构、概念和论证角色与用户寻求解决的问题匹配起来，从而改进法律信息检索功能。最终，所提取的信息可以将法律推理和论证的人工智能模型与法律文本直接联系起

---

* 凯文·D. 阿什利（Kevin D. Ashley），匹兹堡大学法学院法学和智能系统教授，该文2019年夏季发表于《佐治亚州立大学法律评论》第35卷第4期，已获得作者本人翻译授权。
** 李亚，女，山东菏泽人，华东政法大学法学理论专业博士研究生，山东政法学院讲师，研究方向为法社会学。
① Michael Simon, Alving F. Lindsay, Loly Sosa & Paige Comparato, Lola v. Skadden and the Automation of the Legal Profession, 20 *YALE J. L. &TECH.* 234, 253 (2018).
② Henning Wachsmuth, Khalid Al–Khatib & Benno Stein, Using Argument Mining to Access the Argumentation Quality of Essays, PROC. OF COLING 2016, The 26th Int'l CONF. ON *Computational Linguistics*: *Tech. Papers* 1680, 1680 (Dec. 2016).

来，从而预测和解释案件结果。

人工智能是计算机科学的一个子领域，研究人员试图设计计算机程序，使人类以同样的方式执行时，以我们称之为智能的方式执行。换言之，研究人员建立了智能行为的计算模型。在人工智能和法律领域，建立了法律推理行为的模型。① 这就是为什么文本分析在人工智能和法律领域如此令人兴奋。这是第一次将该领域的法律推理计算模型与法律专业人士所使用的文本语料库（包括案件裁决、法规和合同）联系起来似乎是可行的。

本文调研了三种基本的法律文本分析技术：机器学习（ML）、网络图和法律问答（QA），并说明了当前一些商业应用程序如何使用或组合它们。然后，鉴于技术的一些固有限制，本文研究了文本分析技术如何能够很好地回答法律问题。

更详细地讲，机器学习是指使用统计手段从数据中进行模型归纳或学习的计算机程序，利用它们可以对文件进行分类或预测新案件地结果。② 电子取证中采用的预测编码技术已经将文本中的机器学习引入律师事务所。③ 网络图描绘了对象之间的关系，有助于使法律信息检索更加智能化。④ 这些对象可以是法律案件、法律规定、参考概念或通信节点。最后，法律问答系统对大型文本集进行搜索，以锁定可对用户问题进行直接回答的文本或文本的一部分。⑤ IBM 在危险游戏中获胜的沃森程序或许是法律问答最著名的例子。⑥

如前所述，很多新的法律应用程序都完全或部分采用了这些法律文本分析的基本技术。例如，拉文（Ravn）⑦ 和基拉（Kira）⑧ 将文本分析用于合同拟定，可以批准常规的合同语言或标记异常条款，以供人工审核。⑨ LexMachina⑩ 基于从知识产权案例文本语料库中提取的诉讼参与人和行为特征的分析，预测专利和其他知识产权案件的结果。拉威尔

---

① J. MCCARTHY, M. L. MINSKY, N. ROCHESTER & C. E. SHANNON, 达特茅斯人工智能夏季研究项目 2 的提案（1955 年）。1955 年达特茅斯学院的一项研究计划，由马文·明斯基（Marvin Minsky）合著，是最早使用"人工智能"一词的人之一。

② Bernard Marr, How AI and Machine Learning Are Transforming Law Firms and the Legal Sector, *FORBES*（May 23, 2018, 12: 29 AM), https://www.fbrbes.com/sites/bemardmarr/2018/05/23/how-ai-and-machine-learning-are-transfdrniing-Iaw-firms-and-the-legal-sector/#6a397a0532c3 [https://perma.cc/5U5W-JRNP].

③ Robert Dale, Law and Word Order: NLP in Legal Tech, MEDIUM (Dec. 15, 2018), https://towardsdatascience.com/law-and-word-order-nlp-in-legal-tech-bdl4257ebd06 [https://perma.cc/63QG-YBVL].

④ Paul Zhang et al., Knowledge Network Based on Legal Issues, *NETWORK ANALYSIS IN LAW* 21 (Radboud Winkels et al. eds., 2014).

⑤ Daniel Jurafsky & James H. Martin, *Speech and Language processing*: *Question Answering* 402 (3rd ed. Draft 2018).

⑥ Id.

⑦ Artificial Intelligence, iMANAGE, imanage.com/product/artificial-intelligence [https://perma.cc/KUJ5-9U4P] (last visited Mar. 12, 2019).

⑧ Kira Systems, kirasystems.com/ [https://perma.cc/UD7D-SVKB] (last visited Mar. 12, 2019).

⑨ Jyoti Dabass & Bhupender Singh Dabass, Scope of Artificial Intelligence in Law (2018), https://www.preprints.org/manuscript/201806.0474/vl [https://perma.cc/CAJ6-2M3X].

⑩ LEX Machina, lexmachina.com [https://perma.cc/A6A7-CBHL] (last visited Mar. 12, 2019).

(Ravel)① 利用视觉地图、引用网络图,以图形方式描绘了一个案例如何引用另一个与法律概念相关的案例。② CaseText③ 的 CARA 能够处理提交的辩护状,并根据引用网络确定更多案例,以支持辩护状中的论点。④ 据推测,它使用文本分析来解决所引用案例中特定段落之间更细微的引用关系。LENA⑤ 可生成法规网络图,为相关法规的数据库提供实质性的视觉索引。罗斯(Ross)⑥ 提供基于 IBM 沃森程序的法律问答服务。它接受简单的英语问题,并根据案件、文章和立法的文本寻求答案。⑦

本文研究了在严格的技术限制背景下,法律文本分析在合同自动审查、诉讼支持、概念性法律信息检索以及法律问答方面的新应用。首先,人工智能程序无法像律师一样阅读法律文本。利用统计方法,人工智能只能从法律文本中提取一些语义信息。例如,它可以使用提取的含义来改善检索和排名,但是还不能从法律文本中以逻辑形式提取法律规则。其次,机器学习可能会给出答案,但它无法解释其对法律问题的答案,也不能有力地推理出在不同情况下是如何影响其答案的。第三、扩展法律文本分析功能需要进行人工注释,以创建更多的法律文件适用集,进而对机器学习进行监督。

在某种程度上,这些限制是暂时的。他们面临的问题即是当前研究的主题,可以从以下信息中得出推论的可行性:(1)内隐式的或分布在诸如合同等文件中的信息;(2)掌握法律情景中的实质优势或劣势;(3)需要人工注释令计算机识别;(4)在解释推论方面发挥作用。

本文最后针对这些限制性条件提出了一些切实可行的策略。它提出了法律界应该承担和支持的各种法律程序工程和研究,以提高文本分析技术提取语义信息,得出法律推论并解释这些信息的能力。

一、法律文本分析的三种基本技术

机器学习、网络图和法律问答几十年来一直是人工智能研究中的主要技术,并且在不

---

① Ravel,ravellaw. com[https://perma.cc/ULJ3-V9WU](last visited Mar. 12, 2019).
② Brian Studwell, Speeding Up Legal Research by Mapping Citation Networks^ Medium(Jan. 4, 2019), https://medium.com/@bstudwell/speeding-up-legal-research-by-mapping-citation-networks-a620bl28d9bl[https://perma.cc/Z7YD-JWXW].
③ CASETEXT, casetext. com[https://perma.cc/2UR5-UZ5B](last visited Mar. 12, 2019)
④ Products and Featurest CASETEXTS, https://casetext.com/product[https://pemia.cc/HP8D-AVUQ](last visited Mar. 12, 2019).
⑤ LENA: LEgal Network Analyzer, PUB. HEALTH DYNAMICS Lab(Dec. 14, 2015), http://www.phdl.pitt.edu/LENA/[https://perma.cc/684N-U3Q2].
⑥ Anthony Sills, ROSS and Watson Tackle the Law, IBM(Jan. 14, 2016), https://www.ibm.com/blogs/watson/2016/01/ross-and-watson-tackle-the-law[https://perma.cc/F43M-JNYC].
⑦ 塞西尔·德·耶稣,AI 律师"罗斯"已被其第一家官方律师事务所"未来主义"聘用(2016 年 5 月 11 日), https://futurism.com/artificially-intelligent-lawyer-ross-hired-first-official-law-firm[https://perma.cc/D25X-W5EP].

同时期都被应用于法律推理和信息检索的建模方面。然而，直到最近，商业法律应用程序才将它们协同应用于文本数据，产生了令人印象深刻的新功能。① 本节详细讨论这些技术的工作原理。

（一）机器学习

如前所述，计算机程序利用统计手段从法律数据中进行模型学习。它们利用这些模型将文件分类为法律概念或法律实例问题或对案件的结果的预测。例如，在电子取证中，根据是否与诉讼请求相关或是否与律师-当事人的特权相关而对文件进行分类。

有两种类型的机器学习被应用于电子发现中的计算机辅助审查文件：有监督的和无监督的。② 监督下的机器学习分类器经过训练可以预测类别标签。在训练步骤中，机器学习算法将文本块作为输入，例如，文件中的句子或者整个文件被表示为术语或特征向量以及目标标签。③ 一个术语向量用它的词语、引文、索引概念或其他特征来表示一个文件。④ 术语向量是在一个大的二维空间中，从原点到代表文档的点状箭头，其维度与语料库中的每个术语和特征相对应。⑤ 向量在任何维度上的大小都可以是一个术语或特征在文档和语料库中的频率的函数。目标标签可以是由专家做出的二元决定，即判断一个文件是否与当前的诉讼相关。

这些经过标记的句子构成了一个训练集；人工分类的实例用于教导机器学习分类器。利用该训练集，程序将开发一个统计模型，以捕获句子中的某些语言特征与目标标签之间的对应关系。⑥

在预测步骤中，程序将经过学习的模型应用于来自测试集的新输入的文本块（也表示为特征向量），并预测要分配给句子的标签。该程序可以通过将预测标签与专家的手动分类进行比较评估。

相比之下，无监督的机器学习算法无需人工标记的示例训练集即可推断相似文件的类别。⑦ 其算法基于其文件内容或元数据的特征，通过相似性将文件进行分组。⑧ 然后，人

---

① Marr, supra note 4.
② Charles-Theodore Zemer & Andrew R. Lee, Finding Needles in the Haystack, AM. Bar ASS'n (Mar. 29, 2018), https：//www.americanbar.org/groups/litigation/committees/business-torts-unfair-competition/practice/2018/tips-for-e-discovery-search-technologies-part-1 [https：//perma.cc/HGH8-ADZA].
③ Raheel Shaikh, The ABC of Machine Learning, TOWARDS Data SCIENCE (Nov. 14, 2018), https：//towardsdatascience.com/the-abc-of-machiiie-leaming-ea85685489ef [https：//perma.cc/6LSE-JTJ7],
④ Kevin D. Ashley, Artificial Intelligence and Legal Analytics：New Tools for Law Practice in the Digital Age 401 (2017).
⑤ Id.
⑥ Id. at 238.
⑦ WhatisUnsupervisedMachineLearning？, DATAROBOThttps：//www.datarobot.com/wiki/unsupervised-machme-leaming [https：//perma.cc/Y9A2-68Y9] (last visited Mar. 12, 2019).
⑧ Id.

类在事后决定改组的成员有哪些共同点，以及如果有共同点的话应该应用哪些标签。① 这样做的目的是为了使聚类与手头任务中有意义的事物相对应，例如，识别与某一特定问题相关的所有文件或与某些规范不同的所有合同条款。通常情况下，这些聚类似乎并不明显地对应于一个有实质意义的概念；相反，它们反映了文件之间一些无关紧要的语法相似性。但是，有时无监督的机器学习是有用的，它可以将文件分割成群组，作为选择有监督学习的训练实例的先导。

在法律信息检索中，受监督的机器学习有助于将案件裁决归类为提出特定法律问题的实例。LexisNexis将机器学习与基于规则的技术和人工技术相结合，将案件分类为共享一个可以引用的问题或主张，例如："十三岁的孩子不应该拥有一辆车。"② 通过提取类似的法律问题的网络，可以帮助用户检索其他涉及相同问题的案例。③

有趣也令人担忧的是，如果有适当的数据，即使不案件的实质性特征，机器学习仍然可以合理准确地预测案件的结果。Lex Machina 计划是由斯坦福大学 MarkLemley 教授和同事发起的一个项目，最初专注于预测专利侵权案件。④ 它根据十多年来所有知识产权诉讼的语料库来预测知识产权索赔的结果。早期的一项研究报告显示其准确率为 64%。⑤ LexisNexis随后收购了 Lex Machina。

该程序应用统计学习模型（逻辑回归），根据从知识产权裁决语料库中提取的诉讼参与者和行为信息来预测新案件的结果。⑥ 它采用了涉及诉讼参与人身份及行为的案件特征，包括诉讼各方当事人、律师和律师事务所、被指派案件的法官以及提出申诉的地区。⑦ 该程序根据诸如以任何角色参与过去案件的计数、非司法或地区参与者过去的胜诉率，以及分配给原告胜诉的法官或地区的案件比例等信息进行预测。⑧ 分析表明，法官和原告律师事务所的身份对预测准确性的影响最大，其次是被告的身份、立案地区、被告的律师事务所和被告律师。

作者得出的结论是，该模型似乎"与案情无关"。⑨ 诉讼参与人及其行为特征似乎可以作为案情的替代物。重要的是，从案例文本信息中自动提取诸如当事人、公司和律师的姓名等信息从技术上讲是很简单的。可能最难以提取的是与案件结果有关的信息，有时甚

---

① ASHLEY, supra note 23, at 247.
② Paul Zhang et al., Knowledge Network Based on Legal Issues, in NETWORK ANALYSIS IN LAW21 (Radboud Winkels et al. eds., 2014).
③ Id. at 21-49.
④ Intellectual Property Thought Leader Interview With Mark Lemley, STOUT.COM, (Sep.1, 2016), https://www.stout.com/en/insights/article/intellectual-property-thought-leader-interview-mark-lemley [https://perma.cc/C28Q-2QPX].
⑤ 参见《知识产权诉讼风险分析》，载《中国人民大学学报（社会科学版）》2011年第1期。
⑥ Id.
⑦ Id.
⑧ Id.
⑨ Id.

至靠人工（尤其是第一年学习法律专业的学生）也难以识别。三位知识产权专家为机器学习编写了一套关于案件结果的训练案例集。

这就引出了一个问题，即如果考虑到案件的法律价值，Lex Machina 是否可以做出更准确的预测。自动提取有关案件的法律或事实的优势和劣势信息是一项技术挑战，我们将在下文讨论。

机器学习已被应用于预测美国最高法院（SCOTUS）的判决结果。① 该程序将决策树学习模型（一个非常随机的决策树森林）应用于以特殊设计的特征表示的美国最高法院案例。② 该模型在60年的时间里正确预测了70%的案例结果和71%司法级别的投票结果。③

案件的特征包括案件的信息、审理的法官和法院的背景以及历史趋势。案件信息包括：案例来源地、下级法院的审理、法律类型、法律问题、问题领域、原告和被告等。④ 背景信息包括法官、法官性别、Segal-Cover 得分和任命总统的政党。⑤ 趋势包括历史上最高法院总体历史、下级法院的趋势、最高法院的当前趋势、最高法院个别法官以及倾向的差异。⑥

关于这些特征，有两个有趣的点很突出。首先，像 Lex Machina 程序一样，这些特征没有抓住案件特定的实质事实特征。它们最接近的是问题和问题领域。这意味着无论是 Lex Machina 或者是美国最高法院预测程序都不能根据案件的实质法律价值来解释其预测。据推测，任何一个程序都可以提供关于预测所依据的最重要的特征的信息，但这些特征并不对应于案件的实质性事实特征。

其次，与 Lex Machina 程序中的案例特征不同，美国最高法院的特征值无法轻易地从决策文本中提取。这些价值观是由政治学家，或者是由专家设计的。例如，Segal-Cover 评分是根据专家对确认前的报纸社论的分析来衡量一个大法官的"可感知的资格和意识形态"。行为趋势和趋势差异是人为设计的特征，它们包括"跟踪"个人和整体大法官投票行为的意识形态方向。这些趋势的差异"包括个别大法官和法院的平衡之间的一般和具体问题的差异，以及最高法院和下级法院之间的意识形态差异。"⑦

---

① Daniel M. Katz, Michael Bommarito & Josh Blackman, A General Approach for Predicting theBehavior of the Supreme Court of the United States, PLOS ONE, at 2（April 12, 2017）, https：//journals. plos. org/plosone/article/fileid = 10. 1371/journal. pone. 0174698&type = printable ［https：//perma. cc/96UL - 99WM］.

② Id.

③ Id. at 8.

④ Id. at 5.

⑤ Daniel M. Katz, Michael Bommarito II, &Josh Blackman, Predicting the Behavior of theSupreme Court of the United States: A General Approach, ARXIV. ORG, at 6（2014）, https：//arxiv. org/pdf/1407. 6333. pdf ［https：//perma. cc/JXX5 - WQBY］.

⑥ Id. at 7.

⑦ Id. at 14.

（二）法律网络图

根据链接对象的类型不同至少有三种类型的网络图，即不同类型的对象之间的关系图而应用于不同的法律领域。在引用网络中，连接的对象可能是法律案件或法定条文。[①] 一个法定网络图连接了一组由多个法规提及并受其制约的参考概念。[②] 一个社会网络可以显示通讯联系，如电子邮件通讯的发送者和接收者之间的联系。[③]

1. 引用网络

26Ravel 实现了美国案例文本在可视图中的访问。作为一种结构化的引用网络，它呈现了与用户感兴趣的法律概念相关的案例间的引用关系。例如，律师可能希望了解有关2010 美国最高法院的《公民联合诉联邦选举委员会》（Citizens United v. Federal Election Commission）判决的更多信息，该判决准许公司进行独立的政治支出。[④] 当他输入"竞选财务"这一概念时，Ravel 会输出一个案件列表，指向或随后引用与搜寻字词（例如"竞选财务"）相关的"公民联合"案例。有关竞选财务的案例，例如巴克利诉瓦莱奥案[⑤]在引用网络中以圆圈表示，圆圈的大小表示被引用的频率。圆圈由代表引用的线条链接，引用线的粗细代表处理的深度，这是衡量一个案件被引用或在引用意见中讨论的程度。圆圈沿 X 轴分布，显示以年为单位的时间顺序，Y 轴分为法院系统的层次，即州法院、地区法院、上诉法院和最高法院。另外，Y 轴可以按相关性从上往下排列圆圈。

通过这种方式，用户可以从早期的 Buckley v. Valeo 案追溯到最近的案件，包括党公民联合和其他案件，以引用案例为例，当用户单击一个圆圈时，相应案例的文本摘要会出现在案例列表的顶部。

斯坦福大学法学院的毕业生开发了 Ravel，并正在与哈佛法学院图书馆合作以增强 Ravel 的案例语料库。[⑥] Ravel 提供以司法史为重点的收费分析服务。这些服务包括找出特定法官过去具有说服力的案件。据推测，这些都是该法官曾经引用过的案件，而且该法官对这些案例的裁决结果是一致的。Ravel 的服务还包括指出法官喜欢并经常引用的规则和特定语言。这表明 Ravel 既从靠近引用案例的文本中提取了信息，也从先前的案例中提取了信息，并从被引用的案例中提取了信息，这些信息表明了引用原因以及与利益概念的联系。

CaseText 的 CARA 还通过引用网络为诉讼提供支持。当用户提交起诉书（书面法律

---

① ASHLEY, supra note 23, at 400.
② Id. at 401.
③ Id.
④ 联合公民诉联邦选举委员会案，558 美国 310365（2010 年）。
⑤ See, e.g., Buckley v. Valeo, 424 U.S. 1 (1976).
⑥ Jeff John Roberts, Harvard Law Just Released 6.5 Million Court Decisions Online, FORTUNE (Oct. 29, 2018), http://fortune.com/2018/10/29/harvard-law-caselaw/ [https://perma.cc/SR2V-V2TR].

备忘录）时，CARA 会识别并参照其他案例，以支持诉状中的论点。这也表明，CARA 使用文本分析来收集更多关于引用和被引用的案例之间的引证联系的信息，也许可以识别段落的主题和关于一个案例被引用的原因信息。用于分析文本的机器学习和引文网络图的强大组合产生了更多关于引文链接的实质性信息。

2. 法规网络

法规网络图显示了多个法规和司法管辖区中的特定类型的法规，在被引用实体之间的关系。例如，图 1 显示了圆形节点图，每个节点代表公共卫生系统中的一种媒介。[①] 它们通过箭头连接，每个箭头表示法律规定的相互作用；在这里，箭头代表了一组处理疾病流行的加利福尼亚州法规。[②] 每个箭头表示法规指示一个行为人相对于另一个行为人执行特定任务。通常情况下，这些任务涉及到某种交流，以便在传染病监测方面进行准备、回应或恢复。箭头的方向表示哪个是主动行为者，哪个是接受行为者，也就是对其采取行动的行为者。单向的法律指令"一个代理人与伙伴代理人一起执行一个功能的法律"是一种颜色（蓝色）。[③] 双向法律指令"行动的代理人被指示与伙伴代理人一起执行功能，反之亦然"是另一种颜色（红色）。[④] 箭头的粗细代表两种媒介之间的联系强度。较粗的纽带表示更多需要互动的法律指令较多。

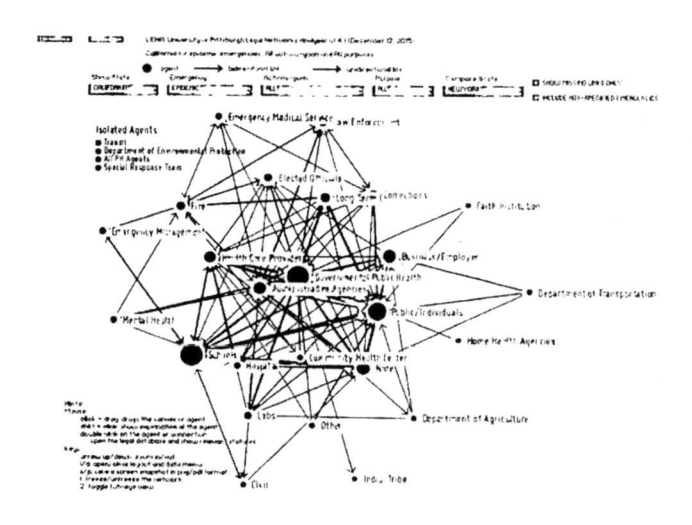

图 1　加利福尼亚流行病监测的法定网络图

---

① UNIV. OF PITrSBURGH GRADUATE SCH. OF PUB. HEALTH, THE LEGAL NETWORK ANALYZER (LENA) AND THE EMERGENCY LAW DATABASE (ELDB) USER GUIDES 5 (2015), https://www.phasys.pitt.edu/pdf/PHASYSUserGuidesLENA－Database v4. pdf [https://perma.cc/JGRC－ZRT9] [hereinafter LENA AND ELDB USER GUIDES].

② Id.

③ Id. at 5.

④ Id.

每个箭头都与指导两个代理人之间任务的法规集有关。因此，该图的箭头作为一种视觉索引，进入指导两个代理人之间互动的法规数据库。一个名为 LENA 的网络程序使用一个通用的图形布局程序和紧急法律数据库（ELDB）的编码法规数据数据库自动创建了法规网络图。① 匹兹堡大学公共卫生研究生院的公共卫生实践中心开发了 LENA 和 ELDB。②

更具体而言，图 1 中的 LENA 网络图显示了根据加利福尼亚州法律针对与传染病有关的流行病紧急情况的法律指导网络。③ 节点的大小与代理人在网络中的主要程度成正比，是其作为行动代理人的出线和作为接收代理人的入线的组合。④ 例如，在该图中，政府公共卫生和学校是主要媒介。网络中的孤立媒介是没有法律指导功能的媒介，例如传输。

LENA 应用程序可以将两个州的法规网络图进行叠加，便于比较这两个州的法律指导网络，以应对流行病紧急情况。这些图表中的节点是两个州（例如，加利福尼亚州和纽约州）法律指导的公共卫生系统参与者和合作者的类型。不同颜色的链接标志着在两个州都存在的关系，那些存在于加州但不在纽约的关系，以及那些存在于纽约但不在加州的关系。图表中的可视差异可能会建议公共卫生专业人员进行假设调研，例如，在某个州，LENA 的 ELDB 可能缺少某些相关法规，或者更有趣的是，一个州的立法机构可能错过了通过某些处理流行病紧急情况的条款的机会，而另一个州的立法机构却认为这是有利的。

LENA 研究人员对 ELDB 中的 11 个州的法规进行了手工注释，以便自动生成网络图。⑤ 在每个相关法规中，州 5 公共卫生系统中的某些行为主体被指示在一定程度上对某些接收主体采取某些行动，以便在特定条件下，在特定的时间范围内对某些紧急情况或灾难类型实现特定的目标和目的。研究人员开发了一个编码方案来捕捉这些信息，并使用它来注释以下编码概念：引用、公共卫生代理、行动者、指示、行动、目标、目的、紧急或灾难类型、公共卫生代理接受者、条件和时间框架。⑥

由于对 11 个州的法规进行手动编码既耗时又昂贵，因此公共卫生学院假设机器学习可以将手动编码的条款作为训练集来对法规进行自动编码。⑦ 匹兹堡大学智能系统项目团队进行了一系列实验以评估该假设。⑧ 他们证明了在应用机器学习对未见过的法规进行编码方面的一些成功。⑨ 但结果受到以下事实的限制：因为记录在 Excel 表格中的手动编码

---

① Id. at 2.
② Id.
③ See generally LENA AND ELDB USER GUIDES, supra note 50.
④ Id. at 5.
⑤ Prototypes, Research, Public Health Adaptive Systems Studies, U. PITrSBURGH GRADUATE SCH. PUB. HEALTH, https://www.phasys.pitt.edu/research/prototypes.html [https://perma.cc/JM69-35DG]（last visited Jan. 31, 2019）.
⑥ LENA AND ELDB USER GUIDES, supra note 50, at 12
⑦ Matthias Grabmair, Kevin D. Ashley, Rebecca Hwa, & Patricia M. Sweeney, Toward ExtractingInformation from Public Health Statutes Using Text Classification and Machine Learning, 235FRONTIERS ARTIFICIAL INTELLIGENCE & APPLICATIONS 73, 73 (2011).
⑧ Id. at74.
⑨ Id. at79.

与文本中证明这些编码的位置是不相连的①下文讨论内联注释的实用性。该团队还证实，类似于在电子取证中的某些预测编码方法中使用的主动学习方法是有效的，②并且基于一个州的"已编码法规"的机器学习模型可以启动对其他州的数据模型的学习。③

3. 社交网络

在法律背景下，社交网络可以代表实体之间的通信关系，例如公司电子邮件的发送者和接收者之间的关系。例如，他们可以代表谁与谁在什么时间进行了什么样的通信，这些信息可以帮助识别电子取证所需要的相关信息。电子取证专家顾问利用电子邮件和其他文件构成的社交网络来识别可能会占用一方可用的其他数据源的发件人和收件人。④

该网络还可指明谁拥有与诉讼人有利益关系的特定交易的信息。例如，图2显示了一个网络，该网络描述了响应"Blockbuster"公司查询的Enron电子邮件数据集中的所有330封电子邮件。⑤该数据集是在涉及Enron公司的大型公司欺诈诉讼中产生的，它是文本检索会议法律跟踪竞赛的主题。⑥ 2000年，Enron和Blockbuster公司宣布建立战略联盟，但在2001年3月取消结盟。⑦ 汉斯·亨塞勒（Hans Henseler）为此集合构建了一个网络。⑧他根据"发件人""收件人"或"抄送人"这些槽填充物为每个响应式电子邮件创建了成对的电子邮件地址。⑨由此产生的网络由1000多个定向边组成，以将近750个独特的电子邮件地址作为顶点。⑩他将网络分解为孤岛，与网络其他部分断开连接，过滤掉任何缺乏外向链接的节点（65节点），使用PageRank算法计算节点的向心性，以衡量代表电子邮件发送方和接收方的节点的重要性，并根据邮件数量对边缘进行加权。⑪

计划取证的律师可能会使用图中所示的结果，以表明哪些人可能拥有关于Blockbuster事件的最多信息，并且应该被传唤。⑫

---

① Id. at80.

② Jaromir avelka, Gaurav Trivedi & Kevin D. Ashley, Applying an Interactive Machine LearningApproach to Statutory Analysis, 279 *FRONTIERS ARTFICIAL INTELLIGENCE & APPLICATIONS* 101, 107 (2015).

③ Jaromir avelka & Kevin D. Ashley, Transfer of Predictive Models for Classification ofStatutory Texts in Multi-Jurisdictional Settings, 15 *INT'L CONF. ON ARTIFICIAL INTELLIGENCE & L.* 216, 216 (2015).

④ Eric Mandel, E-Discovery 顾问, Driven Inc. （2018年9月28日）的个人交流（与作者存档）。

⑤ Hans Henseler, 基于网络的大规模电子邮件收集过滤, E-Discovery, 18 人工智能 & L. 413, 424, 428 (2010).

⑥ Id. at 414.

⑦ Id. at 423.

⑧ Id. at 424.

⑨ Id. at 419.

⑩ Id. at 424.

⑪ Henseler, supra note 67, 售价425英镑。

⑫ Id. at 428.

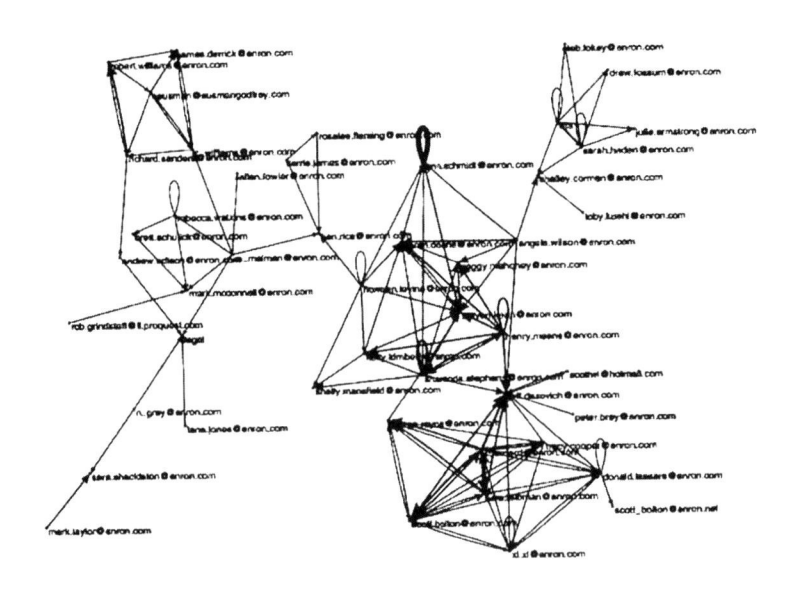

图2 "Blockbuster"查询的简化网络，其线宽表示网络中节点之间的电子邮件数量

（三）法律问答（QA）

如前所述，法律问答系统对大型文本集合进行搜索以找到直接回答用户问题的文档、短语或句子。罗斯（Ross）也许是最著名的基于 IBM Watson 的法律问答服务的例子。[①]它接受简单的英语问题，例如："如果员工未达到销售目标，并且无法完成其工作职责，问答他们可以在未经通知的情况下被解雇吗？"[②] 然后可接收到答案、引文、建议的阅读材料和最新信息。[③] 多伦多大学法学院学生团队开发了该原型，并在 IBM 举办的竞赛中获得了第二名，因此得到了 IBM 的关注和支持。[④]

例如，罗斯（Ross）引用了加拿大的一个案例"里贾纳诉亚瑟斯（Regina v. Arthurs），2 O. R. 49（1967）"，他的报告对该案的预判有94%的信心，并指出法律文本中的相关段落，得出了以下裁决：

如果雇员有严重的不当行为、习惯性失职、不称职，或有与其职责不相符的行为，或有损于雇主的业务，或在实质上故意不服从雇主的命令，法律承认雇主有权立即解雇失职的雇员。[⑤]

尽管摘要表明该案例并非完全与此相关，但似乎已经接近合适。

[①] ASHLEY, supra note 23, at 351.
[②] Id.
[③] Id.
[④] Id.
[⑤] Id.

Ross 从用户反馈中获取信息。当它根据案例、文章或立法的文本对新的查询提交简短的文本答案时，伴随其答案的还有用户反馈的要求："如果回复正确，请按一下大拇指"，或"点下大拇指，获取另一个答复。"① 用户的反馈增强了 Ross 对其答案对用户问题响应度的信心。

Ross 的机器学习模型还从法律问答的训练集中学习了如何评估其理解用户问题的可能性。问题可以用多种方式表述，例如："在什么情况下可以在没有警告的情况下解雇员工？"系统需要能够识别用户是否提出了其能够回答的问题版本。专家用通俗语言提供了法律实践问题，对于这些问题正确答案占据了一个段落。

利用该训练集，系统可识别与训练实例的特征相关联的关键信息，以区分一个问题的肯定或否定答案。所学到的权重告知系统它确实理解用户问题的肯定程度。下面的第二部分将进一步讨论 Ross。

二、影响法律文本分析的限制条件

尽管法律文本分析支持被用于合同自动审查、诉讼支持、概念性法律信息检索和法律问答的商业场合，但它仍受到一些限制，诸如无法阅读或解释其答案以及依赖于手动注释的培训集。

（一）无法阅读

计算机程序尚无法像律师一样阅读法律文本。② 律师具有丰富的背景知识，不仅包括法律专业知识，还包括有关世界、心理学和受监管领域的常识性知识。人工智能研究尚未开发出能够识别或应用这些背景知识的技术。③ 相反，文本分析程序只能利用统计方法从法律文本中提取一些语义信息。④ 提取的这些语义有可能非常有用，应用程序可以利用它们来改善信息检索和排名。但是，这些应用程序还无法完成许多与阅读有关的事情。尽管进行了数十年的尝试，但人工智能和法律程序仍无法读取法律文本并以逻辑形式提取法律规则，除非是在非常有限的领域中，例如具有明确可识别参数的建筑法规，如限制庭院或街道的最小尺寸信息。⑤

---

① Id. at 351–52.
② ASHLEY, supra note 23, at 13.
③ 史蒂夫·洛尔（Steve Lohr, A.）从事法律工作。但它还不能取代律师，《纽约时报》（2017年3月19日），https：//www.nytimes.com/2017/03/19/technology/lawyers–artificial–intelligence.html［https：//perma.cc/Q8Z6–SR78？type = image］.
④ ASHLEY, supra note 23, at 11.
⑤ Id. at 13.

而且，计算机程序无法像律师那样阅读合同。① 合同自动审查软件取得了长足进步，它将文本分析应用于合同文本，对常规合同审批进行半自动审查，将明显不常规的条款挑出进行人工审查，并为审查者就出现明显问题的文本部分进行突出显示。Ravn 和 Kira 是其中的两个程序。② 它们按主题对合同进行分类，识别不常见的语言、条款类型、与日期、时间或货币金额相关的参数值，并识别什么是和什么不是格式文件。③ 根据这些信息，应用程序可以将合同文本与语料库中的其他合同进行比较，以识别合同条款与语料库中其他合同或（未审批的）合同语言中相同类型条款之间的异同。可以想象，根据给定的参数值和其他提取的信息，应用专家系统规则来确定是否对合同进行批准，或对其进行标记以用于管理审查。④

这些工具在语言统一的合同上运行良好，但律师在合同分析和尽职调查中面临的任务往往涉及对语言不统一的合同进行更复杂的推断。尽职调查通常涉及调查拟议交易的假设和风险。计划中的公司收购或对专利侵权的法律索赔的投资所带来的风险，部分取决于目标的合同内容或相关的现有技术专利。显然，该任务涉及合同审查，而自动合同审查可能会有所帮助。但是，在尽职调查中，许多合同可能会影响拟议的交易。文本分析能在多大程度上使尽职调查中的自动合同审查超越标准结构特征、条款类型和合同参数，并处理分布在合同不同部分或多个合同中的信息？执行尽职调查的律师可能需要根据隐含在文档中的信息进行间接推断。不幸的是，文本分析还不能提取文本中隐含的信息，至少在没有更多的知识和对计划中的交易、其潜在风险以及以前的合同承诺可能产生的影响的计算模型的情况下是如此。

这些对于在尽职调查中阅读合同的律师来说不是限制，尽管他们很可能对这项任务感到厌倦。文本分析可以帮助标出需要人工关注的合同和问题。然而，它们不会取代律师。从某种意义上说，合同分析工具是文盲，没有人会雇用一个文盲律师来进行尽职调查。相反，这些工具将把律师转向更多的监督角色，负责吸收和理解从多个合同中自动提取的信息，并从这些信息中得出合理的推论，包括基于人类律师的法律专业知识的间接推论。

（二）无法解释

尽管基于文本分析的法律问答检索出的文本或部分文本似乎直接回答了用户的问题，但文本作者所回答的问题、难题或场景与寻求答案的用户所面临的问题、难题或场景之间

---

① Lohr, supra note 82; see also Tom Simonite, AI Beat Humans at Reading! Maybe Not, WIRED（Jan. 18, 2018），https：//www.wired.com/story/ai-beat-humans-at-reading-maybenot/? mbid = email onsiteshare% 22 [https：//perma.cc/7DV2-R8BF].
② Artificial Intelligence, supra note 9；KIRA SYSTEMS, supra note 10.
③ Artificial Intelligence, supra note 9；KIRA SYSTEMS, supra note 10.
④ ASHLEY, supra note 23, at 378.

可能存在微妙的差异。

管辖权、适用法律、当时适用的法规版本或关键事实都会有所不同。即使可以使法律问答系统识别其差异，但它也无法调整其答案，只能寻找另一个似乎与详细情况相匹配的文本或文本部分。① 为此，法律问答系统需要一个相关法律领域的计算模型，以便在特定情况下可以用该模型推理出适当的答案。

类似地，由于法律问答系统没有答案推理机制，它缺乏一种以律师或客户期待的方式进行解释的机制。② 当然，检索到的文本可能会对该答案进行解释，在这种情况下，将用户指向文本就是将用户指向相关的解释。法律问答系统无法理解问题的解释，甚至无法知道它是一种解释。

采用机器学习的法律问答系统根据特征选择文本，特征权重是从法律问答对的训练示例中学习的，并根据用户的反馈（例如，大拇指或小拇指）进行改进。③ 这些特征可能与法律答案中通常采用的概念类型不相对应，并且权重可能以难以检查或解码的方式分布在神经网络的各个节点上。通常，机器学习可以有效地将文本分类为相关或不相关；但是取决于所采用的方法，机器学习可能根本不具备以有用的方式解释其分类或预测所需的信息。在任何情况下，由于缺乏对法律背景知识的表述或法律推理的计算模型，因此无法就不同情况如何影响其答案做出有力的推理。下面的第三部分讨论了应对这种无法解释的可能方法。

（三）人工注释

如前所述，监督学习如何按语义信息的类型对文本和文本的部分进行分类，需要有这些类型的正面和负面实例的训练集。④ 因此，为了推进文本分析和论据挖掘，越来越需要人工注释这些类型实例的法律文本，以便注释管道能够自动学习为文本区域分配语义。这些类型包括论证方案、论证中的句子角色，以及加强或削弱特定类型主张的事实模式。

如上所述，法律文本集中的无监督机器学习（例如聚类）是可行的，并且不需要人工注释。⑤ 但至少到目前为止，它还没有实现足够精细化的聚类，不能成功实现自动注释。

这就提出了一个问题，即谁来为法律文本做注释。众包是一种可能性；Mechanical Turk 的工作人员已经对文本的句法和某些语义信息进行了注释，但是注释法律语义信息需

---

① Id. at 352.
② See id at 352 – 53.
③ Id.
④ Id.
⑤ Shaikh, supra note 22.

要一定程度的法律专业知识。① 一些有趣的注解项目通过将注解任务分解为定义明确的子任务，简单到足以让非专业人员执行，从而避开了对法律专业知识的需求。② TravisBreaux 和 Florian Schaub 展示了在面向消费者的隐私政策中对法律要求进行众包注释的可行性。例如："我们可能会从其他来源收集或接收信息，包括选择上传电子邮件联系人的其他 Zynga 用户；以及第三方信息提供商。"③ 每个任务都专注于不同的目标，例如识别动词、信息类型、来源、目标和目的。④ 未经法律培训的注释人员利用在线界面来查看隐私政策中的文本摘录，选择并突出标记短语，通过按下概念键将短语编码为特定概念实例，并突出标记动词（例如"收集""接收"和"上传"），并将它们与相对应概念相关联。⑤ "在线注释环境可以通过自动执行某些识别任务来提供辅助；例如，Broaux 的工具使用自然语言处理来识别情态动词。⑥ 其他环境可以对句子进行分段，并识别案件或司法结论的高级的部分。Breaux 和 Schaub 提供的经验证据表明，人群可以成功地进行句子和短语级别的编码，而且分解工作流程进行较简单的编码，可以"在降低总体成本的情况下获得可接受的综合反应"。⑦

  法律应用程序的用户也可以对机器学习的法律文本进行注释。在发现注释费用昂贵后，ROSS 集团发布了一个免费的平台，用户可以向该平台上传简报，进行与 Casetext Cara 类似的处理。⑧ 该平台对简报进行分析，以确定所引用的法律权威是否合理，并提供关于法律分析质量的反馈。⑨ 作为对这项服务的交换，该平台要求用户在一种专家众包活动中对数据进行注释。⑩ 这些注释涉及突出决定、关键事实和各种概念。⑪ Ross 提供了用户群体所需的服务，但以进行机器学习注释作为交换，这是一个双赢的局面。⑫

  法律专业的学生可以将注释法律判决作为其学习的一部分。注释任务可以吸引法律学生关注法律案件推理的关键方面，并帮助学生学习阅读法律案例和成文法则，这是美国第

---

① Robert Ambrogi, 新法律研究网站将判例法与众包相结合, LAWSITES (2013年7月26日), https://www.lawsitesblog.com/2013/07/new‐legal‐research‐site‐combines‐case‐law‐with‐Crowdsourcing.html [https://perma.cc/G7XR‐77TQ]。

② Travis D. Breaux & Florian Schaub, Scaling Requirements Extraction to the Crowd. Experiments with Privacy Policies, 22 INST. ELECTRICAL & ELECTRONICS ENGINEERS INT'LREQUIREMENTS ENGINEERING CONF. 163, 163 (2014).

③ Id. at 166 (emphasis added).

④ Id. at 168–69.

⑤ Id.

⑥ Id. at 168.

⑦ Id. at 171.

⑧ Meet Eva, ROSS INTELLIGENCE, https://eva.rossintelligence.com/#login [https://perma.cc/X29Q‐PCR7] (last visited Fed. 7, 2019).

⑨ Id.

⑩ Id.

⑪ Id.

⑫ 罗斯情报发布全新尖端 AI，完全免费, 罗斯情报博客 (2018年1月29日), https://blog.rossintelligence.com/post/ross‐new‐coworker‐eva [https://perma.cc/EAG4‐E9A5]。

一年法律教学的目标之一。① 可以就案例的功能特征方面进行注释，例如决策的一部分（简介、事实背景和分析）或法律判决中的代理人身份识别。可以对论辩的一般结构特征进行标记，例如论证关系（例如论证/副论证或论证/反论证）以及各种论证方案（例如类比论证）。此外，还可以对句子在法律论证中所扮演的角色进行标注，包括陈述法律规则、表达法官对某项规则要求是否得到满足的看法、报告对事实的认定、描述证据以及报告法官对所处理问题的结论。最后，可以对特定法律领域的实质性特征进行注释，例如，加强或削弱一方索赔立场的法律因素或事实模式。

为了使法学院学生通过注释进行学习，需要一种方便的基于网络的标记环境，该环境可在其平板电脑或便携式计算机上使用，并且可使注释与在线突出显示文本一样方便。法律专业的学生已经是注释标记的"最佳人选"。② 有了一个方便的注释环境，他们可以用不同的颜色来突出法律文本的类型，并产生有用的数据，以便机器学习程序自动注释文本。这个过程将使他们对法律论证中的各种功能、结构、作用和实质性特征有敏感的认识，并使他们在识别这些特征方面得到锻炼。

匹兹堡大学的研究人员开发了一种称为 Gloss 的注释环境。③ 法学院的学生已经开始使用它对与问题相关的法律判决和法院结论的详细部分进行注释。④ 尽管前者很容易，但是找到法院的结论是具有挑战性的，尤其是对于初学法律的学生而言。

在对 Gloss 的自动注释结论进行错误分析时，我们发现了该系统遗漏的一些示例，例如："在这种情况下，我们不能说审判庭发现 Mills 和 Northrop 都认为数据是机密的结论显然是'错误的'"。⑤ 我们还找到了一些例子，在这些例子中 Gloss 预测到了人工注释者所错过的结论。⑥

---

① See generally Adam Wyner, Wim Peters & Daniel Katz, A Case Study on Legal CaseAnnotation, 259 *FRONTIERS ARTIFICIAL INTELLIGENCE & APPLICATIONS* 165（2013）.

② 如何为法学院撰写案例摘要：摘自《法律研究导论：案例与材料》，LExIsNEXIS，https：//www.lexisnexis.com/en-us/lawschool/pre-law/how-to-brief-a-Case。[https：//perma 页面（2019 年 2 月 7 日最后一次参阅）。

③ 《大英百科全书》法律专家，https：//www.britannica.com/topic/legal-glossator（最后一次访问是 2019 年 2 月 7 日）[https：//perma.cc/8YYL-Z74A]。Gloss 得名于博洛尼亚大学 11 和 12 世纪的学者 glosatori，他们应用边缘注释或行间注释（glossae）来研究和教授查士丁尼六世纪的罗马法文摘。

④ Jaromir Savelka & Kevin Ashley, Segmenting U. S. Court Decisions into Functional and IssueSpecific Parts, 313 *FRONTIERS ARTIFICIAL INTELLIGENCE & APPLICATIONS* 111, 119（2018）.

⑤ A. H. Emery Co. v. Marcan Prod. Corp., 389 F. 2d 11, 17（2d Cir. 1968）.

⑥ Savelka & Ashley, supra note 109, at 118.

（1）法院在此证据记录的基础上，本院裁定下列事实，并就此分别陈述其法律结论。

（2）我们认为，尽管规定的地区或期限可能是不合理的，但衡平法院有权强制执行反对竞争的合同，办法是颁发禁令，限制被告在合理的时间和合理的区域内进行竞争。

（3）我们得出结论，该规则同样适用于蓝图和/或图纸和客户清单，因为在显而易见的事实下，两者均构成上述定义内的"商业秘密"。

（4）虽然这些证据记录并不能让法院在这个时候对 Redstone Paper Co. 所遭受的实际金钱损失做出具体的结论。由于休斯在 1987 年 7 月 7 日到原告申请初步禁令的听证会结束期间多次违反他与原告公司的不竞争协议，造成了近似的结果，但法院完全相信并发现这种金钱损失是巨大的，除非被告休斯被禁止和限制继续实施这种违反行为，否则这种金钱损失将继续大幅增长。

图 3　Gloss 的过度预测示例（即人工注释者错过的预测结论语句）

尽管 Gloss 的第一个过度预测的例子是错误的（Gloss 可能被"发现"和"结论"的出现所迷惑），但其余示例以及许多其他示例都是正确的。[①] 人们可以想象一个基于 Gloss 的教学环境，在该环境中学生可以尝试对问题的结论进行注释。Gloss 会根据先前的学习自动注释并识别一些学生遗漏的结论，还有一些是它认为是结论但其实不是，对此，学生可以纠正这些结论。

在这样的过程中，学生和 Gloss 都会提高识别结论的能力。在不久的将来，Gloss 将通过计算注释相同文件的学生之间的一致程度，来监测多个学生的注释者之间的一致性（也就是所谓的注释者之间的可靠性）。人工注释者的一致水平为机器学习学习能力设置了上限；机器学习无法成功注释人工注释者不同意的概念。通过实践，学生的技能和注释者间一致性得到提高，从而能够产生良好的训练数据。

在文本注释成为法律教育的常规内容之前，还有很多工作需要做。注释活动需要被定制为法律课程，必须准备相应教学材料以指导学生的注释过程，并且需要一个环境来支持学生对课程进行讨论和反思注释经验。为激励学生注释者实现对注释的精通，还需丰富学生关于注释的社会互动，引入竞争或游戏化的要素，使学生能够通过个人作品的开发来记录他们学到的知识。因为对注释的客观评分是关键，而且因为学生是对没有专家注释的文件进行注释，所以需要将评分者之间的可靠性作为一个标准。

当然，注释还受到一些常规限制。信息必须直接在文本中直接地表达出来，以使人们能够可靠地对其进行注释，或者使运算流水线技术能够自动对其进行注释。通常，如果必须从散布在文本中的多个段落或多个文档中间接推断出信息，在此种情形下，注释技术是无效的。如果法律文本中的模式过于精细、抽象、罕见或过于复杂，则分析技术将无法很

[①] Savelka & Ashley, supra note 109, at 118.

好地识别它们，以至于自动注释无法正常工作。① 另外，正如我们所看到的，一些有用的预测特征是经过精心设计的，而不是从文本中提取出来，例如那些基于最高法院、个别大法官和下级法院的判决中的行为趋势等。②

三、法律文本分析提出的研究问题

法律文本分析领域仍在发展之中。上述限制条件并不是永久的绊脚石，它们激发了对当前问题的关注也是挑战。

首先，法律信息检索如何才能最好地利用文本分析来识别有关法律案件的实质性优点的语义信息，例如，优势和劣势或对价值影响的权衡？其次，法律应用程序将如何以律师理解的方式解释其对法律问题的回答或结果的预测？第三，文本分析能在多大程度上使案例分析和自动合同审查或尽职调查等任务扩展到标准结构特征、条款类型和参数之外？它能在多大程度上处理来自隐性信息的间接推断，或处理分布在案件、合同或多个文件不同部分的信息？

目前的研究涉及所有这些问题的不同方面。③ 研究人员试图扩展文本处理管道的能力，以学习注释案例和合同文本中的更多语义信息。④这包括案例文本中与论证相关的信息，以协助从业人员对任务进行检索、解释和论证。⑤ 我们的目标是建立在先前的工作基础上并超越先前的工作，提取论证性命题、前提和结论、嵌套论证、⑥ 示例论证和其他论证方案、⑦ 句子在法律论证中的作用和商业秘密法等领域的法律因素。⑧⑨ 在这里，法学学生、法律应用程序用户以及可能情况下的土耳其机械工作者可以帮助研究人员使用与论证相关的信息对案例文本的训练集进行注释，而机器学习程序可以通过这些信息学习来识别法律文本中的信息。

有了这些与论点相关的信息，一个程序可以对法律信息检索系统为回应用户的查询而检索到的案例进行注释，并使用这些语义信息，例如，运用丰富的相关性模型对检索到的案例重新排序。该系统可以为用户提供更好地解决用户寻求解决的那种问题的案例，无论

---

① Savelka & Ashley, supra note 109, at 118.
② ASHLEY, supra note 23, at 114.
③ See, e.g., ASHLEY, supra note 23, at 350.
④ Id. at 202.
⑤ Id. at 203.
⑥ Raquel Mochales & Marie - Francine Moens, Argumentation Mining, 19 *ARTIFICIALINTELLIGENCE & L.* 1, 3 (2011).
⑦ Vanessa Wei Feng & Graeme Hirst, Classifying Arguments by Scheme. PROC. OF THE 49TH *ANN. MEETING OF THE ASS'N FOR COMPUTATIONAL LINGUISTICS* 987, 987 (2011).
⑧ Bansal et al., Document Ranking with Citation Information and Oversampling SentenceClassification in the LU-IMA Framework, 294 *FRONTIERS ARTIFICIAL INTELLIGENCE & APPLICATIONS* 33, 33 (2016).
⑨ Mohammad H. Falakmasir & Kevin D. Ashley, Utilizing Vector Space Models for IdentifyingLegal Factorsfrom Text, 302 *FRONTIERS ARTIFICIAL INTELLIGENCE & APPLICATIONS* 183, 183 (2017)

是寻找法律规则、说明法院如何在具体事实中应用法律规则的案例,还是与这些应用有关的成功或失败的法律或证据论证案例。当然,这是假设系统能够从用户的输入和行为中发现他们试图用检索的材料解决的问题种类;发现有关用户的需求和约束条件的信息本身就是当前研究的问题。①

除了重新排序之外,该程序还可以按照用户的特定问题来定制信息简介。在自动化简介的研究工作中,已将机器学习应用于人工编写的简介,学习从案例的引言、上下文设置、推理和结论中提取句子。② 我们还要做更多的工作,以应用更多实质性注释来构建用户关注的案例能提供什么样的简介,该简介在用户提出或回应论点时应能提供给他真正要用或要表达的内容。因此,简介可以简要地描述与用户的特定问题以及用户试图提出与论点有关的成功或失败的法律或证据论证的示例。在法律界开发的法律论证的计算模型将有助于识别和描述这些论据,并有可能将其与潜在的法律价值权衡联系起来。③

四、关于法律文本分析的一些实用策略

法律文本分析的进步为律师事务所提供了机遇,但也带来了风险和问题。本节为律师事务所的人工智能战略推荐了一些优先事项,并为律师事务所在减少某些风险的同时利用机会提供一些实用策略。

首先,重要的是,律师事务所必须意识到它需要人工智能战略。机器学习技术和数据科学已经超越了电子取证的范畴,现在已经影响到诸如预测案件结果和做出横向聘用决策之类的各种问题。④ 建立一个包括律师和信息技术人员在内的全所范围的人工智能委员会是评估潜在影响的第一步。该委员会应调查公司目前对人工智能的使用情况(例如,电子取证中的预测编码),将公司管理数据源(例如,其摘要、备忘录、就业数据以及任务时间信息)的习惯制度化,并帮助其发展法律流程工程的文化。这意味着要认识到该公司既是法律相关数据和信息的消费者又是其生产者,应将数据和信息的路径、过程和转换概念化,并确定文本分析技术应如何增值。⑤

几乎在每个步骤中,公司中具有法律知识的人都会在概念上将有关客户的事实、合同

---

① ASHLEY, supra note 23, at 339 – 42.
② Mebdi Yousfi – Monod et al., Supervised Machine Learning for Summarizing Legal Documents, in 6085 *LECTURE NOTES IN COMPUTER SCIENCE* 51 (2010).
③ ASHLEY, supra note 23, at 141.
④ 参见,例如:LEx MACHINA,上注 12。Lex Machina 提供了关于可以为涉及知识产权诉讼律师的横向聘用决定提供信息的公司和律师。Id。
⑤ See Nicholas Reed, Legal Analytics, The Next Frontier: How Data – Driven Lawyer is BecomingReality, LEGALTECH NEWS (Jan. 15, 2019, 7:00 AM), https://www.law.com/legaltechnews/2019/01/15/legal – analytics – the – next – frontier – how – the – data – drivenlawyer – is – becoming – reality/? slreturn – 20190107183039 [https://perma.cc/5AC9 – PLPU].

或协议条款、适用的法规或条例或先例的事实与其他信息联系起来,并得出推断和结论。① 如今,一些概念上性联系可以被保留下来,例如,通过对网络中类型注释或权重的调整,可以使公司的智能法律信息或摘要系统更加有效或更高效,而使网络在某种意义上被重用。②明确这些信息流程并对其进行重新设计以实现其价值创造是法律处理工程的重点。③

律师事务所可以在执行法律处理工程时寻求帮助。当然,除了与商业实体合作,也可以与计算机科学系研究文本分析、机器学习、人工智能以及人工智能法的大学研究人员联系。这些领域的研究生可以作为律师事务所或部门的带薪实习生而为其提供有用的服务。他们是科学实证方法论的实践者,了解如何评估文本分析工具,熟悉相关的术语、指标、软件工具和编程,了解该技术的优点和局限性。例如,我们实验室的一名研究生已经在一家大型律师事务所工作了两年,作为暑期实习生他发明了使公司文件匿名化的工具(该公司已将其授权给其他公司使用)。现在,他帮助公司评估电子取证、合同文本自动分析、机器学习和自然语言处理中的商业技术产品,所有这些都与他的论文研究有关。无论是单独为一些大学部门的研究提供捐助,或者与其他公司合作提供资金,如果公司提供资金支持,都可以刺激学术研究。如今,学术研究人员正在开发软件创新项目,其中一些版本可以广泛使用,并且可以根据每个公司的特定需求和数据提供定制版本。

公司的人工智能委员会应帮助公司制定外包策略,以决定是雇用外部供应商还是在内部开发技术。外部供应商可能拥有相关的专业知识,但是在这种情况下,公司可能无法访问源代码或失去对其数据的控制。此外,公司还依赖于供应商的表现以及供应商专业知识的持续可用性。内部开发更便于对文本分析工具提出针对性需求,以便持续维护和适应每项新任务。④ 另外,公司可以将软件授权给外部人员,从而得到额外的收入来源。公司将必须获得人工智能和法律文本分析方面的技术专长,并确保其雇用结构能够容纳和激励新型的专家人才。

最后,人工智能委员会应建立选择和购买人工智能工具的标准。所购买的人工智能工具必须承诺能够理解任何文本分析工具中人工智能和机器分析所基于的假设及其使用的数据。公司应利用公司所熟悉的数据进行程序试用,以便对程序有更直观的认识。律师应了解如何评估这些系统以及评估的含义。他们应直接参与分析程序的研发,以识别任何系统

---

① See The New Implications of Big Data on the Legal Industry, BUS. COLLECTIVE, https://businesscollective.com/the-new-implications-of-big-data-on-the-legal-industry/index.htm [https://perma.cc/6CEU-ZQU4] (last visited Apr. 19, 2019).

② See Heidi Alexander, Evernote as a Law Practice Tool, L. TECH. TODAY, (Mar. 2, 2017) https://www.lawtechnologytoday.org/2017/03/evernote-law-practice-tool/ [https://perma.cc/Z3Q2-YVQK]; see also Darby Green, Analytics Give Law Firms the Competitive Edge, BIG L. Bus. (Aug. 5, 2018), https://biglawbusiness.conVanalytics-give-law-firms-the-competitive-edge [https://perma.cc/JWS6-SN3L].

③ See ASHLEY, supra note 23, at 7.

④ Lohr, supra note 82.

错误的可能原因并对其进行纠正。他们还应检查所产生的机器学习模型，找出对预测产生主要影响的特征。使用决策树之类的某些学习模型比使用神经网络或支持向量机更容易做到这一点，而且结果通常很有启发性。①

结　语

总之，结合了机器学习、网络图和法律问答的基本文本分析技术的新的法律应用程序为法律从业者的法律实践提供了新的工具。如同在任何行业一样，律师了解他们在实践中使用的工具是很重要的，包括它们在哪里使用、如何使用、如何运作以及它们的局限性。② 当今的工具受到一些限制，例如无法像律师一样阅读法律文本，不能以律师期望的方式解释其答案，以及无法从文本中提取隐含信息。③

从法律文本中自动提取含义是律师事务所的机会也是研究人员的挑战。法学院的一个挥之不去的问题是如何让法学院的学生做最好的准备，以适应随之而来的法律实践的变化。在 2019 年春季，我将寻求一个可能的答案。我的合作讲师是卡内基梅隆大学语言和技术学院的系统科学家，我将为匹兹堡大学和卡内基梅隆大学的法学学生和计算机科学的本科生和研究生组讲授"法律文本分析人工智能"课程。本课程将对 Python 编程教程、人工智能和法律领域进行介绍，重点关注基于规则和案例的形式推理以及论证的计算模型，并涵盖机器学习和自然语言处理的一些基础知识。课程利用最高法院数据库、在给定的非歧视政策下机器学习的公平性以及包括注释、基于规则机器学习文本处理以及信息检索在内的法律文本分析，重点讨论分析和预测的深度。该课程将解决与法律相关的各种主题的人工智能，例如法院的统计论证、自动驾驶汽车的法律责任和个人护理机器人技术。

在课程的后三分之一，学生将加入由律师和工程师组成的混合团队，提供一个有关法律数据分析的最终项目，他们将合作完成此项目。我们的目的是为法律和研究生实践提供机器学习的基本工具和技术，使其能够在制定和在评估法律数据文本分析中的研究假设过程中以及在规划和批判性评估法律数据文本分析项目工作中得到实践经验。法学院的学生将获得与技术人员进行交流的经验，反之亦然，学习相关的度量标准、进行错误分析并学习一种科学的方法，随后可将学到的东西应用于未来的法律处理实践中。

（编辑：吴冬兴）

---

① Louis Dorard, Machine Learning and the Law, MEDIUM (Dec. 21, 2016), https://medium.com/louis-dorard/machine-learning-and-the-law-adf051d33253 [https://perma.cc/J7TR-6HCX].

② Natalie Kelly, 2017 Solo and Small Firm Technology, AM. B. ASS'N (Dec. 1, 2017), https://www.americanbar.org/groups/law_practice/publicaions/techreport/2017/solosmall-firm/ [https://perma.cc/S8N6-YV7V].

③ See supra Part II.

作为国际法渊源的条约*

[美] Anthony A. D'amato** 著

王雅儒*** 译　李伟芳 校

摘　要　本文以诺特鲍姆案为例,意图驳斥条约仅为当事国之间的契约,而并非国际法渊源的观点。为此,作者通过研究条约与习惯法,具体分析两者之间的转换关系,条约与习惯法的同意,条约与习惯法在形成一般规则中的作用等议题。继而,以美国和墨西哥、印度与巴基斯坦的跨境水道条约为例,以证明即便是争议解决性质的条约内容也不可能脱离现行的国际法,甚至可以从中发展出国际法的一般规则。

关键词　国际法渊源　条约　习惯法

一、引言

1955 年,国际法院就诺特鲍姆案作出判决。① 专案法官古根海姆(Judge ad hoc M. Guggenheim)对判决意见提出不同看法,认为该判决不应援引诸如《班克罗夫特条约》和 1906 年《泛美会议协议》等当事国作为第三方的条约。② 然而,仔细审视国际法院就"庇护案""温布尔登号案"及"荷花号案"作出的判决意见,可以发现古根海姆的言论有值得商榷之处。

---

* 本文系提交至哈佛法学院国际法问题研讨会中的荣誉论文。本文的翻译有助于读者一窥 1969 年《维也纳条约法公约》通过前的条约法发展背景,更好地理解条约作为国际法渊源的法律意义。

** Anthony A. D'amato,(1937 - 2018),男,哥伦比亚大学法律博士,西北大学国际法法学院教授,曾就职于美国最高法院,是美国历史上第一位在欧洲人权法院胜诉的律师。

*** 王雅儒,女,华东政法大学国际法博士生,研究方向为国际公法。

① 参见诺特博姆案判决书,I. C. J,Reports1955 年,第 4 页到 27 页。

② 参见专案法官古根海姆就诺特博姆案提出的反对意见(Dissenting Opinion of M. Guggenheim, Judge "Ad Hoc"),1955 年,第 50 页到第 51 页。

例如，在"庇护案"中，哥伦比亚就援引了《玻利维亚引渡协定》《哈瓦那庇护公约》以及《蒙得维的亚政治庇护公约》。①

此外，国际法院则会通过援引第三方条约，对案件加以阐释。在"温布尔登号案"中，常设国际法院在第一份判决意见中援引了创立了巴拿马和苏伊士运河相关规则的条约中的条款，以证明中立国有权利允许他国船只通过该国水道向交战国输送军备品，且中立国的身份不会因此种权利的行使而改变。② 同样，在"荷花号案"中，国际法院也通过大量的条约阐释案件。③ 因此，简单否定国际法院在案件中援引第三方条约的做法是不妥当的。

二、研究的范围

本文关注条约在实际中的应用，通过比较条约与习惯法的关系，以阐述条约在国际法中的作用，并以此论证单一、孤立的条约可以创设一般规则，并且可以在司法判决中被视为先例，即便案件中的当事方皆为非条约当事国的身份。④

英国法学家威廉·爱德华·霍尔（W. E. Hall）认为条约不过是一种契约，与国际法关联性较小。他指出，"条约，要么是一种对法律的宣示，要么是一种对于法律的破坏"，或"仅仅是一场讨价还价"。因此，条约的内容有时并非基于法律，而只是双方之间利益协商的结果。⑤ 霍尔学说的继承者们进一步提出，条约必然是对法律的破坏，不然当事方就没有缔结新的条约的必要。此种观点显然有悖实践。因为即使在具体法律较为明晰的情况下，双方仍想通过签署条约作为表明意图的证据也无可厚非。更为重要的是，相比证明习惯法的存在，国家往往更愿意缔结一份有约束力的条约，以此为未来行为的实施提供法律依据。因为条约的形式更为明晰简便。

伴随国际法中不断涌现出新问题，以及以往问题需要新方法予以解决的需求，法律的可能性与需求持续更迭。在国际社会立法欠缺的情况下，应如何看待习惯法与条约之间的关系？

事实上，当下所运行的国际法规则中，习惯法只占到了很小的部分，大量国际法实体规则都来自国家主体间缔结的条约。如今，国际法中的某些领域已经发展到了相当复杂的地步，而这些新领域中的规则几乎完全由条约创设。例如，有关航空领域的双边或多边条约发展迅速。航空法的发展并不依托于原始的习惯法形成的模式，相关条约的内容亦引申

---

① 参见托雷庇护案，I. C. J. Rep. 1950 年，第 277 页。
② 参见温布尔登号案，P. C. I. J. Repo, . Ser. A, 1924 年，第 25 页。
③ 参见荷花号案 P. C. I. J. , Ser. A, No. 10, 1927 年，第 7 页
④ 国际法院在案件双方为第三国的情况下，也曾多次引用条约作为先例，如上文提及的诺特鲍姆案。法院通常引用国际法规约的第 38 条，第（1）款，第（b）项，因此条款用较为宽松的措辞承认了条约可作为习惯法的先例。
⑤ 参见 Hall：《国际法第八版》（International Law8），1924 年。

出了领空主权的概念。

由此，条约绝非如霍尔所言，仅充当着当事国之间的契约，而缺乏法律性。事实上，近半个世纪的国际法都来源于条约的发展，单纯否定条约的价值无疑是对现代国际法思想的抹杀。

此外，本文欲澄清目前学界存在的一个观点，即条约被认为是"国际法渊源"的同时，此类渊源似乎仅针对条约当事国有意义。事实上，即使是 A 国和 B 国之间签订的条约，日后也可能衍生为一般国际法规则，继而对第三国产生影响。

三、条约与习惯法之间的比较

（一）条约与习惯法之间的转换

国际法学界普遍认为，当一个条约规则被反复运用时，这条规则自然"转换"成了习惯法规则。或者，当一个重要的多边条约存在了一段时间以后，相关的条约规定自然被习惯法所吸收。

然而，成为习惯法的实践需要多长时间，在学术界是众说纷纭的问题。詹克斯教授（Dr, Jenks）认为一个条约规则转变为习惯法需要经历很漫长的过程。例如，例如第一次世界大战时，1856 年《巴黎宣言》取得习惯法地位之时，就没有经过足够长的时间。[①] 科比特（Corbett）指出，早在美西战争中，当美国同意对其外交官沿用《巴黎宣言》中的规则时，已然可证明《巴黎宣言》中的部分规则已经转变为习惯法。[②] 格奥尔格·施瓦岑贝格尔（Schwarzenberger）指出，当一条条款演变为习惯法时，"此条规则会被认为是不言自明的，不再需要其他的条款起草。"[③]

学者们往往采用"形成"或"转换"等意义模糊的词语描述条约转变为习惯法的过程。之所以难以通过清晰明确的语言定义此种转变过程，难点在于要如何找到惯例（usage）与法律确信（opinion juris）的存在。实践中，相关行为的实施国，往往是条约的当事国，因此国家是基于条约下的义务行使某项行为，不会考虑到条约具有创设一般国际法规则的作用。

（二）默示条约理论

实证学派学者曾指出，习惯法本质上是一种默示条约，与那些被严格称之为条约的法

[①] 参见 Jenks：《造法性条约中的国家继承问题》（State Succession in Respect of Law – Making Treaties），1952 年，第 105 页。

[②] 参见 Corbett：《国家同意和国际法渊源》，（The Consent of States and the Sources of the Law of Nation），1925 年，第 25 页。

[③] 参见 Schwarzenberger：《国际法的归纳径路》（The Inductive Approach to International Law），1946 年，第 539 页。

律文件相比，只存在形式上的区别。①

早在格劳修斯（Grotius）和维特尔（Vettel）的时代，就出现过这样的说法。二元主义学说的诞生使得这种说法再次兴起。② 近年来，有学者批判此种理论，指出这是种夸大国家主权的学说，且是"全然虚构"的，毫无内在理论支持。③

布赖尔利撰文写道，"默示条约的理论无法解释为何一些没有被国家明示或默示同意的法律仍然具有法律约束力"。④ 继而，布莱尔利指出，"一项习惯法规则之所以具有约束力，并非因为国家表示了同意，而在于规则本身被认为是具有约束力的。"⑤

这样的言论是对默示条约理论的误解。在默示条约理论之下，一国受到某一习惯法的约束，不一定是因为该国明示或默示同意了该项习惯法规则。如当国家A、国家B和国家C之间产生了一项习惯法规则后，国家D毋需默示同意，就会自然受到这项习惯法的约束。⑥ 习惯法，始于几个国家间的默示同意，随后推而广之，即使是对那些没有默示同意的国家也具有了一般合理性。无论理论如何演变，这一点在实践中亘古不变。即使地球上还存在最后一个未默示同意某项习惯法规则的国家，也自然会受到这项规则的约束。因此可以这样理解，第一个实践某规则的国家成为日后实施此规则的国家中的先驱。⑦ 然而，一项习惯法是如何形成的仍是一个重大问题，而"同意"是习惯法形成过程中的一个重要因素。

（三）条约与习惯法中的同意

马克吉伯恩（Macgibbon）撰写了一篇文章，发表于英国国际法年鉴上，文章证明了国家的同意应作为识别习惯法的基本要素。⑧

马克吉伯恩在文章大量引用了杰拉尔德·菲茨摩里斯委员（Sir Gerald Fitzmaurice）的观点，有必要在此文中再次引述：

"国家的普遍实践形成了习惯法，尽管再去回溯实践背后是否存在条约显然是没有必

---

① 参见 Cavaglieri, Corso di：《国际法》（Diritto Internazionale），1934年，第56页。
② 参见 Madison：《对英国法律教义的检视》（Examination of the British Doctrine），1806年。
③ 参见 Kunz：《习惯法的性质》（The Nature of Customary International Law）。
④ 参见 Brierly：《国际法》（The Law of Nations），1955年。
⑤ 同上。
⑥ 布列尔列、凯尔森，and Gihl 认为，现实情况中，一国并没有机会以表示对某一规则的默示同意——如当一国刚获得出海口，并且因此受到国际海洋法约束时。上述作者认为无论新国家或已经成立的国家，在面对已经发展多年的国际习惯法，是没有机会表达明示或默示的同意的。此处他们犯了同样的错误，即认为无论为何，一国接受习惯法约束，默示条约理论暗指国家的同意催生了最初习惯法的发生，一旦习惯法形成，即可被运用到从前与之无关的国家中去。
⑦ 事实上，一国率先做出某行为，而此行为后来被认同非常普遍。司法判例也存在相似之处，案件双方的争论往往代表了大多数国家的观点。判例结果日后成为各国的先例。
⑧ 参见 MacGibbon：《习惯法与默示》（Customary International Law and Acquiescence），33 *Brit. Yb. Int' l. L*, 1957 年, 第 115 页。

要的。因此，可以这样说，当一国行使某种行为，而别国选择容忍该行为并无反对举措的背后，实际上存在一种潜在的同意，继而才给与了这类行为发生的可能。最终，当他国对该行为表示同意（即便是默示的）时，才使得该行为转变为了具有约束力的法律规则。"[1]

因此，同意是核心要素。未达成同意，抑或是反对，都会解除行为的合法性。无论是明示或是默示的同意，都证明了国家的行为带有被他国允许的烙印。当实践经过一段合理期限后，或许会有他国表示反对。若没有反对意见出现，此条规则便演变为对全世界具有约束力的一般规则。问题在于如何寻找国家同意的证据，以及如何迅速检验法律确信的存在。

先让我们假设，国家可以对他国的实践行为表示同意。在此基础之下，可对习惯法与条约在下列假设中的关系进行思考：

（a.）美国在苏联领空开展了数次的卫星侦察活动，以拍摄苏联的军事设施。尽管苏联具备击落或干预美国飞机的能力，苏联并未采取行动。

（b.）美国和苏联缔结了某条约。条约规定：任何一国不得干涉另一国的卫星侦测行动。随后，美国对苏联开展了卫星侦测行动，而苏联并未采取任何反击行动。

1. 同意持续的时间

上述案例中，最为显著的一个区别在于，在案例（a.）中，苏联默认无期限地接受美国的卫星侦测。而在案例（b.）案例中，苏联在一定时间内同意接受美国卫星侦测，且苏联具有终结条约施行的权利。

在案例（a.）中，若苏联对美国在其领空发射四颗卫星的行为都不加以反对，则默示同意了美国仍可发射第五颗卫星。然而，在案例（b.）中，俄罗斯在缔约后必须受条约约束，不得在条约有效期内向美国发射的卫星开火。

2. 表示同意的时间

国家往往更倾向于案例（b.）中缔结条约的做法。因为通过缔结条约的方式，当事国明白无误地在行为发生之前表示了认同。

而在案例（a.）中，当事国以默示方式表达了同意，且此种同意只有在行为发生后才能被"发现"。站在现代世界的法律实践立场之上，若国家总是类推案例（a.）中的做法，将双方默认发生的行为发展成法律，那将是危险的。因为美国并非通过缔结条约的方式得到在俄罗斯发射卫星的权利，而是通过考验俄罗斯与国际社会的耐心换来了此种权利。

然而，在传统理论之下，案例（a.）更有可能发展成习惯法，而非案例（b.）。（当然要促成习惯法的形成，另需多个国家允许卫星侦测行为的发生，使之成为普遍的有约束

---

[1] 参见 Fitzmaurice：《国际法院的法律适用与程序问题》(The Law and Procedure of the International Court of Justice), 1953 年。

力的习惯法）。之所以会存在这样的差别，是在于俄罗斯表达同意的时间与方式不同。案例（a.）中的同意以默示方式做出，且须在行动发生后"被发现"，因此更倾向于被认同为法律确信；案例（b.）中的同意则在行动发生前，以缔结条约的形式作出。

上述传统理论显然是不合理的。默示同意并不比明示同意更具有证明法律确信的价值。案例（b.）并非不足以在日后发展成一般规则。相反，在案例（b.）中，双方以一种更为明晰的方式，确认了彼此在条约下的权利与义务。

3. 法律确信降至认同

上文已讨论条约与习惯法中都存在"同意"这一要素，仅在表达同意的时间点以及默示或明示的方式上有所区别。

在传统理论之下，习惯法包含两种因素：

(1) 通例：不同国家对于同一行为的反复适用。

(2) 法律确信：国家出于法律赋予的义务感而行使此种行为。[1]

"法律确信"问题是下文关注的重点。在麦克吉恩伯的分析之下，此种心理要素实则等同于当事国对于法律义务明示或默示的同意。[2] 读者们不妨想象一下 A 国、B 国和 C 国之间可能产生的三种行为。我们可将 A 国看作是一个当事国，而 B 国的行为受到 A 国的影响。C 国毫不参与，也不被 A 国的行为所影响。

由此，产生了三种可能发生的国际行为。行为 X：A 国将侦测卫星发射至 B 国。此举轻而易举，因为行为 X 的施行毋需 B 国同意；行为 Y：该行为无法由 A 国单独施行，需要 B 国的积极配合。例如，当不可抗力因素发生时，A 国的一艘轮船正好搁浅于 B 国的领海之中无法离开；行动 Z 最为复杂，包含了国家的不作为。譬如，在荷花号案中，B 国的公民所在的船只在公海之上与 A 国的船只发生了碰撞。尔后，A 国放弃了对于 B 国公民的刑事管辖权。

若将"法律确信"视作为法律义务感，则"法律确信"需要证据予以证实。比如，在行为 x 中，B 国对于 A 国发射卫星的行为未加干涉。然而，B 国的不干涉难以证明"法律确信"的存在。因为 B 国之行为可能出于法律所施加的义务感，也可能是因为不愿花费精力干涉。可作出的假设在于，B 国认为 A 国的行为合法，因此才没有提出反对，然而仅以此作为证明"法律确信"的依据仍不充分。尤其是当国家实施的行为尚不存在与之相配套的国际立法时，要找到法律确信的证据是相当困难的。在此案例中，B 国是否存在"法律确信"难以被证明，因为即使 B 国意识到了 A 国的行为存在合法性的问题，彼时也尚不存在与卫星发射相关的国际法规则。在现实情况中，国家出于畏惧一条不利于自身的新规则的诞生，往往倾向于提出反对。[3]

---

[1] 参见 Oppenheim：《国际法》（International Law），1955 年。
[2] 参见 Sorensen：《国际法渊源》（Les Sources du Droit International），1946 年，第 100 页。
[3] 参见 Kunz：《习惯法的性质》（The Nature of Customary International Law），1953 年，第 667 页。

同理，从 A 国的角度出发，要证明自身行为中存在"法律确信"也有难度。A 国在发射卫星时很有可能根本没有考虑到合法性问题。

而在 Y 行为中，法律确信的证明似乎来得更为简单。B 国未将 A 国轮船驱逐出领海，并加以援助的行为本身可被视为证明 B 认为有法律义务参与的表面证据。

在行为 Z 中，是否存在法律确信尤为重要。国际法院希望从 A 国的不作为中找到法律确信，即 A 国是否基于某种权利的主张而放弃刑事管辖权。然而，法院并没有发现明确的条约规定或相关的习惯法予以佐证。麦克吉伯恩认为，B 国是否默示同意 A 国的行为是此案中的关键因素。若 B 国对 A 国的放弃不加反抗，便反映了 B 国的默示同意，并且暗示了 B 国认同 A 国的行为是出于正当的法律义务。

因此，并非每个案例中都需检验"法律确信"。国家对于某一行为的默示或明示同意往往证明了"法律确信"的存在。只有在 Z 行为中，当实施主体毫无作为时，才需要另行寻找"法律确信"。

相反，倘若当事国缔结了相关条约，就可以大大解决寻找"法律确信"的难题。假设 A 国和 B 国缔结条约，规定双方在公海上发生船只碰撞时，不对彼此行使刑事管辖权，那么就存在一国同意的实证证据。同样地，在 X 和 Y 行为中，若两国缔结条约，则说明双方行为的发生都来源于条约项下规定的国家义务，不存在出于法律义务以外的可能性。

在 Z 行为中，在缺乏条约的情况下，A 国可能出于"法律确信"，认为自己不应对 B 国、C 国、D 国实行刑事管辖权。而在有条约约定的情况下，A 国仅对特定的国家如 B 国，负有不行使刑事管辖权的权利。然而，这样的结论并不会推翻本文的主张，即当 A 国和 B 国缔结了一项条约之后，就有可能形成对所有国家都具有约束力的一般国际法规则。

（四）条约和习惯法在形成国际法新规则中的作用

1. 概述

目前存在一种推论：即 A 国和 B 国都应避免通过缔结一项新条约的方式，对第三国施加影响，从而改变国际法规则。

在传统国际法世界，若 A 国和 B 国缔结了满足自身需求，但会改变国际法规则的条约，除非第三国可从中受益，则 A 国和 B 国不应缔结此项条约。

即便 A 国和 B 国之间缔结了一项不利于第三国利益的条约，此条约也很有可能处于一种真空状态，无法被适用。因为当事国各自分别与其他国家缔结的条约条款很有可能与两国缔结的条约相悖。

须说明的是，以上所举的都为极端案例，以证明本文的理论。国家往往非常乐意看见本国与他国缔结的条约发展为国际法规则，因为此种条约规则在实质上就形成了互惠措施。此外，若 A 国和 B 国有意设立条约，且条约内容有别于习惯法，那么该条约的影响力也会较小。一般而言，一条已经明确确立起来的国际法规则，难以被某双边条约中的相反规则所改变。但若制定相反规则的条约数量增多，则国际法规则改变的可能性也相应增大。一旦此种情况发生，条约即可作为实证证据，以证明除 A 国和 B 国以外的第三国，也认同此种国际法规则的改变。

2. 法律变化所存在的问题①

值得注意的是，若 A 国和 B 国建立起的条约中存在有悖于习惯法的规则，那么此项条约是否应被视为非法的？

因国际性立法的缺乏，想要改变国际法唯有通过改变习惯法或缔结新条约的方法。倘若 A 国出于改变国际法的目的，实施了某种与习惯法相违背的行为，则意味着行为本身是有违国际法规则的。倘若 A 国与 B 国就上述行为缔结了一份双边条约，尽管这份条约在第三国看来仍有可能是违反国际法的，但缔结条约的形式赋予了条约当事国钱行该行为的合法性。

在实际情况中，A 国之所以选择 B 国作为缔约伙伴往往因为 B 国是利益最关切国。相对而言，C 国、D 国，抑或 E 国的利益，很大程度上并不会受到条约的影响。此外，A 国很有可能继续与其他利益关切国签订条约，以转移因条约致使他国利益受损的风险。

根据此逻辑，若想要改变国际法中的某条规则，相比通过实践改变习惯法，缔结条约是更为保险的做法。

四、以具体的条约为例

（一）争议解决的性质

国际条约中存在若干旨在解决当事国之间争议的双边或多边条约。

对于争议国而言，是将争议提请至国际法院进行判决，还是交给两国外交官起草条约，其中的差别并不显著。条文起草者如同法官一般，须基于现行的国际法，找到具有实际操作价值的解决办法，而非自行造法。由此，无论是判例还是条约，都是法律证据，对于第三国而言都是富有价值的先例。

此外，此种具有纠纷解决性质的条约有时也会衍生出一般的国际法规则。一般规则可能是从整部条约中提炼出来的，也可能来源于双方的实践之中。以 1906 年美国与墨西哥签署的《美国与墨西哥就里奥格兰德河道水流平均分配的条约》（以下简称为《美墨条约》）为例，当事国是在对国际法的相关规定进行考虑后，才规定美国可以实施调水行为，但必须以墨西哥作为下游国的利益为前提。②

---

① 参见 Wheaton：《国际法的元素》（The Elements of International Law），1836 年，第 50 页。1836 年，Wheaton 写道，条约对于第三国有影响，若缔约国愿意放宽最先制定的利于缔约国之间的条约。

② 译者注：随着国际环境法的发展，国际水法中已发展出了公平合理原则。此原则不仅要求一国在开发跨境水资源时不得对他国带来重大影响，还旨在平衡经济发展和环境发展。作者提出的这些疑问已经得到了解决。

(二) 跨界河流改道案例

1. 美国与墨西哥

1985年12月，美墨两国就里奥格兰德河的跨境河流改道问题产生争议。美国对外公布"哈蒙主义"，奉行绝对领土主权主义。然而，实践中，美国允许私人企业在里奥格兰德河的象山村区域修建水坝，摈弃了"哈蒙主义"。1906年，美墨两国签署《美墨条约》。美国同意，每年从里奥格兰德河上游输送一定水量至下游的墨西哥。特别的是，美国毋需对调水可能对造成的损失承担赔偿。此外，《美墨条约》第二条亦规定，美国将承担在跨境河流处建造水坝的一切费用。

尽管条约本身看似是一份美墨之间的契约，但条约未采用"哈蒙主义"中主权国有任意处置境内水资源的权利的观点，而是在考虑了相关的国际法规则后，制定了关于跨境水流实质分配的规定。①

美国外交部成员的证词也可佐证这一观点。他认为在国际法之下，美国没有义务拒绝墨西哥需要改道的请求。② 批准《美墨条约》有助于建立起和墨西哥在跨境河流改道问题上的合作。美国边境事务的法律顾问指出，就他个人观察所得，"哈蒙主义"从未被美国或其他任何国家采纳过。③ 上述言论都足以证明，《美墨条约》完全建立在国际法之上，并可作为国际法的证据。此案例印证了瑞士法学家塔尔曼（Thanlmann）的观点"有关国际水道的条约规定，不但在本质上不会背离一般国际法原则，反而恰恰应用了国际法原则。"④

2. 印度与巴基斯坦

1947年，巴基斯坦成为独立主权国。印巴的跨境水资源分配问题亟待解决。

自1947到1951年，双方就此问题展开了多次讨论。然而，1951年九月，印度宣布，将在跨界河流问题上采取绝对主权主义，不再向下游处的巴基斯坦实施调水行为。⑤ 后因美国参与两国讨论，印巴双方在此问题上经历了短暂的休战。1954和1958年期间，印度逐渐退出和巴基斯坦之前签署的有关跨界河流分配的协议。1958年，在国际法协会举办的纽约会议上，印巴双方同意遵循美国宪章的第33条下的程序规定，就跨界河流分配问题缔结了《印度河水协议》。⑥

---

① 参见 Griffin:《国际水道系统的法律方面用途》(Legal Aspects of the Use of Systems of International Waters)，1958年，第10页。
② 《参见就墨西哥协议下的水资源利用的参议院听证会》(Hearings Before the Senate Committee on Foreign Relations on Treaty With Mexico Relating to Utilization of Waters of Certain Rivers)，1945年，第1726页。
③ 同上，第97页。
④ 参见 Thalmann:《Grundprinzipien des Modernen Zwischenstaatlichen Nachbarrechts》，1951年，第136页。
⑤ 《巴基斯坦政府就印第安座盆地灌溉用水纠纷的讨论》(The Indus Basin Irrigation Water Dispute passim)，1952年。
⑥ 《印第安座河水条约》(Pakistan – India, Indus Waters Treaty)，1960年。

印度争论，根据"哈蒙主义"的绝对主权理论，印度有权撤销在《印度河水协议》下的任何调水义务，但迫于国际压力才选择了妥协。① 巴基斯坦的律师表示，若将此案提请至国际法院，国际法院必然不会采取严格的"哈蒙主义"解释方法。因在双方协商的最初阶段，印度就反对将争议提请至国际法院解决，继而巴基斯坦才没有采用此种争端解决方式。② 印度之所以愿意签署《印度河水协议》在于其担忧一旦争议交由国际仲裁庭或国际法院裁判，裁判结果将不利于己方。由此，缔结条约可能是更有利于双方利益的方式。

在跨界河流争议问题上，全世界有超过六十个国家缔结了双边仲裁协议。国家选择以和平的缔结条约的方式，创立了一系列否认"哈蒙主义"的绝对主权理论的，全新的国际水道规则。③

塔尔曼对此评论，"当代国家跨界水资源分配争议频繁地适用缔结条约作为争议解决办法，说明有限度的跨境河流改道已经成为一条普遍的规则。"④

五、以更宽广的视野看待条约法

在本文作者看来，将条约视为国际法律的渊源并不会与国际法的目的相冲突。

国家就如同个人一样，有社交需求，且在国际社会中互相依赖。布赖尔利认为"有些国际法之所以存在，是出于国家之间和平共处的需求。"⑤

国际法的目的在于打造一个有序的国际世界。然而国际性质的立法手段并不存在，因此需要在现有的法律框架中，以特定的方式来满足国际世界的普遍性需求。条约具有和平性和可协调性的特点。以结盟条约为例，若全世界都缔结结盟条约，意味着世界和平能有所保证。因此，条约可以很好地满足国际法的目的。不少学者都认同将条约视为国际法渊源的说法。

麦迪逊写道："条约基于自由的精神和可协调性……且基于双方对等的正义与利益。在和平条约和经商条约的协商之中可以见得，是双方的努力与利益促成了彼此之间的制衡与妥协，致使双方得出一个正义和理性的结论。每一方在此之中都不可或缺。每一方也不会为追求自身的目的，而单独行动。"⑥

19世纪，卡尔沃表示，条约是对于政府间协作最有利的证明。⑦ 1940年，海德也发表过相似的观点，认为条约促进了国际关系的发展。"双边条约，抑或是多边条约，是有利

---

① 参见《巴基斯坦律师：Roger Fisher 教授访谈录》，(Interview With Professor Roger Fisher, of Counsel to Pakistan)，1961 年。
② 同上。
③ 译者注：此数据为 19 世纪 50 年代的数据。
④ 参见 Thalmann：《Grundprinzipien des Modernen Zwischenstaatlichen Nachbarrechts》，1951 年，第 136 页。
⑤ 参见 Brierly：《国际法前景》(Outlook for International Law)，1944 年。
⑥ 参见 Madison：《对英国教义的检视》(Examination of the British Doctrine)，1867 年，第 229 页。
⑦ 参见 Calvo：《国际法》(Le Droit International)，1880 年。

的工具，通过契约的方式，实现了国家之间对彼此义务的承诺。随着时间的推移，条约逐渐被视为国际法渊源。①

1952年，英国学者詹克斯博士对多边条约也做出了相似的评论："多边条约项下国家所承担的义务并非是对于国家的奴役，国家之间的合作须以此种方式来完成，因此多边协议可被视为国际合作的标志……我们生活的这个时代，经济与生活方式正经历着快速的更迭，如果我们的法律体系无法回应这个快速变革的国际社会，那其法律权威和国际社会的稳定秩序将会被破坏。"②

六、总结

在第三国表示同意的前提之下，条约应被视为缔约国与第三国都可以适用的法律渊源。当下，在条约越来越普遍的情况下，法律的任何变化都会反映在条约之中。因此，若过分扩大习惯法的立法价值，会造成对于国际法中新出现的条约规则的忽视。如果将传统的习惯法适用于新情况，无疑是一种危险的做法。

根据国际法院的判决和国家间的实践可以得出，条约并非不会对于第三国产生影响。然而，理论界对此并没有作出清晰的解释，使得国际法的理论与实践存在不连贯的现象。

1934年，美国法学教授兰蒂斯（Landis）在撰书时写道，"如今大量法律的骸骨只能在法律书的封面上找到，而非在实践中被找到。"③ 这句话也可以被运用到条约法领域。如今，条约的数量已远远超出了习惯法，但仍然没有受到足够的重视。在对国际法律和义务的研究中，条约作为主要渊源应被重视。

（编辑：黄炎）

---

① 参见 Hyde：《国际法》（International Law），1947年。
② 参见 Jenks：《造法性条约中的国际继承问题》（State Succession in Respect of Law–Making Treaties），1952年，第110页。
③ 参见 Landis：《成文法和法律渊源》（Statutes and the Sources of Law），1934年，第213页。

日本宪法学说史中的"国体"概念：
一个比较的视角

[加拿大] John S. Brownlee* 著　杨　陈** 译

> **摘　要**　作为日本宪法学说史中最具原创性的观念，国体学说一直以来起到国家整合功能，它提供了一种政治结构，使得能在明治宪法的构架下引入西方的君主立宪体制。自19世纪早期至二战结束，国体学说经过了会泽正志斋的《新论》、福泽谕吉和加藤弘之的自由解释、明治宪法、以及国体明征运动等四个阶段，逐渐从一种内化西方冲击的文化整合机制，退化为军国主义的动员工具。从国体学说发展的不同阶段以及产生的后果，可以发现国体概念的功能以及适当的作用领域。
>
> **关键词**　宪法学说史　国体　政体　国家整合

日本宪法学说史上发展出来的最具有原创性的观念当属国体（national essence）学说。① 它从明治时期一直到1945年都一直被当作是一种鼓动性的并具有统合作用的意识形态，而且它还提供了一种政治结构，使得能在明治宪法的构架下引入西方的君主立宪体制。它能够使明治宪法中许多令人难以索解之处得以澄清。然而，与具有普遍性诉求的民主观念不同的是，日本的国体观念只是地方性的。对于许多人而言，这一概念让人难于接

---

* John S. Brownlee，时为多伦多大学历史系教授，本文是他提交给第十三届加拿大日本研究协会大会（JSAC Conference, University of British Columbia, October 2000）的论文。

** 杨陈，男，江苏南通人，法学博士，华东政法大学科学研究院助理研究员，研究方向为宪法学。本文为教育部人文社会科学青年基金项目"宪法中的国家所有权研究"（项目号：16YJC820039）的成果之一。

① 日文国体一词的英文发音为Kokutai，作者将其解释为national essence，由于近代民族国家观念，nation一词既指民族，又指由单一民族所组成的国家，而national essence一词仿佛既可以指国家现象背后存在的本质性要素，又可以形容某民族本身的特殊体质（nationality）。事实上，从水户学者到日本1945年战败，日文的国体一词也一直在这两个意义之间游移。——译者注

受,尽管它与其他许多以宗教观念为基础的政治体制有着相同之处。但笔者无意着力于这些主要的缺陷,只是试图对国体学说的发展与应用作一解释。

一、第一阶段:会泽正志斋的《新论》

水户藩的尊王学者会泽正志斋(Aizawa Seishisai,1781-1863)在其1825年的著作《新论》中首先对国体一词作了扩展性的表述。这时候,这个体系的中的所有成分其实早已具备,一方面是关于日本与天皇的传统观念,另一方面是晚近的德川时代儒学关于政府与社会的思想。会泽第一个将以上要点整合进一个融贯的体系,尽管多有所发明与夸饰(invention and exaggeration)。不过这一点在他身上并不显著,因为从日本最早的史书《古事记(Kojiki, Record of Ancient Matters,712)》与《日本书记(Nihon Shoki, Chronicles of Japan,720)》以来,发明与夸饰在日本的政治思想中就一直存在着。

让我们简要地回顾一下这些基本的传统观念。根据《古事记》与《日本书记》,日本由居于高天原之上的八百万神明所建立。其中最为伟大的是天照大神(太阳女神),她派使者安抚了日本蛮荒的自然与其上的居民。之后,她又派天孙开始了天皇的统治,并声称要保护这一世系直至千秋万代。天孙身负镜、玉、剑三宝,这三宝正是这一世系以及其内在德性的象征,而这种德性必然的产生出一种政治体制。他的第四代后代是第一个具有人类性质的天皇神武(Jinmu),其名字的意思是神圣的战士(公元前660-585在位)①。天照大神发誓,天皇世系永不断绝,按照某些说法,直到当前的平成天皇(1989—),这一世系传了125代。

在整个日本史上,这一切都被当成了事实。尽管在20世纪,一小部分学者短暂的挑战过其中的某些方面,但日本帝国仍然用这些被当成历史事实的神话来作为普遍性的教育人民的素材。这些观念相当简单,但与所有的宗教观念一样,它们被当作意义深远而又神秘莫测的真理长达1500年,这保证了它们具有如此这般的地位。所有时代的官府、宫廷以及神社的仪式都保证了这些观念的延续性。德川时代(1603—1868)的理学家(confucian rational scholars)曾经提出过一些批评,但他们被国学学者(Kokugakusha, national scholars)激烈的回应了,其中最为有名者为本居宣长(Motoori Noringa,1730—1801)。宣长尤其借用了儒学卓越的考据方法,并将之应用到国学的神话研究中去。他将《古事记》考据为日本历史的完全的无可置疑的史料来源,通过其独具智性与融贯性的研究,他将之转化为了一本具有伟大的启示性真理的著作。他将之当作了所有日本人行为(无论是政治的、社会的、还是宗教的)的标准。通过宣长,古代的价值被具体的表现为一些永恒的真理,因此也就不再会有人,对作为日本价值最终不变源泉的长期稳定古代所体现出来

---

① 传统的在位时间都是被加给那些早期天皇的,但既然他们并不存在,那么对在位时间的校准便没什么意义了。

的僵硬与智识上的贫乏产生抱怨。不过，宣长并没有发展出一种系统的政治学说。

会泽正志斋做了这一点。日本因为西方帝国主义强权在东亚的到来而产生了第一次现代危机，在这种情况下，他发展出了这些观念。他将这个问题理解成国家的一体性（national unity），尤其是精神方面的一体性问题。他认为西方强权具有这种一体性和强力是因为基督教的缘故，故而其将基督教当作西方诸国中整合性的、发动性的中心力量。他观察到在日本古代，这样一种一体性同样以"政祭一体（Saisei itchi）"——政府与宗教一体——的形式存在着。天照大神首先创建了这种一体性，而保持这种政制的法门被传给了她的子孙，也就是历代的天皇。她建立起以皇室标志镜、玉、剑为象征的德性，开始了后来由历代天皇所执掌的伟大的崇拜仪式，而这些崇拜仪式自然而然的会产生一体性与和谐。这里同样存在着中国模式的圣主（sage Emperors），比如说仁德天皇（Nintoku, 313—99）。他看到了人民的贫困，并且免人民赋税三年，因此他获得了人民的信任与爱戴，并与人民合为一体①。正如鲍勃·若林（若林正）所言："这种国家的精神上的一体性——普通人感到的对其统治者自发的爱戴与信任——是会泽通过其《新论》中的国体学说所阐明的基本要点之所在②。这是一种意识形态的设计，与德川残酷的统治体制的社会现实并无必然之关联。会泽同样声称是天照建立了社会的基本价值，这些价值一般来说被认为是儒家的，比如说忠孝（loyalty and filial piety）的观念。

因此，国体的说法进入了语言，它的早期意义完全是精神性，其中并不涉及诸如政治组织与法律之类的体制性的存在。这种学说的综合性是明显的，这使得会泽能够将日本传统的与中国儒学的政治思想结合在一起。

值得注意的是，这种神话、发明以及夸饰的混合物并不受到因价值的发明权被天照所篡夺而产生怨恨的儒学学者，以及受到西方理性主义腐蚀的知识分子的直接攻击。相反，它被当作国体的卓越表述而受到欢迎，在明治维新时期，它没有受到任何改动且持续性地发挥着影响，为新国家提供了意识形态上的基础。在1868年，很少人认识到会泽正志斋智识上的贡献，但人人都在论述国体中的根本性的组成部分。

二、第二阶段：加藤弘之与福泽谕吉的自由解释

加藤弘之（Katô Hiroyuki，1836—1916）与福泽谕吉（Fukuzawa Yukichi，1830—1901）均活跃在1870年代，也即是文明开化（Bunmei Kaika, Civilization and Enlightenment）时代。他们都是著名的明六社（Meiji Six Society）的成员，后者致力于在日本发扬西方先进国家的价值、制度以及时间。在短命期刊《明六杂志（Meirokou Zasshi）》（明六社的机关刊物）中，明六社的成员们以西方的先进制度为标杆，审查了日本社会的方方面

---

① 仁德天皇的传说完全是从阐述君主德性的儒家学说中翻版而来。
② 参见 Bob Tadashi Wakabayashi, *Anti-Foreignism and Western Learning in Early-Modern Japan*（Harvard University Press, 1986）, p. 124。

面。他们充分确信西方制度的先进性,而且并不讳言日本的落后,同时强烈的要求日本民族的进步。加藤与福泽之所以引人瞩目,是因为他们第一个和最后一个原创性地、自由地对国体问题进行了解释。在他们之后,自由的解释被1880年代以及1890年代保守主义的复活所窒息了。

加藤弘之要相对有趣一些,因为在他以后职业生涯中,他成了东京帝国大学粗暴的保守主义的校长,他完全支持明治宪法中所表达的那个帝国,恶意攻击基督教违反了国家的目的。但是回到1870年代,在当时英法自由主义思想的影响下,他认为国体(national essence)在于人类的自然权利。

1. 加藤弘之:国体与人类的自然权利
(a)人类的自然权利。

加藤弘之是当时极少的能够理解契约论性质的国家理论的学者之一。

他在1860以及1870年代的早期思想同样以其当时极少见的对国家类型学的理解能力而著称,这种知识难倒了所有的儒家学者,因为他们认为君主制才是唯一可能的政府形式。在《立宪政体略(Rikken Seitai Ryaku, Outline of Constitutional Government, 1868)》中,他系统的勾画了政府的一般理论,讨论了有限的或者说是立宪的君主制以及民主共和制,国家的分权体制以及公民自由①。

这使得他远超当时的那些民族主义者,这些人的眼光始终不能超过日本绝对主义的天皇制度。他同样引进了关于国体的本质的新观念,并主张将自然权利当作国体的本质性要素。国体学说中存在着如此的主张,这是第一次也是最后一次,这也只能在文明开化的1870年代存在。

加藤的《国体新论(Kokutai Shinron, New Theory of the National Essence, 1874)》主要是为攻击亚洲传统的政府理论而作,尤其是日本国学学者的理论。他从对亚洲的国家理论极为严厉的评价开始,这些理论将土地与人民看作是君主的私产。这些理论同样认为君主永远是有德性的。加藤认为,并不一直如此。他将国学学者所臆想的人民对国家不加思考的服从描述为牛马的行为。在诉诸在西方发展出来的自然权利理论之后,加藤发展出了一种君主立宪的国家理论,在他看来君主立宪最符合日本之需要,日本毕竟已经具有了一种君主制,只不过尚未有一部宪法对之加以约束。

尽管他受了德国政治理论的影响,但在1874的《国体新论》中主要的能看出的是英国古典自由主义,在此书中,国家的唯一目的便是保护人民的生命、自由与财产权,除此之外再无其他。如果它不能做到这一点,就不再是合法的政府。加藤勇于面对这个立场所引申出来的含义,就像他在该书第五章中所认为的,人民有权抵抗坏的政府,就像美国革命期间,北美殖民地反抗据他们来看恶迹昭彰的英国政府。

---

① 以上内容概括自 Tabata Shinobu, Katô Hiroyuki (Yoshikawa Kôbunkan, 1969), pp. 76-7。

他并没有长期坚持他的自由主义立场。和其他许多日本知识分子一样,他从政治版图的左边跨到了右边,变成了明治时期威权政府的坚定支持者。他说,之所以如此是因为他思想上的变化,而这个变化是由于对新知识的接受的缘故。在他早期接受了古典自由主义以及自然权利理论之后,他遇到了社会达尔文主义的自然进化理论,开始认为人权并不是自然的,只有强者才能获得。他们淘汰了弱者。加藤又回到了传统的国体理论。

(b) 国体与政府形式。

在《国体新论》的第七章,加藤对于国体与政体作出了一个区分,前者是指国家的本质,而后者是指政府的形式。他是否是第一个作出如此的区分并不重要。无论其性质的好坏,这种区分最终成了直到1945年的政治与宪法理论探讨的关键词。

国体与政体的区分使得保守主义者能够使国体—国家的本质—的观念得以澄清,所谓国体就是他们的政治体(polity)的"日本本土的(native Japanese)",永恒的,不可更改的方面,它们源自历史、传统与习俗,并集中体现在天皇身上。政府的形式—政体,一个次要的概念,只不过是政治权力实践的历史性安排而已。

政体,政府的形式,处于历史的偶然之中,并随时间而发生改变。日本先后经历过古代的天皇的直接统治,之后藤原氏的摄关政治(Fujiwara Regents),接下来是七百年的幕府统治,最后在王政复古之后,天皇据称又开始了直接统治。以上每一个都是政体,政府的形式而已。在这种理解上,明治宪法下的现代政治体制,这一次是来源于外国的资源,无非是另外一种政府的形式,一个新政体而已。宪法并不具有根本性。

2. 福泽谕吉:关于国体的最后的明智的解释

在《义明论概略》中,福泽比加藤弘之更为明确的认为,后者在该问题上态度模糊,国体的概念不仅仅只适用于日本;每个国家都有它的国体,比如中国、印度乃至西方诸国。这样一个简单的主张消减了直到1945年为止大多数保守主义者—尤其是神道主义者—关于该问题讨论的重要性,他们不对该问题加以充分的思考便径直认为只有日本才有国体。

福泽谕吉的另外一个关于国体的观点在当时的讨论中是令人完全难以理解的。他说,国体是可以变化的:一个国家的国家结构并非一成不变。它可能有相当大的变化。它可以聚合或者分歧,扩张或者收缩,甚至完全消失。国体的断绝与否并不依靠语言、宗教或者其他诸如此类的因素[1]。

这与我们所知道的关于国体的其他一切理论相矛盾。由本居宣长以及国学学者开始,经由会泽正志斋以及发动了王政复古的尊王志士,每个人都相信国体的根本性特征都可以在古代找到。日本历史上所发生的那些事情并没有改变它的国体,即便是中国文化的引

---

[1] D. A. Dilworth and G. C. Hurst, translators, *An Outline of a Theory of Civilization* by Fukuzawa Yukichi (Sophia University Press, 1973), p. 23.

进，古代天皇体制的衰落，封建主义，16世纪与西方的接触，日本的开国以及随之而来的文明开化，从古代开始的物质文化生活的普遍改善，通过不同的世代而获得的大量的知识的积累，等等。

理解日本政治思想史中的这一点相当重要。至少可以说，这样的观点并不是柔性的。它的刚性在20世纪不断地被数以千计的著作家与演讲家——或许有些很有学问，有些不那么有学问——所展现，所有人坚持同样的观点，国体早已在古代被决定了。

接下来，福泽认为国体的最重要方面在于本民族的主权（national sovereignty），他对这一点曾多次致意。一旦日本不再作为一个独立的国家而存在，对国体的讨论就不再切题。他将民族主权当作国体的主要方面使得他有回到了他最为主要与急迫的关切之处，也就是日本民族的生存与进步。他将国体与民族主权同一，而不与古代发生关系，在这一点上是原创性的。

最后我们考察一下福泽对皇室的看法，当时所有人都认为皇室是国体之核心。几乎所有人都说，之所以日本的国体是独特的，是因为由于天照之誓言，天皇世系始终没有断绝。福泽同样认为天皇世系的从未断绝在世界上是绝无仅有的，但他清楚地指出，这并不能构成国体，只有民族主权能够构成这一点。他的观点在于天皇世系无与伦比的传承可以在凝聚日本人民的感情方面促进日本的民族主权①。他对皇室功能性的态度使得他区别于同时代的所有其他学者。

福泽用标准的本民族的词汇来形容皇室——他的庄严与神圣性（songen seishin，庄严神圣），始终未断绝的传承（bansei ikkei，万世一系），世代中的永恒不变（mukyû，无休）。事实上，他在1887年著作《尊王论（Sonnô Ron, Essay on Imperial Loyalism）》的开篇便写道"统治我们日本帝国的皇室是庄严与神圣的"②，这样的观点似乎将其与传统的民族主义者归到一类，后者始终以对日本以及天皇的崇拜性的陈述开始他们的著作，而且仅就这一点就构成了他们的全部观点。但是就其对德川时期的学术与制度的严厉批评来看，他保持了对政治权威的清醒与批判的态度。在其回忆录中1875 - 1877的某个时候，他写道"神佑统治中的天子（The holy son of Heaven of blessed reign）根本就是一个错误，在近代，天皇与将军们根本算不得什么"③。他一点也不相信以上的那些观念，但却理解它们的功用。他远非当时的那些相信关于天皇的古代神话的字面真理的民族主义学者。他写道："我最大的尴尬在于，我不是一个学者，也无从知道诸神时代的历史，而且发觉古代记录是模糊的"④。

---

① "Bunmeiron no Gairyaku," [An Outline of a Theory of Civilization] in Fukuzawa Yukichi Zenshû [Complete Works of Fukuzawa Yukichi], vol. 4 (Iwanami Shoten, 1959), p. 37.
② Fukuzawa Yukichi, "Sonnô Ron " [Essay on Imperial Loyalism], in Fukuzawa, Nihon Teishitsu Ron [Essays on the Japanese Imperial House] (Shimizu Shobô, 1987), p. 99.
③ Kano Masanao, Fukuzawa Yukichi (Century Books, Shimizu Shoin, 1967), p. 150.
④ Fukuzawa Yukichi, "Teishitsu Ron" [Essay on the Imperial House], Nihon Teishitsu Ron, p. 26.

但是他发现了皇室作为超越于政治之上的国家的独一的元首（the independent head）的有用性，这一点同样可以在诸如英国、法国以及加拿大的现代社会中得以发现。美国的总统是一个例外，他既是国家的元首又是政府的首脑，这是一个常常不能令人满意的安排。

在1880年代，当日本趋向于成立一个在作为国家主权的天皇之下的立宪政府的时候，福泽的观点被完全的冲垮了。简而言之，福泽将国体等于族群的主权，而非历史上的天皇的万世一系。尽管他将这种世袭当作制度的基础，并向天皇致以庄严与神圣之类的敬语，但他认为皇室仅具有作为国家元首的功能性价值。我可以说这是关于国体的最后的明智的解释。天皇作为国体这种说法超过了福泽的想象的限度。

三、第三阶段：明治宪法背后的政治思想

1881年，日本天皇，即他的政府，宣布1889年将会制定一部宪法。保守派很快就控制了起草的过程，他们将自由派的大隈重信（Okuma Shigenobu，1838 – 1922）驱逐出政府。宫廷贵族岩仓具视（Iwakura Tomomi）通过元老院（the council of state）制定了宪法起草的原则：

（1）宪法应该由天皇而出以及应该选取渐进的通往立宪政治的政策。

（2）天皇有统领陆海军，具有宣战、媾和以及缔结条约等诸种最高的权力；此外，天皇直接行使国家的行政权力。

（3）内阁组织不受国会的干预①。

在大隈去位之后，官方再无人有民主宪法的思想，尽管知识界与普通公众中仍有许多人持此观点。就在此时，公开的讨论开始于国体与政体的关系问题，在这样框架之下，来自西方的制度可以得到安放。

精英们都很清楚这一点。在帝国宫廷的政治讨论中，1879年元田永孚（Motoda Eifu，1818 – 1891），天皇的儒学顾问，曾经写过一个呈文。该文建构了保守主义的国家原则，其中所使用的语言在政治讨论中显得刻板与具有命令性，并加入了自会泽正志斋以来就有的发明与夸饰，并将宗教的与历史的神话当作政治体制的正当性来源，并无一丝的怀疑与批判：

我等祖宗之国的国体必得永久保存。政体却可以由朝廷因时而变。

因其据于天地之道，故而此一原则不仅适用于我国，亦能适用于世界。

因此，如果一国国体变动或者不稳，其便违背了天地之道。如果他们变乱其祖宗的规矩，国家就会失序，最终导致毁灭。无论在古代的中国还是在近代欧洲都充分的毫无疑问

---

① George M. Beckmann, *The Making of the Meiji Constitution. The Oligarchs and the Constitutional Development of Japan*, 1868 – 1891 (University of Kansas Press, 1957), p. 59.

的显示出这一点。当我国刚被上天所创造之时,最初的状况是一片混沌。之后琼琼杵尊(Ninigi no Mikoto,天照之孙)首先建立了这个国家。以下这些原理也被普遍地与永恒地建立了起来,天皇世系的永不断绝,父子之间的慈孝关系,君主与臣子之间的义务,这也正是导致了我们今天繁荣局面的原因。

我们以君主为基础的国体必将永世长存。然而,政体却随着人民的状况以及当地的风俗而改变,因此也根据不变的天道而随着时代进步①。

随着明治宪法的颁布,国体—政体的区分也变成了根本性的、广泛被接受的国家理论。天皇之所以能宣称主权,因为他是永不断绝的神圣的不可侵犯的世系的血脉,那些根本性的条件之所以建立就是要为了保存国体。进而言之,诸神时代国家与皇室的神圣奠基便为国体提供了终极的论证。神圣奠基在宪法里并没有被提及,或许是害怕西方的嘲笑。然而,这一点被每个人所理解并在日本的教育体系中当作真理被教授,从小学到大学,直到1945年战败。

国体—政体学说想弄清楚的主要问题在于天皇是否应当被宪法所限制。作为它的作者,天皇不可能被限制,除非他出于其无可置疑、不可制约的仁慈选择如此的被限制。在极端民族主义的发展下,这个问题在1930年代变得极其重要,极端的民族主义攻击诸如美浓部达吉(Minobe Tatsukichi,1873-1948)等人的理论,后者认为天皇事实上是国家的一个机关,应该像其他机关诸如内阁与议会那样受宪法制约。然而这个观点仅仅是一种激烈的竞争性的政治意识形态,因为天皇尽管在宪法上被认为享有广泛的权力,但却从不被预期会行使这些权力。这就是1889年的制宪者们的意图,天皇和他历史上的那些祖先一样,在很大程度上保持一种仪式性的、象征性的形象②。

新的政体包括西方政府的大多数特征,两院制,下院选举产生,上院指定产生;议会会期的正常化;内阁政府,等等。因此经常会有这样的疑问,日本的领导者们是真的严肃的遵从了这些他们并不熟悉且并不乐见西方形式,还是仅仅将之当作包装政治场景背后现实权力运作的外衣。在我看来在这些场景背后总是有现实的权力在运行,这发生在每个政府之中。但事实上,他们遵从这些形式,尽所有的努力使得它们运作良好,而且他们从不试图以宪法中断这样的过分方式来改变宪法的条款。在太平洋战争期间,他们依然举行了选举。日本的保守主义领导人之所以这么做,是因为他们对帝国(Kôkoku,故国)的根

---

① Imperial Household Agency, Meiji Tennô Ki [Records of the Meiji Emperor] (Yoshikawa Kobunkan), vol. 4 (1970), pp. 691-2, citing Motoda family archives.
② 明治与大正天皇遵从了这样的理解。关于裕仁天皇的实情现在已经有了较充分的了解。在二战之后,日本人与美国人都有意于保留天皇制度,于此,他们进行了策略性的共谋,都将天皇表现成为只能签署内阁的决定的立宪君主的形象。参见 John W. Dower, *Embracing Defeat. Japan in the Wake of World War II* (New York: W. W. Norton and Co., 1999)。Peter Wetzler 近来的著作 *Hirohito and War. Imperial Tradition and Military Decision-making in Prewar Japan* (University of Hawai'i Press, 1998),以及 Herbert Bix 的著作 *Hirohito and the Making of Modern Japan* (Harpercollins, 2000) 都认为裕仁知道一切,批准一切,并对有些事情有命令权。

本性质有着充分的信心。在政体中对人民政治意愿表达的安排是绝不会变乱国体的。

四、第四阶段：国体本义

在二十世纪早期，在以大正天皇命名的大正德谟克拉西时代，日本政府事实上并没有向民主的方向发展。大正德谟克拉西时代有很多的缺点与不足之处，在政治理论方面，最大的缺憾在于民主的支持者们并没有能力发展出一种理论以替代关于明治时期宪法理论中的国体—政体学说。

没有一个大正德谟克拉西的支持者，包括这个时代最伟大的理论家吉野造作（Yoshino Sakuzô，1878-1933），愿意去挑战天皇的主权，相反他们普遍坚信国体的观念。即便美浓部达吉进行了这样的挑战，但他以一种深奥难懂的、法律主义的方式使得他的对手们难以确定他是否定了国体。吉野造作不能也不愿克服天皇主权的概念并以人民主权（minshu shugi，民主主义）的概念替代之，这一点对于大多数民主国家来说至关重要，尽管这一点在加拿大并不重要，那儿的人根本不知道谁是主权者。他与民本主义（minpon shugi，人民是国家的基础）的方案达成了妥协。这种学说符合传统的保守主义者的口味，他们也认为自神武与仁德天皇以来的历代天皇都将人民当作他们统治的基础，将人民的福祉当作他们仁慈的政府的首要的关切，致力于对君臣、父子、夫妇之间关系的完美遵从。民本主义不能给政治或者社会民主提供理论基础；它只不过是古代皇权理论的加强。吉田面对着一大堆旨在运行政治民主的实践性计划，诸如扩大选举权，加强选举法，教育人民等等。这些在英国几百年来都发挥着作用，但是在日本，时机、民族主义者以及权威主义的政治运动都不会允许。

1930年代的那些事情已经广为人知，在此并不需要详细的讨论。它们包括民族主义与军国主义的兴起，军队在中国东北地区的擅自行动以及军方迫使政治领导人服从它的外交政策而导致的大正德谟克拉西的死亡。在意识到世界性危机不断发展的情况下，政府、军方以及建制性的教育机构都在关心对日本核心本质的威胁。他们尤其为个人主义以及其他与之有关的罪恶——民主主义、社会主义、共产主义以及无政府主义——的到来而忧虑，个人主义在他们看来是现代工业主义的必然的产物，在那里人的劳动成了一种商品，他们发现以上这一切在日本的青年一代，尤其是在大学生那里，已经到达了危机的程度。尽管与之有关的因素都被加以了考虑，但还是很难理解在以上那些人对日本价值的关切的深度与激情，事实上这些价值并未受到真正的严重挑战。这种深度与激情在1935年的美浓部事件中被充分地展示了出来，在此事件中，美浓部达吉——从东京帝国大学荣退的教授——被迫从贵族院辞职。理由是他认为1889年宪法中天皇是一个国家机关。其实这个理论一直以来都是被接受的：美浓部在1911年因其卓越的学术成就而被任命为帝国学士院的成员；1932年获得了在御前做新年讲座的殊荣；就在这一年他还被任命为贵族院的成员。但就在此刻仿佛整个日本都在批评他的大逆，他甚至在一次刺杀事件中受伤。出版界与议会的讨论相当的猛烈,到处都在召开集会,各种调查委员会被组织起来,进行了一系列的研究并提交了一系列的报告。这个事件引发了几乎一整年的社会动荡,最后导致了澄清国体的运动(Kokutai meichô undô,国体明征)。最终形成了一个由日本主要学者形成的委员会,为教育和陶冶全民族对国体进行了一个确定性的阐述。这由文部省在1937年以《国体的本义》(Kokutai no Hongi)为题出版,这就意味着该书在日本学校中,有几乎与《教育敕语》和天皇御影差不多的地位。到1945年为止,包括一些私人出版社的版本,该书大概印刷了上百万册①。

可以肯定的是,在这个历史时期,他们不再像1825年的会泽正志斋那样,试图将国体当作一个可以产生出精神性上的统一体的概念,也不像1889年的宪法那样,将之当作一种政治理论,以便用来容纳日本现代的政治制度。由著名大学的教授们所组成的这个委员会试图定义日本的根本性真理,他们大多使用了宗教、甚至形而上学的语言,因为这些人所要求的信仰是以逻辑与理性为代价的。

他们是日本的主导性教授,他们在整体上被期望能够意识到现代思想的趋势。这些教授来自天文学、地理学、地质学、进化论、人类学以及历史学等诸多的领域,他们可以指出《古事记》与《日本书记》中那些关于诸神时代的状况与事件的描述并不是历史事实。然而,这些教授并没有表示出任何怀疑的迹象,在该书的开篇就有这样的陈述:"受国家建立者的神谕因而世系永不断绝的日本天皇,永久的统治着整个日本帝国。这是我们的伟大的、不可更改的国体"②。他们所认为的日本国家的建立者就是天照大神。为了解释这个起源,他们径直回到了古代著作——《古事记》和《日本书记》——所描述的诸神时代,就好像基督教徒们总是直接回到圣经,事实上现在还有很多人这样做。

接下来,这些教授使用了日本语中那些困难的、刻板的术语,其中有许多是宗教性质的,它们之所以能从古代开始就积累下来就是为了表达这些事实。或许这还真就解释了为什么要在这个问题上需要专业的知识与技能:因为只有他们才知道这些术语在所有这些本文中的起源、演变以及诸种用法。之所以需要这些人并不是由于他们有能力提供出一种关于国体的逻辑的、简洁的解释,因为在这种问题上,这样的品质总是不存在的。正如在许多宗教著作那里,这些教授之所以必要,是因为只有他们才能正确地使用这些术语,惟其如此,这些术语之间的关系是不能正确的被理解的。而真正的逻辑性的解释是不可能的。

---

① 在战后,即便是这样大量发行过的书籍也很难再被找到。当随着战败的临近,日本的领导人清楚地知道,这种意识形态的某些方面会触怒其敌人,于是命令销毁了数百万份这样的文件,其中不仅有官方和人民的配合,甚至儿童们也在学校里烧毁这些文件。在这种行为的顶峰,在日本战后,自由派与激进派冲进日本的大学与图书馆,将这种材料逐架的清理并扔进了垃圾堆。《国体本义》的英文编译者是从巴西找到了该书的一个版本,因为那里的日本社区的规模很大。在1990年代,我在东京仍然很难找到该书的任何版本,即便是东大的图书馆都没有。我在康奈尔大学获得了一个版本。之后,我得知京都大学有相关的收藏。2000年的10月,我东京的一个研究生从神田(Kanda)的一家旧书店里找到了一本,并寄给了我。

② R. K. Hall, ed., *Kokutai no Hongi. Cardinal Principles of the National Essence of Japan*, trans J. O. Gauntlett(Harvard University Press, 1949), p. 59.

比如说，以下这个问题对信仰就很致命，即如何通过定义毫无瑕疵地精确地解释出以神圣的镜、剑、玉为象征的美德是如何流进日本政治体制的机制。这个机制与通过耶稣基督的受难与复活而使所有罪人得以救赎一样难于理解，对于它们最好不要用理性去审查，而只能信仰。

在此没有必要对该著作的内容做一总结。尽管是由最优秀的学者所著，但该著作让人吃惊的是，其完全是对已经被接受的那些真理的重复。这些教授并没有说任何新东西。不过这本书的效果肯定是重要的，它帮助激发了日本民族在二次世界大战中发挥其最大努力，加强了日本人民、领导人以及天皇对其国体真实性与重要性的信念。

最后，在战败已经很明显的情况下，日本的领导人拒不投降，就是因为敦促其无条件投降的联合公告并没有保证天皇以及天皇制度的安全。他们寻求的不是自身的免责或者是人民的安全。他们唯一想获得的是对皇室以及天皇制度的保证，因为只有这样国体才能再生。如果他们知道即将到来的核爆，会不会作出相反的选择，这是个好问题。

（编辑：杨知文）

法律方法前沿

新兴权利保护中利益合法性判定的动态系统论[*]

时　诚[**]

摘　要　新兴权利保护的核心问题在于实现系争利益的合法性判定。动态系统论通过明确利益合法性判定要素和要素之间的相互关系,实现了规范逻辑与价值考量的结合,化解了权利冲突问题,为新兴权利保护中利益合法性的判定提供了富有弹性的评价框架。在构建新兴权利保护中利益合法性的判定要素时,应当遵循区分利益合法性判定与侵权归责、涵盖不同利益重要性之比较、兼顾法的安定性与个案正义等准则,由此形成的要素价值权重从高到低依次是"利益典型性—利益公示性、利益边界清晰性—法律体系容纳性"。上述判定要素并非孤立无机散列,而是具有同质性或互补性等协动关系,系争利益是否应受法律保护取决于各要素相互比较后的综合权衡。

关键词　新兴权利　新型权利　动态系统论　要素　协动

一、引言:认真对待新兴权利保护中的利益合法性判定问题

随着经济社会的持续发展和依法治国的全面推进,权利逐渐成为人们日常生活的思想观念和思维习惯,大量形态各异的新兴权利保护诉求在司法实践中不断涌现。一方面,新兴权利保护诉求的增加尽显当今社会的时代风貌,表征着中国特色社会主义法治建设取得

---

[*] 本文系2019年度国家社会科学基金重点项目"民法典背景下损害赔偿规范体系的整合与完善研究"(项目编号:19AFX012)、2018年度司法部国家法治与法学理论研究项目"贬值损失赔偿的法律基础"(项目编号:18SFB2037)、中国人权研究会2020年度课题项目"中国民法典编纂与人权保护"(项目编号:CSHRS2020-20YB)的阶段性成果。

[**] 时诚,男,山东临沂人,西南政法大学民商法学院博士研究生,研究方向为民法学、法学方法论。

了初步成就；① 另一方面，新兴权利保护诉求不等同于新兴权利本身，如果过分张扬权利话语、扩张权利类型，认可所谓的"亲吻权""吸烟权""性福权""乞讨权""变性权""养狗权"以及动植物的权利、人工智能机器人的权利等令人啼笑皆非的"新兴权利"，则必然会导致权利泛化或庸俗化现象，甚至使得权利本身自我蒙羞。在此背景下，如何判断某项新兴权利保护诉求是否应受法律保护，以确认新兴权利的可诉性，成为了新兴权利保护的核心问题。②

鉴于权利本质的利益说对我国立法的强大影响，系争利益的合法性判定逐渐成为法院确认新兴权利保护的主流方法。③ 特别是《民法典》第 3 条将"民事主体的人身权利、财产权利"与"其他合法权益"相并列，最为集中地体现了权利与合法利益的二元保护结构，使得法院在确认新兴权利保护的过程中无法回避对其蕴含的利益判定问题。不过，权利的利益本质并不意味着权利与利益可在司法实践中被同等对待。在此意义上，新兴权利并非真正的权利，在其获得法律的一般承认前，人们的利益保护诉求主要集中于司法个案之中，并且呈现纷繁复杂的特点：有的利益源于既有权利的演化，只是以新的形式或样态展现在人们面前，有待法院在现有法律体系中进行发现或识别；④ 有的利益虽在过去频繁遭受人们的质疑，但其在漫长的权利演变过程中获得了广泛的社会认可，具有逐渐被承认为权利的倾向；还有的利益课以相对人较重的法律义务，其可能与既有法律体系、道德理念、公共政策存在冲突，从而难以证成系争利益的合法性等。⑤

面对种类繁多、形态各异的新兴权利保护诉求，在应受法律保护的利益与法律不予保护的利益（包括反射利益、法律禁止的利益或违法利益等）之间划定界限绝非易事：其一，新兴权利在本质上是尚未在立法和司法上获得普遍承认的利益，如何将法律之外的道德理念、风俗习惯、伦理精神等价值因素纳入法院裁判的考量范围，是新兴权利保护中利益合法性判定的重要议题；⑥ 其二，"新兴权利源自因社会交往而新生的社会关系，"⑦ 其创设或保护往往以限制他人的权利或自由为前提，这就要求法院在进行利益合法性判定

---

① 参见姚建宗：《新兴权利论纲》，载《法制与社会发展》2010 年第 2 期，第 4 页。
② 参见张建文：《新兴权利保护的基本权利路径》，载《河北法学》2019 年第 2 期，第 17 页。顾尔维奇认为，起诉的能力并不是和权利不相干的，从外部添附到权利身上的东西，而是权利固有的天然属性，权利按照它本来的概念来说就包含通过审判实现自己的可能性——诉权乃是与权利两位一体的东西。参见［苏］M. A. 顾尔维奇：《诉权》，康宝田、沈其昌译，中国人民大学出版社 1958 年版，第 6 页。
③ 参见张建文：《新兴权利保护的合法利益说研究》，载《苏州大学学报（哲学社会科学版）》2018 年第 5 期，第 87 页。
④ 参见张悦：《从新生利益到新型权利——立法与司法的双重审视》，载陈金钊、谢晖主编：《法律方法》（第 33 卷），研究出版社 2021 年版，第 418 页。
⑤ 参见陈金钊、宋保振：《新型人格权的塑造及其法律方法救济》，载《北京行政学院学报》2015 年第 3 期，第 32 页。
⑥ 参见曹晟旻：《论新兴权利通往"善"的司法裁判之路——以指导性案例 86 号为例》，载《江汉论坛》2019 年第 10 期，第 122 页。
⑦ 谢晖：《论新型权利的基础理念》，载《法学论坛》2019 年第 3 期，第 8 页。

时，须充分协调相互对立的各种利益之间的关系，化解新兴权利保护中的权利冲突问题；其三，由于新兴权利保护缺乏法律的明文规定，法院在利益合法性判定中拥有较高的自由裁量权，如何确保法院裁量过程的可视化、可预见性，在裁判结果的确定性和灵活性之间求得平衡，是利益合法性判定的另一难题。综合来看，上述难题的破解离不开法院对于法律方法的总结和运用。只有选取科学合理的法律方法对系争利益的合法性进行充分审视和评价，才能将应受法律保护的利益从诸多新兴权利保护诉求中筛选出来，最终证成新兴权利保护的必要性与合理性。

基于此，本文试图引入动态系统论以建立新兴权利保护中利益合法性判定的评价框架，指出动态系统论的采纳有利于克服利益合法性判定所面临的上述难题，并提出了建构利益合法性判定要素及其相互关系的初步构想。

二、动态系统论对新兴权利保护中利益合法性判定的重要意义

动态系统论由奥地利著名法学家维尔伯格（Wilburg）首创，其基本理念是：特定在某个规范领域内发挥功能的诸多要素，能够借助与要素的数量和权重相对应的协动作用实现法律效果的正当化。[①] 作为一种方法论，动态系统论对新兴权利保护中利益合法性的判定具有重要意义，其通过明确利益合法性判定要素及其相互关系，将法律规则背后的价值理念、伦理秩序、风俗习惯等纳入考量范围，有利于化解新兴权利保护中的权利冲突问题、构建利益合法性判定的弹性机制。

（一）通过综合权衡各项要素实现了规范逻辑与价值考量的结合

新兴权利保护中利益合法性判定的根本难题是实定法的不完美性，导致法院必须依靠法律以外的价值工具满足人们日益高涨的权利保护需求。为了探寻新兴权利保护的正当性，法院通常需要结合善良风俗、伦理道德等价值因素进行论证，并将这种论证隐藏于权利侵害或损害等侵权责任的构成要件之中。例如，在悼念权纠纷案中，法院认为，"对死者进行最后的吊唁和表达哀思，属亲属间正当的情感利益，符合一般的道德观念即善良风俗，系应受法律保护的人格利益……但被告却以消极之态对待原告方的缺席，不管缺席之理由是否正当便将尸体火化，使原告方痛失向死者表示最后哀悼的机会"，[②] 从而导致原告遭受精神损害。纵观侵权责任的构成要件，尽管其并不排斥价值考量，但由于损害或权利侵害要件天然地具有不透明性和不确定性，这种仅参酌并无实质内容的善良风俗、伦理道德等进行裁判的做法在一定程度上破坏了法的安定性，无法保障法院裁判的可视化、可预见性。

[①] 参见［日］山本敬三：《民法中的动态系统论：有关法律评价及方法的绪论性考察》，解亘译，载梁慧星主编：《民商法论丛》（第23卷），金桥文化出版（香港）有限公司2002年版，第172—266页。

[②] 姜照荣等诉陈万新侵权案，江苏省南通市港闸区人民法院民事判决书（2007）港民一初字第0398号。

正是基于一般条款或不确定性概念的频繁适用会极大损害法之安定性的问题意识，维尔伯格提出了动态系统论。其认为：在现代社会，法律通常难以直接确立其自身赖以存在的各种价值考量因素，如何尽可能地针对相关利益的价值因素进行裁判，并由此提炼出利益保护的构成要素，便成为法院的重要任务。① 这些要素在利益合法性的判定中表现为一种比较命题：要素的满足度越高，当事人的权利保护诉求就越容易实现。不过，仅仅依赖构成要素的提炼尚不足以达成法律效果，因为私法体系和私法制度并非在封闭的实验室中单独操作，毋宁在各个私法体系和私法制度之间及其内部都具有程度各异的流动性。② 即便这些要素中的某个或某几个要素的满足度很低，但如果其他要素非常典型，则仍可能达成预设的法律效果。维尔伯格将规范背后的价值因素和法律制度的流动性通过不同强度的要素及其协动关系予以固定，形成了动态系统论的基本支柱。如此，利益合法性判定的结论妥当性就不会遭受法技术要件的人为破坏，法院能够吸纳更多的个案要素进入裁判视野，从而有利于实现规范逻辑与价值考量的结合。

（二）通过设立要素间的价值权重化解了新兴权利保护中的权利冲突问题

新兴权利作为一种"权利束"的统合概念，其是一系列不同形态或性质的权利的集合。③ 这些权利通常缺乏精准的定义，极易因其边界的模糊性、交叉性而在两个以上主体之间发生权利冲突。④ 即便承认某项利益的合法性不会侵犯另一主体的合法权利，其也课以了他人尊重而不得侵犯该利益的义务。这就要求法院在进行利益合法性判定时，须综合权衡多方主体的利益关系，其不仅应尽可能地对原告享有的值得法律保护的利益进行全面保护，而且要维护他人与此相冲突的权利或行为自由。相较而言，由于人格权益具有较强的开放性，其权利冲突频率明显要高于财产权益。例如，自然人的被遗忘权与潜在客户或学生公众知悉权的冲突；⑤ 婚内隐私权与夫妻间知情权的冲突；⑥ 数人对死者祭奠利益的冲突等。⑦

那么，我们该如何寻找权利冲突的解决方法？构成要件模式往往过分强调某种价值而贬低其他利益，其缺乏必要的弹性，难以实现个案中不同利益位阶的考量，显然无力解决

---

① 参见［奥］海尔穆特·库奇奥：《损害赔偿法的重新构建：欧洲经验与欧洲趋势》，朱岩译，载《法学家》2009年第3期，第4页。
② 参见李昊：《危险责任的动态体系论》，北京大学出版社2020年版，第9页。
③ 参见姚建宗、方芳：《新兴权利研究的几个问题》，载《苏州大学学报（哲学社会科学版）》2015年第3期，第52页。
④ 参见张平华：《权利冲突辨》，载《法律科学．西北政法学院学报》2006年第6期，第69页。
⑤ 参见任甲玉诉北京市百度网讯科技有限公司侵犯名誉权、姓名权、一般人格权纠纷案，北京市第一中级人民法院民事判决书（2015）一中民终字第09558号。
⑥ 参见傅某某诉盐城市某酒店管理有限公司隐私权案，江苏省盐城市中级人民法院民事判决书（2016）苏09民终1159号。
⑦ 参见练泽龙诉周锋骨灰安置纠纷案，江苏省盐城市中级人民法院民事判决书（2017）苏09民终4701号。

新兴权利保护中的权利冲突问题。对此，拉伦茨（Larenz）认为，基本法确立的价值位阶、利益的受影响程度或损害、比例原则是化解权利冲突的三大依据。① 事实上，新兴权利的价值位阶各异、权利冲突频繁的特性，决定了法院对身处不同位阶的利益，在评价其是否应受法律保护、侵权责任是否成立等问题上，必须根据该利益所处的价值位阶综合权衡不同主体的价值利益进行考量，以求得能使各方利益最大化的解决方案。而动态系统论恰恰契合上述权利冲突的解决思路，其通过设立要素间的价值权重，能够达成对不同价值利益的区分保护，实际上也实现了比例原则在新兴权利保护中的应用。② 法院在对相互冲突的利益进行权衡时，不仅能够考虑各项要素在利益保护中的价值位阶，还可以综合考量由此产生的不同法律效果的位阶情况，从而在个案中有效协调各种法益之间的关系。③

无论是要素的选定抑或要素间的权重分配，动态系统论都要求人们进行利益权衡。这一观念难免会让人联想起同样以利益权衡为主导的利益衡量论。在理论上，也有学者主张根据利益衡量论建立利益合法性的判定方法，如将利益重要性判定和利益重要性比较作为利益衡量的两个重要环节。④ 然而，就建立利益合法性的判定框架而言，利益衡量论和动态系统论所达致的效果可谓大相径庭：利益衡量论过分强调具体案件结论之妥当性，其对利益合法性的判定要素并不作出限定，实定法上又通常缺乏要素价值序列的规定，导致新兴权利保护体系的刚性不足。⑤ 此外，利益衡量论还面临利益合法性判定过程不透明的问题，人们对于法院如何在两个相互对立的利益之间作出选择缺乏必要的可预见性、可反驳性，其结果是纵容法官的恣意评价。⑥ 尽管依据动态系统论所作出的裁判也会掺杂法院的裁量评价，但其通过确立为达成妥当评价应当考虑以及如何考虑的基本问题，为法院搭建了一个由原理组成的具有可视化、可反驳性的评价框架。这种不同原理之间在整个民法领域形成的复杂网络，就是民法的内在体系。⑦

（三）通过认可要素间的协动关系构建了利益合法性判定的弹性机制

动态系统论认为，利益合法性判定要素不仅存在价值上的位阶权重，而且相互之间具有同质性或互补性等协动关系，系争利益是否应受法律保护最终取决于各要素相互比较后

---

① 参见［德］卡尔·拉伦茨：《法学方法论》，陈爱娥译，商务印书馆2003年版，第285页。
② 参见王利明：《民法典人格权编中动态系统论的采纳与运用》，载《法学家》2020年第4期，第3页。
③ 参见［奥］海尔穆特·库齐奥：《动态系统论导论》，张玉东译，载《甘肃政法学院学报》2013年第4期，第42页。
④ 参见于柏华：《权利认定的利益判准》，载《法学家》2017年第6期，第4页。
⑤ 参见解亘、班天可：《被误解和被高估的动态体系论》，载《法学研究》2017年第2期，第49页。
⑥ 参见段匡：《日本民法解释学对中国法解释学的启示意义》，载《法商研究》2004年第2期，第10页。
⑦ 拉伦茨指出，法的内在体系中不同原则之间的"协作"，与动态系统论之模型观念的想法相近。参见［德］卡尔·拉伦茨：《法学方法论》，陈爱娥译，商务印书馆2003年版，第351页。山本敬三也持大致相同的观点，"动态系统论在观察法律体系时，不是聚焦于由法律概念、法律制度构成的外在体系，而是聚焦于其背后的内在体系。"参见［日］山本敬三：《民法中的动态系统论：有关法律评价及方法的绪论性考察》，解亘译，载梁慧星主编：《民商法论丛》（第23卷），金桥文化出版（香港）有限公司2002年版，第172—266页。

的综合权衡。法院在进行利益合法性判定时，一方面要严格按照实定法的规则或要素作出裁判，维持权利保护体系的刚性，避免人们动辄以"亲吻权""吸烟权""性福权""乞讨权""变性权"等所谓的"新兴权利"主张私法救济；另一方面又要结合个案的具体情况实现各项要素之间的价值协调，克服固定要件模式的僵化，认可实践中不断涌现的值得法律保护的新兴权利。可见，动态系统论是居于构成要件与一般条款之间的折中模式，其通过要素协动关系的引入，能够保障较高程度的规则确定性和对裁判者自由裁量权的合理限制，从而有利于实现刚性与柔性的适度结合，① 建立利益合法性判定的弹性机制。

就此而言，是否强调利益合法性判定要素的协动关系，是固定要件模式与动态系统论的另一重要区别。固定要件模式主张每个要件都能直接影响利益合法性的判定结果，且每个要件的评价相互割裂、互不影响，其难免会出现弹性不足的问题。例如，有的法院指出，新兴权利保护"必须不能涵盖到既有类型化权利之中，且具有利益的正当性及保护的必要性，三者必须同时具备。"② 然而，利益正当性或保护必要性在很多情况下并非"全有或全无"，而是更多地表现为利益保护在多大程度上具有正当性或必要性，且二者呈现互补关系。动态系统论正是基于上述看法，认为新兴权利保护中的利益合法性判定要素不应如同固定要件那般受到"全有或全无"的束缚，而须强调各要素之间的相互作用，并主张将各要素满足度结合起来共同决定利益合法性的判定结论。③ 可见，动态系统论在检测利益合法性的问题上具有明显的弹性优势，其可以涵盖人们能够想象的全部情形或特殊形态的新兴权利，且在涉及要素权重及其协动作用的价值判断中不会伴随时间的推移而像易碎品那样破碎。④

动态系统论的反对者指出，动态系统论允许法院弹性地确定权利的保护范围及其法律效果，这会为法院遗留过高的裁量空间，其结果是进一步弱化实定法对法院的拘束功能。⑤ 诚然，动态系统论作为评价法学的一个版本，的确会在一定程度上引发人们对实定法拘束力的担忧。为最大限度地消解人们的担忧，卡纳里斯（Canaris）认为，如果实定法已经就某种权利保护设定了固定的构成要件，则固定要件模式应在法律规定的范围内得到优先适用，此时与要素的数量和权重相对应的协动作用不存在适用余地。⑥ 拉伦茨持大致

---

① 参见张平华：《连带责任的弹性不足及其克服》，载《中国法学》2015年第5期，第118页。
② 任甲玉诉北京市百度网讯科技公司侵犯名誉权、姓名权、一般人格权纠纷案，北京市第一中级人民法院民事判决书（2015）一中民终字第09558号。
③ 参见叶金强：《私法效果的弹性化机制——以不合意、错误与合同解释为例》，载《法学研究》2006年第1期，第105页。
④ 参见［奥］瓦尔特·维尔伯格：《私法领域内动态体系的发展》，李昊译，载《苏州大学学报（法学版）》2015年第4期，第112页。
⑤ 参见周友军：《我国侵权法上完全赔偿原则的证立与实现》，载《环球法律评论》2015年第2期，第102页。
⑥ Vgl. Claus-Wilhelm Canaris, Bewegliches System und Vertrauensschutz im rechtsgeschäftlichen Verkehr, in: Bydlinski/Krejci/Schilcher/Steininger（HRSG.）, *Das Bewegliche System im geltenden und künftigen Recht*, 1986, S. 107.

相同的观点,"只有当法律形成了'开放的'、根据个案具体情况在进行具体化的构成要件时,才能谈论'动态体系'。"① 而在新兴权利保护中,实定法对系争利益合法性的判定缺乏构成要件指引,法院不得不适用一般条款或者损害、权利侵害等不确定或尚需具体化的概念填补法律漏洞,由此对实定法拘束力的威胁明显要高于动态系统论。为防止法院恣意裁判,有必要采用动态系统论寻找隐藏于利益合法性判定背后的原理,并根据这些原理的价值权重和协动作用实现其动态化,从而尽可能地使得法院的评价过程处于可视化、可预见的范围之内,确保法律适用富有理性。

三、新兴权利保护中利益合法性判定的基本要素

在证成动态系统论对新兴权利保护中利益合法性的判定具有重要意义后,随之而来的即为动态系统论的构建问题。大致而言,动态系统论的构建可分为两步,其中第一步是通过观察利益合法性判定背后所蕴含的价值裁量,尽可能地从中提炼出所有能够发挥评价作用的基本要素。

(一)利益合法性判定要素的确定准则

动态系统论的基本要素源于法律制度的内在体系及其意欲实现的价值目标,而利益合法性判定的核心目标无非就是通过确定系争利益受到侵害后的可救济性,划定权利保护与行为自由的边界,以实现法律的矫正正义。② 为达成这一目标,基本要素的选取应注意区分利益合法性判定与侵权归责,力求涵盖不同利益重要性之比较,并兼顾法的安定性与个案正义。

1. 区分利益合法性判定与侵权归责

在动态系统论的构建过程中,人们通常对利益合法性判定与侵权归责未加区分、混为一谈。例如,《欧洲共同参考框架草案》(DCFR)第 VI – 2:101 条第 3 款规定,在判断赋予请求救济或防止损害的权利是否公平合理时,应考虑归责基础、损害或迫近损害的性质与实质性原因、遭受或将会遭受损害的人的合理期待、公共政策等。在我国,也有学者主张将侵权责任的构成要件还原到要素层面上,通过其协动作用确定系争利益是否应受法律保护以及如何保护等问题。③ 还有的学者主张将利益的合法性检验置于违法性要素,而并未在损害赔偿范围的确定中考虑损害要素。④ 上述观点的实质在于打通责任成立与责任效果的隔绝状态,使得利益合法性判定贯穿于侵权归责的全过程。

---

① [德]卡尔·拉伦茨:《法学方法论》,黄家镇译,商务印书馆2020年版,第600页。
② 温里布认为,亚里士多德的矫正正义和康德的权利理论作为原则可以实现私法的融贯性。参见[加拿大]欧内斯特·J. 温里布:《私法的理念》,徐爱国译,北京大学出版社2007年版,第9页。
③ 参见叶金强:《论侵权损害赔偿范围的确定》,载《中外法学》2012年第1期,第167页。
④ 参见郑晓剑:《侵权损害赔偿效果的弹性化构造》,载《武汉大学学报(哲学社会科学版)》2019年第4期,第143页。

基于侵权责任构成要件之间的交错性，利益合法性判定不可避免地会在一定程度上受到违法性、因果关系等的影响。然而，新兴权利的利益合法性判定与侵权归责并非同一层次的问题：前者是责任成立意义上损害的实质性内容，利益合法性的判定结论直接决定了该利益是否应受法律保护以及损害是否存在；而后者的目的则在于确定行为人应否承担侵权责任。① 无论前者还是后者，其背后都存在由原理相互协作所构成的内在体系，但由于立法者明确规定了侵权责任的构成要件并赋予其相应的法律效果，后者已经在立法中将原理的衡量结果固化于裁判规范，而只有前者才需要根据个案中判定要素的相互作用予以具体化。② 即便认为动态系统论能够适用于侵权归责，利益合法性判定也应属于损害评价要素的一部分，而仅仅是确定侵权损害赔偿范围的亚要素或第二阶层的要素而已。法院在判断是否支持原告的新兴权利保护诉求时，应先判断系争利益是否属于法律上值得保护的利益，再在证成该利益应受保护的基础上进行侵权归责；而如果法院判定系争利益不属于法律的保护范围，则没有必要再进行违法性、因果关系等归责基础的检验。例如，"任某在本案中主张的应'被遗忘'（删除）信息的利益不具有正当性和受法律保护的必要性，不应成为侵权保护的正当法益，其主张该利益受到一般人格权中所谓'被遗忘权'保护的诉讼主张，本院不予支持。"③

2. 涵盖不同利益重要性之比较

利益体现为自然人的某种需求，其并非孤立无机存在，而往往与他人的利益或公共利益发生冲突。因此，利益合法性判定要素的构建不仅需要关注系争利益本身，而且需要确定该利益的边界以实现不同利益之间的协调。《欧洲侵权法原则》（PETL）第2∶102条充分采纳了动态系统论，并将利益的位阶、价值、可界定性、公示性、行为人的利益和公共利益等作为利益合法性的判定要素。其中，利益的可界定性、行为人的利益和公共利益都在不同层面上涵盖了不同利益重要性之比较，特别是行为人的利益集中体现了法律对他人行为自由及其权利行使自由的尊重。

相较而言，我国立法和司法实践在列举利益合法性判定要素时，对协调不同利益的重视程度稍显不足。例如，《民法典》第998条在权利冲突频率最高的非物质性人格权的保护中明确采纳了动态系统论。法院在运用一般人格权进行新兴人格权益保护时，须综合考虑行为人和受害人的职业、影响范围、过错程度，以及行为的目的、方式、后果等。其中，不同利益的重要性比较被隐藏于行为人和受害人的职业，行为的目的、方式、后果等

---

① 陈忠五指出，"侵权责任法上的损害概念，向来均偏重于责任效力层次上的损害，从损害赔偿范围角度，探讨何种损害属于法律上得请求赔偿的损害，相对忽略从侵权责任成立的角度，探讨何种损害存在，侵权责任始能成立。"参见陈忠五：《论欧洲侵权责任法原则的规范模式（上）》，载《月旦法学杂志》2012年第9期，第202页。

② 参见尚连杰：《缔约过程中说明义务的动态体系论》，载《法学研究》2016年第3期，第120页。

③ 任甲玉诉北京市百度网讯科技公司侵犯名誉权、姓名权、一般人格权纠纷案，北京市第一中级人民法院民事判决书（2015）一中民终字第09558号。

要素之中，且需要结合第999条、第1027条第2款、第1020条等才能确定。又如，即便将上述司法实践中提出的权利的非类型化、利益的正当性、利益保护的必要性等理解为利益合法性判定的要素而非要件，仍然会面临经过解释才能涵盖不同利益重要性比较的问题。①

3. 兼顾法的安定性与个案正义

利益合法性判定要素的设置还必须兼顾法的安定性与个案正义，其主要包括两方面内容：

其一，要素应具有限定性。利益合法性的判定要素虽不受"全有或全无"的约束，但如果允许法院随意将某个要素纳入动态系统论的评价框架，则不足以形成稳定的判定结构，最终会破坏法的安定性。因此，在通常情况下，利益合法性判定要素的设置应维持要素数量和内容的限定性。例外地，当要素伴随时间推移或因个案情事而发生价值判断上的变化时，法院才可适当增加或调整判定要素。②

其二，要素的内容应尽量具体、明确，且与规范目的具有一致性。我国实务上习惯于直接将伦理道德、风俗习惯等作为新兴权利保护的依据，其不足以使得利益合法性判定的原理或论据精确化，从而容易导致相似案件出现两种完全不同的裁判结论。例如，在"凶宅"贬值损失纠纷案中，有的法院结合我国民众的风俗习惯和房屋的价值规律，认可了"凶宅"贬值损失的可救济性。③ 而有的法院则认为，"'凶宅'概念，明显属于唯心主义的思想范畴，甚至属于封建迷信，与社会主义核心价值观相违背，不应受到鼓励与认可。"④ 事实上，由于伦理道德、风俗习惯等具有天然的不确定性，其并不必然与规范目的具有一致性，如我国向来有着在春节燃放烟花爆竹的传统，但民事主体燃放烟花爆竹的权利仍应受到公共政策的限制。为防止因要素的不确定而导致动态系统论的评价体系遭受破坏，利益合法性判定要素的设置应尽量做到明确、具体。

综合上述准则，本文认为，新兴权利保护中利益合法性的判定应综合考虑利益典型性、利益公示性、利益边界清晰性、法律体系容纳性等多元化的要素。其中，利益典型性和利益公示性集中体现了系争利益所具有的某种值得法律保护的特性，对于确定系争利益受到侵害后的可救济性、保障行为人的合理预期具有重要意义，但又不至于越过利益合法性判定的界限而淹没侵权归责要件，进而损及法的安定性；利益边界是划定权利保护与行

---

① 例如，"在利益正当性的检测中，对利益正当性的否定，往往有来自有关资料的相关性、时效性，以及公共利益（公众知情权）保护，不存在特殊人群的特殊保护等原因。"参见张建文：《新兴权利保护的合法利益说研究》，载《苏州大学学报（哲学社会科学版）》2018年第5期，第93页。

② 参见［奥］海尔姆特·库齐奥：《侵权责任法的基本问题（第一卷）：德语国家的视角》，朱岩译，北京大学出版社2017年版，第17页。

③ 参见原春晓因与王志新租赁合同纠纷案，辽宁省葫芦岛市中级人民法院民事判决书（2018）辽14民终966号。

④ 季铁山等诉李会来物权保护纠纷案，北京市通州区人民法院民事判决书（2016）京0112民初20508号。

为自由的红线,利益边界的清晰性直观反映了系争利益与其他主体的利益之间的牵连或交织关系,可借此涵盖不同利益重要性之比较,实现不同利益之间的协调;而法律体系容纳性则意在于实现法的安定性与个案正义的平衡,其要求法院既要依据现行法的规范目的进行裁判,又不能忽视个案中的新兴权利保护诉求。总体来看,上述四个要素的选定实现了要素的限定性及其内容的明确性,有利于实现法律的矫正正义等利益合法性判定的价值目标。下文将分别对这四项基本要素进行探讨。

(二)利益典型性

在动态系统论的指导下,民法采用权利保护位阶制度:优先保护生命、身体、健康等人身权益;其次保护所有权、无形财产权等权利化的财产权益;而例外情形下才会保护纯粹经济利益。之所以动态系统论会采取权利保护位阶制度,其关键并非上述利益在形式上的区别,而是取决于利益的典型性、社会接受度。利益典型性具有客观性、能够被社会一般人所客观识别的特征。系争利益越具有典型性、具体特定性,其在客观上越容易被人们合理预见或感知,越容易获得法院认可;相反,系争利益越具有个案性、抽象概括性,利益侵害的主体或内容就越空洞,利益的法律或社会接受度也就越低。

利益典型性绝非简单的逻辑判断,"乃是具有浓厚价值判断与政策选择的问题,往往随着时代社会变化情形或风俗道德观念演化趋势,因时因地因事而有所不同。"① 伴随社会的发展变迁,原本未被法院接纳的新兴利益可能会因其典型性的提高而获得法院认可,甚至某些利益被赋予特定名称而成为法定权利。例如,随着隐私权的典型性、社会接受度的不断提高,其在保护方式上经历了从附属于名誉权保护到隐私利益,再到作为法定权利的隐私权保护的制度变迁;在内容上经历了从不被他人干涉的消极权利,到逐渐承认自然人对隐私信息自我决定的积极权利之进程。② 而基于利益典型性、社会接受度的差异,在同一时期某个国家或地区已经得到普遍认可的权利,在其他国家或地区却未必能够获得支持。例如,"凶宅""凶车"现象是东方文化风俗的产物;在西方,即便屋内或车内曾发生非自然死亡事故通常也不构成物之瑕疵,不存在所谓的"凶宅"或"凶车"贬值损失。③

(三)利益公示性

利益的公示性越强,越容易保障受害人对该利益保护的期待可能性及行为人的可预见

---

① 陈忠五:《论契约责任与侵权责任的保护客体:权利与利益区别正当性的再反省》,载《台大法学论丛》2007年第3期,第157页。
② See Paul M. Schwartz, Daniel J. Solove, "The PII Problem: Privacy and a New Concept of Personally Identifiable Information", *New York University Law Review*, vol. 86, 2011, pp. 1814 – 1894.
③ 参见邱琦:《凶宅与纯粹经济上损失》,载《月旦裁判时报》2011年第7期,第25页。

性，法院就越容易承认被侵害利益的可救济性；相反，利益的公示性越弱，越难以获得救济。就此而言，区分对所有权和纯粹经济利益的保护并非出于概念上的形式区别，毋宁在于所有权能够通过占有、登记等方式进行公示，由此形成权利推定和善意保护的效力；而纯粹经济利益则通常无法采用上述手段予以公示，其责任主体和责任范围具有较强的不确定性，为避免滥诉、防止赔偿责任的无限延伸，法律通常仅在行为人故意违背善良风俗的情形下才予保护。① 利益公示不限于登记、占有等法律手段，其还包括技术手段、事实手段等，但后者的公示效力因权利客体性质的不同而存在差别。例如，虽然人格权无法采用法律手段进行公示，但其权利归属状况十分明显，民事主体可对人格权形成事实上的支配控制；数据控制者可通过用户鉴别、数据加密等技术手段对数据权益予以公示，由此产生的公示效力明显低于人格权、所有权等。②

（四）利益边界清晰性

通常而言，利益的边界越清晰，人们对利益的界定就越精准，就越容易证成利益的合法性；相反，利益的边界越模糊，其越容易与其他民事主体的利益或公共利益发生冲突，越难以获得救济。如果利益的内容或边界过于模糊，以至于连谁是权利人、其享有何种利益都未尝可知，则他人行为是否构成侵权、何时构成侵权等问题也会不甚明了，该利益也就不具有受法律保护的资格。例如，之所以我国《个人信息保护法》并未建立一般化的个人信息可携权制度，而是于第45条第3款确立了自然人在有限条件下的（符合国家网信部门规定）将个人信息转移至其指定的个人信息处理者的权利，其在很大程度上是因为个人信息可携权经常与他人的个人信息权益、信息处理者的商业秘密和经济利益、公共利益等发生冲突。③ 又如，对于吸烟权益能否作为一项受法律保护的利益，法院认为，"自由和权利不是绝对的、没有边界的……当权利发生冲突时，需要考虑权利在法律价值体系中的位阶，保护某一种权利就意味着抑制另一种权利，司法裁判需要通过对个体自由和权利的限制来实现社会利益的平衡。一般认为，生命权高于健康权，健康权高于财产性权利等其他权利。本院认为，旅客身体健康不受侵害的权利应高于吸烟者的吸烟权益。"④

（五）法律体系容纳性

在新兴权利保护案件中，判断某项利益是否属于应受法律保护的利益，还取决于其能

---

① See Ward Farnsworth, "The Economic Loss Rule", *Valparaiso University Law Review*, vol. 50, 2016, p. 545.
② 参见纪海龙：《数据的私法定位与保护》，载《法学研究》2018年第6期，第82页。
③ See Barbara Van der Auwermelen, "How to attribute the right to data portability in Europe: A comparative analysis of legislations", *Computer Law & Security Review*, vol. 31, 2016, p. 60.
④ 李颖诉中国铁路哈尔滨局集团有限公司铁路旅客运输合同纠纷案，北京铁路运输法院民事判决书(2017)京7101民初875号。

否被现有法律体系所容纳，即是否"具备实在法意义上的实证性"。① 民事利益存在基础利益和衍生利益之分。由于基础利益在范围上具有相对恒定性，新兴权利多为衍生利益，如生育权、祭奠权等无非是一般人格权的衍生类型，数据权益则是隐私权或财产权的延伸等。这些衍生利益在现有法律体系的可容纳性越高，法院就越容易认可此类利益的救济。相较于法国民法而言，《德国民法典》第 823 条第 1 款、第 2 款和第 826 条所构成的侵权责任的三个一般条款的体系封闭性更强，更难以证成新兴权利保护中系争利益的合法性。为此，德国立法和司法上做出了以下努力：通过扩张第 823 条第 1 款中"其他权利"的概念，将一般人格权、营业权等纳入绝对权的保护体系；通过扩张所有权的概念，将侵害物之功能所引发的价值降低作为对物之所有权的损害；② 在特别法上创设某项利益的保护性规范，并将其纳入第 823 条第 2 款之保护范围；通过确立缔约过失责任、积极侵害债权等制度，将通常应适用侵权责任法保护的利益纳入合同法的保护范畴等。③ 但即便如此，德国法在新兴权利保护方面仍会面临立法滞后、体系违反等问题，且在一般财产法益的保护力度上明显不及法国法。

我国《民法典》并未采纳侵权责任的三个一般条款的封闭体系，其对新兴权利保护的体系容纳性相对较强。具体而言，我国新兴权利的保护方法至少包括以下几种：其一，附属于基础权利规范保护模式，例如在民法总则生效前，法院通常将个人信息权益附属于隐私权进行保护；④ 其二，司法解释创设型保护模式，如通过出台相关司法解释，将停运损失、通常替代性交通工具的合理费用等纳入交通事故损害赔偿的范围；⑤ 其三，一般人格权保护模式，如将生育权、祭奠权、瞻仰权等新兴人格权益纳入《民法典》第 109 条一般人格权之保护范围，⑥ 从而保护以人身自由和人格尊严为基础的尚未成为具体人格权的其他合法利益；⑦ 其四，一般条款保护模式，如将《民法典》第 1165 条第 1 款过错责任的一般条款、《反不正当竞争法》第 2 条第 2 款的一般条款等作为合法利益保护的依据。⑧

---

① 雷磊：《新兴（新型）权利的证成标准》，载《法学论坛》2019 年第 3 期，第 24 页。
② 参见［德］克里斯蒂安·冯·巴尔：《欧洲比较侵权行为法（下）》，焦美华译，法律出版社 2001 年版，第 48 页。
③ 参见［德］赖因哈德·齐默尔曼：《罗马法、当代法与欧洲法：现今的民法传统》，常鹏翱译，北京大学出版社 2009 年版，第 74 页。
④ 参见庞某与北京趣拿信息技术有限公司等隐私权纠纷上诉案，北京市第一中级人民法院民事判决书（2017）京 01 民终 509 号；朱烨与北京百度网讯科技公司隐私权纠纷上诉案，江苏省南京市中级人民法院民事判决书（2014）宁民终字第 5028 号。
⑤ 参见《最高人民法院关于审理道路交通事故损害赔偿案件适用法律若干问题的解释》（法释〔2020〕17 号）第 12 条。
⑥ 参见鲁某某与邢某某一般人格权纠纷案，安徽省芜湖市中级人民法院民事判决书（2015）芜中民一终字第 01242 号；施友德等与闫君等一般人格权纠纷上诉案，江苏省南京市中级人民法院民事判决书（2017）苏 01 民终 5973 号。
⑦ 参见张建文：《〈民法典〉与新型民事权利保护》，载《甘肃政法大学学报》2021 年第 1 期，第 15 页。
⑧ 参见北京极科极客科技有限公司与北京爱奇艺科技有限公司不正当竞争纠纷上诉案，北京知识产权法院民事判决书（2014）京知民终字第 79 号。

当然，法律体系的开放性并不意味着任何新兴利益都能遁入私法保护，特别是对于一般人格权和一般条款的保护模式而言，实务上应在充分考虑其他合法性判定要素的基础上审慎适用。

四、新兴权利保护中利益合法性判定要素的相互关系

动态系统论认为，上述新兴权利保护中的利益合法性判定要素并非孤立无机散列，而是相互之间存在价值权重和协动关系，尽管这种要素之间的相互关系可能并非那么严格。确立新兴权利保护中利益合法性判定要素的相互关系，便是构建动态系统论的第二步。

（一）利益合法性判定要素的价值权重

价值权重表现为利益合法性判定要素的价值位阶或强度分量存在差别。上述要素的价值权重从高到低依次是"利益典型性—利益公示性、利益边界清晰性—法律体系容纳性"。

其一，利益典型性是价值权重最高的要素，在利益合法性判定要素中具有决定性作用。例如，人格权的边界虽不及所有权清晰，但其对维护自然人的人格尊严、个人自由具有典型意义，因此人格权相较于所有权、无形财产权等具有更高的利益位阶。又如，在某种程度上说，祭奠利益的边界或公示性不及墓碑落款利益那般清晰，但前者的利益典型性明显要高于后者，实务上更容易承认祭奠利益的法律保护。墓碑落款利益"更适合由道德、习俗进行调整，而不宜由法律进行规范，人民法院不应介入此类纠纷的审理。"[①] 而当数人对死者的祭奠利益发生纠纷时，血缘关系的远近往往反映了各近亲属对死者祭奠利益的典型性，因此原则上应优先保护血缘更近的近亲属的祭奠利益。[②]

其二，利益公示性和利益边界清晰性是价值权重次于利益典型性的要素。对于典型性程度居于平均标准的利益，如果利益公示性较弱或利益边界较为模糊，则难以将该利益纳入合法利益的范畴。例如，之所以我国并未将营业权确立为一项民事权利，是因为其既缺乏具体的内容和清晰的边界，又不具有明确的公示手段，而这反倒符合新兴权利的特性。[③] 在德国，为了实现营业权的精准界定，晚近实务上将其保护范围限定于与经营相关的侵害，主要包括不当保护警告、负面评价等类型。但即便如此，人们对营业权能否适用于自由职业或工作职位等领域仍存在较大争议，而必须经过个案中的利益衡量才能实现其价值补充。[④]

其三，法律体系容纳性是上述判定要素中价值权重相对较低的要素。如果其他要素的

---

① 郑荣芳与叶正昌等人格权纠纷上诉案，浙江省衢州市中级人民法院民事裁定书（2018）浙08民终288号。
② 参见练泽龙诉周锋骨灰安置纠纷案，江苏省盐城市中级人民法院民事判决书（2017）苏09民终4701号。
③ 参见于飞：《论德国侵权法中的"框架权"》，载《比较法研究》2012年第2期，第74页。
④ 参见［德］埃尔温·多伊奇、汉斯-于尔根·阿伦斯：《德国侵权法——侵权行为、损害赔偿及痛苦抚慰金》（第5版），叶名怡、温大军译，中国人民大学出版社2016年版，第98页。

满足度较高，即便既有的法律体系无法容纳新兴权利的保护，立法者仍可通过立法或司法解释创设新的民事利益，或者由法院在个案中通过法之续造的方式将某项合法利益纳入现行法的保护范围。例如，基于物权法定原则的限制，数据财产权益难以纳入物权法的保护范畴，其只能通过反不正当竞争法的一般条款或违反保护性规范的侵权责任予以保护。而如果网络服务提供者以外的行为人侵害数据财产权益且尚不构成不正当竞争行为的，①《网络安全法》第 27 条仅具有不得窃取网络数据的规定，目前我国立法上尚缺乏对一般意义上的数据完整性利益的保护。对此，法院可在个案中对窃取网络数据进行目的性扩张，肯定数据完整性利益属于保护性规范的保护范围。② 又如，在已故夫妻冷冻胚胎的归属案件中，法院认为，"在沈杰、刘曦意外死亡后，其父母不但是世界上唯一关心胚胎命运的主体，而且亦应当是胚胎之最近最大和最密切倾向性利益的享有者。"最终法院创造性地赋予已故夫妻父母对涉案胚胎的监管权和处置权。③

（二）利益合法性判定要素的协动关系

协动关系是指各项利益合法性判定要素之间具有某种特定关系。大致而言，这种特定关系可以分为两类：

1. 同质关系

要素的同质关系是指两个要素之间呈现功能相近的关系，某个要素的充足通常表征着另一要素的满足度也居于较高标准。在上述四个要素中，利益边界清晰性和利益公示性通常存在同质关系。利益公示性越强，人们越容易依此简明识别利益的归属状况和圆满形态，利益内涵和外延的边界也就越清晰。④ 例如，贞操权"作为一种独立的以人的性自由、性安全、性纯洁为特定内容的人格权"，⑤具有相对清晰的利益边界，民事主体可对其形成事实上的支配控制，故法院通常支持对贞操权的保护诉求。

2. 互补关系

要素的互补关系是指两个要素之间具有相互制约、互为补充之关系，当其中一个要素的满足度较低而另一要素的满足度又高于平均标准时，法院需要在二者之间进行价值权

---

① 有的法院指出，虚构视频点击量而破坏企业数据真实性、完整性的行为，属于"反不正当竞争法第九条所规制的'虚假宣传'的不正当竞争行为。"参见北京爱奇艺科技有限公司与杭州飞益信息科技有限公司等不正当竞争纠纷上诉案，上海知识产权法院民事判决书（2019）沪 73 民终 4 号。

② 参见王镭：《电子数据财产利益的侵权法保护——以侵害数据完整性为视角》，载《法律科学（西北政法大学学报）》2019 年第 1 期，第 47 页。

③ 沈新南等与刘金法等胚胎继承纠纷上诉案，江苏省无锡市中级人民法院二审判决书（2014）锡民终字第 1235 号。

④ 参见曹险峰：《我国侵权责任法的侵权构成模式——以"民事权益"的定位与功能分析为中心》，载《法学研究》2013 年第 6 期，第 100 页。

⑤ 江某某与彭某某一般人格权纠纷上诉案，上海市第一中级人民法院民事判决书（2014）沪一中民一（民）终字第 2315 号。

衡，以便达成系争利益是否应受法律保护的结论。由于不同利益合法性判定要素的价值权重不同，这些要素的可交换性或互补性也存在差别。① 具体表现为：

其一，利益典型性可补足其他要素的满足度，而其他要素却难以补足利益典型性要素。如果利益典型性要素的满足度很高，即便其他要素的满足度低于达成法律效果的平均分量，法院也可能承认被侵害利益的可救济性。例如，尽管个人信息权益的公示性较弱，且经常与舆论监督权、企业数据财产权益等发生冲突，但其在数字经济时代具有较强的典型性、社会接受度，② 故民法典仍将其明定为一种值得法律保护的利益。反之，倘若系争利益在当前社会环境中不具有典型性，则除非其他要素的满足度非常充实，否则法院将难以认可对此类利益的保护。例如，对于被毁损车辆在修理过程中因受害人不能使用车辆而又未支出替代费用所产生的纯粹使用利益丧失（entgangener Gebrauchsvorteile），其虽属于对车辆所有权的损害，但由于其典型性无法与实际支出替代费用的使用利益损失相提并论，故德国判例上认为其须满足对生活的维持具有重要意义、受害人具有使用的意思及可能等条件始得发生。③

其二，利益公示性、利益边界清晰性与法律体系容纳性具有明显的互补性，倘若这两者其中某一要素的满足度低于达成法律效果的平均标准，但另一要素又具有较高充足度的，则系争利益仍属于值得法律保护的利益。由于一般人格权在司法实践中具有框架权的色彩，法院通常不要求清晰的利益边界或明显的利益公示性就能够对新兴人格权进行保护。例如，"余某某到张某某执业的卫某某就诊时，该卫某某的诊疗科目并不包括妇科，张某某存在超范围执业的行为，且在对余某某进行妇科检查时操作不规范，"④ 侵害余某某的一般人格权。相较而言，侵害新兴财产权益的可救济性更需要在利益公示性、利益边界清晰性和法律体系容纳性之间进行权衡。例如，由于我国台湾地区"民法"借鉴了德国法上侵权责任三个一般条款的封闭模式，法院在"凶宅"贬值损失纠纷案件中通常拒绝对除行为人故意违背善良风俗以外的侵权行为方式进行保护；⑤ 也有的法院创造性提出了"房屋所有权人对其所有房屋不因他杀或自杀等非自然因素死亡而成为凶宅此一法益"的

---

① 参见张建文、时诚：《个人信息的新型侵权形态及其救济》，载《法学杂志》2021年第4期，第44页。
② See Corien Prins, "Property and Privacy: European Perspectives and the Commodification of Our Identity", *Information Law Series*, vol. 16, 2006, pp. 223 – 257.
③ Vgl. LG Mönchengladbach Urt. v. 7. 1. 2010 – 6 O 293/09, BeckRS 2010, 144351.
④ 余某某与张某某合同纠纷、一般人格权纠纷案，四川省乐山市中级人民法院民事判决书（2016）川11民终1191号。
⑤ 参见我国台湾高等法院101上易字183号判决；邱琦：《凶宅与纯粹经济上损失》，载《月旦裁判时报》2011年第7期，第24页；吴从周：《凶宅、物之瑕疵与侵权行为——以两种法院判决案型之探讨为中心》，载《月旦裁判时报》2011年第12期，第113页。

概念，① 从宽解释权利内涵而将其纳入房屋所有权的范畴。与之相反，法国侵权责任法的体系容纳性较强，即便受害人的人身或特定物并未遭受直接侵害，实务上仍倾向于认可一般财产法益、期待利益、商业利益或纯粹经济损失的可救济性。②

表1 利益合法性判定要素的协动关系

输入要素 \ 输出要素	利益典型性	利益公示性	利益边界清晰性	法律体系容纳性
利益典型性		补充	补充	补充
利益公示性	被补充		同质	互补
利益边界清晰性	被补充	同质		互补
法律体系容纳性	被补充	互补	互补	

五、结语

随着公民权利意识的高涨和新兴权利保护诉求的与日俱增，选取何种法律方法将应受法律保护的利益从诸多新兴权利保护诉求中筛选出来，成为了当前学界的重要任务。动态系统论作为居于固定构成要件与一般条款之间的折衷模式，通过设立判定要素并认可与要素的数量和权重相对应的协动作用，能够在化解权利冲突的同时，保障较高程度的规则确定性和裁判过程的可视化，从而建立利益合法性判定的弹性机制。

动态系统论的构建可分为两步：一是确定新兴权利保护中利益合法性的判定要素。对此，应当遵循区分利益合法性判定与侵权归责、涵盖不同利益重要性之比较、兼顾法的安定性与个案正义等准则，最终筛选出利益典型性、利益公示性、利益边界清晰性、法律体系容纳性等四项要素。二是确定利益合法性判定要素的相互关系。上述要素按照价值权重排列从高到低依次是"利益典型性—利益公示性、利益边界清晰性—法律体系容纳性"。其中，利益典型性具有最强的补充性，可充分填补其他要素的满足度；利益公示性与利益边界清晰性具备同质关系，而这两者又和法律体系容纳性相互制约、功能互补。最终，系争利益是否应受法律保护取决于各要素相互比较后的综合权衡。

当然，动态系统论绝非灵丹妙药。动态系统论的引入仅仅为新兴权利保护中利益合法性的判定提供了一种富有弹性的评价框架，这种框架强化了裁判者在评价或论证过程中的

---

① 参见我国台湾高等法院97年度上字第486号判决；陈忠五：《承租人自杀致房屋成为凶宅之损害赔偿责任——最高法院104年度台上字第1789号判决评释》，载《月旦法学杂志》2017年第12期，第14页；蔡晶莹：《物之瑕疵担保责任与侵权行为损害赔偿责任在凶宅问题之适用——台湾台北地方法院104年度诉字第2464号民事判决与台湾台北地方法院104年度重诉字第320号民事判决》，载《月旦法学杂志》2017年第12期，第46页。

② 参见陈忠五：《法国侵权责任法上损害之概念》，载《台大法学论丛》2001年第4期，第211页。

逻辑自洽性，但其始终无法为裁判者提供精准性、绝对化的判断标准。① 不同要素在实务上不断涌现的新兴权利保护诉求中究竟占据怎样的比例、其要素满足度的预设总量如何，最终仍不可避免地会为裁判者遗留一定的裁量空间。正如日本学者山本敬三所言，"在可能的评价中，选择哪一个，只要依靠动态系统论，最终将依赖各个判断者的决断。"② 只有在动态系统论的方法论指导下，通过对支持或否定新兴权利保护诉求的案例进行深入细致的类案整理，并辅之以法官论证或说理义务的加强，才能真正在司法裁判的确定性与灵活性之间求得平衡。

（编辑：吴冬兴）

---

① 法解释的过程可分为发现的过程和正当化的过程，前者是指得出某一言说的心理过程，而后者则是在逻辑上证立这一言说的过程。动态系统论设定了用以权衡的要素及其相互关系，在方法论上属于正当化的方法，但其并不能保障裁判者就一定按照这个公式演绎出具体的结论，因此无法作用于发现的过程。参见解亘、班天可：《被误解和被高估的动态体系论》，载《法学研究》2017年第2期，第46页。

② ［日］山本敬三：《民法中的动态系统论：有关法律评价及方法的绪论性考察》，解亘译，载梁慧星主编：《民商法论丛》（第23卷），金桥文化出版（香港）有限公司2002年版，第172—266页。

基于贝叶斯定理的证据推理研究*

陈 婕**

摘 要 贝叶斯定理是从已知信息推断未知信息的数学模型，它为证据推理的科学化、精准化提供了全新视角。贝叶斯定理在司法情境下的公式变体展现为归纳框架下的概率推理，实现了证据回溯过程中可解释项的逻辑证成，体现了贝叶斯定理与证据推理活动的逻辑契合。贝叶斯定理通过精准量化和符号表达对相关性、证明力、证明标准等证据法概念进行了重构，打破了证据推理中的裁量"黑箱"，能够消解不公正的司法偏见。但是，该公式带来的"合取悖论""硬"数据驱动需求以及数据正当化等问题也面临质疑，为此，应保持一种客观、发展、开放的态度，为证据推理探寻一条理性化的数学路径。

关键词 证据推理 贝叶斯定理 相关性 证明力 证明标准

一、问题的提出

在大数据涌现的证据科学时代，证据法学者希冀在其他跨学科领域中寻求的一种巧妙且适当的技术融合，以推动证据推理向科学化、精细化的方向迈进，其中，贝叶斯定理正是符合这种需求的分析工具，为拨开证据迷雾、明晰推理过程提供了更为清晰的思路。那么，这一数学公式如何应用于证据推理呢？为了分析的方便，我们不妨从一则简单案例"蓝绿车案"展开论述。该案案情如下：

某城有两个出租车公司，根据它们各自出租车颜色，分别命名为蓝色公司和绿色公司。其中蓝色出租车占所有出租车的85%，绿车占15%。一辆出租车涉

---

* 本文系教育部人文社科研究青年基金项目"司法决策中的策略行为研究"（项目编号：20YJC820044）、南开大学文科发展基金项目"法律论证的人工智能建模研究"（项目编号：ZB21BZ0304）的阶段性成果。

** 陈婕，女，福建漳州人，南开大学法学院硕士研究生，主要研究方向为法学方法论、法理学。

嫌一桩深夜肇事逃逸案，目击者事后确信那辆车是绿色的。法庭测试了该目击者在夜间视觉条件下辨别蓝绿车的能力，发现他有80%能够正确辨别各种颜色，但20%与另一颜色混淆。① 那么，肇事车辆如目击证人所言是绿色的概率有多大呢？我们应当如何做出判断呢？

上述案件给传统证据推理带来了巨大挑战：一方面，案件中大量的数字化信息是当下大数据时代所难以回避的证据表达形式，但对数据的传统处理方式往往是由裁判者通过自由裁量做出决策，表现为一种莫可名状的心理过程。另一方面，裁判者容易就本案提供的唯一证人证言，推断80%的辨识度是一个极高的可能性，遂作出"绿色车是肇事车辆"的结论。殊不知，关于证人证言的直观判断恰恰忽略了案件背景中重要的统计信息，反而推导出偏离案件真相的结论。直觉与心证判断带来的偏差就像海妖塞壬的致命诱惑使人们深陷认知的泥潭，为了防止误入歧途，我们必须像奥德修斯那样事前做好防范措施②。为了避免错误的事实认定，我们同样需要一种理性的认知工具，以避免落入证据判断的圈套当中。③

本文将提供一种数学工具——贝叶斯定理，来帮助我们打开思维的桎梏。如英国学者威廉·特文宁所言："贝叶斯定理以及其他概率原理是极富弹性的、非常强大的知识工具，如果在使用过程中辅之以对其性质的清醒意识的话，那么它们将对复杂知识进程每一阶段中的'主观'价值、偏见以及选择的运作都予以解释。"④ 贝叶斯定理能否成为辅助我们进行正确证据推理的认知工具，这需要解决几个前提性的问题：贝叶斯定理表达的推理机制是什么？它是如何整合案件信息实现事实推定的？它是如何通过概率推理的表达方式帮助裁判者实现更为精准、合理的决策的？

基于这些问题意识，本文将对贝叶斯定理的基本原理、司法应用、运作规律进行全方位地系统论述，阐明其对证据推理的量化表达方式和功能，进一步预测该定理在智能数据时代的应用趋势和前景。为此，本文将围绕贝叶斯定理从以下四个方面展开探讨：其一，介绍贝叶斯定理的数学原理以及其在司法运用中的公式变体；其二，探究贝叶斯定理与证据推理运作过程的契合性，明确该公式在推理活动中的角色定位；其三，在统计概率视域下对证据法内部概念进行微观重构，论证贝叶斯定理对证明力、相关性、证明标准等概念

---

① See Maya Bar-Hillel, The base-rate fallacy in probability judgments, *Acta Psychol* (Amst), Vol. 44, 1980, pp. 211–233.

② 海妖塞壬源自希腊神话传说，塞壬是人面鸟身的海妖，常用歌声诱惑过路的航海者而使船触角沉没，船员成为塞壬的腹中餐。英雄奥德修斯率领船队经过墨西拿海峡时事先得知塞壬令人无法抗拒的致命歌声，于是下令水手用蜡封住耳朵，并将自己用绳索捆绑在船只的桅杆上，方才安然度过。

③ 参见 [美] 雷德·海斯蒂：《不确定世界的理性选择：判断与决策心理学》（第2版），谢晓非、李纾译，人民邮电出版社2013年版，第161–163页。

④ [英] 威廉·特文宁：《反思证据：开拓性论著》，吴洪淇、杜国栋译，中国人民大学出版社2015年版，第9页。

进行量化表达的可能性;最后,梳理学界对贝叶斯定理的整体评价,并尝试对质疑作出回应。

二、贝叶斯定理在司法语境中的数学表达

(一)贝叶斯定理的数学表达

"蓝绿车案"向我们展示了两种数据:一是蓝绿车的数量占比,一是目击证人指认的准确率。前者在贝叶斯定理中称为先验概率,后者在公式中作为证据用于调整先验信念判断,只有充分考虑两者才能获得合理的后验结果。基于此,贝叶斯定理的初步表达如下①:

$$P(H|E) = \frac{P(E|H)P(H)}{P(E)} \# \qquad (1)$$

上述公式中两个变量H和E代表两个事件,其中P(H)表示事件H发生的可能性,P(E)则表示事件E发生的可能性。由于P(H)是未经过实验或证据验证的推断,我们将它们称为"先验概率"。如蓝绿车案中,以H表示假设"肇事车辆是绿车",¬H表示"肇事车辆是蓝车"。当尚未获取证人证言(符号表示为E)时,事实裁定者根据背景知识"蓝绿车数量比"作出初步判断,即P(H)为15%,P(¬H)为85%。未经检阅、粗糙的先验判断与终局性结论始终存在一定差距,庆幸的是,贝叶斯定理的先验判断并非直截了当的结论,而是允许在新的信息涌现时不断修正的原始信念,这也为先验概率提供了一定的容错率。

当进一步获取证人证言后,事实裁判者需要重新评估待证假设的可能性,也就是计算后验概率值。它在数学公式中以条件概率P(H|E)表示,即在已知证据条件下对未知假设的可能性判断。一方面后验概率取决于前文提及的"先验概率"P(H);另一方面,它将不断涌现的新证据纳入进事实推断的考量范畴之中,在公式中表达为从先验概率向后验概率转变的强度。由于获得的新证据在公式中呈现出具有时间维度上的调整效果,故称之为"调整因子"。相应的,公式中以P(E|H)表示获取新证据时给定假设下假说与证据的相容程度,在统计术语中被称为事件E的"似然性"(likelihood),就如本案中在给

---

① 贝叶斯公式数学推导过程如下:

$$P(A|B) = \frac{P(A \cap B)}{P(B)} \qquad (1)$$

由(1)得:$P(A \cap B) = P(A|B) \times P(B)$ (2)

同理得:$P(A \cap B) = P(B|A) \times P(A)$ (3)

由(2)和(3)得:$P(A|B) = \frac{P(B|A)P(A)}{P(B)}$ (4)

定假设是绿色车辆肇事的情况下，对目击者对绿车进行指认的可能性估计。此外，公式右侧的 P（E）在统计学中称为标准常量，表示为所有情况下事件 E 发生的概率。当事件 E 的似然性与标准化常量作商可得式子 $\frac{P(E|H)}{P(E)}$，被约定俗成视为"标准似然度"（standardized likelihood），也就是前文所述的"调整因子"的具体表达式。可见，贝叶斯定理将事件的先验概率、后验概率以及信息更新巧妙地糅合在一起，通过文字可以将公式简要表述为：

后验概率＝先验概率×调整因子

从认知心理学的角度来看，上述公式表现为随着信息更新不断调整的动态过程。先验概率作为信念的初始状态，是认知主体基于感官经验进行的初始判断，信念更新则是通过调整因子来实现的，它将不可言说的状态转化为数学公式中乘积因子在数值上的迭代变化，最终调整后验概率，即基于证据产生的对假设的信念度。为此，黑斯蒂将贝叶斯定理构造的动态调整模型直观表达为"思维度量表"，它随着裁判者对证据以及其他与判决相关信息的把握而不断调整，如下图所示：

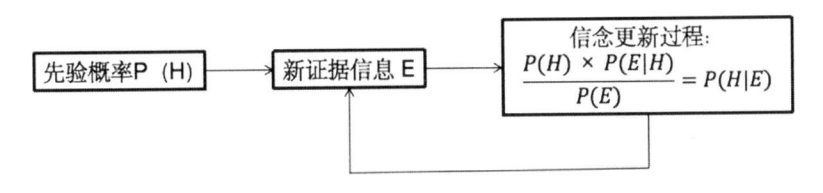

图 1　思维度量表①

事实上，法庭上的证据评估过程亦是如此，证据信息总是在时间维度上被事实裁判者所依次认识和接受。当最初信息（如案卷信息和双方当事人陈述）被法官掌握之后，法官会形成一个初步判断，随着法庭上证据资料被进一步提出以及质证环节的进行，信念会随之不断改变，所以信念更新过程是由认识主体控制的动态变化过程。对此，贝叶斯定理规定了以何种方式结合先验信念与后续证据并据此更新对初步假设的确信度。一旦信念更新系统被激发，初始的先验概率就会被一个新的后验概率所取代，进入下一轮认识新证据信息和计算新的后验概率的循环，这种循环会一直持续下去，直至质证结束获取不到新信息或裁判者被要求作出裁断为止。在某种程度上，该数学公式模拟了人脑的决策模式，实现了对命题真伪的精准把握；同时，它以自动、理性的方式打破了现实中认知主体可能出现

---

① 贝叶斯概率更新模型图示截取自［美］里德·黑斯蒂：《陪审员的内心世界：陪审员裁决过程的心理分析》，刘威、李恒译，北京大学出版社 2006 年版，第 15 页。

的偏执或故步自封的状态，克服"沉锚效应"带来的信念偏差。①

但是，标准化常量 P（E）往往是不能直接获得的。例如，上述案件中只提供了目击者在事件发生后的作出指认的准确性评估。那么，欲求解证据 E（目击证人对绿车指认）在多种情形下的整体概率，只好借助概率论中的"完备事件组思想"来实现②：从造成证据 E 的子事件 H 入手，随后再根据不同情况进行概率加和运算：

$$P（E）=P（E|H）\times P（H）+P（E|\neg H）\times P（\neg H） \# \qquad (2)$$

在概率论中，公式（2）被称为全概率公式，将公式（2）带入公式（1）中可以得贝叶斯定理的具体表达：

$$P（H|E）=\frac{P（E|H）\times P（H）}{P（E|H）\times P（H）+P（E|\neg H）\times P（\neg H）}③ \qquad (3)$$

上述案件中，绿色公司车辆肇事若被目击者指认是绿车，则为证人正确指认概率，P（E|H）为80%；反之，如果蓝色公司车辆肇事被目击证人指认为是绿车肇事则为错误指认概率，P（E|¬H）为20%。根据全概率公式，计算得出在随机情况下被目击证人指认为绿车的概率 P（E）为0.29。因此，在考量证人证言的条件下，我们通过公式进一步修正了假设"绿车撞人"的判断，由原先的15%经过贝叶斯公式计算调整为40%，相较于先前"蓝绿车数量占比"作出的初步判断提高了不止两倍。

令人遗憾的是，即使后验概率在证据的调整下获得高于先验概率的结果，这一结论也不能使我们信服后验性假设"绿车撞人"是真实的。后验概率所指向的是某个假说在新证据纳入考量后的可能性评估，只是直接指向某一待证事实而没有额外的理由来解释说明为何待证事实是我们寻求的真相。况且，在司法实践中裁判者其实不仅关注贝叶斯定理所表述的证据对待证事实的证明趋势与程度，他们更关心的是，证据所反映的对象事件到底有没有发生，或者事件发生的信念与事件不发生的信念之间的比较。为了处理这一问题，亟

---

① "沉锚"效应，是指人们获得的初始信息往往会像锚一样沉入海底，把人们的思维固定在某处，一些错觉、偏见或其它非理性的因素，虽不易被人察觉，可一旦融于思维过程中，就会影响我们对事物的准确判断。See Amos Tversky, Daniel Kahneman, Judgment under uncertainty: Heuristics and biases, *science*, Vol. 185, 1974, pp. 1124–1131.

② 多个互斥事件的集合作为全集，这些事件的集合就构成完备事件组，例如本案中两种互斥假设：蓝车肇事（H_1），绿车肇事（H_2），这两种状态就组成了一个完备事件，表示 $H_1 \cup H_2 = H$。

③ 由于篇幅限制，本文只介绍了贝叶斯最特殊的二元形式。当多种假设存在时，贝叶斯定理可以由特殊推广为一般形式：$P（A_i|B）=\frac{P（B|A_i）P（A_i）}{\sum_{j=1}^{n}P（B|A_j）P（A_j）}$，其中全概率公式的一般式表达：$P（B）=\sum_{j=1}^{n}P（B|A_j）P（A_j）$。

需探究多个待证事实之间的相互关系。为此，需要结合司法实践对贝叶斯定理进行修正，在同一证据条件下对先验概率与后验概率进行比较。

(二) 贝叶斯定理在司法实践中的变体

在司法语境下，贝叶斯定理中的数学符号需要重新设定：案件中待定事实的集合为 H，其中 H_p 表示控方主张，H_d 表示辩方主张，显然 H_p 和 H_d 是相互排斥的关系。① 此时，庭审上提出的证据为 E，裁判者需要明确证据 E 在两种主张中更倾向于支持哪种，即涉及对证据的评价过程，贝叶斯公式因此出现如下变换：

$$P(H_p \mid E) = \frac{P(H_p) \times P(E \mid E_p)}{P(E)} \# \qquad (1)$$

$$P(H_d \mid E) = \frac{P(H_d) \times P(E \mid E_d)}{P(E)} \# \qquad (2)$$

由贝叶斯定理的原初公式 (4) 和 (5) 作商，可以得以下公式：

$$\frac{P(H_p \mid E)}{P(H_d \mid E)} = \frac{P(H_p)}{P(H_d)} \times \frac{P(E \mid H_p)}{P(E \mid H_d)} \# \qquad (3)$$

通过文字来表述贝叶斯公式变体中的乘积项为：

后验比例 (posterior odds) = 先验比例 (prior odds) × 似然比率 (likelihood ratio)

上述的贝叶斯公式变体被国内外学者普遍认可，并将其中同一证据在控方假设下与辩方假设下可能性的比值，这被称为似然比率 (Likelihood Ratio, LR)②，即：

$$LR = \frac{p(E \mid H_p)}{p(E \mid H_d)} \# \qquad (4)$$

贝叶斯定理在证据领域的变体为裁判者提供了一个证据推理的简洁框架，它的有效性在理论和实践上都得到了初步验证。上述"蓝绿车案"中，我们对似然比率计算得出的结

---

① See Alex Hwansoo Choi, Back-of-Hand Vascular Recognition, In Li S. Z., Jain A. ed, *Encyclopedia of Biometrics*, Boston: Springer, 2009, p. 61.
② 似然比率可以单独作为证据的评价模型，若 LR>1，则证据便有支持控方的力度，反之同理；在本文第二部分将详细展开说明。

果是 $LR = \dfrac{p(E|H_p)}{p(E|H_d)} = \dfrac{0.8}{0.2} = 4 > 1$，据此可大致判断证人证言（E）是对控方假设是具有支持力度的，但仅仅考虑似然比率并不能得出证据支持待证事实的结果。当我们结合案件初始的先验比例时，即 $\dfrac{P(H_p)}{P(H_d)} = 0.18$，计算得后验比例是 0.7，这个结果说明已知证据条件下绿车肇事的可能性比蓝车肇事的可能性小。在法庭中证人证言看似有力地支持了控方的主张，却得到了截然相反的结果，原因在于我们过分关注了"证人在深夜中能有 80% 的可能性正确辨识各种颜色"，错误地认为证人在高辨识能力、低错误率的情况下，目击者所表述的"绿车肇事"的可信度就自然而然地提高了，甚至就简单粗暴地认定证言就是正确无误的。但实际上，我们不能将证据评价脱离案件的背景和语境进行判断，只有全面地考虑绿蓝车数量比，也就是公式中的先验比例，并结合目击者所提供证言的有效性，才能作出趋向真实的结论。

综上所述，贝叶斯定理对上述案件的分析试图将人们从思维的泥潭中解救出来，为证据推理活动提供更为理性、缜密的思维指引。同时，贝叶斯定理在证据推理中的应用并非生搬硬套，而是根据司法活动的特性进行相应转化，辅之以合理性的证据解读后，从而增强其实践功用。

三、贝叶斯定理与证据推理过程的逻辑耦合

贝叶斯定理要在司法语境下成为有效的论证工具，首先应探究其所在的应用场景，厘清证据推理的运作过程，以明确其在这一过程中的角色定位。证据推理活动本质上是一个"回溯"的过程，它根据支离破碎的证据提出合理性解释，实现历史事件的重构。对这一过程的静态刻画，大多是从逻辑学角度出发的，如安德森等人所言"事实调查过程总是包含溯因、归纳和演绎推理的混合物"[①]，要使贝叶斯定理置于多种逻辑形式交织混杂的证据推理下运作，探究这一过程与贝叶斯定理的逻辑契合十分必要。

（一）证据推理过程的逻辑刻画

证据推理的逻辑过程虽然在学界未有定论，但大致可以归为两个步骤：首先是根据可观察的证据对事件作出若干个启发性的解释或假设，这一步骤被称为发现阶段；紧接着是运用逻辑思维和经验认知对解释性假设进行证成，称为证成阶段。这两个步骤分别由不同的逻辑形式所支配，前者主要通过狭义的溯因逻辑提出启发性假设或待证事实；而后者主要是以经验数据为基础实现证据与待证事实的黏合和证成，这一过程则由归纳逻辑主导。

---

① ［美］特伦斯·安德森，［美］戴维·舒姆，［英］威廉·特文宁：《证据分析》（第 2 版），张保生等译，中国人民大学出版社 2012 年版，第 77 页。

"溯因推理"的逻辑形式往往被首当其冲地用于刻画证据推理的"发现阶段"。这一概念最初由皮尔斯创立，经过学界的不断发展与应用，溯因逻辑被赋予了更为丰富的含义。① 根据皮尔斯的主张，溯因推理的过程是根据已知的信息推测未知的事实，用于解释证据现象，将其回归亚里士多德的三段论可以描述为：

观察到（令人震惊的）事实 E_1，E_2，E_3；
但若假设 H 为真，E_1，E_2，E_3 将是理所当然的事情；

因此，有理由猜想 H 可能为真。②

如上所述，溯因推理的结论是为观测事实提供可能的解释项。从时间维度上看，它是为观测事实寻求原因的逆向推理，相较于其他的经典形式逻辑从确定性命题中发展出必然或盖然性结论，其独特之处在于对知识的可扩展性。对知识的扩展必然带来创造性的猜想，这离不开认识主体的洞察力、认知信念以及主观思维能力。因此，它是一种带有浓厚主观色彩、未经验证的假设，与其说溯因解释项是对命题的陈述，不如称之为关于观测事实的解释是否为真的疑问。这也是皮尔斯所提出的溯因逻辑的局限所在，它更关注可能的备选解释项的提出，而非该解释项能否最终成为基于观测事实所证实的最终结论。

在证据推理的发现阶段，溯因逻辑提出具有创造性或解释性假设时，由于溯因解释项深受推理者经验和情感的影响，因此它具有暂时的合情性，但证据与解释性假设之间仍存在难以弥合的论证鸿沟，假设应当保留抑或是遭到弃绝，如何实现证据材料与假设的黏合，有必要对结论的可接受性和正当性进行充分论证，这也彰显了证据推理过程中"证立阶段"的核心作用。实现证据与待证事实命题之间的证成关系依赖于称为概括（generalization，简称 G）的陈述，这些概括往往不是全真命题，而是带有模糊量词的归纳式表述，当概括凸显出来时，每个归纳式推论将被转化并陈述为准演绎形式，实现从证据向待证命题的盖然性推演。在此，归纳逻辑成为建构概括的主要方式，安德森等人也表示归纳逻辑在这一过程中的重要性："……演绎和归纳等这些更为熟悉的逻辑推理形式，在假设的检验以及连接证据和假设之论证的建构中也是必需的。"③ 当裁判者面对不可知假设时，他根据已有的经验认知来证成证据与假设之间的逻辑关系，这里经验认知就是司法主体长期

---

① "溯因逻辑"在法律语境下尚未有一个统一界定，且存在许多模糊和争议的地方，本文主要就先驱皮尔斯所提出的初始含义进一步探究。
② 改编自 Edition Project，Peirce Edition Peirce，*The Essential Peirce*，Volume 2： Selected Philosophical Writings（1893 – 1913），Bloomington：Indiana University Press，1998，p. 231.
③ ［美］特伦斯·安德森，［美］戴维·舒姆，［英］威廉·特文宁：《证据分析》（第 2 版），张保生等译，中国人民大学出版社 2012 年版，第 72 页。

置身于司法实践中的归纳性认识，这种认识通常是潜在的司法"直觉"或是个人信念。但令人遗憾的是，归纳性认识被表示为概括陈述时，它们常常成为论证的"脆弱点"。究其原因，在于裁判主体往往不能自觉辨识其推论所依赖概括的似真性强度、判断其是否存在谬误，即使被要求证明自己结论的正当性，裁判主体也很难或者说不能明确地表达出推论所依赖的精准概括。[①] 以"清晨发现地面湿滑"为例，当观察到地上潮湿便自然地解释为"夜降雨水"，具体解释项的提出取决于先前的信念库，但问题在于我们难以保证信念库中选择的信念为真，就此低估了概括在推理中的关键作用。基于此，从某种程度上这种认识自始至终是源自人的大脑中某种缺乏可知性的算法，那么，寻求外在的数学公式来加以表达就不乏是一条可供选择的路径。

（二）贝叶斯定理对可解释项的逻辑证成

证成阶段中，概括是实现证据与待证事实的"粘合剂"[②]，但它们往往也成为隐藏偏见的危险工具。从对概括的研究中可以看到，证据向待证事实的证成过程具有归纳推理的性质，通过大量、多样化的观测事实以增加溯因解释项的可信度。因此，贝叶斯定理作为归纳逻辑下的概率推演工具，将具有归纳性质的粗疏的概括外化为更为具体、精细的数值表述，为可解释项的逻辑证成提供了新的思路。回顾上文对数学原理的阐述，其中归纳贯穿于公式的运算过程之中。一方面，先验信息要求认知主体对尚未获得证据材料的情形下对解释性假设作出可能性评估，它代表了认知主体或裁判数据库的知识归纳；另一方面，当新的证据信息被观测到时，证据被赋予了新的盖然性信念，此时的调整因子也是基于专家断言或结合历史数据作出的归纳性推断。最终的计算结果（即后验概率），代表已观测得证据条件下待证事实的可能性大小，它也是由归纳数据演算的阶段性产物。从这一点上看，贝叶斯定理以定量方式表述证据和待证事实的可能性程度，经过演算在证据和结论性解释项之间建立了归纳关系。

尽管溯因和归纳逻辑所得结论往往是或然的。但两种逻辑的出发点是不同的，溯因逻辑在于回溯事件发生的原因，也就是说推断的解释性假设在观察到的信息之前，它在时间维度上具有回溯性质；而归纳逻辑则没有时间维度上的限制，他是寻求特殊事件中一般属性和规律的过程。更重要的是，溯因推理的目的在于提出创造性解释或假设，解释或假设的或然性表现为暂时为真，这并不必然以概率数值进行表示。而归纳逻辑的结论命题为真则可以赋予可能性特征，这种可能性特征用现代统计学概率来表述十分契合，这说明了贝

---

① 参见［美］特伦斯·安德森，［美］戴维·舒姆，［英］威廉·特文宁：《证据分析》（第2版），张保生等译，中国人民大学出版社2012年版，第130页。

② David A. Schum, *The Evidential Foundations of Probabilistic Reasoning*, New York：Wiley – Interscience, 1994, p. 82，参见［美］特伦斯·安德森，［美］戴维·舒姆，［英］威廉·特文宁：《证据分析》（第2版），张保生等译，中国人民大学出版社2012年版，第129页。

叶斯定理可用于验证前提与结论的逻辑关系的有效性。可以说，溯因和归纳逻辑的共同特征为两者共同适用于证据推理过程创造了连接点；另一方面，不同的特征则是相互衔接、相互补充的，贝叶斯定理作为技术手段嵌入证据的回溯过程，为溯因逻辑中提出的可解释项进行归纳性验证。

舒姆、特文宁等学者进一步将证据到待证事实的论证过程表述为一系列推理链条。在链条中由证据推得不同层次的待证事实，每一个环节都可以通过贝叶斯定理的条件概率计算获得。上文例子中当发现"地面潮湿"时，"夜降雨水""夜下冰雹""清晨的洒水车"等假设都是可能的平行世界，哪一解释更具有可信度将根据背景信息和信念库的支持程度进一步确认。贝叶斯定理中的条件概率对这些可能情形赋值，通过具有背景知识的先验概率同当前证据信息结合赋予某一解释项相较于其他解释项更高的概率值，使得其他心理预期的情况变得不可能，这样的解释将获得裁判者的青睐，并实现从观测事实向解释项的过渡。

皮尔斯提出溯因逻辑并重构了科学发现的过程，这一过程与证据推理过程有许多共通之处，不妨借此类比于证据推理的运作模态：首先，证据收集是推理的前提性步骤，根据观测到的证据材料提出假设，这一假设是以溯因逻辑的推断出的、对于观测证据的合理性解释；对于如何在若干种解释性假设中论证最佳解释，则可经过贝叶斯定理结合初步判断和证据信息对主张进行分析比较。案件裁判的积累使审判人员的审判经验不断丰富，类案裁判库得以充实，这些审判案件数据或长期实践经验将会总结归纳为一般性规律，成为服务贝叶斯定理的基础性数据，支撑贝叶斯定理对具体案件中的解释性假设进行量化证成。可以看出，这是一个循环支撑的过程，也是裁判者根据裁判经验不断积累认识的往复递进的过程。在个案中，若干假设的选择是在类案认识基础上的归纳推断的产物，而个案中事实推断反过来又促成了类案知识库或实践经验的进一步扩充与修正，具体过程如图2所示：

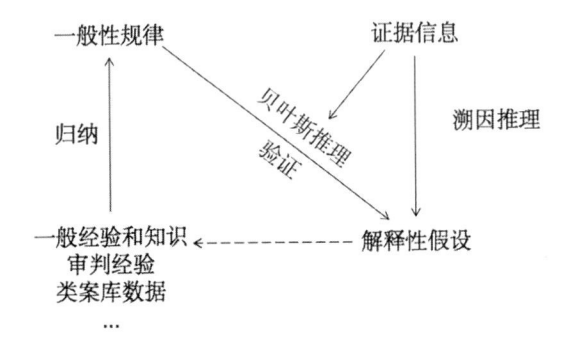

图2 证据推理静态模型

四、贝叶斯定理对证据推理关键概念的量化表达

既然证据推理过程在逻辑上为贝叶斯定理的适用打开了突破口，那么，传统的证据法

概念可以进一步通过该定理进行量化表达，宏观视角下证据推理可简化为以证据作为起点向待证事实证成的论证路径，这关涉到微观层面对证据的相关性、证明力评估，以及证据向待证事实"跳跃"的阈值设定，这些关键概念对推论证成阶段的"概括"予以填充，有助于理性地评估证据并作出论证。

（一）相关性：证据与待证事实的证明倾向

证据作为证据推理的基础性前提，不仅影响证据推理的结果，也是法律适用的根基。但并非所有的证据都能成为构建事实大厦的合格材料，一个"好"的证据首先要满足的条件就是相关性。如果证据与待证事实之间毫无联系或者联系微弱，那么，这样的证据就不能成为法律上合格的证据，也无法被法庭采纳。

对于大陆法系学者而言，证据法学中的相关性内容是一个不证自明的概念，它主要依赖于裁判者的心证判断，这也造成了证据法中"相关性"概念的缺失。反观英美法系，相关性概念在学界和立法领域都得到清晰的界定，如美国联邦证据规则中401条对相关性的规定①。相关性意味着事件之间存在着某种证明的倾向，具体而言可以结合上文蓝绿车案进一步阐释：证据与待证事实的相关性可以通过-1至1区间表示，如下图3所示。其中1代表绿车肇事，-1代表蓝车肇事。对于所有能够证明绿车肇事的证据，也就是原告提供的证据，都会在0至1区间内某个位置上；同理，能够证明被告没有嫌疑的内容将会落在-1至0区间。如果一项证据不具有相关性，那么它将落在数轴零点上，即证据与待证事实之间没有关联关系。因此，当证据与待证事实的关联关系落在-1至1区间内除零点外的任何位置上时，可以认定证据与指向的待证事实存在某种相关性，且（0, 1] 区间代表证据与待证事实的正相关联系，[-1, 0) 则说明证据与待证事实的负相关联系。至于具体落在数轴中哪个位置，还得交由证明力进一步考察，这是因为相关性作为证据的基本属性，其首要目的是对证据能否被采纳作出最低标准的筛选，对证据的具体评价则将随着庭审过程中质证等环节的推进而进一步获得。

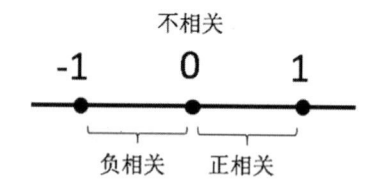

图 3　证据相关性数轴图

---

① 《美国联邦证据规则》第401条规定："相关证据"指证据具有某种倾向，使决定某项在诉讼中待确认的争议事实的存在比没有该项证据时更有可能或更无可能。

由此可见，相关性概念是证据与待证事实之间的某种联系，这种联系可以归结为逻辑、经验问题，而不仅仅是法律维度上的问题。詹姆斯·B·赛耶也认为"法律没有提供关联性的检验标准，作为一种策略，关联性要靠逻辑和经验判断。"在某种程度上，"相关性规则只是法律化了的逻辑规则"，这样就可以将待证事件 H 与可观察事件 E 之间的关联关系转化为 E -> H 的逻辑关系，这为贝叶斯定理中条件概率的逻辑内涵与相关性概念建立联系创造了契合点。统计世界中的条件概率是一种描绘事物或变量之间关系的工具，如上述公式中符号 $P(H|E)$。由于现实事件之间千丝万缕的联系，事件往往难以置身其外被孤立分析，此时贝叶斯定理中的条件概率满足了量化事件之间某种关联关系的描述需求。

例如，犯罪事件的发生与案发现场搜集的证据之间相关性评定，甚至是犯罪行为与被告的各种先前行为、学历、文化背景之间的相关性，如辛普森杀妻案中关于辛普森杀妻与家暴之间的相关性评定[1]。如果仅仅将犯罪行为的可能性以传统统计学中经典概率表述，那么概率所表达的信息维度就大大减少了。正如黑斯蒂所言，"我们不太可能主要依靠鲜活的、独立的事件的相对频率作判断。但我们基于情景和某个结果的可能原因进行推理时，审慎地尝试去系统表征这些问题能够提高我们判断的连贯性和准确性。"[2] 既然如此，在证据推理情境中对某一证据结果的可能性进行推断时，以贝叶斯定理的条件概率表征证据与待证事实的相关性，其中将事件 E 作为已知的经验知识，即证据的概括性判断，将事件 H 作为基于经验考察做出的假设，由此求解得的概率便是基于经验知识条件下相关假设的可能性程度。

总的来说，证据体系中的相关性概念蕴含着事物之间相互关联的"逻辑密码"，它是允许裁判者在证据推理中以经验概括去推论事实命题，并理性评估证据对事实命题证明程度的前提，贝叶斯定理中条件概率为证据的相关性特征与符号定义、定量分析建立起沟通的桥梁，为下一步量化、重构证明力等其他概念要素奠定了基础。

(二) 证明力：盖然估计到"精确"数值

证据证明力是证据法学的核心概念，它体现了证据对待证事实的证明程度，是证据推理中证据证成待证事实的重要环节。相关性与证明力是两个不同但又息息相关的概念，可以说，证据的核心是以一种相关性为基础的说服力，是相关程度与证明作用强弱的指示器[3]。从数理统计的角度来看，证据的证明力是基于相关性的进一步量化表达。在某种意义上，证据证明力的量化表达有利于实现证据证明程度的形式化和公理化，据此可构建精

---

[1] 参见杜文静：《证据评价的贝叶斯模型》，载《湖北大学学报》2018 年第 6 期，第 78 页。
[2] [美] 雷德·黑斯蒂：《不确定世界的理性选择：判断与决策心理学》（第 2 版），谢晓非、李纾译，人民邮电出版社 2013 年版，第 66 页。
[3] 张保生主编：《证据法学》，中国政法大学出版社 2014 年版，第 29 - 30 页。

密的证据评估体系,而贝叶斯定理为该目标的实现提供了可操作的路径。

虽然既成事实存在确定的、非此即彼的二元结果,但历史无法再次重演,人们仅能凭借有限的认知和线索,诉诸形式化的表述进行盖然性推测,概率理论恰好可以实现盖然性估计的表达。在数理统计世界中,概率是一个关于可能性大小的量化概念,它的大小可以映射至区间(0,1),与上文描述的相关性数轴互为表里。此外,司法实践中证明力通常以程度词表示或然性强度,诸如"较低""微乎其微""极高"。这些语汇本身在语义上具有模糊属性,法庭中不同角色的人对同样的词语可能有截然不同的理解,其在实践中展现的价值自然也是模棱两可、令人琢磨不透的。因此,为了确保精准的掌握呈堂证据所试图传达的证明强度,某种程度上我们无法避免对概率数值表达的使用。例如,在单个证据的表达上,当面对证据强度"比'非常强'更强,比'确定的'要弱"的表达时,文字就显得力不从心。① 在多重证据相结合的情形下,数值的叠加与迭代意味着多个证据可以理性地结合,这是概率拥有的得天独厚的优势。当然,仅凭传统概率理论是明显不够的,因为它大多是裁判者或当事人双方偶尔在表述中使用的修饰词,并非是紧贴案件信息的证据表述,抑或是使用概率表达证据,但没有遵循贝叶斯框架下的似然比模型或贝叶斯的公式变体。

关于证明力的外延表达,传统概率理论为贝叶斯框架的融合铺平了数学语言的道路,证据证明力的内涵表征也在贝叶斯视角下实现了形式化重构。对于证明力的考察,舒姆提出了一种"实体无涉"的评价方法。他认为,我们应只从一般层面考虑证据的推理特性,而不考虑证据的具体内容的证明评价方法。② 因为证据的内容总是根据情境的变化而变化,但证据的许多特性和原则却超越了证据的类型差异。因此,实体无涉方法是与语境无关的,能够在一定程度上提炼出事物之间联系程度的本质概念。贝叶斯定理中的似然比率(LR)可以实现价值无涉的公式化,有学者进一步将似然比率的量化结果进行分级,表达为庭审中不同主体证据对假设的证据支持力度,如表1所示:

---

① [美]伯纳德·罗伯逊、G. A. 维尼奥:《证据解释——庭审过程中科学证据的评价》,王元凤译,中国政法大学出版社2015年版,第75-77页。
② 参见[美]特伦斯·安德森,[美]戴维·舒姆,[英]威廉·特文宁:《证据分析》(第2版),张保生等译,中国人民大学出版社2012年版,第94-101页。

表1　LR 值所对应的证据力度的文字分级表达①

LR值	证据力度的对等文字表述	证据与待证事实的相关性	支持假设
>10000	非常强的证据支持		
1000-10000	强的证据支持		
100-1000	中等强的证据支持	正相关	起诉假设
10-100	中等强度的证据支持		
1-10	有限的证据支持		
1-0.1	有限的证据支持		
0.1-0.01	中等程度的证据支持		
0.01-0.001	中等强的证据支持	负相关	辩护假设
0.001-0.0001	强的证据支持		
<0.0001	非常强的证据支持		

根据上图，似然比率数值上的变化以1作为临界线，向正无穷大方向递增为无限支持起诉方假设的趋势，向正无穷小递减为支持辩护方假设的趋势。从而，证据向待证事实支持程度可在双方主张的比较中得以确认。在事实认定过程中，有时证据的证明力恰恰取决于证据的实体内容或案件的语境，裁判者可能遭遇任何由当事人提出的具体证据，这些形形色色的证据在本质上是实体的，这就意味着在更深入的证据研究中有必要把重点从实体无涉转向实体本位方法。② 贝叶斯定理恰恰巧妙结合了证据所在的语境信息，寻求在案件背景下发展推论路径。贝叶斯定理的变体是对上述似然比率的进一步完善，实现了先验比率和似然比率的有机结合。以"蓝绿车案"为例，当我们再考虑案件背景信息时，反而得出相反的结果：绿车撞人的可能性比蓝车撞人的可能性小。正是由于在具体语境下，当城市中绿车比蓝车的比例小得多时，基础概率成为我们调整证人证言信息的背景因子。这样，对案件背景语境的考察就提高了判断的准确性。

不论是主张实体无涉的方法还是主张实体本位的方法，证明力的研究在贝叶斯框架下都能找到恰当的内涵映射与外延表示。实体无涉与似然比率模型体现的是对证据的抽象性评价，它摆脱了案情和语境的束缚；而实体本位的分析方法，则是似然比率模型的进化版本。尽管对先验比率的探究有些时候并无效果，往往只会选取无关痛痒的"1"作为乘积

---

① A. P. A Broeders, *Some Observations on the Use of Probability Scales in forensic Identification*, Forensic Linguistic, vol. 6, 1999, pp. 228 – 242, 转自杜文静：《证据证明力评价的似然率模型》，载《华东政法大学学报》2017年第1期，第157页。笔者将上文对相关性的区间表达与证明力度的分级表达相对照，对表格进行了修改。

② 参见张南宁：《从新证据学到证据科学》，载《中南大学学报（社会科学版）》2009年第4期，第507 – 509页。

因子；但对于有材料可究的情形下，案情的价值可以转化为比值的形式而跃然纸上，对证据证明力的定位将更为精准。值得一提的是，对证明力的盖然性估计从语言表述迈向精准数值，这里的"精准"并非指一种难以实现的乌托邦式幻想。在不完全信息作出有限决策以及证据本身评估的人为不精准等问题难以解决的情形下，"精确"实际上是相对于模糊的语言表述更细粒度的刻画，与"思维度量表"所表示的含义有异曲同工之妙。

（三）证明标准：实现证据推理的"惊险跳跃"

当证据的盖然性达到何种程度时，证据对待证事实才有足够的压倒性证明力，这关涉到证明标准的设定问题。这里的标准是裁判者评价证据证明程度所适用的某种尺度，是说服裁判者在证据推理中对事实主张形成心证的最低限度。用"惊险跳跃"来描述裁判者形成心证的过程，主要原因在于命题或结论的推导并非从前提中演绎的必然结果，而是建立在或然性联系上的推定。为了避免"跳跃"在论证上产生无效谬误，需要通过一些附加的命题或转换规则来弥补逻辑上的落差，来保证作出结论的有效性，证明标准的设置由此而来。

如何将证明标准从理论上的构想转化为实践上的实施细则，是证明标准外延设置所要考虑的。在我国，证据标准主要通过文字进行表述，例如刑事诉讼法中表述为"事实清楚，证据确实充分"，民事诉讼法中则确立了"高度盖然性"标准。对于初识者而言，若不对文字加以诠释说明，实践中如何应用证明标准就如同镜花水月，让人难以拿捏。在美国，证明标准则被进一步细化，联邦诉讼规则将证明标准分成了九等[①]，不少法院和学者进一步通过数学知识，尤其是概率知识来解释这些模糊字词，他们利用 0 至 1 之间的准确数字加以衡量。这样，证明标准如同游标刻度尺一样便于操作。

事实上，由贝叶斯定理发展而来的贝叶斯决策模型为证明标准的量化刻度提供了分析工具。该模型将司法决策的过程视为是不完全信息下根据风险或损益所进行的效用考量过程。将决策者的裁量任务表征为如何在不同的行动选项中作出决策以便实现期望或效用最大化的问题，并据此进行从证据向法律事实"惊险跳跃"的阈值设定。一方面，决策理论背后的不完全信息蕴含着对事实状态或假设的盖然性特质的刻画；另一方面，在不完全的司法情境下实施决策将不可避免地带来风险和损失。前者借助贝叶斯定理后验概率替代主观判断或概率的表述，结合材料和主观信念的修正概率相较于其他盖然性表示更贴近具体语境的真实状况；后者则可以通过损失矩阵辅助决策进行。如表 2 所示：

---

① 参见陈瑞华：《刑事诉讼中的证明标准》，载《苏州大学学报（哲学社会科学版）》2013 年第 3 期，第 80 – 81 页。

表2 损失矩阵①

损失　状态　决策	H1	H2
α_1	λ_{11}	λ_{12}
α_2	λ_{21}	λ_{22}

贝叶斯决策模型是在不完备信息下,对未知状态进行概率估计,随后利用贝叶斯公式实现概率更新,最后根据损失矩阵计算期待风险值,并做出最优的决策方案。② 根据上述图表元素,模型可以拆解为三个部分:其一是可供决策者选择的多种行动方案,通过集合 A 表示决策空间,例如上文中的具体实例 A = $\{\alpha_1, \alpha_2\}$,α_1、α_2 可以表示作出有罪判决和无罪判决的行为;其二是决策者所面临的各种状态,在司法语境下这些状态可以表示当事人有为或无为犯罪行为,分别以符号 H_1 和 H_2 表示;并根据贝叶斯定理结合当下证据材料对这些位置状态作出后验推断;其三是决策者对行动方案带来的后果形成一定预期,它在司法语境中以风险损失的方式表达。风险损失在司法语境下相较于利益效用更具可获得性,如矩阵中损失函数 $\lambda(i, j)$ 表示为当真实状态是 H_j 时作出行为 α_i 所带来的损失。其中,i 与 j 相等时说明真实状态为 H_i 并作出行为 α_i,这种正确行为决策不会带来任何损失,即 $\lambda_{11} = 0$,$\lambda_{22} = 0$。③

风险与贝叶斯概率相结合是决策理论的亮点,如计算决策 α_i 损失 $R(\alpha_i | E) = \sum_{j=1}^{2} \lambda(\alpha_i, H_j) P(H_j | E)$,i = 1, 2;当分别计算出两种决策的决策损失 $R(\alpha_1 | E)$ 与 $R(\alpha_2 | E)$ 之后,作出"两害相权取其轻,两利相权取其重"的最佳后果之行动;也就是说,如果损失 $R(\alpha_1 | E) < R(\alpha_2 | E)$,那么 α_1 决策带来的损失更小,α_1 是最佳行动方

---

① 损失矩阵又称为风险矩阵、效用矩阵。本文所示矩阵属于特殊二元情形下的风险矩阵,事实上,损失矩阵可以表达多种状态和决策行为下的风险。一般情况下,损失矩阵 L 可以表示为 L = $\begin{vmatrix} \lambda_{11} & \cdots & \lambda_{1i} \\ \vdots & \ddots & \vdots \\ \lambda_{j1} & \cdots & \lambda_{ji} \end{vmatrix}$,计算决策损失为 $\begin{vmatrix} \lambda_{11} & \cdots & \lambda_{1j} \\ \vdots & \ddots & \vdots \\ \lambda_{i1} & \cdots & \lambda_{ij} \end{vmatrix} \begin{vmatrix} P(H_1 | E) \\ \vdots \\ P(H_j | E) \end{vmatrix} = \begin{vmatrix} R(\alpha_1 | E) \\ \vdots \\ R(\alpha_j | E) \end{vmatrix}$, See Richard O. Lempert, Modeling Relevance, *Mich Law Rev*, Vol. 75, 1997, p. 1021。

② See Richard O. Lempert, Modeling Relevance, *Mich Law Rev*, Vol. 75, 1997, p. 1021.

③ 对风险函数的定义如下:
$\lambda(i, j) = \begin{cases} 0, & i = j \\ \lambda(i, j) \neq 0, & i \neq j \end{cases}$。

案,反之亦然①。因此,最小风险的决策规则可以总结为:如果 $R(\alpha_k | E) = \min\limits_{i=1,2} R(\alpha_i | E)$,则 $\alpha = \alpha_k$。模型的具体运作步骤如下图4所示:

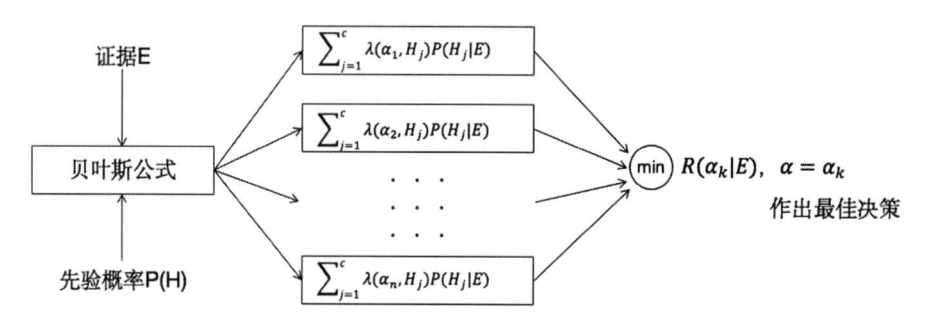

图4 贝叶斯决策的运作步骤

根据上述贝叶斯决策规则,判定 H_1 待定事实并作出 α_1 正确裁判只有在 $R(\alpha_1 | E) < R(\alpha_2 | E)$ 情形下,即 $\lambda_{12}(1 - P(H_1 | E)) < \lambda_{21} P(H_1 | E)$ 才能成立。贝叶斯后验概率则是沟通了损失与决策行为之间的桥梁,使决策的定量分析得以进行,风险期待值的比较过程实质上是考量风险效用进而影响证据向最终证明事实的"跳跃"阈限。例如民事案件中,原告与被告属于平等主体,那么误判给双方带来的损失原则上是相等的,即 $\lambda_{12} = \lambda_{21}$,$P(H_1 | E) > 0.5$,这里的 0.5 也是证据对待证事实的证明程度的最低阈值。而在刑事案件中,刑罚可能剥夺他人自由甚至生命健康,出于对人道主义的追求,错判相较于纵案所带来的损失更为巨大;因此,迈向事实认定的"无形界限"也相较于民事案件也更为严苛。在贝叶斯决策中,刑事案件的损失显然是 $\lambda_{12} > \lambda_{21}$,意味着本应无辜的人错判远比错放应受惩罚的人带来的损失要大得多,例如将损失参数定义为 $\lambda_{12} = 10\lambda_{21}$ 时,$P(H_1 | E) > 0.91$。可见,从证据向待证事实的惊险跳跃本质上是风险决策与裁判者信念之间的衡量,证明标准与其说是设定,不如将其定义为证明程度上的高低。不同类型案件的证明标准不同也就是证明程度的要求不同。对于裁判者而言,这种证明标准的差异实际上已经包含在他的判断信念层级体系当中了,在对证据是否达到证明待证事实要求作出判断时,转化为贝叶斯"度量机器"上对信念程度作出线性判断即可。如图5所示:

---

① 计算过程为:
$R(\alpha_1 | E) = \lambda(\alpha_1, H_1) P(H_1 | E) + \lambda(\alpha_1, H_2) P(H_2 | E) = \lambda(\alpha_1, H_2)(1 - P(H_1 | E))$
$R(\alpha_2 | E) = \lambda(\alpha_2, H_2) P(H_2 | E) + \lambda(\alpha_2, H_1) P(H_1 | E)$。

λ_{12}	λ_{21}	风险比值	阈值
1	1	1	0.5
1	0.5	2	0.66
1	0.1	10	0.91
1	0.01	100	0.99
1	0.001	1000	0.999

图 5 证明标准的最小阈值①

贝叶斯决策理论是贝叶斯定理衍生的副产品，它借贝叶斯定理将待证事实的证明力度明确传达给决策者，并从后验概率转化为决策理论中的风险权重，从证据评价空间转向决策空间，实现各种决策方案发生可能性以及风险期待值的概括，为司法理性人规避风险寻求合理、科学的行为提供了崭新的视角和理性指引。

五、结论

在司法审判中，裁判者常常因大量难以把握的信息笼罩在一片朦胧之中，只能通过外显的迹象与特征作出退而求其次的判断，而这正是贝叶斯定理所努力解决的盖然性推理难题。一方面，它打破了法官的裁量黑箱，以坚实的证据材料支撑判断的过程，降低裁判者的感官认知在证据推理中的作用比例。另一方面，它有助于克服不正当的司法偏见②，主动对先验观念进行更新调整，免于陷入"锚定"思维的窠臼。

但是，贝叶斯定理也面临着对合取悖论③、硬数据驱动④以及基础数据正当

---

① 风险效用（第一二栏）不同决定了不同的风险比值（第三栏），See Alex Biedermann, David Caruso, Kyriakos N. Kotsoglou , Decision Theory, Relative Plausibility and the Criminal Standard of Proof, *Criminal Law and Philosophy*, vol. 15, 2020, pp. 1 - 27。

② 波斯纳将司法偏见分为两种：正当的司法偏见和不正当的司法偏见。正当的司法偏见是裁判者在推理过程中所不可避免的，但如果一些人信念的根深蒂固，即拒绝新的证据信息刷新原先的证前信念，那么这就会造成极大的司法不公，公正的司法偏见将演变成了不公正的司法偏见。参见［美］理查德·A. 波斯纳：《证据法的经济分析》，徐昕、徐昀译，中国法制出版社 2001 年版，第 24 页。

③ 合取悖论是指多个单独事件根据概率乘积定理得出违反直观判断的结论。概率的乘积定理是指多个相互独立事件同时出现的概率是每个事件单独出现概率的乘积。当多个证据相互独立且同时支持一个结论时，根据乘法定理得到的结果将比任何一个单项证据的概率都要低，这显然是违反直观判断的。例如，在某一案件中，证人证言的可信度为 70%，物证的可信度也是 70%，那么两者共同的证明概率就只有 49%，低于 50% 的证明标准。See Ronald J. Allen, A Reconceptualization of Civil Trials, *Boston Univ Law Rev*, Vol. 66 , 1986, pp. 401 - 438。

④ 硬数据驱动问题是指学者们认为只有贝叶斯模型的基础数据达到较高标准，也就是可靠的、完备的数据库才能作为模型分析的起点，目前只有 DNA 数据库能够大致满足要求。参见杜文静：《证据证明力评价的似然率模型》，载《华东政法大学学报》2017 年第 1 期，第 155 页。

化①等问题的诘难。关于因乘积定理带来的合取悖论问题，实际上是误将多个证据同时发生的概率等同于多个证据共同支持待证事实的可能性②。对完满硬数据驱动的需求更是乌托邦式畅想，事实上，贝叶斯定理能够在嘈杂的、有干扰的、信息不充分的现实环境下实现显著有效的决策，与理想化计算相比，它更加稳健、更有生存价值。再者，贝叶斯定理运用了群体数据对具体证据进行评估，这类统计特性的数据在证据分析中是不可替代的，它以或然性的方式呈现了事物的内在规律和共性，为法官提供了更多的参考信息。③

因此，贝叶斯定理是一种理性、科学的定量数学工具，该定理在证据推理中的应用则促进数学外部路径与证据推理内部运作过程相互渗透融合，为证据法学提供了一条科学定量分析的新思路。

（编辑：杜文静）

---

① 贝叶斯定理应用于案件将会面临"裸统计"问题，所谓的裸统计问题是指任何一类人或一类事物的信息，并不是个别化地证明涉及的任何人或事物的相关事情。当一项证据在具体案件中发挥作用时，对证据的分析评价是将其归入某一类案件的方式，这类案件便属于赤裸裸的统计性质。学者们对"裸统计"所遵循的"无差别化"原则提出了质疑，他们认为庭审中案件大多是具体而个别的，因此附属在一般事件类型上的概率评估是否对最终判决起着作用存在巨大争议。参见熊晓彪：《"发生优势"：一种新证明力观——狭义证明力的概率认知与评价进路》，载《交大法学》2020年第2期，第162–164页。
② 张南宁：《科学证据基础问题研究》，中国政法大学出版社2013年版，第162页。
③ 参见刘本超：《司法审判中的数据分析》，载《地方立法研究》2020年第5期，第82页。

作为法源的区域经济政策

丁 瑶[*]

摘 要 区域经济政策不仅是国家进行宏观调控的重要手段,亦是指引司法审判的重要法源。针对政策主导、制定法相对滞后的区域经济治理制度现状,明确区域经济政策的法源属性与司法适用,对丰富和完善我国区域经济治理规则体系具有重要价值。当前对区域经济政策法源属性及其介入司法的方式、司法适用方法等未给予充分关注,甚至诱发同一案件中不同审级的法院对区域经济政策截然相反的态度。区域经济政策无论在现行法律规定中抑或实然层面均具有当然的法源地位,并通过司法政策或解释的转介、借助特定解释方法、作为裁判理由等通道广泛渗透于司法之中。同时,区域经济政策的司法适用需遵循特定的规则要件、方法与标准,以防"大量规则进入法源,致使法的意义处在流动之中"。

关键词 区域经济政策 法源 司法适用

受历史因素影响,我国传统法学研究范式往往将"政策之治"等同于"人治",进而易走向法律与政策严格对立、水火不容的思维惯性。然而,制定法内容上的具体性、特定性和结构上的相对封闭性,决定了其在具体现实生活中的不兼容性以及在司法适用过程中的刻板化和格式化。[①] 随着国家治理能力的稳步提升,国家政策在经济发展、社会治理进程中发挥着越来越重要的作用,区域经济政策已成为主导区域经济改革发展的有效手段,否定甚至排斥政策的治理价值之观念已与我国治理实践与发展经验不相适应。在当今全面依法治国基本方略下,区域经济法制的构建与完善尚需时日,如何正视区域经济政策在区域经济发展进程中的规范作用,并更好地发挥其在现代国家治理体系中的积极功能,需要

---

[*] 丁瑶,女,山东日照人,华东政法大学经济法学院博士生,研究方向为经济法理论基础、区域经济法制。本文系司法部2019年度重点课题"区际补偿法律机制研究"(项目编号:19SFB1008)的阶段性研究成果。
① 参见姚辉:《论民事法律渊源的扩张》,载《北方法学》2008年第1期,第44页。

深入研究和认真对待。

而实践中，法官对区域经济政策的司法适用立场与态度仍存在较大差异性。以区域性房产调控政策的司法适用为例，2010年4月17日国务院发布《关于坚决遏制部分城市房价过快上涨的通知》（国发〔2010〕10号），以应对部分城市房价与地价上涨、投机购房活跃加剧金融风险等问题，由此，北京市人民政府为贯彻落实该限购政策出台"京政办发〔2011〕8号"政策文件具体规定北京地区的限购措施。而在"辽宁中集哈深冷气体液化设备有限公司与徐沛欣案外人执行异议之诉"（以下简称"借名买房案"）中，辽宁省高级人民法院与最高人民法院对上述地方房产调控政策表达了截然相反的司法态度和认定结果：对于涉案《房产代持协议》的法律效力，辽宁高院认为，"限购政策为房地产市场的行政调控管理手段，非法律和行政法规的强制性规定"，借名买房已使一方失去购房资格，"不会导致本地区限购政策的落空，并不损害公共利益"，进而认定该《房产代持协议》合法有效。而最高院经再审认为，双方当事人为规避国家限购政策签订的《房产代持协议》违背公序良俗，应认定其无效。①两级法院对政府限购政策的不同态度，折射出当前区域经济政策在司法中的模糊地位和欠缺规范性的适用方法。由此，引发本文关于区域经济政策的法律地位与法源属性，区域经济政策如何介入并影响司法，以及区域经济政策司法适用方法等一系列思考。

一、何为区域经济政策及其法律性质

区域经济政策（regional economic policy）又称区域政策，其以经济增长和优化社会分配为目标，是改善经济活动地理分布、干预自由市场形成的某些空间结果的公共干预；②也是政府制定的关于一定空间区域内资源如何有效配置，以促进区域经济持续协调发展乃至社会和谐稳定的公共性规则。③区域经济政策相对于区域经济制定法，在制定主体、制定程序、法律效力等方面皆有本质性区别，呈灵活性、应时性、概括性等特点。其在形式上主要表现为政府为实现特定区域治理目标、依宪法法律所出台的指导意见、实施方案、通知、细则、公告、指南等规范性文件；在政策工具类型上包括区域财政政策、区域投资政策、区域税收政策、区域金融政策、区域产业政策、区域布局政策、区域管控与许可措施等。

我国区域经济政策的发展演进总体经历了从20世纪改革开放前30年的均衡发展，到改革开放至90年代末东部沿海率先崛起的东西部区域非均衡发展，再到21世纪以来的区

---

① 参见辽宁省高级人民法院（2018）辽民终211号民事判决书、最高人民法院（2020）最高法民再328号民事判决书。
② See N. Vanhove and H. L. Klaassen, *Regional Policy: A European Approach*, London: Saxon House, 1980, p. 43.
③ 参见马先标、杨雪锋：《区域经济政策概念含义及义理性探讨》，载《现代经济探讨》2015年第12期，第25–28页。

域协调发展三大阶段。① 在当前区域协调发展的战略背景下，我国区域经济政策主要包括：（1）区域协调政策，如京津冀协同发展、长三角一体化、区际利益补偿、对口支援等区域横向合作政策；（2）特殊经济区政策，如在全国范围内进行政策试点的各类示范区、试验区、开发区以及自贸区等；（3）国土空间规划政策，即以主体功能区规划等物理空间划分的相关政策，以及对不同区域空间实行差异化生态保护、产业布局等的空间管制政策和财政政策；（4）特定区域开发、保护或限制政策，如西部大开发、中部地区崛起、东北老工业基地振兴等局部区域重点扶持政策，流域生态保护政策以及区域性产业调控政策等。

就区域经济政策的法律性质而言，其本质上是一种政府干预下的区域利益分配规则。由于市场机制内生性缺陷引发"市场失灵"、资源要素禀赋分布不均等原因，基于国家整体发展战略需要，干预主义理论成为区域经济政策合理性的重要理论支撑。一方面，区域经济政策有利于实现区域间发挥自身优势的分工合作。基于自然、历史等因素形成的区域间资源禀赋差异和区位特点，使不同区域具有差异化的功能特点，如沿海地区借助港口优势形成重要的航海要道，平原地区土地广袤适宜粮食种耕，资源矿产丰富的地区成为能源重要供给区域，因而，各区域依托其自身发展优势形成区域分工贸易。但因贸易保护、价格机制、产权界定等因素，区域分工贸易并不能天然的保障区域经济均衡发展，甚至易引发各地为追求高回报率产业而进行利益争夺，造成产业同构、资源环境破坏、耕地面积锐减、流域污染等问题。另一方面，市场机制并不能确保市场主体区域活动的最佳决策。市场机制下的要素自由流通促使劳动力、资金等资源向收益率更高的区域富集，易诱发落后区域、萧条区域、膨胀区域等问题区域的产生，导致区域经济发展不均衡；② 而资源环境、产业结构、恶性竞争等区域外部性因素，如劳动力的区域间流动使本应由劳动力承接区域承担的发展成本转移至劳动力供给区域，生态保护区域牺牲发展利益产生的生态效益外溢至其他区域，加剧区际利益冲突。由此，与区域经济发展的自由主义理论不同，20世纪50年代，Myrdal将政府干预主义引入区域研究领域，③ 其主张国家应基于整体发展战略需要，采取积极的区域经济干预政策，如通过"空间准入规制""空间鼓励引导"等措施，遏制膨胀区域产能过剩、刺激落后区域经济复苏，或对不同实体空间进行功能划分，促进区域间分工合作、优势互补，由此形成一系列区域利益分配机制。

具有区域利益分配功能属性的区域经济政策，其供给主体包括中央层面与地方层面，并有自上而下的各层级之间、平等区域主体之间等多种发生维度。首先，区域经济政策并不限于中央政府作为唯一供给主体，我国各地方政府亦可成为区域政策的当然主体。有观

---

① 参见付晓东、王静田、崔晓雨：《新中国成立以来的区域经济政策实践与理论研究》，载《区域经济评论》2019年第4期，第9—16页。
② 参见张可云：《区域经济政策》，商务印书馆2005年版，第12—16页。
③ See G. Myrdal, *Economic Development and Underdeveloped Regions*, London: Duckworth, 1957.

点认为，区域政策在很大程度上属于宏观调控的范畴，只能依赖于中央政府自上而下的政策供给，地方层面不具备制定区域经济政策的主体资格与宏观调控权。然而，我国各省域面积广阔，某些省在地域面积上甚至相当于一个国家的体量，而省域内如苏南与苏北、鲁东与鲁西南亦存在较大的发展差距，单靠中央的区域政策并不足以完全应对所有区域问题；加之中央层面的区域政策相对泛化和抽象，缺乏具体指引，其需经各省市针对本辖区特点层层落实以发挥实效。其次，区域经济政策也并非仅包含自上而下的"命令－服从"式政令，亦有平等协商的利益分配机制。由于计划经济的延续以及分权制改革等历史原因，我国地方政府掌握大量资源配置权力。随着区域协同、区域一体化战略的推行，各区域间打破行政壁垒、积极寻求合作，以区域间平等对话、协商为模式的区域协议等利益分配机制成为当下区域政策和区域经济活动的重要组成部分。

二、区域经济政策的法源地位

法源即法律渊源（source of law），目前，学界对法源的基本内涵尚未形成一致共识。法源的教义学观点以法文本为核心，如"法的形式渊源说"认为法源是法的外在表现形式，广义上是指"具有法的效力作用和意义的法的外在表现形式，包括制定法、判例法、法理、习惯和政策等",[①] 狭义而言，则是由一国宪法和《立法法》所规定的"有效力的法律表现形式"[②]。基于此，有民法法源学说即将《民法通则》第6条与《民法典》第10条的法源条款对比，从而将国家政策排除在法源范畴之外。相对而言，法理论与法哲学的法源学说则更侧重对法的概念与性质、逻辑体系、法律方法等追问，并从功能主义出发，将法作为裁判的依据。法源是法律适用过程中裁判依据的来源、法律思维指引等，而不是裁判依据本身。法源理论的价值体现在指引法官寻求裁判依据之处所，并作为法官裁判的行动指引。[③] 亦如在判例法国家，法源更多是基于司法立场的，是法官对各种社会规范在特定条件和范围下的法律发现。[④] 本文对法源的理解即以后者为准。

法源是裁判案件的依据，是法官附条件地把其他社会规范视为法、寻找和发现纠纷解决依据的场域以及论证的理据，是具有一定开放性、扩张性的规则体系。[⑤] 政策是法的重要渊源，区域经济政策作为政策的重要组成部分，尤其在当前区域经济制定法阙如的制度体系下，其已成为区域经济法治的主要渊源。立足区域经济政策主导、制定法相对滞后的制度现状，明确区域经济政策法源属性，对丰富和完善我国区域经济治理规则体系具有重

---

① 张文显：《法理学》，法律出版社2007年版，第127页。
② 刘作翔：《法理学》，社会科学文献出版社2005年版，第87－90页。
③ 参见［美］约翰·奇普曼·格雷：《法律的性质与渊源》（第2版），马驰译，中国政法大学出版社2012年版，第125页。
④ 参见陈金钊：《法律渊源：司法视角的定位》，载《甘肃政法学院学报》2005年第6期，第1－3页。
⑤ 参见陈金钊：《法源的拟制性及其功能——以法之名的统合及整饬》，载《清华法学》2021年第1期，第46－64页。

要价值。

(一) 区域经济政策法源地位之实然依据

区域经济政策主导、制定法相对滞后的现状，是区域经济政策作为区域经济法源的实然需求与制度基础。经济法源于国家对一国经济的自觉调控、主动干预和积极参与，不同于民法等部门法侧重权利的抽象、设定与保障，其更注重及时应对经济发展中的各种未知状况，因而，经济法相对其他部门法而言更具显著的政策性。[1] 相应地，区域经济的法律调整往往以政策先行，并以人民代表大会及其常委会授权或规范性文件的方式赋予政策以法律效力。[2] 我国区域经济政策体量丰富，其规范效力主要依托中央政府的宏观引导与地方政府的层层落实，自上而下地在政府内部表现出较强的领导力与执行力。然而，我国区域经济立法相对滞后，区域经济法律体系尚不健全。当前区域经济法制供给多集中于省域空间内部，如《中国（江苏）自由贸易试验区条例》《广东省珠江三角洲城镇群协调发展规划实施条例》等，为本辖区内特定区域或区域间协调提供具体指引；或由各部委针对特定区域发布各类部门规章，如《长江三峡水利枢纽水上交通管制区域通航安全管理办法》《区域性股权市场监督管理试行办法》。而全国人大、行政法规多限于全域性的海洋或流域生态保护、区域产业发展等进行立法规制，省域间法制冲突协调尚欠缺成熟法制路径，"与区域经济协调发展战略和区域经济一体化的法制需求存在不同程度的断裂面"。[3] 区域经济制定法无论在体量抑或顺应发展需求的及时性方面都未及区域经济政策，尚不能满足区域经济法治的现实需求。

同时，区域经济政策对区域经济法制建设具有重要引领作用，甚至某些重大区域经济政策已成为"法律之上的指导性政策"，具有重要的规范行为、价值定位和导引发展等功能。[4] 例如，改革开放后我国确立"东部沿海地区率先发展、先富带动后富的"东西部区域非均衡发展政策，东部地区纷纷建立各类开发区，在此基础上的《上海市经济技术开发区条例》等各类开发区立法即是这一区域经济政策下的立法产物；随着21世纪以来区域协调发展战略的确立，中共中央、国务院《关于建立更加有效的区域协调发展新机制的意见》提出"建立健全区域协调发展法律法规体系"，开启了区域经济法治新高度，在此基础上京津冀、长三角等区域间立法协同逐步走向制度化，2020年12月颁布的《长江保护法》为长江流域生态保护、流域资源合理利用提供基础性立法保障。

---

[1] 参见史际春、邓峰：《经济法总论》，法律出版社2008年版，第62页。
[2] 参见史际春、胡丽文：《政策作为法的渊源及其法治价值》，载《兰州大学学报（社会科学版）》2018年第4期，第157页。
[3] 陈婉玲：《中国区域经济法制发展的现状与未来》，载《北方法学》2020年第6期，第8页。
[4] 参见彭中礼：《政策概念的法规范分析——基于1979—2016年现行有效法律文本的解读》，载《安徽大学学报（哲学社会科学版）》2016年第3期，第63页。

（二）"法律之中"的区域经济政策

在我国法律规范体系中，"政策"同样是一个重要的法律概念，"国家政策的法律地位不能忽视"。① 在法信平台以"政策"为关键词进行全文检索，自建国至今共有285部法律（含宪法）、498部行政法规、3761部部门规章、8378部地方性法规、7943部地方政府规章中直接使用"政策"这一概念。其中，经济政策占有较大比例，以最能体现区域经济政策特点的"产业政策"为例，直接援引"产业政策"概念的法律68部、行政法规80部、部门规章425部、地方性法规1014部、地方政府规章673部。

在上述285部法律中，多部法律直接规定区域经济政策的法源地位。以《城市房地产管理法》（2019修正）为例，其中第五十五条规定"住宅用房的租赁，应当执行国家和房屋所在城市人民政府规定的租赁政策"，将国家和房屋所在地政府发布的政策作为城市地区房屋租赁活动的直接行为指引。《土地管理法》（2019修正）第二十三条第二款规定，各级土地利用年度计划"根据国民经济和社会发展计划、国家产业政策、土地利用总体规划以及建设用地和土地利用的实际状况编制"，确立了国家产业政策作为国土空间布局的重要遵循。而区域性产业政策对国土空间规划具有重要指引，中共中央、国务院于2018年11月18日发布的《关于建立更加有效的区域协调发展新机制的意见》，要求"健全国土空间用途管制制度，引导资源枯竭地区、产业衰退地区、生态严重退化地区积极探索特色转型发展之路"，并"以承接产业转移示范区、跨省合作园区等为平台，支持发达地区与欠发达地区共建产业合作基地和资源深加工基地"，进一步明确区域性产业政策与国土空间规划、土地用途管制的互动关系。再如，在2021年3月1日生效的《长江保护法》中，提及"政策"的条文多达六处，对长江流域保护政策的制定、审议与落实等作出具体规定，并为流域生态环境修复、港口基础设施建设、清洁能源绿色发展等政策扶持提供法律依据。可见，政策广泛地存在于各项制定法之中，成为公民、法人的行动依据，是国家机关从事各类行政活动的规范指引。同时，在法律的适用和实施过程中，需要以适当的政策为法把握方向、确立行动章法，厘清庞杂、疏漏、相互冲突的法条，促进法的公正适用。②

三、区域经济政策进入司法的方法通道

"法的渊源是支持法律决定或判断的一种理由"，③ 司法者作出法律判断或决定是一个综合而复杂的过程，其间包含法律发现、法律推理、法律论辩、法律解释等多种法律方法

---

① 刘作翔：《国家政策的法律地位不能忽视》，载《北京日报》2016年9月12日，第13版。
② 参见史际春、赵忠龙：《竞争政策、经验与文本的交织进化》，载《法学研究》2010年第5期，第106页。
③ 舒国滢等：《法学方法论》，中国政法大学出版社2018年版，第285页。

的运用。而区域经济政策作为法源融入司法审判即贯穿这一全过程,其介入司法的形式具有多元性,如内化于最高院的司法政策、司法解释等普遍性指引,或借助一般法律原则、引致条款等法律方法,或作为裁判理由直接适用。

(一) 通过司法解释等转介适用

重大区域经济政策往往对司法政策和司法解释具有引领作用,其通过司法解释或司法政策的转介,广泛渗透于司法方法、司法程序、法律适用等过程中,并传导至具体案件的裁判考量。由于法律的立改废等需要较为复杂的程序、审慎的态度和较长的时间周期,如何迅速回应国家区域战略发展的司法需求,司法解释或政策已成为承接政策灵活性与立法稳定性的重要媒介,在现有制度框架内遵照区域经济政策对区域发展诉求作出积极回应。政策借助最高法院司法解释、司法政策等转介机制进入裁判,是最高法院作为政策性法院所应承担的重要职能。[1] 正如最高人民法院可发挥其公共政策创制功能,通过"隐性"及"显性"两种渠道引国家政策入民事裁判,[2] 区域经济政策同样可借由最高院的司法政策或解释进入司法。其主要路径包括,一是区域经济政策作为解释法律的重要参考,二是区域经济政策的发布与推行将直接影响司法解释的立改废,三是当区域经济政策的旨意与现行法律规定相冲突时,司法解释作为调和二者关系的媒介,弥合制定法硬性、时滞性与区域经济政策灵活性之间的疏离。

此外,区域经济政策还通过司法政策与司法解释在司法适用过程中自上而下层层传导,在宏观上配置司法审判资源的同时,广泛融入司法审判的价值选择,内在地影响法律适用者的司法行为,间接、隐性地指导审判实践。以区域经济协调政策为例,传统经济活动的相对封闭性使司法系统倾向于以其各自的管辖范围从事司法活动,而区域经济协调政策直接影响区域经济活动和发展方式,经济活动与纠纷的区域性愈加呼唤司法区际协作。如生态文明建设、流域生态保护的环境政策促使全国环境资源审判职能的整合与加强,最高人民法院通过发布《关于全面加强环境资源审判工作为推进生态文明建设提供有力司法保障的意见》(法发〔2014〕11号)进行整体性部署,继而各省法院如江西高院、甘肃高院、辽宁高院等纷纷出台环境资源审判指导意见、发布环境资源审判典型指导案例,加强流域生态环境司法指引。再如,在中共中央、国务院关于《长江三角洲区域一体化发展规划纲要》指引下,长三角区域一体化上升为国家战略,最高人民法院发布《关于为长江三角洲区域一体化发展提供司法服务和保障的意见》(法发〔2020〕22号)迅速做出回应,对长三角一体化进程中审判资源配置、跨域司法执行联动协作、诉讼服务协作以及区域内司法裁判尺度统一、法律适用统一等作出具体要求和指引;沪苏浙皖高级人民法院随即签

---

[1] 参见宋亚辉:《经济政策对法院裁判思路的影响研究——以涉外贴牌生产案件为素材》,载《法制与社会发展》2013年第5期,第93页。
[2] 张红:《论国家政策作为民法法源》,载《中国社会科学》2015年第12期,第133页。

订《全面加强长江三角洲地区人民法院司法协助交流工作协议》,形成重大案事件防范处置、司法执行联动、跨区域司法服务、跨区域司法大数据应用、法律适用统一等合作机制的整体性格局;进而长三角生态绿色示范区内的上海青浦法院、浙江嘉善法院、江苏吴江法院签订《服务保障长三角生态绿色一体化建设司法协作协议》,对跨域立案、委托送达等诉讼服务联动,联合防范区域性经济犯罪以及跨域执行协调等进行具体实施。

(二)借助法律解释方法

在法律适用中,法官需要通过澄清法条含义、法律标准,填补法律空白和漏洞,与时俱进地适用法律,塑造、形成、引导新的行为准则和社会秩序。在此过程中,法院必然也必须吸收包括政治和政策在内的各种司法资源,而不能完全、单纯地在法律之内封闭地进行逻辑演绎。① 实践中,法官为平衡个体利益、集体利益与社会利益,往往将区域经济政策的价值目标借助特定的法律解释方法,如通过对诚实信用、公序良俗、维护社会公共利益等一般法律原则进行目的性解释,或借助不可抗力、情势变更、社会公共利益等引致条款进行个案认定,从而赋予区域经济政策更强的法律效力。

其一,借助一般法律原则将区域经济政策的价值导向引入司法是司法实践中较为普遍的适用方法。区域经济政策的相对宏观性、公共利益属性,以及政策文本的原则性与概括性,使其本身在很大程度上呈现为原则性条款,与法律原则具有较强的契合性和相融性。因而,对区域经济政策借由法律原则进行目的性解释在司法操作层面具有较大的便利空间。在追求个案正义或公共利益的情况下,往往需突破特定规则的适用,借助法律原则进行目的性解释,以实现司法社会效果与法律效果相统一。例如,前述"借名买房案"中,最高院认为,若仅依据《合同法》关于契约规则的传统审判理路,经由司法认定"借名买房"行为的合法性,则"无异于纵容不合理住房需求和投机性购房快速增长,鼓励不诚信的当事人通过规避国家政策红线获取不当利益,不但与司法维护社会诚信和公平正义的职责不符,而且势必导致国家房地产宏观调控政策落空,阻碍国家宏观经济政策落实,影响经济社会协调发展,损害社会公共利益和社会秩序。"② 由此,最高院即借由维护公共利益原则、诚实信用原则、公序良俗原则等,否定了案涉《房产代持协议》的法律效力,实现对地方政府出台的限购政策的司法适用。诚然,法律规则具有明确的行为指引等结构要素,尊重法律规范的司法适用、避免向一般法律原则的"逃逸"仍应当是法律适用的基础逻辑。

其二,情势变更、不可抗力、社会公共利益等引致条款亦是区域经济政策进入司法的重要途径。区域经济政策往往蕴含公共利益、整体性利益等价值考量。例如,区域经济一

---

① 参见孔祥俊:《司法哲学》,中国法制出版社2017年版,第262-263页。
② 最高人民法院(2020)最高法民再328号民事判决书。

体化政策即是区域整体利益引导下经济福利的效率价值和整体价值观的综合价值表达,其以打破局部利益至上的地方保护主义为核心,在增进竞争、形成规模经济效应等市场力作用下追求区域整体利益最大化。① 而在区域经济一体化政策主导下的产业结构调整过程中,落后产能淘汰、区域间产业转移等过程中同样不可避免引发市场主体之间合同意思自治、市场主体自主经营权等与公共利益的抉择。② 协调不同法益间的冲突,需要全局性站位,若片面恪守合同意思自治、局限于个体利益的推崇,将影响国家或区域整体利益、社会公共利益时,则个体利益需作出一定让步。实质正义是法的根本和永恒追求,政策对法律的主导、补充、协调与保障实施,是对法条主义或形式正义的纠偏,亦是对实质正义更高更大更远正义的追求。③ 因此,实践中多根据案件审判的具体需要,将区域经济政策借由法律原则、引致条款等特定法律适用方法与技巧融入裁判,实现判决的社会效果。

(三) 作为裁判理由

区域经济政策是法律适用过程中裁判依据的重要来源,是裁判所依循的权威理由。区域经济政策多具有宏观指导性,较少涉及具体法律关系的调整,其多通过影响司法政策制定、间接引导司法行为等隐性方式,或转化为具有管制性或指导性的微观经济政策或具体法律规定,影响经济活动和司法裁判。由于《民法典》已删除《民法通则》中关于政策作为民事活动依据之条款,故区域经济政策不能直接作为民事审判的裁判依据进行援引适用,但并不妨碍其作为裁判理由对裁判结果进行说理论证。

由裁判文书的行文结构观之,其正文主要包括事实、裁判理由、裁判主文。裁判主文的法律引用具有法定性,根据《最高人民法院关于裁判文书引用法律、法规等规范性法律文件的规定》(法释〔2009〕14 号)(以下简称《裁判文书引用规定》)第三条、第四条、第五条之规定,唯有法律、法律解释、行政法规、自治条例、单行条例、司法解释等方可在裁判主文中直接引用;而裁判理由中的说理论证则相对宽松,各类规章、规范性文件、政策文件等皆可引用。其中,裁判理由是裁判主文得以成立的说理支撑与立证,二者之间具有"论证阐释－结论推演"的逻辑关系。因而,在同一案件中的法律适用,裁判主文中所引用的法律规定与裁判理由中援引的政策等规范性文件具有内容旨意上的契合性与联系性,由此形成了区域经济政策进入司法的通道。

区域经济政策无论在实然层面抑或规范层面,都成为裁判说理的重要依据。在实然层面,笔者从法信平台以"经济政策"为关键词对已生效裁判文书进行检索,共计 2651 例案件涉及"经济政策",其在"本院认为"中述及"经济政策"的裁判说理案件多达 959 例。

---

① 参见陈婉玲、丁瑶:《区域经济一体化的价值蕴含与法治考量》,载《兰州学刊》2021 年第 4 期。
② 参见潘军锋:《论经济政策的司法融入——以政策在民事审判中的介入机制为研究路径》,载《法制与社会发展》2012 年第 1 期,第 90 – 93 页。
③ 参见孔祥俊:《法官如何裁判》,中国法制出版社 2017 年版,第 10 页。

在规范层面，区域经济政策作为裁判理由亦具有充分的制度性依据。一方面，具有全局性的"法律之上的"指导性区域经济政策是立法的重要指引，其内涵旨通过法律规范的形式得以表达。在这一意义上，内化于制定法的区域经济政策可以直接作为裁判依据进入司法。另一方面，区域经济政策的显性表达方式主要体现为政府为实现特定区域治理目标所指定的各类指导意见、实施方案、通知、细则、公告、指南等规范性文件。实践中，大量区域经济政策往往以行政规章、其他规范性文件等为主要表现形式，其作为裁判说理依据介入司法审判，具有相应的依据。其一，法律和相关司法解释明确将政策作为审判、仲裁的法源依据。最高人民法院关于适用《中华人民共和国行政诉讼法》的解释第100条第2款规定，"人民法院审理行政案件，可以在裁判文书中引用合法有效的规章及其他规范性文件"；《裁判文书引用规定》第六条规定，对法律、法律解释、行政法规或司法解释外的规范性文件，"根据审理案件的需要，经审查认定为合法有效的，可以作为裁判说理的依据"，由此，将规范性文件明确规定为裁判文书说理依据。其二，因我国目前尚未有专门的区域经济审判，相关纠纷更多在行政审判中予以解决。根据《行政诉讼法》第63条"人民法院审理行政案件，参照规章"，而部门规章和地方政府规章在很大程度上与政策制定主体具有一致性，因而区域经济政策内容往往内化于规章之中，进而影响审判。

四、区域经济政策的司法适用

区域经济政策体系庞杂，具有层次性和体系性，并非所有区域经济政策都能进入司法或作为裁判说理依据。尤其因政策制定主体管辖区域范围大小各异，政策实施期限有短期性或中长期之别，实施效果亦有较大差异性，政策体系分化出差异化的政策特质与类型。国家层面的重大区域经济政策多以影响立法或司法政策、司法解释的形式进入司法。然而，实践中仍充斥着大量以职能部门、地方政府发布的规范性文件形式的区域经济政策，该类政策法源如何在司法中适用，仍需要进行规则与方法的构建。应从纷繁复杂的区域经济政策体系中科学厘定其作为裁判指引的标准，明确政策司法适用之规则要件，以防"大量规则进入法源，致使法的意义处在流动之中"。①

（一）区域经济政策的适用方法

法律方法是"在某一特定的制度内用来发现与解决具体问题或在具体问题上确定与案件相关的法律原则、规则的意义而使用的方法"。② 因区域经济政策相对宏观，具有模糊性、变动性、制定程序相对简捷甚至一定程度的随意性等特点，而在某些情况下政策与制定法亦会存在适用上的冲突。如何在司法过程中进行恰当的法源选择与适用，需要一定的

---

① 陈金钊：《法源的拟制性及其功能——以法之名的统合及整饬》，载《清华法学》2021年第1期，第54页。
② 陈金钊：《司法过程中的法律发现》，载《中国法学》2002年第1期，第49页。

法律技术与方法，以确保司法结果的合法性与合理性。尤其在政策与法律间存在适用冲突时，应从政策与法律的制定背景及语义分析寻找二者的契合部分，确保司法者对法源的选择和审理结果更符合公平、公正的价值观。① 法律论证方法和利益衡量方法是用以进行法源选择与适用的典型法律方法，对区域经济政策的司法适用亦不例外。

首先，"论证是在思维领域进行的证明，它不仅是一个思维过程，而且也是一个表达的过程，它总是通过口头或书面语言的论述而表达出来。"② 随着司法理念的进步，司法的职能已不仅限于确保裁判结果的公平公正，更应注重对据以作出该结果的事实依据、法律依据进行充分的说理与论证，以使当事人理解裁判并从中感受到最大限度的司法正义。司法裁判本质上是法律推理与论证的过程，裁判文书说理论证"是一个寻找、界定并最终确定裁判理由的思维过程与裁判论证的表达过程共同作用的结果"。③ 2018 年最高人民法院印发《关于加强和规范裁判文书释法说理的指导意见》（法发〔2018〕10 号），对裁判文书的释法说理规范化具有里程碑式意义。对于区域经济政策司法适用的论证不仅需围绕政策的合法性、合理性、正当性予以说明，更应阐明政策背后所体现的服务社会经济发展、整体公共利益等价值追求。应在内部证成和外部证成的基础上，恰当运用裁判依据、阐释裁判理由，提高司法过程与结论的可接受度，实现依法裁判与个案正义的统一。④ 正如前述"借名买房案"，最高院通过详尽地论证限购政策的社会公共利益属性、司法对借名买房规避限购政策的态度、审判的社会效果等，⑤ 充分表达了司法积极维护国家宏观调控政策的坚定立场。

其次，利益衡量是根据法律分析事实、解决纠纷的法律方法，是在合法性与合理性发生严重冲突时，慎重采取的一种通过论证法律的价值对成文法进行修改的方法。⑥ "利益衡量不拘泥于形式正义的藩篱，可以纠正乃至避免机械适用法律所导致的偏差，实现司法裁判的实质正义"。⑦ 该过程不仅限于在当事人之间进行利益衡平，更应透过个案，对其所代表的利益群体、个体利益与集体利益博弈进行权衡，通过对区域经济政策的解构，致力于案件法律效果与社会效果的统一，以最大限度地增进社会整体利益。反思"借名买房

---

① 参见钟淑健：《法官法源的选择——惠农政策与法律规定的冲突与契合》，载《法律方法》2009 年第 8 卷，第 395 页。
② 谢晖、陈金钊：《法律：诠释与应用》，上海译文出版社 2002 年版，第 75 页。
③ 吕玉赞：《如何寻找"裁判理由"：一种系统化的操作》，载《东方法学》2020 年第 3 期，第 102 页。
④ 参见雷磊：《从"看得见的正义"到"说得出的正义"——基于最高人民法院〈关于加强和规范裁判文书释法说理的指导意见〉的解读与反思》，载《法学》2019 年第 1 期。
⑤ 该案裁判说理内容如下："司法对于此种行为如不加限制而任其泛滥，则无异于纵容不合理住房需求和投机性购房快速增长，鼓励不诚信的当事人通过规避国家政策红线获取不当利益，不但与司法维护社会诚信和公平正义的职责不符，而且势必导致国家房地产宏观调控政策落空，阻碍国家宏观经济政策落实，影响经济社会协调发展，损害社会公共利益和社会秩序。"
⑥ 参见陈金钊主编：《法理学》，北京大学出版社 2002 年版，第 424 页。
⑦ 曹磊、陈希国：《疑难案件的裁判方法探究——以三联集团彩石山庄案为例》，载《法律方法》2018 年第 24 卷，第 249 页。

案"中两级法院对北京市政府出台的限购政策之不同司法态度,辽宁高院侧重对个体物权利益保护、当事人合同意思自治原则的考量,遂排除了区域经济政策的司法适用,但该审判结果无疑有架空限购政策之嫌,无异于变相鼓励房产投机者假借他人之名购房以规避政策实施,导致投机性资金过度向局部地区的地产行业聚集;而最高院态度鲜明地将区域经济政策借助特定法律解释方法导入司法,将案件中个体间的利益权衡投射至更高维度的集体利益层面,以司法的社会效果为出发点,抑制投机性炒房行为,为国家房地产宏观调控政策运行提供司法保障。

(二)区域经济政策的适用规则

区域经济政策司法适用的基础性步骤是寻找适格的政策作为裁判依据。正如胡玉鸿教授指出,法律识别是"在特定法律制度或法规体系下,发掘、找寻可作裁判依据的法律原则和法律规则的活动",[1]而对于区域经济政策的识别,是其作为裁判依据需遵循相应的基本要件。

首先,进入司法的区域经济政策应具有公开性。政策类型具有多样性,很多党政机关文件如会议记录、保密性机要等内部文件,仅在行政机关内部流转、发挥效力。其虽具备行为规范的基本属性,但公众无从知悉,或形式化程度不高,则不宜作为法源依据流入司法。[2]同时,须明确政策的特定发文对象与政策公开性的关系。因诸多政策系上级机关或职能部门依职权和管辖范围针对下级机关或监管对象的发文,其发文效力并不直接指向社会公众,仅对特定对象发生行为指引的规范效力。但这并不影响其作为司法裁判的依据,只要政策依法公开并为公众所能接触的,即能引起公众的特定预期,都可以作为事实认定或裁判说理的依据。

其次,作为法源的区域经济政策应具有合法性。正如《裁判文书引用规定》第6条要求,对可以直接引用的法律、法规、规章或解释之外的规范性文件,"根据审理案件的需要,经审查认定为合法有效的,可以作为裁判说理的依据"。所谓"合法有效",即区域经济政策的内容不与法律和上级政策相抵触,且其制定、发布等应遵循法定程序。如前述"借名买房案",最高院通过审查"京政办发〔2011〕8号文件"系为贯彻落实国务院"国发〔2010〕10号"文件并依据其授权所作,[3]"符合国家宏观政策精神和要求",以此审查、阐明该据以裁判的政策之合法性。实践中,行政机关发布的政策文件合法性审查可镶嵌于规范性文件的司法审查程序中。[4]但仍应注意,诸多政策以党政联合发文形式出

---

[1] 胡玉鸿:《法律原理与技术》,中国政法大学出版社2002年版,第339页。
[2] 参见周安平:《法律渊源的司法主义界定》,载《南大法学》2020年第4期,第43页。
[3] 该通知规定:"地方人民政府可根据实际情况,采取临时性措施,在一定时期内限定购房套数。"
[4] 2014年,《行政诉讼法》经修订增设行政规范性文件附带审查制度(第53条、第64条),弥补了传统行政诉讼只审查行政行为合法性的缺陷,延展了行政司法审查的边界。

现，成为行政机关规避司法审查的模糊地带。如"民和河林养殖专业合作社诉民和回族土族自治县人民政府畜牧行政管理纠纷案"中，一审法院即将原告诉请审查的"《关于印发民和县禁养区畜禽养殖污染问题整改实施方案的通知》（民办发〔2018〕77号）"认定为党委文件，将其排除在行政诉讼规范性文件审查的范围之外。① 对此，应进一步优化该类政策文件的备案审查机制。

其三，区域经济政策的司法适用应立足审判实践需求，以回应制定法的实施困境。《裁判文书引用规定》第6条所要求的"根据审理案件的需要"，即需结合法律规范体系的层级性、系统性、法律秩序统一性等特质，从中寻找与个案事实最接近的规范。② 一方面，裁判依据的识别应自上而下地、由法律到政策进行规范寻找与识别，遵循由宪法、法律向法规、规章，再到其他规范性文件的规范体系脉络；另一方面，在制定法规定阙如的情况下，对规范性文件的适用亦应确保所引用的政策与相关制定法的价值取向一致性，确保所识别的政策是对其上位规范之具体化，而非与上位政策规定相抵牾。③

最后，区域经济政策的司法适用还关涉政策发现等程序规则，即区域经济政策在司法过程中由谁发现、审查程序以及司法援引的形式等。其一，就区域经济政策的识别主体而言，应包括当事人自主识别与法官主动适用两种途径。当事人为证明自己的主张可向法庭提供其所依据的政策文件，而在当事人未能发现案件所需要的政策依据时，法官应当发挥"找法"的主动性；其二，对拟作为法源依据的区域经济政策进行审查包含内容的合法性审查、形式上是否符合案件需要、适用的法律效果与社会效果预判等多元维度；其三，对于区域经济政策的援引，即政策应以何种形式进入司法判决，其主要作为事实认定与法律适用的裁判说理依据予以援引。

以"新疆生产建设兵团第六师新湖农场与张春林土地承包合同纠纷再审申请案"④（以下简称"土地承包案"）为例，进一步具体描述区域经济政策的司法适用规则。新疆生产建设兵团第六师新湖农场（以下简称新湖农场）向法院提交新疆生产建设兵团相关文件《发展肉羊产业投资项目合作协议》及其附件《农六师五家渠市与日发新西域牧业有限公司发展肉羊产业投资合作项目领导小组人员名单》，主张该文件的出台系"新疆生产建设兵团对区域经济政策的调整"，由此"基于重大情势变更"拟与张春林解除《土地承包合同》、收回其承包的土地。法院对新湖农场所提交的该文件进行实质性审查，认为"新湖农场法定代表人王永信为该项目领导小组成员。新湖农场为肉羊产业投资合作项目提前收回发包给张春林的土地，系由于自身经营策略的调整，不属于客观情势的变更"，由此认定新湖农场未依法请求法院解除合同便单方收回土地的行为构成违约。由本案可

---

① 参见青海省海东市中级人民法院（2018）青02行初88号行政判决书。
② 参见苏永钦：《私法自治中的经济理性》，中国人民大学出版社2004年版，第5页，第112页。
③ 参见汪君：《行政规范性文件之民事司法适用》，载《法学家》2020年第1期。
④ 参见最高人民法院（2016）最高法民申41号民事裁定书。

见，涉案区域经济政策文件经由当事人向法院主动提供进入司法，法院结合案情对该文件内容进行穿透式审查，认定该文件的制定主体与涉案合同签订主体具有同一性，文件的内容直接导致文件制定主体前期所签订的合同无法继续履行，且并无充分证据证明该文件出台的公共利益属性等合法性，不符合政策进入司法适用的一般规则，其本质上系新湖农场借政策文件形式所进行的自身经营调整，不能构成情势变更的政策依据。由此，法院依据政策适用规则否定了新湖农场假借政策调整之名、行违约之实的行为，依法作出新湖农场单方收回土地的行为构成违约的事实认定。

(编辑：吕玉赞)

伦理与法律：作为方法的"家国同构"及其统合功能

陈祎舒[*]

> **摘　要**　家国同构是中国古代社会结构的基本特征，同时也是古代社会伦理与政治秩序的基本逻辑。仁与礼，分别代表了儒家伦理思想中的德性内核与外在规范，由此探讨儒家伦理之中的家国同构不失为一条具有可行性的思路。在法律实践过程中，对于亲亲相隐以及血亲复仇等涉及家国冲突的裁断与处置，体现了儒家法律体系中家庭本位的价值观。中国古代法制思想的建构，则是以儒家伦理道德作为基础，仁具备的道德情感与礼具备的礼制规范也成为儒家法制思想的重要传统。随着时代的发展，家庭的功能以及人们对于家庭的观念已经发生了巨大的变化，但家庭之于国家治理始终具有重要的意义。因此，秉承着家国同构的理念，进一步保障家庭的权益就成为当下法治建设的应有之义。
>
> **关键词**　家国同构　儒家伦理　家国冲突　情与礼　法治建设

家国同构是中国古代社会结构的基本特征。这种社会结构滥觞于西周时代的宗法社会，宗法制与封建制共同构成了天下一家的政治制度。具体来看，周代统治者将王室宗族与异姓诸侯共同纳入了拟血缘式的宗法关系中，通过建立家族中大宗与小宗之间的尊卑等级，形成了一套国家政治权力继承与分配的制度，实现了族权与王权的合一，又通过逐级分封的形式，完成了权力的层级划分。即使这种合天下为一家，合亲尊为一体的政治制度随着春秋以来的"礼崩乐坏"而瓦解殆尽，但家国同构的基本逻辑却被保留了下来，并贯穿于之后数千年的社会伦理与政治秩序当中，对我国古代社会的发展产生了深远的影响。

---

[*] 陈祎舒，男，1990年生，陕西西安人，四川大学古籍所2017级博士研究生，主要研究方向为宋明理学、法律思想史等。

尤其是对于诞生在周代礼乐文明之上的儒家思想而言，其伦理体系中的家国同构呈现出哪些特点？在儒家思想作为主流意识形态的古代社会，面对法律问题中涉及家国冲突的困境，统治者与官僚阶层又是如何寻求解决之法的？而这种建立在儒家道德伦理之上的古代法制思想又具有哪些传统？此外，就当下法治社会的建设而言，家庭的作用与意义究竟表现在哪些方面？家国同构的观念是否依旧具有积极的意义？以上设想，都是笔者在本文之中致力于思考与探索的问题。

一、作为伦理方法的"家国同构"："仁"与"礼"的结构化

春秋时期，原有的礼乐制度随着周王室的衰微，从而逐渐失去了原有的威信与约束力。从"礼乐征伐自天子出"到"礼乐征伐自诸侯出"（《论语·季氏》），"礼崩乐坏"的制度危机也直接导致天下陷入了长期混乱无序的状态，弑君亡国的情况时有发生。孔子深刻地意识到这种危机的严重性，本着收拾人心、重建道德的崇高理想，意欲恢复周代礼治的同时，进一步挖掘礼乐制度之于人的内在动因。于是孔子扩大了仁的内涵，并通过纳仁于礼的方式，为仁增添了更加丰富的思想意蕴，使之最终成为儒家思想的核心精神。仁与礼，作为孔子维系人际关系与社会稳定的两大重要依据，仁是礼乐制度得以成立的内在依据与价值源头，礼则表现为具有普遍约束力的外在行为规范。仁为体，礼为用，二者一内一外，相得益彰，共同构成了儒家伦理思想的关键性因素。可见，正确认识仁与礼的内涵，为我们进一步揭示儒家伦理之中的家国同构提供了一种可行的思路。

仁作为儒家思想的核心精神，体现了人之所以为人的内在根据，即孟子所谓"人之所以异于禽兽者"的"几希"（《孟子·离娄下》），也就是说，人之所以异于禽兽的根本原因在于这种生发自每个人人心的道德原动力。仁具有的这种德性内核也赋予了作为"德性生命"的人自身规定性的说明。① 正是由于认识到了仁内化于自身，孔子方才言道："为仁由己，而由人乎哉？"（《论语·颜渊》）"仁远乎哉？我欲仁，斯仁至矣。"（《论语·述而》）从孔子的言论中也不难看出道德主体所具有的主观能动性，体现了人类"德性生命"之于生活实践中的先天道德倾向以及开展道德行为的不竭动力。就仁与诸德之间的关系而言，冯友兰总结了《论语》当中仁的用法，认为"在《论语》中我们可以看出，有时候，孔子的'仁'字不光是指某一种特殊的德性，而且是一切德性的总和。所以'仁人'一词与全德之人同义。在这种情况下，'仁'可以译为 perfect（'全德'）。"② 可见仁作为一种具有普遍性的道德基础，几乎涵盖了儒家的一系列德目，从这个意义上而言，一切儒家倡导的道德都可以看作是仁德的具体显现。至于仁的外在表现，孔子将之解释作"爱人"（《论语·颜渊》），这种基于内在德性而发出的情感也成为一切伦理行为存在的基

---

① 冯晨：《孔子仁学思想研究》，人民出版社2018年版，第229页。
② 冯友兰：《中国哲学简史》，北京大学出版社2013年版，第43页。

础。这种情感不仅是理性的,而且是有序的:在宰我欲短三年之丧的问题上,孔子将仁诉诸内心的"安与不安",等于将主体的内在情感与心理需求置于道德行为展开的第一位,反映了道德理性发生机理的逻辑原点。孟子认为人类这种"不学而能""不虑而知"的良知、良能来自于"孩提之童无不知敬爱其亲者"(《孟子·尽心上》)的情感意识,由于这种情感意识具有共通性,因此可以被纳入道德情感的范畴。孔子与孟子都强调了家庭内部的情感需求作为仁德外显的起点意义:"从所谓'三年之丧',到孟子和王船山所说'人禽之别',首先强调的正是这样一种'家庭'中子女对于父母的感情的自觉培育,以此作为'人性'的本根、秩序的来源和社会的基础;把'家庭价值'(family value)置放在人性情感的层次,来作为教育的根本内容。"① 这种基于子女对父母的血缘亲情所形成的德行就是孝,孝既成为家庭伦理的核心。儒家思想进一步将家庭伦理中的孝亲之爱推广到一切人际关系之中,即孟子所谓的"亲亲而仁民"(《孟子·尽心上》),从而建立起更加广泛的社会伦理,孝也由此成为了行仁之始。同时,这种涵盖一切人际关系的仁爱既然是由亲及疏推而来,那么围绕着个人所形成的伦理关系就必然表现为"从自己推出去的和自己发生社会关系的那一群人里所发生的一轮轮波纹的差序。"② 事实上,正是这种具有差序格局的人道主义(仁道)保障了中国古代社会群体千年以来长期具有的凝聚力与道德基础。③

礼作为个人行为的外在规范,是一种具有他律性的伦理原则,体现了儒家伦理秩序所具有的等级性。在家庭、基层社群乃至国家社会中,每个人都有着尊卑各异的伦理角色,需要个人根据自身在家庭乃至社会中的身份定位,承担起相应的伦理职责和道德义务,从而呈现出人人各守其责、各尽其分的和谐状态。④ 因此,礼的实质"只是一个'分'字"⑤。至于这种"分"的起点依旧在于家庭:就家庭内部成员而言,乃是因长幼、男女之别所带来的身份差异性,同时强调了家庭之中父权的至上性。儒家伦理通过对父权的肯定,进而确立了家庭内部成员之间的权力与责任关系,并由此建立起家庭内部由血缘亲情相联系的伦理秩序。将这种具有等级性差异的家庭伦理秩序推广到国家与社会秩序中,就构成了礼的全部内容。不过二者也具有一定的差异:家庭内部成员之间尊卑等级的划分原则相对简单,主要是以长幼与男女为依据所形成的自然地位差异。而国家与社会层面的人际关系则不具备血缘亲情的联系,因此,这个层面的尊卑差异乃是"对宗法地位乃至更广泛意义上的社会地位(在中国古代社会则主要是政治地位)的强调"⑥。尽管就地位格局

---

① 李泽厚:《论语今读》,世界图书出版公司2018年版,第6、7页。
② 费孝通:《乡土中国》,生活·读书·新知三联书店1985年版,第25页。
③ 陈来:《仁学本体论》,载《文史哲》2014年第4期,第63页。
④ 林存光:《仁学实践论浅说——儒家仁学思想的历史发生、推扩开展及其实践论反思》,载《孔子研究》2016年第6期,第18页。
⑤ 胡适:《中国哲学史大纲》,中国和平出版社2014年版,第312页。
⑥ 郑震:《差序格局与地位格局——以亲亲与尊尊为线索》,载《社会科学》2021年第1期,第56页。

的形成来看，家庭与国家两个层面之间存在一定的差异，但不可否认，在家庭伦理基础上形成的社会伦理具有家国同构的特征，正如梁漱溟所言："中国之以伦理组织社会，最初是有眼光的人看出人类真切美善的感情，发端在家庭，培养在家庭。他一面特为提掇出来，时时点醒给人；——此即'孝弟''慈爱''友恭'等。一面则取义于家庭之结构，以制作社会之结构；——此即所谓伦理。"① 因此，儒家思想中以君臣拟法父子，从而形成了"君父"与"臣子"的概念，又以官民拟法父子，从而形成了"父母官"与"子民"的概念。可见家庭伦理在整个儒家伦理秩序的形成过程中具有绝对的范式意义。

儒家伦理秩序同时也是一种政治秩序，体现了伦理与政治的高度一体化。家庭乃至由某个姓氏构成的宗族组织不单是一个维系伦理情感的血缘单位，同时在政治与经济等多个领域都发挥着积极的作用，以家庭的组织结构对比国家政权，可以看出二者具有的一致性。正是基于这种组织结构意义上的家国同构，使得儒家思想能够顺利地将家庭治理的基本逻辑引入国家治理的领域当中，王朝的政治关系由此也成为家庭伦理关系的放大。具体而言，则是以家长的治家之法建立起君主的治国之法，在家庭层面强调了孝亲与父权，在国家层面强调了忠君与君权。其中的一家之长与一国之君拥有着相似的心理结构，而父权与君权的专制权力与儒家伦理秩序又共同保障了家国同构的组织结构内部的长期稳定性。可见，家庭不仅成为伦理秩序的基础，同时也被看作政治秩序的基本单位。孟子言："人有恒言，皆曰：'天下国家'。天下之本在国，国之本在家，家之本在身。"（《孟子·离娄上》）这与《大学》提倡的"修、齐、治、平"的成德路径相一致，二者都指向了个人在提升自身道德修养的基础上，以家庭治理作为国家治理的根基。家庭的价值与国家治理的需求具有一致性，因此家庭在国家的视野中始终处于核心的位置，从而形成了家国共治的权力格局。

二、作为法律方法的"家国同构"：家国冲突裁断机制

张晋藩先生在《中国法律的传统与近代转型》中将"家族本位与伦理法治"② 视作中国法律传统的重要组成部分，凸显了家国同构的政治体制与伦理秩序对古代法律制度产生的深刻影响。国家以法律的形式肯定了家长的治家之权，同时确认了家庭内部尊卑有序的伦常关系，据此维护了家庭本位的社会结构，从而也保障了国家在政治、经济领域的基层稳定运作。可见，在家国一体的治理模式下，家庭与国家的利益诉求与价值诉求保持着长期的一致性。然而，当家庭伦理与国家实行的罪罚观一旦出现矛盾的情况下，国家又是如何在法律层面寻求解决之道的？

亲亲相隐的观点最初见诸于儒家经典之中。《论语·子路》载："叶公语孔子曰：'吾

---

① 梁漱溟：《中国文化要义》，上海人民出版社2005年版，第80页。
② 张晋藩：《中国法律的传统与近代转型》，法律出版社1997年版，第113—135页。

党有直躬者，其父攘羊，而子证之。'孔子曰：'吾党之直者，异于是，父为子隐，子为父隐，直在其中矣'。"① 孔子面对直躬之父攘羊的问题，试图以"隐"处之，而孔子所谓的"隐"也包括两个方面的内涵：即对外选择不主动告发，对内秉承"事父母几谏"② 的原则，弥补"攘羊"的不义行为。由此既保护了父子之情，同时顾及了社会正义。③ 孔子面对直躬之父攘羊的问题，通过"隐"的方式给出了较为圆满的解决办法，然而《孟子》中提到了"瞽叟杀人"的假设，则可谓是情与法冲突之下更为棘手且终究难以圆满解决的问题。孟子本着亲亲相隐的原则，为舜构想了放弃天下，"窃负而逃"的处置方式。舜虽然放弃了天子之位，与父遵海滨而处，但人死不能复生，对于已然酿成大过的瞽叟来说，依旧未能得到应有的制裁而逍遥法外。当代一些学者更是据此认为舜的"窃负而逃"构成了中国腐败行为的渊源。④ 笔者认为，孟子最初之所以构想舜"窃负而逃"这一行为，在于强调孝亲之情作为儒家伦理思想体系的立论之基，这里可借用朱子之言一窥端倪："瞽叟杀人，舜窃负而逃，遵海滨而处。当是时，爱亲之心胜，其于直不直何暇计哉？"⑤ 可以说，孟子这里所举的事例实则是一种极端情况之下的无奈之举，而"正是通过这些极端例证，才足以说明情的重要。其实，在一般情况下，'情'与'法'未必是冲突的，把'情'与'法'、价值与事实完全对立起来，未必是儒家的初衷。"⑥

温海明指出，家国冲突乃是亲亲相隐这类伦理困境的根本问题所在。儒家以"国"建构在"家"之上，因此国法不应当破坏以父子关系为根基的人伦秩序，因此要求人们不顾及家去告发家人的国法不值得尊敬的。⑦ 就儒家化法律逐步吸收与肯定亲亲相隐原则的发展历程来看，也确实印证了温氏的上述观点：汉代率先认可了子女对父母容隐的合法性，据《汉书·宣帝纪》载："父子之亲，夫妇之道，天性也。虽有患祸，犹蒙死而存之。诚爱结于心，仁厚之至也，岂能违之哉！自今子首匿父母，妻匿夫，孙匿大父母，皆勿坐。"⑧ 到了唐代，容隐的范围进一步扩大，除了直系亲属与配偶之外，只要是同居之亲属，皆可援用此律。反之，对于那些主动告发父母、祖父母的行为，则要受到法律的严厉惩处。此外，唐律甚至还将容隐的范围延申至部曲奴婢，贞观二年（公元628年），唐太宗就亲言："自今以后，奴仆告主者皆不受，尽令斩绝。"⑨ 统治者以立法的方式，借助亲

---

① 杨伯峻：《论语译注》，中华书局2009年版，第137页。
② 杨伯峻：《论语译注》，中华书局2009年版，第38、39页。
③ 王美玲：《情感主义的儒家伦理——再论"子为父隐"》，载《华东师范大学学报（哲学社会科学版）》2011年第2期，第24—26页。
④ 参看邓晓芒：《再议"亲亲相隐"的腐败倾向——评郭齐勇主编的〈儒家伦理争鸣集〉》，载《学海》2007年第1期，第17页。
⑤ （宋）朱熹：《四书章句集注》，中华书局2011年版，第137页。
⑥ 蒙培元：《情感与理性》，中国人民大学出版社2009年版，第28页。
⑦ 温海明：《从"亲亲互隐"看儒家的家国关系》，载《中国儒学》（第十二辑），第75、76页。
⑧ （汉）班固撰；（唐）颜师古注：《汉书》，中华书局2013年版，第251页。
⑨ （后晋）刘昫等：《旧唐书》，中华书局2013年版，第3546页。

亲相隐宣扬孝道，维护父子亲情，并在此基础上移孝于忠，建立起上下尊卑的差等秩序，从而实现了维护自身统治合法性的目的。但另一方面，当涉及到危害国家、君主安全的重大案件时，亲亲相隐的原则就不予成立。《唐律疏议》卷六第四十六条"同居相为隐"载："若犯谋叛以上者，不用此律。"① 由此可见，国家以立法的形式，在大多数情况下对植根于家庭之中的伦理亲情给予了极大的理解与支持，而这种理解与支持的范围限定在并不涉及危害皇权稳定的犯罪。这说明，对国家而言，权力叙事和价值叙事多数是并行不悖的，但在发生矛盾的情况下还是以权力叙事为主。

与亲亲相隐类似，涉及家国冲突的问题还包括血亲复仇，尽管在中国历史上，大多数王朝的法律明文规定禁止血亲复仇，然而受到儒家思想的影响，复仇的现象依旧屡有发生。《礼记·曲礼》载："父之仇，弗与共戴天；兄弟之仇，不反兵；交游之仇，不同国。"②《春秋公羊传》亦载："九世犹可以复仇乎？虽百世可也。"③ 儒家经典中之所以肯定血亲复仇，可归结于中国古代家族本位的社会结构，而其深层次的原因依旧是植根于家庭之中的伦理亲情。正是受到这种伦理思想的熏陶，作为司法官员的儒家知识分子在对血亲复仇这类案件审理过程中，经常本着维护儒家伦理教化的立场，对复仇者法外施仁。宋代理学家胡寅就曾言道："复仇固人之至情，以立臣子之大义也。仇而不复则人道灭绝，天理沦亡，故曰父之仇不共戴天，君之仇视父。"④ 随着儒家思想占据了意识形态领域的主导地位，法律虽然禁止血亲复仇，但同时也禁止子孙私自和解的行为。《唐律疏议》载："诸祖父母、父母及夫为人所杀，私和者流二千里；期亲，徒二年半；大功以下，递减一等。受财重者，各準盗论。虽不私和，知杀期以上亲，经三十日不告者，各减二等。"⑤ 由此可见："违法报仇，尚不失孝子之心。从伦理上来讲，并不为非，私自和解便是忘仇不孝。所以前者还情有可原，常得社会上的叹许和法外宥减；后者则大逆孝道，将为社会所齿冷，法律所不容了，实受社会和法律两种制裁。"⑥ 当然，对于血亲复仇的法外开恩极有可能引起相互仇杀不止的情况，如南齐时朱谦之因母之遗体为族人朱幼方燎火所焚，从而引发了两个家族成员之间的相互仇杀，齐武帝萧赜则认为："此皆是义事，不可问"⑦，赦免并放任了两族之间的仇杀行为，导致法律的威严荡然无存。由于认识到血亲复仇所具有的社会危害性，唐代韩愈在《复仇状》中就曾提出："复仇之名虽同，而其事各异""然则杀之与赦，不可一例"⑧。韩愈虽然反对司法过程中一味的赦免与姑息血亲复

---

① （唐）长孙无忌：《唐律疏议》，上海古籍出版社2013年版，第105页。
② （汉）郑玄注，（唐）孔颖达疏：《礼记正义》，上海古籍出版社2008年版，第108页。
③ （汉）何休解诂，（唐）徐彦疏：《春秋公羊传注疏》，上海古籍出版社2014年版，第218页。
④ （元）马端临：《文献通考》，《影印文渊阁四库全书·史部三七一》，台北商务印书馆1983年版，第685页。
⑤ （唐）长孙无忌等：《唐律疏议》，上海古籍出版社2013年版，第282页。
⑥ 瞿同祖：《中国法律与中国社会》，商务印书馆2010年版，第98页。
⑦ （梁）萧子显：《南齐书》，中华书局2013年版，第963页。
⑧ （后晋）刘昫等：《旧唐书》，中华书局2013年版，第2154页。

仇的行为，但仍然未能完全否定其对于最终判决结果的影响。根据法律实践中涉及亲亲相隐与血亲复仇的历史经验不难发现："对复仇和相隐的一定认可，都是国家法律体系中家庭本位价值观的体现，是国家公权力对家庭私权利的一种谦让，其目的在于维护家庭共同体这一帝制制度的社会基础和血缘情感的精神家园。"①

三、方法统合与调试："家国同构"中的"情"与"礼"

中国古代法制思想的建构，是以儒家伦理道德作为基础。如同前文分析的那样，儒家伦理中的仁凸出了道德情感支配下的差序之爱，而儒家伦理中的礼凸出了礼制规范支配下的等级秩序。因此，情与礼共同构成了儒家法制思想的重要传统。贺麟在《儒家思想新论》一书中总结了儒家的法思想，认为"儒家的法治"是"法治与礼制、法律与道德、法律与人情相辅而行、兼顾并包的。法律是实现道德的工具，是人的自由本性的发挥，绝不是违反道德，桎梏自由的。"② 就情与礼在法律实践过程中发挥的具体作用而言，其中的情理因素主要表现在司法环节当中，其中的礼制因素主要表现在立法环节当中。受到儒家伦理之中家国同构思维的影响，国法成为家法的扩大，并在此基础上，实现了情、礼、法的统一与调适。

情理作为法律判决的关键性因素，最初可以追溯到"春秋决狱"在司法实践当中的应用。"春秋决狱"是"引经决狱"或"经义决狱"的概称，是指在司法程序中依照儒家经典对犯罪事实进行分析与推理的断案方式。在"引经决狱"的过程中，尤其以《春秋》中"微言大义"的运用最为广泛，而汉儒董仲舒曾作《春秋决狱》，此书被视作"经义决狱"的典型，因此法学界将此类断案方式称之为"春秋决狱"。"春秋决狱"作为汉代重要的法律制度，其作用有二："从法制历史的发展历程看，引经断狱的源起，一在补充法律条文的不足，一在解决律条与情理的龃龉；盖科条有限，情伪无穷。"③ 虽然董仲舒所作《春秋决狱》一书业已亡佚，但民国法学家程树德于《九朝律考》中辑录出董仲舒春秋折狱案例有六则，其中一则涉及亲亲相隐的案例（此案见于《通典》卷六十九）如下：

> 时有疑狱曰："甲无子，拾道旁弃儿乙养之以为子。及乙长，有罪杀人，以状语甲，甲藏匿乙，甲当何论？"仲舒断曰："甲无子，振活养乙，虽非所生，谁与易之！《诗》云：'螟蛉有子，蜾蠃负之。'《春秋》之义，父为子隐，甲宜匿乙，诏不当坐。"④

---

① 俞荣根：《儒家法思想通论》，商务印书馆2018年版，第28页。
② 贺麟：《儒家思想新论》，载《民国丛书》第四编，上海书店1989年版，第14页。
③ 黄源盛：《汉唐法制与儒家传统》，广西师范大学出版社2020年版，第43页。
④ （唐）杜佑：《通典》，中华书局1992年版，第1911页。

通过对上述引经断狱的实例分析，我们不难看出，董仲舒之所以引春秋之义说明此亲亲相隐之案例所具有的合理性，目的在于使情与法二者的相互融通，从而展现出刑罚宽厚与人道的一种向度。儒家法制思想着眼于理性与情感的统一，本着社会教化的目的，在司法实践中注重培养人们的道德情感，最终形成促进社会和谐发展的道德理性。清末法学家沈家本对此总结道："夫吾国旧学，自成法系，精微之处，仁至义尽，新学要旨，已在包涵之内，乌可弁髦等视，不复研求。新学往往从旧学推演而出，事变愈多，法理愈密，然大要总不外情理二字。无论旧学新学，不能舍情理而别为法也，所贵融会而贯通之。"①人情作为法律的补充，是司法程序中的重要依据，欧阳修曾言："已有正法则依法，无正法则原情。"② 此外，正如前文论述的亲亲相隐与血亲复仇时所提及的，在遇到法律条例与道德伦理相冲突的问题时，人情就成为了重要的参考因素，《明史·刑法志》即言："明刑所以弼教，凡与五伦相涉者宜屈法以伸情。"③ 然而在司法过程中，抛却已有的法律条例，代之以人情断案，其弊端乃是在无形之中赋予了司法者个人较大的判决权力与处置空间，从而可能导致判决结果因受到司法者的主观局限而有损法律的公平与正义。历史上确实也有一些有识之士意识到了这一问题的严重性，于是对人情断案予以全面的否定。如晋时主簿熊远奏言："凡为驳议者，若违律令节度，当合经传及前比故事，不得任情以破成法。愚谓宜令录事更立条制，诸立议者皆当引律令经传，不得直以情言，无所依准，以亏旧典也。"④ 金世宗也曾反对人情断案，《金史·刑志》载："上以法寺断狱，以汉字译女真字，会法又复各出情见，妄生穿凿，徒致稽缓，遂诏罢情见。"⑤ 然而以上史例终究未能改变以情论法的主流观点，当然这并不意味着广大学者对于上述问题不予重视。南宋官员胡颖就谈到了国法与人情的统一协调："法意、人情，实同一体，循人情而违法意，不可也；守法意而拂人情，亦不可也。权衡于二者之间，使上不违于法意，下不拂于人情，则通行而无弊矣。"⑥ 苏轼更是强调了作为司法者的"人"在权衡情与法，最终作出判决裁定的过程中所起到的重要作用："任法而不任人，则法有不通，无以尽万变之情；任人不任法，人各有意，无以定一成之论。"⑦ 因此，对于情法两相纠葛的案件，中国古代的官僚阶层多是抱着较为审慎的态度，《贞观政要·刑罚》中的这段记述就反映了此类情况："比来有司断狱，多据律文，虽情在可矜而不敢违法，守文定罪，或恐有冤。自今门下省复有据法合死，而情在可矜者，宜录状奏闻。"⑧

---

① （清）沈家本：《历代刑法考》，中华书局 1985 年版，第 2240 页。
② （宋）欧阳修：《欧阳永叔集·四》，商务印书馆 1938 年版，第 64 页。
③ （清）张廷玉等：《明史》，中华书局 2013 年版，第 2283 页。
④ （唐）房玄龄等：《晋书》，中华书局 2012 年版，第 939 页。
⑤ （元）脱脱等：《金史》，中华书局 2013 年版，第 1020 页。
⑥ （宋）佚名：《名公书判清明集》，中华书局 1987 年版，第 311 页。
⑦ （宋）苏轼：《苏轼文集（一）》，载《三苏全书第十一册·集部（六）》，语文出版社 2001 年版，第 188 页。
⑧ （唐）吴兢：《贞观政要》，上海古籍出版社 1978 年版，第 244 页。

用历史的眼光来看,中国古代法律制度的诞生正是脱胎于礼的。马小红就指出:"法的制度与一般制度的区别在于其具有普遍性与强制性。所谓普遍性是指任何人和集团在利益受到损害时,都可以通过法定的程序要求法的保护,依法进行裁决。所谓强制性是指违法行为一旦被追究,他就必须承担相应的后果。"① 根据上述法律制度的特征,我们不难发现,三代之治中作为规范氏族与国家全体成员,并借助"刑辟"的手段从而带有强制性与惩戒机制的礼,实际上就已然具有了法律的性质。而随着春秋战国百家争鸣时代的到来,法家思想将法从原先礼治的系统中独立出来,并通过旨在"富国强兵"的一系列创新性改革,在相对较短的时间内帮助秦国完成了一统华夏的功业。法的作用也随着秦王朝的成功而被人们所重视,从而奠定了其后两千余年古代法制的基础。然而全面的抛却礼治,专任刑罚,最终也导致了盛极一时的秦王朝逃不过二世而亡的命运,于是汉人在反思秦政的过程中,认识到法家"及刻者之为,则无教化,去仁爱,专任刑罚而欲以致治,至于残害至亲,伤恩薄厚"② 的缺陷,于是最终倒向了儒家的怀抱。对于儒家而言,虽然在制度层面主张礼治,但并不否认刑罚在国家治理中所起到的积极作用,只是认为刑罚须以礼乐为本,《论语》中就对二者的关系加以说明:"礼乐不兴,则刑罚不中;刑罚不中,则民无所错手足。"③ 汉人更是认识到礼与刑二者相为表里,《后汉书·陈宠传》载:"礼之所去,刑之所取,失礼则入刑,相为表里者也。"④ 不同于法家只看重刑的惩戒作用,儒家则将刑视作一种社会教化的特殊手段,认为刑在维护礼法权威的同时,也帮助人们建立起是非善恶的道德观念。因此,儒家的刑正是以国家强制力的刚性手段对于人的各种行为加以限定,同时伴随着社会教化的柔性手段循循善诱,最终引导人们的道德文明与社会的制度规范所匹配。于是汉代在总结与扬弃法家思想的同时,运用儒家的礼治,最终实现了礼法的再度融合。从汉代的"应经合义"⑤,到唐代以后的"一准乎礼"⑥,法律儒家化的进程最终得以完成,而法律儒家化的最显著特点就在于实现了刑与礼在法典中的统一。《唐律疏议》载:"德礼为政教之本,刑罚为政教之用,犹昏晓阳秋,相须而成者也。"⑦ 由此可见:"《唐律》中的刑法制度,乃融合了刑罚制裁与伦常道德的两极,而以礼教为积极因素,以律条为消极因子,其结果为礼教的法律化。"⑧

以礼入法的实现,使礼的精神得以融入法律之中,这也意味着中国古代法律因此具有了礼的基本特征。由礼所形成的地位格局决定了个人在家庭乃至社会之中的身份差异:亲

---

① 马小红:《礼与法:法的历史连接》,北京大学出版社2017年版,第77页。
② (汉)班固撰,(唐)颜师古注:《汉书》,中华书局2013年版,第1736页。
③ 杨伯峻:《论语译注》,中华书局2009年版,第132页。
④ (刘宋)范晔撰,(唐)李贤等注:《后汉书》,中华书局2012年版,第1554页。
⑤ (刘宋)范晔撰,(唐)李贤等注:《后汉书》,中华书局2013年版,第1554页。
⑥ (清)永瑢等:《四库全书总目》,中华书局1965年版,第712页。
⑦ (唐)长孙无忌:《唐律疏议》,上海古籍出版社2013年版,第3页。
⑧ 黄源盛:《汉唐法制与儒家传统》,广西师范大学出版社2020年版,第211页。

族关系中,有长幼、尊卑的分野,社会关系亦存在上下、贵贱的不同。正是根据这些差异,决定了人在家族与社会之中地位与相应行为的差异,故"名位不同,礼亦异数。"①而在"贵贱的身份制盛行的时代,贵贱异刑是必然的。"② 也就是说,在礼的精神指导下建立起来的法律制度本身就存在着等级性的差异。虽然在儒家经典中也存在"同罪异罚,非刑也"③ 的声音,以及法家"刑无等级"④ 的主张,但在强调长幼、尊卑差等伦理秩序的中国古代社会,这类观点终究未能激起多少波澜。较之同一性的法律,差别性的法律才构成了汉代以来法制思想的主旋律。晋代率先将家庭成员之中的等级性差异纳入立法领域当中,据《晋书·刑法志》载:"竣礼教之防,准五服以制罪"⑤。瞿同祖先生就曾指出,《晋律》"'竣礼教之防,准五服以制罪',开后代依服制定罪之先河"⑥。也就是说,即使就相同的犯罪行为而言,在涉及长幼、尊卑等亲属差序的情况下,也会被科以差等的刑罚。到了唐代,这种科以差等的刑罚更是从家庭内部的亲属关系扩展至一切社会关系中,即《唐律疏议》所谓的"尊卑贵贱,等数不同;刑名轻重,粲然有别"⑦。人际关系中的等级差异也成为最终判决的重要依据,即朱熹所谓的"凡有狱讼,必先论其尊卑、上下、长幼、亲疏之分,而后听其曲直之辞。凡以下犯上,以卑凌尊者,虽直不右,其不直者罪加凡人之坐。"⑧ 特别是唐律中的"八议"制度,就是在法律上公开维护贵族、官僚、地主之等级特权的行为。因此,诸如古代盛行的"王子犯法与庶民同罪"的说法,"所要求的并不是'同罪同罚',而仅仅是,也只可能是执法上的平等,即在官僚贵族触犯了为其所设立的法律条款时,才以刑制裁之。"⑨ 然而我们也应该意识到,先秦时代儒家对礼制的认识,是在承认等级秩序的基础上,同时强调家族乃至社会地位高者与低者之间具有相互性的义务,如《礼记·礼运》言:"何谓人义? 父慈,子孝,兄良,弟悌,夫义,妇听,长惠,幼顺,君仁,臣忠。"⑩ 但随着统治者出于自身利益的考量,将儒家思想置于官方意识形态的高度,并占据了道德的解释权与话语权,这种相互之间义务的概念,尤其是高者对于低者义务的概念被不断淡化与消解,取而代之的是地位卑下者对地位尊贵者的单方面服从与效忠,由此形成了等级森严的封建礼教。这种道德观念的局限性也直接影响到中

---

① (战国)左丘明撰,(西晋)杜预集解:《左传(春秋经传集解)》,上海古籍出版社1997年版,第170页。
② 陶希圣:《中国政治思想史》,新生命书局1932年版,第252页。
③ (战国)左丘明撰,(西晋)杜预集解:《左传(春秋经传集解)》,上海古籍出版社1997年版,第830页。
④ (战国)商鞅等:《商君书》,上海人民出版社1974年版,第54页。
⑤ (唐)房玄龄等:《晋书》,中华书局2012年版,第927页。
⑥ 瞿同祖:《瞿同祖论中国法律》,商务印书馆2014年版,第34页。
⑦ (唐)长孙无忌等:《唐律疏议》,上海古籍出版社2013年版,第302页。
⑧ (宋)朱熹:《晦庵先生朱文公文集》,载《朱子全书(修订本)》第20册,上海古籍出版社、安徽教育出版社2010年版,第657页。
⑨ 马小红:《礼与法:法的历史连接》,北京大学出版社2017年版,第405页。
⑩ (汉)郑玄注,(唐)孔颖达疏:《礼记正义》,上海古籍出版社2008年版,第915页。

国古代法制思想的发展与进步。

四、余论:"家国同构"逻辑具有时空性吗

随着时代的发展,当下个人的生产生活被纳入市场化和社会化的体系当中,小农经济被市场经济所取代,传统的家国关系失去的赖以维系的经济基础,家庭的功能以及人们对于家庭的观念也发生了巨大的变化。在传统社会中,家庭作为一个独立的社会单位,在政治、经济、文化、生活等诸多领域皆发挥着极大的作用。国家除了在征收赋税、刑罚断狱以及维护治安等方面对基层治理产生一定的影响之外,大多数情况下则是选择将权力下放,由家庭之中的家长与民间的乡绅实现基层的治理,从而形成了"人但闻啬夫,不知有郡县"① 的民事民治的现象。传统家庭乃至家族成员之间强调互助的义务,个人福利生活与经济安全的保障都只能依靠家庭来实现。反观现代社会,在工业化与现代化不断推进的过程中,人们对于亲属关系网的依赖程度进一步降低,核心家庭逐渐取代传统的联合家庭,成为独立的亲属单位。在涉及抚养、教育、养老、医疗等诸多方面的现代福利供给需要依靠国家、市场、家庭、社会的共同参与方得以实现。总的来看,家庭的功能在教育、司法、保护、生产等方面呈现出弱化的趋势,然而在涉及内部成员之间的日常照料、经济支持、情感慰藉等方面,家庭依旧发挥着不可替代的作用。值得注意的是,市场经济的环境下滋生了国家的功利性思维,以追求经济效益成为这一时期国家社会发展的主要方向。在公私化界的趋势下,家庭不得不全面承担起包括育儿与养老在内的福利责任,却未能获得来自国家的足够支持与保障,这也在客观上加重了家庭的压力与负担,导致其自身的脆弱性愈发显现。至于家庭观念的变化,则在于个人权利意识的觉醒:家长制与等级制构成了家庭固有的基本秩序,个人须依附于家庭,因此家庭乃是高于个人的存在。中国现代化启蒙运动对于封建家长制与等级制的批判,唤醒了大众对于人人平等乃至独立人格的向往与追求,并在此基础上形成了国家公民的意识,与之相应的建立起以婚姻、血缘和共同经济为纽带的现代家庭观念。

家国同构的观念,直接影响到执政者在国家治理层面对于家庭的重视与支持。"历史上的中国家庭,是政治伦理的原点、国家的社会管理单位、赋税徭役单位、法律单位、福利单位。所以,家庭居于国家视野的中心。"② 与之相应的是国家在法律实践过程中对于家庭秩序的保障与维护,诸如上述的容隐制度,以及"准五服以治罪"的原则,无不体现了家庭之于古代法律的重要意义。即使是在现代社会,家庭关系和政治关系同构的价值基础早已不复存在,法律依旧出于保护家庭的传统,免于父母、配偶以及子女出庭作证的

---

① (刘宋)范晔撰,(唐)李贤等注:《后汉书》,中华书局 2012 年版,第 1618 页。
② 孟宪范:《家庭:百年来的三次冲击及我们的选择》,载《清华大学学报(哲学社会科学版)》2008 年第 3 期,第 135 页。

义务。① 由此可见，即使是在当今权利本位的时代背景下，虽然已经形成了国家与公民二元社会治理结构的理念，但家庭依旧成为个人权利得以实现的重要形式。同时我们也应该认识到，"家庭生活是我们的社区、社会和国家赖以建立的基础。对于政府所设想的一个安全、公正和有凝聚力的社会来说，家庭是核心。我们创设和维持有效的政策去保护家庭生活是至关重要的。"② 家庭的价值与国家治理的需求依旧保持着高度的一致性，从这一角度来看，家国同构的观念对于现代国家的治理仍然具有着重要的意义。因此，摆脱公民与国家二元结构的立法模式，赋予家庭在法律之上的主体地位，从而实现个人与家庭之于公民权利的双重保障，就成为当下法治建设的应有之义。

（编辑：杨知文）

---

① 参见《中华人民共和国刑事诉讼法（2018年修正）》第193条"强制出庭作证"："经人民法院通知，证人没有正当理由不出庭作证的，人民法院可以强制其到庭，但是被告人的配偶、父母、子女除外。"

② ［美］凯特·斯丹德利：《家庭法》，屈广清译，中国政法大学出版社2004年版，第6页。

过度刑法化的倾向及其纠正*

薛静丽**

摘　要　刑法是现代国家实现社会控制的手段之一，而并非全部。只有当刑法的解释功能已用尽，无法再进行合理的实质解释时，刑法修正和增设新罪才有必要，轻易改变法律和制定新法，很容易导致过度刑法化。过度刑法化隐藏着难以预见和控制的法治风险，在构建刑事法治的当今中国，需要时刻警惕国家刑权力的扩张与越位，理性思辨和检讨过度刑法化的原因，纠正和反思过度刑法化的倾向，避免刑事立法和刑事司法过于活跃，促使其遵从法治逻辑，回归刑法谦抑。

关键词　过度刑法化　刑罚权　刑法谦抑　刑法解释

所谓"过度刑法化"是指刑法过度参与社会治理，亦即，刑事立法和刑事司法活动，不遵守刑法与其他法律和社会规范之间的应然界限，并超出其合理功能而适用的情况。[①] 过度刑法化主要体现为过度的犯罪化，属于国家刑罚权在社会治理中的扩张。过度刑法化带来的刑事指控的增加和犯罪数量的增加，容易导致刑罚的谴责性机能出现退化，反而削弱了刑法的社会治理功能。

一、过度刑法化在立法和司法领域的具体表现

刑法的目的是保护法益，适度的犯罪化，不但有利于实现刑法的法益保护目标，同时也有助于强化国民的规范意识，使得遵法守法真正植根于国民的头脑之中。然而，过犹不

---

* 本文系国家社科基金一般项目（项目编号：19BFX069）及山东省社会科学规划项目（项目编号：18CFXJ02）的阶段性研究成果。
** 薛静丽，女，河南南乐人，法学博士，济南大学政法学院副教授，研究方向为刑法学、刑事政策学。
① Andrew Ashworth, "Conceptions of Over Criminalization" 5 *Ohio State Journal of Criminal Law*, 407 (2008).

及，过度的刑法化或者说犯罪化，反而可能发挥适得其反的作用。过度刑法化在我国刑事立法和刑事司法领域都有体现。

首先，我国刑事立法总体呈现出过度犯罪化的趋势。在刑事立法领域，自1979年中华人民共和国第一部刑法颁布以来，我国的刑法立法基本显现出一种单向定罪的立法导向，这种趋势不断延续并没有减弱的征兆和迹象。1997年刑法通过之后，先后制定了十一个刑法修正案，增加勒一系列新的罪名。比如，《刑法修正案（九）》增加了20个新罪名，而于2021年3月1日正式施行的《刑法修正案（十一）》又增加了17个新罪名，并对个别犯罪的犯罪要件进行了修改，以降低入罪的门槛。这种入罪化的立法发展趋势再次引起了我国刑法理论界对过度刑法化问题的热议。

其次，司法机关对一些轻度违法行为的定罪处理也存在着过度适用刑法的问题。最典型的是，司法机关将一些一般违法行为，甚至没有违反法律而仅是具有道德谴责性的行为认定为犯罪行为。例如，在发生于天津的赵春华非法持有枪支案中，赵春华持有枪支的行为被认定为构成非法持有枪支罪。但是，赵春华持有的枪支的行为，虽然具备相应的行政违法性，但是其达不到刑法设定非法持有枪支罪所拟禁止的危害到公共安全的程度，因此，本应通过否定可罚的违法性①或者刑事违法性意识②的方式将之非罪化。即使在相当一部分案件中，犯罪嫌疑人最终被重新定性而无罪释放，但这些案件的出现不得不引发一系列的思考。例如，从刑事司法和普通民众朴素的法律感受之间的关系角度来看，为什么社会上的普通百姓普遍认为不构成犯罪的行为，而司法机关却将其视为犯罪？对于不构成犯罪的行为，公检法为何能在刑法中找到定罪和量刑的依据？

最后，过度刑法化容易导致刑法与其他规范体系的龃龉。在整体法秩序中，刑法具有补充性的功能。刑法的补充性意味着，只有在民法、行政法等前置法难以保护法益的时候，才具有发动刑罚的必要性。过度刑法化在一定程度上架空了前置法的功能，容易导致刑法功能和前置法功能的冲突。例如，《刑法修正案（八）》将恶意拖欠工资规定为"拒不支付劳动报酬罪"，这是刑法立法过度的一个典型。恶意拖欠工资本质上是违反合同，并且在私法领域还有很多可用的救济手段。在实施《劳动合同法》以及社会保障体系和工会制度建设方面，都可以找到具体的救济措施。刑法的过早和过度干预不仅会减少当事人通过私法获得法律救济的机会，而且会破坏现行的私法和公法之间的关系，如果刑事立法一味追求刑事规则体系的完善，试图树立"严密、严格的法律网络"图景，将不可避免地导致对大量的民事或者行政不法行为的犯罪化。这一方面会架空前置法的功能，另一方面也容易过度限制国民的行动自由范围。

---

① 车浩：《非法持有枪支罪的构成要件》，载《华东政法大学学报》2017年第6期，第44页。
② 江溯：《规范性构成要件要素的故意及错误——以赵春华非法持有枪支案为例》，载《华东政法大学学报》2017年第6期，第56页。

二、导致过度刑法化现象形成的主要原因

过度刑法化是预防性刑法的体现,分析、剖析支撑过度刑法化的各种理念和思想,是克服过度刑法化缺陷的前提。刑法理念构成刑事立法和刑事司法的正当化基础。离开或者忽视了刑法理念的指引,很容易导致过度刑法化。

(一) 法益保护和人权保障理念的失衡

在过度刑法化的思维中,正当理念不足或者缺席,因此,特别有必要对以下几个刑法理念进行重新考察与厘定。

1. 自由保障的理念

刑法既要保障自由,又要保护法益。但是,这两个机能之间不可避免地会发生冲突,因为越是重视保护法益,公民的自由就会受到更多的限制。刑法的谦抑原则是从限制法益保护出发,减少两者之间的冲突。[①] 尽管两者之间的关系是一个永恒的问题,但在这些情形下,自由保障要优于法益保护:尽管该行为严重侵犯了法益,但刑法没有将该行为明确定义为犯罪,即构成要件的符合性是欠缺的;该行为没有严重侵犯法益,缺乏值得惩罚的违法行为,即行为人有正当的违法性阻却事由;尽管该行为受到刑法的明确禁止并造成了严重的法益侵害,但行为人没有受到刑事追责的可能性,即在责任层面上有正当的阻却事由。

"法律的'原点精神'应在于扩大人类自由的范围,限制不利于个人和群体生存与发展的人性自由,以确保和扩大有益于人类的自由。"[②] 在国家依法治国的时代,不允许公民"不慎犯罪",否则将严重损害公民的可预测性。换句话说,如果"一不小心就可能会犯罪",那么公民将根本没有自由。[③] 现代社会中的自由主义概念已经深入人心,在法治思想的指导下,刑法已从传统的国家独裁机器"刀柄"的角色逐渐转变为合法利益保护的工具,基于压制和惩罚的刑事法也日益向基于修复和保护的保障法转换。在刑法功能转变的过程中,还需要及时更新刑法观念,由压制性制裁转变为恢复性制裁。

2. 刑罚的有限性理念

刑法只是实现社会治理的一种方式,并非全部。刑罚的作用是有限的,其作用必须基于正当程序和权力基础。如果法治建设过度依赖和痴迷于刑罚,那么很难避免陷入法律工具主义。法律工具主义将法治视为工具和手段,这与实际法治背道而驰。由此会产生两个极端现象,首先是法治被视为治疗一切社会疾病的工具,这导致了法治的全能化和庸俗

[①] 参见 [日] 曾根威彦:《刑法原论》, 成文堂 2016 年版, 第 16 页。
[②] 何荣功:《自由秩序与自由刑法理论》, 北京大学出版社 2013 年版, 第 39 页。
[③] 张明楷:《避免将行政违法认定为刑事犯罪:理念、方法与路径》, 载《中国法学》2017 年第 4 期, 第 40 页。

化。各种法治宣传口号的出现和各种大规模刑事立法的出现就是其表现，刑罚不自觉地异化为社会治理的唯一手段，这种趋势的发展可能导致法治权威的瓦解；其次是放弃刑罚的价值内涵，无视刑罚的边界，刑罚成为制约权利的工具，"刑罚的必要性，即刑罚的限度，应当是能够制止犯罪的限度。除了抑制犯罪，这种惩罚是不必要的，即这是多余的和专制的"①，法律工具主义的盛行和影响实际上是人治的复制品。这种法律工具主义的思想使得在我们的社会中难以消除人治思想的影响，也会导致公民对法治的认识出现偏差，动摇普通民众的法治理想和价值目标。

3. 刑法的最后诉求性

根据刑法的最后诉求性理念，如果采取其他措施足以抑制不法行为，则不应将其视为犯罪，不得动用刑法。显然，刑法的最后诉求性是处理违法行为与犯罪行为之间关系的重要指导原则。尽管刑法的最后手段性不是处理个别案件的具体规则，但它是指导刑事立法和刑事司法的补充原则。换句话说，当为犯罪构成要素做一般解释的情况下，必须采取刑法的最后手段性作为刑法解释的指导规则，以便将非犯罪化手段能够正确处理的行为排除在犯罪构成要素之外。

在法律与自由的关系上，古典自由主义和现代自由主义都主张法律应尽可能少地干涉个人自由。只有当个人的行为损害了他人的利益时，个人才接受法律的制裁。只有在这个时候，国家才能判断和裁决个人的行为，以及对个人施加强制性的惩罚。法律与社会生活息息相关，而当法律（特别是刑法）的范围越来越广，意味着公民拥有权利和自由的幅度越来越小、范围越来越窄，侵犯人权的风险越来越大。如果刑法以个人利益为代价，而保护了不能还原为个人利益的其他利益，那是完全错误的思路和行为。人们可以抵制这种刑法，而不应受到惩罚或制裁。② 因此，刑法禁止的行为必须限制在绝对必要的范围内，刑事定罪必须强调"不得已"或"最后诉求性"。

（二）忽视处罚正当性诉求的机械司法

"当一项法律具有普遍性，而一个案件不能适用普遍适用的规则时，这是立法者的过错，因为制定的法律过于简化，而不能达到我们期望的目标"③ 这种情况下，需要对此进行实质性的解释。特别是当刑法规定保护的是公法益时，司法机关必须判断刑法规定中提及的行为是否最终侵犯了个人法益。如果得出的结论是负面的，则该行为不应受到刑罚惩处。刑法并不能惩罚所有侵犯合法利益的行为，而仅惩治严重侵犯合法利益的行为。即只有犯罪是值得刑事处罚的行为。因此，必须做出实质性的刑法解释，以排除轻微的侵犯合

---

① 陈兴良：《刑法的价值构造》（第二版），中国人民大学出版社2006年版，第57页。
② 参见 [日] 西原春夫：《刑法的根基与哲学》，顾肖荣译，上海三联书店1991年版，第46页。
③ [法] 安娜·瓦格纳、[爱尔兰] 索菲·卡西圭蒂-法伊编：《法律中的晦涩与明晰——前景与挑战》，苏建华等译，中国政法大学出版社2014年版，第20页。

法利益的行为,当这些行为从字面上满足确立犯罪的条件,而实际上不值得受到刑事惩罚,就需要通过实质解释予以排除。

自由保障理念、刑罚有限性理念以及刑法的最后诉求性理念应指导司法机关切实保障公民的可预测性,对违法行为做出实质性判断;不能将所有利益视为刑法的保护法益;不能分解或转化为个人合法利益的所谓公共利益,不是刑法保护的法益,对此,必须在刑法理论上予以澄清。因此,行政机关认定的案件事实以及根据行政法的规定所做出的处理结论,在刑法意义上仅具有确定犯罪线索的意义,而绝不能完全以此对行为人定罪处罚。刑事司法人员必须根据刑法的特点对案件的构成要件和事实做出独立判断,并做出独立的解释结论。不能将行政责任确定的结论和依据直接作为刑事责任确定的结论和依据。① 司法机关之所以能够将一般违法行为界定为犯罪行为,首先是因为刑法条文中某些法条对犯罪的描述比较概括,其次是因为解释者对法律的解释局限于法条的字面意义,并没有实质性地理解立法的精神,没有解读刑法法条的真正含义。构成要素是违法的类型,对构成要素的描述旨在使构成要素内的违法行为是值得惩处的犯罪行为。因此,即使刑法的文字表达在犯罪要素中包含一定的行政不法行为,但如果该行为不侵犯法益或侵害法益相对较小,司法机关也应通过实质性解释犯罪将其排除在外。"解释是为了表达目的而生。"② "一旦制定了规则和其他形式的法律,就应根据它们所服务的目标对其进行解释、阐述和适用。"③ 刑法的适用是为了达到法律的目的。不能离开法条目的而解释刑法,只根据字面意思来解释某种行为是否构成犯罪,后果是或者惩罚了不应该受到惩罚的行为,或者对应该受到惩罚的行为不予惩罚。

(三) 刑事立法和司法对公众舆论和政策反应过度

无论"严打"还是"宽严相济"的刑事政策,均具有以下特点:首先,必须符合合法性。刑事政策是当权者对于舆论回应的结果,当权者的权力必须是合法的,否则刑事政策就成了无源之水而失去合法性。因此,刑事政策必须以权力本身的合法性为基础。随着时代的发展,权力的变化决定了刑事政策具有为不同权力服务的特点。这与基于正当性存在的刑法有着本质的差别。无论权力更替的情形如何,刑法都应该保护类似的法益。其次,它是由权力主导的。制定刑事政策并不需要像制定刑法一样严格的立法程序。刑事政策是权力意志的体现,可以在一种"高自负"情绪下产生。第三,它是功利主义的。刑事政策希望在一定时期内通过立法解决更为严重的问题,这是特定时期的特定问题,一旦将

---

① 张明楷:《避免将行政违法认定为刑事犯罪:理念、方法与路径》,载《中国法学》2017年第4期,第37页。
② 德沃金语,转引自[英]蒂莫西·A.O.恩迪科特:《法律中的模糊性》,程朝阳译,北京大学出版社2010年版,第215页。
③ [美]罗伯特·S.萨默斯:《美国实用工具主义法学》,柯华庆译,中国法制出版社2010年版,第3页。

刑事政策作为领导刑法立法的基础，就很难反映刑法的某些属性，例如稳定性、体现民意和遵守道德。有学者指出，如果对刑事政策反应过度，刑法将面临灾难。① 刑事政策与刑法是对立的，不是互补的。刑事政策是国家权力对公民自由的限制与剥夺，刑法是大众舆论对国家权力的监督与制约。②

为了回应国民的安全需求，近年来，我国刑法修正案的频度有所增加，修正案涉及的内容更加广泛。刑事立法的工具机能和治理机能在不同程度上被激活。其中，《刑法修正案（九）》强调预防性立法思想，同时注重维护安全的价值，尤其是增加危险犯等预防性立法措施。在某种程度上，《刑法修正案（九）》如此大规模的修改和增加罪名，客观上必然会对传统的刑法理论及其解释体系产生较大的影响，刑法理论体系的二元性变革也由此引发。③ 也就是说，在刑法功能主义思潮、刑法刑事政策思潮、社会经济发展的现实需要等多种因素的综合影响下，传统刑法理论支持刑法学的消极立法观和强调刑法约束精神、刑事定罪的保守立场等被部分搁置，以推进刑罚的普遍化而形成了积极的刑法立法观，表现为犯罪化趋势、提前化刑罚和预防立法。④ 例如，《刑法》分别增加了第286条、第287条之一和第287条之二，规定网络不作为（疏忽大意或过于自信）犯罪，网络预备犯罪和网络技术援助（片面正犯）犯罪，反映了早期干预和积极预防的立法意图。

三、过度刑法化趋势的正当性反思

（一）重新审视刑事立法正当性根据的意蕴

过度刑法化在社会治理中通常被视为"病理"现象，其原因是，它违反了刑法作为社会政策的最后手段的性质以及保障法的法律体系的地位；在规范方面，刑法过于笼统。⑤ 因此，如果要纠正我国过度刑法化问题，就必须首先在现代民主社会中确立惩罚的正当性。可以肯定的事实是，我国刑事立法的现状和未来趋势正在朝着过度定罪的局面发展。中国的"法治大跃进"具有"革命浪漫主义"的思想渊源，在渴望确认具有中国特色的社会主义法治模式并热切期望其在实践中取得成功的背后，无不镌刻着"革命浪漫主义"的烙印。"革命浪漫主义"是其思维的支撑基础。这种思维很容易导致逻辑上的"极端"，而这种"极端"的表现之一就是对法治目标的设定过度自信，对法治实现的速度过于追求和乐观。另一个"极端"表现是从"经济决定论"到"法治决定论"的过渡。⑥ 对法治的迷之自信在实践中形成了一种如魔术一般"神奇的法律"，不再顾忌法治自身的逻辑，

---

① 参见陈兴良：《刑法的刑事政策化及其限度》，载《华东政法大学学报》2013年第4期，第21页。
② ［意］贝卡里亚：《论犯罪与刑罚》，黄风译，中国法制出版社2002年版，第9页。
③ 参见于改之、蒋太珂：《刑事立法：在目的和手段之间——以〈刑法修正案（九）〉为中心》，载《现代法学》2016年第2期，第117页。
④ 高铭暄、孙道萃：《预防性刑法观及其教义学思考》，载《中国法学》2018年第1期，第167页。
⑤ 何荣功：《社会治理"过度刑法化"的法哲学批判》，载《中外法学》2015年第5期，第525页。
⑥ 姚建宗、侯学宾：《中国"法治大跃进"批判》，载《法律科学》2016年第4期，第68页。

导致法治实践中"立法"的大跃进。

从历史的角度来看，现代法律制度作为民族国家形式合理性的代表，不仅促进国家成为历史的主体并进行自我演说，而且还承担着驯服庞然大物 Leviathan 的繁重任务，强迫它思考为什么说、说什么以及如何说等一系列问题。① 简而言之，民族国家的崛起要求民族主义扩大民族国家合法性的范围。在神性的退却和新教伦理勃兴之后，制度伦理应运而生，程序法治的精神原则成为填补合法性真空的必然举措。因此，要实现一个民族国家理想的社会秩序，就必须依靠民族国家的现代法律对之进行规训，以迫使该民族国家遵守现代法律的权力逻辑与安排，尤其是使其立足于正义的基石并持续不断地对其进行正当性的追问。为了体现其合法性，政府必须尊重和接纳法律之治，否则，民族国家就会背离自己的目的而走向相反的方向，从而成为奴役民众的另一种压迫形式。② 在治理模式与法治的关系上，国家应当尊重和保障个人自治和社会自治，这是法治的内在要求，而民族主义则要求国家支配社会事务和个人生活，从而导致国家与社会和个人之间前所未有的紧张关系。

在刑事立法中，重要的不是犯罪后如何适用刑罚，而是为什么有必要在刑法中规定该行为构成犯罪，刑事立法的正当性绝不能必然地等同于刑罚权发动的正当性。"我们认为，从刑法的功能，特别是从刑罚功能的层面来审视刑法的合法性是逻辑错误、表面而肤浅的，因此不可能得出正确的结论。因为这种分析的切入点有待商榷，对于刑法正当性的探究，尤其重要的是，我们必须要求国家在规定某种行为为犯罪行为时具有正当性，之后才需要在既定犯罪的前提下拷问刑法适用的合法性，前者是最重要的，因为它是国家刑罚权最初启动的基础和根据。"③ 法律是人类逃避自身原始本能并体现人类理性能力的建构，它是实现人类集体生活的最佳途径，其根本目的是促进和实现社会的发展。法律是正义的知识，正义不是一个可以做什么的问题，而是一个应该做什么的问题。"限制个人自主权的法律的正义基础在于本人和他人更大的自主权和福祉。"④

(二) 谨防社会治理对刑事法的过度依赖

治理手段的"法制化"、治理目标的"理想化"已逐渐将"依法治国"曲解为"依刑法治国"。中国社会对"法治"有自己独特的理解，老百姓对社会治理中"法治"的理解更多地集中在运用法律手段，特别是刑法手段来规范社会生活和维护社会秩序。严密且严格的刑法网络很容易成为舆论界的"共识"和"集体呐喊"。因此，社会治理的"法治

---

① 参见许章润：《论现代民族国家是一个法律共同体》，载《政法论坛》2008 年第 3 期，第 53 页。
② 于浩：《共和国法治建构中的国家主义立场》，载《法制与社会发展》2014 年第 5 期，第 177 页。
③ 陈正云：《刑法的精神》，中国方正出版社 1999 年版，第 89 页。
④ 参见 [英] 马丁·洛克林：《剑与天平——法律与政治关系的省察》，高秦伟译，北京大学出版社 2011 年版，第 8–14 页。

化"转变为"法制化",社会问题的"依法治理"变换为"依照刑法治理"。刑法提前参与社会治理,隐蔽着破坏法治的极大风险。"通过犯罪化管控社会"的"惩罚性"社会治理模式实质上是为了避免复杂的社会结构问题,并关押特定的社会"麻烦"和"问题"群体,以维护社会秩序,这种带有严重的"惩罚民粹主义"倾向的"排他性"方法很容易侵犯个人权利并造成更深的社会裂痕。① 它将不仅无助于改造犯罪人和解决社会问题,而且最终会引起监狱拥挤不堪、法律权威难以为继等更多的社会治理问题。

近现代法制改革的历史表明,我国在法治建设上采取了自上而下的方法,在东西方文化的激烈碰撞中进行了法律移植,引入了西方法制,选择性地汲取西方法律文明,这些行为需要依靠国家的强大发展和推进。通过国家权力和职能的不断扩大,我们可以在最短的时间内建立法治所需要的基本制度,培育和构建各种现代法律体系,为法治提供稳定良好的社会秩序条件。但是,这种自上而下的国家主导的法治进路要求强大的国家权力,而自然与以限制公共权力为主要目标的法治体系之间存在矛盾。国家不能从根本上满足法治对国家治理合法性的拷问。② 当社会中出现某种问题时,国家和社会普通大众通常不由自主就想用刑法来快速解决。我国刑事立法和司法实践中过度犯罪化现象正是"过度刑法思维"的直接表达与外化。

国家不恰当地将刑法视为"社会管理法",从而导致治理目标的过度调整。法律的规训是使人类行为服从规则治理的过程。任何部门法律均以其自身形式承载和担负着一定的社会治理的职能。由此意义而言,刑法也兼具社会管理法的属性。但是,刑法是以矫正正义的方式来参与对社会的治理。刑法的实质不可改变,它不是为公共利益服务的法律,而是属于司法法,必须彰显其内在的稳定性价值。这从根本上界定了刑法与一般意义上的社会管理法不同的特质,过分强调刑法积极参与社会治理将使其面临"性别退化"的风险。③ 在最近的刑法修订中,这个问题变得越来越突出。一旦社会出现某种混乱,就立即动用刑法进行治理。在现行刑法中没有相应条款的情况下,国家通过立法、通过增加新的罪名来解决社会问题。

(三) 增设新罪的前提:用尽刑法解释

法律具有不可避免的滞后性,刑法自然也不例外。时代在不断发展,刑法不能日新月异、朝令夕改,而必须保证其内在的逻辑和稳定。为了提高刑法自身与社会现实的适应性和协调性,自然需要对刑法进行不断的诠释,以保证其适用的张力。只有当刑法的解释功

---

① 赵军:《法治建构与社会治理的"刑法依赖症"——以拐卖儿童犯罪的法律演进为中心》,载《法学评论》2016年第6期,第39页。
② 于浩:《共和国法治建构中的国家主义立场》,载《法制与社会发展》2014年第5期,第178页。
③ 何容功:《社会治理"过度刑法化"的法哲学批判》,载《中外法学》2015年第5期,第531页。

能已用尽，无法再进行合理的实质解释时，刑法修正和增设新罪才有必要。①"轻易改变法律和制定新法的风格实际上是削弱法律基础的一种方式。"②"轻易进行法律的废除和改革，必然会削弱人们遵守法律的习惯，同时也会削弱法律的威望。"③因此，我们对"修改法律"的提议必须谨慎。只要法官能够合理解释现行刑法，即使一些新的犯罪也可以按照现行刑法处理，那么，解决这一问题的关键是提高现行司法人员应用法律技术的能力和法律解释能力，事实上，法律中有针对某些行为的定性，有些是刑法指导性的原则规定，法官需要努力寻找这些规定并充分理解和运用；如果司法技术不能由此路径探究和解决定性问题，则可以求助于立法解释或司法解释；只有在别无选择时，才考虑是否要增加新的罪名。④

当法律尚未修订和完善时，寻求合理的解释是司法从业者应该做和应该追求的。例如，在民间借贷的司法适用中，应注意充分运用合理的解释，合理划分民间借贷的民事和刑事界限，以有效解决民间借贷刑事泛化处理的危机。正如一些学者指出的，司法部门应强调"危害原则"和"最低犯罪原则"，尽可能使用刑法解释方法，并尽力限制经济犯罪的刑罚范围，将刑法的适用限制在合理范围内。⑤具体而言，解释理论至少应做出这样的努力：使用实质性解释进行合理限制。针对当前的私人借贷，刑法解释的理论和实践必须首先符合刑法规范的实质性和合理性意蕴，并坚持实质解释的解释立场，探究立法的精神。实质解释虽然不是一种具体的解释方法，但它属于解释理论中狭义解释的上层概念，从价值的角度具有一定的控制力和兼顾全局功能。实体解释理论的构成要素的解释并不仅限于法律的字面意义，而是以保护法律利益为指导。从本质上判断是否存在值得惩罚的、违法且有责的行为。⑥这样的解释立场可以较好地解决民间借贷泛罪化的危机，即通过实质解释合理地限制私人贷款转变为非法集资的范围。这不仅是实现谦虚克制的经济刑法精神的要求，而且是民间借贷属性界分的重要路径，以此确定刑事处罚的边界。当然，特别值得警惕的一点是，我们绝不能滥用刑法解释权而任意出入人罪，否则，就是对罪刑法定原则的最大破坏。⑦众所周知，对刑法的歪曲解释是对法律规定的犯罪和处罚原则的最大损害，而符合公平正义的合理解释恰恰是对法律规定的犯罪和处罚原则的最大尊重。

四、筑牢刑法谦抑原则的根基

由于最近刑事立法主要是回应国民对于安全的期待，面对刑法修正案的不断通过和罪

---

① 熊永明：《建言增设新罪现象的反思法学论坛》，载《法学论坛》2015 年第 3 期，第 117 页。
② 武树臣：《亚里士多德法治思想探讨》，载《法学》1985 年第 5 期。
③ [法] 卢梭：《社会契约论》，商务印书馆 1980 年版，第 50 页。
④ 参见周水权：《刑法修改应当与社会变动合拍》，载《21 世纪经济报道》2009 年 4 月 8 日。
⑤ 何荣功：《经济自由与刑法理性：经济刑法的范围界定》，载《法律科学》2014 第 3 期，第 82 页。
⑥ 张明楷：《实质解释论的再提倡》，载《中国法学》2010 第 4 期，第 76 页。
⑦ 徐海波、童伟华：《民间借贷泛刑法化的危机及其化解路径》，载《学术论坛》2017 年第 5 期，第 34 页。

名的增加，社会的主流观点基本上持"赞美之词"。但近年来，这种局面已开始有所变化。一些学者指出，自从1979年刑法典颁布以来，刑法每年平均修订一次，频繁的刑法修正案不仅在古代和近代中国刑法立法的历史中是少有的，而且在世界刑法立法的历史中也是独特的。① 还有学者批评说，从刑法不断通过的修正案来看，都集中于扩大国家惩罚的力量，减少或限制公民的自由。这反映出自由保障的"刑事化"概念还很缺乏，我国的刑事立法仍然倾向于刑法的工具性，立法者的思想中根深蒂固的社会保护观念很难弱化，停止以刑事定罪为内容的刑事立法还需要很多努力。② 因此，有必要重新探讨刑法谦抑的根据、价值蕴含和实现路径，从而合理有效地限定刑事立法和刑事司法的过度刑法化。

（一）刑法谦抑的理论根基

刑法的谦抑性和约束性在本质上体现了"慎罚"思想。我国古代法律所包含的慎刑和慎罚思想，其外在表现与刑法的谦逊和内敛的性质十分相似。儒家"德主刑辅"的思想，在一定程度上也体现了刑法方法的辅助性和最终性。因此，可以说，现代刑法虽然具有限制国家权力、保护公民权利的现代刑法的本质属性，但其审慎处罚思想和"德主刑辅"的思想却是相似的。我国古代法律既有外在的要求，又有内在的谦虚和内敛的属性。

刑事古典学派的学者们以启蒙思想为基础阐述了谦抑的刑法思想。贝卡里亚首先从社会契约论的角度提出从源头上限制惩罚的权力。他认为国家权力是由公民提供的最低限度的自由所组成的。在既定条件下，处罚应尽量从轻。他反对残酷和不人道的刑罚，因为残酷的惩罚对于预防犯罪毫无用处。历史已经证明，任何一种酷刑都不会让执意违背社会的人改变主意。③ 而费尔巴哈提出的一些刑法理论为现代刑事法治奠定了更坚实的基础，其谦逊和克制的刑法思想主要体现在罪刑法定原则上。为了防止刑法干预国民生活的每一个角落，费尔巴哈主张要运用各种手段或措施来限制国家的刑权力。主要表现在三个方面：一是明确没有法律就没有刑罚的罪刑法定原则。国家用法典不仅保护好公民，也保护罪犯，明确刑法就是《刑事大宪章》的含义。二是基于行为限制，明确处罚应基于行为而非基于行为人，明确保障法的稳定性和对个人自由的保护。三是严格划分法律与道德的不同，明确犯罪不是违反道德，而是违反法律，法官不是道德法官，要尊重立法者的良心自由。④ 因此，确立了罪与罚的罪刑法定思想，将法与德的区分纳入到了法学理论研究的体系。

随着二元社会结构的形成和发展，现代刑法的功能已经从原来的以"社会保护"为主转向社会保护与人权保障并重的方向，甚至更加强调公民的人权保障。在此，更需要明确

---

① 参见邢馨宇、邱兴隆：《刑法的修改：轨迹、应然与实然》，载《法学研究》2011年第2期。
② 刘艳红：《我国应停止犯罪化的刑事立法》，载《法学》2011年第11期。
③ 参见［意］贝卡利亚：《论犯罪与刑罚》，黄风译，中国大百科全书出版社1993年版，第47页。
④ 参见马克昌主编：《近代西方刑法学说史略》，中国检察出版社1996年版，第95页。

刑法谦抑的根据是建立在现代刑法意义上的。刑法的功能是指刑法对社会所应发挥的效能或其固有作用。刑法本身就具有与生俱来的社会保护功能，原因在于刑法是根据国家维护其建立的社会秩序的意愿制定的。根据国家的意志，它专门选择那些需要受到刑事制裁来保护的合法利益，侵犯或威胁此类合法利益的行为就属于犯罪，这即是刑事惩罚的依据。刑法具有保护国家重大法益的功能。而法制与社会的发展，公民人权意识逐渐觉醒和强化，其必然要求在社会中具有更为独立的角色和地位，这势必会对国家权力的行使产生一定程度的约束和限制。所以，国家一方面要保护公共利益、切实维护社会秩序，另一方面又必须对公民的私人领域予以充分的尊重。体现在刑法上，即刑罚权退出了许多私人领域，逐渐着眼于维护最基本的秩序、最需要维护的秩序。其内容体现在刑法的大规模收缩和缩减上，这样的逻辑正体现出刑法谦虚克制的价值。

(二) 刑法谦抑的实现路径

刑法的谦抑性是刑法的适度约束的体现，是刑法在刑罚权的启动、规制范围的划定、规制方式的选择上的谦逊和让步。它的实现离不开刑事立法过程。只有在刑事立法过程中始终遵循刑法谦抑原则的指导，才能保证刑事立法的适度克制，也为刑事司法、刑罚执行等实践活动中实现克制奠定基础。刑事立法的内容即罪与非罪的划分以及刑罚权的分配问题。因此，刑法谦抑的立法实现实际上是刑法在厘定犯罪圈、配置刑罚权的权力技术的体现。

为了规制国家刑罚权本能的扩张本性，减少和避免国家刑罚权对个人权利的不当侵犯，需要持续不断地推敲国家刑罚权，重申刑法的谦抑性。在我国刑法过度化的背后，显然存在着国家刑罚权扩张的欲望。刑法是现代国家实现社会控制的重要手段之一，刑法的范围映射出国家在处理公民自由、社会福利和自身利益时的平衡能力和宽容程度。"即使该行为威胁、侵犯他人利益，也不必立即动用刑罚。如果还有可能的话，最好能移交给其他社会控制方法来处理。只有在其他社会控制方法不足以治理的情况下，或其他社会控制措施（例如私刑）过于强大，有必要用国家刑罚代替，才能保证公正，才可以和需要发动刑罚。这即是刑法的谦抑性质。"① 根据罪刑法定原则，如果行为人的行为在刑法中没有明确规定为犯罪行为，行为人就不应受到刑罚处罚，即法无明文不为罪，法无明文不处罚，这是罪刑法定原则最经典的表述，也正是在此意义上，罪刑法定原则限制了国家刑权力的启动，刑法通过限制国家刑罚权的行使来保护普通公民和犯罪人的自由，体现其"大宪章"的根本价值。既然如此，司法机关在适用刑法时要与立法中的罪刑法定原则保持一致的立场，应秉承保护公民自由的理念。

在刑法立法中实现刑法克制只是实现刑法克制的步骤之一，更为关键和艰巨的任务是

---

① [日]平野龙一：《刑法总论Ⅰ》，有斐阁1972年版，第47页。

使刑法谦抑理念在刑法运行过程中得到贯彻落实。因此，可以说，刑法的适度约束在刑法运行中的实现，决定了刑事法治化的程度和进程。在当前的刑事司法中，很多司法工作者因缺乏对行政法与刑法之间关系的清晰理解，没能厘清行政违法行为与刑事犯罪行为之间的本质区别，导致行政违法行为被确认为刑事犯罪行为。一些检察官和法官不愿推翻行政机关的裁定，而是完全维持对先前程序的判断，既不敢也不愿做出独立的判断；在某些情况下，他们可能也缺乏做出独立判断的能力，结果就不可避免地导致将行政违法行为确定为刑事犯罪。①

为了强化对自身利益和社会秩序的维护，国家势必要扩大以刑罚处罚为载体的权力范围，即使在实践中存在规范和程序约束立法，但面对一般国民强烈的处罚诉求，立法程序的约束作用有时很难真正实现。只要国家通过立法程序将某些行为确定为犯罪行为，国家在此类行为中的管控地位就是最强大的，国家也由此获得了最强势的社会治理资源。至于立法是否适当，是否会导致调整范围过大，是否危害公民自由，一旦缺失切实的制约，则刑罚权的本性就凸显无疑。当前国家将刑法视为一种社会管理法，由此产生的过高、过度的刑法化问题清楚地反映了上述国家对社会治理的逻辑。② 通过刑法解释扩大刑法的范围也涉及这一问题，因为当刑法解释放宽放大了刑权力的调控范围，司法机关就能够掌控和利用更多的司法资源，在打击犯罪方面将获得更有利的地位，完成维护社会秩序的任务，刑法的自由保障机能就此让位。例如，当司法解释将特定犯罪解释为行为犯、危险犯时，显然将减轻司法机关证明特定犯罪的负担，并有助于确立和认定犯罪。

刑法的谦抑性要求国家优先尝试使用刑法之外的部门法和社会政策来解决社会问题。一旦国家倡导积极刑法观，就会很容易使刑法过于活跃，也极易引起过分强调刑法的投入和适用，很可能把法治的风格塑造成"口头化"和"运动化"，这将放松和转移解决社会矛盾，遏制其他社会治理措施的基本意义，导致其他社会争端解决机制的退化，而后者才是维护国家社会稳定和健康发展的基石。

（编辑：蒋太珂）

---

① 张明楷：《避免将行政违法认定为刑事犯罪：理念、方法与路径》，载《中国法学》2017年第4期，第39页。
② 何荣功：《社会治理"过度刑法化"的法哲学批判》，载《中外法学》2015年第5期，第535页。

论自贸区规范性文件合法性审核的标准与方式[*]

于 洋[**]

摘 要 自贸区规范性文件合法性审核制度以行政自觉为价值取向,以内部规则为规范依据,以自我预防、自我发现为核心内容,本质上属于行政系统的自我规制。确保自贸区规范性文件的合法性不仅是推进自贸区"先试先行"顺利推进的重要保障,而且是增强自贸区改革的合法性与权威性的关键。自贸区规范性文件合法性审核制度作为一种"前置审查"方式,能够有效预防违法性文件出台、降低纠错的难度与成本,减少因违法性文件所导致的行政复议、诉讼,乃至赔偿。在审核标准方面,应考量法律的稳定性与先试先行改革的特殊性、中央立法授权与地方的关系等,借由法律方法从主体合法、内容合法、程序合法三个维度对自贸区规范性文件展开合法性审核。在审核方式方面,应结合行政自制的多重理念与现有实践经验进行方式创新,包括标准化审核方式、专业化审核方式、民主化审核方式、信息化审核方式等。

关键词 上海自贸区规范性文件 解释方法 审查标准 法律规范抵触 法秩序

一、问题的提出

法治中国要求在法治的保障下深化改革,强调重大改革于法有据。作为撬动新一轮改

---

[*] 基金项目:上海哲社青年项目"上海自贸区规范性文件合法性监督机制研究"(2018EFX009)阶段性成果。
[**] 于洋,女,辽宁岫岩人,上海财经大学法学院讲师,法学博士,硕士生导师,研究方向为行政法学、法学方法论。

革开放的支点,自贸区承载着"先试先行"的改革重任,但是这种探索改革创新是在法律授权范围内对既有法律框架的合法突破,需要通过法治来确保与增强改革的合法性与权威性。从实际情况来看,基于规范性文件制定程序简单、高效便捷的优势,在中央作出授权规定与原则性规定的情况下,自贸区先行先试改革许多是借助规范性文件进行的,以上海自贸区为例,上海自贸区初步形成了以《授权规定》和《总体方案》为灵魂,《管理办法》及《条例》为骨架,国家和本市部门规范性文件为血肉的规则体系,① 可以说规范性文件已经成为自贸区改革与运行的制度规则主体。然而当前自贸区规范性文件依然存在违法与不适当的情形,因此确保自贸区规范性文件的合法性不仅是推进自贸区"先试先行"顺利推进的重要保障,而且是增强自贸区改革的合法性与权威性的关键。

事实上,当前我国已经形成监督规范性文件合法的制度体系,其中"规范性文件合法性审核制度"作为一种"前置审查"方式,有效地将合法性监督阵地前移,发挥着预防违法性文件出台的重要功能,不仅有助于从源头规避违法的规范性文件出台,而且降低了纠错的难度与成本,减少了因违法性文件所导致的行政复议、诉讼,乃至赔偿,增进了政府的权威与公信力。尤其 2018 年 12 月 4 日国务院办公厅颁布的《全面推进行政规范性文件合法性审核机制的指导意见》(以下简称《指导意见》),"第一次"对其作出系统的规定,标志着我国行政规范性文件的制定和监督管理步入法治新时代。然而一方面《指导意见》仅对行政规范性文件合法性审核制度进行了方向性指引,如何具体操作仍需实践探索,自贸区本身即承载着探索法律制度创新的重任;另一方面自贸区规范性文件相较于其他种类规范性文件具有特殊性,作为先试先行改革的重要依据,其需要不断适应改革发展的新情况作出局部调整,甚至依法突破既有法律的相关规定,大多规范性文件属于"创制性规范性文件",从而形成法的稳定性与先行先试改革的特殊性之间的张力。因此,如何对自贸区规范性文件进行合法性审核是规范性文件监督制度中的特殊问题,对其进行研究不仅能确保先试先行改革的合法有序进行,而且有助于探索规范性文件合法性审核制度的创新,从而推进法治政府建设,实现良法善治的功能。

二、制度性质:政府职能转变下的行政自制

对自贸区规范性文件合法性审核制度的性质进行定位,不仅关系到该制度的制度设计,而且涉及与其他监督机制之间的衔接。相较于自贸区规范性文件的立法监督、司法监督,自贸区规范性文件合法性审核制度本质上属于"行政自制"。行政自制是指行政系统或行政主体自发地约束其所实施的行政行为,使其行政权在合法合理的范围内运行的一种自主行为。概言之,其是行政系统或行政主体对自身违法或不当行为的自我控制,包括自

---

① 钱焰青:《上海自贸区的规范性文件若干问题分析》,载《社会科学家》2015 年第 10 期。

我预防、自我发现、自我遏制、自我纠错等一系列内设机制。① 随着政府职能转变理念的提出，以有效限权、放权和分权为核心的改革正在进行。政府职能转变的本质是"政府的自我革命"，行政自制已成为行政机关提高自身能力，自我约束、自我克制，进而转变执政理念的重要方式。自贸区规范性文件合法性审核制度彰显了行政自制的理念。

（一）自贸区规范性文件合法性审核制度以行政自觉为价值取向

"行政自觉"是"在没有权威渊源要求的情况下，行政机关仍对自身自由裁量权科以的限制"，②"属于内发的、积极控制权力的行政行为"。③ 这种"自觉"进行自我规制的行为，既有外部动力的驱使，也有内部动力的支撑。其中，外部动力首先源于法理型统治的需要，促使在立法者、司法者能力不足的地方，加强行政系统内部自我规制，通过一系列规则的建立，以保障行政依规则办事。④ 内部动力则来源于提升制度竞争力、行政正当性和合法性的需求。自贸区规范性文件合法性审核制度亦是如此，其是行政机关内部"自觉"地自我监督行为，用以提高行政规范性文件的正当性与合法性。

虽然我国已经初步形成了自贸区规范性文件监督的外部体系，但是存在着权力机关监督疲软、行政内部监督滞后、司法外部监督被动以及社会公众监督乏力等问题。⑤ 为弥补外部监督方式的不足，自贸区规范性文件合法性审核制度"把立法机关和法院的外在压力内化为自觉的自制行为"，⑥ 借由行政系统内部的程序审核，从源头上防止违法文件出台，确保自身的合法性。而区别于行政内部的行政复议监督、政府备案审查等事后监督方式，自贸区规范性文件合法性审核制度是起草单位制定后，发布之前的事前监督，更有助于从源头遏制违法的规范性文件。同时，"政府的权力来自人民，政府的权威来自人民的认同。"⑦ 这是对行政自身正当性和合法性的要求，亦是执政合法性的基础性问题。在整个政治制度体系中，行政功能是否能够有效发挥，以及功能发挥的强弱，均取决于行政机关的制度竞争力。伴随着公民权利意识的觉醒以及现代民主政治的推进，公众对行政机关依法行政的要求不断攀升。行政规范性文件是行政机关权力行使的产物，因其违法性而受公众质疑，影响其权威性，通过合法性审核制度自觉地进行自我约束，控制违法规范性文件的产生，"暗含"着行政机关通过行政自制提升自身制度竞争力的

---

① 于立深：《现代行政法的行政自制理论——以内部行政法为视角》，载《当代法学》2009年第6期，第3-16页。
② [美]伊丽莎白·麦吉尔：《行政机关的自我规制》，安永康译，载《行政法论丛》（第13卷），法律出版社2010年版，第510页。
③ 崔卓兰、于立深：《行政自制与中国行政法治发展》，载《法学研究》2010年第1期。
④ 沈岿：《行政自我规制与行政法治：一个初步考察》，载《行政法学研究》2011年第3期。
⑤ 钱文杰：《论对规范性文件的异议审查》，载《湖北社会科学》2017年第11期。
⑥ 于立深：《代行政法的行政自制理论——以内部行政法为视角》，载《当代法学》2009年第6期。
⑦ 周望、孔新峰：《深耕"政无信不立"，避免"塔西佗陷阱"》，载《光明日报》2014年10月11日，第6版。

价值追求，以建设"人民满意政府"，彰显政府执政理念由权力本位向责任本位的嬗变。

(二) 自贸区规范性文件合法性审核制度以内部规则为规范依据

行政自制主要是以内部规则为规范依据，"内部规则是指行政权行使主体在法律框架下，根据自身组织结构特点及其所面临的具体行政事态而制定的实体性规则与程序性规则的总和"，① 具体包括纲领性质的行政文献、行政机关的办事规则、行政机关公文规则、行政自我拘束的规则等，借助于科层制行政组织结构的内部拘束力贯彻执行。自贸区规范性文件属于行政规范性文件的一种，行政规范性文件合法性审核制度的兴起与发展均是以行政系统内部规则为支撑与指引进行推进，是行政机关的自我革命。

在中央层面，为解决依法行政制度体系法治化的"最后一公里梗阻"，2015年的《法治政府建设实施纲要（2015－2020年）》就强调落实合法性审核制度，2018年12月的《指导意见》更是对规范性文件合法性审核制度进行全面的规定。国务院部门亦针对本部门的情况制定了具体的审核办法，如《国家安全监管总局规范性文件合法性审核办法》。在地方层面，各地政府也纷纷通过发布规范性文件的方式，指导下级行政机关推进行政规范性文件合法性审核制度的运行，② 并根据各地实际情况制定地方行政规范性文件管理办法、地方程序规定等，运用专章专节将该制度规范化，比如《重庆市行政规范性文件管理办法》《吉林市规范性文件监督管理办法》等。由此可见，自贸区规范性文件合法性审核制度事实上是行政机关内部规范化建设的产物，其运行的规范依据亦是行政系统制定的内部规则，旨在将自身权力限制在合法范围内，以实现规范性文件的法治化。

(三) 自贸区规范性文件合法性审核制度以自我预防、自我发现为核心内容

从行为特征来看，"行政自制体现的是一种上下级之间的纵向的科层式管理和行政平级之间的职权监督，"③ 行为主体是行政机关，行为客体是行政权力。自贸区规范性文件合法性审核制度契合行政自制的行为特征，以上海自贸区管委会制定的规范性文件为例，审核的主体是自贸区管委会中承担合法性审核工作的部门，审核的客体是自贸区管委会起草的规范性文件。事实上，自贸区规范性文件合法性审核制度彰显了行政机关自我发现、预防、纠错的核心内涵。其中，自我发现主要指行政主体对其制定的规范性文件主动检查，审视正在形成或者已经做出的规范性文件是否合法与合理，一经发现便及时纠错。自我预防则是对行政主体的行为要求，即要求其严格按照实体与程序的规定作出行为，防止

---

① 崔卓兰、卢护锋：《行政自制之途径探寻》，载《吉林大学社会科学学报》2008年第1期。
② 比如河北省政府发布的《关于全面推行行政规范性文件合法性审核机制的实施意见》（冀政办字〔2019〕10号）提出了实施行政规范性文件合法性审核的具体举措。
③ 崔卓兰、于立深：《行政自制与中国行政法治发展》，载《法学研究》2010年第1期。

行为越轨或错误行为。而自我纠错则显现出行政机关内在的严肃性，通过自我纠错的方式限制权力任性，避免自我错行为转嫁到其他社会主体身上。① 自贸区规范性文件合法性审核制度，是相关行政机关在制定规范性文件的过程中，尚未发布之前，依照实体法和程序法对正在形成的规范性文件的合法性和合理性进行预防与自我检查，以便对自身违法的规范性文件及时采取补救措施，进而发挥源头预防功能。

三、审核标准：方法论视角下的合法性认定

行政自制虽然是行政系统内部的自我规制，但是其可以通过"效力外化"影响外部行为的效果。为了确保行政自制运行的规范性、稳定性，行政自制标准是行政自制良性运行的重要保障，其不仅可以"极大的增强行政自制的稳定运作"，② 而且可以使得行政相对人获得行政法上的合法预期保护。审核机构主要是对自贸区规范性文件的"合法性"进行审核，但是究竟应该从哪些维度来判断自贸区规范性文件是否合法，就涉及对合法性审核标准的讨论。虽然《指导意见》从主体合法、内容合法、程序合法三个方面列举了审核事项，但是一方面自贸区规范性文件具有特殊性，大多属于创制性规范性文件，对其进行合法性审核需要考量改革与法治的关系、法律的稳定性与先试先行改革的特殊性、中央立法授权与地方的关系等；另一方面，各个审核事项应当如何展开，仍有待进行方法论上可操作性的讨论。

（一）是否超越职权是主体合法性审核的核心

主体合法是职权法定原则的基本要求，其法理基础在于国家权力在不同类型国家机构之间的分工，主体合法性审核的核心在于是否超越制定机关的法定职权。审核机关首先需要对制定主体是否具有"职权来源"进行审核。基于"依法行政"的诫命，制定自贸区规范性文件的"职权来源"主要包括两类：一是制定机关的法定职权。二是法律、法规、规章的授权。以上海自贸区管委会为例，根据《中国（上海）自由贸易试验区条例》第8条，上海自贸区管委会是市政府的派出机构，其职权来源是地方性法规授权，职权范围包括负责自贸试验区内投资、贸易、金融服务、规划国土、建设、交通、绿化市容、环境保护、人力资源、知识产权、统计、房屋、民防、水务、市政等有关行政管理工作，领导工商、质监、税务、公安等部门在区内的行政管理工作；协调金融、海关、检验检疫、海事、边检等部门在区内的行政管理工作，等等。审核机关首先需要明确规范性文件针对的事项，尔后判断该事项是否属于制定主体的主管范围，由此判断是否超越职权。从表现形式来看，在自贸区规范性文件审核领域，核心表现为以下两个方面：

---

① 于立深：《现代行政法的行政自制理论——以内部行政法为视角》，载《当代法学》2009年第6期。
② 沈亚萍：《行政自制的规则诉求与规则配置》，载《广东社会科学》2014年第6期。

其一，不得超越国家及本市有关授权决定调整实施的内容。自贸区承载着先试先行的改革任务，部分改革是对既有法律框架的突破，为了实现重大改革于法有据，确保改革的合法性与权威性，因此自贸区规范性文件不得超越国家及本市有关授权决定调整实施的内容。

其二，不得超越公务管辖权。公务管辖权是指"行政机关可以管理哪些事项",[①]其是以"权力分工"为核心的职权划分。一是基于"国家——社会"的分工关系，社会自治领域是法律赋予公民自我管理、自我决定有关自治事务的社会领域。自贸区的核心任务即在于优化营商环境、简政放权，因此自贸区规范性文件制定的事项不得进入社会自治领域的范畴。二是基于国家机关之间"权力——权力"的分工关系，国家的立法权、行政权、司法权等均由不同性质的权力机关行使，自贸区规范性文件不得制定立法机关、司法机关等非行政机关所享有权限范围的事项。三是基于行政体系内在的职权分工，不同行政机关具有不同的职权范围，行政规范性文件规定的事项不得进入另一个行政机关的职能范围。比如驻自贸区工商部门只能制定工商管理范畴的规范性文件，不能制定涉公安部门管理事务的规范性文件。

（二）不得违反法秩序是内容合法性审核的关键

规范性文件是行政机关在获得授权的基础上，借由规范制定程序，最终成为法规范秩序的一环，其需要遵守既有的法规范秩序。同时，作为行政机关行使权力的方式，其亦需要遵守依法行政原则的要求，具体包含法律优先与法律保留两个子原则。具体到自贸区规范性文件的审核中，法律优先原则强调的是不得与上位法相抵触，法律保留原则强调的是某些事项仅能由立法机关通过立法加以制定，自贸区规范性文件不得制定。二者共同构成自贸区规范性文件内容合法的边界。

其一，不得与上位法相抵触。作为法规范秩序的一环，"不得与上位法相抵触"是法律优先的核心要求，亦是维持法规范秩序统一的关键。以上海自贸区规范性文件为例，《中国（上海）自由贸易试验区管理委员会行政规范性文件法律审查规则》第二条第三款：本规则所称法律审查，是指市人民政府依据法律、行政法规、国务院决定、地方性法规以及规章，或者国家促进自贸试验区发展的政策，对管委会规范性文件进行审查，并提出审查意见的活动。《上海市行政规范性文件制定和备案规定》第19条亦对审核内容进行了规定，其中第二款第三项规定：是否与法律、法规、规章以及国家和本市政策相抵触。可见，对自贸区规范性文件符合法规范秩序的审查包括外部秩序与内部秩序的审查，其中外部秩序是指形式体系中的法律规则，其是根据效力关系形成的特定阶层构造，主要是宪法、法律、法规、规章等，这里尤为指适用于自贸区的法律法规规章；内部秩序要是外部

---

① 胡建淼：《行政法学》，法律出版社2010年版，第444页。

秩序内在的价值基础，主要是法律原则、政策以及基本的公平正义理念等，① 尤其要审核自贸区规范性文件是否与国家的改革政策相抵触。在符合法秩序的审核中，可以借助以下方法进行判断：一是文义解释方法，即以文本主义为核心，如果自贸区规范性文件超越了上位法文义的射程范围，即为违法。二是目的解释方法，包含主观目的解释与客观目的解释。主观目的解释着重探求立法者当时的立法意图，客观目的解释则是基于当下的客观现实来判断授权规范的目的。如果自贸区规范性文件违反了授权目的，即为违法。三是体系解释方法，在一个法律秩序中，法律条文是具有相同的、和谐的、关联着的思想体系特征，对规范性文件是否违反上位法的判断需要结合上位法以及其他规范条款进行体系判断。四是价值衡量。在自贸区规范性文件与上位法内部秩序抵触的判断中，事实上是不同价值之间的衡量，因此需要还原自贸区规范性文件背后的价值理念，进行个案的价值衡量。借助于上述判断方法，在表现形式上可以参照最高院《关于审理行政案件适用法律规范问题的座谈会纪要》所列出的抵触情形进行综合判断。② 核心即在于：在权利与义务关系中，下位法限缩、取消上位法已经确认的权利或扩大、增加上位法没有设置的义务的；在职权和职责关系中，下位法扩大、增加上位法没有授予的职权或限缩、取消上位法已经设置的职责的。③

其二，自贸区规范性文件自身的合秩序审查。作为整体法规范秩序的一环，规范性文件需要符合法的内部规范秩序与外部规范秩序。而这种合秩序性不仅体现在规范性文件与其他规范之间的关系上，还体现在规范文件自身的合秩序性要求上。比如规范性文件为了实现行政管理的目的，在不违反上位法目的的情况下扩大了某类群体的权利范围，虽然不与上位法相抵触，但是这种情况事实上却极大地增加了不必要的行政执法成本，实质上仍是不符合规范秩序的。因此，同样有必要对规范性文件自身的合秩序性进行审查。尤其是自贸区规范性文件，除了解释性规范性文件之外，还有大量创制性规范性文件，尤其要注重规范性文件自身的合秩序审查。从规范性文件的逻辑结果来看，规范性文件"实际上是

---

① 杨铜铜：《体系解释的思维依据》，载陈金钊主编：《法律方法》（第22卷），中国法制出版社2017年版，第167页。

② 从审判实践看，下位法不符合上位法的常见情形有：下位法缩小上位法规定的权利主体范围，或者违反上位法立法目的扩大上位法规定的权利主体范围；下位法限制或者剥夺上位法规定的权利，或者违反上位法立法目的扩大上位法规定的权利范围；下位法扩大行政主体或其职权范围；下位法延长上位法规定的履行法定职责期限；下位法以参照、准用等方式扩大或者缩小上位法规定的义务或者义务主体的范围、性质或者条件；下位法增设或者限缩违反上位法规定的适用条件；下位法扩大或者限缩上位法规定的给予行政处罚的行为、种类和幅度的范围；下位法改变上位法已规定的违法行为的性质；下位法超出上位法规定的强制措施的适用范围、种类和方式，以及增设或者限缩其适用条件；法规、规章或者其他规范文件设定不符合行政许可法规定的行政许可，或者增设违反上位法的行政许可条件；其他相抵触的情形。参见最高人民法院发布的《关于审理行政案件适用法律规范问题的座谈会纪要》。

③ 章剑生：《行政诉讼中规章的"不予适用"——基于最高人民法院第5号指导案例所作的分析》，载《浙江社会科学》2013年第2期。

行政机关为实现行政目的而在现有多种方案中作出的一种决策选择"①，即根据所要达到的行政任务与目的，预设达到目的的手段与要件，故而其逻辑结果为"目的——手段"。同时，从内容上来说规范性文件本质上是一种立法政策形成权，即"围绕彼此不同乃至相互冲突的利益之间进行均衡、博弈，最终确定利益分配规则的过程。其直接关系到公民的权益，并且往往关系到不确定多数人的利益。"② 如何兼顾整体公共利益的推进与坚守权利保障的诫命是关键。因此，无论从结构上还是内容上进行观察，均应通过"比例原则"对自贸区规范性文件自身的合秩序审查。首先适当性审查，对自贸区规范性文件制定的目的本身进行正当性审查，以确保其是为了公共利益的需要，并考量手段是否有利于行政目的的实现。其次必要性审查，在可能达到行政目的的几种途径中，自贸区规范性文件应当选择对公民权利最小侵害的手段，避免对公民权益作不必要的侵害与限制。最后狭义的比例原则，即衡量行政目的所要达成的利益与公民权利损害或社会公益损失之间是否成比例，是否均衡。

其三，遵守法律保留的界限。法律保留原则是行政机关制定规范性文件必须遵守的基本原则，即某项事项只能由立法机关通过"法律"予以制定，严禁行政规范性文件进行制定。法律保留原则兼具民主与法治的面向，具有双重内涵：一是关于人民权利之限制的事项，需要具有法律上的依据或者授权。二是法律若授权行政机关以命令为补充规定，其授权之目的、内容或范围，均应具体明确，合乎法律保留之意旨，此即法律保留之意旨。这些维度在我国均有所体现，最核心的体现就是《立法法》第8条、第9条规定的"相对保留条款"以及"绝对保留条款"，特定领域的国家事务应当由立法者进行规定，非有法律依据不得制定。基于法律保留原则的要求，审核机关应该侧重审核自贸区规范性文件是否存在违法设立行政许可、行政处罚、行政强制、行政征收、行政收费等事项。核心即在于审核是否存在没有法律、法规、规章依据的情况下作出了减损公民等主体合法权益或者增加其义务的情形。

（三）制定程序的全面审核是程序合法性审核的重点

规范性文件本质上是"一个运用多重事实和价值知识而进行交涉和选择的过程"，③制定程序具有提高行政规范性文件合法性与正当性的价值。对自贸区规范性文件程序合法

---

① 比如怎样解决城市交通拥堵的问题上，行政机关可以选择多种方案：1.拍卖牌照；2.车牌摇号；3.车牌尾号限行；4.拓宽道路；5.收取拥堵费等等。行政机关可以借助法学之外的知识，如经济学、公共管理学、行政学、政治学等理论，在充分听取各方意见的基础上研判，选择一种或几种治堵方案，然后通过制定行政规范加以具体化，使之成为行政机关处理个案的依据。参见章剑生：《现代行政法总论》，法律出版社2014年版，第197页。

② 蒋红珍：《论比例原则——政府规制工具选择的司法评价》，法律出版社2010年版，第15页。

③ 王锡锌、章永乐：《专家、大众与知识的运用——行政规制制定过程的一个分析框架》，载《中国社会科学》2003年第3期。

的审核是确保自贸区规范性文件合法的重要保障。

第一，程序合法性审核的规范依据。明确审核机关判断自贸区规范性文件程序违法的"判断依据"是首要解决的问题。虽然我国没有统一的行政程序法，但是可以根据相关程序规定进行合法性审核：一是授权规范中的"法定程序"。部分规范性文件的授权条款本身就包含了制定程序的要求，这是判断其制定程序是否合法的"直接依据"。① 二是法律法规规章以及合法的规范性文件中所规定的"法定程序"。虽然中央层面没有制定统一的行政程序法，但各级地方人大常委会监督条例，以及各地方制定的行政程序法规或者行政程序规定，事实上很多已对规范性文件的制定程序进行了规定，② 甚至部分地区专门制定了规范性文件制定程序规定，③ 自贸区规范性在制定的过程中同样应当遵守这些程序规定，因此上述程序规定均可以成为审核机构审核自贸区规范性文件制定程序是否合法的规范依据。三是可以参照《规章制定程序条例》。根据该条例第36条的规定，④ 对于既没有授权规范规定的制定程序，也没有地方行政程序法规、规章和专门规范性文件制定程序的地区，则可参照《规章制定程序条例》的规定进行审核。四是正当程序。"没有法定程序的情况下，行政机关行使行政权必须遵守一种最低限度的程序公正要求，即正当程序。"⑤ 学界大多赞同规范性文件的制定同样要遵守正当程序的基本要求，⑥ 因此自贸区规范性文件的合法性审核亦需要判断其制定程序是否符合正当程序的要求。

第二，程序合法的全面审核。基于规范性文件合法性审核制度的"行政自制"性质，以及其事前监督旨在从"源头"根除违法的规范性文件的目的，因此在合法性审核中对于程序违法的审核程度相较于备案审查与司法审查等事后监督方式应当更为全面与严格。规范性文件的制定包含规划、起草、征求意见等程序要求，审核机构需要对自贸区规范性文件制定的上述程序进行全部审核，如《中国（上海）自由贸易试验区管理委员会行政规范性文件法律审查规则》第九条在"审查事项"中规定，对"是否符合在起草时主动公开征求意见、在公布和实施之间预留准备期等文件制定程序"进行审查。其中应当尤为关注法定程序、强制性程序与主要程序的审核。"法定程序"区别于自主程序，具有法定性，

---

① 如《广东省道路交通安全条例》（佛府〔2008〕117号）第14条规定：地级以上市人民政府在本行政区域内对电动自行车和其他安装有动力装置的非机动车不予登记、不准上道路行驶作出规定的，应当公开征求意见，报省人民政府批准……，所以如果广东省地级以上的市人民政府作出相关规定，必须公开征求意见，否则即为违法。
② 如《湖南省行政程序规定》第二节"制定规范性文件"，《兰州市行政程序规定》第三章"行政规范性文件制定程序"等。
③ 如上海市的《行政规范性文件制定与备案规定》《海口市规范性文件制定与备案管理办法》等。
④ 《规章制定程序条例》第36条：依法不具有规章制定权的县级以上人民政府制定、发布具有普遍拘束力的决定、命令，参照本条例规定的程序执行。
⑤ 章剑生：《现代行政法总论》，法律出版社2014年版，第230页。
⑥ 如"合法的行政规范性文件不得有违背法定程序的情形。广义法定程序，不仅包括法律、法规、规章和行政规范性文件规定的程序，还包括正当程序。"参见姜明安：《行政法与行政诉讼法》，北京大学出版社、高等教育出版社2015年版，第181页。

是"依法行政原则"的基本要求。"主要程序"区别于次要程序，对主要程序的违反将影响规范性文件的实体内容。"强制性程序"区别于任意性程序，是规范性文件制定必须遵守的程序。由于上述程序均直接决定着规范性文件的成立与实体内容，审核机构应当尤为关注。同时，自贸区规定的大量先试先行政策是对既有法律规范的突破，因此应当在公布和实施之间预留准备期，这一程序性保障尤为重要。

四、方式创新：规范、高效与正当化的多元样态

伴随着简政放权、加快政府职能转变等监管理念的倡导，运用多元化的行政方式实现高效的行政管理与服务是现代行政发展的必然要求。作为政府自制的自贸区规范性文件合法性审核制度，为实现其高效运行，创新审核方式是关键。《指导意见》虽然做出了方向性的指引，但仍然需要各地实践探索，尤其自贸区本身即承载着法治改革创新的使命，因此应结合行政自制的多重理念与现有的实践经验，运用多元化的方法积极探索规范性文件审核方式的创新。

（一）运用标准化审核方式减少行政恣意

"法律上的一切权力，作为与'职责'相对的一个概念，都包含'自由裁量'的因素在内，差别只是程度不同而已。"[①] 当前行政机关如何进行审核存在着大量的裁量空间，规范性文件合法性审核制度的法律规范仍有待进行细化，导致行政机关审核机构未严格履行审核职责致使规范性文件违法、行政恣意依然存在。而"标准化审核方式"正是限制行政裁量，减少行政恣意的重要方式。它以标准化管理理念为基础，以构建审核内容标准体系为核心，按照标准拟定与标准执行、事后审查与事前审查、实践操作与制度建设相结合的总体思路，不断完善行政规范性文件合法性审核机制。[②] 标准化的审核方式不仅有助于统一标准，提高行政效率，而且有助于压缩行政机关的裁量权，防止权力滥用。

其一，借助"清单制"管理实现制定主体标准化。作为推进法治政府建设的行政自制规范，权力清单无疑使控权对象明确化、控权程序法定化、控权方式具体化，以及控权过程严格化。[③] 制定主体清单包含正面清单模式与正面/负面清单相结合模式，为制定主体的标准化审核提供了依据。其二，限定审核要素实现审核范围标准化。面对当前在规范性文件审核实践中存在的审核范围不统一、不明确的问题，《指导意见》从"是否影响相对人合法权益"以及"是否仅在行政系统内部运行"两个要素进行了限定，可以借助于已经制定的地方程序法以及规范性文件管理规定，运用上述两个要素，将其含义、特征、类

---

① William Wade, *Administrative Law* [M]. 8th ed. Oxford University Press, 2000：315.
② 马利民、简华：《五大标准化给抽象行政行为戴上制度枷锁》，载《法制日报》2016 年 8 月 22 日，第 5 版。
③ 关保英：《权力清单的行政法价值研究》，载《江汉论坛》2015 年第 1 期。

型加以制度化定型，进而将自贸区规范性文件的审核范围标准化。其三，细化审核标准实现审核内容标准化。明确规范性文件的合法性审核标准，将主体合法、内容合法、程序合法三个维度的审核事项具体化，从而提高可操作性，比如扬州市将规范性文件审核标准细化为16条形式要件标准和25条实体内容标准，从而形成一整套具体、量化、可供复制的工作模式。其四，设计文书样式实现审核文书标准化。标准化的审核文书，一方面可以防止规范性文件审核机关重形式、轻内容、走过程式的审核，另一有助于形成统一、标准化的操作，并指出制定机关的问题。因此可以在各个审查环节设计标准化的文书样式，进行科学管理。比如河北廊坊市为统一文件审查文书，制定了18个标准化文书样式，按照案卷卷面、卷内目录、卷内备考表、卷内材料收集、卷内材料排列顺序、档案保管等具体要求，将18个审查文书按照顺序规范装订，做到一卷一档，科学管理。①

（二）借助专业化审核方式提升审核理性

"行政规则制定是一个通过特定法律程序而使不同类型知识得到恰当运用，为行政规则提供正当性和理性的过程。"② 随着行政范围的扩大以及行政事务的专业化与技术化演进，规范性文件的制定越来越需要专家的专业知识提供理性支撑，由此导致规范性文件的合法性审核也是一个运用专业知识进行判断的过程。因此，自贸区规范性文件的合法性审核可以广泛的引入政府法律顾问、律师、高等院校科研人员、社会组织、智库专业人士等，依赖专家协助审核模式来提高规范性文件审核的技术理性。

首先，引入专家力量制定专业化的审核标准。对行政规范性文件的合法性进行审核，审核标准的制定是前提。为提高审核标准的专业化与科学化，可借助专家的智识对规范性文件合法性审核标准进行论证，比如成都在审核标准的制定过程中，专门邀请大学教授、法律界人士论证、提意见，最后形成了《行政规范性文件备案审查标准化作业表（试行）》与《行政规范性文件（事前）合法性审查标准化作业表》，将审核标准以表格的形式固定下来。③ 其次，借助专家智识完善专业领域审核工作。面对涉及面广、专业性强、重大复杂的规范性文件，召开专家论证会，根据不同领域邀请相应的专家参与合法性审核工作，可确保规范性文件审核的合法性、合理性。也可以通过购买服务的方式，委托第三方机构承担审核工作。最后，依托专家评查制度监督制定机关依法履职。专家评查制度体

---

① 具体包括审查接受登记表、文稿批审笺、起草说明、文件草稿、制定依据、风险评估报告、部门法制机构初审意见、征求意见函、部门反馈意见、征求意见说明、咨询论证记录、文件修改稿、法制机构审查意见、常务会议讨论稿、正式印发文件、文件审查跟踪记录表、备案报告文书。具体参见：《提名奖（二）河北省廊坊市完善规范性文件合法性审查机制》，网址：http://fzzfyjy.cupl.edu.cn/info/1053/6794.htm，最后访问日期：2019年8月16日。
② 王锡锌：《专家、大众与知识的运用——行政规则制定过程的一个分析框架》，载《中国社会科学》2003年第3期。
③ 马利民、简华：《五大标准化给抽象行政行为戴上制度枷锁》，载《法制日报》2016年8月22日，第5版。

现了借由行政机关的自我反思实现行政自我规制的理念,其"正当性源于对行政决策权在运行过程中可能发生的权力滥用的主动限制,对行政决策外部效果可预测性和可接受性的关注。"① 通过定期的合法性评查、专家点评会等形式,将委托专家审核的规范性文件的审核结果进行现场反馈并听取制定机关的解释与申辩,政府相应的审核机关进行最终评估和审核之后,书面反馈各单位并进行纠正。这种定期评查制度有助于实现专家、规范性文件制定机关、审核机关之间的良性互动,通过信息的交流进而实现"开放反思"的行政自制制度。

(三) 通过民主化审核方式增强正当性

崔卓兰教授认为,"行政自制是旨在促进政府与公民之间和谐发展,着重强调政府自我控制的一种行政法理论。"② 在价值理念上,要求政府以服务者的角色进行定位;在行政过程中,要求行政行为必须具备正当性与理性两个至关重要的目标。③ 一方面规范性文件的制定,本质上是"行政机关在多元利益主体之间进行利益博弈的过程",其需要民众的参与,这是其正当性的基础。另一方面从动态的视角进行观察,符合公民利益的规范性文件将降低其事后实施的违法成本,有助于提升规范性文件的实施效果。因此,民主化的审核方式将成为自贸区创新审核方式的重要领域。

在民主化审核的过程中,首先,应建立规范性文件合法性审核的公众参与制度。对公民、法人和其他组织权利和义务产生直接影响的规范性文件,政府法制部门应采取多元化的征求意见方式,比如座谈会、听证会、网上征求意见等,④ 确保听取意见对象的针对性与广泛性。对分歧意见较大的重要规范性文件,不仅广泛征求各方意见,还应深入实地调研,以获取更广泛的知识信息,提高规范性文件制定的科学性。其次,完善公众参与规范性文件合法性审核的信息公开制度。为实现公众参与的充分性,在征求公众意见审核的过程中,应将起草说明、背景资料、条款释义、重大条款分歧、利益考量等情况予以公开,逐步扩大公开内容。最后,确保公众参与规范性文件合法性审核的实效性。公众参与的实效性可用以下指标衡量:其一存在畅通的意见表达途径与渠道;其二公众意见容易被立法机关所采纳;其三对公众的意见采纳情况做到及时反馈。"现阶段公众参与立法呈现出表层化倾向,"⑤ 表现为:一是采用哪种形式听取或征求意见,取决于制定机关的选择;二

---

① 于立深、刘东霞:《论社会稳定风险评估制度的行政自制功能》,载《东北大学学报(社会科学版)》2015年第4期。
② 崔卓兰、刘福元:《行政自制的可能性分析》,载《法律科学》2009年第6期。
③ 王锡锌:《专家、大众与知识的运用——行政规则制定过程的一个分析框架》,载《中国社会科学》2003年第3期。
④ 比如昆明市对内容涉及市内交通通行调整、征地拆迁安置等方面的文件召开听证会专门听取群众意见,吸纳有价值意见对文件进行修改完善。具体参见:《云南:源头防止"带病文件"强化依法行政保障》,网址:http://yn.people.com.cn/n2/2018/0526/c378439-31629261.html,最后访问日期:2019年8月21日。
⑤ 黄洪旺:《立法公众参与研究》,福建人民出版社2015年版,第185页。

是是否充分地听取或征求了各方意见,特别是未被采纳的意见如何处理是不确定的。① 因此,应当完善公众参与情况的反馈机制,防止公众参与规范性文件审核流于形式。

(四) 借由信息化审核方式提高行政效率

"行政效能是行政权的生命,现代社会中的行政权尤为如此,"② 如何提升规范性文件合法性审核的效率是有效配置国家资源,节约审核成本的关键。在大数据的时代潮流下,基于对信息生产、传递、分析方式的变革,大数据将推动政府转变监管方式,转向循数监管、精细监管、实时监管、流程监管、协同监管,以建设现代化的政府监管体系。③ 因此,信息化审核方式是自贸区行政机关"运用现代技术信息手段对传统权力运行方式进行改革与创新的有益尝试"④。

首先,建立规范性文件审核管理平台,涵盖规范性文件合法性审核全部业务,对规范性文件合法性审核的启动、报送、流转等进行全流程的固化,并列明各个环节的工作标准、时限要求和责任分工等内容,实现规范性文件合法性审核处处留痕。同时强化网络平台的辅助审核功能,进行上位法检索、与上位法对比、法律法规相似度分析,以及提示审查重点、生成初审意见,在线征求专家、公众意见等。其次,通过政务信息公开,将行政规范性文件的制定目的、规范性文件文本、背景资料、利益考量因素等公开。一方面保障公民的知情权,对行政民主化、法治化进行有效回应,进而改变信息不对称的情况,另一方面增加政府部门监管的透明度,进一步提高政府在社会上的公信力。最后,建立审核系统、公文管理平台与政务信息平台的衔接,实现数据共享。"权力共享化"已经成为信息时代行政权力的发展趋势。⑤ 因此可以在逐步建立自贸区规范性文件合法审核系统与所在省市县区审核系统的统一,以实现各个省市县区审核的统一。同时,通过对自贸区规范性文件审核情况的分析,有助于分析自贸区行政管理中的主要内容及普遍存在问题,在法治框架内探索解决路径,服务于政府建设的依法推进。

结 语

如何有效地约束行政机关依法行政,提高行政的合理性与可接受性,一直是法治政府、责任政府建设的核心命题。相较于外部监督,行政自我规制一直是推进行政法治的另外一种重要力量。作为行政自我规制实践的自贸区规范性文件合法性审核制度,不仅有助于维护社会主义法制的统一,从源头上防止违法规范性文件的出台,而且有助于保障公

---

① 冯英:《政府过程视角下的行政立法腐败问题分析》,载《中国行政管理》2012年第10期。
② 朱新力、唐明良:《行政法基本理论改革的基本图谱——"合法性"与"最佳性"二维结构的展开路径》,法律出版社2013年版,第3页。
③ 刘建义:《大数据驱动政府监管方式创新》,载《中国社会科学报》2018年2月28日,第6版。
④ 徐维:《行政机关自我规制动力探究》,载《行政法学研究》2012年第3期。
⑤ 秦水若:《信息时代行政权力发展的六大趋势》,载《中国行政管理》2005年第12期。

民、法人和其他组织的合法权益，提升行政的正当性权威，是推进依法行政、建设法治政府的必然要求。为实现该制度的预期目标，厘清规范性文件合法性审核制度的构造是关键。本文通过明晰起草机关、审核机构的职责进而理顺该制度的运行机制，从主体合法、内容合法、程序合法三个维度统一审核标准，结合行政自制的多重理念与现有的实践经验对审核方式的创新进行了讨论。除此之外，需要注意的是，为避免该制度流于形式，应该加强审核责任追究机制，提升审核能力建设。同时，作为行政自制的合法性审核制度需要与外部监督制度即立法监督、司法监督，以及行政监督的其他方式有效衔接，形成合力，才能实现监督效果的最大化。

（编辑：蒋太珂）

数据爬取行为规控的法解释路径

刘 源[**]

摘 要 在《反不正当竞争法》对数据爬取行为的司法规制中，存在一般条款构成要件不明和专项条款适用空间受限的问题。面对传统私法以权利化方式保护数据尚存局限，且数据专门立法仍待完善的现实情况，借助法律解释方法对《反不正当竞争法》进行解释具有必要性。通过对互联网专项条款的体系解释，能够明晰该条款适用的主客观要件，从而增强对数据爬取行为规制的针对性；通过在一般条款适用中的利益衡量，可以实现用户权益、平台商业利益及社会公共利益之间的法益平衡。

关键词 数据爬取 反不正当竞争法 体系解释 利益衡量

一、问题的提出

在数据日益成为互联网经济时代关键生产要素的背景下，企业为博取市场竞争优势实施的数据爬取行为愈发频繁。[①] 对数据爬取行为的合法性判断是目前司法实践关注的焦点，在近年发生的微博诉脉脉案[②]、百度诉大众点评案[③]、微梦创科诉云智联网络案[④]、淘宝诉安徽美景案[⑤]中，司法机关主要通过适用《中华人民共和国反不正当竞争法》（以下简称《反不正当竞争法》）第2条对此类纠纷进行了裁判。

---

[*] 基金项目：本文系2020年度国家社科基金重大项目"中国特色自由贸易港国际法治研究"（20&ZD205）的阶段性成果。
[**] 刘源，男，河南周口人，华东政法大学经济法学院博士研究生，主要研究方向为竞争法、公司法。
[①] 以"用户数据"为关键词在北大法宝数据司法案例库中进行搜索，可发现民事案件1089件，刑事案件200件，行政案件89件。
[②] 参见北京市海淀区人民法院（2015）海民（知）初字第12602号民事判决书。
[③] 参见上海市第一中级人民法院（2016）沪73民终242号民事判决书。
[④] 参见北京市海淀区人民法院（2017）京0108民初24512号民事判决书。
[⑤] 参见浙江省杭州市中级人民法院（2018）浙01民终7312号民事判决书。

当前数据权属不明、专门民事立法缺失的背景下，法院选择适用《反不正当竞争法》一般条款对数据爬取纠纷进行裁判，对于保护新兴数字弱势群体，[①] 维护经营者合法权益并保障市场竞争秩序具有重要意义。但通过对相关案例的研判可以发现：由于《反不正当竞争法》的互联网专项条款对数据爬取付之阙如，令司法实践过度倚重一般条款规制该行为。但因一般条款原则性较强，司法机关对一般条款中的"商业道德"判断依据单一，过于依赖"robots协议"及"三重授权"判断标准，导致法院先入为主判定数据爬取行为系不正当竞争，严重限制了第三方企业的数据使用并贬损了数据的商业价值。

因此，本文聚焦于数据爬取行为，对数据爬取行为纠纷中适用《反不正当竞争法》的困境作出检视。通过与数据爬取行为的权利化路径相对比，借助法律解释的基本理论对纠纷的解决更具有可能性。在对互联网专项条款中借助体系解释，构建该条款适用的主客观要件，可明晰该条款适用的可行性。在一般条款中引入利益衡量，可解决一般条款判断标准单一的问题。从而实现数据共享与保护的协调、技术创新与竞争秩序的平衡。

二、竞争法规制数据爬取行为的法律适用困境

司法实践中，由于互联网专项条款并未明确将数据爬取行为列入不正当竞争行为，且其兜底性条款过于简单，致使法院多适用一般条款解决此类纠纷。一般条款作为原则性条款其构成要件又较为模糊，致使法院在适用过程中仍存在诸多问题。

（一）互联网专项条款适用空间有限

数据爬取行为纠纷是典型的互联网领域不正当竞争案件，在法律关系上因第三方企业在互联网领域实施的数据爬取行为而产生，其主体为用户、互联网平台企业和第三方企业，对于此类纠纷首先应适用《反不正当竞争法》第12条。但在现有的数据爬取不正当竞争纠纷案件裁判中，法院往往依据一般条款对数据爬取正当性判断后，并未对为何引用该条款予以论证。仅在判决书最后部分将互联网专项条款与一般条款一并罗列，直接将其作为判决所依赖的条文予以引用，在"微博诉脉脉案"中，法院判决说理部分多是对数据爬取行为是否符合一般条款予以论证，并未对为何适用第12条进行说明。

从内容上看，该条款规定了三种典型的互联网领域不正当竞争行为：干扰、流量劫持、恶意不兼容。尽管我国并非判例法国家，但第12条的前3项条款实际上是对互联网领域典型的不正当竞争案例所做的列举。此外，其第4项对互联网领域的不正当竞争行为专门作了兜底规定。[②] 一方面，现行《反不正当竞争法》第12条所做的规定并不周延，

[①] 宋保振：《"数字弱势群体"权利及其法治化保障》，载《法律科学（西北政法大学学报）》2020年第6期，第54页。

[②] 参见我国《反不正当竞争法》第十二条第四款：其他妨碍、破坏其他经营者合法提供的网络产品或者服务正常运行的行为。

仅对早期互联网领域典型的不正当竞争行为作了类型化列举。同时兜底条款的规定过于简单，未明确兜底条款的一般构成要件。

另一方面，从司法实践上看，由于现行《反不正当竞争法》第12条并未对数据爬取行为作出直接规定，法院只能依据专项条款中的兜底条款进行判断。但直接适用兜底条款仍不具有可操作性，对于是否为不正当竞争行为的判断缺乏具体标准。互联网兜底条款注重对新型网络技术的规制，然而缺乏不正当竞争行为认定的一般要件。一旦要去界定新的不正当竞争行为，只能依赖一般条款。在多数数据爬取不正当竞争纠纷案件中，尽管法院在判决的总结部分引用了互联网专项条款，但实际上并未对如何适用该条款予以论证，仍以数据抓取行为不符合一般条款为由进行裁判。而在"酷米客诉车来了"[①]、"大众点评诉百度"[②]、"上海新浩艺诉北京文艺联"[③] 数据爬取不正当竞争案件中，法院更是直接适用一般条款，整个判决中都未提及第12条。总体上看，当前《反不正当竞争法》第12条的应用空间十分有限。鉴于互联网专项条款类型化的不周延以及兜底条款过于宽泛，对于数据爬取行为的认定实际上只能依据一般条款，形成了对一般条款的路径依赖。

（二）一般条款构成要件模糊

由于互联网专项条款并未明确将数据爬取行为列为不正当竞争行为，实践中法院多适用一般条款解决相关纠纷。然而一般条款作为原则性条款其本身存在构成要件不明的问题。在数据爬取行为的规制上，法院选择将"robots协议"和"三重授权"作为判断爬取行为是否违背商业道德的依据。然而该标准存在利益衡量过于单一的问题，限制了技术创新。

首先，"一般条款"本身存在判断标准模糊的问题。从内容上看，一般条款以"诚实信用"和"商业道德"为构成要件。"诚实信用"原本为伦理学中上的概念，内涵和外延并不明确。实践中司法机关也认识到了这一问题，对其采取了迂回解决的思路，将对诚实信用原则的判断转移至"商业道德"这一标准上。在2010年最高法发布的"海带配额案"中，其指出诚实信用原则主要体现为公认的商业道德，将违反"商业道德"作为违背"诚实信用"的前提，并提出应按照特定商业领域中市场交易参与者即经济人的伦理标准来加以评判。[④] 然而，商业道德标准实际上也仍较为模糊。质言之，自互联网领域的不正当竞争纠纷产生以来，司法机关一直在找寻互联网领域商业道德的判断标准。在"奇虎诉腾讯不正当竞争纠纷案"中，法院指出应将互联网行业的自律公约等行业规范作为公认

---

① 参见广东省深圳市中级人民法院（2017）粤03民初822号民事判决书。
② 参见上海知识产权法院（2016）沪73民终242号民事判决书。
③ 参见北京市朝阳区人民法院（2017）京0105民初30082号民事判决书。
④ 参见最高人民法院（2009）民申字第1065号民事判决书。

的商业道德的重要渊源。① 较之于"海带配额案",其对商业道德的标准进行了细化,将互联网领域自律公约作为判断是否违背"商业道德"的依据,并将依据转向互联网行业自律公约。

受"奇虎诉腾讯不正当竞争"案例的影响下,司法机关在对数据爬取行为否违背商业道德的判断转到行业惯例,将 robots 协议作为行为正当性判断标准。robots 协议是指互联网站所有者使用 robots.txt 文件,向网络机器人(Web robots)给出网站指令的协议。② 其主要内容为:当爬虫程序在访问网站时,其首先会检查该网站根目录下是否存在 robots.txt。如果存在,爬虫程序就会按照该文件中的内容来确定访问范围。如果不存在该协议,爬虫程序会访问网站上所有没有被口令保护的页面。③ robots 协议实际上体现出了网站运营者的授权范围。在数据爬取不正当竞争纠纷中,司法机关多通过对 robots 协议内容进行考察,来判断数据爬取行为是否获得授权。一旦超出这一范围,则基本上认定第三方企业实施的数据爬取行为未经授权,违背商业道德。在"百度诉360不正当竞争案"中,奇虎公司运用爬虫技术向百度实施了抓取、复制原告网站并生成快照向用户提供的行为。法院认为:"robots 协议已经成为国内外互联网行业内普遍推行、遵守的技术规范,其反映和体现了行业内公认的商业道德和行为标准,应当被认为是搜索引擎行业公认的、被遵守的商业道德。奇虎公司和百度同为搜索引擎行业,未按照 robots 协议实施的数据爬取行为应当被认定为不正当竞争行为。"④ 此次法院判决在数据爬取不正当竞争纠纷案件中产生了重要影响,在后续发生的"酷米客诉车来了数据爬取不正当竞争"案⑤、"大众点评诉百度"案⑥中,法院都将 robots 协议作为判断被诉企业实施的数据爬取行为是否符合商业道德的标准。一旦被诉企业所实施的数据爬取行为超出了 robots 协议的权限范围,基本上就会认定该行为违背了商业道德。

其次,仅将 robots 协议作为判断数据爬取行为合法性判断的依据过于单一,容易造成对各方利益主体衡量的失衡。尽管在我国《互联网搜索引擎服务自律公约》第七条将 robots 协议作为重要的参考标准,但仅以 robots 协议作为判断第三方企业数据爬取行为的标准仍有失偏颇。如百度、谷歌等大型搜索引擎公司,在发展初期积累了较多的用户资源并拥有了绝大多数的用户数据,其可以通过在 robots 协议中设置专门条款,防止其他经营者对其形成竞争,造成对数据的垄断。事实上,在上述的"百度诉360不正当竞争"案中,百度作为最大的搜索引擎商,其在 robots 协议中对于仅将360列入黑名单,形成了对同业竞争的排斥。robots 协议仅代表了网站运营商的单方意志,如果仅注重运营商对数据

---

① 参见北京市高级人民法院(2013)高民终字第2352号民事判决书。
② 参见《互联网搜索引擎服务自律公约》第七条。
③ 周园、邓宏光:《析网络服务商的著作权与禁链协议》,载《法律适用》2013年第5期,第51页。
④ 参见北京市第一中级人民法院(2013)一中民初字第2668号民事判决书。
⑤ 参见广东省深圳市中级人民法院(2017)粤03民初822号民事判决书。
⑥ 参见上海知识产权法院(2016)沪73民终242号民事判决书。

享有的权益极易造成数据垄断,这与互联网领域数据共享的理念不相符合。在"hiQ 诉领英(Linkedin)"案中,法院并未直接将 hiQ 未经领英许可实施的数据爬取行为认定为不正当竞争行为,而是从数据共享理念出发、综合技术创新、公共利益等多种因素,认定 hiQ 实施的数据爬取行为具有合法性。① 因此,仅仅依赖 robots 协议判断数据爬取的正当性,存在判决标准过于单一并容易形成司法对数据垄断的保护,不利于企业间的数据共享。

最后,法院除了将 robots 协议作为判断数据爬取行为正当性与否的标准,在"微博诉脉脉"案中,其在 robots 协议的基础上又确立了"三重授权"判断标准。然而该标准仍存在诸多问题,与当前数据共享的理念不相符合。"三重授权"是指互联网平台在对数据的加工收集需要获得用户的同意;第三方企业对互联网平台加工后的数据使用,必须经过平台方同意;第三方企业在获得平台企业方许可后,还必须再次获得用户许可,向用户表明信息使用用途。即"用户 + 平台 + 用户"授权的三重授权模式。法院提出的标准看似既考虑了消费者作为数据生成者所应享有的原始权益,又尊重了互联网平台对数据的加工后所享有的权益,但其合理性仍待商榷。"三重授权"标准无法做到逻辑自洽,既然法院确认了平台方基于自身经营对于用户的相关信息收集后所享有的财产性权益,其理念在于承认互联网企业对原始数据收集加工后的成果。依照该逻辑,第三方互联网企业在获得平台授权后对加工后的数据进行收集时,也所应享有的权益同样应当予以保护。即第三方互企业在经过"用户 + 平台"授权后即可享有对加工后数据的收益权。但法院却以消费者需要了解自身信息的去向为由,要求第三方企业在使用信息时仍需再次获得用户的同意,确立了三重授权模式。② 这实际上增加了第三方企业的数据收集和使用成本,与数据共享的理念不相符合。

三、数据爬取行为规制的权利化路径省思

面对《反不正当竞争法》规制数据爬取行为存在的上述问题,有学者主张通过构建企业数据权的路径解决相关纠纷。从立法上看,尽管我国已经出台了《数据安全法》,但该法旨在立足于公法视角对数据实施保护,并未对数据权属予以明确。当前,对于企业数据权属的分析存在知识产权保护和企业数据财产化保护两条路径。但企业数据权利化这一路径能否解决基于数据爬取行为而引发的纠纷仍有待商榷。

(一)企业数据知识产权保护路径受限

当前,学界从企业数据和知识产权之间的共通性出发,试图以知识产权中的作品汇编

---

① 曾雄:《以 hiQ 诉 LinkedIn 案谈数据竞争法律问题》,载《互联网天地》2017 年第 8 期,第 51 页。
② 参见北京市高级人民法院(2016)京 73 民终 588 号判决书。

权、商业秘密等权利对企业数据予以保护。① 司法实践中企业也多主张对创建的数据库享有作品汇编权、拥有的数据为商业秘密。然而通过对企业数据与知识产权客体的属性对比，可以发现符合知识产权客体特征的企业数据并不多，企业数据知识产权化进路仍存在不足。

首先，就企业数据的著作权保护而言，企业多主张收集、加工后的数据属于《著作权法》第14条规定的汇编作品。然而通过将企业数据与汇编作品的属性进行对比，可以发现大多数企业数据不符合汇编作品的独创性特征，汇编作品这一路径不能满足数据控制者价值需要且脱离了数据保护的现实需要。② 一方面，企业数据是一系列数据的集合，由企业在经济利益最大化导向下依照特定规则实施的收集、加工、整合而形成。对于企业而言，只有获得的数据和信息全面完整的情形下才能明确消费者需求，数据只是其优化经营模式的手段。就数据库的构建而言，其所追求的是数据的全面、准确和广泛，而汇编作品则必须具备独创性这一属性。③ 尽管企业在数据收集过程中也遵循了特定规则，在某些方面也具有特定性。但从最终认定结果上看，在整个数据库中只有具备独创性的部分才可能会构成汇编作品。从这一角度出发，汇编作品对企业数据的保护具有局限。另一方面，著作权所保护的法益是作品的编排结构，而非作品内容。其他权利主体可以对作品的内容仍享有使用权，对作品内容继续进行利用。就企业数据而言，其商业价值主要体现在内容上。即便数据库中的某些作品享有汇编权，但此项权利不能阻止其他主体对数据的获取和使用。④ 由此可以看出，通过著作权难以实现对数据的整体保护，也无法防范其他主体对数据内容的复制和使用。

其次，实践中较为常见的是企业多以商业秘密受侵害为由提起诉讼，在"微博诉脉脉数据爬取不正当竞争"案中，微博主张脉脉实施的数据爬取行为侵害其知识产权，认为用户在其平台形成的数据属于商业秘密，应依照《反不正当竞争法》中的商业秘密条款对其进行保护，但法院在判决中并未引用这一条款。事实上，此种主张采取了将企业商业秘密知识产权化的路径，尽管该条款规定在《反不正当竞争法》中，但区别于《反不正当竞争法》所采取的行为规制模式。其将企业数据默认为企业的商业秘密，采取的是私法权利化的路径，此种规制进路仍有待商榷。

根据一般裁判思路，需要判断互联网企业加工后的数据是否属于商业秘密。商业秘密有三个基本特征，即非公开性、非排他性和盈利性。⑤ 从来源上看，网络用户数据是基于消费者在使用互联网的过程中形成的信息群，其原始权益人应当为消费者。然而平台企业

---

① 冯晓青：《数据财产化及其法律规制的理论阐释与构建》，载《政法论丛》2021年第4期，第91页。
② 祝艳艳：《大数据时代企业数据保护的困境及路径建构》，载《征信》2020年第12期，第30页。
③ 参见《著作权法》第14条："汇编若干作品、作品的片段或者不构成作品的数据或者其他材料，对其内容的选择或者编排体现独创性的作品，为汇编作品。"
④ 徐实：《企业数据保护的知识产权路径及其突破》，载《东方法学》2018年第5期，第57页。
⑤ 李爱君：《数据权利属性与法律特征》，载《东方法学》2018年第3期，第66页。

并非对用户数据简单的收集,而是通过运用新兴技术对数据进行整合、加工和再创造。对数据加工、整合的过程需要平台企业付出技术和成本,具有非公开性。平台企业通过在众多的数据中分析消费者的偏好,以便提供更契合消费者需求的个性化产品和为公司科学决策提供科学依据。通过对网络用户数据的整合,有助于企业在竞争中取得经营优势。同时,平台企业对数据的收集、加工行为也为自身带来了经营利润,这符合商业秘密的盈利性特征。最后,随着新兴互联网技术的发展,对于网络用户数据的整合可以依赖多种技术。互联网企业无法阻止其他主体运用新兴技术对数据进行整合,相应的平台企业对数据的加工也不具有排他性。因此,经过互联网平台加工后的数据满足了商业秘密所具备的非公开、非排他性及盈利性的基本特征。

在现有的网络用户数据不正当竞争纠纷案件中,司法机关并未按照第 9 条对其予以适用,而是转向了适用空间有限的第 2 条一般条款对其进行裁判。因为即便将平台企业所加工的数据认定为商业秘密,反不正当竞争法商业秘密条款规定的行为模式是"盗窃、贿赂、欺诈、胁迫、电子侵入或其他不正当手段"前几种行为模式显然十分清楚,[①] 有争议的是数据爬取行为属于电子侵入或者其他不正当竞争手段。数据爬取行为依赖爬虫协议实现对数据的获取,很难将其归属于电子入侵的范畴。而依赖兜底条款,即"其他不正当竞争手段",实际上又回归到对该行为是否为不正当竞争行为的认定上来,仍无法解决当前的问题。此种规制路径相较于《反不正当竞争法》互联网专项条款以及一般条款而言,法院需要增加对企业数据是否属于商业秘密的认定,需要更多地法律论证。对于数据爬取行为而言,只要认定其属于互联网专项条款规制的范围,则更为有效和直接。基于此,企业数据商业秘密的保护路径相较于对《反不正当竞争法》的解释进路而言,在程序上更为繁琐,增加了法院的论证负担。

最后,可以看出以汇编作品权对企业数据予以保护存在认定范围受限,且无法对抗其他企业对数据的复制和使用行为。以商业秘密形式对数据予以保护,对于数据抓取行为正当性的认定仍要回归到反不正当竞争法一般条款,增加了法院的论证负担。企业数据知识产权化的路径并非纠纷解决的最优路径。

(二) 企业数据的财产权保护路径存在不足

数据作为互联网新兴技术发展的产物,并不属于传统的民事权利客体范畴。由于其包含了诸多个人信息,一旦被不当使用会造成信息泄露,致使个人隐私遭受侵害。出于信息保护的需要,早期学界对数据权的研究多侧重探讨数据中所体现的人格权益,主张以构建

---

① 参见《反不正当竞争法》第 9 条第 1 款:经营者不得实施下列侵犯商业秘密的行为:(一) 以盗窃、贿赂、欺诈、胁迫、电子侵入或者其他不正当手段获取权利人的商业秘密;

数据权的方式实现对个人隐私的保护。① 随着数据商业价值的凸显，基于数据产生的商业纠纷日益频繁，对于数据权的研究逐渐侧重对其财产属性的探讨。对数据的含义、特征、权利主体等作了更为深入的讨论。

首先，学者对数据的内涵作了界定，将数据分为数据文件和数据信息，数据文件是数据信息的载体和表现形式。数据信息的非竞争性使得其不必设定绝对权、且便于其他主体对数据信息的充分开发利用。而在数据文件上设定绝对权以保护制造数据文件主体的权益。② 此种权利界定方式是对数据权体系构造的尝试，但是不能解决权利主体发生争议时数据权与其他权利的顺位。虽然数据信息具有非竞争性特征，但数据信息中可能含有其他民事权利。尽管企业可以主张对载有其收集、加工后的数据文件享有绝对权，行使占有、使用、处分权能。然而一旦数据文件中含有消费者的隐私，个人隐私权和数据权何种优先这一问题无法得到解决。

其次，就享有数据权的主体而言，有学者将数据权权利主体定位为对数据进行收集、存储、加工、传输的商事组织和自然人。③ 有学者则对数据权的不同权能进行区分，认为网络用户享有的是数据的所有权，企业在经用户授权后享有数据的经营权和资产权。④ 此种数据权的构建都是从数据的交易和流通角度出发，将数据权拟制为一种新型财产权，并赋予其类似物权的权利属性。将数据物权化的路径，虽然对保护企业对数据加工创造后而享有的权益具有一定作用，但仍存在不足。一方面，企业数据权能的形式可能受制于用户授权。企业数据多来源于用户在互联网使用过程中所形成或授权的数据。如果企业未对数据进行加工整理，那么数据的所有者应当为用户。企业并非完整意义上对数据享有对世权的主体，企业只有在获得用户授权后方能取得对数据加工、使用的权利。这意味着企业在行使数据权能时，必须以获得用户授权为前提，这实际上为数据的流通、共享增添了权利障碍。另一方面，不同企业之间可能存在数据权相同的情形。由于企业对数据的收集来源于用户个人，假定用户将个人信息授权多个互联网平台的情形下，有可能出现两个企业主张拥有相同数据权的情形。在"微博诉脉脉"案中，脉脉主张通过"协同过滤算法"而取得相关数据。在此情形下，如何对两者的权利进行认定和区分成为问题。如果两者之间为竞争关系，即使存在数据权这一路径，一旦出现不正当竞争纠纷，仍要遵循反不正当竞争法的基本范式对其行为进行规制。

有学者对数据权认定为物权或者绝对权化的路径提出了质疑，其认为数据权的对世权特征可能会妨碍数据的共享。应当在对数据进行分类的基础上对数据实施场景化保护：对

---

① 齐爱民、盘佳：《大数据安全法律保障机制研究》，载《重庆邮电大学学报（社会科学版）》2015年第3期，第27页。
② 纪海龙：《数据的私法定位与保护》，载《法学研究》2018年第6期，第73页。
③ 许可：《数据保护的三重进路——评新浪微博诉脉脉不正当竞争案》，载《上海大学学报》2017年第6期，第23页。
④ 龙卫球：《数据新型财产权构建及其体系研究》，载《政法论坛》2017年第4期，第65页。

于不公开的数据以商业秘密形式保护,部分公开的数据以数据库形式保护,绝对公开的数据以竞争法形式保护。① 此种观点对数据的非竞争性和非排他性基本特征予以充分的考量,有利于数据共享与企业权益之间的平衡。然而其只是原则性地提出了对不同类型数据保护的策略,未能指出应当如何适用。无论是依照知识产权法或竞争法对基于数据爬取引起的纠纷进行规制,都存在具体法条应用空间受限的问题,如何解决这些问题又需要对法条进行解释,对于企业数据的纠纷,当前所需要的是解决如何适用条款这一问题。

总体而言,民法学者对数据的权利化倾向,是立足于传统私法的微观视角下对平等主体之间利益平衡的均衡,而缺乏对数据市场发展的宏观考量。具言之,数据的权利化是对现实利益的规范表述,因而需要立足于现实世界的利益分配格局而聚焦现实。由于大的互联网企业在技术、资金以及用户覆盖面上具备优势地位,权利化的路径将会强化其对数据的垄断,从而导致大企业对用户及潜在竞争者的"权利讹诈",进而贬损了市场竞争。从整个数据市场的发展来看,竞争法的介入具有必要性,质言之,民法与竞争法在数据爬取纠纷的解决上,并非相互排斥,而是立足于不同层次所作出的制度性互补。

四、竞争法规制数据爬取行为的解释路径

数据权利化这一路径当前仍处于理论探索的阶段,数据的私权化与共享性特征存在着天然的矛盾,传统私法理论对"数据"在不同的问题所作的界定,存在着相互矛盾的状况,缺乏共同的理论基础。② 其仅基于私法视角无法解决商业领域基于数据爬取引起的不正当竞争。无法回应企业保护商业经营模式的现实诉求。尽管我国提出要对数据进行专门立法,也已经出台了《数据安全法》,但是仍未对数据的权属予以明确。仅依据《民法总则》第127条或《网络安全法》中的个人信息保护条款,应用空间十分有限。

而与传统私法规范相比,竞争法所采取的是行为规制模式,强调对行为正当性与否的判断,其不需要以企业对数据享有特定权利为前提。从法益保护上来看,竞争法所考量的是经营者利益、社会公益与消费者权益三者的统一。而数据爬取中所引起的纠纷也正是三种利益的冲突与碰撞,契合竞争法的调整范围。相较于理论上的探索,对《反不正当竞争法》的一般条款和专项条款进行解释,对于数据爬取纠纷的解决而言,更具有现实可能性,对于司法实践中法官适用相关条款也具有重要参考价值。尽管当前存在《反不正当竞争法》一般条款和互联网专项条款的受限的问题。但仍能通过法律解释的路径予以克服,此种解决进路是当前应对纠纷的可行路径。相较于数据权利化的理论及立法探索,其更为便捷有效。

---

① 丁晓东:《论企业数据权益的法律保护—基于数据法律性质的分析》,载《法律科学(西北政法大学学报)》2020年第2期,第90页。
② 梅夏英:《在分享和控制之间数据保护的私法局限和公共秩序构建》,载《中外法学》2019年第4期,第846页。

(一) 对互联网专项条款进行体系解释

法律是一种以简单应对复杂，以既有经验解决未来事物的社会纠纷解决机制，其文本具有天然的滞后性。而面对瞬息万变的互联网领域，互联网专项条款具有的滞后性也可以被理解。针对当前互联网专项条款规制数据爬取行为无所适从的问题，司法机关可以通过对互联网专项条款中第四项进行体系解释。体系解释是一种体系角度的论证，逻辑一致性和价值融贯性非常明显。① 从条文内容上看，互联网专项条款中的第四项是对前三项互联网领域不正当竞争行为类型的兜底。司法机关如果要适用该兜底条款，那么其所规制的行为的主观状态和损害后果应当与前三种行为类似，由此可以引入体系解释，构建数据爬取不正当竞争的主观要件和后果要件。

首先，体系解释规则要求法官在司法判决中结合语境以及上下文理解法律概念。② 就主观状态而言，从互联网专项条款前三项的规定来看，其采用了"强制""误导""欺骗""强迫""恶意"等词汇来表明行为的主观状态，那么依照兜底条款对数据抓取行为进行规制时，行为人实施数据抓取的主观状态应与其相一致。上述词汇中都体现出行为人在实施数据抓取时都存在"故意"，那么数据抓取行为人的主观状态定位为故意也较为恰当。对于是否具备故意的判断，仍应坚持由客观行为看主观状态的方法，并以下几个方面考量：如数据抓取的对象是否具备特殊性、数据爬取的范围是否超过授权权限、数据抓取行为是否未经消费者首次授权等。一旦行为人所实施的数据抓取行为符合上述要件，那么可认定其行为具备主观故意。

其次，应确立专项兜底条款的结果要件。数据爬取行为只有造成了损害结果才能被认定为不正当竞争。尽管兜底条款中提出行为的后果为"破坏经营者网络产品和服务"，但依照这一项后果作为参考标准过于单一。结合《反不正当竞争法》第1条立法目的来看，其保护的是公平竞争秩序、经营者和消费者的合法权益。对于数据抓取行为的规制，应当综合考量其是否对消费者权益、破坏经营者正常商业模式造成损害。如前所述，对于损害后果的认定可结合利益衡量方法，对三者之间的利益作出均衡。不能仅因其对某个群体利益造成损害就直接认定为其行为不具备正当性。

最后，对互联网专项条款进行体系解释的同时可以结合案例解释。当前数据爬取不正当竞争纠纷繁多的情形下，通过对法律进行重新修订将数据爬取不正当竞争行为列入互联网专项条款是一条可行路径，但是法律的修订到颁布需要一定的时间。通过对典型的数据爬取不正当竞争行为进行梳理，可能更为便捷和有效。"通过案例激活'休眠'法条"以达到以案释法和个案推动的效果，以所形成的裁判规则为媒介，使得法官在裁判所有类似

---

① 陈金钊：《体系思维的姿态及体系解释方法的运用》，载《山东大学学报（哲学社会科学版）》，载2018年第2期，第79页。
② 宋保振：《走出法律解释的泥淖——法律解释规则理论与运用》，法律出版社2020年版，第160页。

案件时都能妥善运用该条款。①

具言之，可通过对现行数据爬取不正当竞争纠纷案件进行梳理，将常见的数据爬取不正当竞争案件以指导案例的形式颁布，以增加法官对该条款适用时的参考标准。通过对现有的案例梳理可以发现，当前存在的利用爬虫技术盗用数据、以"撞库"方式获取同业经营者数据、未经许可抓取点评信息实现实质替代、擅自抓取使用他人数据形成替代等行为应当直接定性为数据爬取不正当竞争行为。将存在上述行为的典型的有影响力的案件以指导案例的形式公布，有助于法官对该条款的适用。

（二）一般条款适用中的利益衡量

利益衡量方法是指在具体个案中，通过衡量不存在绝对的位序高低的利益及背后的规范理由乃至价值基础，得出裁判结论的过程或方法。② 利益衡量方法强调将利益衡量作为法律解释中的重要方法，以实现形式正义和实质正义的统一。③ 其对于弥补法律规范的有限性、促进法律主体之间的利益协调具有重要作用。

利益衡量具有一定的层次结构，其将利益分为："当事人的具体利益、群体利益、制度利益和社会公共利益"。④ 上述利益之间为相互递进的关系，法院在进行解释的过程中，应当在公平正义的理念指导下，将当事人的利益放到整个利益层次结构中去，才能保证利益衡量的公正与妥当。

基于此，法院如果采用利益衡量方法对数据爬取纠纷进行规制，需要理清纠纷中所涉及的当事人利益、群体利益以及社会公共利益。就当事人的利益而言，其主要涉及用户的知情权和隐私权保护、平台企业对数据加工后所享有的权益、以及第三方企业对数据自由利用的权益。群体利益是类似案件中对类似原告或类似被告作相似判决所生的利益。⑤ 法院对当事人利益的衡量影响着群体性利益的实现。社会公共利益则是指整个经济秩序及社会秩序，具体到数据抓取纠纷中裁判中主要指数据市场的竞争秩序以及数据能否被广泛使用的权益。

利益衡量方法需要遵循不同利益的位阶层次，即优先考量社会公共利益、群体利益，最后是当事人利益。其并非忽视对当事人利益的保护，在三者之间发生冲突时，一定范围内牺牲当事人的利益。而当前从一般条款的适用来看，其采取了相反的思路，因过于注重

---

① 宋保振，陈金钊：《"休眠"法条及其激活方式》，载《南京社会科学》2021年第4期，第103页。
② 余净植：《"利益衡量"理论发展源流及其对中国法律适用的启示》，载《河北法学》2011年第6期，第46页。
③ 杨素云：《利益衡量：理论、标准和方法》，载《学海》2011年第5期，第204页。
④ 梁上上：《利益的层次结构与利益衡量的展开——兼评加藤一郎的利益衡量论》，载《法学研究》2002年第1期，第56页。
⑤ 梁上上：《利益的层次结构与利益衡量的展开——兼评加藤一郎的利益衡量论》，载《法学研究》2002年第1期，第56页。

对当事人权益的保护，而忽略了数据的共享理念，不利于促进技术创新和数据市场发展。如前所述，由于一般条款中"商业道德"内涵的模糊，法院在对数据爬取行为是否符合商业道德标准的判断上过于依赖robots协议与"三重授权"判断原则。robots协议注重的是企业对收集数据加工后所享有的权益，"三重授权"标准则注重对网络用户知情权以及隐私的保护。司法机关的裁判中显然过于注重对网络用户、数据加工者的保护而忽视了第三方企业的技术创新，法院对三者之间的利益衡量标准过于单一是导致"商业道德"判断有失偏颇的原因。对于企业实施的数据爬取行为是否符合商业道德的判断，司法机关应当综合多种利益衡量标准来判断数据爬取行为是否违背商业道德。基于此才能对商业道德判断标准有实质性的把握。

具体而言，司法机关在判断数据爬取行为是否违法商业道德时，应当将下列因素作为重要参考标准：

首先，出于对数据共享、数据市场发展这种公共利益的保护，对于商业道德标准的判断首先应当考量数据的公开程度。它决定了各方主体利益应受法律保护的程度。在对数据爬取行为的违法性进行判断时应注重对数据类型的区分。按照数据的公开程度，可以将数据划分为完全公开的数据、部分公开数据、和绝对保密数据。如果第三方企业所抓取的是完全公开的数据，那么即便第三方企业实施的数据爬取行为违背了robots协议、对其他经营者的经营模式造成了损害，仍不能认定其违背了商业道德。绝对公开的数据意味着数据的原始主体放弃了对数据享有的绝对权益，互联网市场应当给与数据足够的流通空间。不同的市场主体都可以对公开的数据进行收集、加工，以此获取自身竞争优势。

在此思路下，一旦互联网企业之间发生了数据爬取不正当竞争纠纷，主张受侵害的企业首先应当证明其所被抓取的数据所具备保密性，这种保密性可以来源于其与用户之间的私密协议。如在"微梦公司诉云智联"案中①，微梦公司对于所发布的明星动态所享有的权益来源于其与明星之间所签订的独家授权协议，明星基于使用微博软件所形成的信息则由微梦公司所特有。在竞争优先理念下，微梦公司主张云智联所实施的数据爬取行为侵犯其权益，则必须首先证明其所享有的数据为私密的，这样才具备判断某项数据爬取行为正当性与否的前提。对于部分公开的数据，平台企业第三方企业通过签订robots协议或者运用Open API技术实现数据共享。如在"微博诉脉脉"案中，两者之间已经签订了数据使用协议，如果发生了数据爬取不正当竞争纠纷，则应当以两者之间协议为基础进行判断。针对第三方企业针对绝对保密数据实施的数据爬取行为，则可直接将其认定为不正当竞争行为。综上所述，对于第三方企业所实施的数据爬取行为不应当以其是否违背相关协议为首要，而应当首先对数据的类型作出区分。

其次，在当事人利益和社会利益之间发生冲突时，利益衡量方法要求法官在司法裁判

---

① 参见北京市海淀区人民法院（2017）京0108民初24512号民事判决书。

时应当注重两者之间的协调。① 就网络用户（消费者）的权益保护而言，司法机关在"微博诉脉脉"案中采取了"三重授权原则"，这导致第三方竞争企业在使用数据时仍要获得用户的同意，为数据的共享增添了障碍。这实际上存在着消费者知情权、隐私权与互联网领域数据共享之间的冲突。网络用户作为数据的产生者，其对互联网企业的授权是必须要考量的因素，这也是"三重授权"标准里的第一重授权——用户授权。

但在第三方竞争企业对数据进行加工再利用时，出于数据共享的需要，无需经过用户的再次授权。用户在将数据首次授权给互联网平台企业时，其默许了该平台对数据的加工、使用权益。一定程度上可以认为数据使用权已经发生转移，且用户不得再次限制数据的适用。在"微博诉脉脉"案中，实际上微博与脉脉之间也签订了数据使用协议。如果法院要求脉脉需再次征得用户同意使用数据，实际上为数据共享增添了障碍。出于发展数据市场、促进数据共享的需要，在用户对平台首次授权后，其就不应当再对其授权的数据存在过多干预。基于此，就用户权益与数据共享之间的平衡而言，只要做到"用户授权 + 平台授权"两重标准即可。一般条款中采用"三重授权"的标准过于严苛，不利于数据市场发展。

此外，就平台企业与第三方竞争企业之间的利益衡量而言，不应当仅以 robots 协议为参考，而是应当引入成本收益、和损害结果要素来判断第三方企业数据爬取行为的正当性。竞争法反对市场经济中的搭便车行为。② 如果互联网企业未对数据的形成投入相应的成本，如未进行数据整合、数据分析则就获取了巨额收益。在成本投入与收益悬殊的情形下，有理由推定其获得的数据的方式不具备正当性。实践中，第三方企业往往多主张其所获取的数据并非是实施抓取行为而获得的，而是通过开发的新型技术实现了数据的匹配。"微博诉脉脉"案中，被告主张其通过协同算法实现了对数据的获取。对此种观点，应当考察第三方企业是否对数据的获取投入了相关成本。一旦第三方企业提供了其因研发数据所投入资金、人力等证明，且成本与收益的差异在恰当比例范围内。则应当推定其行为具备正当性。

最后，应当将损害后果作为判断行为正当性与否的重要因素。数据爬取行为对于互联网企业所造成的损害，主要表现为对运营模式的干扰。网络用户数据是当前许多互联网企业开展商业活动的重要基础。在"灯塔公司诉同花顺公司"案③中，同花顺公司对灯塔公司中投资者的评论性信息进行复制。因灯塔公司所收集的投资者评论性信息已经在市场上起到重要影响，同花顺公司未经许可所实施的复制行为实际上对灯塔公司的商业模式产生了干扰。此种参考标准的设置并非是对其他互联网企业商业模式的限制，而是由于此种未经许可的数据爬取行为侵犯了企业的商业模式，并试图依赖数据爬取行为对其他企业进行

---

① 杨素云：《利益衡量：理论、标准和方法》，载《学海》2011 年第 5 期，第 205 页。
② 冯术杰：《"搭便车"的竞争法规制》，载《清华法学》，2019 年第 1 期，第 178 页。
③ 参见浙江省高级人民法院（2018）浙民终 1072 号民事判决书。

替代。应当注意的是,此种损害后果不要求对企业利益造成损害。因为竞争法所采取的是行为规制模式,并不注重关注相关主体的直接利益是否受损,只要对商业模式造成了影响,就应当将其作为重要考量因素。

五、结论

数字经济背景下,可以预见到数据将成为企业生产经营中的一项重要生产要素,数据市场的发展需要完备的法律制度予以保障。尽管当前已经审议且通过了《数据安全法》,从内容上看,其更多是从维护国家数据安全的角度上来展开立法、完全基于公法视角对监管部门的权力义务予以明确。数据交易市场的建立仍急需构建成熟的私法规范及竞争法律规范。数据爬取行为是数据交易市场中常见的行为之一,随着互联网技术的发展,将会出现更多新型数据纠纷,尽管当前竞争法对数据爬取行为的司法裁判存在诸多问题,通过依照法的一般解释理论对《反不正当竞争法》进行解释是可行的进路。通过树立竞争法确立竞争优先理念、构建竞争行为判断的多重标准以及实现一般条款与互联网条款的协调是完善数据爬取行为反不正当竞争法规制的基本路径。

需要说明的是,网络用户数据不仅仅需要反不正当竞争法的保护,更需要多种法律的相互配合。数据爬取行为仅仅是数据不正当竞争的一种类型,如若实现对数据的长久保护,应当针对数据建立专门的一般私法规范。只有在数据权属明确的情境下,对于相关主体的保护才能更为全面。因此当前应当加强对数据的民事立法,以期促进我国网络用户数据产业的不断发展,实现我国互联网市场的有效竞争,为法治国家建设提供有益借鉴。

(编辑:宋保振)

司法方法论

行政法上之不利类推禁止*

——以一起登记收费案为例

曹 磊**

摘 要 登记机关应行政相对人的申请将被撤销的房屋所有权登记恢复至初始登记状态，该登记行为并未改变权利相关事项，不属于更正登记。现行法律法规规章对于恢复登记是否收费及如何收费未作规定，通过法律解释方法无法消除该欠缺，可以认定规则出现漏洞。基于行政法上不利类推禁止原则，当行政法出现漏洞时，行政机关不得作不利于行政相对人的类推适用。登记机关类推适用更正登记的收费标准向行政相对人收取登记费，增加了行政相对人的负担，违反了不利类推禁止原则，该收费行为应被撤销。

关键词 法律解释 法律漏洞 类推适用 变更登记 行政收费

法律应着眼于频频发生之事件而制定，不应着眼于不能预测之事件而制定。[①] 法律的功能是服务于社会生活，决定了法律本身就是社会已发生事件或已存在事物之反映。考虑到立法的有效性，立法者在制定法律之时通常以社会上发生较为频密的事项作为法律规范的对象，而不会过分顾及未来可能的小概率事件。有效立法的价值导向，加上人类理性的有限性、法律概念的多义性、社会生活的复杂性等因素，法律难免出现漏洞。通常情况下，识别与应对法律漏洞是司法机关的任务，但在行政执法领域，行政机关则成为应对法

---

* 基金项目：本文系山东省社科基金一般项目"判决书智能生成的方法阐释与路径设计研究"（21CFXJ11）、山东省教育厅教改面上项目"人工智能背景下法学教育模式改革研究"（M2018X199）阶段性成果、山东师范大学法治文化与话语比较研究创新团队研究成果。

** 曹磊，男，河南南阳人，山东师范大学法治文化与话语比较研究创新团队研究员，济南市中级人民法院高级法官，研究方向为法学理论。

① 郑玉波：《法谚（一）》，法律出版社2007年版，第9页。

律漏洞的第一道关口。如果行政相对人对行政行为不服而诉诸司法，法院则需对行政行为的合法性进行审查。一滴水可以折射太阳的光辉，同样，一个案例可以反映裁判的法理。本文将以一件标的额仅40元的房屋登记收费案件为例，解读行政法上法律漏洞的应对方法、类推适用的场景及其限制。

一、案例中的难题

（一）基本案情

2013年4月23日，案外人杜洽振以济南市住房保障和房产管理局（以下简称市房管局）为被告、以田立俊（田乃柱之父）和田乃香为第三人向法院提起诉讼，法院于2013年6月15日作出判决，撤销被告市房管局于2012年6月20日为田立俊颁发的济房权证中字第216610号房屋所有权证书。① 田立俊、田乃香提起上诉，济南市中级人民法院于2013年9月26日作出判决，维持原判。② 二审判决生效后，市房管局依法注销了上述房屋所有权登记。田立俊、田乃香申请再审，济南市中级人民法院作出裁定，撤销一、二审判决，发回重审。③ 2016年1月8日，田立俊因病去世。2017年3月15日，杜洽振撤回起诉，法院予以准许。④ 2018年6月13日，田乃柱作为田立俊的继承人向市房管局提交不动产登记申请表，要求将涉案房屋重新登记至田立俊名下，市房管局予以办理并收取不动产登记费40元。原告田乃柱对收费行为不服，提起诉讼。原告认为：被告系基于生效判决注销了涉案房屋的初始登记，现生效判决已被撤销，被告据以注销房屋初始登记的依据丧失，理应主动恢复至初始登记状态，涉案登记属于恢复登记，不属于更正登记，法律对此没有作出应予收费的规定，故不应收取费用。被告认为：被告依生效判决注销了房屋初始登记，再审裁定虽然撤销了生效判决，但并未要求被告将涉案房屋恢复至初始登记，涉案登记虽不属于更正登记，但办理登记时，被告本着便民原则，一事一议，特事特办，按照更正登记的标准收费已最大程度上照顾原告利益，该收费符合相关规定中的收费标准。⑤

（二）推理障碍

法律适用通常是指国家司法机关按照法定程序，依照法律规定对待决案件进行裁判的活动。广义上的法律适用泛指法律的实施和运用活动。执法行为属于广义的法律适用活动，只是执法中的法律适用后果不具有司法的终局性效果而已。很多场景下，法律不经过

---

① 参见山东省济南市市中区人民法院（2013）市行初字第26号行政判决。
② 参见山东省济南市中级人民法院（2013）济行终字第122号行政判决。
③ 参见山东省济南市中级人民法院（2014）济行再字第3号行政裁定。
④ 参见山东省济南市市中区人民法院（2014）市行再初字第1-2号行政裁定。
⑤ 参见山东省济南市历下区人民法院（2019）鲁0102行初357号行政判决。

解释很难顺利适用于具体的案件，法律解释是对立法者意图的具体化和实践化。但是，法律解释一方面有利于使不同的认识达成一致，另一方面，也极有可能因主观因素产生完全不同的解释结论。① 这是因为解释活动不可避免地带有主观性，由此导致解释结论的多元可能性，但多元可能性在司法环节必须予以克服，从多元可能中确定唯一结论。② 本案双方当事人的解释对象是相同的，但解释结论却是不同且无法进行调和的，当争议进入法院后，就需要法官运用专业知识从不同的结论中进行判断和选择。法官的解释结论之所以选择被赋予纠纷平定的终局效力，是因为法官的中立者身份和专业性知识决定其能够最大程度上克制主观偏好，借助法律方法及其适用规则追求客观公正的解释结论。法官需要审查的是，登记机关收取 40 元登记费的行为是否有合法依据？本案事实亦即推理小前提是明确的，即：将房屋恢复登记至原所有权人名下，登记机关以更正登记标准收取费用 40 元。双方当事人对此事实无争议。

事实确定之后，需要进入找法程序。经过寻找，可供本案适用的法律规范有：

1. 《不动产登记暂行条例》第二条、第三条：本条例所称不动产登记，是指不动产登记机构依法将不动产权利归属和其他法定事项记载于不动产登记簿的行为。不动产首次登记、变更登记、转移登记、注销登记、更正登记、异议登记、预告登记、查封登记等，适用本条例。

2. 《不动产登记暂行条例实施细则》第七十九条：权利人、利害关系人认为不动产登记簿记载的事项有错误，可以申请更正登记。

3. 国家发展改革委、财政部《关于不动产登记收费标准等有关问题的通知》（发改价格规〔2016〕2559 号，以下简称 2559 号文）第一条、第四条：不动产登记费，收费标准为每件 80 元。申请不动产更正登记、异议登记的，减半收取 40 元。

涉案房屋在进入诉讼之前登记在田立俊名下，市房管局依据生效判决注销了涉案房屋的初始登记，法院再审裁定撤销了生效判决并将案件发回重审，原告在重审过程中撤回了起诉，该案终结。至此，市房管局据以撤销房屋初始登记的判决已不具有法律效力，撤销房屋登记的行政行为失去依据，涉案房屋进入未登记状态。田乃柱申请将涉案房屋重新登记至原所有权人田立俊名下，该申请并未要求更改包括权利人在内的任何登记事项，重新登记后的权利证书内容与初始登记一致，因此，该登记自形式上不符合《不动产登记暂行条例实施细则》第七十九条规定的更正登记行为，因为更正登记是对错误登记事项的纠正，登记前后证书记载内容有变化。2559 号文中，并未有关于恢复登记是否收取费用的规定，此时，登记机关落入无法可依的境地。亦即涵摄推理的大前提缺失。在此情况下，登记机关为了顺利完成登记工作，"按照更正登记的标准"进行收费，实际上是一种类推适

---

① 参见栗峥、栗甲：《论事实解释——对事实认定中一种潜在机制的哲学分析》，载《当代法学》2007 年第 3 期。

② 李伟：《法官解释确定性研究》，法律出版社 2017 年版，第 73 页。

用行为,系将更正登记的收费规定类推适用于恢复登记。这就引出了本文要讨论的核心问题:登记机关可否类推适用相似规定,对恢复登记进行收费?

二、类推适用及其应用场景

(一)类推适用系漏洞补充方法

法律漏洞是指,法律整体内部的一个令人不满意的不完整性,或指违法计划的不圆满性。依照分析法学的观点,法律解释与漏洞补充属于法律适用的不同阶段,两者之间的边界非常模糊以至于难以设定一个清晰具体的区分标准,只能从理论上进行抽象的界定。打一个譬喻的话,进行法律解释时,法律适用者相当于立法者的助手,而进行漏洞填补时,法律适用者相当于立法者的临时代言人。如果非要给出一个较为具体的区分标准,语义射程理论被公认是最为简明且有效的。齐佩利乌斯认为,法律解释与漏洞补充之间的界限为法律文本"可能语义",如果法律适用超出了这一界限,则不属于法律解释,而属于漏洞补充领域。[①] 王泽鉴认为,法律概念有核心领域及边际地带,其射程的远近,应依法律意旨而定,在边际灰色地带容有判断余地,但不能超过其可能的文义。[②] 方法论上之所以将法律文本"可能语义"作为法律解释与漏洞补充的边界,是因为法律概念在被使用之时已被赋予了特定的含义,这种含义应当是通常意义上概念本身所包含的,而不应当是解释者依照需要进行删除或者添附的。"可能语义"中的"可能"即是普通人可以从文本本身理解到的语义的最大范围,语义射程范围之内的解释属于狭义的法律解释,超出语义射程范围的"解释"则归入漏洞补充。所谓类推适用,系指将法律明文之规定,适用到该法律规定所未直接加以规定,但其规范上之重要特征与该规定所明文规定者相同之案型。[③] 即对于法律未作规定的事项,比附援引性质类似之规定而为适用。类推适用的思维过程如下:尽管待处理案件没有被某个或多个法条的文义涵盖,对于该法条,属于"否定的候选",但是仍然依据该法条的模式评价待处理的案件。因为待处理的不受调整的案件与产生疑问的法条所依据的"价值模板"一致,以至于按照肯定的平等原则,对其进行类比评价,因此能够保障实现法律评价系中的无矛盾性。类推适用的功用在于,让被立法忽略的生活类型一体"沾染"立法对类似生活类型施加的规范,以利其获得有效司法救济;[④] 同时,以"类似性"约束裁判推理,可以有效防范裁判权可能出现的恣意,实现裁判尺度统一。可见,类推适用是当法律没有规定时,法律适用者对既有规范的一种变通适用,属于填补法律漏洞的方法,而非法律解释方法。

---

① 参见[德]齐佩利乌斯:《法学方法论》,金振豹译,法律出版社2009年版,第88页。
② 王泽鉴:《法律思维与民法实例》,中国政法大学出版社2001年版,第220页。
③ 黄茂荣:《法学方法与现代民法》(增订七版),台湾大学法学丛书编辑委员会2020年版,第827页。
④ [奥]恩斯特·A. 克莱默:《法律方法论》,周万里译,法律出版社2019年版,第172页。

(二) 类推适用在本案的应用

依照上述区分，我们先看以法律解释方法能否解决本案的规范欠缺问题。法律解释应通过文本的语义展开，因为法律规范是以文字进行表达的，离开了文字的法律就不成其为法律。"法官对法律的文义解释必须以文字的通常含义为其优先选择，如此所作出的解释才可能获得社会大众的理解和认同。"① 文义解释方法是法官进行解释的优先选择，也是解释确定性的基本保障，法律解释必须依托并最终回归法律文本。关于不动产登记的种类，《不动产登记暂行条例》第三条以非穷尽列举的方式，列举了最为常见的八种登记：首次登记、变更登记、转移登记、注销登记、更正登记、异议登记、预告登记、查封登记等，其句末的"等"字系对未预见到的或新型登记行为的兜底。八种登记中并不包括恢复登记。经比较，与恢复登记最为接近的概念当属变更登记和更正登记。② 对于更正登记的含义，由《不动产登记暂行条例实施细则》第七十九条可知，更正登记系对错误登记事项的纠正，权利证书记载事项在更正登记前后发生了实质性的变化。这一理解符合"更正"一词的通用含义，属于该词的核心含义。本案的登记行为发生前后，房屋所有权证书上所记载的权利事项并未发生变化，唯一发生变化的是证书的制作时间，而此变化并非权利事项的变化，并非对记载错误事项的更正，因此本案的登记不属于更正登记。登记机关将恢复登记归属于更正登记，已超出"更正"一词语义的射程范围，显然已非解释方法可以完成的任务。

回到本案，从当事人诉辩理由中可知双方争议的核心为涉案登记的性质，亦即恢复登记是否可解释为更正登记或类似于更正登记而应将两者作相同对待。从登记机关给出的收费理由看，登记机关实际上并不认为恢复登记当然属于更正登记，只是衡量按照更正登记标准进行收费较为合理。实质上，登记机关认为法律未对恢复登记是否收费以及收费标准作出规定，存在法律漏洞。③ 行政法领域内，法律经常会将部分裁量权授权给行政机关，因为，行政事务如此众多，情形如此复杂，以致于立法者在法律制定之时，根本不可能对将来所有应予规范的事态作出全面预见并进行妥当安排。对于法律没有明确安排的事项，行政机关可以在自己的权限范围内对案件是否作出处理及其处理方式作出选择，当然，这种选择不应当是主观的任意的，而应当限制于既有规范的秩序和原则之内。行政机关所掌

---

① 魏治勋：《文义解释在法律解释方法中的优位性及其限度》，载《求是学刊》2014年第7期。

② 因被告并非依照变更登记进行收费，原告亦不主张涉案登记属于变更登记，在此无需对变更登记的含义作深入讨论。

③ 法律漏洞通常是指，立法中出现的违反计划的不圆满性，换言之，即制定法对于应当规范的事项未给予规范或者未给予妥当规范的情形。本案中的恢复登记是否应予收费的事项，显然属于法律应当予以规范的事项，但法律未予规范，认定法律出现漏洞并无太大争议。但是，值得进一步思考的是，基于立法成本和立法科学性考量，立法通常不顾及细微之事。本案所出现的恢复登记行为，也许在制定收费标准之时，立法者并未考虑到，也许是虽然有考虑，但经过讨论认为不具有给予特别规范之必要，交由登记机关自行进行裁决处理。我要表达的核心观点是：并非所有法律漏洞都是违反立法计划的，并非所有法律漏洞都必须要通过立法手段予以填补。

握的权力是一种职责,而职责不得推卸。登记机关在接受申请后,不应以法律没有规定为由拒绝申请人的登记申请,但不予收费进行登记同样没有依据。经过利益衡量之后,登记机关认为恢复登记与既有规定中的更正登记最具类似性,故类推适用更正登记的收费标准填补了执法依据漏洞。

三、类推适用在行政法上的限制

（一）类推适用的禁止领域

类推适用的基本法理是"类似情形,类似处理",该方法符合法的安定性要求,具有较高的正当性,因此类推适用是填补法律漏洞的优位方法。类推适用追求平等对待纠纷各方。在民商事等私法领域,当事人的主体地位是平等的,以类推适用方法填补法律漏洞于各方当事人而言均是公平的,其推理结论具有正当性。但在刑法、行政法等公法领域,以类推适用方法填补法律漏洞是有严格限制的。由于公法的主体一方为国家权力的行使者,另一方为国家权力行使的相对人,两者地位不平等。公法规范的设立意味着国家公权力对市民生活的干预,为了防止公权力不适当地介入市民生活进而对私权利造成侵害,公法必须对国家权力的行使范围进行明确限定,使人们有广泛的依自身意志实现其法律效果的空间。① 换言之,在公法中必须实行权力法定主义,法的正义和公平价值应当让位于法的安定性价值。

基于此,类推适用须受法律保留原则的限制,应在不会给关系人带来难以预测之不利后果的范围内采用。考察各具体法律领域,有学者认为以下领域一般不得采用类推适用方法：一是有关基本权利保障的法律领域,典型者为税法、刑法等；二是有关交易安全保障的法律领域,典型者为物权法中的物权法定原则,即不允许在法定物权之外类推创设物权；三是有关市场经济机能根本保障的法律领域,典型者如商标法、专法利、著作权法等,因其本质是授予权利人垄断地位,相对牺牲市场竞争,所以不得在法律之外类推设定其他类似权利。除上述法律领域外,一般应允许在一定范围内采用类推适用。② 行政法领域中,行政机关因拥有具有强制效果的公权力而居强势地位,为限制权力的滥用,立法者对行政权作出了"法无授权不可为"的要求,亦即执法主体对行政相对人作出的任何行政行为必须有明确的法律授权,任何超越权限的行为都将被认定违法。这就要求执法者必须从制定法中寻找依据,而不能依靠自己的良知、对正义的理解去进行价值判断,更不能过于积极地替代立法者对法律进行修复。③ 当然,"法律依据"中的"法律"应当是广义的,包含狭义的法律、法规和规章,有些情况下还包括不违反上位法的规范性文件。如果不对

---

① 屈茂辉：《类推适用的私法价值与司法运用》,载《法学研究》2005年第1期。
② 参见邱鹏：《论裁定驳回执行申请的法律适用——兼论类推适用在民事诉讼法领域展开的必要性与可能性》,载《判解研究》2018年第4卷（总第86辑）,人民法院出版社2018年版,第59页。
③ 参见曹磊：《法律漏洞补充行为的失范与规制》,载《法学论坛》2019年第4期。

行政法领域类推适用施以限制，不仅作为行政法之根基的依法行政原则将遭到破坏，从而导致行政行为之可信服力丧失，而且不可避免地会加重公民的负担或创设不利于公民的法律要件。① 在"不给行政相对人带来难以预测之不利后果原则"的拘束下，只要是有利于或至少是不"不利于"公民的事项，应当允许类推，如给付行政、行政程序；反之，如果行政行为加重公民负担或者减损公民利益，应禁止类推，如行政处罚、行政强制、行政征收等侵害行政。② 一言以蔽之，行政法类推适用的限制标准在于，不得扩张行政机关的权限。③ 结合行政行为分类，则更容易把握行政法领域中类推适用的范围。行政行为分为授益行为与侵益行为，前者会增进行政相对人的利益，后者则会减损行政相对人的利益。从行为后果判断，如果以类推适用方法填补法律漏洞作出的行政行为有利于行政相对人的权益保护，则允许行政机关进行类推；反之，则不允许行政机关进行类推。

（二）本案应禁止类推适用

讨论至此，对于当事人的申请，登记机关究竟应如何处理？《不动产登记暂行条例》中未列举恢复登记，2559号文未对恢复登记是否收费予以明确，但申请恢复登记是申请人的权利，登记机关应当接受申请并完成登记。被告未免费予以登记的理由为："被告不负有主动恢复房屋登记的法定责任，生效的裁判文书亦未为被告设定这样的义务，被告系基于原告申请作出恢复登记的行政行为，在此过程中付出了行政资源。不能因为相关规定未明确恢复登记的收费标准，就应当免收费用。"被告的抗辩不无道理，但不能成立。陈金钊教授指出，法律适用过程不仅需要对推理大前提进行论证，证立其解释合理性问题，对推理的过程及裁判结论的获得也需要进行论证，证立裁判结论的正当性。④ 换言之，对于案件的裁判，法官不仅仅需要说明其裁判结论的推理过程，还需要论证裁判结论的正当性，特别是在司法三段论推理出现困境的案件中，对裁判结论进行证成更是必不可少。

就本案而言，从正向推理看，对原告收取登记费用属于侵益行政行为，无论类推适用何种标准进行收费、收取费用数额高与低，均无明确的收费依据，故登记机关不应收取登记费用。从逆向推理看，行政收费的性质与收费原则可以证成不予收费结论的正当性。一方面，国家物价局、财政部《关于审定行政事业性收费的若干问题的通知》（价费字[1991]216号）规定，房屋登记收费属于工本费。工本费具有填补性，即填补特定行政

---

① 参见刘志刚：《论行政法视野中的类推制度》，载《现代法学》2008年第3期。
② 周公法：《论行政领域的类推适用》，载《行政法学研究》2012年第3期。
③ 李建良：《行政法基本十讲》，元照出版有限公司2016年版，第171页。
④ 陈金钊、杨铜铜：《法治思维、法治能力的考查需要法律方法》，载《扬州大学学报（人文社会科学版）》2017年第2期。

过程中行政机关因行使职权而产生的行政成本。因此，登记收费应当是行政相对人获益且登记行为的发生应"可归因于个人"。① 本案中，行政机关虽然需要再次付出行政资源，但原告并未因登记行为获取额外的利益，且行政成本的付出并非原告的过错引起。故本案不具备行政收费的前提条件。另一方面，行政收费遵循"一事一收费、不重复收费"的原则，如果认为涉案的登记行为应当收费，那么涉案登记行为应该与初始登记系不同的登记事项。但从涉案登记事项看，其登记对象、权利人、权利内容等登记事项均未发生任何变化，与初始登记应属同一登记事项，只是对初始登记的一种还原。如果收费则属于对同一登记事项重复收费，有违上述收费原则。基于以上论证与考量，本案生效判决认为，涉案登记是将房屋恢复至初始登记状态，与初始登记系同一登记事项，且房屋所有权人已支付初始登记费用。市房管局按照更正登记标准进行收费缺乏依据，属于重复收费，应予撤销。②

以上我们从不利类推禁止的角度得出本案不应当以类推适用方法填补法律漏洞。其实，本案是否具备类推适用的前提，也是值得商榷的。类推适用的前提是，待决事实与既有法律规范要求的事实构成要件具有相似性。亦即该案件既不属于制定法规则适用的核心范围，也不属于其适用的外围部分，但该案件却与该规则所覆盖的案件具有实质方面的相似。③ 考夫曼指出，类推适用前提中的"相似"既非相同亦非相异，而是两者兼具。亦即存在一致性与差异性，统一性与多样性。如果没有一致性，亦即在事物完全的异质性与无关系性的情况下，将不会有比较的可能性。④ 本案需要进行比较的是"恢复登记"与"更正登记"，从两者定义的内涵与外延看，两者在本质上的相似性可能小于差异性。如果认为两者相似，那么，"恢复登记"与"变更登记"是否相似呢？如果认为两者不相似，那么理由是什么？如果认为两者亦相似，那么为何不类推适用"变更登记"的收费标准呢？因此，某种程度上，本案原本就不具备类推适用的前提。当然，这并非本文关注的焦点。

四、限制类推适用的法治意义

法治社会的建成需要全民学法、用法、守法，但守法并不等于无条件地服从。如果公民认为自己的合法权益受到行政行为的侵害，在向执法机关反映或复议未果后，应当敢于、善于运用法律武器寻求司法救济。司法不鼓励恶意诉讼，但坚决支持公民依法维权。百姓之事无小事，人民法院不会因为诉讼标的额小、司法资源紧张而对公民的合法权益漠视不顾。实际上，正是这一件件看似不起眼的个案明晰了法律文本、丰富了行政执法范

---

① 王锴：《论行政收费的理由和标准》，载《行政法学研究》2019年第3期。
② 参见山东省济南市中级人民法院（2020）鲁01行终89号行政判决。
③ 参见［瑞典］亚历山大佩策尼克：《论法律与理性》，陈曦译，中国政法大学出版社2015年版，第363页。
④ 参见［德］亚图·考夫曼：《类推与事物本质——兼论类型理论》，吴从周译，颜厥安审校，新学林出版股份有限公司1999年版，第49页。

本、促进了法律的发展完善。本案反映了当前行政执法中存在的问题,印证法治社会建设是一项系统工程,需要立法机关、执法机关、司法机关各司其职、各负其责。

(一) 立法应保持灵活性

法治的根本要义在于良法善治,良法是善治的前提和保障。党的十八大以来,科学立法成为治国理政的战略支撑。2015 年《立法法》修订后明确规定要提高立法质量,即是对"良法"的追求。具体到行政法而言,行政立法是针对社会现实的国家制度性行为,其立法内容直接与社会现实需求相连接,立法必须满足社会需要。现代社会,经济迅猛发展,新生事物层出不穷,这对行政立法"良法"的目标而言,是一个巨大的挑战。在立法理性主义者看来,立法者是预言家,可以看透社会关系的运作规律与各种可能,立法者能够提前设想出所有细节,进而设计出普遍有效的法律。从长期的立法实践看,为了制定良法,立法者往往通过增加法律的数量和条目以从覆盖范围上实现法的完备性。然而,实践反复证明,要求立法机关制定事无巨细、包罗万象的法律是不切实际的,过于细密的立法会让法律更加僵化,更容易出现挂一漏万的情形。正如江必新大法官所言,立法规定的越细,问题可能越多,以至于离公平和正义越远。[1] 周密的立法不等于良法。良法必须具有弹性,可以灵活地应对超出计划范围的事项。法律原则(条款)便是增加法律弹性与活力的重要方法。法律原则既可以明确展现于制定法条文中,亦可以隐形地体现于法秩序之中。我国台湾地区"行政程序法"第四条规定行政行为应受法律及一般法律原则之拘束,直接将一般法律原则的约束力加以法律化。如此一来,一般法律原则即具有法律所肯定的效力,即使是没有法律化、没有完全法律化的一般原则也可以适用于行政和司法领域。[2] 不利类推禁止即是尚未明确规定于我国当前任何一部行政法律、法规之中的没有法律化的原则。在未来的行政立法中,将不利类推禁止原则直接纳入立法,或者将其细化为具体的法律规范,将有助于行政机关在面临类似难题时依照原则指引作出裁决。

(二) 执法应重视方法论

依法行政、法治政府建设宏图的实现,其关键手段即在于通过法律实现对权力的制约,其表现形式是权力服从于法律并在权限范围内依照法定程序行使。"建设现代法治与维系公民信赖的目标,主要仍是通过贯彻依法行政原则来实现。"[3] 与依法行政相背而行的则是违法行政,违法行政通常是指行政机关超越权限范围、违反法定程序、缺少法律依

---

[1] 江必新、程琥:《国家治理现代化与司法公正》,中国法制出版社 2016 年版,第 87 页。
[2] 刘贵松:《论行政法原则的司法适用——以诚实信用和信赖保护原则为例》,载《行政法学研究》2007 年第 1 期。
[3] 刘飞:《信赖保护原则的行政法意义——以授益行为的撤销与废止为基点的考察》,载《法学研究》2010 年第 6 期。

据行使行政权力，造成行政相对人利益减损或义务增加的情形。行政权力滥用一旦引发诉讼，损失必然发生。一方面，纠纷造成行政资源的极大浪费，就如本案，因为40元的登记收费，行政机关将需要投入数倍、数十倍于该数额的财力和无法计量的人力去应对诉讼。另一方面，败诉的后果将会严重损害行政机关的形象和声誉，增加法治政府建设道路上的绊脚石。在行政执法实践中，执法人员经常会面临法律规定不明、歧义、冲突等需要进行法律解释的情形，也会遇到法律漏洞而缺少执法依据的情形，这使得依法行政的实际执行并没有喊口号那么轻松。依照行政机关的惯例，执法人员在上岗之前需要进行相关法律法规的培训和学习，但这种入门级的法律知识很难满足现实需要。要求登记人员运用法律方法去论证40元登记费该不该收的问题，毫无疑问是一种不切实际的苛求。但是，组建相对集中的行政执法机构，推进综合执法、集中执法，可以有效整合执法队伍，提高执法专业化水平。同时，对执法人员增加执法理念以及法律适用方法方面的知识培训，使执法人员养成"法无明文规定不可为"的执法理念、理解"有利于行政相对人"的解释原则以及"不利类推禁止"等行政执法原则，确是提升执法人员法律适用能力、减少不当执法行为的有效路径。

（三）司法应打造精品案

典型案例中所蕴含的裁判理念与裁判规则对于法律体系的完善和发展有着非同寻常的意义。随着两大法系的相互借鉴和融合，案例指导制度在我国快速成长，以指导性案例为引领的典型案例的地位和例示作用日益提升。典型案例被称之为"活法之源"，因为判决形成犹如采取日常语言进行沟通和判断的立法过程，法律条文可以重新回炉。无数特殊的规范生成活动取代了法律体系的整体性进化。[①] 典型案例中蕴含的原则、裁判规范、衡量标准等实践经验，将会成为法律发展、补充和进化的原材料。山东省高级人民法院王闯副院长称："典型案例是践行习近平法治思想的生动实践，是实现依法治国、彰显公平正义的权威载体，是靓丽的司法名片，是优秀的司法作品。"行政典型案例的价值更是大于其他类型的案例，因为行政立法层级与种类繁多、关系复杂，法律适用困难度明显高于其他部门法，行政案例中确定的规则和标准直观简洁，既可以作为行政机关的执法范例，也可以作为公民的行为指引。为了使典型案例发挥出超越个案的社会价值，法官应当具备打造典型案例的意识和能力。在审理阶段，法官要全面了解案情，把握案件重点难点，引导当事人及其代理人进行有效的、围绕争议点的举证、质证和辩论，全面查清案件事实及法律适用争议，为优质判决打下基础。在裁判阶段，应充分合议，确保裁判结论的正确性；对于超越司法权限范围的法律冲突、漏洞补充等法律适用疑难问题，有必要时应呈报最高人民法院作出解释、批复或报请有权机关作出裁决。在文书撰写阶段，应对案件的争议焦

---

① 季卫东：《中国式法律议论与相互承认的原理》，载《法学家》2018年第6期。

点、证据采信和事实认定进行系统的分析论证；运用法律方法对推理过程、裁判理由作出尽可能清晰的说明与解释；运用专业的法言法语，同时注重修辞及文风，要集思广益听取资深同行的修改意见，力争撰写出结论正确并可有效提炼出裁判规则的裁判文书。

（编辑：杨铜铜）

刑事追缴的教义学构造[*]

何 鑫^{**}

摘 要 追缴乃刑事法律中使用频率最高的法律措施之一，但目前对追缴的理解与适用缺乏法秩序统一视阈下的刑事法解释。追缴在刑事法中应是兼具刑事属性和民事属性的独立措施，具体是为确保行为人履行财产义务的措施，其具有程序控制功能。追缴范围不仅包括违法所得还包括供犯罪所用的本人财物和违禁品。对不起诉的刑事案件，一般不予追缴涉案财物，但特赦类案件及犯罪已过追诉时效的案件仍应追缴其涉案财物。此外，犯罪未遂不影响追缴的适用；追缴的起算时间应以"利益保持论"为标准；对已过追诉时效的案件中的涉案财物仍应予以追缴。

关键词 刑事法解释 追缴的性质 追缴的前提 追缴的适用

通常来说，追缴在法律体系中具有追查缴获，查令上交的意思，常出现在行政法、刑事法领域，行政法领域的追缴属于一种行政职权行为，与刑事法中的追缴性质和意义不同，本文仅讨论刑事法领域内的追缴问题。在蔡东家案、徐翔案、赖小民案中涉及大量财物的追缴问题，由于各机关制定法规主体间的不同，对追缴的定义和适用，作出了不同的规定，引发出一系列问题，很多问题的本源都来自于对追缴的认识和理解不清，追缴到底是程序性措施还是实体处分措施；追缴的适用前提是什么；其仅适用于违法所得还是对供犯罪所用的本人财物和违禁品也适用；仅适用于财物存在的情况，还是对于已经不复存在的财物也适用；只适用于有被害人的案件，在无被害人的案件中是否适用；对不起诉的案

---

* 本文为 2020 年重庆市教委人文社科类基地重点项目"毒品犯罪中赃款赃物处置机制研究"（项目批准号：20JD018）阶段性成果。

** 何鑫，女，贵州铜仁人，西南政法大学法学院讲师，西南政法大学博士后流动站研究人员。研究方向为刑法学、法律方法。

件是否追缴涉案财产等等,这些都是司法实务中常见且存有一定争议的问题,有必要对上述问题从法秩序统一角度作出厘清。性质决定功能和适用,所以,在分析追缴的功能和适用之前,先研究追缴的性质。而功能又决定适用领域,但适用必需又有一定的前提,据此,本文对追缴的研究顺序为性质、功能、前提和适用。

一、刑事追缴的性质、功能和对象

(一) 刑事追缴的性质

追缴的任务在于剥夺犯罪人通过犯罪所获得的财产利益,追缴的本质是追缴措施适用的指引,对追缴起着指导性作用。《刑法》中将追缴置于第四章"刑罚的具体应用"的"量刑"情节中,可以看出立法上认为其是刑罚处罚措施,在量刑时作考量依据。刑法立法原义解释《中华人民共和国刑法释义》中指出:"《刑法》第64条的规定,是对犯罪分子违法所得、供犯罪所用的本人财物以及违禁品的强制处理方法,而不是一种刑罚。它适用于一切犯罪,不论犯罪分子犯什么罪、判什么刑,只要犯罪分子违法所得的一切财物和供犯罪所用的本人财物,都要追缴或者没收。"[1] 同样,追缴的性质在理论上没有形成共识,存在一定的争议。有学者认为追缴属于非刑罚法律后果中的保安处分性质。[2] 有学者则认为追缴没收属于一种行政强制措施。日本的没收、追缴虽然属于刑罚及对刑罚的换刑处分,但是,不法收益的剥夺一般认为不属于刑罚,而是作为行政处分予以实施。[3] 将追缴认定为保安处分的问题在于追缴违法犯罪所得并不具有社会防卫的性质,它不会造成社会共同的危害,是对一定社会管理秩序、财产分配正义造成损害。而认为追缴是一种刑罚的观点也存在一定的问题。追缴违法所得上缴国库算是一种刑罚,但追缴行为人从被害人处获得的违法所得,更多的是一种不当得利的衡平措施。

追缴应是刑罚与保安处分之外的"独立法律措施",为涉案财物处置措施。追缴的本质具有双重属性,刑事属性和民事属性,刑事属性来源于追缴的任务在于对行为人的违法所得的一种剥夺,具有刑事处罚的属性,是一种形式上特征,其实质特征为民事属性,其来源于追缴的违法所得系被害人的合法财产,在追缴后返还给被害人,或因违法犯罪行为而不当得利的追缴、罚没后上缴国库。大部分犯罪的目的在于获取违法的财产利益,要想有效地打击犯罪,就得使得犯罪无法获利,为达到此目标,需要利用一定的措施予以推行,而追缴措施是为对违法所得的剥夺,阻断行为人通过犯罪而获利的动机,达到任何人不因犯罪而获利的目的。如在毒品犯罪中,追缴毒资是打击贩毒的最有效方法。毒品利润是毒贩的驱动力,而找出与这些利润有关的资金流及其投资和洗钱的渠道,就可以有效地

---

[1] 参见胡康生、郎胜:《中华人民共和国刑法释义》,法律出版社2004年版,第57页。
[2] 参见张明楷:《刑法学》,法律出版社2016年版,第642页。
[3] [日] 川出敏裕、金光旭:《刑事政策》,钱叶六等译,中国政法大学出版社2016年版,第84页。

予以打击。①

综上，追缴是一种独立的涉案财物处置性质措施，更具体来说，是确保行为人履行财产义务的措施。从刑事法规定的条文来看，主要分为两大类，第一类是未履行先天义务类，行为人应当履行相应的缴纳义务而未履行，追缴其获得的消极违法所得。如《刑法》第201条逃税罪、《刑法》第203条逃避追缴欠税罪和第212条税收征缴优先原则中规定对税收的追缴。第二类是未履行后天义务类，行为人通过实施积极的犯罪行为而获利、为实施犯罪而使得财物改变用途，使之突破财产保护的限制，或财物本身就是非法管制物品的情形。如《刑法》第53条未履行罚金处罚义务的追缴；《刑法》第64条和第395条未履行不当得利的返还义务的追缴；《刑法》第64条、《刑事诉讼法》第298条和第300条和《人民检察院刑事诉讼涉案财物管理规定》第3条和第25中规定的对刑事涉案财物的追缴，除了上述规定的未履行不当得利返还义务的追缴外，还包括未履行处罚滥用财物的义务的追缴和未履行禁止持有危害财物义务的追缴。

（二）刑事追缴之功能

刑法、刑事诉讼法及公安机关侦办案件规则之间的关系，是公安机关侦办案件规则是刑事案件的第一道程序，是刑事追诉的开始，刑事诉讼法是规定整个刑事诉讼流程，将公安机关侦办处理的案件审查后提起公诉，而刑法则是贯穿于公安机关侦办案件规则和刑事诉讼法中追究犯罪的实体规定。三者均是为追究犯罪的刑事责任而制定实施的。因此三者在规定的内容上应当相互协调、统一，保持在适用上的一致性，但从现有的规定来看，三者在对刑事追缴的规定适用上存在不协调、不一致的情况。例如《刑法》第64条规定"犯罪分子违法所得的一切财物，应当予以追缴或者责令退赔"，其中部分观点认为此条中的追缴是程序性控制措施，还有人认为这里的追缴是实体性处分措施。《刑事诉讼法》第298条和《人民检察院刑事诉讼涉案财物管理规定》第3条、第25条的规定均按照《刑法》第64条得性质处理。而《公安机关涉案财物管理若干规定》第2条"本规定所称涉案财物，……依法采取查封、扣押、冻结、扣留、调取、先行登记保存、抽样取证、追缴、收缴等措施提取或者固定，以及从其他单位和个人接受的与案件有关的物品、文件和款项"其中的追缴又被认为属于实体处分措施。目前，学界对追缴的功能主要有以下几种看法。

第一种观点程序性控制措施说。该说认为追缴是没收的前置性程序，追回来的财物，在查明是犯罪分子非法所得的情况下，将其中被害人的合法财产予以返还后，剩下的予以没收。② 在刑事诉讼实务中，它实际上被理解成了"扣押"的同义词。③ 追缴行为本身并

---

① 联合国毒品与犯罪办公室发布《2017年世界毒品问题报道》。
② 胡成胜：《我国刑法第64条"没收"规定的理解与适用》，载《河北法学》2012年第3期。
③ 袁坦中、刘建：《论刑事诉讼法中追缴的性质》，载《中国刑事法杂志》2010年第4期。

不涉及对违法所得财物的最终处置。认为追缴是将犯罪分子的违法所得强制收归国有的观点是片面的，错误地将追缴与没收混为一谈。① 第二种观点实体性处分措施说。该说认为，追缴应定位为实体性处分而非程序性措施②；追缴是指将犯罪分子的违法所得强制收归国有。③ 第三种，程序与实体一体说。该说认为追缴是过程与结果的统一，它既包括公安司法部门通过将嫌疑赃款赃物予以扣押、冻结加以追回的过程，又包括公安司法部门对赃款赃物进行最后处理（包括及时返还给被害人、上缴国库）的结果行为。④ 第四种观点收归国有说，该观点认为"追缴是指将犯罪分子违法所得的财物中，无被害人或不宜发还原主的财物，予以追回，上缴国库。"⑤ "追缴或责令退赔是强制犯罪分子将其违法所得的财物予以退回或者按价退赔、返还原主或者上缴国库的一种强制措施。"⑥

此外，还有学者认为追缴即为扣押、冻结措施。这种观点值得商榷，追缴与扣押、冻结措施不同，追缴具有独立的价值，追缴的对象均为涉案财物，其是对财物性质下判定后的扣押、冻结，即认定财物为赃款赃物后的处理，而扣押、冻结是在未判定赃款赃物时，便于追缴或没收的程序性措施。若追缴的功能是实体处分措施，那检察院、公安机关追缴的规定则存在问题，检察院、公安机关怎么能在未经法院审判认定为违法所得的涉案财物的情况下判令追缴呢。认为追缴的功能是收归国有的观点，则将追缴与没收混为一体，也存在上述将追缴认定为具有实体处分功能的弊端。因此，认为追缴具有程序功能更为可取。

另外，从体系解释的角度分析，单纯分析《刑法》第64条，追缴是违法所得处置措施，而没收是对供犯罪所用的本人财物及违禁品的处置措施，追缴与没收是并列的关系，但这种分析方法过于狭隘。"整体只能通过对其各部分的理解而理解，但是对其各部分的理解又只能通过对其整体的理解"。⑦ "同样，只有将刑法作为一个整体，才能理解各个条文的含义；但对各个条文的理解，又依赖于对刑法这一整体的理解"。⑧ 因此，对追缴的理解不应仅考虑《刑法》第64条的内容，而应将它放到整个刑法体系中，甚至整个刑事法中做刑事一体化的体系解释。除了《刑法》第64条中规定了追缴外，《刑法》第53条规定罚金的追缴和第201条、第203条和第212条中也规定了追缴的内容。《刑法》第53条的追缴为"罚金的缴纳"，其是对不能全部缴纳罚金的，人民法院对被执行可供执行的

---

① 曲升霞、袁江华：《论我国〈刑法〉第64条的理解与适用－兼论我国〈刑法〉第64条的完善》，载《法律适用》2007年第4期。
② 参见向燕：《刑事经济性处分研究－以被追诉人财产权保障为视角》，经济管理出版社2012年版，第118页。
③ 参见胡康生、朗胜：《中华人民共和国刑法释义》，法律出版社2004年版，第62页。
④ 参见程小白等：《追赃理论与实务》，中国人民公安大学出版社2003年版，第25页。
⑤ 参见江平：《中国司法大辞典》，吉林人民出版社1991年版，第112页。
⑥ 参见刘家琛：《新刑法条文释义》，人民法院出版社2001年版，第248页。
⑦ 参见金克木：《比较文化论集》，生活·读书·新知三联书店1984年版，第243页。
⑧ 参见张明楷：《刑法分则的解释原理》（第二版）上，中国人民大学出版社2011年版，第54页。

财产进行追缴，其与《刑法》第64条的追缴意义同一。对未被扣押或未被追查到的，《刑法》第201条逃税罪、第203条逃避追缴欠税罪和第212条税收征缴优先原则中规定的追缴，均为税务机关追缴税款的行为，严格来说此类行为属于行政追缴，不属于刑事追缴的范畴，因此，这类法条规定的追缴不属于本文讨论的范围内。对《刑法》第64条的作文理解释，违法所得已经被扣押的情况下，属于被害人的部分予以返还，属于违法所得的、供犯罪所用的本人财物和违禁品的则予以没收。当违法所得、供犯罪所用的本人财物和违禁品被藏匿或隐藏未被扣押时，则予以追缴；在违法所得被消耗、毁损后，则应要求犯罪分子退赔。① 综上，认为追缴做程序性控制措施解释更为合理。

（三）刑事追缴适用的对象

讨论追缴的前提，首先要厘清追缴与没收的区别。虽然仅从《刑法》第64条的规定中看追缴和没收的区别为所适用的对象不同，但追缴和没收本身都是实务中使用频率很高的刑事措施，不仅《刑法》里面对它有所规定，《刑事诉讼法》及公安部出台的规定中对此均有涉及，因此，要全面理解追缴，就应从刑事一体化和刑事办案过程的立体化的视角对追缴和没收作出区分。

实务中常常将追缴与没收等同对待，但追缴和没收都规定在《刑法》第64条之中，从法条规定的内容可以看出追缴与没收并非一回事，如上所诉，本文认为追缴是一种程序性控制措施，"控制性"表现在对财物的扣押、对资金的冻结，其"程序性"表现在追缴是为了实体性处分（法院审判定性）顺利进行的措施，且控制性通常发生在公安立案侦查、检察院追诉或起诉阶段。例如，在毒品犯罪中对制造毒品的原料、设备；运输毒品的车辆、通信连线的手机等进行扣押；对贩卖毒品的资金进行冻结。不难看出扣押和冻结实际上是追缴的手段。或是审判后继续对未被控制的财物予以追缴控制，例如，判决继续追缴违法犯罪所得。而没收则是对刑事涉案财物的实体性处分，这种处分体现在《刑法》第64条中规定的"没收的财物和罚金，一律上缴国库"，这里财物应理解为刑事涉案财物，罚金则为《刑法》第59条的一般没收（没收刑）。在刑事涉案财物处置过程中，以立案、追诉、审判、执行为思考路径，立案后涉案财物已被控制，即涉案财物已被扣押、涉案资金已被冻结，待检察院起诉、法院审判确认财物为犯罪的涉案财物后予以没收，对属于被害人的财物予以返还，而未被控制的则予以追缴。从刑事法整体流程来分析追缴，比单独局限在一部法律中理解追缴更为全面和具体，且更能理解立法者设置追缴措施的目的。

厘清追缴与没收的区别之后，不难发现，本文认为追缴的前提为刑事案件过程中"涉案财物未被控制"，具体而言，无论判决前后，只要涉案财物未被控制，启动追缴程序追查涉案财物，查到后予以扣押、冻结待确认为犯罪涉案财物后再予以处分。以刑事涉案财

---

① 何鑫：《刑事违法所得数额的司法认定问题研究》，载《法律适用》2020年第11期，第41页。

物是否被控制作为追缴的前提的合理性在于，厘清追缴与没收在刑事案件进程中的作用与功能，解决长期以来立法及司法中对追缴没收混用的不合理现象。

明确了刑事追缴的基本性质之后，追缴在哪些情景或哪些范围内适用，这是实务中经常会面对的问题。例如：《刑法》第53条对罚金缴纳的追缴、《刑事诉讼法》第298条对贪污贿赂犯罪、恐怖活动犯罪中的违法所得及其他涉案财物的追缴、《公安机关办理刑事案件程序规定》第279条对涉案财物的追缴等等。综上，追缴通常适用于对涉案财物的处置。追缴的适用范围主要集中在两个方面，一是空间范围，二是时间范围。以下笔者将结合这两个问题，对阐释刑事追缴的具体适用规则。

三、刑事追缴的空间范围

追缴的空间范围是指，追缴适用的广度和深度。其主要涉及四个问题：追缴的范围通常是针对违法所得，但违法所得的界限范围需要明确。目前，从相关司法解释中的规定来看，违法所得的追缴的范围包括：（1）原物及其收益；（2）投资或置业后形成的财产及其收益；（3）与其他合法财产共同投资或置业后形成的财产中，与赃款赃物对应的份额及其收益。总体来说，已将违法所得的大部分形式纳入违法所得的范围，但现今社会经济发展迅速，各种形式的经济往来频繁，如虚拟货币洗钱、名声收益等问题的出现，也引发了很多相关犯罪，因此如何将这类利益纳入违法所得范畴考量也是亟待解决的问题。

1. 追缴不仅针对违法所得，还应包括供犯罪所用的本人财物或违禁品

从《刑法》第64条的规定来看，追缴仅适用于犯罪分子违法所得的一切财物，但从学理解释的角度来分析，对犯罪分子违法所得的财物应当追缴，对违禁品和供犯罪所用的本人财物依然需要在原物未被扣押或冻结时，采取追缴措施使没收目的得以实现，因此，追缴的适用及于违禁品和供犯罪所用的本人财物。例如，在制造毒品犯罪中，利用制毒工具和原料制造毒品，该制毒设备和原料为制毒犯罪中的供犯罪所用的本人财物和违禁品被追缴没收。

2. 追缴适用于原物存在还是不存在的情形

根据2007年"两高"与海关总署《关于办理走私刑事案件适用法律若干为题的意见》第24条规定"在办理走私普通货物、物品犯罪案件中，对于走私货物、物品因流入国内市场或者投入使用，致使走私货物、物品无法扣押或者不便扣押的，应当按照走私货物、物品的进出口完税价格认定违法所得予以追缴；"这条司法解释中的追缴包括原物不存在的情形。很多司法解释中规定的追缴仅针对原物存在的情形，其实，追缴是否适用于原物不存在的情形，本质上是追缴与退赔的区别问题，《全国法院维护农村稳定刑事审判工作座谈即要》中规定"赃款赃物还在的应予追缴，已被用掉、毁坏、挥霍的则责令退赔"。从这一规定中不难看出，追缴与退赔的区别在于，涉案财物是否存在，追缴针对的是原物还存在的财物，而退赔适用于原物不复存在时的赔偿被害人损失或弥补犯罪人损耗

掉的违法所得。据此，追缴仅适用于原物存在的情形。

3. 追缴仅适用于有被害人的案件，还是也能适用于无被害人的案件

从法律规定来看，无论是法律规定还是司法解释均未对追缴适用于有无被害人作限制性规定。从判例来分析，追缴既有适用于贪污受贿、逃税等违反秩序类无被害人犯罪判例，也有适用于盗窃、诈骗等有被害人的判例。从追缴的目的来看，追缴针对的是涉案财物的追回与上缴，目的是为了使行为人不因犯罪而获利，对于因违反社会管理秩序而获利的犯罪，如贪污贿赂犯罪等，也需要追缴其涉案财物。因此，无论是有被害人的案件还是无被害人的案件的涉案财物均能适用追缴。

4. 不起诉的刑事案件，涉案财物是否追缴

理论上将刑事案件中的不起诉，分为法定不起诉和酌定不起诉。综合来说，对不起诉案件，《刑事诉讼法》第177条规定"需要没收违法所得的，人民检察院应当提出检察意见，移送有关主管机关处理。"据此是否需要追缴没收是以检察院的意见为准，但具体的标准目前来看不得而知，本文认为刑事涉案财物的追缴，是一种独立于刑罚和保安处分之外的独立法律措施，一般而言，应以成立犯罪作为追缴没收首要条件，因此对于不认为是犯罪的案件不应当予以追缴没收违法所得。但是具体的不起诉案件类型，应有不同的处理。

根据《刑事诉讼法》第16条和第177条的规定不起诉案件的类型主要有以下几类：（1）情节显著轻微、危害不大，不认为是犯罪的；对这类不起诉案件，虽然行为所造成的结果不构成犯罪，但其性质可能构成行政处罚的，由行政机关处理，追缴其违法所得；其性质可能构成民事侵权的案件，由民事处理。（2）犯罪已过追诉时效的案件；（此类型的案件将在下文单独讨论）（3）经特赦免刑的案件；特赦是免除执行全部或者部分的刑罚的制度，本文认为追缴属于刑罚及保安处分之外的独立的涉案财物处置措施，因此，即使行为人被特赦，但如果存在涉案财物的依然应当予以追缴。因此，追缴不受是否特赦为限。（4）告诉才处理的犯罪，这类案件除了侵占罪外，一般只涉及名誉、自由和身体健康等，不存在违法所得等涉案财物。没有告诉或撤回告诉的，属于放弃对行为人的刑事追究，实际上是参照民事案件的"不告不理"原则，对这些仅侵犯个人权益的犯罪，如果个人不追究，那么应保持对财产所有人处分意志的尊重，就算有违法所得或其他涉案财物也不应追缴；（5）犯罪嫌疑人、被告人死亡的案件；这类案件已规定了特定程序追缴其违法所得。其实，追缴刑事违法所得无关罪责的有无，而注重行为人是否通过刑事违法行为获得违法所得。换言之不起诉案件是针对刑事责任部分的不予追缴，而行为人在犯罪过程中所获得的违法所得，属于非法获利，仍然应当予以追缴没收。（6）其他法律规定的免于追究刑事责任的案件。这一兜底条款的规定给司法解释留下空间。

此外，在不起诉案件中的违禁品肯定是会被追缴没收，但在不起诉案件中还存在违法所得收益和供犯罪所用的本人财物（犯罪工具）是否被追缴没收问题。违法所得收益和供

犯罪所用的本人财物都属于涉案财物范围，一个是犯罪目的的衍生物，一个是犯罪的促进物或便利物。行为人的行为虽未被最终起诉追缴，但依然有追缴、没收的必要，其必要性体现在两方面：一是预防犯罪的效果，贪利型犯罪的处罚莫过于对行为人施以更严酷的经济制裁，斩断其犯罪诱因，才能达到惩戒效果，对社会一般民众的教育威慑作用更明显；二是不起诉案件虽未达到犯罪行为的或基于其他缘由未被追究刑责，但其本质仍然是一种侵犯法益的行为，应当受到相应的惩罚。但追缴没收追缴违法所得收益和供犯罪所用的本人财物时应考虑二者的法理基础不同，前者来源于追缴没收违法所得是为了任何人不得因犯罪获利，后者的来源一般认为其标的本质仍是属于受宪法保障范畴的财产权性质[①]，就犯罪物没收而于行为人滥用宪法赋予财产权的保障，造成社会秩序的危害，正足以提供国家干预财产权的合理基础，爲了建构财产正当秩序与预防犯罪，进而经由没收法律效果的立法剥夺财产权人使用财产的宪法保障。[②] 因此，对于违法所得的收益只要证明其是违法所得所产生的孳息或收益，而供犯罪所用的本人财物，则需要证明行为人滥用财产权，使财物对行为人的犯罪行为有促进帮助作用即可。

三、刑事追缴的时间范围

追缴的时间范围是指，在追缴涉案财物过程中以时间为轴度发生的问题。其中主要有三个问题值得讨论，一是犯罪未遂时，违法所得是否应予追缴的问题；二是追缴财物价值的起算时间；三是犯罪行为的追诉时效已过，犯罪行为不被追诉，违法所得是否仍被追缴没收问题。

1. 在犯罪未遂时是否追缴涉案财物

当犯罪未遂时，违法所得是否追缴？例如，案例一，王某，A 市 B 区分管国土的副局长。其利用职权之便为房地产开发商李某在三旧改造、工程招投标、审批进度等方面提供帮助，王某与李某已达成口头约定（并私下签订了虚假的借款协议），李某按照工程的进度分三笔支付好处费给王某。前两笔好处费于工程的前期和中期支付，分别为 100 万元、60 万元，剩下的第三笔好处费 40 万元，约定在工程竣工后支付。工程尚未竣工，王某被他人举报到 A 市监委。截止王某被 A 市监委立案调查之日，王某只收到李某的前两笔好处费，共计 160 万元。实务中的分歧意见为，李某行贿王某未遂的 40 万元是否追缴？向谁追缴？[③] 案例二，某刑事判决书写明被告人甲某犯有受贿罪，同时判决认定1200 万元受贿未遂，并追缴该未遂的 1200 万元，但判决书未写明追缴对象。在这类案件中，往往存在判决后不知如何追缴的问题，造成实务中大部分空判现象。当然，对第一个案例中受贿

---

① Vgl Pieroth/ Schlink, Grundrechte Staatsrecht IL, 22. Aufl., 2006, § 23, Rn. 932.
② Vgl Eser, in：Schönke/Schröder, Strafgesetzbuch Kommentar, 29. Auf., 2014, §74, Rn. 18.
③ 来源于：《贿赂犯罪未遂案件中涉案款追缴应注意的几个问题》，http://fsjjjc. foshan. gov. cn/zt/fsjfxk/lb/content/post_ 665927. html，访问日期：2021 年 8 月 1 日。

罪这类对象犯，就算不认定受贿方的未遂问题，司法机关还可以从追究行贿人行贿罪的角度来考虑，将40万元作为行贿罪的共犯罪所用的本人财物予以追缴。但对第二个案例中受贿罪未遂时是否应当追缴违法所得的方面考虑，该如何处理。

对这类案件首先需要弄清楚违法所得是否被被告人所实际持有或控制，其次，这涉及到追缴的目的，任何人不得因犯罪而获益，这种获益表示为行为人是否实际获益，包括财物的实际取得或控制与否，还包括是否享受过财产性利益等。由于我国的犯罪是以"定性+定量"作为认定标准，每个罪名的既未遂标准不同，例如，贪污罪的既遂标准分为两类，一类就窃取、骗取而言，要求取得控制公共财物，而侵吞型则要求行使所有权；对受贿罪而言，以取得财物为既遂标准；但对毒品类犯罪而言，一般只要行为人实施毒品犯罪行为即认定为犯罪。而未遂与否是对犯罪过程中的状态的划分，与犯罪是否成立无直接关联。由于涉财产类犯罪的范围较广，不宜简单以是否未遂来认定是否追缴行为人的财物，应以行为人是否实际取得、持有、控制财物或享受过财产性利益作为是否追缴的标准。

2. 追缴财物价值的起算时间

追缴供犯罪所用的本人财物或违禁品，由于这类涉案财物不会随着时间的变化财产价值发生变化，或者就算随着时间的推移，发生了价值变化，追缴的仍然是该物原本的属性，对供犯罪所用的本人财物作追缴没收的目的是对犯罪人的一种惩罚，而对违禁品的没收则是一种保安处分措施。但对于犯罪分子违法所得而言，就会存在违法所得随着时间的推移变化，其财产价值发生变化，那么就存在追缴的财物按照哪个时间点来计算，也就是追缴财物的起算时间问题。

实务中出现过此类案例：甲向乙行贿，于2010年在某地以乙妻子的名义买了套房子送给乙，400万。2015年，乙见风向不对，将房子退还给了甲，并办了过户手续。2018年，甲以3000万将房子卖出。现案发。行贿罪犯罪数额为400万没问题。请问追赃数额为400万还是3000万？案例中乙构成受贿罪，但本案的核心问题是，应当追缴的赃款价额是多少。换言之，追缴财物的价值起算点应以什么作为标准。

我国理论界对此问题关注较少，但在日本学界对此问题存在，收受时说、没收不能时说、审判时说、保持利益论。① 我国大部分案例②以收受时说作为标准，追缴行为人通过犯罪行为收受的犯罪所得。日本最高法院在判决中认同收受时说，理由是："受贿人由于收受了相当于贿赂的物品，便获得了相当于该物当时的价值的利益，之后，时过境迁，该物的价值也有涨落，但它不过是由上述不相干的原因所造成的而已，因此，作为替代没收的追征的金额应按收受该物品时的时价计算的判断时妥当的。"③

收受时说的问题在于财产的增值和减值都是依附于财产本身，再加上持有者的处分所

---

① 佐伯仁志于2019年9月17日在华东政法大学讲座《财产制裁的诸问题》的内容。
② (2017) 晋1081刑初39号、(2017) 鲁1403刑初64号之一、(2015) 黔东刑终字第164号等。
③ ［日］大谷实：《刑事政策学》，黎宏译，中国人民大学出版社2009年版，第154页。

共同造成的，不能片面地认为财产的价值是由不相干的行为造成的，此外追缴的目的是剥夺所有的犯罪所得，不使犯罪获利，因此在收受的财物随着时间增值的情形时，以审判时说认定追缴财物的价值较为合理，但是，财物不仅会随着时间增值也会随着时间贬值，例如行为人将违法所得投入股市，股票瞬息万变，很难说会保值，若发生贬值，以没收不能说按被告人享有该财产时作为追缴的时间点具有合理性。追缴的目的是使犯罪人不因犯罪获利，这是第一层目的，使被害人不因犯罪而受财产损失，为犯罪人追回犯罪损失，是第二层目的。如前文所述追缴针对未被扣押的违法所得，退赔针对未扣押的被犯罪人处分或消耗的部分违法所得。对于财产损耗的部分由犯罪人退赔，而未被扣押部分应以未被扣押的财产加上可能升值部分予以追缴，故采取利益保持论的观点更为合理。

3. 追诉时效已过，违法所得是否仍然被追缴

实务中常出现行为人的犯罪行为追诉时效已过，但其通过犯罪行为所获得的违法所得也未被追缴，此时，该违法所得是否也随着追诉时效的停止而不予追缴。例如行为人二十年前制毒贩毒获利十万现金，如今追诉时效已过，行为人的违法所得是否被追缴。

由于已过追诉时效的案件不公布，没有相关判例，笔者咨询相关领域的检察官，他认为追诉时效是针对行为人犯罪后，对犯行的追究。任何人不应因犯罪而获利是基本的共识，对违法所得的追缴在已过追诉时效后，仍应予以追缴。但实际操作会存在一个问题，是犯行已过追诉时效，公安机关就不再启动追诉程序，更无法追究犯罪人的违法所得。但笔者访问另一司法机关工作人员得知，对追缴的诉讼时效问题，他们认为，对违法所得的追缴，应根据诉讼结果予以开展。原因在于《刑事诉讼法》第173条第3款①这一观点是按照法条的规定得出的目前合法合规的观点，但此观点未揭示追缴的本质，达不到"任何人不得因犯罪获利"的追缴目的。

前一检察官的观点，对违法所得的追缴不因犯罪追诉时效的原因而消失的观点更为合理。追缴重在违法所得的客观剥夺或民事衡平，与行为人的罪责并无直接关联。违法所得不因追诉时效的终止而改变其"赃"的属性，因此，追缴不应受追诉时效限制。但前述提到的实务困境，也是现实存在的，要解决这个问题还需要程序上作出相应配合。从国外立法例来看，美国有刑事没收（对人诉讼）和民事没收（对物诉讼）之分，在刑事上不能没收行为人违法所得时，民事上可以没收之，这彻底阻断犯罪人因犯罪获利，值得我国借鉴。

五、结语

虽然我国刑事案件历来"重人身轻财产"，但现今社会对物质的重视程度越来越高，

---

① 《刑事诉讼法》第173条第3款规定："人民检察院决定不起诉的案件，应当同时对侦查中查封、扣押、冻结的财物解除查封、扣押、冻结。对被不起诉人需要给予行政处罚、行政处分或者需要没收其违法所得的，人民检察院应当提出检察建议，移动有关主管机关处理。有关主管机关应当将处理结果及时通知人民检察院。"

在对犯罪人处以人身处罚的同时，犯罪人的违法犯罪所得是否被实际追回，被害人也关注着自己所受的损失是否能追缴回来，特别是在现今扫黑除恶的背景下，对黑恶势力要打财断血、彻底击碎牟利型犯罪的目的，追缴作为惩治财产犯罪的重要手段，在实务中也越发受到重视。除了上述论及的问题外，追缴涉及的问题还很多，还存在追缴阻却、追缴的溯及力及域外追缴等问题，需要展开广泛的研究和探讨。

（编辑：蒋太珂）

刑事指导性案例中的法律论证

梁苏琴[*]

> **摘　要**　刑事指导性案例既有理论研究主要集中于指导性案例的具体内容、合法性、合理性及类案判断等本体论层面，而之于指导性案例的法律论证结构鲜有涉及。遵循法律论证的基本程序，为了确立对判决结果的理性论辩框架，刑事指导性案例主要从内部证成与外部证成两个维度展开。具体而言，刑事指导性案例的内部证成主要基于罪刑法定原则和形式逻辑的有效性展开，而外部证成主要着眼于刑事裁判的融贯性以及后果论证展开。考察刑事指导性案例在司法判决中的论证结构，对合理认识刑事指导性案例论证价值和发生机制等具有重要意义。
>
> **关键词**　指导性案例　法律论证　后果考察　融惯性

十八届三中全会以来，指导案例成为法治建设的重要内容，最高人民法院也于2010年出台《指导性案例的司法适用规则》。基于此，自2012年以来最高人民法院不断下发指导性案例，截至目前，已经发布27批156个指导性案例，其中刑事指导性案例25个。总的来看，指导性案例具有规范性与实践性双重色彩，是法律发现与规范创设的重要途径，既弥补着司法解释的不足，也规范着司法案件的裁量，具有重要建设性作用。"对于案例指导制度来说，创制规则是其根本职责之所在。没有规则的创制，也就没有指导性案例存在的必要性。案例指导制度通过创制司法规则，发挥其对司法活动的指导作用，以弥补立法与司法解释的不足。"[①] 刑事指导性案例的实践价值毋庸置疑，理论上对刑事指导性案例的司法价值也多有研究。不过，需要关注的是，刑事指导性案例自身的法律论证结构以及法律论证的发生机制，如果不能从理论上获得深度剖析，就不能充分认识和发挥刑事指导性案例的方法论功能。

---

[*] 梁苏琴，女，江苏连云港人，上海政法学院教师，研究方向为法律解释学。
[①] 陈兴良：《案例指导制度的规范考察》，载《法学评论》2012年第3期，第126页。

一、法律论证的基本理论框架

法律论证是关于司法逻辑有效性和法律规则选择的法律论辩,也即通过法律论证在两个方面实现司法裁判的合法性。具体而言,通过法律论证,既可以确保司法三段论在判决过程中发挥作用,还可以为司法主体选择正当的刑法条款提供基础。在司法判决过程中,刑事指导性案例与法律论证关系密切,两者在司法功能和发生过程上具有耦合性。

在法律论证理论中,涵摄模式或司法三段论因过于关注形式逻辑而备受批评,在法律推理过程中,推理前提的重要性更应引起关注。基于此,从前提获致结论与前提本身的正确性问题开始被区分开来,即法律论证中内部证成与外部证成。对此,阿列克西曾指出,法律论证可以区分为两个层面的证成,内部证成和外部证成。内部证成处理的问题是:判断从为了证立而引述的前提中逻辑地推导出来;外部证成的对象是这个前提的正确性问题。[①] 也即,内部证成通过法律规范的涵摄过程验证结论符合逻辑,外部证成则是证明法律论证正当性的逻辑过程。质言之,内部证成与外部证成构成法律论证的逻辑结构,前者是通过形式逻辑获得合理的司法结论,后者是对在内部证成所使用的各个前提的证立。由此,内部证成关注的是裁判的法律逻辑有效性,外部证成则是对法律规则选择的分析。分析内部证成和外部证成的内容构造和价值指向,法律论证是对形式理性与司法逻辑的内在反思,也是实践理性和价值判断的外在诉求。司法三段论是形式逻辑在司法过程中的反映,坚持形式理性和价值无涉,这是实证主义法学的主张。实证主义法学主张形式理性,反对自由裁量,坚持司法三段论的形式逻辑。实证主义法学假定,法律规范和法律制度没有漏洞,法官只要通过逻辑推论就可以从实在法演绎出正确的判决。正如麦考密克所言,"一个演绎性判断,亦即一个结论性命题隐含于另一个或者若干个命题当中,后者是前者的'前提'。无论前提和结论内容是什么,只要从形式上前提包含着(或者等同于)结论,一个演绎性判断就是成立的。[②] 据此,实证主义法学主张法律规范解读的严格性和规范适用的封闭性,坚持法律与道德的分离,并据此达到严格适用法律规范之目的。根据形式逻辑适用法律规则,形式上符合逻辑有效性,但并不能保证推理前提的正确性。比如,大前提的理解有误、大前提规定缺乏、大前提内涵模糊,以及小前提事实不清等,都会在形式逻辑支配下产生不当的司法结论。对此,实证主义法学也进行过积极反思。比如,哈特就曾主张,应该关注法律语言的开放性,以充分准确地解析法律规范的含义,推动司法逻辑适用的合理性。不过,从司法实践上看,仅仅在规范语言的开放性结构上进行反思是远远不够的,并不能妥善应对和解决因法律规范不足带来的各种问题。

基于实证主义法学和分析主义法学在规范解读上的保守性和司法逻辑上的封闭性,愈

---

① [德] 罗伯特·阿列克西:《法律论证理论》,舒国滢译,中国法制出版社2001年版,第274页。
② [英] 麦考密克:《法律推理与法律理论》,姜峰译,法律出版社2005年版,第20页。

发不能适应日益复杂和多元的社会发展形态，也不能妥善解决司法实践中的疑难问题。随之，如何改变实证主义法学和分析主义法学带来的论证不足问题，开始成为法律理论和司法实践上的重要课题。基于对形式主义法学概念论的反思和检讨，自由法学、利益法学和现实主义法学等法学流派随之出现，并在法律规范选择、司法逻辑及法律价值等层面上与形式主义法学拉开距离，构建出符合时代发展与实践需要的法学价值理论。非形式主义法学基本主张，法律是社会中的法律，需要司法主体充分发挥自由裁量权，基于正义、自由、利益、政策以及后果需要等社会诉求，发现和适用社会中存在的法律。非形式主义法学基本是对法律规范确定性和完全性的反对和质疑，认为法律规范是基于特殊利益和特定背景制定出来的，需要基于社会利益判断和具体发展需求，对法律规范进行经验分析和价值补充。也即，法官需要根据社会需要、政策诉求、后果考量、立法精神及法律目的等各个层面，对法律规范进行分析和解读，并完成法律规范的司法适用过程。在这个过程中，形式主义法学的形式逻辑需要发挥涵摄作用，但其需建立在对法律规范合理分析的基础上进行展开，以确保形式逻辑的合理运行。易言之，法律推理和裁判形成不但需要关注形式逻辑的有效性，还需要关注推理前提的正当性。与此对应，刑事指导性案例正是基于裁判结论的一致性和公正性问题，并进而对规范文本的妥当性与合理性进行考察。

根据法律证成理论，内部证成是指形式逻辑适用的有效性，即裁判结论是基于司法三段论的形式逻辑支配下产生的；外部证成是对法律规范选择的正当性进行证立。正是在这个意义上，法律论证理论是对形式法学反思的基础上出现的，其将形式三段论司法逻辑和实践理性较好地结合起来。由此，在法律论证的内部证成中，主要是集中于司法三段论的有效性考察，即司法裁判是在形式逻辑演绎下的结果。不过，根据法律论证结构可知，从大前提到小前提再到结论的三段论并不能支撑结论的有效性，比如，如果大前提不确定，或者小前提不客观，都会导致不能得出合理有效的司法结论。"即使我们用尽全部规则，恐怕也难以满足法律判决的所有要求。"[①] 鉴于形式逻辑的固有缺陷，法律论证理论提出外部证成或二阶证立理论，以缓和因形式逻辑固有缺陷所导致的结论合法性问题。当文本无法为应当如何做出裁判提供明确指引时，就必须做出一种论证性的区分，对此进行观察已经是二阶观察了。[②] 图尔敏公式、最大可能展开陈述的逻辑步骤以及论证负担规则等内容，都是在试图走出形式主义逻辑困境的基础上发展出来的法律论证理论。一定意义上，图尔敏公式和陈述逻辑步骤的最大程度展开对于弥补形式逻辑的不足具有重要意义。内部证成虽然对演绎结论有效性具有一定意义，但依然未解决大前提的合理性问题，外部证成就成为弥补形式逻辑不足的另一个证立理论。根据外部证成，法律规范构成要件的多样

---

① Neil MacCormick, *Legal Reasoning and Legal Theory*, New York: Oxford University Press Inc., 1978, p. 100.

② Neil MacCormik, Why cases Have Rations and What These Are in Goldstein (ed), *Precedent in Law*, Oxford: Clarendon Press, 1987), p. 155.

性、规范解释的多元化以及法律规范的扩张解释或限制说明等，都是大前提不确定性问题，从而会影响形式司法逻辑的有效展开和司法结论的有效生成。因此，外部证成理论提出，需要从后果考察和融贯性两个角度对大前提进行限制性解读，以取保规范解释的稳定性和一致性，从而合理推动形式逻辑司法适用的有效性与合理性。

总的来看，法律论证的结构较为复杂，其不同构成要素分别反映了不同法学流派的价值观念，也即法律论证是基于不同法学观念的集合或统一。正如有学者所言："如果从现代法理学的脉络来看，后果主义论证主要为实用主义法学所主张，融贯性论证主要为价值法学所主张，一致性论证主要为分析实证主义法学所主张，麦考密克的二阶证立理论则是集当代法理学法律推理方面主要观点之大成。"①

二、刑事指导性案例中的内部法律论证

最高人民法院发布的刑事指导性案例，对形式逻辑的内部证成具有显著作用。依靠司法三段论不能顺利实现对案件事实的逻辑涵摄，司法判决的有效性也不能实现，因此，需要对司法三段论的逻辑结构进行分析、调整和充实，以最大程度推动形式司法逻辑的有效适用。

就形式逻辑而言，内部证成是对形式逻辑内部结构和逻辑要素的证立和论辩，目的是确保形式理性逻辑在司法裁判中的作用，并实现裁判结果的有效性。在司法实践上，内部证成的重要性毋庸置疑，对判决结果的形成具有支配作用。因此，理论上对其发生路径及内在价值就需要给予积极关注和理性剖析，对其在形式逻辑中的作用也应具有合理认识。但鉴于形式逻辑的固有缺陷，仅仅依靠三段论并不能得出客观公正的司法结果，作为三段论司法逻辑中的重要一环，最高人民法院颁发的刑事指导性案例的内部证成价值也很明显，对有效弥补形式司法逻辑的不足具有重要作用，可以有效推动司法判断的实现。从近年来刑事指导性案例的发布情况和预期目的来看，最高人民法院之所以不断发布刑事指导性案例以指导下级司法机关的司法行为，也从侧面表明三段论司法逻辑在实践当中的局限性，因此，才需要通过最高司法机构积极下发刑事指导性案例，以弥补形式逻辑结构的缺陷和功能性的不足。不过，需要关注的是，刑事指导性案例在司法裁判中如何发挥其内部证成的作用？如何消除因形式逻辑缺陷而可能带来的消极影响？

首先，刑事指导性案例有利于刑法规范的诠释和选择。法律规范既是指引和规范社会主体的行为规范，也是司法主体参照和适用的裁判规范，是社会行为规范化和社会秩序有序化的制度依据。但在很多情形下，刑法规范和社会需求之间总是存在距离和缝隙，当司法主体对刑法规范进行适用和选择时，总会面临不便和困难。这主要归因于刑法规范的抽象性和词语结构的开放性，刑法规则的竞合性和滞后性。我们经常可以看到，刑法规范的

---

① 褚国建：《疑难案件与法律推理》，载《清华法治论衡》，清华大学出版社2009年版，第443页。

构成要件具有复杂性,导致行为定性出现困难,或者刑法词语文义具有多元性,致使事实涵摄产生不便,或者是刑法条文之间具有牵连性,对于行为属性认识产生争议。基于此,社会主体往往不能准确认识刑法规范的文义指向,司法主体往往不能正确适用刑法规范。实质上,上述问题都是司法三段论大前提不确定性的实际反映,并继而导致裁判结果缺乏合理性和合法性。这些都需要在形式逻辑范畴内进行克服,基本路径就是解决大前提的不确定性问题,刑事指导性案例则是为解决大前提问题而进行的制度设计。质言之,指导性案例对刑法规范的内容分析,就是对刑法规范司法适用的支持或限定,这与图尔敏论证逻辑的基本精神是一致的。图尔敏论证规则与司法三段论的形式逻辑具有同质性。也即,如果依据是小前提、正当理由就是大前提,结论就是主张,在这个论证结构中还有限定词、反驳理由和支援因素。其中,支援因素是确保该逻辑论证得以顺利进行的重要因素(如下图)。

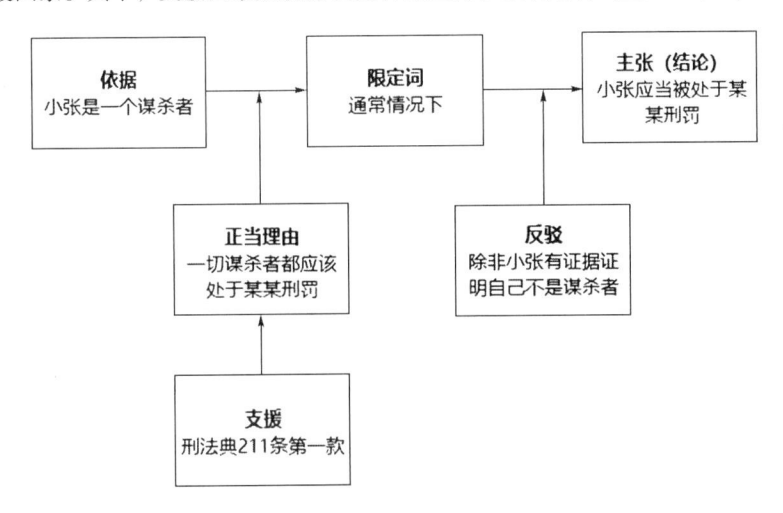

```
┌─────────────┐      ┌─────────┐       ┌─────────────────┐
│   依据      │ ───► │  限定词  │ ────► │  主张(结论)    │
│小张是一个谋杀者│      │通常情况下│       │小张应当被处于某某刑罚│
└─────────────┘      └─────────┘       └─────────────────┘
        ▲                  ▲
        │                  │
┌─────────────┐      ┌─────────────────┐
│   正当理由   │      │      反驳        │
│一切谋杀者都应该│      │除非小张有证据证明  │
│  处于某某刑罚  │      │  自己不是谋杀者   │
└─────────────┘      └─────────────────┘
        ▲
        │
┌─────────────┐
│    支援     │
│刑法典211条第一款│
└─────────────┘
```

实践证明,图尔敏论证模型在法律论证中具有非常重要的作用,对论证的质量起到了很大的帮助。不过,图尔敏模型在支援因素上仅有刑法规范,在简单案件中,作为刑法条款的支援因素可以完成法律论证,能够顺利得出司法结论。但在刑事疑难案件当中,仅仅依靠刑法条款并不能为正当理由提供充足且合理的支持,还需要其他支援因素加入进来,才能顺利完成法律论证的整个过程,而刑事指导性案例就是刑法规范之外的其他支援因素,承担着对正当理由的进一步的支持和帮助。通过分析刑事指导性案例可知,其裁判要点既是对刑法规范的细化和诠释,也是对论证程序中正当理由的支持。"裁判要点就是作为判断、证明待决案件事实是否与指导性案例事实构成相同与否的识别依据,它与判决理由一样确立了'同案'比较的基础(即,事实类型),或者说是确定了'相同'或者类似与否的事实比较范围。"[①] 换言之,刑事指导性案例对理解和适用刑法规范提供了制度性

---

① 黄泽敏:《判例制度法律推理构成类型研究——兼与案例指导制度比较》,载《甘肃社会科学》2018年第3期,第163页。

依据，是对司法三段论大前提明确性的强化，有利于刑法规范的选择和适用。在实践当中，正当理由的支援因素是论证结论成立的因素，反驳因素则是否定结论成立的要素，刑事指导性案例可能是支援因素，也可能是反驳因素，但无论是支援因素还是反驳因素，都是法律论证得以顺利推进的积极要素。

比如，第97号王力军非法经营案①的指导性案例就是典型的反驳因素的例子。王力军非法经营案的裁判要点指出：判断违反行政管理有关规定的经营行为是否构成非法经营罪，应当考虑该经营行为是否严重扰乱市场秩序。对于违反行政管理有关规定，但尚未严重扰乱市场秩序的经营行为，不应当认定为非法经营罪。并在随后的裁判理由中，对王力军行为不符合非法经营行为做了具体阐述。最高人民法院认为，刑法第二百二十五条第四项是在前三项明确列举的三类非法经营行为具体情形的基础上，规定的一个兜底性条款。在司法实践中，适用非法经营罪第四项规定应当特别慎重，相关行为需有刑法规范与司法解释的明确规定，且要具备与前三项规定行为相当的社会危害性和刑事处罚必要性，应该严格避免将一般的行政违法行为当作刑事犯罪来处理。王力军从粮农处收购玉米再卖给粮库，在粮农与粮库之间起了桥梁纽带作用，没有破坏粮食流通的主渠道，没有严重扰乱市场秩序，且不具有与刑法第二百二十五条规定非法经营罪前三项行为相当的社会危害性。因此，不具有刑事处罚必要性。正是根据前述结论，最高人民法院明确指出，王力军收购玉米的行为并未严重扰乱市场秩序，易言之，该行为并未侵害到非法经营罪保护的法益。

在王力军非法经营案中，根据图尔敏的论证规则进行分析，可以发现最高人民法院关于该案的指导性案例，正是对图尔敏论证规范正当理由的反驳，从而得出否定性的司法结论。根据图尔敏论证公式，依据是王立军贩卖玉米，正当理由是贩卖玉米应该构成非法经营罪，支援因素是刑法第二百二十五条非法经营罪，反驳理由是第97号刑事指导性案例，王力军不构成非法经营罪是最后结论。在三段论司法逻辑中，对行为事实是否符合刑法规范的分析包括两个层面：证立性和证伪性，前者认为行为事实可以为刑法规范所涵摄，后者认为行为事实不属于刑法规制范畴，王力军非法经营罪的指导性案例正是从证伪的角度出发，对该行为是否符合刑法个罪的法律论证。当然，通过刑事指导性案例对大前提刑法规范进行证立的情况较多。比如，第105号指导案例洪小强、洪礼沃、洪清泉、李志荣开

---

① 2014年11月至2015年3月间，王力军在未经粮食部门许可及工商行政机关核准的情况下，从周边农户手中非法收购玉米，非法经营数额达到21万余元。王某随后将非法收购的玉米陆续卖到巴彦淖尔市粮油公司杭锦后旗分库，非法赚取利润。2015年底，经群众举报，王某的违法行为被工商局等相关部门当场查获，随后王某到公安机关投案自首。公安机关经过侦查，将王某涉嫌非法经营罪的事实与证据固定，并移送检察机关审查起诉，检察机关向法院提起公诉。经法院审理，被告人李某违反国家《粮食流通管理条例》的规定，非法经营玉米收购，非法经营数额达到21万余元，数量较大，构成非法经营罪。

设赌场案①、第106号谢检军、高垒、高尔樵、杨泽彬开设赌场案②，都是对利用微信开设赌场的合理解读与规范阐释，认为上述行为构成开设赌场罪。将微信界定为开设赌场罪中的"场所"，从而将刑法意义上的物理场所扩张到虚拟场所，为规范和治理开设赌场行为提供了规范支持与合理论证。

其次，最大程度延展逻辑论证的步骤。内部证成是指形式逻辑的规范性判断，司法主体可以根据司法三段论，从刑法规范顺利且合理的推导出裁判结论。但是，如果仅仅将大前提、小前提和结论视为构成形式逻辑的全部要素，显然是认识不足甚至是错误的。"法律判决形成的核心不在于从大前提到小前提的推论，而在于如何处理事实与规范以获得大小前提，这是法律应用的最困难之处。"③ 在司法实践中仅仅依靠形式逻辑裁量刑事案件是远远不够的，还须要通过丰富或者扩展形式逻辑的内在步骤，才可以有效完成裁判结论的产生或实现。

实践当中，形式逻辑的证立模式并不能有效应对比较复杂的案件，尤其是刑法规范内容需要解释、限制或者扩张等情形。比如，一个规范包括多个可选择的构成要件特征；规范的应用要求通过某些说明性的、限制性的或参照性的法律规范；可能存在多个法律后果；用来表达规范的陈述允许有多个解释等。④ 也即，在前述情形下，就需要对刑法规范适用给予不同于形式逻辑模式的思考和构建。对前述情形进行梳理，主要分为以下几种情况：或者是行为模式较为复杂，或者是需基于立法精神对刑法规范进行解释，或者是刑法规范属于概括式或者兜底式规定，对前述类型刑法条款的司法适用，往往需要增加或者扩充三段论的逻辑步骤，才可以更好地实现形式逻辑的论证功能。当然，在扩充形式司法逻辑步骤的过程中，刑事指导性案例的作用毋庸置疑。最高人民法院发布刑事指导性案例是为了指导和规范下级法院的司法实践，且客观上是对形式逻辑步骤的扩展和延展，对于最大程度实现司法结果的合法性和有效性意义显著。

刑法第二百三十二条故意杀人罪规定，故意杀人的，处死刑、无期徒刑或者十年以上

---

① 2016年，被告人洪小强、洪礼沃、洪清泉、李志荣以营利为目的，通过邀请人员加入微信群的方式招揽赌客，根据竞猜游戏网站的开奖结果，以押大小、单双等方式进行赌博，并利用微信群进行控制管理，在一段时间内持续组织网络赌博活动的行为，属于刑法第三百零三条第二款规定的"开设赌场"。被告人洪小强、洪礼沃、洪清泉、李志荣开设和经营赌场，共接受赌资累计达3237300元，应认定为刑法第三百零三条第二款规定的"情节严重"，其行为均已构成开设赌场罪。

② 2015年9月至2015年11月，向某（已判决）在杭州市萧山区活动期间，分别伙同被告人谢检军、高垒、高尔樵、杨泽彬等人，以营利为目的，邀请他人加入其建立的微信群，组织他人在微信群里采用抢红包的方式进行赌博。期间，被告人谢检军、高垒、高尔樵、杨泽彬分别帮助向某在赌博红包群内代发红包，并根据发出赌博红包的个数，从抽头款中分得好处费。经法院审理，属于刑法第三百零三条第二款规定的"开设赌场"，均已构成开设赌场罪。

③ 郑永流：《法律判决形成的模式——在事实与规范之间的顾盼》，载成源等：《法律论证与法学方法》，山东人民出版社2005年版，第207页。

④ ［美］罗伯特·阿列克西：《法律论证理论——作为法律证立理论的理性论辩理论》，舒国滢译，中国法制出版社2001年版，第276页。

有期徒刑。刑法第四十八条对死刑适用的条件作了限制性规定：死刑只适用于罪行极其严重的犯罪分子。对于应当判处死刑的犯罪分子，如果不是必须立即执行的，可以判处死刑同时宣告缓期二年执行。立法上对死刑和死刑缓期执行的规定是抽象性的，但是，实践上如何理解和适用"对于应当判处死刑的犯罪分子，如果不是必须立即执行的"的文义表述，还存在不同看法。质言之，如果在司法三段论中适用死刑缓期执行的立法规定，就会存在障碍和不便。当然，如果能在三段论中增加论证的步骤，即如果能对"对于应当判处死刑的犯罪分子，如果不是必须立即执行的"做进一步明示，则可以为适用死刑缓期执行提供合理参考和有效指引。比如，第4号刑事指导性案例王志才故意杀人案①的裁判要点指出：因恋爱、婚姻矛盾激化引发的故意杀人案件，被告人犯罪手段残忍，论罪应当判处死刑，但被告人具有坦白悔罪、积极赔偿等从轻处罚情节，同时被害人亲属要求严惩的，人民法院根据案件性质、犯罪情节、危害后果和被告人的主观恶性及人身危险性，可以依法判处被告人死刑，缓期二年执行，同时决定限制减刑，以有效化解社会矛盾，促进社会和谐。再如，第12号刑事指导案例李飞故意杀人案②的裁判要点指出：对于因民间矛盾引发的故意杀人案件，被告人犯罪手段残忍，且系累犯，论罪应当判处死刑，但被告人亲属主动协助公安机关将其抓捕归案，并积极赔偿的，人民法院根据案件具体情节，从尽量化解社会矛盾角度考虑，可以依法判处被告人死刑，缓期二年执行，同时决定限制减刑。根据上述两个刑事指导性案例的内容和裁判理由可知，比如恋爱、婚姻矛盾激化引发的故意杀人、因民间矛盾引发的故意杀人等类型的案件，实质上就是对"对于应当判处死刑的犯罪分子，如果不是必须立即执行的"规范内容的具体化，也是对故意杀人罪死刑适用形式逻辑内容的扩张和展开，这些为具体案件中死缓的司法适用提供了合理参考。

对于前述刑法规范的内容规定，可以用下列公式表述：

（1） $X(Tx \rightarrow ORx)$。

在这个公示中，T就是刑法第48条关于"罪行极其严重"的限制性规定。也即，T

---

① 被告人王志才与被害人赵某某在同学期间建立恋爱关系。2005年，王志才毕业后参加工作，赵某某继续专升本学习。2007年赵某某毕业参加工作后，王志才与赵某某商议结婚事宜，因赵某某家人不同意，赵某某多次提出分手，但在王志才的坚持下二人继续保持联系。2008年10月9日中午，王志才在赵某某的集体宿舍再次谈及婚恋问题，因赵某某明确表示二人不可能在一起，王志才感到绝望，愤而产生杀死赵某某然后自杀的念头，即持赵某某宿舍内的一把单刃尖刀，朝赵的颈部、胸腹部、背部连续捅刺，致其失血性休克死亡。次日8时30分许，王志才服农药自杀未遂，被公安机关抓获归案。王志才平时表现较好，归案后如实供述自己罪行，并与其亲属积极赔偿，但未与被害人亲属达成赔偿协议。

② 2006年4月14日，被告人李飞因犯盗窃罪被判处有期徒刑二年，2008年1月2日刑满释放。2008年4月，经他人介绍，李飞与被害人徐某某建立恋爱关系。同年8月，二人因经常吵架而分手。8月24日，当地公安机关到李飞的工作单位给李飞建立重点人档案时，其单位得知李飞曾因犯罪被判刑一事，并以此为由停止了李飞的工作。李飞认为其被停止工作与徐某有关，同年9月12日，李飞破门进入徐某某住处，持室内的铁锤多次击打徐某某的头部，击打徐某某表妹王某某头部、双手数下，致徐某某当场死亡、王某某轻伤，后潜逃。同月23日，李飞到其姑母李某某家中，委托其姑母转告其母亲梁某某送钱。梁某某得知此情后，及时报告公安机关，并于次日晚协助公安机关将来姑母家取钱的李飞抓获。在本案审理期间，李飞的母亲梁某某代为赔偿被害人亲属4万元。

代表的是故意杀人行为可以满足罪行极其严重的情形。OR 就是可以适用死刑的司法结论。从刑法立法上看，罪行极其严重是抽象性的立法规定，实践上存在诸多符合罪行极其严重的杀人行为，由此，对于符合罪行极其严重的情形，如果用数字表示就是从 1 到 n，由此，刑法第四十八条可以用下列式子进行描述：

(2) (x) (M1 1xVM1 2xV——M1 n⟷Tx)。

根据 (1) 和 (2) 得出：

(3) (x) (M1 1xVM1 2xV——M1 n⟷ORx)。

(3) 的意思是指：在这些情况下，当至少存在一个特征时，则法律后果 ORx 就会出现。不过，根据刑法第四十八条规定：对于应当判处死刑的犯罪分子，如果不是必须立即执行的，可以判处死刑同时宣告缓期二年执行。在司法实践上，存在一些虽然应该判处死刑，却不是必须立即执行的情形，适用死缓即可。不需要立即执行的情形在实践当中存在广泛，需要有权主体发布指导性案例或者司法主体进行具体判断。由此，m 在此处的含义就是：对于应当判处死刑的犯罪分子，但不是必须立即执行的具体情形，具体数字可以从 1 到 m。

(4) (x) (M1 mx /→ORx)。

根据第 4 号刑法指导性案例，因恋爱、婚姻矛盾激化引发的故意杀人案件属于不是必须立即执行的情形 (M2 m)。

由此，下列公式是有效的：

(5) (x) (M2 mx⟷M1 mx)。

根据第 12 号刑法指导性案例，对于因民间矛盾引发的故意杀人案件，也属于不是必须立即执行的情形，

据此，下列逻辑也是有效的：

(6) (x) (M3 mx⟷M2 mx)。

对于其他故意杀人的案件，但不属于必须立即执行死刑的情况 (S)，杀人者应属于 M3 m 的主体。由此，下列公式应该是成立的：

(7) (x) (Sx /→M3 mx)。

根据假设则有：

(8) 非 Sa。

据此，由 (1) — (8) 得出：

(9) 非 Ora。

考察前述法律论证过程可知，整个法律论证环节都是围绕罪行极其严重的刑法规定内容展开的，并在 (5) (6) (7) 等前提条件中对大前提进行证伪。也即，通过引入刑事指导性案例对刑法第四十八条规定内容进行解释，从而达到论证故意杀人行为达不到罪行极其严重的目的，因此应该适用死刑缓期执行。反之，如果不具备相应条件，则可以证明行故意

杀人行为的罪行极其严重，应该适用死刑立即执行。由此，在上述论证程序中，（1）到（4）是对故意杀人行为罪行极其严重的论证，（5）到（7）则是对罪刑极其严重的反证，从而共同构成对故意杀人行为大前提的论证。因此，从这个角度来看，上述论证过程通过引入刑事指导性案例的内容，对三段论形式逻辑的过程进行扩展，从而最大程度保证了司法裁判结论的准确性和稳定性。

三、刑事指导性案例中的后果法律论证

从法律论证结构看，内部证成解决的是形式逻辑的结果有效性问题，即通过对刑法规范的诠释和论证过程的扩展，最大程度推动司法结果有效性的实现。不过，真正实现裁判结果的合理、合法和有效，还需要对大前提即刑法规范的正当性进行分析和论证。换言之，当法官从实在法范围内无法获得令人满意的裁判结果时，应当求助于社会科学的论证。① 由此，实践当中应该如何理解和适用刑法规范，如何推动刑法规范适用的一致性和融贯性，还需要给予认真思考和翔实论证。

就刑法规范的正当性论证问题，麦考密克提出了二阶证立理论。二阶证立是指，法官在面对法律规则的理解和适用争议时，应先借助理由来论证裁判依据的正当性，然后再以此演绎并获取裁判结论的正当性，其中借助理由证立裁判依据的环节被称为二阶证立。质言之，"二阶证立必然涉及证明这些选择的正当性；这些选择处在相互对立的可能的裁决规则之间。并且，这些选择只能在一个有效的法律体系的特定语境之内做出；那个特定的语境对这个证明过程施加了某种明显的限制。"② 由此，在二阶证立的发生程序和论证规则中，司法主体需从主客观两个层面出发，并基于后果主义、一致性和融贯性等维度，对裁判规则的正当性进行证立和说明。换言之，在刑事司法程序中，如果要在论证过程中对刑法规范的正当性进行证立，就需要关注两个维度并结合刑事指导性案例做深度分析，这两个维度分别是后果主义的一致性和融贯性。"所谓后果主义论证，是指在选择司法裁决的规则时，通过对备选规则所可能导致的不同后果之间的分析、对比和评估，根据适当的评价标准，以更倾向的后果考量作为所选规则的理由。"③ 据此，后果主义论证是在司法裁判中认真考察司法结果选择的合理性，并根据后果考察选择需要适用的刑法规范。实质上，后果主义论证是功利主义在司法论证过程中的反映，该种论证模式是对形式解释的补充，也是对形式逻辑的反思，有利于对刑法规范的合理选择和正当解析提供理论支持。

---

① 杨洪：《司法论证的逻辑结构与可能——以阿列克西法律论证理论为例》，载《法学》2016年第4期，第56页。
② Neil MacCormick, *Legal Reasoning and Legal Theory*, New York: Oxford University Press Inc., 1978, p. 101.
③ 陈伟：《法律推理中的二阶证立》，载《政法论丛》2013年第1期，第79页。

"法律中的后果主义正当性证明包含着理想功利主义的形式。"① 西方法学流派理论的发展证明，在特定的社会阶段，实证主义和分析主义法学倡导的法律概念、法律与道德区分及司法克制等内容具有积极意义。但实践发展表明，坚持形式理性的司法逻辑对于解决简单刑事案件效果明显，但并不能适应复杂的社会形势，尤其是在面对复杂疑难的刑法案件时，时常需要基于现实主义法学的后果主义进行分析和判断，并在刑法规范诠释中引入政策分析、价值判断、利益衡量及公众诉求等实质性因素，从而达到合理认识刑法规范的目的，以最大程度弥补形式理性的不足。正是在这个意义上，新分析实证主义法学家哈特主张法律规范词语含义的开放性，以积极弥补对法律规范形式理解和实证分析的不足，积极回应社会发展对法律规范的实践理性诉求。在这个方面，美国主义法学家波斯纳的实用主义法学明显走得更远，主张对传统理论中的形式逻辑给予积极反思和变革，具体表现为法官裁量权力、司法逻辑模式、法律规范解释立场等多个方面，其中后果主义考察则是其理论框架中相对典型的一个方面，也是对形式主义法学影响较为深远的方面。

首先，刑事指导性案例与后果法律论证之间的关系。分析刑事指导性案例的内容构造和发生过程，部分体现了后果法律论证在指导性案例形成过程中的作用。最高人民法院在制作和发布刑事指导性案例的过程中，会先通过考察应得出的裁判结果，再根据裁判结果选择合适的刑法规范，以确保刑法规范选择的正当性和合法性。分析这个思维过程可知，其与传统形式逻辑的司法三段论具有显著区别，明显体现出法律后果在法律推论中的积极性、主动性和优先性。显然，这个思维过程是从结果判断到规范选择的辩证逻辑过程，质言之，法律效果和社会效果成为司法主体在法律适用当中的优先考虑要素。从司法实践看，司法主体在做司法裁判的后果考察时，也往往会从刑事政策、法律精神、民众诉求等层面进行分析和判断，这个过程与后果考察的逻辑模式是一致的。当然，在刑事指导性案例产生过程中，司法主体在对刑法规范、案件事实、社会影响、解释立场等问题做综合分析的基础上，先对刑法规范和案件事实之间的关系进行合理认识，再对法律效果进行理性判断和分析，并据此制发合理有效的指导性案例，且需在裁判理由中充分描述后果考察的重要性和可行性。但是，分析刑事指导性案例的具体内容可知，司法主体在不同刑事指导性案例中重点考察的内容还是存在明显区别的。不过，总的来看，刑事指导性案例的制作和发布离不开法律效果的考虑，后果主义论证在刑事指导性案例形成和发生过程中的作用明显，两者具有密切的关系。

其次，后果法律论证在刑事指导性案例中的反映。在刑事指导性案例中，后果法律论证是从不同侧面进行的，有的后果考察是基于刑法的立法精神角度做出的，有的后果考察是从社会民众利益诉求的基础上进行判断的，有的后果考察则是从行为自身的危害程度进

---

① Neil MacCormick, *Legal Reasoning and Legal Theory*, New York: Oxford University Press Inc., 1978, p. 105.

行展开的。

第一，根据法律精神进行的后果法律论证。第97号指导性案例王力军非法经营案①就是在考察非法经营罪立法精神的基础上制作而成的。一审法院认为，王力军构成非法经营罪。由此，司法主体在非法经营罪与非法收购玉米之间进行犯罪构成符合型判断，并基于三段论推导出王力军构成非法经营罪。司法流程表征出形式解释在司法实践中的重要性，并继而得出符合形式正义的司法结论。但是，危害行为定性分析应该综合考虑形式因素与实质因素，即实质正义在司法裁量中的作用不应该被忽视。易言之，司法主体在分析法律事实时，忽视了一个重要问题，也就是影响王力军收购玉米的行为能否构成犯罪的关键要素，即行为人非法收购玉米的行为是否具有刑法意义上的社会危害性。从非法经营罪的立法精神看，其保护法益是市场秩序的有序运行。据此，最高人民法院认为，刑法第二百二十五条第四项是在前三项明确列举的非法经营行为具体情形的基础上，规定的一个兜底性条款。在司法实践中，司法主体适用该项规定时应当特别慎重，相关行为需有法律规定或司法解释，且要具备与前三项规定相当的社会危害性和刑事处罚必要性，严格避免将一般的行政违法行为当作刑事犯罪来处理。就本案而言，王力军从粮农处收购玉米再卖给粮库，在粮农与粮库之间起了桥梁纽带作用，没有破坏粮食流通的主渠道，没有严重扰乱市场秩序，且不具有与刑法第二百二十五条非法经营罪前三项规定相当的社会危害性，更不具有刑事处罚的必要性。对此，指导性案例裁判理由明确指出，王力军收购玉米的行为未严重扰乱市场秩序，不具有刑法意义上的严重社会危害性，不符合非法经营罪的犯罪构成。

第二，根据民众诉求进行的后果法律论证。在93号指导案例于欢故意伤害案②中，可以明显地看到法律证成在判决书中的论证和说理作用。一审法院对于欢及辩护人提出的正当防卫诉求未予以支持，认为于欢的行为构成故意杀人罪。分析该判决过程，正当防卫条款的大前提是明确的，小前提也是客观存在的，司法主体只需将法律规范适用于具体案件

---

① 2014年11月至2015年3月间，王力军在未经粮食部门许可及工商行政机关核准的情况下，从周边农户手中非法收购玉米，非法经营数额达到21万余元。王某随后将非法收购的玉米陆续卖到巴彦淖尔市粮油公司杭锦后旗分库，非法赚取利润。2015年底，经群众举报，王某的违法行为被工商局等相关部门当场查获，随后王某到公安机关投案自首。公安机关经过侦查，将王某涉嫌非法经营罪的事实与证据固定，并移送检察机关审查起诉，检察机关向法院提起公诉。经法院审理，被告人李某违反国家《粮食流通管理条例》的规定，非法经营玉米收购，非法经营数额达到21万余元，数量较大，构成非法经营罪。

② 2014年4月14日，山东源大工贸有限公司负责人苏银霞及其子于欢因借高利贷，被11名催债人限制人身自由并受到侮辱。催债人杜志浩对苏银霞做出脱裤子裸露生殖器等侮辱行为。警察赶到后，并未有效控制住现场，于欢在警察离开接待室后，想跟着警察一起出去被阻止，情急之下拿刀伤人，造成一死三伤。2017年2月17日，聊城市中级人民法院一审以故意伤害罪判处于欢无期徒刑。一审判决后，被告人于欢和受害方均不服，提出上诉。2017年5月27日，山东省高级人民二审通过微博全程直播的方式公开开庭审理了此案。于欢案的行为是否构成正当防卫是这起案件的庭审焦点。二审庭审中，由山东省检察院指派的检察员指出，该案由违法逼债引发，是一起具有防卫性质的伤害案件，一审判决未认定防卫性质，适用法律错误。检方进一步表示，于欢的行为具有防卫性质，但属于防卫不当。庭审中，控辩双方及被害人的诉讼代理人充分发表了意见。2017年6月23日，山东省高级人民法院作出一审判决，认定于欢构成防卫过当，改判有期徒刑五年。

即可推导出结论,就能完成司法审判的逻辑过程。不过,司法主体如果只强调司法逻辑的正确性,不研究其中的方法选择问题,且不考虑刑法规范适用的正当性考量,得出的结论合理性就会存疑。正如学者所指出的,法律规范的适用并不都是理想情况(即可以直接适用法律的情况)。往往还需要对大前提、小前提中的法律要素进行解释(归纳、逆推),从而使其达到可以进行涵摄操作的程度。而当更加特殊的情形出现而无法进行涵摄时(比如出现法律漏洞时),则还要采取法律获取(法律发现)的方式来进行法律解释。① 遗憾的是,一审法院将关注焦点仅放在了司法逻辑的进程上,却忽略了公众利益诉求的考量,在刑法规范理解和适用上也不够合理,最终导致判决结果引来社会各界的质疑。分析各种批评可知,社会主体对行为事实没有异议,而是直指刑法规范的理解与适用,这恰恰是外部证成关涉的问题所在。

在司法实践上,对大小前提的涵摄关系考察,应该是在综合各种情节要素基础上进行理性分析的结果。"总的来讲,法律解释是一个论辩性的选择和决定过程。这一过程常常需要照顾到不同的、相互竞合的目的,并且原则上要努力在相互竞合的不同利益之间达成让人认为是公正的妥协,并且在这一前提下实现效益的最大化。"② 从一审的司法进程可知,司法主体根据三段论得出裁判结论,并未对小前提可能具有的其他特性做针对性的分析,但在外部证成的程序中,司法主体却忽略了实质性要素的考虑,最终导致刑法规范选择和适用的合法性存有疑问。在再审程序中,司法主体根据社会民众的利益诉求并结合行为事实进行分析,对裁判结果的合理性进行充分考量和论证,最终做出了于欢构成防卫过当的司法结论。最高人民法院在指导性案例的裁判要点中指出,对正在进行的非法限制他人人身自由的行为,应当认定为刑法第二十条第一款规定的"不法侵害",可以进行正当防卫。根据最高人民法院指导案例中的裁判要点,看不出其与外部证成存在联系,但最高人民法院的司法逻辑与思维进路恰恰符合外部证成的本质要求,这也是为何该案的最终结果获得了社会主体广泛认可的重要原因。

第三,根据行为危害进行的后果法律论证。第70号刑事指导性案例北京阳光一佰生物技术开发有限公司习文有等生产、销售有毒、有害食品案③属于对危害行为的危害程度

---

① 李剑:《判例的形式构成及其"成分"分析——以德国法教义学为视角》,载《交大法学》2018年第31期,第23页。
② [德]齐佩利乌斯:《法哲学》,金振豹译,北京大学出版社2013年版,第85页。
③ 被告人习文有于2001年注册成立了北京阳光一佰生物技术开发有限公司(以下简称阳光一佰公司),系公司的实际生产经营负责人。2010年以来,被告单位阳光一佰公司从被告人谭国民处以600元/公斤的价格购进生产保健品的原料,加工制作成用于辅助降血糖山芪参胶囊,以每盒100元左右的价格销售。2012年5月至9月,山芪参胶囊分别被检测出含有盐酸丁二胍,食品药品监督管理部门将检测结果告知阳光一佰公司及习文有。被告人习文有在得知检测结果后,明知其所生产、销售的保健品中含有盐酸丁二胍,仍然继续新购买原料,组织生产山芪参胶囊并销售。从2012年8月底至2013年1月案发,阳光一佰公司生产、销售金额达800余万元。江苏省扬州市广陵区人民法院于2014年1月10日作出判决:被告单位北京阳光一佰生物技术开发有限公司犯生产、销售有毒、有害食品罪,判处罚金人民币一千五百万元;被告人习文有犯生产、销售有毒、有害食品罪,判处有期徒刑十五年,剥夺政治权利三年,并处罚金人民币九百万元;其他犯罪主体也给予了相应刑事处罚。

进行对比分析和判断，从而认为达到严重危害社会的程度，并满足了生产、销售有毒有害食品的犯罪构成。该指导性案例在裁判要点中指出，行为人在食品生产经营中添加的虽然不是国务院有关部门公布的《食品中可能违法添加的非食用物质名单》和《保健食品中可能非法添加的物质名单》中的物质，但如果该物质与上述名单中所列物质具有同等属性，并且根据检验报告和专家意见等相关材料能够确定该物质对人体具有同等危害的，应当认定为《中华人民共和国刑法》第一百四十四条规定的"有毒、有害的非食品原料"。根据该案例可知，行为人在其产品中添加的物质并非是国务院管理办法明确列举的非法添加物质，但根据检验报告和专家意见等相关材料，被告人在其生产的产品中添加的物质在危害程度上与相关管理办法禁止添加的物质具有类似性和同等性。因此，认为其符合刑法第一百四十四条规定的"有毒、有害的非食品原料"，满足生产销售有毒有害食品罪的犯罪构成。由此，该指导性案例是从危害程度上进行后果考察，并据此选择和适用相应的刑法规范。

四、刑事指导性案例中的融惯性论证

为了应对开放性论证带来的消极后果，即对论证理由的无止境的追问和以裁判者的判断取代法律判断的可能，就需要在融贯论的视野下进行论证问题的讨论，论证应当融贯地进行，融贯既是论证终止的条件，也是对裁判者的一个理性约束。[①] 其实，在德沃金的理论视域中，融贯不仅仅是认识论意义上的目标，也是为法律真理的追求提供知识论基础而进行合法化论证。[②] 根据融惯性理论，刑事裁判结论是否合法正当，需要借助刑事指导性案例进行证成，以有效解决法律论证可能带来的不足与规范解读过程中遇到的认识问题。刑事指导性案例的外部证成，对保持刑法规范解读和适用的正当性具有重要作用，也即刑事指导性案例是司法主体合理认识与诠释刑法规范的重要参考和借鉴。根据上文，刑事指导性案例的发生和形成与具体案件的后果考察密切相关，从而为最高人民法院制作和发布刑事指导性案例提供基础和前提，并且是发挥指导性案例的外部证成作用的重要路径。不过，在发挥指导性案例外部证成作用的同时，也需要关注法律论证中外部证成的制约因素，增加与其他论证理由的相互关系和支持强度，以共同支持刑事司法裁判结论的成立，即指导性案例的形成和发生还需要符合外部证成的一致性和融惯性。

根据二阶证立理论，后果考察是为了确保刑法规范适用的正当性与合理性，换言之，通过后果考察形成的刑事指导性案例，对大前提刑法规范的认识和适用具有积极作用，是确保刑法规范选择正当性的重要保证。不过，在这个过程中，后果考察和司法结论需要符合二阶证立中一致性和融惯性的要求。"所谓一致性，就是两个命题没有逻辑上的矛盾，

[①] 侯学勇：《融贯论在法律论证中的作用》，载《华东政法大学学报》2008年第4期，第4页。
[②] 王彬：《论法律解释的融贯性——评德沃金的法律真理观》，载《法制与社会发展》2007年第5期，第84-92页。

如果一个命题能够被毫无冲突地嵌入与其他命题的关联之中，那么，他们就是一致的。"①即使需要从辩证逻辑的角度诠释和适用刑法规范，裁判规范选择和司法裁判结论依然要遵循形式逻辑的检验和证立。易言之，通过后果考察得出的法律结论需要符合司法三段论的论证过程和论证规则。基于此，应该对通过后果考察形成的刑事指导性案例进行分析，尤其是对其形成过程和裁判要点要给予重点关注，并从不同维度进行论证和讨论，是否符合二阶证立的一致性和融惯性特征。在刑事法治语境中，一致性是指刑事指导性案例的发生过程和裁判规则是否符合刑法规范，即一致性是刑事指导性案例的形成需要满足合法性与合宪性的外在要求。融惯性是指，指导性案例的形成需要符合刑法原则性和商谈性的内在精神。刑事指导性案例的形成需要经得起来自合法性、合理性，以及政策性等维度的拷问。总的来看，对刑事指导性案例的融惯性论证需要从以下几个方面考察，分别为指导性案例形成的内部融贯论证、合原则论证与外部融贯论证。多维度探讨刑事指导性案例的可行性与合理性，可以使其获得更多的论据支持和更大的论证强度。"根据法律论证理论，如果其他条件不变，支持一个命题的论据链越长，这一命题的论证强度就越大。"②

首先，刑事指导性案例的内部融贯论证。刑事指导性案例的融惯性论证首先要进行的是相关法律规定和正式法源彼此之间的融贯性论证，这是一种典型的内部融贯论证。刑事指导性案例中的内部融贯论证主要是通过传统的合法性论证实现的。刑事指导性案例中的合法性论证主要是从两个维度展开的，符合刑法的立法精神和法益保护类型，即指导性案例需要契合立法精神和保护法益，对司法裁判结论的合法性论证具有重要的支持作用。具体可从第 87 号指导案例郭明升、郭明锋、孙淑标假冒注册商标案③进行分析。类似案例在司法实践中并不鲜见，通常的司法判决是，危害行为分别触犯假冒注册商标罪与生产、销售伪劣产品罪，根据想象竞合理论和司法实务，应该从一重罪处罚。鉴于生产、销售伪劣产品罪的法定刑高于假冒注册商标罪，对类似行为多以生产、销售伪劣产品罪进行定罪处罚。但是，根据刑法目的和立法精神，这并不是最合理的结果。分析法益侵害类型，生产、销售伪劣产品罪往往会侵害公民的人身权利、财产权利和市场经济秩序，因此，该罪的刑罚幅度配置最高为无期徒刑。销售假冒注册商标的商品罪属于侵犯知识产权

---

① Neil MacComic, *Coherence in Juctification*, *Moral Theory and Legal Reasoning*, Scott Brewer ed, Garland Publishing Inc, 1998, p. 266.

② Aleksander Pecenik, *The Passion for Reason*, *The Law in philosohical perspecktives – My Philosophy of Law*, Luc J. Wintgens ed., Kluwer Academic Publishers, 1999, p. 189.

③ 2013 年 11 月底至 2014 年 6 月期间，被告人郭明升为谋取非法利益，伙同被告人孙淑标、郭明锋在未经三星（中国）投资有限公司授权许可的情况下，从他人处批发假冒三星手机裸机及配件进行组装，利用其在淘宝网上开设的"三星数码专柜"网店进行"正品行货"宣传，并以明显低于市场价格公开对外销售，共计销售假冒的三星手机 20000 余部，销售金额 2000 余万元，非法获利 200 余万元。江苏省宿迁市中级人民法院于 2015 年 9 月 8 日作出（2015）宿中知刑初字第 0004 号刑事判决，以被告人郭明升犯假冒注册商标罪，判处有期徒刑五年，并处罚金人民币 160 万元；被告人孙淑标犯假冒注册商标罪，判处有期徒刑三年，缓刑五年，并处罚金人民币 20 万元。被告人郭明锋犯假冒注册商标罪，判处有期徒刑三年，缓刑四年，并处罚金人民币 20 万元。宣判后，三被告人均没有提出上诉，该判决已经生效。

类罪，法定最高刑仅为 7 年有期徒刑。也即，两个罪名侵害的法益类型具有显著区别，刑事处罚的强度也相差甚远。正如有学者所言，"两相比较，我们可以清晰地看到：尽管同为非法销售行为，但两罪的犯罪对象、侵犯的法益性质及社会危害性程度不可同日而语。"① 分析第 87 号刑事指导性案例可知，行为人购进假冒"SAMSUNG"注册商标的手机机头及配件，组装假冒"SAMSUNG"注册商标的手机，并通过网店对外以"正品行货"销售，价格远远低于三星手机的市场价格。对此，购买者往往是明知手机是假冒的，不过购买假冒手机不但有利于其使用假冒的品牌手机，一定程度上，还有利于节约顾客的购买成本。因此，从该行为的危害性看，缺乏生产、销售伪劣产品罪中侵害公民人身权利、财产权利的法益类型。由此，基于内部证成的角度，将上述假冒行为解释生产、销售伪劣产品罪显然不够合理与充分。同时，由于该假冒行为完全符合假冒注册商标罪的犯罪构成，依照假冒注册商标罪进行处罚更为合理。正如有学者指出的，如果仅仅停留于一般观念上的伪劣产品概念作判断，忽视从罪质层面进一步就销售冒牌侵权产品行为的主要危害性质作细分，则势必导致绝大多数销售假冒名牌商品的行为均被认定为销售伪劣产品犯罪，以致销售假冒注册商标的商品罪可能沦为虚置，当然违背立法本旨。② 无疑，论者的看法和观点是合理的。最高人民法院将该案例做为指导性案例予以发布，与司法主体对销售假冒品牌手机的行为性质认定和法益侵害分析的科学、合理有密切关系，对合理认识类似行为的法律属性和裁判结论的证立，具有重要且显著的作用。

其次，刑事指导性案例的合原则性论证。为了实现刑事指导性案例在论证上的融贯性，刑事指导性案例的法律论证还必须关注与相关法律原则的契合性，这主要是通过合原则性论证进行的。合原则论证主要是指，刑事指导性案例的发生和适用应符合刑法基本原则，也就是说，刑事指导性案例的内容以及根据指导性案例形成的司法结果不能违背罪刑法定原则。比如，第 105 号刑法指导性案例洪小强、洪礼沃、洪清泉、李志荣开设赌场案，第 106 号刑法指导性案例谢检军、高垒、高尔樵、杨泽彬开设赌场案，都是对利用微信开设赌场应如何定性的合理解读与规范阐释。质言之，两个指导性案例都认为，应将微信上组织赌博的行为作为开设赌场罪进行定罪处罚。不过，关于赌场的传统理解是指，行为人提供赌博的物理场所及赌博用具，供他人在其中进行赌博，本人从中营利的行为，也即是在实体、物理空间内提供赌博便利的行为。随着通信和网络技术的发展，虚拟空间和物理空间成为空间概念的两个维度，都在客观世界当中发挥着重要作用。于是，在司法实践上，虚拟空间被用作场所进行赌博应如何认定，成为刑事疑难问题。基于此，第 105 号刑事指导性案例和第 106 号刑事指导性案例，都将利用微信以提供赌博便利的行为界定为开设赌场罪。一定意义上，两个指导性案例是对赌场的时代性认识和扩张性解释，符合刑

---

① 高尚：《德国判例使用情况分析——以〈德国刑法典〉第 266 条"背信罪"为对象》，载《环球法律评论》2017 年第 6 期，第 145 页。
② 黄祥清：《罪质分析法与转换定罪规则的适用》，载《人民司法》2010 年第 17 期，第 78 页。

法的发展规律和司法的实践需要。不过，可能会有学者认为，刑法指导性案例将虚拟空间作为赌博场所不符合罪刑法定原则，属于刑法上的类推定罪。我们认为，两个指导性案例是对开设赌场罪赌场内涵的扩大解释，符合刑法上的罪刑法定原则。根据立法精神和规范文义，将微信界定为开设赌场罪中的"场所"，符合开设赌场罪的立法目的和赌场的词语逻辑，是对开设赌场罪的合理解读与合法认知。由此，通过将微信界定为物理场所，从而将刑法意义上的物理场所扩张到虚拟场所，为规范和治理开设赌博行为提供了规范支持与合理论证。融贯性与合理论证有着密切的关联，避免了任意的判断。① 从刑法基本原则的角度考察刑事指导性案例的合法性，是融惯性在刑事指导性案例中的积极体现，据此将指导性案例与刑法基本原则联系起来，其对于丰富和延长刑事指导性案例理由链的作用明显。

再次，刑事指导性案例的外部融贯论证。不管是内部融贯论证还是合原则性论证，旨在实现的都是刑事指导性案例司法裁判与法律体系内部的规范要素的契合性，为了让刑事指导性案例的法律论证实现更大范围和更大程度的可接受性，刑事指导性案例还必须进行正式法源和非形式法源之间以及非形式法源本身的外部融贯论证。刑事指导性案例的外部融贯论证主要是通过商谈性论证进行的。法律议论②更加重视具有过程指向性的正当程序。在为演绎主义辩护的同时，它还强调合情合理的商谈，主张结合理由论证来达成合意，因此，它兼具描述性和规范性的特征。③ 法律商谈源于的德国诠释学大师哈贝马斯的沟通商谈理论。如果要获得对事物的客观真实的认知，就需要在社会主体之间进行商谈，确保主体之间进行充分的交流和沟通，从而对问题形成一致性判断。法律商谈理论与司法过程的性质具有一致性，也和法律论证过程具有类似性，符合刑事指导性案例的形成和发生过程。就刑事指导性案例而言，可以从两个方面分析其商谈性特征：第一，刑事指导性案例的形成符合商谈理论的本质属性。最高人民法院的刑事指导性案例来源于下级人民法院典型的审判案例，由最高人民法院进行遴选、研判和分析，并在前期进行充分考察的基础上得以最终形成。在指导性案例形成过程中，如果有人、社会组织或团体提出异议，最高人民法院也会进行针对性地回应和内容调整。因此，在这个过程中，最高人民法院、社会主体、案例来源法院，及其他相关主体之间会进行充分、有效的沟通，这个过程符合商谈理论的本质特征；第二，刑事指导性案例的司法适用也需要经历商谈环节。对指导性案例的司法适用，首先需要进行类案判断并经过充分讨论之后，才可以被下级人民法院参照适用。换言之，在司法实践中，如果司法主体认为待决案例与指导性案例之间具有类似性，需要根据刑事指导性案例进行司法裁判的，就需要对待决案例与指导性案例进行对比

---

① 蔡琳：《法律论证中的融贯论》，载《法制与社会发展》2006年第2期，第126页。
② 这里的法律议论与法律论证在内涵和外延上具有一致性。
③ 季卫东：《法律解释的真谛（上）——探索实用法学的第三道路》，载《中外法学》1998年第6期，第9页。

分析，并在充分听取当事人、诉讼律师和公诉方等各方主体意见的基础上，进行综合性分析和判断，以决定是否参照刑事指导性案例进行司法判决。总之，在司法实践上，无论是刑事指导性案例的形成过程，还是刑事指导性案例的发生机制，都离不开法律商谈理论的具体适用，充分体现了商谈理论的本质属性。从法律论证的视角看，商谈性是刑事指导性案例得以形成的重要原因，其与合法性、合原则性一起构成刑事指导性案例的支持理由链条，共同构成刑事指导性案例的融惯性的论证依据。总之，无论是在经验意义上，还是在规范意义上，各个理由之间应当具有广泛的相互支持关系理由之间的融贯程度决定了它们对结论的支持强度。①

五、结语

刑事指导性案例是我国法治建设中的新型法律要素，在法律体系中具有重要的法律地位，对保持刑法规范稳定性与一致性具有重要意义，也在法律论证当中起着重要作用。因此，在未来一段时间，需要对刑事指导性案例给于充分关注和重视，并从刑法理论层面进行研究，剖析刑事指导性案例的具体内容和发展规律，为刑事指导性案例的合理发展提供足够的智力支持。从刑法理论与司法实践的关系看，司法实践是理论发展的内在动力，通过分析刑事指导性案例的成因和规律，对刑法规范与刑法理论的发展具有重要意义。由此，以指导性案例为基础，我国司法可能形成一个富有活力的规则生态系统，而指导性案例正是规则生态系统的发源地。本文正是沿着上述路径进行展开研究的，并对刑事指导性案例作用的分类、发生机制、证成过程、配套制度等方面进行了深度分析，以期能为刑事指导性案例制度建设与理论发展提供合理借鉴。

（编辑：吕玉赞）

---

① 侯学勇：《融贯论在法律论证中的作用》，载《华东政法大学学报》2008年第4期，第10页。

论行政自由裁量的"解释性控权"

卢政峰[*]

摘 要 对行政自由裁量权的控制是多元化的,通过行政法解释实现对行政自由裁量权的控制是其重要方法手段之一。其本质是行政程序控制,具有事中性、过程性及自我规制性优势,行政法解释对行政自由裁量权的控制以说明理由为基本承载。各种行政法解释方法的控制行政裁量权以适合为基本要求,而正当性解释方法在控制行政自由裁量权中运用最为常见。行政法解释方法的准确运用能够实现行政法律适用的合法性诉求,正当性解释方法的运用能够补足行政法适用的实质合理性。由于行政法解释本身就具有裁量性,因而需要法治的双向介入与制度的保障。

关键词 行政法解释 行政自由裁量权的控制 程序控制 说明理由 正当性解释方法

一、问题的提出

尽管有学者主张将行政自由裁量权压缩为零,也有人试图取消行政自由裁量权概念,但是行政自由裁量权的存在却是客观无法争辩的事实,有行政权必然有行政自由裁量权。[①] 为了实现行政权的公共职能以及担保公共利益的实现,[②] 行政权具有主动、积极的特性,其内容具有一般政策的,管制政策的,经济政策、社会政策、文化政策等性质,行政机关的执法不只是单纯的"传送带",行政机关行为的行使往往带有某种程度的创造性

---

[*] 卢政峰,男,大连海洋大学法学院副教授,法学博士,研究方向为行政法学。
[①] 笔者对普遍使用行政自由裁量权概念是有异议的,异议主要在于"自由"二字。无论从自由的本意还是行政法治的本意上看,都不应当叫作行政自由裁量权,充其量称为行政裁量权。
[②] 行政权是担保性质的权力,有关行政法是担保性质的法律的观点,参见张弘:《作为担保性质的心在法》,载《北方法学》2015年第1期。

与形成性。而且由于社会公共事务多元复杂，立法机关基于合目的性的考量，只能留有一定的余地、幅度、范围，赋予行政权享有某种程度的权宜性与自由性，继而实现个案正义的要求。此种行政自由性的观念，在行政法规的规范方式上，表现得最为清楚，其不仅彰显在制定行政法规的授权上，更为重要的是行政机关在作出具体决定时，享有一定的活动与判断空间。这个空间就是所谓的行政自由裁量。

当前学界对于行政自由裁量权概念有较为成熟的界定。比如韦德与福赛认为，行政自由裁量就是指在法律许可的情况下，对作为与不作为，以及怎样作为进行选择的权力。① 我国学者孙笑侠认为，行政自由裁量权是指行政机关对于作出何种决定有很大的自由余地，可以在各种可能采取的行动方针中进行选择，根据行政机关的判断采取某种行动或不采取某种行动。② 一般来说，就行政自由裁量概念，国内外的界定基本趋于一致，只是表述不同而已。同时，无论决策裁量还是决定上的裁量，都包含在广义行政自由裁量之中，但一般是指在具体行政裁决或决定中的裁量。然而，自由和空间也带给行政自由裁量泛滥的可能，"如果行政机关并不是惟一根据裁量规定的法律目的进行裁量；或者在具体案件上，进行利益衡量时，未充分地考虑有关行使裁量权的基准性观点（根据该裁量规定，应就各种公益及私益妥为衡量），漏为斟酌涉案因素，或追求不当目的，即均构成裁量滥用。"③ "所有的自由裁量权都可能被滥用，这仍是个至理名言。"④ 美国学者将其总结为："1. 不正当的目的；2. 错误的和不相干的原因；3. 错误的法律或事实根据；4. 遗忘了其他有关事项；5. 不作为或迟延；6. 背离了既定的判例和习惯。"⑤ 我国台湾学者将有关裁量权行使的瑕疵，分为下列四种类型：1. 裁量逾越；2. 裁量怠惰；3. 裁量滥用；4. 违反基本权利和一般行政法原则。⑥

有行政自由裁量，便会出现权力滥用现象，从而影响到公民权利的实现。而对行政自由裁量权的控制，可以追溯至杨海坤教授二十年前所提出的对行政机关自由裁量行为进行立法、行政、司法三重控制。国内学界有关行政自由裁量的研究虽不断推陈出新，但大体上还是沿袭了三重控制的基本言说。面对传统模式的失利，学者们提出了一系列可替代性方案，包括"放松管制和撤销管制机关；贯彻实施禁止授予立法权原理；要求行政机关通过制定标准而使其自由裁量权的行使具体化；采用资源配置效率作为衡量行政决定的一个实体标准。"⑦ "所有四个可替代方案都给出某种承诺，保证减少行政机关在进行政策选择方面行使自由裁量权时公认的缺点。但是没有一个是几近完美的方案，而且它们在很大程

---

① Cf. H. W. R. Wade & C. F. Forsyth, op. Cit. p. 35.
② 孙笑侠：《论司法对行政自由裁量的审查》，载《公法研究》2002年第1卷。
③ 翁岳生：《行政法（上）》，中国法制出版社2002年版，第248页。
④ ［美］威廉·韦德：《行政法》，徐炳等译，中国大百科全书出版社1997年版，第70页。
⑤ ［美］伯纳德·施瓦茨：《行政法》，徐炳译，群众出版社1986年版，第571页。
⑥ 吴庚：《行政法之理论与实用》，中国人民大学出版社2002年版，第79－80页。
⑦ ［美］斯图尔特：《美国行政法的重构》，沈岿译，商务印书馆2002年版，第29－30页。

度上是相互矛盾的。"① 我国行政法学者王锡锌将控制行政自由裁量的制度系统归纳为以下四种模型：通过规则的命令控制模式、通过原则的指导控制模式、通过程序的竞争控制模式、通过监督的审查控制模式。② 本文不否认这些措施的积极进步作用，甚至认为，控制行政自由裁量权绝非一种途径或手段，反而应该是综合控权。

在众多途径中，通过行政法解释方法的运用实现对行政自由裁量权的控制不失为一种具有方法论意义的途径。美国行政法学者施瓦茨指出："自由裁量权是行政权的核心。行政法如果不是控制自由裁量权的法，那它是什么呢？"③ 行政法解释亦应如此。行政法解释有也称行政解释，作为方法论意义上的行政法解释的适用，我国学界探讨起步不久，仍有较大的发展空间。虽然这些年相关理论成果也较为丰富，但对于行政法解释的内涵与外延一直没有搞清楚。特别是1981年全国人大常委会出台的《关于加强法律解释工作的决议》，标志着我国法律解释体制的全面确立，立法解释、司法解释和行政解释"三国鼎立"局面的最终形成。2000年《立法法》出台后，全国人大常委会法制工作委员会负责人主编的《立法法讲话》指出：法律解释分为正式解释和非正式解释。正式解释又分为立法解释和应用解释。立法解释就是立法机关在法律制定后，根据法律的执行情况和执行中遇到的问题，对法律的有关规定的含义作出进一步说明和阐述。应用解释就是执法机关，包括审判机关、检察机关和行政机关在应用法律的过程中，对法律的有关含义所作的说明和解释。然而，这些法律解释到底是否属于法律解释，一直有争议，一部分人认为属于法律解释，一部分人认为不属于法律解释。一方面，根据传统"谁有权制定法律谁就有权解释法律"的观点，这些解释属于法律解释，但笔者认为本质上都属于立法解释。另一方面，根据现代"谁有权适用法律谁就有权解释法律"的观点，笔者同时认为，行政机关工作人员和法官在适用行政法时根据需要，有权解释行政法。这被笔者称之为作为行政法适用方法意义的解释。对于前者而言，通过立法来控制行政裁量权本身就是立法机关分内的责任，许多行政自由裁量问题的发生原因就在于原初的立法，立法机关不应该以认知能力有限而怠于履行职责。立法机关对于涉及行政自由裁量的法律规范进行法律解释，无疑是控制行政自由裁量权的有效方式之一。立法者不能只注重不断地制定新的法律，而忽视对其所制定的法律的解释。对于后者而言，法律一经制定便需运用与执行，而运用与执行阶段显然脱离了立法机关的控制，而行政机关工作人员包括法官在适用行政法时根据需要，通过对行政法规范的解释，实现对行政裁量权的控制，无疑是有效的控权方式。本文主要探讨基于法律适用的行政解释控权方式，将之称之为"解释性控权"。

---

① ［美］斯图尔特：《美国行政法的重构》，沈岿译，商务印书馆2002年版，第30页。
② 季卫东：《法律程序的意义：对中国法制建设的另一种思考》，载《法学研究》2008年第5期。
③ ［美］伯纳德·施瓦茨：《行政法》，徐炳译，群众出版社1986年版，第566页。

二、解释性控权的内涵诠释

（一）解释性控权的本质是行政程序控制

近些年，确立裁量基准成为控制行政权的全新方式与手段。行政裁量基准说到底是制定新的行为规则，属于实体法上的规制，因而制定裁量基准的合法性遭受到质疑，尤其是那些无立法权的行政机关，如某省工商局制定的工商行政处罚裁量基准事实上属于无权立法。因此，以行政程序控制行政行为对裁量规范的行使便具有更大的现实意义。实际上在对行政自由裁量予以基准控制的时候就已经有人认识到这个问题，比如王锡锌教授认为"实践中试图大规模地制定裁量基准并通过基准的普遍适用来控制自由裁量的做法，除了可能带来裁量的格式化甚至僵化，也存在着合法性方面的问题。行政法治原则下的裁量权控制，应以程序控制模式为核心，综合运用事前的规则控制和事后的监督控制等多种技术，引入将自由裁量权理性化的结构和机制。"[1] 如今，行政权程序也实现了自我超越，其自身的内在价值也对程序裁量产生巨大的约束效力。[2]

尽管以程序控制行政行为在我国虽然有认识，但并不是很充分，原因一方面在于程序意义及程序控权意识较弱，另一方面在于缺乏程序立法规制及程序执法实践的经验积累不足。季卫东教授的《法律程序的意义》一文针对中国的现状开出了"程序法治主义的良方，既推荐给国家作为治理沉疴重疾的处方，亦建议每天坚持服用以治疗自我的陋习"，[3] 引领中国程序法治理论先河。程序对于控权的意义更应被特别强调，因为对权力的规制需要程序要件的满足；权力行使的过程性要求对其制约的程序性；程序特别是正当程序本身即为控权机制；程序制约的过程正当性是法治之德的核心；程序的牵制性有助于催发权力结构的合理变化。对裁量规范的行使强调程序控制模式，具有转型意义，不但满足裁量规范的特点，而且有益于裁量性规范达成实质法治的要求。

作为行政程序重要阶段的行政法解释，即适用行政法的个案解释，是在将法律条文适用于个案的具体事实时对相应法律条文的含义和适用范围（适用于何人、何事、何时、地、何种情形及可能的例外）的阐释。包括对所有其所执行的规范性文件，即法律、行政法规、地方性法规、自治条例和单行条例、部门规章、地方政府规章，以及规章以下的规范性文件的解释。执法者在执法时适用什么法律文件，就必须对这些文件进行解释。行政法解释对行政裁量权的限制，主要表现在：在具体裁量要素即判断与选择要素时，通过解释，一方面说服行政相对人，使相对人相信是应受法律规定调整的；另一方面也是在说服执法者自己，使自己确信自己在依法行政，自己在按立法者的意志处理相应事务，立法意

---

[1] 王锡锌：《自由裁量权基准：技术的创新还是误用》，载《法学研究》2008年第5期。
[2] 张弘：《论行政法与公共道德——兼及行政法与公共道德的相互转化》，载《道德与文明》2013年第2期。
[3] 季卫东：《法律程序的意义：对中国法制建设的另一种思考》，载《法学研究》2008年第5期。

图在自己的执法行为中得到了实现。同时法律制定后,由于某种新事物的出现,对原法律条文必须作某种限制性或扩张性解释,而这种限制性或扩张性解释乃是实现原法律确定的目标和任务所必须的,并属于立法者未能考虑到但能为立法目的所包容的事件范围。如果不属这种情况,由于新事物的出现,原法律确定的目标和任务已显出不适当,需要重新确定立法的目标和任务,就不是执法者进行法律解释所能解决的问题,而必须由立法者修改法律。

(二) 解释性控权的优势

相对于其他对行政自由裁量权控制的途径与手段,通过行政法解释的控制有自己独特的优势。

第一,解释性控制在行政执法中一并进行具有事中性。相对于法院对行政自由裁量权的控制,行政法解释性控制具有事中性,司法控制具有事后性。通过解释适用行政法,也使行政自由裁量权得到合理适用,而这种"双"适用的合理性,是司法权控制行政自由裁量权所不具有的。司法控制的事后性具有最终性,但不具有经济理性和唯一性,往往是不得已而为之。特别是这种行政程序中的行政法适用及行政法解释,由于有行政相对人的参与,直接构成对行政自由裁量权的解释性限制。因为如果行政执法者的行政裁量权经过解释,行政相对人不满意或不接受,要么行政行为便不能继续下去,要么重新使这种裁量达到合理,要么获得合理解释。"事实也证明具有事先预防功能的说明理由制度比那些事后惩罚性制度有着无可比拟的优越性。"[1] 基于行政相对人直接参与的反制作用,致使行政自由裁量权只有合理行使才具有正当性。

第二,解释性控制行政自由裁量权具有过程性。对行政的过程性考查是近些年来兴起的对行政法学研究方法的转型。"行政的过程性"是指行政具有作为过程的性质,行政在客观上表现为一个过程,具体由该过程中的各个发展阶段通过在时间上的持续性和空间上的广延性构成。[2] 它强调通过行政过程结构行政关系。[3] "行政程序要求行政主体在行使行政权时尽可能减少与行政相对人的对抗,通过设置行政程序,让行政相对人参与到行政权的运作的过程中,并作为一个独立的权利主体获得行政主体的尊重,并建立起一个互相信任与合作的关系。"[4] 而当行政权具有裁量性,其行使若能够结构关系,推进行政过程,则必须能够被行政相对人所接受,否则无法结构也无法推进,时间和空间要么暂停,要么重新开始。王天华教授从具体案例出发,考察了日本的判断过程审查方式,认为行政裁量

---

[1] 刘勇、严刚:《浅论行政行为说明理由制度》,http://www.chinacourt.org/article/detail/2008/12/id/336028.shtml 最后访问时间:2020年12月29日。
[2] 江利红:《论行政法学中"行政过程"概念的导入》,载《政治与法律》2012年第3期。
[3] 张弘、王琼:《论行政解释的过程》,载《东方法学》2009年第5期。
[4] 章剑生:《论行政行为说明理由》,载《法学研究》1998年第3期。

应该秉承法律的程序性实体拘束这一观念,对行政裁量进行程序性实体审查,我国的行政裁量问题应该通过程序性的实体审查来解决。① 而程序性又必然体现在过程性上。解释性控制行政自由裁量权是建构在行政过程中的,具有过程性,较之行政程序更强调其客观性与正当性。

第三,解释性控制行政自由裁量权具有自我规制性。虽然与外部监督相比较,行政自由裁量的行政内部规制有其先天不足,但是对行政权包括行政自由裁量权的行政规制或自我规制是近些年行政法研究的新路径。"行政控制的内发性在于,控制裁量权的愿望是从行政机关及行政人员自身生发出来的,并通过行政系统内部的一系列机制来具体实现的,这充分符合行政自制理论的一般要求:行政自制的基本理念在于行政人员以服务相对热的愿望和需要为指向积极地从事行政活动,此时,控制自身的自由裁量权便成了服务相对人、达致行政目的所不可或缺的一部分。"② 行政自我规制所覆盖的领域或问题,不限于规范性文件制定及合法性审查、备案审查制度、行政裁量基准。在重大决策的制定程序、政府信息公开、行政问责制等方面,行政系统也都在积极地创设规则,以实现"规则之治"。③ 行政裁量基准是典型的行政自我规制,解释性控制行政自由裁量权除了基准本身的"规则之治",利用行政法解释方法对应裁量基准不失为一种良好的双向结合。换言之,解释性控制行政自由裁量权是行政的自我规制与"规则之治"的结合,它在于行政人的自觉理性,在于行政法解释性方法的科学性,由此形成新的控权路径。

(三)解释性控权以说明理由为基本承载

广义说明理由是指行政主体在作出对行政相对人合法权益产生影响④的行政决定时,除法律有特别规定外,必须向行政相对人说明其作出该行政决定的事实因素、法律依据以及进行自由裁量时所考虑的政策、公益、形势、习惯等因素。⑤ 尤其在内部程序中由于自由裁量权较大,行政机关更应当就正当行使自由裁量权所涉及的政策形势、公共利益、惯例公理等加以说明解释。⑥ 说明理由能够增进行政自由裁量决定过程的理性与正当性,迫使行政机关必须小心斟酌相关事由,进而有效地遏制行政自由裁量的任意和专横。而且能够增加行政的透明度,提升公众对行政决定的信任和接受。理由说明的本身也架构出行政自由裁量的推理和思考过程,这就为以后类似的行政决定提供了一种指南,能够保持行政

---

① 王天华:《行政裁量与判断过程审查方式》,载《清华法学》2009年第3期。
② 崔卓兰、刘福元:《论行政自由裁量权的内部控制》,载崔卓兰、伍劲松主编:《行政自制视野下的行政法治》,法律出版社2018年版,第27-28页。
③ 沈岿:《行政自我规制与行政法治:一个初步考查》,载《行政法学研究》2011年第3期。
④ 一般认为行政行为说明理由是指行政主体在作出对行政相对人合法权益产生"不利"影响的行政行为时,所进行的解释或需要说明理由。
⑤ 章剑生:《行政行为说明理由判解》,武汉大学出版社2000年版,第33页。
⑥ 雷虹、张弘:《论行政决定的可接受性》,载《辽宁大学学报》2011年第5期。

行为前后的一致性。① 说明理由以书面说明为主，以口头说明为补充。当行政机关的说明理由行政相对人不接受且有道理时，必然反制行政机关对该解释所涉及的裁量权进行二度或再度解释，直至合理正当，而这也实现了对行政自由裁量权的自我规制。

实践中，已有行政机关制定专门的规范性文件来支持说明理由对行政自由裁量权的承载与克制，如《金华市水利局规范行政处罚自由裁量权说明理由制度（试行）》。说明理由要求决定者在作出决定时全面、认真地搜集证据，慎重地适用法律，以减少决定的错误，这是排斥决定者恣意、偏私、专断的有效途径，是控制权力滥用的有效手段之一，是行政机关自我拘束的一种有效形式，是制约决定者武断的必要武器。②

三、解释性控权的方法路径

一般认为，"行政裁量乃行政机关在法律积极明示之授权或消极的默许范围内，基于行政目的，自由斟酌，选择自己认为正确之行为，而不受法院审查者。"③ 因此，在行政执法领域，只要执法人员运用法律便会存在行政裁量。而当执法人员面对不确定法律概念等蕴含价值判断的法律规定时，行政裁量或自由裁量显然会成为执法决定的最终理由。如果这种裁量权不加以限制，必然会导致行政权力的滥用。相比于事后的司法审查，执法人员在运用法律时依据特定的行政法解释方法，具有限制权力滥用的事中性，在一定程度上能够有效控制权力的滥用。通说认为，行政法解释方法与一般法律解释方法并无本质区别，主要包括文义解释、体系解释、法意解释、扩张解释、限缩解释、当然解释、目的解释、合宪性解释等方法。而近些年随着法治政府建设与行政法解释学研究的推进，行政相对人以及社会公众对于执法效果的关注持续攀升，行政法解释突破了纯粹的形式合法性诉求，而转向更高水平法治诉求，正当性解释方法等成为提升执法效果的可接受性与推进实质法治进程的有效方法。

（一）形式合法性诉求：法律方法的准确运用

首先，基于文义解释方法的运用实现对法律文本原意的尊重。任何法律解释都是始于文义，行政法解释亦不例外。尤其是强调控权理念下，文义解释要求严格遵守文义的解释路径，是控制执法人员自由裁量权的最有效路径。通常认为，文义解释是指按照法律字面的含义进行解释。其根本的价值取向严格忠诚于原文，在严格法治时代它具有排斥其他解释方法的倾向。④ 亦有学者将文义解释称为语义解释，认为文义解释与文理解释、文法解

---

① 参见余凌云：《行政自由裁量论》，中国人民大学出版社2005年版，第220-222页。
② 宋华琳：《英国行政决定说明理由研究》，载《行政法学研究》2010年第2期。
③ 翁岳生：《行政法与现代法治国家》，三民书局2015年版，第35页。
④ 陈金钊主编：《法律方法论》，中国政法大学出版社2007年版，第112页。

释、语法解释以及语义解释大抵上相当，没有实质上区别。① 因此，法律解释的路径即为先由文义解释入手，且所作解释不能超过可能的文义。② 事实上，"这种解释的目的是探究法律用语最明显、最自然和最常用的含义，而不是法律规范的立法意图，也不考虑按照这种含义适用法律是否能够产生公平合理的结果。"③ 基于文义解释控权的根基在于，如果行政机关工作人员没有按照法律字面的意义去解释法的含义，既是没有忠于原文愿意。而这反向就是对法律愿意的表达，只有这样才是行政权的本意既是限制滥用解释。这在"福建省水利水电勘测设计院不服省地矿厅行政处罚决定案"④ 中便有所体系，行政机关依据《地热资源地质勘查规范》中规定，认为涉及的地下热水平均温度为72℃，是地热，不是地下水。

其次，基于体系解释方法对解释对象进行体系性把握，消除为了控权而僵化运用文义解释方法的现象，在整体规范语境中把握控权理念的价值导向。一般认为，文义解释方法是法律解释的起点，而体系解释方法能够纠正文义解释的僵化弊端。体系解释是指将法律条文或者法律概念放在整个法律体系中来理解，通过解释前后法律条文和法律的内在价值与目的，来明晰某一具体法律规范或法律概念的含义。体系解释最基本的考虑是要保证法律体系的融贯性，防止法律的前后矛盾。体系解释方法存在两种解释路径，一种是法律外在体系解释，指的是探究法律概念的外在含义之间的联系；一种是法律内在体系解释，指的是把某一个法律规范或法律概念放置在整个部门法律目的或价值体系中进行解释。⑤ 事实上，如果行政机关只是基于法律的外在体系进行解释，那么只能基于法律体系的逻辑结构推定出某种含义，而排斥掉法律的价值导向，事实上会忽视立法者倾向行政相对人等弱势群体保护的倾向。行政机关只有诉诸法律的内外体系，才能确保行政法解释的正确性，在控权的基础上实现公民权利的保护。比如在"黄梅县振华建材物资总公司不服黄石市公安局扣押财产"⑥ 一案中，应该将扣押行为放在整个法律体系来分析其合法性，而非仅仅放在刑事法律或行政法律系统中。单一的一个法律系统内的解释都会导致结果的不正确性。就刑事强制措施而言，其所适用的条件与行政措施显然是不同的，对于本案的扣押行为从系统与比较的角度才能看出其不正当性。

再次，为了排除行政机关行政法解释的自由裁量与能动创造，应该借助历史解释方法回溯立法原意，防止行政机关意志取代立法机关意志的现象。历史解释方法是一种主观解释的思路，即指根据历史上立法者之意图进行解释。换言之，法官在对法律条文和法律概念进行解释的时候，需要回溯到立法者的主观立法意图那里，并将其作为解释活动的基本

---

① 张志铭：《法律解释操作分析》，中国政法大学出版社1998年版，第105页。
② 梁慧星：《民法解释学》，中国政法大学出版社1995年版，第214页。
③ 孔祥俊：《法律解释方法与判解研究》，人民法院出版社2004年版，第321页。
④ 参见郑刚主编：《最高人民法院公报案例评析》，中国民主法制出版社2004年版，第183-191页。
⑤ 王旭：《法律解释的基本方法》，载《人民法院报》2006年2月6日，第8版。
⑥ 参见《最高人民法院公报》1996年第1期。

标准，而不能使得法律解释活动成为法官个人主观意志和偏好的产物。基于历史解释，行政机关可以获得控权的正当性，一是符合权力配置的基本法治精神。在民主国家以及立法至上的传统下，行政执法者，应该尊重立法权的行使，其法律解释的对象是立法者制定的法律文本，因此立法者的主观意图构成了法律最基本的精神与价值观；二是能够保持法律秩序的安定性和确定性。法律是一个历史的体系，在这个时间概念之中，通过历史解释，法律能够在历史语境中保持相对的稳定和一致，从而有利于稳定人们的行为模式和对法律的一般期待。① 基于历史解释，行政机关有效排除了自己对立法原意的揣测，实现对立法原意的尊重，从而限制行政裁量权的滥用。

最后，基于目的解释方法对行政机关的解释复数进行选择，选择最符合法律目的的解释结果。目的解释方法滥觞于德国19世纪的著名学者耶林的巨著《法的目的》。该书中指出，解释法律，必须先了解法律究竟欲实现何种目的，以此为出发点加以解释，始能得其真谛。② 德国学者指出："解释方法的桂冠当属于目的论之解释方法，因为只有目的论的解释方法直接追求所有解释之本来目的，寻找出目的观点和价值观点，从中最终得出有约束力的重要的法律意思。从根本上讲，其他的解释方法只不过是人们接近法律意思的特殊途径。"③ 作为法律解释的桂冠，目的解释带有很强的主观与能动性，因此行政机关在选择目的解释方法时必须审慎对待，防止行政自由裁量权与目的解释的能动性之间发生耦合，而最终导致行政法解释的任意。"当存在两种冲突的文本解释或系统解释结论时，目的解释方法又能起到判断、取舍的作用。"④ 事实上，行政机关选择目的解释方法是为了实现以下效果：一是消除文义解释的僵化，在尽可能语义范围内借助目的要素实现对行政法的规范解释；二是消除法律规定的不确定性含义，即在多种解释的可能性之中，借由目的性要素的价值指引，选择最符合行政法规范目的的一种解释结果；三是结合权利保护原则，在法律规定不明或者存在漏洞的情况下，应该基于权利保护的立法目的排除行政法的适用，防止行政法过度干涉公民生活。事实上，行政机关工作人员在执行时其所进行的解释必须符合法律目的，否则就是对目的的背反，从而导致法律解释的不正确性。符合目的的解释就是对行政裁量权的限制。在"彭学纯诉上海市工商行政管理局"⑤ 一案中，工商局基于目的解释方法，认为电视专题报道从形式上具备了医疗广告的基本特征，因此对违法者的处理符合立法目的。

---

① 王旭：《法律解释的基本方法》，载《人民法院报》2006年2月6日，第8版。
② 杨仁寿：《法学方法论》，中国政法大学出版社1999年版，第63页。
③ ［德］汉斯·梅因里希·耶塞克等：《德国刑法教科书》，徐久生译，中国法制出版社2001年版，第193页。
④ 蒋俞：《目的解释：WTO补贴案件中的辅助解释方法》，载《WTO经济导刊》2008年第6期。
⑤ 祝铭山主编：《工商行政诉讼》，中国法制出版社2004年版，第6-9页。

(二) 实质合理性补强：正当性解释方法的运用

"裁量"的本意是指判断、衡量。伯纳德·施瓦茨指出，"当我们说行政裁量权时，我们的真正含意是指行政官员或行政机关拥有从可能的作为和不作为中做选择的自由权。"① 而事实上，裁量无所不在。《布莱克法律辞典》明确指出，裁量是为法官和行政机关工作人员所享有的、在他们所认为合适或必须的情况下，行为或不行为的选择权；如果没有证据表明滥用裁量权，这种行为或不行为不能被推翻。② 裁量权乃是行政权的本质属性，是行政权有效实施的前提。基于行政行为的羁束性行为和自由裁量行为划分，亦可获知裁量权的普遍性。所谓的羁束性行为是指行政主体对行政法规范的适用没有或只有较小的裁判余地的行政行为；而所谓的自由裁量行为则是指行政主体对行政法规范的适用具有较大的裁判余地的行政行为。③ 不难判断，羁束性行为与自由裁量行为之间的区别仅仅在于裁量余地的大小，而没有绝对无裁量余地的行政法规范。只要存在法律文本便需要理解，理解过程便是解释的过程，只要存在解释便会有主观判断与自由裁量。而无论裁量空间大小，其都可能影响到法律的真正含义获取。

显然，行政机关在运用法律规范时，本身便带有对自由裁量的一种限制。洛克早就指出："有许多事情非法律所能规定，这些事情必须交由握有执行权的人自由裁量，由他根据公众福利和利益的要求来处理。"④ 然而，自由裁量并非任意裁量，其内在包含着特定原则的限制。通常认为，自由裁量是指在法律规定的范围内裁量，必须遵循两个原则：一是合法原则，一是合理原则。合法原则是从形式意义上来说的，合理原则是从实质意义上来说的，后者比前者的要求更高。"从法律的现实主义立场来看，无论是以严格规则主义为特点的大陆法系还是以程序为中心的普通法系，其立法或者司法创设的行政法规则都包含着用以保护对有效行政具有重要意义的行政自由裁量权，……此种状况导致的结果是：行政权运行的一部分——如果不是绝大部分的话，是以'非正式'方式来完成的，这些依行政自由裁量权做出的非正式行政行为往往很少受原则和规则的指导，也不受司法机关的审查，因而也就缺乏真正富有意义的监督和制约；而且，如果一项行政决定所包含的政策内容越多、自由裁量的余地越大、专业化知识越多，那么其主要内容离普通的立法和司法经验就越远，外在监督和控制机制就越力不从心。"⑤ 一方面基于行政自由裁量权的权力扩张的本质属性需要行政机关在作出行政行为时便需注意其行使的合法性，另一方面基于权力配置的体制与制度设计也时刻提防行政自由裁量权的不当行使，因此基于权力行使主

---

① [美] 伯纳德·施瓦茨：《行政法》，徐炳译，群众出版社 1986 年版，第 567 页。
② 解志勇：《论行政诉讼审查标准》，中国人民公安大学出版社 2004 年版，第 69 页。
③ 本文使用的行政自由裁量权的概念限定在具体行政行为中，不包括抽象行政行为。
④ [英] 洛克：《政府论》（下篇），瞿菊农、叶启芳译，商务印书馆 1983 年重印本，第 99 页。
⑤ 卢护锋、金圣春：《行政自由裁量权的外部控制及其反思》，载崔卓兰、伍劲松主编：《行政自制视野下的行政法治》，法律出版社 2018 年版，第 211-212 页。

体的先在控制能够一定程度上节制权力扩张。这就对行政机关或者相关执法人员适用行政法时提出更高要求。如果说借由一般性行政法解释方法实现了行政法适用的合法性诉求，那么限制行政自由裁量权的内在要求更需要一种实质合理性的补足。而这需要正当性解释方法的合理运用。所谓的正当性解释方法是指行政机关或相关的行政执法人员在适用行政法时，负有对其适用行政法合法性与合理性进行解释的义务，基于一种利益衡量思维实现对行政自由裁量权的控制，达至行政法解释的形式合法性与实质合理性，既维护了行政法权威适用，又确保了公民权利不受行政法侵犯。

在"方林富诉杭州市市场管理局行政处罚案"①中，就涉及正当性解释对行政自由裁量权控制的问题：

2015年11月5日，西湖区市场监督管理局接群众举报发现方林富炒货店使用"最好、最优、最香、最特色、最高端"等绝对化用语进行宣传，立案调查后认为其违反《广告法》第九条"广告不得有下列情形：（三）使用'国家级''最高级''最佳'等用语"之规定，遂于2016年3月22日作出杭西市管罚处字〔2015〕534号《市场监督管理行政处罚决定书》，根据《广告法》第五十七条规定的"有下列行为之一的，由工商行政管理部门责令停止发布广告，对广告主处二十万元以上一百万元以下的罚款……"对该店作出罚款20万元的行政处罚。方林富炒货店认为该行政处罚决定认定事实不清，适用法律及处罚对象错误，行政处罚明显不当为由，在复议之后，于8月18日诉至法院要求撤销处罚决定及行政复议决定。

一审法院经审理作出判决，将处罚金额由20万元变更为20万元，判决的基本逻辑是：方林富发布了广告法禁止的含有绝对化用语的广告；广告法对该种违法行为设定的最低限罚款为20万元；对广告违法行为的处罚除适用广告法外，还应遵循行政处罚法的过罚相当原则、处罚与教育相结合原则，并考虑法定从轻、减轻情形；方林富违法行为情节较为轻微，社会危害较小，应当减轻处罚；20万元罚款数额明显不当。

在理论上通常认为，明显不当是指行政处罚在形式上没有超过法定幅度，且不违背法律、法规的规定，但在处罚内容上明显不符合理性、客观、适度的原则。也就是说，行政机关在法律、法规设立的罚种和幅度内所作的明显不公正的行政处罚，是指超过一定度的不合理的自由裁量行为。实践中，行政处罚明显不当主要有以下几种表现：相同情况不同处罚；不同情况相同处罚；一个行为重复处罚；不考虑相关因素；考虑了不相关的因素等。以上是传统意义上的一般理解。而本案法院对明显不当处罚的理解与解释有明显的突破与进步，认为对方林富违法行为即"对广告违法行为的处罚除适用广告法外，还应遵循《行政处罚法》总则中的过罚相当原则、处罚与教育相结合原则，并考虑法定从轻、减轻

---

① 陈嘉琪、黄爱武：《行政机关如何适用从轻减轻处罚规定——以方林富案为例》，载《海峡法学》2019年第3期。

情形;方林富违法行为情节较为轻微,社会危害较小,应当减轻处罚",所以判决在法定的处罚额度下线予以处罚即减轻处罚。法院通过判决的解释,对行政裁量权的合理性或正当性有了方法论上的刻意适用,这是典型的通过法律解释实现对行政自由裁量权的限制及再控制的最好范例。

结　语

通过行政法解释控制行政自由裁量权是一种具体适用法律的方法,显然更具有操作性。由于历史经验积累不足,以及现实法律体制未能完全涵盖等原因,这种解释性控权仍有许多理论问题尚待理清,亦需要立法的制度性支持以及执法与审判的实践创新。事实上,以行政法解释控制行政自由裁量权,而行政法解释本身就具有裁量性,这两种裁量性的叠加,势必会造成更大的危险,因此,就行政法解释控制行政自由裁量权本身就需要法治的双向介入与制度的保障。

(编辑:杨铜铜)

论民事共同诉讼的识别进路*

宋春龙**

摘　要　共同诉讼的识别标准一直是民事诉讼的重要议题，识别标准的简单化造成共同诉讼识别的困难。由于实体法上欠缺相关共同权利和共同责任（义务）明确规定，共同诉讼的适用更多的是在识别程序主导下的予以适用，故将研究集中于共同诉讼的识别程序，不断优化和充实识别程序实为化解共同诉讼应用困境的一个出路。识别标准与识别程序的协调是实体法与程序法相互作用的结果，是共同诉讼确定性与灵活性的反映。我们应重视识别程序在共同诉讼中的作用，共同诉讼的识别应从单一化的客观标准研究转向客观标准与识别程序的互动型研究。针对类似必要共同诉讼，应通过增加当事人异议权优化其识别程序，消解识别标准模糊化带来的识别困惑。

关键词　共同诉讼　诉讼标的　识别标准　识别程序

一、共同诉讼的实践反思

共同诉讼旨在通过单个程序处理涉及多数主体的纠纷，减少分别诉讼带来的成本叠加与裁判冲突。《民事诉讼法》（下称《民诉法》）第 52 条设定了共同诉讼制度，并在《最高人民法院关于适用〈中华人民共和国民事诉讼法〉的解释》（下称《民诉法解释》）中细化了具体规则。共同诉讼是民事诉讼理论的重要命题，有着复杂的理论构成，同时也需通过实践的检验。《民诉法》第 52 条确立了以"诉讼标的"为"识别标准"的识别方式。但是，"识别标准"单一化只是《民诉法》规范的文字解释，司法实践究竟以何种方式识别共同诉讼仍值得深入研究。笔者通过威科先行数据库，以"共同诉讼"为关键词在

---

* 本文为教育部人文社会科学研究青年基金"《〈侵权责任法〉数人侵权责任诉讼形态研究》"项目（项目批准号（19YJC820049））的阶段性成果

** 宋春龙，山东青岛人，法学博士，中国海洋大学法学院讲师，研究方向为民事诉讼法。

"裁判结果"中进行检索①，试图以此反映实践中共同诉讼的应用，并阐释、分析其中的问题。

表1 共同诉讼的识别方式

识别标准的适用	适用识别标准确定共同诉讼类型	未适用识别标准
数量	48	68

在共同诉讼的识别中（见表1），以《民诉法》第52条的适用为核心，严格依照诉讼标的为识别标准确定共同诉讼类型的案件48个，仅为未适用识别标准的案件的70%。在具体案例中，相对于阐释共同诉讼的识别标准，最高人民法院在共同诉讼的判断时，跳过识别标准给出结论的比例更高。在未适用识别标准的案件中，最高人民法院通常不会对共同诉讼类型的确定进行任何说理，而是直接给出识别结论。例如，在某某集团国际物流有限责任公司进出口分公司、某某集团国际物流有限责任公司金融借款合同纠纷案中，②最高人民法院认为，"农行某某支行并非本案必要共同诉讼当事人，原审法院未予追加，并无不当。"在此类案件中，面对是否成立共同诉讼的争议，人民法院不借助任何客观的识别标准，直接给与结论很难使当事人完全信服，当事人对此却无异议途径。

表2

识别标准	旧实体法说	其他
数量	40	8

借助识别标准判断共同诉讼的案例中（参见表2），再对"识别标准"进行细化，有40个案例适用了诉讼标的的旧实体法说，最高人民法院一般通过当事人之间的法律关系及实体权利对共同诉讼进行判断。例如，在李某某、马某某房屋买卖合同纠纷案中，③最高人民法院认为"判定当事人适格与否，须判断当事人与诉讼标的是否有直接关系。认定是否构成必要的共同诉讼，须判断诉讼标的是否具有同一性。诉讼标的是与李某某之间的房屋买卖法律关系。"与之相对，仅有8个案例采纳了旧实体法说以外的标准。例如，有案例以"共同侵权"作为识别标准。在北京某某某医疗设备有限责任公司、广东某某药业有限公司侵害发明专利权纠纷一案中，④最高人民法院认为"生产商和销售商实施的被控侵权行为虽然存在一定的关联，但在生产商和销售商不构成共同侵权的情况下，二者实施

---

① 对最高人民法院所作裁判进行检索，共检索出案例176个，去除重复性以及与"共同诉讼识别"无关的案例，共得出有效案例116个，对此116个案例进行如下分析。所检索案例时间范围为2016年1月1日~2021年1月1日，作出裁判法院为最高人民法院，检索所得案例均为二审、再审裁判，最后检索日期为2021年2月22日。
② 参见最高人民法院（2019）最高法民申627号民事裁定书。
③ 参见最高人民法院（2019）最高法民申4589号民事裁定书。
④ 参见最高人民法院（2019）最高法知民终121号民事判决书。

的行为属于相互独立的行为，并非必要的共同诉讼。"此外，最高人民法院在部分案例中还以"避免矛盾裁判"和"查明事实""诉讼标的的统一性、防止裁判冲突的政策考虑以及经济效果的政策"等作为识别标准。①

表3

应用识别标准的程序	法官主导	当事人主导/参与
数量	100	16

在分析"识别标准"的静态表现外，还需分析"识别标准"的应用过程。由表3可知，在所有案例中，由人民法院主导识别共同诉讼的案例共有100个，当事人主导或参与下的共同诉讼识别仅有16个。前者包括不阐明识别标准直接作出共同诉讼判断、对识别标准进行说理后得出结论两种类型，为共同诉讼识别的常态。在当事人主导或参与的共同诉讼识别中，有6个案例涉及普通共同诉讼的判断，均围绕《民诉法》第52条中普通共同诉讼当事人同意权展开。②在剩余案例中，最高人民法院则是以当事人的具体诉讼行为判断共同诉讼的成立与否，实质承认了当事人在共同诉讼判断中的主导作用。③

最高人民法院的共同诉讼识别呈现两个特点。第一，识别标准虚无化。大多数案例中跳过《民诉法》第52条的识别标准而直接得出结论，可谓有识别标准之名无识别标准之实。这不利于对共同诉讼识别的统一性，与裁判文书说理这一基本的裁判要求相悖，使一般当事人无法预测如何适用共同诉讼。第二，识别标准简单化。在有限的通过特定识别标准作出判断的案例中，基本仍以旧实体法说为核心对诉讼标的进行简单解释。在面对比较复杂的案件时，最高人民法院则采用"避免矛盾裁判""诉讼经济""诉讼效率"等非规范性概念作为识别共同诉讼的要素，甚至创造了诸如"部分相同诉讼标的"之类的概念，④使共同诉讼的判断成为人民法院审判权单独作用的结果。

---

① 在何某某、江某某民间借贷纠纷一案中，最高人民法院认为"根据双方当事人的诉辩意见，将本案作为必要的共同诉讼予以受理，有助于查清案件事实，避免矛盾裁判结果的产生，有利于纠纷的妥善解决。"参见最高人民法院（2017）最高法民辖终136号民事裁定书。在宁波某某空调有限公司、珠海某某电器股份有限公司侵害实用新型专利权纠纷案中，最高人民法院认为"根据双方当事人的诉辩意见，将本案作为必要的共同诉讼予以受理，有助于查清案件事实，避免矛盾裁判结果的产生，有利于纠纷的妥善解决。参见最高人民法院（2018）最高法民辖终93号民事裁定书。

② 例如在内蒙古某某开发有限责任公司、内蒙古自治区某某农牧场管理局建设工程施工合同纠纷案中，最高人民法院认为"根据《民诉法》第52条，普通共同诉讼需要经当事人同意，才可合并审理。而在本案中，各农场对案件合并审理及案件管辖提出异议，因此本案不符合合并审理的条件。实质上否定了普通共同诉讼的适用。"

③ 例如在在江苏某某电气集团有限公司、某某科技（北京）股份有限公司侵害外观设计专利权的案件中。参见最高人民法院（2020）最高法民申994号民事裁定书。

④ 以"部分相同诉讼标的"为标准识别共同诉讼的案例，请参见最高人民法院（2020）最高法知民辖终245号民事裁定书、（2020）最高法知民辖终117号民事裁定书、（2020）最高法知民辖终206号民事裁定书、（2019）最高法知民辖终348号民事裁定书。

与实践中的识别"乱象"相对，理论提供了三种进路。第一种为"诉讼标的"式研究。此方式主张以"诉讼标的"为核心识别共同诉讼，通过重新解释"诉讼标的"来发展、重构共同诉讼的类型，实质是通过灵活解释"诉讼标的"来限定共同诉讼的适用范围。[①] 第二种为实体法的回应型识别。主张暂时搁置诉讼标的的解释争议，转而对涉及多人的诉讼应适用何种共同诉讼做出灵活性的判断，共同诉讼的识别问题转化为涉及多人的法律关系应如何进行诉讼问题的一部分。[②] 第三种为体系化视角下的识别方式。试图分析、提炼共同诉讼的内在因素，再以新的标准审视共同诉讼，并推动民事诉讼转换升级的路径。理论研究的三种进路与实践应用相差甚远，理论与实践之间缺乏良性互动。如路径一陷入了"诉讼标的"内卷化的理论旋涡中，[③] 路径二的灵活化应对则缺乏理论定式而令人难以把握，路径三则试图以"诉讼实施权""因果关系""体系化民事诉讼基本理论"等作为依托来解释共同诉讼，愈发局限为理论体系自我检讨的缩影。当理论对识别标准进行纵向深挖、将重点集中于客观性标准时，未顾及哪些主体在何种程序中应用识别标准识别共同诉讼这一重要问题，忽略了共同诉讼的利用者及特定程序的作用。只有在客观性标准的基础上，充分吸收、考虑法官及当事人对适用共同诉讼的态度，共同诉讼的识别方具有合理性，这涉及诉权与审判权的互动。正是在识别程序研究上出现了空白，理论才一直将重点置于识别标准的判断，陷入了识别标准的单一路径，难以发现内嵌于我国共同诉讼识别体系的内在逻辑，导致实践无法简单汲取学理上的"成果"。

　　解决以上问题的关键并非重新发现或挖掘一种新型的"识别标准"，与之相反，识别标准已不再是解决共同诉讼识别问题的"良药"，应尽量减少对识别标准的过度探究，转而强调识别主体对识别标准的作用。识别标准的虚无化、简单化给共同诉讼的判断造成了诸多不确定性，在诉讼程序中则转化为对人民法院履行职权的不确定性。质言之，识别标准本身作为复杂造成的共同诉讼识别的困难，转化为实践中人民法院行使审判权与诉权的不平衡。面对此问题，不妨搁置识别标准复杂性的问题讨论，将共同诉讼的交由审判权与诉权共同面对，消减识别标准不确定性给共同诉讼带来的困境，减少因此带来的共同诉讼识别中所产生的争议。自此，有必要深入分析识别标准与识别程序之间的关系，以"识

[①] 参见严仁群：《自主合并抑或强制合并——追问强制追加当事人的正当性》，载《南京大学法律评论》2010年秋季卷，第250－259页。

[②] 参见侯雪梅：《侵权连带责任诉讼模式的选择》，载《法治论丛》2014年第5期，第41－49页；尹伟民：《连带责任诉讼形态的选择》，载《烟台大学学报（哲学社会科学版）》2010年第3期，第43－48页；尹伟民：《不真正连带责任的诉讼形态》，载《中国海洋大学学报（社会科学版）》2012年第2期，第93－97页；陈现杰：《共同侵权的立法规制与审判实务》，载《人民司法·应用》2010年第3期，第14－20页；罗恬漩、王亚新：《不真正连带责任诉讼问题探析》，载《法律适用》2015年第1期，第56－61页；罗恬漩：《涉共有财产权的共同诉讼形态》，载《华东政法大学学报》2015年第6期，第52－59页；赵盛和：《论不真正连带债务请求权的诉讼形态》，载《海南社会科学》2015年第3期，第90－95页；邬砚：《论补充责任的诉讼形态》，载《社会科学家》2015年第3期，第106－110页；宋春龙：《侵权按份责任诉讼形态研究》，载《现代法学》2017年第4期，第132－143页；张永泉：《必要共同诉讼类型化及其理论基础》，载《中国法学》2014年第1期，第211－226页。

[③] 参见吴英姿：《诉讼标的理论"内卷化"批判》，载《中国法学》2011年第2期，第177－190页。

别标准—识别程序"的作为框架来对共同诉讼的识别中进行具体阐释。

二、识别标准与识别程序相结合的进路

共同诉讼的识别应从单一化的客观标准研究转向客观标准与识别程序的互动型研究，以此作为解释我国共同诉讼的进路。在识别标准与识别程序互动的体系下，识别标准的深入讨论已然足够，未来应让位于识别程序的讨论，这既是诉讼标的作为重要制度内容"稳定性"的考量，也是诉讼程序交互性下诉权与审判权作用的结果。将识别共同诉讼的权力从人民法院独占转为人民法院与当事人共享后，可重新认识共同诉讼的运作机理。在三维运行的民事诉讼中，存在据以判断共同诉讼的客观标准，并需进一步回答是哪些主体发现并利用了这一标准。对前一问题的回答称之为共同诉讼的识别标准，包括区分共同诉讼与一对一普通诉讼的外部标准以及共同诉讼各类型间的内部标准，此为静态的、客观化的标准。后一问题可称之为共同诉讼的识别程序，即何者在何时依据识别标准适用了共同诉讼，此为有权主体对识别标准进行的分析、确认过程。

（一）静态标准与动态程序的协调

在抽象层面，识别标准与识别程序的协调是共同诉讼静态标准与动态程序的协调。静态标准是实体性的、确定性的，动态程序则是程序性的、灵活性的，二者在抽象层面的相互作用共同构成了我国共同诉讼的识别进路。首先，共同诉讼是实体法与诉讼法共同作用的结果，既反映实体法上多人权利义务的设定，又反映诉讼法所追求的诉讼公正与诉讼效率。识别标准以静态形式反映实体法中二维权利义务分配时的确定性，识别程序则以动态形式反映诉讼法中三维运作带来的不确定性。前者是对实体法的认可与尊重，是共同诉讼必须遵守的"底线"，后者则蕴含了诉讼法理论中多种因素的考量。实体法关注权利义务分配的确定性，程序法则以特定的形式应和、保障并实现此确定性。正是识别标准与识别程序的相互作用，使我国共同诉讼已具备了处理多人复杂纠纷的能力。识别标准是对实体法规规范的反映，蕴含了实体法设定时的特殊价值考量。但如上文所述，理论与实践均难以简单依实体法提炼识别标准，只能寄希识别程序弥补识别标准模糊化带来的问题。受制于实体法与诉讼法分立的立法与研究模式，程序适用问题几乎不会被纳入实体考量范围。随着我国实体法的不断充实，实体法规范中交互性、重叠性的复杂情形愈发增多，加之扩大性的创制各种类型的责任形态，又为寻找理想化的识别标准增加了困难。面对"案多人少"的实际困难、"诉讼爆炸"的社会现状、个案中查明事实的要求，以及当事人在一个诉讼中解决纠纷的主观需求，人民法院无法简单依靠识别标准识别共同诉讼，这也可以解释为何识别标准的说理几乎在裁判文书中几乎无法反映。在此现实下，诉讼法必须通过特定的诉讼程序保持共同诉讼识别灵活性，以此保障实体法的权利义务得以实现。

其次，共同诉讼中识别标准与识别程序二者的互动关系体现了程序工具主义与程序本

位主义的哲学观的结合。在我国民事诉讼法现代化的过程中，坚持程序工具主义与程序本位主义的二元并存，并不断增加程序本位主义在二者之间的比重有着重要意义。① 处理涉及多人的纠纷时，此哲学观也发挥着重要作用。程序的设定首先应满足实体法的特殊性规定，是程序工具主义具体作用的体现。在识别标准中，无论是针对所谓权利必须同一行使或义务必须同一履行所指向的固有必要共同诉讼，还是针对权利义务可以分开且存在法律或者事实上的牵连所指向的普通共同诉讼或类似必要共同诉讼，均从实体法角度改变了一对一的诉讼结构。三种类型的识别标准均试图从民事实体法的角度对此问题做出解答，实践对识别标准的争议最终也落脚在具体争议的实体法纠纷中。然而，程序并非只具有被动反馈功能，面对实体法提出的各种要求，程序在解决各种问题、创制特定制度的同时也将程序内在价值深深的嵌入其中，体现了程序本位主义。识别程序即为人民法院、原告、被告之间相互作用的结果，是审判权与诉权间相互作用的产出，是不同考量因素或价值通过依附的主体通过特定程序进行的表达，亦是程序本位主义的反映。固有必要共同诉讼中，审判权主导了识别程序，普通共同诉讼中，识别程序成为诉权与审判权、诉权内部之间对抗的结果，类似必要共同诉讼中则变成了特定纠纷中原告一方诉权单方面作用的结果。从权能的对比看，作为民事诉讼的参与者，共同诉讼应是审判权与诉权共同作用的结果，任何一方权能过大则可能使共同诉讼导向此方利益，进而打破三者间的平衡。在处理涉及多个人纠纷中，诉讼法所考量的因素包括现的可能性及裁判效力的统一性等多个方面，这些内容不应作为识别标准产生作用，而应外化为识别程序，并由各个主体在识别程序中表达出来。② 不同的识别标准、识别程序的组合也反映了不同共同诉讼类型对实体法和程序法的倾斜度。必要共同诉讼侧重于对实体法的反映，而普通共同诉讼则侧重于对诉讼法，类似必要共同诉讼则处二者的中间位置。

---

① 参见但不限于合法的管辖、查明事实的可能、诉讼效率、诉讼成本、权利行使的便捷性。汤维建：《我国民事诉讼法学的现代化转向》，载《清华法学》2013 年第 5 期，第 143 – 154 页。

② 值得注意的是，根据研究立场不同，实体法学者、程序法学者以及享有实务背景的研究者对共同诉讼适用的态度明显不同。实体法学者研究立场非常鲜明，专注于权利行使自由，并以此作为确定共同诉讼形态的唯一标准。例如杨立新教授、程啸教授、等研究越来越希望通过行使诉权开启不同的诉，并认为尊重当事人的权利选择来增加诉讼开启的频率更加有利。此立论基础为完全尊重诉权的行使能够得到良好的社会效果，而诉讼爆炸、纠纷井喷的实践似乎并未给与以多个诉讼解决一个纠纷以充分的社会条件，且多次开启诉讼使当事人之间的权利义务长期处于不稳定状态，而纠纷解决漫长的过程、重复的程序给纠纷的复杂性提供了土壤，当事人所希望的应当是迅速、合理地解决纠纷而并非在复杂程序法的引导下不断行使诉权，行使诉权本身并非纠纷当事人通过诉讼所希望获得的。程序法学者则对诉讼标的进行解释报以高度热情，试图以不同的解释结果构建合理的共同诉讼形态。例如，段厚省教授、任重教授、卢佩教授等。并希望通过诉讼标的的解释作为解决这一棘手问题的切入点。享有实务背景的研究者则试图通过其他论证方式以具体化的态度对待共同诉讼的适用问题。更多的回避诉权、诉讼标的等抽象概念，以功能主义或目的主义出发，阐释合并诉讼的可能性与必要性。其观点认为分别起诉所引起的矛盾裁判的可能性其实并非最严重，因为作为统一的人民法院系统，在预决事实效力的指引下，对待同一事实做出不同的裁判实际直接影响了裁判主体的公正性，故后诉的法院并不希望对同样的或关联性事实做出不同的裁判。一旦做出了不同的裁判，则前后两个法院以致审判庭都可能面临裁判被改判的风险。研究立场的不同，直接影响了对共同诉讼的态度。

(二) 确定性与灵活性结的反映

识别标准与识别程序相互协调，相互作用。一方面，识别标准对识别程序有着制约性作用。相同的识别程序下，识别标准越明确，识别程序作用的空间、存在的意义越小，共同诉讼的张力就越小。识别标准越是模糊，识别出的共同诉讼的张力就越大，识别程序作用的空间、存在的意义就越大。另一方面，识别程序是对识别标准的变通，同一识别标准下，识别程序越复杂，识别结果的可接受性就越强，识别程序越简单，识别结果的可接受性就越弱。识别程序中参与表达主体越多，考量的因素越多，考量时间越久，不同主体所表达的意见冲突的可能性越大，而越是简单的识别程序，表达主体越少，考量的因素越少，冲突因素就会越少。识别标准为静态、二维的表象，一旦确定将作用于整个诉讼过程中，识别程序则为动态、三维的表象，在诉讼过程中不断变化，使共同诉讼在诉讼过程中产生了不断变化的可能。

我国三种共同诉讼类型均可通过"识别标准－识别程序"的理论模型进行分析。固有必要共同诉讼是明确的识别标准与简单的识别程序的结合，若实体法中对共同的权利义务有着明确规定，识别即十分容易。在缺乏明确规定时，简单的识别程序会造成识别结果的不确定性，人民法院可任意决定是否成立共同诉讼。在案多人少的现实下，极可能导致固有必要共同诉讼的扩大化适用。例如《人身损害赔偿规定》第5条对共同侵权连带责任适用固有必要共同诉讼，彼时民法理上虽认可权利人可对连带责任人的一方或多方行使部分或全部请求，但并未上升至立法层面，往往在人民法院主导的简单的识别程序中被认定为固有必要共同诉讼。尽管此设定受到学界的批判，但由于人民法院实质主导了识别程序，直接将其识别为固有必要共同诉讼。① 这一情形在《侵权责任法》颁布后得到了明显改观。《侵权责任法》第13条规定了受害人可对连带责任人的一个行使部分或全部的请求权，刷新了固有必要共同诉讼识别标准，将侵权连带责任剥离了固有必要共同诉讼，故在之后的实践中，人民法院基本不再将共同侵权认定为固有必要共同诉讼。这一转变实为实体法对必要共同诉讼的判断标准进行了明确化后，限制识别程序单独发挥作用的结果。从另一个角度看，简单的识别程序也可能存在问题，人民法院内部也可能对是否适用必要共同诉讼产生分歧，但这一分歧实际以二审、再审等方式呈现，由当事人从外部推动了这一

---

① 跳出纯粹的民事诉讼程序来看，经历劳动仲裁后又起诉的涉劳动纠纷案件中，在没有明确的识别标准情形下，法院可依职权追加必要共同诉讼人，更体现了法院在追加当事人时的主导地位。《最高人民法院关于审理劳动争议案件适用法律若干问题的解释（三）》第6条规定："当事人不服劳动人事争议仲裁委员会作出的仲裁裁决，依法向人民法院提起诉讼，人民法院审查认为仲裁裁决遗漏了必须共同参加仲裁的当事人的，应当依法追加遗漏的人为诉讼当事人。"

过程，并通过程序消解了人民法院内部存在的分歧。① 固有必要共同诉讼是共同诉讼类型中最严格的一种类型，其所消耗的诉讼成本相对更高，故对其识别也应尽可能地具有客观上的可预测性，方便人民法院与当事人简单、快速识别。现阶段以特有诉讼类型为识别标准最为简单，争议亦最少，与人民法院单一化判断的识别程序配合，使固有必要共同诉讼的识别具有可操作性，符合固有必要共同诉讼的定位，并无改进需要。

普通共同诉讼是模糊的识别标准与复杂的识别程序的结合，但何为诉讼标的的同一种类长期无法得到实体法的回应。作为一个不确定的法律概念，"同一种类"的确定标准很难从实体法上得到答案。与之匹配的复杂识别程序，使"同一种类"的判断既要经过人民法院的同意，又要得到原告、被告在内的所有当事人的同意，实现最大限度地避免了人民法院为了纠纷的一次性解决而扩大管辖范围，亦可说是在被告多数的情形下，避免了原告利用普通共同诉讼来获得不当的管辖利益。被告也可在诉讼中行使否决权来改变在一个诉讼中面对有着利益关系的其他被告的局面。从笔者检索的案例看，在消极的共同诉讼中，被告拒绝成立普通共同诉讼在实践中并不少见，人民法院面对被告明确拒绝的意思表示，也并不会强制合并审理。故普通共同诉讼是人民法院与所有当事人对于在一个诉讼中解决多人纠纷达成了一致的结果。普通共同诉讼模糊的识别标准与复杂的识别程序相结合后，通过识别程序的复杂性淡化了识别标模糊性，以程序性的方式消解了识别标准带来的困惑，体现了实体与程序在共同诉讼层面的良性互动。故对于普通共同诉讼而言，现有的识别标准与识别程序的结合亦不存改进的需要。

类似必要共同诉讼是相对明确的识别标准与相对简单的识别程序的结合。其存于固有必要共同诉讼与普通共同诉讼二者之间，其为何种共同诉讼、或者能否作为共同诉讼等解释适用上并不容易把握的案件类型。② 类似必要共同诉讼的识别标准由《民诉法解释》规定，是人民法院对特定纠纷审判经验的总结升华，也是针对特定实体法内容的诉讼应对，仅可在实体法没有明确规定的场合发挥作用。③ 类似必要共同诉讼的识别标准相对普通共同诉讼而言简单，但相对固有必要共同诉讼则相对复杂。在特定的责任类型的确定中，存有实体法上多数人责任具体内涵的不确定性以及程序法上当事人诉权是否被完整保护的争议。与之相对，类似必要共同诉讼的识别程序则具有两部分内容。第一部分为原告起诉的方式和直接决定了是否成立类似必要共同诉讼。例如《民诉法解释》第71条规定，原告

---

① 我国长期存在的内部请示制度也推动了不同审级之间对是否成立必要共同诉讼人达成一致。上下级人民法院之间内部的沟通往往更易于对共同诉讼达成共识，从而以统一化的视角呈现出来。在法院系统内部，对于如何确定共同诉讼，下级法院往往受到上级法院的指示。例如2005年，《最高人民法院关于人民法院受理共同诉讼案件问题的通知》中就明确规定"各级人民法院应当加强对共同诉讼案件涉及问题的调查研究，上级人民法院应当加强对下级人民法院审理此类案件的指导工作。"

② 参见王亚新：《主体/客体相互视角下的共同诉讼》，载《当代法学》2015年第1期，第59-73页。

③ 例如《民诉法解释》第71条只针对被代理人和代理人的连带责任适用类似必要共同诉讼，而在《侵权责任法》第13条明文规定请求权自由行使的前提下，无法针对共同侵权中的连带责任适用类似必要共同诉讼。

起诉被代理人和代理人,要求承担连带责任的,被代理人和代理人为共同被告。除去代理人和被代理人的身份为客观可识别的因素外,原告的起诉方式直接成为判断识别标准,人民法院和被告方对此无法施加任何影响。同理,在《民诉法解释》第 66 条中,债权人同时起诉保证人和债务人,人民法院也应将二者列为共同被告。第二部分为人民法院的"可以型追加",即人民法院在特定纠纷中追加特定被告从而形成类似必要共同诉讼,此时人民法院依据特定的"责任类型"进行判断,并识别类似必要共同诉讼。

在识别标准与第一部分识别程序结合下,是否成立类似必要共同诉讼非常明确。但是,由于其识别标准和识别程序单纯依赖于原告权利的行使,给类似必要共同诉讼的变化带来了可能性。从类似必要共同诉讼的基本法理看,应当说原告至少在较早的程序阶段是有权追加共同被告的,只是根据原告已经选择起诉共同被告后裁判结果就应合一确定的法理,人民法院对于类似必要共同诉讼的原告部分被告起诉又撤诉是否予以允许,可能需要进行比较慎重的考量。① 例如原告同时起诉被代理人和代理人,此后对其中一者撤回起诉,应当如何评价此撤诉行为,而若原告以此"起诉——撤诉"行为来规避对某些主体的管辖权,此时程序的进行就十分复杂。此部分识别程序作用时间仅存于诉讼伊始,导致诉讼进程中类似必要共同诉讼的展现存在变数,过分强调识别程序中原告的决定性,忽视了其他诉讼主体的诉权及人民法院审判权的作用。当其与现有的识别标准进行结合时,共同诉讼的识别结果就会产生争议。此争议不但体现在本案当事人与法官之间,更是存在于人民法院内部上下审级之间。在识别标准与第二部分识别程序结合后,人民法院实际垄断了类似必要共同诉讼的识别权力,此与固有必要共同诉讼的识别程序类似。不同之处在于,固有必要共同诉讼的识别标准固定且易于判断,类似必要共同诉讼识别标准则因涉及多数人责任而存有争议,简单将此部分识别程序交由人民法院判断,破坏了审判权与诉权之间的平衡。

综上而言,以识别标准和识别程序二分的分析框架可以解释我国现有的共同诉讼制度,成为识别不同共同诉讼类型的基本进路。② 针对涉及多个人的纠纷,均要以识别标准和识别程序两个因素来判断共同诉讼。正是这两个因素间的不同组合,构成了我国共同诉讼的内容,也构成了内嵌于我国共同诉讼及每个共同诉讼类型中的判断进路。对于共同诉讼制度而言,不能否认明确的识别标准与简单的识别程序相结合的组合是最理想的制度结构,但面对复杂的民事纠纷与不断发展、变化的民事实体法,要求限制了共同诉讼制度本

---

① 参见王亚新:《主体/客体相互视角下的共同诉讼》,载《当代法学》2015 年第 1 期,第 59 - 73 页。
② 识别标准的困境的很大一部分原因可归咎于重实体、轻程序的思维,突出表现在二维权利义务设定上的任意性,忽略纠纷解决过程所需要经历的必要的程序约束。追求更加明确、适用的识别标准并减少识别程序是优化现有共同诉讼的根本方式,但在其受制于我国民事实体、程序分立的现状而道阻重重。也许二维权利义务的设定并不存在太大的争议,却可能因遇到过多的程序法难题而阻碍了实体法的目标的实现,共同诉讼问题仅是诸多问题中比较突出的一个。而识别标准与识别程序互动所体现的灵活性也可看作是"被动的"灵活性,是现阶段阶段理论可以给出的比较理想的答案。

身的张力，理论暂时也无法对涉及多人的纠纷中的共同诉讼识别标准进行彻底完整的归纳，不能彻底满足人民法院、当事人适用共同诉讼的需求。这并非指我国共同诉讼制度已经没有了进步的空间。固有必要共同诉讼与普通共同诉讼在识别标准与识别程序的结合中都具有了实质合理性，也经受住了实践的检验，而在类似必要共同诉讼中，由于实体法对识别标准探索仍存有诸多争议，值得通过强化、优化识别程序来提高类似必要共同诉讼的识别，进一步提升、完善我国民事诉讼共同诉讼制度。

三、识别程序的优化

在"识别标准—识别程序"的识别进路下，识别标准的单一化研究转向"识别标准""识别程序"的互动型研究无疑更具有实践意义。可从"识别标准—识别程序"互相协调的理论下寻找解决共同诉讼识别问题的突破口。识别标准强调"静"、识别程序强调"动"，若识别标准因过度抽象而无法获得答案，可在复杂、有争议的案件中暂时跳过对争议性识别标准进行认定，转而通过加强、完善识别程序来消解识别标准的不确定性，以适当缩减共同诉讼的张力来增加共同诉讼识别结果的可接受性。

三种共同诉讼类型所对应的识别程序中，依据《民诉法》第52条，普通共同诉讼的适用仅在人民法院认为可以合并审理并经当事人同意时方成立。人民法院或原被告中任意一方拒绝，则无法成立普通共同诉讼。[①] 其识别程序最复杂，且已可体现所有主体的意志，没有继续提升的空间。固有必要共同诉讼识别标准最严格，其识别程序则根据《民诉法》第132条、《民诉法解释》第73条由人民法院垄断，当事人无法施加任何影响，但由于其识别标准相对简单，即使法院主导、垄断了识别程序，亦不会对公正产生过多问题。

类似必要共同诉讼的识别标准相对简单，所涉主体虽少，但基本涉及多数人之债。由于多数人之债的实体法构造非常复杂，类型繁多，现有司法解释规定的识别标准相对模糊。在相对模糊的识别标准下，需通过识别程序对对识别标准的适用进行限定。类似必要共同诉讼的识别程序并未能完全反应被告及人民法院的利益。应在类似必要共同诉讼的两类识别程序中增加当事人及人民法院的因素，改变原告及人民法院在两类识别程序中的绝对化地位，改善识别标准相对模糊化带来可困扰。对于增加人民法院的因素而言，可从体系解释的角度做出回应，即适用《民诉法》第132条，[②] 认可人民法院在类似必要共同诉讼中追加当事人的权利，将此处追加当事人的权力从固有必要共同诉讼扩展至类似必要共同诉讼。对于当事人因素的增加，主要以增加异议权的方式对类似必要共同诉讼的识别程序进行改革。

[①] 有观点据此认为，普通共同诉讼的识别程序较为僵硬。参见刘鹏飞：《普通共同诉讼的权限分配与范围界定》，载《法学论坛》2020年第1期，第77-88页。

[②] 《中华人民共和国民事诉讼法》第132条规定："必须共同进行诉讼的当事人没有参加诉讼的，人民法院应当通知其参加。"

第一，增加原告对追加类似必要共同诉讼被告的异议权。原告是诉讼的发起者，选择起诉对象既是民法上权利行使自由的体现，也是诉讼法中处分权的内容，昭示了原告享有的诉权。若原告选择起诉一个或部分被告，人民法院若认为应追加其他案外人作为共同被告，应征得原告的同意。人民法院不顾原告反对径行追加其他共同被告损害了当事人的处分权。此时应赋予原告异议的权利，由人民法院对追加原告进行说明，并对识别标准进行说理。原告若不服，可对追加被告不当直接提起上诉。增加异议权也可看作是在共同诉讼下对当事人处分权的尊重，避免过度强调追加而使当事人处分权虚置。将是否追加的争议问题交由上一级法院审理也一定限度内统一了共同诉讼的适用。

第二，增加被告对不追加共同诉讼被告的异议权。被告是诉讼的防御者，在某些特殊类型的多人纠纷中，被告认为追加某些案外人更有利于理清当事人之间的关系，尤其在被告与案外人利益对立在对原告承担责任上具有分歧时，被告往往有着强大的追加共同被告的动力。例如在不真正连带责任中，以《侵权责任法》42 条的产品责任为例，权利人仅起诉销售者时，销售者往往希望追加生产者进入诉讼，由人民法院在同一个案件中处理三方纠纷，类似情形在司法实践中并不少见。① 现阶段，人民法院享有是否追加的最终决定权，致使许多可在同一诉讼中解决的纠纷不得不拆分成多个诉讼。故应赋予被告对于不予追加案外人异议权，并可对人民法院的决定提起上诉。

第三，增加案外人对其追加为共同诉讼被告的异议权。现阶段案外人作为必要共同诉讼人时，除原告主动追加外，若人民法院依职权追加，则案外人无权异议。若人民法院的追加不受任何限制，则案外人可能被追加至本不可能成立的共同诉讼中，成为共同诉讼的牺牲品。此时，案外人可对是否追加提出异议，并享有对异议进行上诉的权利。案外人是否作为共同诉讼人进入诉讼、以何种方式进入诉讼蕴含了诉权代表的权利自由行使与审判权代表的集中化处理纠纷之间的冲突。存在冲突时，适用必要共同诉讼确实受到识别标准上的限制性问题，不追加当事人又确实可能使纠纷解决复杂化，则可借助第三人制度予以化解。②

在增加异议权后，围绕是否成立类似必要共同诉讼产生争议时，应围绕被追加当事人的基本情况、诉讼地位、追加的事实理由举证、辩论，人民法院、原告、被告以及被追加的当事人都应对此发表意见，其目的在于对识别标准的解释，即成立类似必要共同诉讼的必要性与可行性。人民法院据此做出应当追加或不应追加的裁定，并在裁定中对是否成立类似必要共同诉讼进行详细说理。对此裁定不服，当事人和被追加者都可申请上诉、再审，通过完善识别程序缓和识别标准的模糊化，消解类似必要共同诉讼的识别标准所引发的实质性争议。通过优化类似必要共同诉讼识别程序，提高程序正当化导向的科学性，合理反映了各方主体意志的。

---

① 类似案例参见（2014）沈铁西民一初字第 00989 号民事判决书、（2015）永冷民初字第 2043 号民事判决书。

② 对于第三人制度与共同诉讼制度的内在关系，笔者将另撰文阐释。

四、结语

尽管共同诉讼是实体法于程序法交叉作用的结果,但由于实体法上鲜有明确规定共同权利和共同责任(义务),共同诉讼的适用更多的是在识别程序主导下的予以适用,故将研究集中于共同诉讼的识别程序,不断优化、充实识别程序实为化解共同诉讼应用困境的一个出路。长期以来,对共同诉讼识别的考量过分强调了客观识别标准的解释而忽视参与主体对共同诉讼识别所表达的意志。跳出原有研究视角的桎梏,以识别标准和识别程序的结合作为认识、解释、发展共同诉讼理论的框架,对于真正解决已经存在或可能发生的共诉讼问题有着更加深远的意义。面对共同诉讼理论的重重争议,本文试图提供一个共同诉讼的识别进路,旨在"发现"而非"创造"共同诉讼的识别逻辑,所提出的观点可能因过于"宽松"而受到学界质疑,将三种共同诉讼合并在同一篇文章中讨论似乎也过于"繁琐",如何将识别标准与识别程序上升为体系化的理论并与民事诉讼基本理论进行衔接也有待于更进一步的研究。借助共同诉讼的研究,本文也试图反思针对舶来的民事诉讼理论进行体系化的限度,以及如何发现我国民事诉讼自身存在的理论因素,并通过这种理论因素反映或解决实践中遇到的棘手问题。依笔者浅见,在寻找这些理论因素的过程中,我国民事诉讼理论方可实现真正的"中国化",否则只能在德、日民事诉讼理论研究的框架下艰难的寻找理论内的合理性,长此以往,民事诉讼理论与立法、实践的距离会愈发遥远。

(编辑:戴津伟)

部门法方法论

不可抗力免责规范构造逻辑的义务类型基础

——《民法典》第 180 条第 1 款立法方法论之历史性检讨

聂卫锋[*]

摘　要　不可抗力作为法定免责事由，在合同法和侵权法中有不同的意义和功能。即便在侵权法之中，普通侵权和严格责任导向的特殊侵权类型也有义务配置上的重大差别，对不可抗力免责规范的构造逻辑会产生很大影响。《民法典》第 180 条第 1 款拟在提取共通因素的基础之上一体化整合《民法通则》第 153 条、《侵权责任法》第 29 条、《合同法》第 117 条等既有规范，该条虽然具有扩张不可抗力免责规范适用范围的积极意义，但没能纠正既有规范抽象过度、对象错位的错误，在立法方法论上值得检讨。《民法典》第 180 条第 1 款所产生的体系效应也需要采取"更加体系化、更加具体化"的策略加以联动回应。

关键词　不可抗力　合同法　侵权法　免责　义务配置

引　言

不可抗力在几乎所有的法域之中都作为民事责任的免责事由，在国际公约或国际间各类规范的示范文本也不例外。① 不过，不可抗力对于合同责任和侵权责任的意义是否完全相同，国内学者对此讨论的文献，并不多见。《侵权责任法》第 29 条关于不可抗力免责的一般性规定及除外条款，曾经在学界引发了激烈争论（参见下文），对该条文的正确理解，

---

[*] 聂卫锋，男，西安交通大学法学院副教授，研究方向为民法学、法律方法。感谢柯伟才、张其鉴、马可的批评指正，文责自负。

① 比如《国际商事合同通则 2010》第 7.1.7 条、第 10.8 条，以及《联合国国际货物销售合同公约》第 79 条的类似内容。

本应该基础于对合同、侵权以及具体侵权责任类型的义务结构特征的正确认识。《民法典》第180条第1款①在提取共通因素的基础之上一体设计不可抗力免责规范，拟起到整合全部私法领域内不可抗力免责规范的作用，②但第180条第1款所产生的体系效应是否能够适切地贯彻于合同法、侵权法领域，还需要仔细甄别和斟酌。更值得注意的是，第180条第1款与《侵权责任法》第29条在规范内容、规范结构和文义表达甚至除外条款的设计方面均有高度的相似性，《侵权责任法》第29条曾经引发的激烈争论是否会同样延续至《民法典》第180条第1款的理解适用过程之中，颇有接续研究的价值。

在《民法典》中，除了第180、194条系承继《民法总则》第180、194条外，还有第563、590、832、835、1239、1240条分别涉及不可抗力的适用问题，但这些条文在《合同法》《侵权责任法》之中本来既已存在，并没有规则上的根本性调整，③《民法典》仅是对其体系化编排而已。这就意味着，一方面仍然可以援用《侵权责任法》的立法理由或背景材料对侵权领域的不可抗力规则加以解读，另一方面也同样可以证明，原初基于《侵权责任法》第29条而引发的在不可抗力免责规范适用效力、适用范围等方面的争论，仍有可能在《民法典》生效之后继续存在。

基于如上的规范连续性和问题继续性，本文拟先行追溯不可抗力在我国法上的源头及变化（第二部分）和回顾《侵权责任法》第29条在理论上存在的解释困境（第三部分），然后分别探讨不可抗力免责规范在合同法与侵权法领域的应然作用（第四、五部分），进而对《侵权责任法》第29条的解释困境根源展开历史和比较意义上的剖析与反省，揭开该条在规范适用上产生争论的根源（第六部分），最后通过阐释180条第1款所产生的体系效应，为该条及《民法典》各分编相关条文在未来的司法适用提供解释策略上的指引（第七部分）。

一、《民法典》第180条第1款历史溯源

在我国法律体系之中，虽然早在1979年的《中外合资经营企业法》（第13条）、1981

---

① 为了行文方便，以下除了特殊情形，简称为"第180条第1款"。第180条第2款是对不可抗力加以定义，该款实际上是把《民法通则》第153条整合至此。本文讨论的主题不涉及不可抗力的定义及其内涵界定的问题，此处不做研究。

② 《民法典》第180条第1款在2017年制定《民法总则》之际已经确定下来，《民法典》第180条第1款与《民法总则》第180条第1款保持完全一致；该条第2款相比于《民法总则》第180条第2款也仅是去掉了一个"指"字。2017年《民法总则》本来就是作为《民法典》总则编而先行制定的，因此第180条第1款的立法史应当从《民法总则》的立法进程开始计算，立法机关对于《民法总则》第180条的立法说明仍然应当延续到《民法典》第180条之上。对比立法机关2017年《民法总则》的释义与2020年《民法典》的释义可以发现，除引用的个别条文由于民法典编纂的技术性原因发生条文编号改变之外，针对第180条的释义几乎一模一样。参见李适时主编：《中华人民共和国民法总则释义》，法律出版社2017年版，第561－562页；黄薇主编：《中华人民共和国民法典总则编解读》，中国法制出版社2020年版，第587－589页。因此，为了最终立法机关的原意，下文关于立法机关对第180条第1款释义的文献，仍引用2017年的相关版本。

③ 第563、590、832、835条分别对应于《合同法》第94、117/118、311、314条，第1239、1240条对应于《侵权责任法》第72、73条。

年的《经济合同法》(第 27、34、41 条)已经规范了不可抗力的法律后果,但直到 1985年《涉外经济合同法》(第 24、25、29 条)才有了立法定义(第 24 条第 3 款)。1986 年《民法通则》第 153 条对不可抗力的定义基础于《涉外经济合同法》第 24 条第 3 款,但在三个方面做了更新:其一,简化为著名的"三不"标准,即"不能预见、不能避免并不能克服";其二,用"客观情况"替代了原来的"事件";其三,不可抗力作为民事责任法中的通用事由,不再限于合同领域。此外,《民法通则》第 139 条规定了不可抗力对于诉讼时效的影响,而第 107 条则构成了不可抗力在责任法领域的基本规范。①

如果不考虑除外条款,《民法通则》第 107 条用并列结构同时性地规定了不可抗力在合同和侵权领域的免责效果。就合同而言,后来制定的《合同法》细化了《民法通则》第 107 条的规定(第 117 条),特别是在运输合同的领域(第 311、314 条),并在免除责任之外,增加了合同解除(第 94 条)、通知义务(第 118 条)等,使得合同领域的不可抗力在立法层面得以完善。对于侵权,2009 年《侵权责任法》基本上照搬了《民法通则》第 107 条的表达模式,于第 29 条原则上规定了不可抗力的可免责效果,并于第 72、73 条之中,分别对高度危险物、危险作业两类特殊侵权情形下的免责增加了不可抗力作为法定事由。

除了上述基础性法律文本之外,在私法范围内或具有私法效力的意义上,我国现行法律层面的《海洋环境保护法》《邮政法》《民用航空法》《水污染防治法》《海商法》《铁路法》《电力法》《国家赔偿法》《劳动争议调解仲裁法》《城市房地产管理法》《旅游法》《招标投标法》《公司法》《证券投资基金法》《慈善法》等等规范文本,都存在对不可抗力的法律后果的规定,其中绝大多数的内容与民事主体可否免责有密切的关系。②

(一) 侵权责任免除的条款

这些条款包括《海洋环境保护法》第 91 条③、《水污染防治法》第 96 条、《铁路法》第 58 条、《电力法》第 60 条和《海商法》第 167 条。前两部法律之中所针对的事项都属于侵权法体系中的环境污染侵权类型,在现代侵权法理念之下,属于严格责任或无过错责任的统辖领域,只有严格的法定免责事由存在才可以豁免法定的责任。与环境污染侵权类似,铁路运输、电力运行也被视为高风险的作业范围,现代侵权法普遍认为属于严格责任或无过错责任的领域,故其免责理由同前。

---

① 这样的理解在学术界也不乏认同的声音,参见刘新熙、尹志强、胡安潮:《债法:侵权责任法》,高等教育出版社 2012 年版,第 300 页(尹志强执笔)。
② 《大气污染防治法》《环境保护法》《水土保持法》等曾经规范过不可抗力相关的法律后果问题,但现行有效的文本都已经删除了相关规范,删除的原因是否意味着不可抗力不再作为免责事由,还是另有其他原因,也值得认真琢磨,此处暂且不论。
③ 该条并未使用"不可抗力"的术语,而是具体化为"不可抗拒的自然灾害"。这一具体化表达,是否意味着排除了不可抗力的其他可能情形,也需特别注意。

《海商法》第 167 条关于船舶碰撞民事责任的规定则较为特殊。海上船舶航行很难被归入到与环境污染、铁路运输等类似高风险的作业范围,《海商法》第 168、169 条对于过错(含共同过错)责任规则的详细规定,很明显地反映了船舶碰撞属于典型的一般侵权类型。不过,即便不可抗力被纳入条文之中,由于不可抗力而导致的船舶碰撞根本不构成侵权行为,不会涉及责任的承担,自然也无需免责,与环境污染侵权、铁路运输侵权、电力运行侵权等法定预设性质的严格或无过失责任,在理念上也有很大之不同。①

（二）合同（违约）责任免除的条款

这些条款包括《邮政法》第 48 条、《海商法》第 90、91、158、159、160 条、《铁路法》第 18 条、《旅游法》第 67、75 条、《证券投资基金法》第 67 条、《招标投标法》第 60 条、《公司法》第 90 条、《民用航空法》第 167 条和《城市房地产管理法》第 26 条。在这些条款之中,除了《邮政法》第 48 条保价条款的例外规则,不可抗力成为所有合同或契约以及类似于此类关系结构下的义务不履行的合理抗辩事由。而《邮政法》第 48 条对于保价条款之前提下不适用不可抗力免责的一般规则,则可理解为邮政企业提前放弃了本可免责的法定优待,② 也完全可以从合同或契约自治的角度解释。③

（三）时效方面的规定

主要有《国家赔偿法》第 39 条、《劳动争议调解仲裁法》第 27 条和《海商法》第 266 条。这三部法律之中,不可抗力作为时效中止的事由存在,类似于《民法通则》第

---

① 《慈善法》第 106 条关于慈善组织补偿责任的规定,虽然也涉及侵权责任问题,但规范目的非常特殊。该条第 2 款对"不可抗力"的援用,并非直接规定不可抗力是否免责的法律后果,而是为慈善组织设定了不承担侵权责任前提下的"补偿责任"。这一"补偿责任",并非典型的侵权责任问题,而属于具有救助色彩的社会法意义上的义务。

② 邮政企业责任承担有其特殊之处,《邮政法》第五章区分平常邮件(第 46 条)和给据邮件(第 47 条)赔偿责任的规定,可以作为制度上的表现。第 47 条对给据邮件赔偿责任的规定,无论是否保价,对于给据邮件的丢失或毁损,邮政企业都需承担赔偿责任。差别在于,保价与否会影响到赔偿的数额。

③ 邮政企业特殊的法律地位,《邮政法》第三章区分邮政普遍服务业务、竞争性业务或特殊服务的规定(如第 16、18 条)可以体现,这决定了邮政企业只能属于被强制缔约的一方合同当事人,似乎没有选择合同条款或类型的机会。但实际上,邮政企业所提供的服务,除了普遍服务类型之外,给据与否、保价与否都为用户提供了选择的机会。对应而言,邮政企业也并非彻底丧失了合同自由,仍然可以按照合同法的一般理念(比如收费数额多少与注意义务高低之关联关系)加以理解,《邮政法》第 22 条对《合同法》格式条款规则的援引也可作为例证。但是,学界有很多人虽然注意到《邮政法》第 48 条在不可抗力免责性方面的规范特殊性,但是几乎很少见到从合同理论角度展开解释,立法机关也同样如此。参见龙卫球、刘保玉主编:《中华人民共和国民法总则释义与适用指导》,中国法制出版社 2017 年版,第 629 页;李适时主编:《中华人民共和国民法总则释义》,法律出版社 2017 年版,第 562 页;贾东明主编:《〈中华人民共和国民法总则〉释解与适用》,人民法院出版社 2017 年版,第 453 页;王利明主编:《〈中华人民共和国民法总则〉条文释义》,人民法院出版社 2017 年版,第 454 页。在笔者掌握的文献之中,仅有袁文全教授明确指出了《邮政法》处理的是违约责任问题,而不是侵权责任。参见袁文全:《不可抗力作为侵权免责事由规定的理解与适用——兼释〈中华人民共和国侵权责任法〉第 29 条》,载《法商研究》2015 年第 1 期。

139 条的规范目的。从实体权利的角度看，时效中止在实际上也是对权利主体不作为之消极法律效果的豁免。

(四) 未含"不可抗力"术语的争议性条款

除了上述法律之中明确用术语表达不可抗力的效果之外，《民用航空法》第 160 条、《国务院关于核事故损害赔偿责任问题的批复》第 6 条①也成为学者们频频引用作为不可抗力不能免责的例证。理由是在这两个条文之中，没有明文列举"不可抗力"作为法定的抗辩或免责事由，故而依据反对解释得出不可抗力不能免责的结论。《民用航空法》第 160 条中"武装冲突或者骚乱"和《国务院关于核事故损害赔偿责任问题的批复》第 6 条中"武装冲突、敌对行动、战争或者暴乱"与不可抗力"不能预见、不能避免并不能克服"之间是否毫无关联，暂且不论，于此只强调两点：

其一，无论民用航空器致损还是核事故损害，都属于极具高度风险的作业所附带之结果，任何国家的立法例几乎都会要求运营者承担最为严格的责任。不管不可抗力能否免责，一定会通过相关配套机制对损害或风险加以分散，②立法在此方面也会有相应配套规定。③

其二，即便学者们对于这两个条文的最初理解符合立法者的本意，在《民法典》第 180 条第 1 款作为民事责任法不可抗力法律后果的一般条款生效（以《民法总则》生效时间为准）之后，是否还可以继续按照过去的释义方法进行解读，答案并不明显：既然不可抗力豁免责任是一般条款，这两个条文也并没有明确排除不可抗力的适用，是不是可以视为不可抗力重新加入免责事由当中？④

综上，尽管学者们在个别涉及不可抗力的规范的理解上存在一定的争议，个别条款基于特定的立法目的而设置了特殊的民事法律后果，还有少数规范不可抗力法律后果的条文在修法的进程中被形式上删除，但不可抗力在我国法律体系之中早已存在乃是不争之事实。不可抗力适用的事务领域即包括了合同关系，也涵盖侵权关系，在时效制度方面也有适用的可能。不可抗力在我国法上的持续性、广泛分布，客观上构成了第 180 条第 1 款的历史根源。

---

① 这个具有行政法规属性的"批复"，自《侵权责任法》生效之后，在规范事项同一性的意义上，其实已经被更高效力位阶的"法律规范"即《侵权责任法》第 70 条所取代。但学者们普遍无视这一点，直至《民法总则》生效之后仍然被用来作为证明不可抗力不能免责的典型例外规则。参见王利明主编：《〈中华人民共和国民法总则〉条文释义》，人民法院出版社 2017 年版，第 454 页。最高人民法院也同样如此，参见杜万华主编：《中华人民共和国民法总则实务指南》，中国法制出版社 2017 年版，第 693 页。

② 严格或危险责任在现代法体系中的引入，很大程度上即是建立在风险及损害的系统性分摊机制基础之上。

③ 比如《民用航空法》第 166 条的规定：民用航空器的经营人应当投保地面第三人责任险或者取得相应的责任担保。

④ 这一疑问的提出，甚至可以提前至《侵权责任法》第 29 条生效之时。

二、回顾《侵权责任法》第 29 条的解释困境

《侵权责任法》第 29 条作为侵权责任规范体系下不可抗力免责的一般性规定，本应该起到整合侵权责任领域不可抗力免责的效果，但从《侵权责任法》制定生效之时起，第 29 条就引发了解释上的激烈争论。有必要回顾这一段历史，理清争论背后的基本分歧点。

（一）《侵权责任法》第 29 条除外条款的解释争议

在《侵权责任法》中，第 29 条处于第三章"不承担责任和减轻责任的情形"之下，在规范定位上，第 29 条的适用对象面向全部的侵权责任类型，即普通过错侵权和严格或无过错责任侵权类型。① 从第 29 条之主文内容（第 1 句）看，不可抗力可以免除一切侵权形态的民事责任。此外，且不说除外条款（第 2 句）所说的"法律"究竟是指《侵权责任法》之外的"法律"，还是泛指第 29 条之外包括《侵权责任法》其他条文的一切"法律层级"的规范，除外条款的立法文义至为明显：作为不可抗力免责之原则的例外，如果法律另有规定的，则不免责。但学界对于第 29 条除外条款（第 2 句）的理解，却产生了激烈的争论，并在很大程度上抛开了立法文本之原意。② 学者之间对第 29 条除外条款的理解分歧，集中在一个焦点，即在无过错责任或危险责任领域，不可抗力可以作为免责事由被一般性地承认，还是只能采取列举式的模式加以规定。在检索到的文献之中，大部分观点认为第 29 条主文只是为了处理普通过错侵权责任，而除外条款是处理无过错或危险责任。但是仅就文义而言，下文的分析将表明，并不能很容易地达成这样的认识结论，因为无论如何解释第 29 条除外条款，需要首先面对第 29 条主文内容，毕竟除外条款是主

---

① 此处忽略严格责任领域的更细致划分，主要强调与普遍过错责任相比，责任追究的无过错性。
② 主要存在以下几种观点。第一种观点认为，"《民法通则》第 107 条及《侵权责任法》第 29 条中的'法律另有规定的除外'，就应是限指法律规定行为人承担无过错责任或危险责任而又未明确规定不可抗力为责任抗辩事由的情况"。

第二种观点认为，其统指法律中规定的无过错责任，即无过错责任均属"法律另有规定"的范围，在此范围内不可抗力原则上非为抗辩事由。

第三种观点认为，其仅指特别法中明确规定的那些不能因不可抗力而免责的情况，如《邮政法》《民用航空法》中的特别规定，除了这些特殊规定外，不管采何种归责原则，不可抗力均为一般的抗辩事由。

第四种观点认为，"法律另有规定的，依照其规定"的适用规则是：在无过错责任情形下，特别法律或法律特别规定明确规定可以适用不可抗力免责的，不可抗力是一种免责事由；特别法律或法律特别规定没有明确规定可以适用不可抗力免责的，不可抗力就不是一种免责事由；特别法律或法律特别规定明确规定不适用不可抗力的，不可抗力也不是一种免责事由。以上观点的整理和表达，参见曹险峰、孔凡学：《论不可抗力在环境污染责任中的法规范适用——兼评〈侵权责任法〉第 29 条》，载《当代法学》2013 年第 5 期；也可参见袁文全：《不可抗力作为侵权免责事由规定的理解与适用——兼释〈中华人民共和国侵权责任法〉第 29 条》，载《法商研究》2015 年第 1 期。

还有一种观点认为，第 29 条之除外条款，起到"否定之否定"作用，以使危险责任领域可以适用不可抗力作为免责事由。参见陈本寒、艾围利：《侵权责任法不可抗力适用规则研究——兼评〈侵权责任法〉第 29 条》，载《现代法学》2011 年第 1 期。

文之除外!①

《侵权责任法》第29条对于不可抗力免责的一般化规定,并没有影响立法者在第72、73条②针对高度危险物致损、高风险作业致损之下再次明确列举不可抗力作为免责事由。虽然此种看似重复、多余的立法技术上的瑕疵,已经受到了学者的善意批评,③ 但更大的问题在于,如此"特殊情形列举"处理模式,是不是也可能是立法者对于其他情形有意的未作规定,即构成德国法理论上立法者"有意义的沉默",④ 排除了不可抗力免责的普遍适用性?或者至少在严格责任的其他领域,实现某种意义上的绝对责任?比如《侵权责任法》第70条规定的民用核设施损害责任,⑤ 第71条规定的民用航空器侵害责任,⑥ 第八章规定的环境污染责任,⑦ 第十一章规定的物件损害责任等等。⑧ 前文对于第29条除外条款学界所存在的诸多观点,即是不可抗力在严格责任或危险责任领域适用的理解偏差。但是恰恰相反,第29条的法条主文是以不可抗力作为普遍适用的免责事由,在侵权责任判定规则的(非意思自治)法定属性限定之下,我们并不能轻易否定这一具有普遍性的义务(责任)或风险配置规则本身的正当性——既然立法机关选择了这样的规则,自然有其原因。

(二) 不可抗力是否需要适应不同的义务配置类型

分析前述众多不可抗力规范条文可知,除了《民法通则》第107条(并列结构式的)

---

① 围绕着《侵权责任法》第29条除外条款,甚至发展出了法律解释学方面颇为独特的"肯定规定说""否定规定说"两种对立观点。前者主张除非法律明确规定不能以不可抗力作为免责事由,否则不可抗力可以作为一般抗辩事由被援引,后者则主张除非法律明确将不可抗力规定为某类侵权责任的免责事由,否则无过错侵权责任中不得援引不可抗力免责。也有学者以"积极规定"或"消极规定"来指称这一组对立关系。相关观点和争论,参见张玉敏、侯国跃:《当前中国侵权法(草案)之比较研究》,载《现代法学》2010年第1期;陈龙吟:《〈侵权责任法〉不可抗力条款的适用》,西南政法大学2014年硕士学位论文,第19-20页;袁文全:《不可抗力作为侵权免责事由规定的理解与适用——兼释〈中华人民共和国侵权责任法〉第29条》,载《法商研究》2015年第1期。不过,不管是"肯定规定说"还是"否定规定说",都是超过法条文义之后进行目的解释的结果,而不是对法条自身的理解。即便遵从体系解释的方法,第29条也是作为《侵权责任法》责任减免的一般性规定而存在的,具体侵权责任类型中的条款应当因应第29条而动,而不是相反。
② 这两条是《侵权责任法》在第29条之外,仅有的包含"不可抗力"的条文!
③ 王成:《侵权责任法》,北京大学出版社2011年版,第174页。
④ 拉伦茨语,参见[德]卡尔·拉伦茨:《法学方法论》,陈爱娥译,商务印书馆2004年版,第249页。
⑤ 有学者则坚持该条排除了不可抗力的免责可能,参见程啸:《侵权责任法》,法律出版社2011年版,第216页。另有学者,则从文义解释的角度出发,强调理论上第70条(以及第71条)存在恰恰相反的解释可能,尽管是站在批判的角度论述。参见陈本寒、艾围利:《侵权责任法不可抗力适用规则研究——兼评〈侵权责任法〉第29条》,载《现代法学》2011年第1期。
⑥ 第71条没有明确规定不可抗力可以免责,但是却把受害人故意当作法定免责条件,完全否定不可抗力的免责可能,在规范评价方面是否合适?此外,《民用航空法》第157条、第160条免责的规定,是否会因为《侵权责任法》第71条仅规定了受害人故意作为免责事由,就成为具文?
⑦ 尽管上引诸多环境保护单行法已经承认了不可抗力的免责可能性,但《侵权责任法》颁布在后,如此"故意遗漏"不可抗力是不是意味着立法者对此问题采取政策的再调整?
⑧ 有学者即认为,由于特殊侵权在责任归属、责任构成以及责任免除等方面都需要特别规定,所以不可抗力是否可以免除特殊侵权的责任,还要看具体规定。参见前引刘新熙、尹志强、胡安潮:《债法:侵权责任法》,第300页。照此理解,显然除了第72、73条,其他所有的特殊侵权类型中由于都未直接规定不可抗力作为免责事由,就等于是否定了不可抗力的适用?前引王成教授的观点,恰好与此形成鲜明的对立。

一般性规范模式可以涵盖到所有的合同、侵权责任，《侵权责任法》第29条的一般化模式可以涵盖到所有的侵权类型之外，其他几乎所有的不可抗力条款要么仅适用于合同或契约领域，要么仅适用于侵权之严格责任或无过错责任领域。① 敏锐的读者会发现，这里似乎遗漏了一般侵权、普通侵权的内容。不可抗力对于一般侵权、普通侵权的意义何在？进一步而言，统一化的不可抗力免责条款是否可以一体适用至合同与侵权领域，或者至少一体适用至所有的侵权法领域？该如何表达的统一化的不可抗力免责条款才可以实现此规范目的？

三、合同关系结构下的不可抗力：约定和法定义务的消解

合同义务产生于当事人之间的合意，② 也即"自由意志之下的义务"，此乃意思自治理论为代表的近代私法在义务领域的真实写照。现在各法域的合同/契约立法或民法典，虽然都有关于合同义务的细致规定，但学术界也往往从"理性当事人"自由意志的角度进行解读，而不认为完全属于立法决断的产物。③ 约定而生的义务仅对于合同当事人有约束力，也仅当特定当事人进入合同之局当中，才开始具有拘束力，而在此之前，当事人之间处于陌生人的状态，法律一般也不会配置积极的作为义务或特定的不作为义务。

缔约过失责任的出现，可能构成上述一般情形的例外。按照耶林的创见，在缔约当事人进入契约洽谈的"亲密接触"阶段之后，彼此就应当顾及缔约对方的利益，尽管可能只停留在信赖保护的初级阶段。一旦当事人因过错而使契约不成立或无效，就应当赔偿信赖契约会有效成立的对方当事人的信赖利益。缔约过失制度后来经过发展，认为缔约主体在此阶段，基于过错违背了必要的照顾、告知、磋商等义务，就要为对方因磋商而支付的成本或遭受的其他损害承担赔偿责任。④ 只不过相对于合同义务的丰富性，缔约阶段当事人所承担的义务范围和程度都极为有限。⑤

---

① 前引学者们对于《侵权责任法》第29条的争论，也集中于严格责任或危险责任领域。此外，不可抗力在时效方面的规则虽然与责任之承担关系不大，但由于在实质上也同样达到豁免消极法律效果的目的，或可视为不严格意义上的某种责任免除。
② 从发生学的角度考虑，合同义务的设定才反射性地产生了合同债权。参见龙卫球：《债的本质研究：以债务人关系为起点》，载《中国法学》2005年第6期。
③ 王泽鉴教授对于典型契约功能的解读，可作为参照。王泽鉴：《债法原理》，北京大学出版社2009年版，第85页以下。
④ 耶林的最初创见和缔约过失制度后来的发展，参见王泽鉴：《债法原理》，第181页以下。
⑤ 与笔者的观点类似，梅迪库斯也表达缔约过错之下的义务特质："缔约过错与一般合同法之间的关系：缔约过程中的任何一种'过错'，都以存在义务为前提；而违反了这些义务，才会使人提出［行为人］是否有过错的问题。这些义务规定了人们在缔约过程中必须为哪些行为以及不为哪些行为。""虽然这些初始义务通常是不能诉求的（只有在有过错地违反了这些义务时，才能诉求损害赔偿），但这些义务在总体上如同一本［指导人们在］缔约过程中正确从事行为的法典。"［德］迪特尔·梅迪库斯：《德国民法总论》，邵建东译，法律出版社2013版，第342页。在《合同法》上，缔约过失责任主要表现为诚信原则指导下的善意、信息披露、保密等义务（第42、43条——《民法典》合同编500、501条）；从广义角度看，合同无效、被撤销或许也可以归入到缔约过失责任体系之下，特别是第52、53、58条——不过在《民法典》的体系架构之下，由于民事法律行为的无效、撤销规则吸收合并了《合同法》的相关规则，不能再以缔约过失责任定性"总则"部分的相关条文。

此外，支撑缔约过失责任的诚实信用原则，在现代合同法之中也在合同履行的阶段为合同当事人施加了法定的附随义务，《合同法》之中早有体现（第60条第2款），《民法典》合同编（第509条）延续并升级了《合同法》的规则。

如果仅把合同义务简单化为上述的约定合同义务（给付义务）、法定履行义务（照顾、附随义务）、缔约过失责任制度所支撑的前合同义务（信赖保护义务），① 不可抗力的作用发挥机制就非常明显了。在合同义务领域，由于当事人的义务主要是基于约定而生（法定履行义务毕竟是例外），如果没有特定的减免合同义务的情况发生，在义务期限到来之际，不履行合同义务即应当承担违约责任，此在逻辑上和法理上均具有正当性。如果在合同义务的正常履行期限之内，发生了影响合同义务履行可能、履行期限或履行完整性的不可抗力因素，其法律后果可能就是全部或部分免责、解除合同、推迟履行等等，② 或者说消解了原初约定的合同义务——基于违约责任采取所谓的严格归责原则，结论也同样如此。在缔约阶段，立法者施加给缔约当事人照顾、保护、协助对方当事人的法定义务，假使发生不可抗力的因素，致使缔约者未能履行其义务，也自然可以豁免其责任——缔约过失责任本来即为过错责任，不可抗力的存在，就消除了过错的可能性。③

可见，在合同义务领域，不可抗力的效用主要在于消解约定的义务，把当事人从义务的负担之下（暂时）解放出来，④ 即存在"约定义务→不可抗力发生→消解义务→减免违约责任"的关系结构。尽管此种解放是否在经济上有利于某个合同当事人，⑤ 则因合同内容不同以及不可抗力发生时段之不同而不同。缔约阶段的不可抗力，理论上虽然可以免除缔约当事人的保护、协助义务等（"法定义务→不可抗力发生→消解义务→减免缔约过失责任"），但对于任何旨在缔约的当事人而言，合同最终订立才是所期望达到的目的。所以，在缔约阶段发生的不可抗力，其实践意义要弱于合同义务已然确立之后的情形——当事人可能还会共同选择继续签订合同或者促使合同有效。

比如，《民法典》合同编通则在第590条关于不可抗力的一般性规定，都是旨在规定"履行合同"的合同义务，分编之中仅有的明确提到不可抗力免责的第832条、第835条，也属于运输合同之中承运人/托运人义务相关的规范。第563条之中，不可抗力可以作为

---

① 理论界虽然还有后合同义务的说法，但后合同义务违反的法律后果完全可以归入到合同义务的范畴之下。关于后合同义务，参见王泽鉴：《债法原理》，第35-36页；崔建远主编：《合同法》（第四版），法律出版社2007年版，第88页。

② 当事人如果例外地通过约定排除了不可抗力的免责可能性，因为该约定所处理的事务未涉公共利益、国家利益和第三人利益，基于合同自由原则当然有效。相同观点，参见邹海林：《民法总则》，法律出版社2018年版，第462-463页；叶林：《论不可抗力制度》，载《北方法学》2007年第5期。

③ 缔约过失责任本来在追责之时就需要证明存在主观上的过错，在未发生不可抗力的情况下，缔约方仍然可能是不存在过错。

④ 叶林教授称之为"缓和民事义务"，参见叶林：《论不可抗力制度》，载《北方法学》2007年第5期。类似观念（但表达不同），也可参见隋彭生：《合同法要义》（第三版），中国人民大学出版社2011年版，第258页。

⑤ 从经济利益的角度观察，不可抗力免责规范也是立法者在当事人之间进行的风险分配，"免责"的表达仅体现了法律意义上"义务违反"方面所产生的问题。

合同解除的条件之一，也同样可以从约定义务消解的角度理解。当然，或许在有些学者看来，不可抗力的法律后果不仅限于合同义务的消解，对于不可抗力进行风险负担方面的处理也是合同法的必要功能，但风险负担其实也可以转化成消解约定义务的语言进行表达，此点毋庸多言。

既然不可抗力在合同领域主要是从影响到义务人的履行能力、履行时间、履行可能性等角度展开，那么不可抗力的内容也必须与这几个履行要素环节关联在一起，才具有减免责任的可能，①而具体的判断标准只能在合同个案当中针对具体的义务内容或形态进行认定。但综合来看，由于不可抗力对于合同法领域法定先义务（缔约过失责任）、法定或约定履行义务（违约责任）的责任减免具有普遍的适用性，假如确有例外法定不允许减免责任的情形，倒是真的需要特别规定了。

四、不可抗力之于侵权法：法定责任的阻却抑或豁免？

与合同法不同，民事主体一旦成为侵权法切实的适用对象，不管是作为受害人，还是加害人（责任人），往往都是不情愿的结果。虽然不排除少数加害人主动"追求"赔偿责任施加于己，并且自由意志观念主导之下的过错责任原则也仍然是现代侵权法的基本原则之一，但侵权责任具有法定性，不考虑加害人是否具有承担责任的主动性追求，有别于合同之下"约定义务→义务不履行→违约责任"的意定属性。

（一）不可抗力之于普通侵权：法定责任发生之阻却

正因为侵权责任的承担如此"不受欢迎"，不可抗力之于侵权法的意义才得以突显出来。法定责任固然严格，但要直接归责到具体的民事主体头上，需要加害人的加害行为作为导火线，否则即会有违意思自治、责任自负的民法基本理念。②过错原则作为近代以来私法的重要原则，在侵权领域体现得尤为明显，确定损害的原因与被告的特定行为的联系即损害的来源，看侵权行为的行为人行为是否具备可归责性，乃是侵权法的基本原理。观之《侵权责任法》第29条的规定，不可抗力既然作为外在于民事主体的（自然或人为）事件，与加害人之加害行为不可能有法律上的关联，不可抗力导致的损害亦不可归因于某民事主体，民事责任本来就无从谈起，谈何免除加害人的责任？有哪一个主体会"因"不可抗力而"造成"他人损害？因果关系方面如何解释？回头看看立法条文中对于不可抗力

---

① 或许也正因为如此，《民法典》第590条第2款规定："当事人迟延履行后发生不可抗力的，不免除其违约责任。"迟延履行已经构成违约，除非存在包括不可抗力在内的免责事由，否则违约方首要承担迟延履行责任。迟延后发生的不可抗力不能免除责任，此处所指的"责任"显然不包括已经迟延所产生的迟延责任，而是指期后发生的不可抗力所引起的其他影响履行利益实现的违约责任。

② 苏永钦教授也认为侵权法与合同法（交易法）的共通联结点仍然是行为人的意思自治，只是从其他角度阐释了不同的理由。参见苏永钦：《寻找新民法》，北京大学出版社2014年版，第111页。

的定义,"不能预见、不能避免并不能克服"的要求,如何可以被人的行为主导或吸收?①

有一些学者认为,不可抗力作为侵权责任的免责条件之一,必须在损害的发生上具有因果关系上的唯一性,才可以免责;如果不可抗力仅是损害发生的部分原因,加害人的行为也构成了损害发生的原因,不可抗力只能部分免除加害人的责任。② 这样的论述,看似合情合理,却显然不符合法理。不可抗力既然作为损害发生的唯一原因,自然没有加害人的存在,需要免除何人的责任? 在不可抗力只是损害发生的部分原因的场合,由于不可抗力导致的损害本来就不可归责于加害人,又如何减免加害人的责任?

另有学者意识到上述论证上的不当之处,认为从中国法的角度看,不可抗力的运作机理在于:"不可抗力作用于加害行为,加害行为再作用于受害人的权益,并造成受害人的损失。对于这样的损失,根据《民法通则》第107条及《侵权责任法》第29条的规定,行为人不承担责任。如果是不可抗力直接造成了受害人损失,而没有行为人的行为作为中介,则当然不会有侵权责任的存在。"③ 不过不可抗力如何可以作用于加害行为,并未有详细之说明。在紧急避险的场合,加害人虽然是迫于自己或他人利益之维护,造成他人权益受损,但加害人终是有明确的行为认知。而在不可抗力发生之际,除非是加害人正在实施加害行为,或已经做好了实施加害行为的准备,即"一触即发"的状态,不可抗力的因素加重或启动了加害行为,否则很难把其描述为"作用于加害行为"。在前者,加害人已然实施的加害行为,如果导致损害的发生,自然需承担责任,并不会因不可抗力的发生而得以豁免;在后者,不可抗力所启动的加害行为,已经完全消散了加害行为自身之上的主观过错和客观因果关系,不再可能归因于加害人。"行为人的行为作为中介"虽然试图描述出之所以免除民事主体侵权责任的程式化图像,但在现实中似乎不太可能存在。

既然不可抗力根本就不可能导致侵权责任的发生,各法域把不可抗力作为减免侵权责任的事项之一,岂不是有画蛇添足之嫌?

在过错责任统辖的普通侵权领域(安全保障义务的特殊问题除外,参见下文),不可抗力作为免责事由在规范逻辑上确实没有用武之地。④ 因为在过错侵权场合,作为原告的受害人必须证明损害发生系由于被告的有过错、且可归因于其的行为导致,才可以把该被告转化成实体法上的加害人。⑤ 而被告想摆脱侵权责任的追击,可以有多种程序或实体上的理由,即便选择主张不可抗力作为抗辩理由,也仅是可选方案之一,并不必需如此"免

---

① 立法机构的解读,恰恰就遵循类似的逻辑。参见全国人大常委会法制工作委员会民法室编:《中华人民共和国侵权责任法条文说明、立法理由及相关规定》,北京大学出版社2010年版,第112页。
② 参见杨立新:《侵权责任法》(第二版),法律出版社2012年版,第211页。
③ 王成:《侵权责任法》,北京大学出版社2011年版,第173页。
④ 相反的意见认为不可抗力在过错责任原则下具有普遍适用效力,参见曹险峰、孔凡学:《论不可抗力在环境污染责任中的法规范适用——兼评〈侵权责任法〉第29条》,载《当代法学》2013年第5期;赵振华、陈清清:《论侵权责任中不可抗力范围的限定》,载《西南政法大学学报》2012年第4期。
⑤ 类似观点,参见陈本寒、艾围利:《侵权责任法不可抗力适用规则研究——兼评〈侵权责任法〉第29条》,载《现代法学》2011年第1期。

责"。客观而言，如果被告要主张不可抗力的抗辩，反倒可能会增加其举证的困难，因为不可抗力影响之下的损害发生并非总可以很容易被常人加以证明，更不用说证明其行为仅仅是不可抗力的"中介"了。

（二）不可抗力之于特殊侵权：预设法定责任之豁免

不可抗力在过错侵权领域遭遇到了逻辑上的尴尬，不过在无过错责任/严格责任或过错推定（如物件损害责任）等特殊侵权领域，[1] 则得以有机会扬眉吐气。在这些特殊侵权领域，立法者为特定的民事主体施加了高度的注意义务，或实行过错的推定，或实行因果关系的推定，甚或干脆实行责任的推定、预设。[2] 一旦有损害的发生，受害人只需"大致"证明其损害与特定的产品、危险品、危险物、动物或其他高风险事故有简单的"关联关系"，就可以达致其所预期的获得赔偿的效果。[3] 相反，上述特定民事主体如想豁免法律的各种不利推定，就必须证明损害是由于某种法定的卸责事由所致，不应该由其再承担，而不可抗力即为最为常见的一种。《侵权责任法》在具体侵权的章节，有2个条文（第72、73条——《民法典》第1239、1240条）提到了不可抗力作为免责事由，皆属于前述分析结论的体现，尽管这样的规范模式本身未必在立法技术或立法体系上合适。

通过《侵权责任法》第37条（《民法典》第1198条）开始引入的特定场所经营管理者的安全保障义务，虽然在归类上仍然属于过错责任（过错推定），也同样可能会存在不可抗力作为免责事由适用的可能，尽管立法文本并没有明确规定。道理很简单，在配置安全保障义务的场合，立法者对特定主体同样进行责任或过错的推定，如想免责，必须证明损害系由其他主体的行为或自然原因所致。《侵权责任法》第37条（《民法典》第1198条）既已容忍第三人过错作为安全保障义务承担者的抗辩，举轻以明重，不可抗力也同样可以豁免法律推定或强加的责任。[4] 在此意义上，安全保障义务相关的侵权类型也可以归类为特殊侵权。

（三）小结

所以，不可抗力于侵权法之中，并不如合同法中那样可以普遍成为所谓免责条件，因

---

[1] 过错推定的实践效果比较类似于严格责任或无过错责任，故本文暂且忽略二者之间的差别，下文表述以严格责任或无过错责任涵盖过错推定责任。

[2] 在严格意义上讲，即便在这些特殊侵权领域，也不应该存在"因不可抗力造成他人损害"语境下的"因果关系推定"。因为损害的发生既然是由于不可抗力所致，就不再可能与所谓的"责任人"建立起侵权事实上的因果关系，此种"推定"在逻辑上没有存在的空间，而只能是法律责任的推定、预设。

[3] 特殊侵权责任领域的证明责任，本文不做过多探讨。

[4] 如果按照有些学者的理解，《侵权责任法》第29条的规范对象仅仅是严格责任或无过错责任之下的侵权形态，那就意味着第37条没有规定不可抗力可以免责，就是排除了不可抗力的免责可能性。但是，安全保障义务领域并不是严格责任或无过错责任，排除不可抗力的免责可能，没有特殊的理由。同时，既然已经承认了第三人原因可以免责，不可抗力却不能免责，在法律评价方面显属不当。

为不可抗力在原则上根本就不可能导致责任的发生，立法者不可能在陌生人之间普遍施加积极的作为义务，然后再利用不可抗力豁免基于义务预设而必然导致的推定责任，此乃传统侵权法的原则要求之所在。① 例外的规则，只能存在于严格责任/无过错责任推定或（安全保障）义务预设的情形之下（特殊侵权），被推定责任人有必要通过不可抗力豁免责任或过错的推定。② 因此，《侵权责任法》第 29 条的主文表达如果只是限定在特殊侵权之下的"免责"，而直接排除一般侵权或普通侵权的所谓"免责"，把不可抗力在一般侵权或普通侵权责任类型中的作用或影响交由责任构成要件的因果关系要件去处理，可能就会避免该条除外条款所产生的解释困境，也无需创设更多的理论来协调不同条款之间的适用关系了。

五、《侵权责任法》第 29 条解释困境根源之反省：忽视合同法与侵权法的区分

在《侵权责任法》立法过程之中，立法机关曾经针对不可抗力的立法表达寻求比较立法例上的支持，主要参照了法国、德国、意大利三国的民法典，并以"不可抗力对债务不履行的法律效果""不可抗力对损害赔偿的法律效果""有关风险负担的规定"三个主题进行类型化对比分析。不过，仅有法国民法典明确使用了不可抗力的立法用语，而德国、意大利民法典之中根本"没有直接规定不可抗力作为免责事由"（暂不考虑翻译语言选择的问题），所以不知道立法机关选择德国、意大利民法典的理由何在。更让人不解的，立法机关所引用的《法国民法典》第 1138 条、第 1148 条、③ 1302 条、第 1722 条，《德国民法典》第 275 条第 1 款、第 276 条第 1、2 款、第 280 条、第 286 条第 4 款、第 287 条、第 300 条第 2 款、第 313 条、第 326 条、第 446 条、第 873 条第 1 款、第 929 条，《意大利民法典》第 1218 条、第 1221 条、第 1256 条、第 1258 条、第 1376 条、第 1378 条、第 1463 条、第 1464 条、第 1465 条，全部是处理合同或契约事项，上引标题"有关风险负担的规定"即是典型例证。④ 既然是侵权责任立法，为何立法机构不从侵权法的角度选择参考立法例？即便可能存在着合同与侵权界限难分的情形，但仅引用合同或契约相关的不可抗力或类似条款，似乎太过于离谱。

在有学者主编的关于《侵权责任法》的解读文本之中，与《侵权责任法》第 29 条关

---

① 不过，这并不排除在一般侵权责任的诉讼当中，被告以不可抗力作为抗辩的理由。
② 陈本寒、艾围利两位教授试图在反思传统侵权免责理论与构成要件理论之间的逻辑冲突基础上，构建新的侵权免责理论框架，并进而形成不可抗力免责的一体化规则，所表达的学术观点与笔者比较接近，但在普遍过错侵权责任与严格或无过错责任的区分处理方面，观点稍有差异。参见陈本寒、艾围利：《侵权责任法不可抗力适用规则研究——兼评〈侵权责任法〉第 29 条》，载《现代法学》2011 年第 1 期。
③ 有学者在建构侵权领域不可抗力免责的立法模式之时，批评《法国民法典》的这个条文"使不可抗力免责适用于一切损害赔偿的情形，无例外情况，更不谈例外之上再例外，过于粗略"。参见陈本寒、艾围利：《侵权责任法不可抗力适用规则研究——兼评〈侵权责任法〉第 29 条》，载《现代法学》2011 年第 1 期。殊不知，《法国民法典》的这个条文本来就与侵权责任没有任何关系，仅适用与契约领域，条文内容表达得非常清楚，该条在体系位置上也属于第三卷第三章"契约或合意之债的一般规定"。
④ 详细内容参见全国人大常委会法制工作委员会民法室编：《侵权责任法立法背景与观点全集》，法律出版社 2010 年版，第 556 – 563 页。

联的立法例之中，列举了《荷兰民法典》第6－178条、《魁北克民法典》第1470条、《阿尔及利亚民法典》第127条作为参考，① 但是否足以作为中国立法的参考标准，还值得分析。

《荷兰民法典》第6－178条规定：②

如果有下列情形之一，不依第175条、第176条或第177条承担责任：

a. 损害是由于军事冲突、内战、暴动、国内骚乱、暴乱或兵变引起的；

b. 损害是具有不可预见、不可避免和不可抗拒性质的自然事件造成的，但在适用该条时，第177条第1款规定的地下自然力除外。

本条确实涉及了不可抗力的免责效果，但如果查看其中提到的第175条、第176条或第177条，分别对应于高度危险作业、垃圾场作业和采矿作业等三个特殊领域的侵权事项。在这三种侵权事项之中，荷兰立法者首先推定或预设了过错、责任归属于相关的主体，该主体如果想免责，必须得进行反证，而不可抗力仅仅是可能免责的法定是由之一。

《魁北克民法典》第1470条规定：

损害是因不可抗力引起的，可以免除某人造成他人损害的责任，但他已承诺赔偿此等损害的，不在此限。

不可抗力为不可预见且不可抗拒的事件，具有同样性质的外部原因视为不可抗力。

第二款对于不可抗力本身的定义暂且不议，在第一款的主文当中虽然有类似于《侵权责任法》第29条的表达，但是其中但书条款"他已承诺赔偿此等损害"的表达，显然只能出现在合同或契约的领域。在侵权法的范围之内，很难想象陌生人之间有这种预先的承诺存在。

《阿尔及利亚民法典》第127条规定：③

除非法律另有规定或当事人另有约定，行为人如能证明损害系由受害人或者第三人的过错以及意外事件或不可抗力等不可归咎于自己的原因造成的，不承担损害赔偿责任。

在上引学者版的立法解读著作之中，不知有意还是无意，遗漏了"或当事人另有约定"这一部分，使得去除"或当事人另有约定"之后的《阿尔及利亚民法典》第127条，呈现出比中国《民法通则》《侵权责任法》更为抽象化的一般性免责条款立法模式。但在补全完整条文之后会发现，该条虽有不可抗力的术语，但不可抗力是不是可以完全不加区别地适用至合同或侵权法的各领域，并非那么清楚。

可见，在学者们解读法条所引用的参考立法例之中，也鲜有可以支持《侵权责任法》第29条立法模式的文本。作为中国大陆地区民事立法最为亲密也最为熟悉的参照对象，

---

① 参见高圣平主编：《中华人民共和国侵权责任法立法争点、立法例及经典案件》，北京大学出版社2010年版，第361－362页。

② 条文内容参见王卫国主译：《荷兰民法典》，中国政法大学出版社2006年版。

③ 条文参见尹田译：《阿尔及利亚民法典》，中国法制出版社2002年版。

台湾地区现行"民法典"之中涉及不可抗力的条文，总共有 15 个条文，但所有的条文都属于契约规范，或物上之债的范畴。① 而笔者查阅了所能找到的其他诸多民法典（包括最近几年风靡全球的 DCFR 文本②），均没有发现不可抗力免责作为侵权法一般性条款的表达方式。

不可抗力免责以一般条款形式存在的例子，仅表现为欧洲学者们草拟的《欧洲侵权法原则之中》第 7：102 条"严格责任中的抗辩"，③ 不可抗力（自然力）仅在严格责任之下作为减免责任的抗辩事由，并且只有在严格责任之下，才作为外来因素而成为抗辩事由，④ 而在一般侵权之"合理抗辩"（第 7：101 条⑤）中，抗辩事由更多从合法性角度展开。⑥

综合比较立法例可知，《侵权责任法》第 29 条所采取的一般化条款处理不可抗力免责

---

① 分别是第 231 条（迟延赔偿——非常事变责任）、第 457 条（耕作地租赁之租金减免请求权）、第 458 条（耕地租约之终止）、第 508 条（危险负担）、第 525 条（著作物之危险负担——著作物灭失）、第 526 条（著作物之危险负担——出版物灭失）、第 606 条（场所主人之责任）、第 634 条（运送人之责任）、第 645 条（运送物丧失时之运送费）、第 654 条（旅客运送人之责任）、第 837 条（租金减免请求之限制）、第 850-4 条（地租减免或变更土地使用目的）、第 891 条（责任转质——非常事变责任）、第 920 条（危险分担——非常事变责任）、第 921 条（典权人之重建修缮权）。陈本寒和艾围利两位先生也注意到这一特殊之处，参见陈本寒、艾围利：《侵权责任法不可抗力适用规则研究——兼评〈侵权责任法〉第 29 条》，载《现代法学》2011 年第 1 期，第 62 页注释④.

② 在 DCFR 之中，明确涉及不可抗力的条文，仅有【第三卷"债及相应的债权（债及相关权利）"第三章"不履行的救济"第一节"一般规定"】第Ⅲ-3：104 条"因障碍而免责"和【第六卷"造成他人损害的非合同责任"第五章"抗辩"】第Ⅵ-5：302 条"不可控制的事件"，前者适用于合同，后者官方释义书中明确作为"在严格责任框架下作为抗辩的不可控制的事件"。参见［德］克里斯蒂安·冯·巴尔、［英］埃里克·克莱夫主编：《欧洲私法的原则、定义与示范规则：欧洲示范民法典草案（全译本）》（第一、二、三卷），高圣平等译，法律出版社 2014 年版，第 679-685 页；［德］克里斯蒂安·冯·巴尔、［英］埃里克·克莱夫主编：《欧洲私法的原则、定义与示范规则：欧洲示范民法典草案（全译本）》（第五、六、七卷），王文胜等译，法律出版社 2014 年版，第 691-694 页。

③ 条文内容：
(1) 如损害是由以下不可预见和不可抗拒的原因引起的，严格责任可予以免除或减轻：a）自然力（不可抗力），或
b）第三人的行为。
(2) 严格责任是否可被减免及减少的程度，取决于外部影响的重要性和责任的范围（第 3：201 条）。
(3) 依本条（1）款（b）项减轻责任时，依第 9：101 条（1）款（b）项，严格责任与第三人的责任为连带责任。

④ 欧洲侵权法小组编著：《欧洲侵权法原则文本与评注》，于敏、谢鸿飞译，法律出版社 2009 年版，第 181-182 页。

⑤ 条文内容：
(1) 行为人正当实施下列任何一项行为的，可以免责。
a）为捍卫自己受保护的利益而制止非法攻击（自卫行为），
b）紧急情况，
c）因不能及时获得公权力机关救济（自助行为），
d）受害人同意的，或受害人自甘风险，或
e）根据合法授权，如得到许可。
(2) 能否免责既取决于抗辩事由的重要性，也取决于具体责任的构成要件。
(3) 在特殊情形，责任可予以减轻而非免除。

⑥ 欧洲侵权法小组编著：《欧洲侵权法原则文本与评注》，于敏、谢鸿飞译，第 181 页。

的规范模式，实属于比较法上的另类存在。不可抗力作为侵权法上的免责事由，仅在实行严格责任/无过错责任/预设积极义务（安全保障义务）的情形之下，才有其实际意义。[①] 在一般侵权情形，至少通过作为侵权责任构成要件的因果关系，已经足以排除了不可抗力致损归责于某一民事主体之上的可能性，此即之所以称之为"外来原因"，[②] 故而无需立法者排除责任，这或许是绝大多数立法文本未在侵权法的一般条款规范的重要原因。不过此一"外来原因"对于实行责任/过错/因果关系推定或责任预设的特殊侵权类型而言则至关重要，法定预设责任者争取豁免责任全依赖于立法者是否可以"法外开恩"——按照前引部分学者的观点，也确实存在着不可抗力不起作用的情形。[③] 不可抗力在特殊侵权领域中的此种作用机制，非常类似于合同法"约定义务在先→不可抗力发生→消解义务→减免违约责任"的机制，只不过转化为"（法定注意义务）→预设责任在先→不可抗力发生→免除责任"的结构，不同于一般侵权领域的"法定注意义务→不可抗力发生→不构成侵权"。

但非常遗憾，立法者在起草《民法典》第180条第1款之时同样未明确区分合同关系与侵权关系之下不同的义务配置，无论是主句内容的表达还是除外条款的设计均能体现出这一点，[④] 并没有吸取《侵权责任法》第29条起草时的教训。立法者如此不经意间的立法决定就为理解和适用第180条第1款，埋下了可能遭遇与《侵权责任法》第29条类似困境的伏笔。

六、《民法典》第180条第1款的体系效应

居于《民法典》"总则"地位的第180条第1款，从《民法总则》制定生效开始其实就立即产生了应有的体系效应。

（一）第180条第1款能否一体化整合既存的制度规范

从立法文字表达的角度看，《民法通则》第153条系对不可抗力进行立法定义，第107条系不可抗力适用范围、适用效果的规定，《民法典》第180条把《民法通则》第107条、第153条原初的规范内容合为一个条文，分别作为其第1款和第2款。《民法通则》第107条主文规定"因不可抗力不能履行合同或者造成他人损害的，不承担民事责任"，第180条第1款则对应调整为"因不可抗力不能履行民事义务的，不承担民事责任"。立法文

[①] 此种认识在比较法著作之中，也可轻易发现。参见 Raymond Youngs. *English, French and German comparative law*. Third edition. New York：Routledge，2014. p. 511。

[②] 把不可抗力定位成"外来原因"的认识，在理论界非常普遍。可参见江平、费安玲主编：《侵权责任法》，知识产权出版社2010年版，第270页；刘新熙、尹志强、胡安潮：《债法：侵权责任》，第300页；欧洲侵权法小组编著：《欧洲侵权法原则文本与评注》，于敏、谢鸿飞译，第181－182页。

[③] 比如《侵权责任法》第70条民用核设施事故的责任。参见前引㊽：《侵权责任法》，第216页。

[④] 参见李适时主编：《中华人民共和国民法总则释义》，法律出版社2017年版，第561－562页。

字表达上的改变,标志着不可抗力免责规范的规范内容、规范意义均发生了重大调整。

不可抗力的适用范围方面。《民法通则》第107条"不能履行合同或者造成他人损害"一般来说分别对应"合同"与"侵权"事项,但正如上文所述,缔约过失责任规范范围之内同样有适用不可抗力的可能。因此,第180条第1款"不能履行民事义务"的表述在文义上就可以更直接地把"合同""侵权""缔约过失"①以及其他可能的民事义务领域事项都涵盖于其中。

不可抗力的适用效果方面。《民法通则》第107条的表述,在合同领域尚属正确,但针对侵权事项则违背了侵权责任法(特别是一般侵权责任)在因果关系角度上的基本规范逻辑,此点已如上述。第180条第1款第1句换成"不能履行民事义务"的表达,把不可抗力当作"消解"民事义务或"豁免"民事责任②的普遍适用条件,不管民事义务的产生依据是法定还是意定。③ 如此一来,至少在义务类型化的层面比较契合不可抗力作为侵权行为免责事由的逻辑出发点(消解"法定义务"),不过能否无缝契合一般侵权、特殊侵权两大侵权类型,仍有分析的必要。

乍看之下,第180条第1款对于《民法通则》第107条所做的规范调整,也是对《侵权责任法》第29条第1句的规范完善:"因不可抗力造成他人损害"这样正面陈述损害发生因果关系链条式的表达,在不可抗力"不能预见、不能避免并不能克服"的法定定义之下,根本不可能存在真正的责任主体,显然不妥。"因不可抗力不能履行民事义务"仅把因果关系链条限定在了法定义务主体未能履行民事义务的环节,并没有联结起不可抗力、损害、民事主体三类要素,得以避免了《侵权责任法》第29条的规范窘境。但是,在一般侵权责任领域,行为人之所以承担侵权责任,原因恰恰在于行为人违背了"法定"的、"消极不干预"的"不作为义务",实施了积极加害受害人的行为,在事实的层面不可能存在行为人因为不可抗力因素而不履行"不作为义务"。④ 换句话而言,不存在特别需要"消解"的积极作为义务。反倒是在前述采取严格责任/无过错责任/责任推定等的特殊侵权领域,往往是立法者基于不同的理由为特殊场景下的民事主体配置了积极的"作为义务",而这些民事主体由于不可抗力因素的发生未能履行"法定"的、"积极"的"作为义务",因此才可以或需要免除义务违反的法律后果即民事责任——"消解"法定义务的后果。⑤ 因此,修改调整后的第180条第1款第1句,实际上仍然仅能适用于(实行严格责

---

① 最高人民法院的释义书特别强调了不可抗力免责规范在缔约过失责任领域的拓展适用,参见杜万华主编:《中华人民共和国民法总则实务指南》,中国法制出版社2017年版,第693页。
② 对于责任预设或责任推定的特殊侵权类型而言,"豁免"民事责任可能比"消解"民事义务在描述的针对性方面更为贴切。
③ 参见邹海林:《民法总则》,法律出版社2018年版,第460页。
④ 紧急避险的情况可能属于行为人因为特殊原因违背了不作为义务的事例,但该特殊原因与损害之间没有直接因果关系(紧急避险人客观上造成了损害),并且紧急避险与不可抗力在免责事由方面,属于并列的不同原因。因此,紧急避险免责不适于用来证成不可抗力免责。
⑤ 个别特殊侵权类型当中,甚至很难描述预设了什么作为义务,而只能是预设了责任。

任/无过错责任/责任推定等的）特殊侵权事项之上，并不能真正地实现侵权法中一般侵权与特殊侵权在不可抗力免责性问题上的规范整合，原因仅仅在于二者的法律关系结构（义务配置模式与责任认定机制）本来就不相同。就此而言，第180条第1款主文（第1句）并没有超越《侵权责任法》第29条主文（第1句）而实现侵权责任法内部的规范整合。

对比而言，第180条第1款主文（第1句）"不能履行民事义务"的规范表达模式，则完美地升级表达了《合同法》第117条第1款主文（第1句）"不能履行合同"及其责任免除的既定规范内容，不存在体系和逻辑上的不适之处。即便第117条第1款第2句所规定的迟延履行情形下不可抗力事由免责功能的丧失，该规则也同样是在特殊时段（迟延）的"不能履行民事义务"，只不过作为不可抗力免责的例外规定而已。更重要的是，无论《合同法》第43条规定的合同缔约阶段的保密义务、第69条第2款规定的合同履行阶段的"通知、协助、保密等义务"，在文义上都不属于"不能履行合同"的范围之内，第117条规定的不可抗力规则如果在司法实务中要拓展适用于至这两类义务领域，至少需要遵循一定的解释规则方可。第180条第1款中"不能履行民事义务"，则很直接地涵盖了缔约阶段的（法定）前合同义务、履行阶段的（法定）履行义务，作为缔约当事人、合同当事人免除缔约过失责任、合同责任的明确的规范依据，可以说彻底实现了不可抗力免责规范在合同法领域的整合。

综合而言，第180条第1款试图通过更新调整后"不能履行民事义务"的表达方式，一体化地整合《民法通则》第107条、《合同法》第117条、《侵权责任法》第29条等关键性的不可抗力免责规范，仅从"民事义务"的角度来看，第180条第1款确实实现了对合同法、侵权法两大领域全部类型民事义务的涵摄。但是从规范妥当性的角度观察，"不能履行民事义务"仅符合合同法中的不履行约定或法定（前）合同义务和侵权法中不履行特殊侵权领域的法定作为义务，一般侵权或普通侵权或过错侵权领域之下的法定不作为义务在事实层面并不会发生"因不可抗力不能履行"的情形。因此，第180条第1款抽象化的"不能履行民事义务"，并未能彻底实现不可抗力免责规范在民事法范围内的整合。唯一可能的解释是，立法者明确地认识到了在一般侵权、普通侵权领域并不存在不可抗力作为"免责"理由的适用空间，也即胜利逃脱了前述《侵权责任法》第29条在适用逻辑上的困境，因而有意地忽略了一般侵权、普通侵权情形下的义务配置或责任构成形态，不过立法者给出官方的解释似乎并不如此。①

---

① 在立法机关公开出版的多个版本（内容几乎完全一样）的《民法总则》立法释义书之中，均没有发现对一般/普通侵权与特殊侵权特殊对待的明确说明。参见李适时主编：《中华人民共和国民法总则释义》，法律出版社2017年版，第561–562页；张荣顺主编：《中华人民共和国民法总则解读》，中国法制出版社2017年版，第600–601页；贾东明主编：《〈中华人民共和国民法总则〉释解与适用》，人民法院出版社2017年版，第452–453页。最高人民法院的观点，则明确表明了"可适用于侵权责任、也可适用于违约责任，在侵权责任中，可以适用于过错责任、过错推定责任和无过错责任"。参见杜万华主编：《中华人民共和国民法总则实务指南》，中国法制出版社2017年版，第692页。

(二) 第 180 条第 1 款的规范不足

即便不考虑第 180 条第 1 款第 1 句 "因不可抗力不能履行民事义务" 的规范表达未必能通盘照顾到具体义务类型及其责任构成的问题，该条的除外条款（第 2 句）也只是例行公事式地把可能存在的特殊情况交给特别法或特殊规定去处理。第 180 条第 1 款第 2 句是否可以消除《侵权责任法》第 29 条除外条款所引发的解释争议，还有待分析。此外，在法教义学日益风行的我国现今民事法学界，如何理解 "不能履行民事义务" 中的 "不能履行"，涉及该条的适用范围问题，"不承担民事责任" 的 "不承担"，涉及该条的适用效果问题，同样不得不辨。

1. 第 180 条第 1 款能否彻底逃脱《侵权责任法》第 29 条除外条款的解释困境？

《侵权责任法》第 29 条除外条款（第 2 句）所引发的解释争议，根源于特殊侵权情形之下不可抗力是否可以作为免责事由。正如前文所述，立法者不管采取列举特殊免责事由类型的规范模式，还是采取遵从《侵权责任法》第 29 条第 1 句这样一般性规则的沉默式、未作规定式的规范模式，都不能轻易地回答某一具体的无过错或严格责任或责任推定的侵权类型之下，不可抗力是否可以免责的追问。① 第 180 条第 1 款第 2 句既然只是延续了《侵权责任法》第 29 条除外条款的表达模式，那么后者所存在解释困境就仍然会存在。在规范逻辑上，除非立法者在《民法典》侵权责任编及特别法所规定的某一具体的特殊侵权类型中，非常明确地排除了不可抗力免责规范的适用，或者仅允许特定的不可抗力事由类型免责，那么第 180 条第 1 款第 1 句作为不可抗力免责规范的一般性规则就当然适用至该当具体侵权类型之上。② 并且这一逻辑上的必然适用，具有立法者明确表达的体系上的约束力: "民法总则规定民事活动必须遵循的基本原则和一般性规则，统领民法典各分编；各分编将在总则的基础上对各项民事制度作出具体规定"。③

第 180 条第 1 款第 1 句规定的除外条款，从裁判适用的角度看，并非只需指引到未直接援引 "不可抗力" 这一术语免除当事人责任的法律条文即可实现其规范目的，而是必须指向真正可以排除一般性不可抗力免责规范的体系化适用的特别规范，才可以真正达到 "除外" 的目的。从立法论的角度看，某一具体侵权责任类型是否可以排除一般性不可抗力免责规范的适用，还需依赖进一步的价值判断、利益权衡和同态比较等方能确定。立法者在释义书中以《民用航空法》第 160 条、《邮政法》第 48 条和《侵权责任法》第 70 条④为例加以说明，正如前文的分析，《民用航空法》第 160 条即便能够排除不可抗力的免责可能，也只是排除了部分不可抗力因素的免责可能，并不能够在原则上全然否认不可

---

① 前引学者们的争议也恰恰源于此种未明确表明态度的立法表达模式。
② 邹海林教授持同样的观点，参见邹海林：《民法总则》，法律出版社 2018 年版，第 462 页。
③ 李建国：《关于〈中华人民共和国民法总则（草案）〉的说明》。
④ 在立法机关的释义书中写为第 71 条，应该是引用错误。

抗力的免责性，《侵权责任法》第70条核事故责任中的"战争等情形"同样也很难说不构成不可抗力，① 立法者的解读也同样证明了这一点；② 而正如前文所述，《邮政法》第48条中的"保价"条款，在本质上是对于不可抗力免责的一种合同意义上的再调整，谈不上对于不可抗力免责的法定否认。不管怎样，如果立法目的支持尽量减少免责的可能性，这几个条文可以基于文义表达朝着限缩或否认不可抗力免责规范一般性适用的方向解释，比较麻烦的是其他一些条文，③ 在立法文义上没有可以展开限缩或否认解释的基础，这必然会延续原来的争论。④

因此，第180条第1款的除外条款并未能彻底逃脱《侵权责任法》第29条除外条款的解释困境。

2. "不能履行民事义务"仅仅指"不能履行"民事义务？

在《合同法》的框架之内，合同义务的非正常履行形态，除了狭义上的"不能履行"（第110条——《民法典》第580条第1款）之外，至少还包括不履行合同义务、履行合同义务不符合约定（第107条——《民法典》第577条）。不履行合同义务可能是"不能履行"，也可能纯粹的未履行；履行合同义务不符合约定，可能是迟延履行（第94条——《民法典》第563条），也可能是"质量不符合约定"（第111条——《民法典》第582条），还可能是加害履行（第122条——《民法典》第186条）。这些非正常履行合同义务的情形，未必都等同于狭义上的"不能履行"。这些不履行合同义务或者履行合同义务不符合约定的未作为或已作为，完全可能是由于不可抗力所致，因而应当免除违约责任（除非当事人特约排除）。同样，在缔约阶段发生的商业秘密泄露（第43条——《民法

---

① 张新宝教授在其《民法总则》释义书中，就少数学者基于《海洋环境保护法》第91条并列战争与不可抗力作为免责事由，进而认为战争不属于不可抗力的观点也表达了鲜明的批评意见。参见张新宝：《〈中华人民共和国民法总则〉释义》，中国人民大学出版社2017年版，第393页。

② 参见李适时主编：《中华人民共和国民法总则释义》，法律出版社2017年版，第561-562页。也可参见上文第二部分的分析。

③ 比如下文还将提及的第1198、1218、1229、1236、1237、1238条，等等。

④ 比如针对不可抗力在高度危险责任下的免责可能性问题，最高人民法院表达过如下观点："在高度危险责任这一无过错责任中，责任的归责基础不是过错，而是危险活动或危险物本身。不可抗力虽然能够排除行为人的过错，但在绝大多数情况下，行为人不能以不可抗力表明自己没有过错的方式而获得免责，而只有在法律有特殊规定的情况下，不可抗力才能作为无过错责任原则下的免责事由。"参见沈德咏主编：《〈中华人民共和国民法总则〉条文理解与适用》[下]，人民法院出版社2017年版，第1188页。按照这种观点，不可抗力高度危险责任中原则上被一概排除适用，只能例外适用。此种观点或许可以用来解释《侵权责任法》第70、71条规定的核事故责任、民用航空器侵权责任，但在同属于高度危险责任一章分别规定"易燃、易爆、剧毒、放射性等高度危险物"责任和"高空、高压、地下挖掘活动或者使用高速轨道运输工具"责任的第72、73条之中，偏偏又明确规定了不可抗力可以作为免责条件。在不可抗力能否免责的问题上，同属一章的前后相继的四个条文之间存在如此明显的对立关系，岂能支撑前述一般性的观点？此外，不可抗力并不只是能够否认过错的存在，还同样可以否认因果关系的存在，即便是采取无过错责任归责原则的高度危险责任领域，岂能连因果关系都被放弃？而最高人民法院的前引文献之中，在同一页还分明强调不可抗力可以否认"法律上的因果关系"。立法机关的释义书同样强调不可抗力对于因果关系的否定功能，参见李适时主编：《中华人民共和国民法总则释义》，法律出版社2017年版，第562页。既然存在这样明显的理论上冲突和对立关系，就很难想象在司法适用过程之中不会发生规范适用上的不确定和不一致。

典》第 501 条），也可能非缔约当事人过错行为而系不可抗力所致（比如商业秘密相关的文件资料洪水冲散他处以致被动公开），同样应当免除责任。因此，第 180 条第 1 款第 1 句中过于抽象化表达的"不能履行"——可能是延用《合同法》第 117 条"不能履行"的表达，在解释适用的环节，不能仅局限于狭义上的"不能履行"，而应当涵盖全部未履行约定（法定或约定）合同义务、未履行前合同义务的各种非正常履行义务的形态。

从侵权法的角度看，不可能存在"不能履行"法定的不作为义务（普通侵权），只可能是"不能履行"法定的作为义务（特殊侵权），而对于法定的作为义务，在"不能履行"形态之外，倒也不会存在合同关系结构下的其他非正常履行义务形态的可能性。因此，"不能履行"民事义务适用在侵权法领域的特殊侵权类型，倒是比较妥切。

除了需要考虑上述非正常履行民事义务的多元形态之外，《民法典》第 590 条"部分或者全部免除责任"的规定具有特别的适用价值。原因很简单，因不可抗力"不能履行"民事义务也可能是"不能全部履行"或"不能履行全部"民事义务，并非只有"全部不能履行"。第 180 条第 1 款第 1 句的"不承担民事责任"在解释时也应从"不承担"拓展到"部分承担"责任，① 并且这一拓展解释可以同时适用于合同、侵权两大责任法领域。

综合而言，虽然第 180 条第 1 款尽量整合了合同、侵权领域既有的不可抗力规范，拓宽了不可抗力免责规范的适用范围，但在规范效果上，除了仍然未能基于义务配置及其责任构成类型的差异而在侵权法的内部实现差异对待之外，对于非正常履行民事义务的形态多元化及其免责情况的多元化也都没有考虑周全。

（三）《民法典》分编该如何联动第 180 条第 1 款

位居《民法典》"总则"地位的第 180 条第 1 款，因为更加抽象地重新表达了不可抗力免责规范的适用范围、适用效果，必然会对《民法典》各分编及单行法、特别法中的不可抗力免责规范产生系统性影响，展现其体系效应。

1. 第 180 条第 1 款的体系整合效应

立法机关很明显地尊重了第 180 条第 1 款关于不可抗力免责的一体化规定：早在《民法典各分编（草案）》（征求意见稿）的侵权编之中就删除了现行《侵权责任法》第 29 条的规定，但继续在第 1015、1016 条之中保留了"不可抗力"，《民法典》也只是把这两个条文的顺序替换为第 1239、1240 条。② 这就意味着，一方面在民法典生效以后侵权责任领域是否免责的法律依据方面，法院原则上需要直接适用第 180 条第 1 款进行裁判，从另外

---

① 最高人民法院关于《民法总则》的释义书，考虑不可抗力事由发生时当事人过错因素时，多少涉及这一点。参见沈德咏主编：《〈中华人民共和国民法总则〉条文理解与适用》[下]，人民法院出版社 2017 年版，第 1189 页。在学者们的释义书之中，《合同法》第 117 条处理的"部分免除"问题，也被当做《民法总则》第 180 条第 1 款的"法律另有规定"来理解。参见龙卫球、刘保玉主编：《中华人民共和国民法总则释义与适用指导》，中国法制出版社 2017 年版，第 629 页。

② 分别对应于《侵权责任法》第 72、73 条。

一个角度看,《民法典》对于《侵权责任法》已有的不可抗力免责规范采取既删除又保留的编纂策略,又凭空增加了新的解释困难:因何在相关条文之中继续保留"不可抗力"?未写明不可抗力可以免责的责任条款,是一体化适用第180条第1款免责吗?进一步而言,只列明了特殊免责事由的条款,是排除了第180条第1款主文的适用,还是只在不可抗力免责事由之外明确增加了其他的免责事由?

而在《民法典》合同编之中,《合同法》包括第117条在内的所有涉及不可抗力的规范则统统被继续保留,"不可抗力"继续存在于第563、590、832、835条。如果说第563、620条处理的问题本来就与"免责"无关,第590条第1款第1句以及第832条分明就是第180条第1款不可抗力免责规范的直接适用范围,为何还要重复规定?

尽管《民法典》中对于"不可抗力"免责规范的继续保留,使得第180条第1款的"统领"作用大打折扣,甚至会引发解释适用上的新问题(或者说没有解决老问题),但是在仍然保留的明确规定"不可抗力"的条文之中,基本上完全承继《合同法》和《侵权责任法》相应条文的《民法典》合同编中的第563、590、832条和侵权责任编中的第1239、1240条,都属于上文所界定的对于约定义务的消解或法定责任的豁免。第835条处理的不可抗力情形下的运费问题,在本质上仍然属于合同法领域约定义务能否消解的问题。因此,不可抗力在合同领域主要是消解约定义务的基本判断仍然成立。

需要注意的是,立法机关在立法进程发布的《民法典合同编(草案)》(二次审议稿)、《民法典侵权责任编(草案)》(二次审议稿)及最后的《民法典(草案)》,基本上延续了《民法典各分编(草案)》(征求意见稿)不可抗力在"免责"方面的规范式样,似乎标志着不可抗力免责规范的立法表达已在学界、实务界、立法机关之间达成了一致。

2.《民法典》各分编本应该联动的方向:更加体系化、更加具体化

第180条第1款是不可抗力在民事责任法上的一般性规定,《民法典》各分编之中涉及不可抗力免责的规范,也应当最大程度地发挥第180条第1款的体系化适用威力。为了尽量能够逃脱《侵权责任法》第29条除外条款的解释困境,第180条第1款中的除外条款也必须能够指向明确排除不可抗力适用的具体条款,而不是现行法中的诸多模棱两可的条款。规范得更加体系化、更加具体化,应当是《民法典》各分编的联动方向。

具体一点讲,《民法典》各分编本来应当进行如下处理:

(1)在《民法典》之中,应当删除第1239、1240条不可抗力免责部分的内容,否则就会使得其他侵权责任类型之中不可抗力是否可以免责又成为争议话题(比如第1198、1218、1229、1236、1237、1238条等等)。如果立法者有意在特殊侵权责任类型之下排除不可抗力的免责可能,也即符合第180条第1款第2句"法律另有规定的",正确的立法表达模式是"……除受害人故意导致损害发生以外,应当承担损害赔偿责任……",或者"……仅能以受害人故意导致损害的发生作为抗辩理由……",或者如《民法典》第590

条第 2 款"当事人迟延履行后发生不可抗力的,不免除其违约责任"那样场景化,把立法者所认可的抗辩理由以具有排他意思的用语明确加以表达,而不是如第 1238 条(即《侵权责任法》第 71 条)"但是能够证明损害是因受害人故意造成的,不承担责任"这般表达。① 第 1238 条的表达,虽然很多学者们认为是排除了不可抗力的免责可能性(依据所谓的"反对解释"②),但如果考虑《民用航空法》第十二章"对地面第三人损害的赔偿责任",特别是该章第 157、160、164 条明确规定的在"受害人故意"之外所考虑的其他免责因素,再仅从法条文义上直接读出这样的答案就显然不正确了。考虑到在《民法典》颁布之后,"总则"规范(相比较于《民法总则》时代)将更加全面地发挥其在私法领域的"统领作用",如果再试图直接从第 1238 条之上解释出排除不可抗力的免责可能性,就需要额外增加更多的说理负担。与第 1238 条存在同样需要立法层面澄清疑问或解决争议的其他条文,也应同样处理。③

(2) 在《民法典》之中,应当删除第 832 条不可抗力免责部分的内容。《民法典》第 590 条第 1 款第 1 句规范了"部分或者全部免除责任"两类法律效果,而第 180 条第 1 款在文义上未包括部分免除责任的内容,为了减少裁判适用上的解释负担,第 590 条第 1 款第 1 句主文只好暂且保留,但应该删除除外条款"但是法律另有规定的除外"。第 590 条第 2 款是不可抗力免责的排除规范,应当继续保留。第 563 条第 1 款第 1 项规定的不可抗力作为法定解除事由、第 590 条第 1 款第 2 句规定的不可抗力延伸的通知义务、第 835 条规定的不可抗力引发的运费风险分担,在规范目的上均与"免责"没有直接关系,不属于第 180 条第 1 款的涵盖范围,应当继续保留。

但是,《民法典》并没有朝着理想的状态去发挥第 180 条第 1 款的体系威力,也没有趁机把《侵权责任法》第 29 条除外条款引发的争议一并消除,这就需要在《民法典》生效之后从解释论的层面去一一判断《民法典》分编当中具体侵权类型中不可抗力事由是否可以免责。更为麻烦的是,前引现行的很多单行法之中还存在涉及不可抗力免责的条文,或者民事责任追究的条文,而目前来看《民法典》也并没有尝试一次性地把这些条文整合

---

① 对于《民法总则》第 180 条第 1 款"法律另有规定"的这般"较真"态度,并非笔者独有,邹海林教授也明确指出这一点。参见邹海林:《民法总则》,法律出版社 2018 年版,第 462 页。学者们也曾经对《侵权责任法》第 29 条除外条文的表达如此"较真"过,参见陈本寒、艾围利:《侵权责任法不可抗力适用规则研究——兼评〈侵权责任法〉第 29 条》,载《现代法学》2011 年第 1 期;袁文全:《不可抗力作为侵权免责事由规定的理解与适用——兼释〈中华人民共和国侵权责任法〉第 29 条》,载《法商研究》2015 年第 1 期。

② 邹海林教授明确指出针对第 1014 条等类似条文得出排除不可抗力免责可能性的观点,学者们乃是采用了反对解释的方法。参见邹海林:《民法总则》,法律出版社 2018 年版,第 462 页。只不过邹海林教授在观点方面是批评这种反对解释的方法,主张"反对解释的方法,不能与上位法的规定冲突。"邹老师此处所称的"上位法",并非通常在立法机关层级或《立法法》的角度所评定的位阶,而应当是"总则——分则"或者"一般法——特别法"意义上的"体系高位"。

③ 需特别说明的是,笔者并不反对在具体责任类型当中,基于法律政策、价值判断、利益衡量等多方面因素,具体限制或排除不可抗力的免责可能性。此处所表达的观点,仅仅是从立法技术的角度主张应当非常明确地把这种限制或排除指出来。

纳入。虽然这些条文未来仍然散落于民法典之外，但由于立法者已经明确表示《民法典》总则编"规定民事活动必须遵循的基本原则和一般性规则"，因此第180条第1款的体系效力也必然会波及这些条文。对于这些条文的联动整理、修改和完善，亦应当遵循"更加体系化、更加具体化"的思路，不过修法的工程周期不容忽视，短时间内更多地需要裁判机关在个案中积极能动地加以解释适用。

第180条第1款作为《民法典》"总则"的一部分，不管是基于其文义还是所处的体系高位，给出的是一个非常积极开放的允许不可抗力免责的信号，否则就与其体系高位的应有价值不符。这一信号是否可以成为未来《民法典》生效后不可抗力免责规范在私法领域的明确指引，就看裁判机关的反应了。

七、代结论：抽象立法的高度与限度

不同的社会关系结构类型，其关系主体间的权利义务初始配置遵循着不同的进路，而权利义务的后续变动即责任构成，也同样受制于既定的关系结构。不可抗力作为重要的法定抗辩或免责事由，其在何种场景之下才具有抗辩或免责的功效，并非可以被轻易地认知。不可抗力主要在于消解既有的义务，阻却义务违反的责任，以及豁免特殊情形下法定的预设责任，不管该义务是基于当事人约定，还是法律预先设定。作为免责事由的不可抗力仅对于合同以及侵权法中实行责任/过错推定的严格责任和安全保障义务有意义，对于一般侵权而言则没有规定之必要。如果说合同法与侵权法之界分还有其必要性，① 在不可抗力的法律适用上可以找到有力的支持。②

《侵权责任法》第29条对于不可抗力免责的规则，延续了《民法通则》第107条的立法表达模式，是立法技术过于抽象化、简单化的表现。其规范定位不具体的一般条款式的规范模式增加了理解的难度，折射出对于侵权法内部进行界分的义务类型和责任构成标准缺乏真正的掌握。《民法典》第180条第1款在对合同和侵权法律关系结构的共性抽象基础之上，提取"民事义务"作为"公因式"以对不可抗力免责规范进行统一规范，具有整合不可抗力免责规范并扩张其适用范围的积极意义，但依旧未能掌握侵权法内部界分的标准。同时，第180条第1款与《民法通则》第107条、《侵权责任法》第29条一样，在立法层面和司法实践中都未能彻底解决除外条款的具体化问题。《民法典》本应在"更加体系化、更加具体化"的策略指引之下，最大程度上发挥第180条第1款的"统帅作用"，删除不必要的重复性规定，具体、准确地规定排除不可抗力免责规范适用的责任类型，消

---

① 合同法与侵权法在规范领域的交融，虽然在法律适用上会导致请求权的竞合，但是本文所描述的权利义务关系结构之中，并没有存在特别的样态，因此，笔者有意忽略了此问题对不可抗力规则实践适用的影响。
② 陈龙吟先生就试图从立法和司法两个角度对不可抗力在合同、侵权两个领域进行区分对待，参见陈龙吟：《〈侵权责任法〉不可抗力条款的适用》，西南政法大学2014年硕士学位论文，第5页。

除司法实践中不必要的适用争议和解释分歧。① 目前看来，只能继续期待裁判机关能够准确地理解和掌握第180条第1款的立法要旨，基于具体个案中义务配置的类型去判断不可抗力是否可以免责了。

延展开来，在法典化理念主导下的民事立法，以适度抽象化的立法技术追求体系化的规范效应本无可厚非，甚至值得推崇，但是抽象立法亦需遵循妥当的立法方法，并非没用任何的限度，而决定民事立法抽象程度的根本性约束条件是拟规范社会事实的事物本质。如果立法机关在立法层面轻视事实的结构性差异，制定了过于抽象且对象错位的一般性规范，只能寄托于司法机关在司法层面依赖复杂的法律解释方法去做适应性调和了。不过，立法阶段如果能够采取妥当的立法方法，本来是可以在相当程度上减轻司法阶段的法律解释重担的。

（编辑：杨知文）

---

① 实际上还存在另外一种解决思路，就是干脆删除第180条第1款这类过于一般化、居于体系高位的免责规范，重新让不可抗力免责问题回归到具体的情景之下（合同、一般侵权、特殊侵权），展现在具体的责任条款之中，从而避免除外条款所引发的争议。

自杀参与行为可罚性之探析

刘炳君*

摘　要　关于自杀参与行为的认定，刑法理论和司法实务界存在多种观点。目前司法实践对于自杀参与行为的认定存在三种路径。立足于单一制，认定自杀参与行为的观点与我国刑法规范体系相悖。在区分制体系下，应当认定自杀行为符合故意杀人罪的该当性和违法性，而自杀者在实施自杀行为时不具有期待可能性，处罚自杀行为不符合特殊预防和一般预防的目的，应当阻却自杀者的责任。根据共犯从属性原理，自杀参与行为构成故意杀人罪的共犯。

关键词　区分制　自杀参与行为　故意杀人罪　生命权

一、问题的提出

自杀参与行为指的是教唆或者帮助他人自杀的行为。我国《刑法》关于杀人罪的立法比较简单，仅在第232条规定："故意杀人的，处死刑、无期徒刑或者十年以上有期徒刑；情节较轻的，处三年以上十年以下有期徒刑"，而对教唆、帮助自杀的行为没有特别的规定。传统的理论观点对于故意杀人罪的理解主要包括两个层面：第一，故意杀人罪的杀人行为仅仅包括正犯行为；第二，故意杀人罪中的行为对象是他人的生命。根据传统观点对于《刑法》第232条故意杀人罪两个基本前提的界定，自杀参与行为不应当认定为故意杀人罪。然而，目前刑法理论与司法实务界通过不断扩张概念外延的方式，试图将自杀参与行为包含在故意杀人罪的规范之中。这种做法使得故意杀人罪的两个基本前提受到了挑战。

案例：被告人彭玉伟与杨某一起居住在位于揭西县河婆街道的出租屋内。2016年5月

---

* 刘炳君，女，山东临沂人，华东政法大学刑事法学院2019级刑法学专业硕士研究生，研究方向为刑法因果关系、共同犯罪。

7日上午，杨某在出租屋对被告人彭玉伟称有人陷害她，请求彭玉伟外出为其购买农药用于自杀。被告人彭玉伟顺从杨某的请求，步行购买农药之后返回住处，将农药交给杨某。杨某服用农药后身亡，被告人彭玉伟在目睹杨某服药身亡后离开。辩护人认为："被告人彭玉伟是受死者的委托帮忙购买农药，属帮助犯，依法应当认定从犯。"法院认为："被告人彭玉伟明知死者杨某有自杀意图，仍接受杨某的请求购买农药，并在杨某服药过程中不予救助，属帮助自杀的行为，但本案不属共同犯罪不能认定为帮助犯、从犯，故对上述意见，本院不予采纳。"①

在本案中，法院认为被告人彭玉伟与杨某之间不存在共同犯罪，因此，彭玉伟不能成立帮助犯。由此可见，法院是直接根据《刑法》第232条的规定，认定被告人彭玉伟构成故意杀人罪的正犯。然而，在本案中，被告人彭玉伟并没有直接实施故意杀人的行为，只是实施了帮助行为，行为的直接实施者为杨某。法院的判决将《刑法》分则所规定的故意杀人罪的行为扩张为包括帮助行为。如此，我们可以推断司法实务界对于自杀参与行为的认定主要是通过扩张故意杀人罪的行为方式，将自杀参与行为纳入故意杀人罪的评价范围。具体而言，包含三种可能的路径：其一，立足于单一制的立场，将自杀参与行为直接认定为故意杀人罪的"正犯"；其二，立足于区分制的立场，将自杀参与行为作为共犯从属性的例外；其三，将自杀参与行为认定为一种先行行为，如果参与者不履行救助义务，则构成故意杀人罪的不作为犯。

与司法实践不同，目前我国的刑法理论界对于自杀参与行为的认定主要存在两种观点：第一种观点认为，自杀参与行为不可罚。不可罚说主要包括"不符合构成要件说"②"违法阻却说"③"违法性较低说"④"法外空间说"⑤等。第二种观点认为，自杀参与行为可罚。可罚说目前是我国的通说。对于可罚说本身，也存在不同的观点。一是认为教唆、帮助自杀的行为直接构成故意杀人罪的正犯。例如：高铭暄、马克昌教授认为教唆、帮助自杀的行为不构成故意杀人罪的教唆犯和帮助犯，但是由于行为人的行为对于被害人的死亡结果提供了原因力，所以应该直接认定为故意杀人罪。⑥这种观点同司法实践对于自杀参与行为的认定路径相同。二是认为，故意杀人罪的行为对象不仅包括他人的生命

---

① 参见彭玉伟故意杀人案，广东省揭西县人民法院（2017）粤5222刑初1号刑事判决书。
② 例如：陈兴良教授认为，自杀行为不符合故意杀人罪的构成要件，不构成犯罪，由于主行为都不构成犯罪，所以，根据罪刑法定原则以及共犯从属性原理，教唆、帮助自杀的行为也不构成犯罪。参见陈兴良：《教唆或者帮助他人自杀行为之定性研究——邵建国案分析》，载《浙江社会科学》2004年第6期。
③ 例如，冯军教授从被害人答责的角度，排除自杀行为的违法性，认为自杀者的行为不构成犯罪，那么，根据共犯从属性原理，自杀参与行为也不构成犯罪。参见冯军：《刑法的规范化诠释》，载《法商研究》2005年第6期。
④ 参见黎宏：《刑法学》，法律出版社2012年版，第635页。
⑤ 参见周光权：《教唆、帮助自杀行为的定性"法外空间说"的展开》，载《中外法学》2014年第5期。
⑥ 参见高铭暄、马克昌主编：《刑法学》（第5版），北京大学出版社、高等教育出版社2011年版，第462-463页。

权，而且包括行为人自己的生命权。① 可罚说的第二种路径坚持了故意杀人罪的行为方式应当限定为实行行为，但是将行为对象扩张为包括自己的生命权。

对于自杀参与行为的认定，刑法理论与司法实务界众说纷纭，带来一系列的难题。然而，上述理论进路均有其缺陷。有基于此，笔者试图在立足于共同犯罪区分制的立场上，对于故意杀人罪中的"人"作出新的解释，以期能够为自杀参与行为的可罚性认定提供一条可行之路。

二、司法实践对自杀参与行为认定路径之否定

目前，理论界有观点认为，自杀参与行为不构成故意杀人罪的教唆犯或者帮助犯，而是应当直接按照故意杀人罪进行认定。司法实务界也多采纳这种观点。这种观点通过扩张故意杀人罪行为方式，将教唆、帮助他人自杀的行为纳入故意杀人罪的规范范围之内。具体而言，主要包含三种路径。如下所述，这三种路径据均存在不同程度的缺陷。

（一）单一正犯体系与我国刑法规范相悖

单一制，又称为单一正犯体系、统一的正犯概念或者单一的正犯概念。立足于共同犯罪中的单一制原理，认定自杀参与行为构成故意杀人罪的正犯是司法实践判断路径之一。按照单一制的共同犯罪体系，对自杀参与行为进行的认定，往往以教唆、帮助他人自杀的行为与被害人的死亡结果之间具有因果关系为由，直接将教唆、帮助他人自杀的行为认定为故意杀人罪。这就意味着在单一正犯体系的理论进路中，无论是教唆还是帮助他人自杀的行为均不构成故意杀人罪的教唆犯或者帮助犯，而是直接构成故意杀人罪的正犯。

单一正犯体系的运用在形式上似乎为教唆、帮助他人自杀的行为提供了理论基础。我国刑法学界，也不乏单一正犯体系的支持者。例如，有学者指出："区分制带来的定罪和处罚难题，按照我国刑法的规定和单一正犯的解释论，即可迎刃而解，自然不需要运用共同正犯的理论来解释我国的共同犯罪规定，并且，对司法实践中的共同正犯案件，按我国刑法的规定比按德、日刑法的规定来处理，有更为明显的优越性。"② "从我国《刑法》第25条的规定和处理共同犯罪的刑事司法实践来看，形式的单一正犯体系更符合我国国情。"③ 然而，立足于单一正犯体系，认定自杀参与行为构成故意杀人罪正犯的理论进路存在以下几个方面的问题。

首先，根据体系解释的原则，我国《刑法》关于共同犯罪的规定，并未采取单一正犯体系。立足于单一正犯体系认定自杀参与者的行为必须以认定我国《刑法》的共同犯罪理

---

① 参见黎宏：《刑法学各论》（第2版），法律出版社2016年版，第214页。
② 刘明祥：《单一正犯视角下的共同正犯问题》，载《中外法学》2019年第1期，第111页。
③ 黄明儒：《二元的形式单一正犯体系之提倡——犯罪参与体系问题二元论研究的新思考》，载《法学》2019年第7期，第95页。

论属于单一正犯体系为前提。否则，将自杀参与行为直接认定为故意杀人罪的正犯便会与刑法规范体系相冲突。有学者认为，我国《刑法》关于共同犯罪的规定适用的是关于单一正犯体系的规定。例如："同区分正犯与共犯的区分制相比，我国采取的单一正犯体系具有操作更为简便的明显优势。"① 又如，"事实上，我国刑法并不是采取德、日那样的区分正犯与共犯的立法体系，而是采取不做这种区分的单一正犯体系。"② "从我国《刑法》的现实规定出发，宜认为我国的犯罪参与体系归属于单一制。"③ 然而，对于刑法规范的解释必须遵循一定的规则，体系解释便为其中一种。"意义脉络的标准首先要求考虑上下文脉络的关系，这是理解任何意义相关的谈话或文字所不可或缺的。"④ 根据我国《刑法》第25条－第29条的规定，共同犯罪分为主犯、从犯、胁从犯以及教唆犯。由此可见，我国《刑法》关于共同犯罪的规定采纳的是作用为主、分工为辅的立法体系。因此，只有在采纳正犯与共犯相区分的区分制之下，我国《刑法》第29条关于教唆犯的规定才具有容身之地，否则，教唆犯的规定便没有存在的必要。

其次，根据历史解释的方法，我国《刑法》有关共同犯罪的规定属于二元共犯体系。"假使依一般或法律特殊语言用法获得的字义、依法律的意义脉络，或依法律基本的概念体系所得的解释结果，仍然包含不同的解释可能性（也经常如此），就会发生下述问题：何种解释最能配合立法者的规定意向或其规范想法。由此，便进入解释的'历史性'因素，在探求法律的规范性标准意义时亦须留意及此。"⑤ 正如曾经参与刑事立法的高铭暄教授所言："我国共同犯罪的立法采取了作用为主、分工为辅的立法体系，分工分类的目的是解决定罪问题，而作用分类的目的是解决量刑问题。"⑥ 所以，按照单一正犯体系来认定自杀参与行为构成故意杀人罪的正犯，没有法律依据。

最后，根据客观目的论的解释方法，区分制的共同犯罪体系更加符合刑法规范本身的含义。根据客观目的论的解释方法，法规范一旦制定出来，便形成了独立于立法者的事物领域结构和既存状态。"质言之，连立法者也不能改变之实际的既存状态，假使他要合理的立法的话，在作任何规整时，他都必须考虑及此。"⑦ 而根据客观目的论的解释方法，关于法规范的理解又不能超出"规范范围"。我国《刑法》第382条第3款规定："与前两款所列人员勾结，伙同贪污的，以共犯论处。"说明我国《刑法》关于共同犯罪的规定采取的是区分制的立法模式。此外，我国《刑法》并未将吸毒作为犯罪处理，根据共犯从

---

① 江溯：《单一正犯体系的类型化考察》，载《内蒙古大学学报（哲学社会科学版）》2012年第1期，第53页。
② 刘明祥：《论中国特色的犯罪参与体系》，载《中国法学》2013年第6期。
③ 黄明儒、王振华：《我国犯罪参与体系归属单一制的立法依据论》，载《法学杂志》2017年第12期，第80页。
④ ［德］卡尔·拉伦茨：《法学方法论》，陈爱娥译，商务印书馆2005年版，第207页。
⑤ 同上注。
⑥ 参见高铭暄：《中华人民共和国刑法的孕育诞生和发展完善》，北京大学出版社2012年版，第209页。
⑦ ［德］卡尔·拉伦茨：《法学方法论》，陈爱娥译，商务印书馆2020年版，第211页。

属性原理，教唆、帮助他人吸毒等行为也不构成犯罪。但是《刑法》第353条、第354条将引诱、教唆、欺骗他人吸毒、容留他人吸毒的行为作为犯罪认定，属于共犯从属性的例外。因此，特殊规定的存在进一步说明我国采取的区分制的共同犯罪体系。所以，根据客观目的论的解释方法，单一制的共同犯罪论体系超出了刑法规范的"规范范围"，区分制的共同犯罪体系更加符合我国刑法规范本身所包含的目的。

综上所述，单一正犯体系同我国现行的刑法规范体系相悖。如果立足于单一制的立场，认定自杀参与行为构成故意杀人罪的正犯，则会导致评价冲突。因而，不能因为实践中急需定罪，就采纳单一正犯体系简单将自杀参与行为认定为故意杀人罪的正犯。

（二）自杀参与行为不属于共犯从属性的例外

一种观点认为，自杀参与行为属于共犯从属性的例外。即认为《刑法》第232条的故意杀人罪是包括自杀参与行为等共犯行为的特殊规定。例如，有学者认为，帮助他人自杀的行为符合《刑法》232条故意杀人罪的构成要件，属于故意杀人罪中"情节较轻"的行为。[①] 再如，有学者认为，我国《刑法》将教唆、帮助自杀行为包含在故意杀人行为之中。2001年5月10日最高人民法院、最高人民检察院《关于办理组织和利用邪教组织犯罪案件具体应用法律若干问题的解释（二）》（以下简称《邪教组织犯罪解释（二）》）第9条规定："组织、策划、煽动、教唆、帮助邪教组织人员自杀、自残的，依照《刑法》第232条、第234条的规定，以故意杀人罪、故意伤害罪定罪处罚。"可见，教唆自杀、帮助自杀属于故意杀人行为。[②]

然而，这种观点存在明显的缺陷。首先，如果没有刑法的特殊规定，我国《刑法》分则关于各个罪名的规定均为实行行为。也即，根据罪刑法定原则的要求，特殊规定必须由刑法加以明确。例如，《刑法》第353条规定了引诱、教唆、欺骗他人吸毒罪。然而，我国《刑法》并没有明确将自杀参与行为作为故意杀人罪的特殊规定。所以，将故意杀人罪的行为扩张为包含教唆、帮助行为的观点不符合罪刑法定原则的要求。因此，不能将《刑法》第232条故意杀人罪理解为特殊规定。另外，两高关于《邪教组织犯罪解释（二）》的规定，属于形式上的教唆、帮助自杀行为，而实质上是行为人凭借某种权势或利用某种特殊关系，对他人形成了心理强制，此时行为人的行为已经具有故意杀人罪间接正犯的性质，当然应当认定为故意杀人罪。[③] 因此，在自杀参与行为不构成间接正犯的场合，便不能将自杀参与行为直接认定为故意杀人罪。

[①] 参见翟文科主编：《刑法学》，中国财政经济出版社2001年版，第407页。
[②] 刘艳红：《刑法学各论》（第二版），北京大学出版社2006年版，第21-22页。
[③] 参见张明楷：《刑法学》（第五版下），法律出版社2016年版，第850页。

（三）自杀参与行为不能被评价为先行行为

部分学者认为，自杀参与行为是一种先行行为，使得自杀参与者形成了救助自杀者生命的义务，如果自杀参与者不履行这种义务，就构成不作为的故意杀人罪。① 在目前的司法实践中，也存在将自杀参与行为认定为先行行为的处理意见。例如，在"王某2故意杀人案"② 中，法院认为，被告人王某2由于其先行实施的导致被害人产生死亡风险的行为，进而产生其放弃自杀时负有救助被害人的义务。被告人王某2具有履行义务的可能性而未有效履行。因而，判处被告人王某2犯故意杀人罪，判处有期徒刑四年。由此可见，本案中法院将被告人王某2实施的行为认定为先行行为，由于王某2没有履行救助义务，因而构成不作为的故意杀人罪。然而，这种观点也存在一定的问题。

首先，自杀参与行为不符合不作为故意杀人罪的构成要件。不作为犯罪可以分为真正不作为犯和不真正不作为犯。故意杀人罪属于不真正不作为犯。而不真正不作为犯的成立必须与作为犯具有等价性。是否等价，应从客观危害程度和主观恶性程度来判断，具体参考因素有：作为义务的性质，行为人支配危险发展的程度高低。③ 也即，只有行为人实施的行为对法益的侵害具有具体的、紧迫的危险④以及对危险具有排他性支配⑤时，才能认定行为人的行为构成不作为犯罪中的先行行为。然而，在自杀参与行为中，行为人只是实施了教唆或者帮助的行为，危害结果的实现最终还要取决于自杀者是否实施了自杀行为。因此，自杀参与者的行为对于危害结果的发生只是起了一个间接的作用，而自杀者的行为对于危害结果的发生起到了支配作用。所以，自杀参与者的行为并没有制造具体的、紧迫的危险，也没有对危害结果的发生起到排他性支配的作用。其次，根据期待可能性原理，也不能将自杀参与行为认定为不作为的故意杀人罪。因为，在行为人实施了一个犯罪行为之后，不能期待行为人再对被害人实施救助的义务，否则，会导致所有的犯罪人在实施了一个犯罪行为之后，均产生对被害人的救助义务。由此，可以推断，所有的犯罪行为在不能被认定为作为犯的时候，均可以被认定为不作为的犯罪，这会导致重复评价的结果。

综上所述，不能将自杀参与行为认定为故意杀人罪的先行行为。如果行为人不履行救助义务，也不构成不作为的故意杀人罪。

三、自杀参与行为构成共犯之实质进路

司法实践通过将扩张故意杀人罪的行为方式的路径，将教唆、帮助自杀的行为认定为

---

① 参见刘宪权：《刑法学名师讲演录》（分论），上海人民出版社2014年版，第561页。
② 参见上海市浦东新区人民法院（2018）沪0115刑初3092号刑事判决书。
③ 柏浪涛：《刑法攻略》，中国法制出版社2018年版，第38页。
④ 参见张明楷：《不作为犯中的先前行为》，载《法学研究》2011年第6期，第136页。
⑤ 参见黎宏：《排他支配设定：不真正不作为犯论的困境与出路》，载《中外法学》2014年第6期，第1573页。

故意杀人罪的正犯。然而，司法实践中的三种路径均存在不同程度的缺陷。立足于单一制的立场，将自杀参与行为认定为故意杀人罪正犯的观点不符合我国有关共同犯罪的刑法规范；将自杀参与行为认定为共犯从属性的例外的观点缺乏明确性，违反了罪刑法定原则；将自杀参与行为认定为先行行为的观点不符合不作为犯罪的构成要件，而且与期待可能性原理相违背。因而，司法实践的三条路径不能为自杀参与行为的认定提供合理的依据。

目前，我国刑法理论界的有力观点认为，故意杀人罪的行为应当限定为实行行为，但是故意杀人罪的行为对象不仅包含他人的生命，也应当包含自己的生命。这种观点存在一定的合理性，但是也存在论证不足的缺陷。立足于区分制，认定自杀参与行为构成故意杀人罪的共犯需要更为实质的理由。

第一，在该当性层面，教唆、帮助他人自杀的行为人符合故意杀人罪的构成要件。构成要件的该当性指的是行为人实施的行为要符合刑法分则所规定的构成要件，这是成立犯罪的首要条件。要判断自杀参与行为是否构成犯罪，首先要判断的是自杀者的自杀行为是否构成犯罪。我国《刑法》第232条规定："故意杀人的，处死刑、无期徒刑或者十年以上有期徒刑；情节较轻的，处三年以上十年以下有期徒刑。"其中，对于故意杀人罪中的行为对象，即："人"的理解理论上存在争议。通说认为故意杀人罪的保护法益为他人的生命法益。此外，有学者从比较法的角度认为，很多地区和国家对自杀参与行为作出了不同于普通杀人罪的独立规定，① 因此，我国《刑法》应当和其他国家的刑法相同，都不承认自杀行为符合故意杀人罪的构成要件。例如，"但是，这里存在一个悖论，既然自杀该当故意杀人的构成要件，且有违法性，根据共犯从属性说，帮助自杀当然属于故意杀人罪，为何又同时符合同意杀人罪的构成要件？"② 然而，这种说法本身是值得商榷的。这是因为，对一个条文的理解应当结合本国的实际进行，否则便会导致"水土不服"现象。我国《刑法》并没有关于自杀参与行为的特殊规定，所以，不能够因为其他国家刑法规范中的普通杀人罪不包含自杀行为，就必然推出我国的自杀行为不符合故意杀人罪的构成要件。换言之，二者之间不存在充分条件，亦不存在必要条件。为了规制自杀参与行为，有学者根据体系解释的方法，认为《刑法》第234条明确规定了故意伤害罪是"故意伤害他人身体的"，而故意杀人罪的规定中没有明确规定"故意杀害他人"，所以，故意杀人罪的行为对象不应该仅限于他人的生命法益，而应当包括行为人自己的生命。③ 但是，根据体系解释的规则，可以在刑法规范的相关条文中推断出相反的结论。例如：《刑法》第233条规定的过失致人死亡罪中也没有规定"过失致他人死亡"，但是，很难想象行为人过失致自己死亡的行为构成过失致人死亡罪。因此，根据体系解释的原则，并不能当然地

---

① 例如，日本《刑法》第202条规定："教唆或帮助他人自杀，……，处6个月以上7年以下惩役或者监禁；我国台湾地区《刑法》第275条规定："教唆或帮助他人使之自杀，……，处1年以上7年以下有期徒刑。"
② 马卫军：《被害人自我答责理论视野下的自杀参与》，载《刑事法评论》2015年第1期，第382页。
③ 参见黎宏：《刑法学各论》，法律出版社2016年版，第212页。

推出自杀行为也符合故意杀人罪的构成要件，还需要依据其他的法律解释方法，才能为自杀行为构成故意杀人罪的该当性和违法性提供合理的依据。

首先，根据文义解释，《刑法》第 232 条故意杀人罪的规定中的"人"既包括他人，也包括本人。刑法解释的任务在于将应予适用的规范内容尽可能地予以精确化和明晰化。而文义解释是所有解释方法的开端。文字的解释都始于文义。① 根据文义解释的基本原则，虽然语言都富有弹性，包含细微的差别，但是，规范术语经常也以一般语言为基础，因为法律是针对所有人的规定，与所有人相关，因此，起码的一般理解性是必不可少的。② 关于"人"字是解释，一般认为是能够制造工具并使用工具进行劳动的高等动物。从"人"的字面含义来看，既包括他人，又包括自己。因此，根据文义解释的规则，故意杀人行为既包括杀害他人，也包括杀害自己。

其次，根据目的解释的方法，故意杀人罪的法律规范的目的范围应当划定为保护生命权的至高无上性。③ 有观点认为，从语义上看，杀人的"人"是可以既包括他人又包括自己的。因此，杀人既包括他杀又包括自杀。但是，有观点认为，根据目的性解释的规则，应当将故意杀人罪中的"人"限缩为他人。④ 然而，故意杀人罪的规范保护目的在于保护生命权的至高无上性。生命权与其他权利的主要区别在于生命权具有最高的价值且具有不可恢复性，所以，《刑法》应当对生命权加以特殊的保护。因此，《刑法》将故意杀人罪置于第四章侵犯公民人身权利、民主权利罪，并且规定了由重到轻的法定刑。这与其他罪名的法定刑规定有所不同，也体现了生命权的至高无上性以及《刑法》对于生命权的特殊保护。规范目的同法律条文的规定之间存在相互涵射的关系。对于规范目的的探寻，不能抛弃语词所对应的"事物结构"，否则会显得空洞无力。将故意杀人罪的行为对象解释为包含"他人"和"本人"没有突破故意杀人罪的文义射程范围，也符合规范目的，因而具有合理性。既然，自杀行为符合刑法分则中故意杀人罪的构成要件，那么，根据共犯从属性原理⑤，教唆、帮助他人自杀的行为也符合修正的故意杀人罪的构成要件。

第二，在违法性层面，教唆、帮助他人自杀的行为具有违法性。通过上述分析可知，故意杀人罪的行为对象不仅包括他人的生命权，而且包括本人的生命权。在该当性层面，自杀行为以及自杀参与行为都符合故意杀人罪的构成要件。同样，根据共犯从属性原理，论证教唆、帮助他人自杀的行为具有违法性，首先需要论证自杀行为具有违法性。然而，

---

① ［德］卡尔·拉伦茨：《法学方法论》，陈爱娥译，商务印书馆 2005 年版，第 200 页。
② 同上注，第 200 - 201 页。
③ 参见张慧敏、罗翔：《论帮助自杀行为的刑事责任——以刘祖枝案为切入》，载《中国案例法评论》2018 年第 1 期，第 80 页。
④ 同前注②。
⑤ 在共犯从属性原理中，德国学者麦耶根据从属性的程度不同，将共犯从属性分为：最小从属性、限制从属性、极端从属性和夸张从属性四种。特此说明，本文采取的是限制从属性原理，即："违法是连带的、责任是个别的"。

对于自杀行为是否具有违法性，部分学者持反对态度，主要理由如下：一种观点认为，自杀行为虽然符合了构成要件的该当性，但是基于被害人自我答责原理，自杀行为不具有违法性，所以，自杀行为不构成犯罪，相应的，自杀参与行为也不构成犯罪。① 然而，自杀参与行为中被害人同意自杀并非纯粹的被害人自我答责的领域。因为，被害人在自杀时已经介入了他人的教唆或者帮助行为，而非完全是由自己的行为导致了自身的死亡。因此，自杀者的死亡结果并非一个纯粹的自我领域，不能适用被害人自我答责的原理。第二种观点认为，自杀行为属于"法外空间"，不能被评价为具有违法性，相应的，教唆、帮助他人自杀的行为也不具有违法性，不构成故意杀人罪。② 然而，"法外空间"说本身也存在问题。首先，"法外空间"说的说法本身就存在矛盾。一个行为的实施要么符合刑法规范，要么违反刑法规范，也即要么是合法的，要么是违法的，不存在既不合法也不违法的第三种形态。正如有学者提道："正是基于这种认识，德国刑法学者绍尔（Sauer）与韦伯（v. Weber）均在20世纪初指出，'违法'与'不违法（合法）'之间根本就是一种形式逻辑的矛盾对立关系，二者间非此即彼，不存在居中的第三种可能。所谓既不违法又不合法的法外空间并不存在。"③ 其次，即使自杀者的自杀行为属于"法外空间"，教唆、帮助他人自杀的行为也不属于"法外空间"。即使认为自杀行为属于个人自由，那么由于生命权具有高度的人身专属性，刑法对于自杀行为处于消极放任的态度，他人也应当对别人的生命权予以尊重，而非积极教唆或者帮助自杀。如果认为自杀行为属于私人领域，刑法无权干涉，那么，自杀参与行为属于侵犯了他人领域，刑法便不能对此视而不见。第三种观点认为，自杀行为是具有违法性的，但是，由于自杀行为的违法性较低，所以，不具有可处罚性。④ 这种观点主要存在两个方面的问题：其一，此种观点违反了共犯从属性原理。该观点认为自杀行为因为违法性程度较低，所以不应当受到处罚。实际上，可以理解为自杀行为不具有可罚的违法性。⑤ 然而，根据共犯从属性原理，既然自杀行为不具有可罚的违法性，那么自杀参与行为也不应当具有可罚的违法性。但是，该观点却主张自杀参与行为具有可罚的违法性，这显然与共犯从属性原理相悖。其二，此种观点自身存在逻辑矛盾，该观点一方面主张自杀行为具有违法性，一方面又认为自杀行为不具有可罚的违法性，本身就是相互矛盾的。通过分析，上述反对自杀行为具有违法性的观点均不成立。

实际上，认定自杀行为具有违法性，从而根据共犯从属性原理进一步认定自杀参与行

---

① 相关观点可参见冯军：《刑法的规范化诠释》，载《法商研究》2005年第6期；马卫军：《被害人自我答责理论视野下的自杀参与》，载《刑事法评论》2015年第1期。
② 参见周光权：《教唆、帮助自杀行为的定性"法外空间说"的展开》，载《中外法学》2014年第5期。
③ Vgl. Sauer, Grundlagen des Strafrechts, 1921, S. 236；v. Weber, Das Notstandsproblem und seine Lösungen in den deutschen Strafgesetzentwürfen von 1919 und 1925, 1925, S. 3. 转引自王钢：《法外空间及其范围侧重刑法的考察》，载《中外法学》2015年第6期，第1549页。
④ 参见黎宏：《刑法学》，法律出版社2012年版，第635页。
⑤ 参见[日]西田典之：《日本刑法各论》，刘明祥、王昭武译，武汉大学出版社2005年版，第11页。

为具有违法性是较为合理的选择。

首先，根据法益衡量的原则，生命权具有价值优越性，在生命权这种极端个人法益面前公民的自我决定权需要让步。"自我决定权主要是指个人对自己的利益按自己意愿进行自由支配的权利。"① 自我决定权的思想根基是哲学上的自由主义。自我决定权的实施能够使得公民的自由意志得到最大程度的实现，是公民的基本人权。当公民自我决定能够充分实现自由意思的场合，刑法应当保持宽容的态度。然而，自我决定权的实施并不是毫无限制的，其对立面是刑法家长主义。现代刑法中的家长主义已经摆脱了传统刑法中家长主义的内涵，并非传统极端的家长主义，现代的刑法家长主义要在强硬与溺爱之间保持平衡。② 因此，自我决定权和刑法家长主义之间并非完全对立关系，而是一种互动关系。如果涉及生命权、身体权等极端个人权益，刑法为了发挥一般预防的作用，可以基于家长主义的立场，合理限缩公民自我决定权的限度。"宽容并不意味着完全放任，在涉及生命、身体等极端重要的个人法益或牵扯进公共利益的场合，刑法家长主义仍需发挥一定的制约功能。"③ 生命权具有权利和权利主体的统一性的特征。生命作为一切权利的基石，所有的权利的实现和维护都需要依托生命权的存在。一切人格尊严以及其他个人权利的实现都需要生命权这个载体。离开了生命，其他的权利相当于"无源之水、无本之木"，失去了其存在的意义。离开了生命权谈个人权利和自由是空洞的和没有价值的。"无疑应该可以说：相较于其他法益，人的生命或人性尊严具有较高的位阶。"④ 因而，根据法益衡量的原则，隶属于自由的"自我决定权"在生命权面前也必须让步。此外，如果认为自杀行为合法，那么就会产生一个问题。例如，A 见 B 想要自杀，A 打算制止 B 自杀，B 明确表示不需要 A 的救助，一心求死。A 还是实施了救助行为，并且在救助 B 的过程中导致 B 受伤或者死亡，如果承认 B 自杀具有合法性，那么 A 的行为便不能阻却不法，而是构成故意伤害罪或者过失致人死亡罪。这种结论显然是不合理的。不仅如此，如果此时 C 见 A 阻止 B 自杀，还可以对 A 进行正当防卫，这种结论无论如何也是不能为人所接受的。也许有观点会从被害人自我答责的角度，认为此种情况下可以推定 B 同意 A 的救助行为，从而阻却 A 的行为的不法。但是，被害人自我答责理论只有在 B 明确表示 A 同意，或者 B 虽然没有明确表示同意，可以根据社会一般人的标准，推定在此种情况下 B 会表示同意。而在 B 已经明确表示不需要 A 的救助的情况下，不能根据被害人答责原理，排除 A 的行为的不法。

在有责性层面，自杀者不具有期待可能性，此时处罚自杀行为不符合特殊预防和一般预防的目的，所以排除自杀者的有责性，而自杀参与者构成故意杀人罪的共同犯罪。如上

---

① 车浩：《自我决定权与刑法家长主义》，载《中国法学》2012 年第 1 期，第 89 页。
② 车浩：《自我决定权与刑法家长主义》，载《中国法学》2012 年第 1 期，第 89 页。
③ 车浩：《自我决定权与刑法家长主义》，载《中国法学》2012 年第 1 期，第 105 页。
④ 参见 [德] 卡尔·拉伦茨：《法学方法论》，陈爱娥译，商务印书馆 2005 年版，第 285 页。

所述，自杀行为具有违法性，根据共犯从属性原理，自杀参与行为也应当具有违法性，继而需要分析二者是否具有有责性的问题。通过上述分析可知，生命权与其他权利最大的区别在于权利和权利主体的一致性，因此一旦权利主体灭失，权利便不复存在。基于这种特殊的人身依附性，自杀者既属于行为人又属于被害人。由此，如果行为人自杀既遂，对于自杀既遂者的自杀行为不存在处罚的可能性；如果行为人自杀未遂，此时处罚自杀未遂者，便会导致行为人要么接受刑罚惩罚，要么死亡的两难境地；如果行为人自杀中止，则行为人已经表明回归刑法规范的决心，生命权的规范保护效力也得以恢复。因此，对自杀者进行处罚不符合特殊预防的目的。而且，由于"中国人的自杀不是厌倦生活，更不是行使自由，'而是因为不可遏制的愤怒，或者他知道他的死会陷对手于不义'。在西方，人们面对他人自杀会问'为什么'；在中国，人们更关注'谁逼他自杀'，'谁应该对此负责'。概言之，中国人的自杀一般不是一种主体性行为。"① 因而，在行为人实施自杀行为时，往往已经面临身体或精神上的极大痛苦，是一种不得已而为之的选择。此时，行为人自杀通常是一种无奈的选择，没有违背法忠诚的义务。此时，如果处罚行为人不可能起到威慑作用，也无法起到积极的一般预防的作用。所以，自杀者在实施自杀行为时不具有期待可能性，处罚自杀者已经无法实现特殊预防和一般预防的目的，此时应当排除自杀者的有责性。但是，由于"违法是连带的，责任是个别的"，教唆、帮助他人自杀的人不存在责任阻却事由，所以，应当认定为故意杀人罪的教唆犯或者帮助犯。当然，可以根据量刑情节，对于情节较轻的教唆、帮助自杀行为予以减轻或者免除处罚。

如此，可能会有观点提出疑问，直接行使自杀行为的人不构成犯罪，只是提供了教唆或者帮助的人反而构成犯罪，是否违背了平等原则。笔者对此持否定态度。因为，生命权存在至高无上的地位，任何人不得予以侵犯，即使刑法规范因为自杀者特殊的身份和地位，对于自杀行为持消极的态度，其他人也应当对于他人生命持尊重的态度。在不存在救助义务的情况下，行为人对他人的生命即使做不到积极的救助，最起码也应当持消极不作为的态度，而不应当再采取积极行为剥夺他人生命。行为人一旦对他人的生命创设了危险，就应当受到相应的处罚。因此，排除自杀行为的有责性，而将教唆、帮助自杀行为认定为有罪的观点，并没有违背平等原则。

四、结语

根据上文的案例以及理论分析，可以得出以下几条结论：

第一，生命权具有至高无上性和不可恢复性，根据利益衡量的方法，生命权具有价值优越性，因此，基于刑法家长主义的立场，此时应当对生命权加以特殊保护。单一制同我

---

① 参见海清：《始于自杀，终于'自我'》，载《读书》2010年第6期。转引自张明楷：《刑法学》（第五版下），法律出版社2016年版，第851页。

国的刑法规范体系相冲突，所以，对于自杀参与行为的认定应当在区分制体系下进行。第二，根据文义解释和目的解释，《刑法》第232条规定的故意杀人罪中的行为对象既包括他人，也包括自己。因此，自杀行为符合故意杀人罪的该当性。根据共犯从属性原理，自杀参与行为也符合故意杀人罪的构成要件。第三，自杀行为不能适用被害人自我答责原理，且不属于"法外空间"，因而，不能排除违法性。也不能依据违法性较低原理，排除自杀行为的违法性。因此，根据共犯从属性原理，自杀参与行为也具有违法性。第四，由于自杀者在实施自杀行为时不具有期待可能性，此时基于刑事政策的考虑，处罚自杀行为已经不能实现特殊预防和一般预防的目的，所以应当阻却自杀者的责任。由于"违法是连带的，责任是个别的"，对于教唆、帮助自杀行为，依法认定为故意杀人罪的教唆犯或者帮助犯。此外，关于彭玉伟帮助自杀一案的认定，笔者认为杨某的自杀行为符合故意杀人罪的该当性和违法性，由于杨某既属于行为人又属于被害人，且杨某已经死亡，不具有处罚必要性。被告人彭玉伟的帮助行为已经符合故意杀人罪的该当性和违法性，且具有有责性，依法应当按照故意杀人罪的帮助犯论处。

（编辑：戴津伟）

登记行为瑕疵与善意取得排除的解释论

郭怡廷[**]

摘　要　《民法典》所规定的包括商事登记在内的登记类型均属确认性登记，即将已形成的权利或法律关系登记并公示。不动产移转登记、商事主体的设立登记等确认性行政行为，不具有构成要件效力；在民事诉讼中对登记的实质正确性依然可以再次审查，待裁判结果与登记不一致时，当事人可要求登记机关重新确认民事关系，视具体情况进行变更、注销或撤销登记。善意取得可阻却对第三人登记的撤销；但当第三人所信赖的登记基础不存在时，即登记行为存在瑕疵时，并非所有的登记都是"适格"的可信赖外观。不生效力的权利外观不构成股权或者不动产善意取得的基础。

关键词　登记行为瑕疵　权利外观　确认性登记　构成要件效力　善意取得

一、问题的提出

登记在诞生之初则具有非常浓重的行政色彩。在隋唐时期就存在登记制度的雏形，即不动产和动产所有权甚至人身权移转需"存文卷"的登记制度；[①] 罗马帝国的税收评估（Steuerschätzung）也同样具有行政性，记录谁在哪里负有交税义务，结合私人的纳税申报，帝国就可以确定个人的纳税义务。十六世纪的教堂登记（Kirchenbücher）则记录了婚姻状况，从而证明子女的合法性以及他们的继承权。德国在十九世纪末则出现了登记簿的第一次爆发，如设在法院的土地登记、商事登记簿等。二十世纪之后则建立了更多的登记

---

[*] 本文系国家留学基金委"国家建设高水平大学公派研究生项目"（项目编号：201706010385）的阶段性研究成果。

[**] 郭怡廷，女，河南安阳人，北京大学法学院博士研究生，研究方向为民商法。

① 参见梁慧星主编：《中国物权法研究》，法律出版社1998年版，第219页。

簿，比如刑法建立了记录犯罪的联邦中央记录中心（Bundeszentralregister）。① 当然，公权力的介入并不是登记的必然构成因素，获得授权的私人也可能管理登记簿，比如德国在欧盟第四次反洗钱指令后生效的《反洗钱法》（Geldwäschegesetz）中引入的针对非上市公司最终实益拥有人的透明度登记（Transparenzregister），该登记就由一家私人公司（Bundesanzeiger Verlag GmbH）管理。由谁来收集、管理和公示数据，已不再仅是公权力介入私人生活的问题，还涉及有效保护个人数据的问题。

本文以登记的公法效力②为切入点，原因是我国现代意义上的登记仍多以行政机关为主导。每个自然人从出生开始，就被牢牢吸附于政府织就的登记行为之网中：除了户籍登记记载着从生到死的生命活动历程外，还可能会涉及婚姻登记、收养登记、兵役登记、不动产等权属登记、出入境登记等。合伙企业、公司等组织体的"从生到死"，也会经历从设立登记到注销登记等各种各样的登记。作为登记行为合集的登记，似乎难以对其进行精准的概念界定，这也是既有的以"登记"作为研究对象的专著通常以对登记行为的性质和类型化为讨论起点的原因。

因登记状态与事实状态不符所形成的权利外观而导致的责任在不动产登记和商事登记等领域尤为常见，最典型的是不动产或股权的善意取得制度。第三人基于登记产生的信赖责任的前提是存在一个可信赖的外观事实，但若登记行为存在瑕疵，基于此瑕疵登记行为所产生的权利外观是否还可作为可信赖的基础，则有待进一步讨论。

二、登记行为的分类

（一）事实行为性登记、形成性登记与确认性登记

在我国的法律法规章以及其他规范性文件中，登记是一个出现频率极高的词汇。在"北大法宝——中央法规司法解释及地方法规规章"数据库中进行全文检索，我们可得到几十万的搜索结果。但登记行为的类型复杂、规定分散，难以用一种思维、一种认识来理解这幅复杂的登记法律图景。登记机关的审查义务不明确，司法审查的标准与行政机关的审查标准不一致，导致审查职权与责任承担存在冲突；最关键的是，登记效力模糊不清，影响登记所形成的法律关系的可预见性和稳定性。

以登记为对象的研究通常从多种分类标准对登记进行了类型化尝试。如以登记事项的分类，人身类登记与财产类登记，权利类登记与义务类登记，资格类登记与能力类登记

---

① See Mathias Schmoeckel, Zur Einführung: Registerzwecke in: Moritz Brinkmann/Mathias Schmoeckel (Hrsg.), Registerwesen, 1. Auflage 2020, S. 9.

② 公法上的行为并不限于行政行为，登记机构也未必限于行政机关；但在我国登记机构为行政机关且民法典及其他登记条例仍继续沿用的情况下，以法院作为登记机构几无可能。参见尹飞：《不动产登记行为的性质及其展开——兼论民法典编纂中不动产登记制度的完善》，载《清华法学》2018年第2期，第44页。

等。① 以上以登记事项进行的分类尽管在一定程度上对登记行为进行了归纳，但无法与既有的行政行为理论体系对接，理论和实践意义不大。其他分类标准如按强制性程度分为"必须登记"和"非强制性登记"②，按登记的启动方式分为依申请或依职权的登记③，这些分类仅在一个维度上进行了描述，也无法解释行政行为对私法效果的具体规制效果。故当前行政法研究中对登记行为的分类主要集中于具体的登记行为在行政行为体系中的定位，且对此已形成具有共识的分类框架。

行政法关注登记就是从登记与许可的辨别开始的。④ 此外还陆续存在行政许可说、行政确认说、准法律行为说、多元属性说、独立的行政执法行为说、行政行为否认说等，⑤ 但这些观点的主要问题在于以"行政登记"为统一的研究对象，但均无法尽可能涵盖现有的登记类型。从我国登记立法的现实看，不同领域的登记行为确实具有不同的性质，有的属于许可的一种形式，如矿产资源勘查、开采登记），有的则确认或变更民事权利及民事关系，如不动产物权登记、婚姻登记），有的只是出于统计与监管目的的纯粹登录、记载，如文物出境登记、兵役登记、吸毒人员登记。因此，行政法研究又将"行政登记"区分为三类：形成性登记、确认性登记、事实行为性登记。⑥ 此种分类标准在厘清行政行为对私法效果的关系上，较以上标准更清晰，以下将依此标准进一步对登记行为归类。

划分形成性、确认性行政行为的标准是其内容，而非其效力。一般说来，形成性行政行为具有形成效力，确认性行政行为具有确认效力，但在个别情况下，在实定法中并非一定如此。有时，确认性行政行为具有形成效力，在行政机关具有裁量空间的情况下，这种效果会强化。⑦

---

① 参见杨生、孙秀君：《行政执法行为》，中国法制出版社 2003 年版，第 283－290 页。
② 此分类方式可参见茅铭晨：《中国行政登记法律制度研究》，上海财经大学出版社 2010 年版，第 11 页。
③ 此分类方式可参见茅铭晨：《中国行政登记法律制度研究》，上海财经大学出版社 2010 年版，第 22 页。
④ 参见应松年：《行政行为法》，人民出版社 1992 年版，第 429 页；马怀德：《行政许可》，中国政法大学出版社 1994 年版，第 7 页；张树义主编：《行政法学》，中国政法大学出版社 1995 年版，第 157 页。"广义的行政许可包括许可、认可、登记、证明、批准、检验、核准、审核、申报、备案在内的所有行为。狭义的许可与认可、登记、注册、证明、批准有一定细微差别。"，狭义的许可与登记的区别为："注册登记是行政机关对正在进行某种活动或者希望进行某种活动的相对人依法予以书面记载以便作为官方记录备查的活动。一般只要求相对人登记其名称或营业地点，便于行政管理部门备案可查，以此确定其他权利义务。如税法规定的税务登记。其特点在于行政机关对于申请注册登记没有自由裁量权，符合条件的必须登记。英国行政学家加纳（Garner）认为，如果许可机关发放许可证时没有自由裁量权，那么这种许可应归属于注册登记类。参见张树义主编：《行政法学》，北京大学出版社 2005 年版，第 185－186 页。
⑤ 可参见马怀德主编：《行政法与行政诉讼法》，中国法制出版社 2000 年版，第 224－225 页；张树义主编：《行政法学》，北京大学出版社 2005 年版，第 186 页；张弘、唐爱军：《行政登记行为辨析》，载《行政与法》2006 年第 6 期；李昕：《论我国行政登记的类型及制度完善》，载《行政法学研究》2007 年第 4 期。
⑥ 事实行为性登记也为备案式登记，非本文研究对象。参见茅铭晨：《中国行政登记法律制度研究》，上海财经大学出版社 2010 年版，第 103 页。陈新民教授在《中国行政法原理》一书中，在命令式行政行为、形成式行政行为、确认式行政行为的分析框架下，认为给予执照、营业许可的行为属于形成式行政认为，户口登记、房屋产权登记属于确认式行政行为。参见陈新民：《中国行政法原理》，中国政法大学出版社 2002 年版，第 144 页。
⑦ ［德］哈特穆特·毛雷尔：《行政法学总论》，高家伟译，法律出版社 2000 年版，第 208 页。

形成性登记与确认性登记属于行政机关的法律行为，含有行政机关的意思表示。无论是设立、变更、消灭某种法律关系还是对某些事实、行为、法律关系的确认，都是行政机关意思表示的内容，不同的意思表示表达着行政机关规制公民权利自由的不同强度。在形成性登记中，只有在行政机关的参与及同意下，法律关系才能"出生入死"，干预程度最强。在确认性登记中，行政机关将客观法律状态中的不确定性（或抽象性）予以排除，并且创造出法律的明确性。[1] 总体而言，确认性登记干预程度较弱。事实行为性登记，不包含行政机关的意思表示，不是行政机关直接干预公民权利自由的手段，但可以作为行政机关有目的的事实活动，做为干预的辅助手段存在。因此，形成性登记、确认性登记与事实行为性登记，是行政机关干预公民权利自由强弱程度不同的方式。

（二）商事登记属确认性登记

进一步用以上分类标准查看民法上重要的登记行为，现在的研究也逐渐认可不动产登记、商事登记等仅是对某种民事效果（公司之设立、不动产之移转）的确认。[2] 确认性行政行为，指内容系对人的地位或者物的性质在法律上具有重要意义的事项以及某一法律关系是否存在予以确定的行政行为。仅表明现有的实在法状态，不以实体法律状态的变更为目标。有关法律事实、法律关系等确认的对象经由确认，其法律状态被具体化、个别化和稳定化，通过确认性行政行为的宣示，关系人已经具有法律上的利益[3]。因此，确认性行政行为具有法律上的拘束力[4]，有规制社会关系的作用，属于法律行为，而非准法律行为或者单纯的观念通知[5]。确认性行政行为一经作出生效，即对确认的法律关系、法律状态具有拘束效果，也不发生执行问题。

以有限责任公司设立为例，尽管公司经登记才取得法人资格，因此被认为该登记具有创设效力（konstitutive Wirkung），但该效力并非登记行为所赋予的，而是取决于私法如何对设立之意思表示赋予怎样的效力。无论是创设性还是宣示性的效力（deklaratorische Wirkung），都取决于私法自身的效力设计；甚至该效力与登记是否属于行政行为也无必然关系。尽管《行政许可法》第12条仍将企业等组织设立认为是可设定行政许可的事项，但司法实践和当前的立法趋势都明显不再提及该观点。例如《商事主体登记管理条例（草

---

[1] 程明修：《行政法上之意思表示、法律行为与行政处分》，载程明修：《行政法之行为与法律关系理论》，新学林出版股份有限公司2005年版，第121页。

[2] 参见王亦白：《论不动产登记的私法和公法双重属性》，载《行政法学研究》2018年第1期。但社会团体法人登记究属形成性还是确认性的登记，似乎有待进一步研究。

[3] 参见程明修：《行政法上之意思表示、法律行为与行政处分》，载程明修：《行政法之行为与法律关系理论》，新学林出版股份有限公司2005年版，第99页。

[4] 确认对象的法律状态被具体化、个别化、稳定化，并被宣示于外的法律效果，为确认效力。

[5] 不过，单纯重复法律规定的文字而无额外宣示价值的确认，为观念通知或者准法律行为。参见程明修：《行政法上之意思表示、法律行为与行政处分》，载程明修：《行政法之行为与法律关系理论》，新学林出版股份有限公司2005年版，第118–124页。

案)》的起草说明中明确认为"行政许可以一般禁止为前提，以个别解禁为内容。行政许可是一种授益行为，其内涵在于行政主体为行政相对人设定权益或者免除义务，但是从事经营活动的权利（行政权）并非源自授予，而是一项代表了自由意志的基本权利。同时，商事登记的功能之一是确立商事主体对内对外的关系（权利和义务），这也是商事登记的目的，这个过程中并没有创设新的私法上的相对权，只是通过公示的方式产生了对世权（对抗权）。"而对于其他民法上的登记类型，如婚姻登记、不动产登记等，行政确认说亦为当前的主流观点。①

较少提及的是行政机关进行变更登记、注销登记、撤销登记的性质。这些登记是否也与初次在登记簿中登入那样仅具有确认效力，似乎并不明确。以法人的注销登记为例，《民法典》第 72 条第 3 款规定"清算结束并完成法人注销登记时，法人终止；依法不需要办理法人登记的，清算结束时，法人终止。"因此，需要登记的法人在其注销才正式终止，此处的注销登记似乎也能理解为对已发生变化的民事法律关系的确认。对于撤销登记，如《公司法》第 198 条规定的因"虚报注册资本、提交虚假材料或者采取其他欺诈手段隐瞒重要事实取得公司登记的"情况下，情节严重时可能撤销公司登记。因行政机关进行撤销登记多发生在受欺诈为行政行为情况下，因此有观点认为属于行政处罚，该观点也被法工委明确否定；② 撤销登记是为了全部或部分消除在先登记的效力，且并不必然是"处罚"，比如对注销登记的撤销。从登记行为的构造上，登记行为均是以已存在的意思表示或事实为基础，加上登记机关的审查行为对外作出的，注销登记和变更登记多是基于变化了的意思表示或者事实，但依然是对该变化的确认并再次作出行政行为。因此，上述几种登记均属于确认性行政行为。

三、确认性登记不具有构成要件效力

上文实质上仅是对"行政登记"研究目前已形成的共识的速览，除社会团体法人的登记尚存在形成性与确认性的争议外，《民法典》与商事登记中涉及的登记均属确认性行政行为。作为行政行为的登记一经作出，则通过信息公示在外部形成了权利外观，但在行政法维度下对登记进行考察，就需要对登记的行政效力在民事诉讼中的作用机制进行说明，也可以进一步厘定所谓登记带来的行民交叉问题。

以一案例作简单说明。"徐某诉汤臣倍健公司产品责任纠纷案"中，③ 徐某认为汤臣倍健公司的某产品属无证生产为由主张不符合食品安全标准，要求汤臣倍健公司承担十倍

---

① 王亦白：《论不动产登记的私法和公法双重属性》，载《行政法学研究》2018 年第 1 期；王世杰：《论行政行为的构成要件效力》，载《政治与法律》2019 年第 9 期；石一峰：《论商事登记第三人效力》，载《法商研究》2018 年第 6 期，第 51 页。

② 参见《全国人民代表大会常务委员会法制工作委员会关于公司法第一百九十八条"撤销公司登记"法律性质问题的答复意见》（法工委复〔2017〕2 号）。

③ 徐某诉汤臣倍健公司产品责任纠纷案，北京三中院（2016）京 03 民终 114 号判决书。

赔偿责任，二审法院则认为"食品是否属于无证生产的认定属有权行政机关职权范围。行政行为具有公定力和确定力，非经法定行政程序或行政诉讼，不得随意改变或认定无效。本案中，质监局在公文复函及相关行政诉讼的答辩意见中对于涉案产品不属于无证生产的态度较为明确，在徐某未提供相反证据加以反驳的情况下，人民法院应以有权行政机关的认定作为判断依据。"与该问题类似的是，当事人伪造资料取得登记或登记机关存在违法或错误导致登记行为已作出，在民事诉讼中是否要重新审查登记事项涉及的权利归属或法律关系状态，在存在瑕疵时是否能否认通过登记取得的权利外观载体的效力，或更进一步地撤销或变更该行政行为。

基于法的安定性要求，行政行为作出后无论是否合法，原则上都产生法效力，只有在法定情形下，行政决定才归于无效。① 以上效力可区分为两个层次。首先，行政行为生效时，即对行为所特定的相对人、利害关系人与第三人以及作成该行为的机关产生拘束效力，并且只有在法定要件下，才能将其废弃。超越此层次之外，一个已作成生效的行政处分，作为后续行政行为或判决的基础时，该行政机关或法院是否受前行政处分内容的拘束必须以之为基础作成决定。

民法上多关注第一层次的研究，但对于后一层次问题的探讨有助于进一步认清登记的行政效力的边界。对此问题，我国以往的行政法研究中多以公定力理论展开，行政行为公定力被认为是行政行为效力的一个基本方面，其核心价值在于一经成立的行政行为都推定为合法并具有拘束力。② 但公定力理论仍停留在抽象的概念描述，并未发展处精致细密的理论体系，遑论适用。③ 另外，对于对民事诉讼中具体行政行为的审查，面对民行交叉争议，立法者在一定程度上采取了较为务实的态度，因此出现了行政附带民事的诉讼制度。但是，"承认行政附带民事诉讼制度的普遍适用无异于间接否定民事诉讼制度，因为所有的交叉争议通过行政诉讼制度进行一并审理既无现实的可能，也无规范的依据，所以不具有普遍意义。"④ 因此仍应回到行政行为的理论研究中。德国法对该问题多以行政行为的"构成要件效力（Tatbestandswirkung）"的概念用语来指称。除非该行为有无效或被撤销、废止或其他原因导致效力消失的情形，否则后程序的行政机关与法院应该要受到前行为的拘束，并且不得审理该行为之合法性。构成要件效力也被少数的国内行政法学者关注，并认为构成要件效力较公定力而言，指向更明确，更有利于在教义学上展开并为民行交叉的部分问题提供理论基础。⑤

下文将首先对行政行为的构成要件效力分析，进一步查看民法上常见的登记行为是否

---

① 章剑生：《现代行政法总论》（第2版），法律出版社2019年版，第154页。
② 罗豪才：《行政法学》，北京大学出版社2000年版，第98页。
③ 王世杰：《论行政行为的构成要件效力》，载《政治与法律》2019年第9期。
④ 王世杰：《论行政行为的构成要件效力》，载《政治与法律》2019年第9期，第78页。
⑤ 王世杰：《论行政行为的构成要件效力》，载《政治与法律》2019年第9期；何海波：《行政行为对民事审判的拘束力》，载《中国法学》2008年第2期。

具有构成要件效力；如果没有构成要件效力，那权利外观的载体在民事诉讼中起何种作用。

"构成要件效力"最早源自 1885 年民事诉讼学者 Adolf Wach 的教科书，指民事判决除确定力外，有时候判决亦会作为法律构成要件。① 对此，学者 Georg Kuttne 称之为附随效力（Nebenwirkung），指当一个判决的事实上存在（Existenz）作为法律效果的构成要件，即产生构成要件效力②。构成要件效力只是一种将法律规定联结于一个判决"单纯存在之事实"的效力，产生的是因为判决存在所不可避免的法律规定效果或者因法律规定的偶然伴随现象。因此，构成要件效力亦称之"反射效力（Reflexwirkung）"。③ 现行德国民事诉讼学说也持同样的看法。④ 例如德国民法第 775 条第 1 项第 4 款的规定："保证人可以向主债务人主张免除保证债务"，当债权人获得一个对于保证人得为强制执行以履行债务的判决该判决之事实上存在作为保证人免责主张的构成要件，换句话说免责主张即是该判决的构成要件效力发生的结果。⑤

首次将构成要件效力概念于 1913 年引进行政法领域的学者 Kormann，认为构成要件效力为"任一国家行为（Staatsakt）单纯透过自身既存的事实，而拥有的效力"。⑥ 此学者 Kormann 进一步说明："构成要件效力就是拘束效力（Verbindlichkeit），只要具法律行为性质的国家行为（rechtsgeschaftlichen Staatsakt）并非无效，不论其是否属于违法，都会发生。"拘束效力则是指"将所欲发生的法律效力表现于外的能力"。⑦

Kormann 更进一步区分构成要件效力与"确认效力"（Feststellungswirkung）两个概念，后者不同于构成要件效力，并非对所有法律行为性质的国家行为，而只在法律明确以确认行为作为构成要件的情况下才行。构成要件效力只会发生于具有法律状态变动的"形成性"国家行为，并且对于所有国家机关加以拘束。⑧ 从而 Kormann 所称的构成要件效力，事实上等同"形成效力"（Gestaltungswirkung）。将确认行为排除于构成要件效力之外延续至今，仍有学者认为宣示性（deklartorisch）确认行为对于法院不具有构成要件效力，⑨ 亦有学者以"矛盾禁止"的角度观察构成要件效力，认为所有类型的行政处分都有构成要件效力的适用。⑩

---

① Vgl. Wilhelm Kisch, Beitrage zur Urteilslehre, 1903, S. 39.
② Georg Kuttner, Die privatrechtlichen Nebenwirkungen der Zivilurteile, 1908, S. 4.
③ Konrad Reichold, Wesen und subjektive Begrenzung der Rechtskraft: Eine prozessuale Abhandlung mit Beitragen zum bugerlichen Recht, insbesondere zur Lehre von der Rechtsnachfolge und der Verfügungsmacht der Nichtberechtigten, 1901, S. 21 ff.
④ Eberhard Schilken Zivilprozessrecht, 6. Aufl., 2010, Rn. 614.
⑤ Georg Kuttner, Die privatrechtlichen Nebenwirkungen der Zivilurteile, 1908, S. 37.
⑥ Kormann, S. 253.
⑦ Kormann, S. 257.
⑧ Ebda. S. 256 ff.
⑨ Stober, S. 20 Rn. 51.
⑩ Kracht, S. 176 ff.

因此构成要件效力指所有国家机关都必须遵循有效的行政行为规制，只要不具变动效力的权限，就必须将行为的规制内容作为当然的"构成要件"（Tatbestand）。① 其他行政机关依自身职权作成决定时，如果有牵涉某一行政处分的规制内容作为构成要件前提时，须以该处分之"规制内容"作为的基础，不得再实质审查处分之合法性（Rechtmä？igkeit）与合目的性，只能审查该行政行为是否有效存在。理论上区分形成性行政行为与确认性行政行为的构成要件效力，主要是立足于行政与司法、形成性行政行为与确认性行政行为的核心差异——终局性的确认在法原则上属于司法权的专断范围，从而确认性行政行为不具有构成要件效力。② 形成性行政行为所包含的意思表示之目的在于创设行政法中尚未存在的法律状态或效果。在这种意义上，形成性行政行为产生了法律状态的变化并且改变了公民与行政机关间的权利义务关系，没有行政行为就不可能存在此种法律状态。确认性行政行为旨在藉由国家权威对于某项权利或者法律关系进行确认，即使没有行政行为，法律状态依然存在，即既存的法律状态并不依赖行政机关的意思表示。③ 在具体的实践中，行政行为的构成要件会受到诸多限制，只有立足于行政权与司法权划分的权限秩序才能够解释为何只有形成性行政行为才具有构成要件效力，为何唯独法院而非其他行政机关才可否定确认性行政行为的拘束力。④

在民事诉讼中，除确认性行政行为外，原则上承认行政行为对法院的构成要件效力。因此上文中属于确认性的行政行为的登记在民事诉讼中并没有构成要件效力，法院可以审查该登记背后实质的民事关系和权利的真正归属；若登记与真实状况不符，则当事人可依生效判决变更登记。而对于私法形成性行政行为（privatrechtsgestaltende Verwaltungsakte），如特许经营中的许可、农业用地出让合同许可等⑤，在民事诉讼中应不被实质审查其有效性。当然，针对形成性行政行为，当事人可直接提起行政诉讼；针对确认性行政行为，由于审理民事诉讼的法院不能撤销确认性行政行为，但却可以偏离行政行为的规制内容，所以当事人首先应提起民事诉讼就行政行为的基础关系进行争议，进而依据民事判决变更行政行为的内容。⑥ 因此，总体来说，构成要件效力本身就是对法秩序一致性、法安定性以及实质正义等不同价值予以权衡的产物。⑦

---

① Franz Schemmer, in：Bader/Ronellenfitsch（Hrsg.），Verwaltungsverfahrengesetz, 2014, S. 43, Rn. 28.
② Vgl. Stephan Becker（Fn. 55），S. 59 f，S. 66；Norbert Achterberg, Allgemeines Verwaltungsrecht, 2. Aufl.，1986，§ 23，Rdn. 42. 有学者进一步将确认性行政行为区分为创设性确认行政行为（konstitutiv - feststellende Verwaltungsakte）与宣示性确认行政行为（deklaratorisch - feststellende Verwaltungsakte），并排除了后者的构成要件效力。Vgl. Michael Randak（Fn. 33），S. 37 f. 部分学者持相似的观点，认为法院只受狭义形成性行政行为（不包括命令性行政行为）和创设性确认行政行为的拘束，排除了宣示性确认行政行为。Vgl. Eisenmenger，（Fn. 27），§ 20，Rdn. 54 ff。
③ 参见王世杰：《论行政行为的构成要件效力》，载《政治与法律》2019年第9期，第76页。
④ 参见王世杰：《论行政行为的构成要件效力》，载《政治与法律》2019年第9期，第77页。
⑤ Vgl. Brenner, Der privatrechtsgestaltende Verwaltungsakt im Regulierungsrecht, 2014, S. 83.
⑥ 参见王世杰：《论行政行为的构成要件效力》，载《政治与法律》2019年第9期，第80页。
⑦ 参见王世杰：《论行政行为的构成要件效力》，载《政治与法律》2019年第9期，第81页。

若排除了行政确认行为的构成要件效力,那在民事诉讼中的登记最多只能作为事实的推定,对此《民诉解释》第114条规定对于国家机关、社会团体依职权制作的公文书证、档案和经过公证、登记的书证在证明待证事实时的(指引性、而非严格的)法定证明力规则,① 但不同的登记簿的证明力似乎也不应一概而论。根据《民法典》第217条和第222条,不动产登记簿由登记机关负责其真实性,登记机构应首先赔偿因错误登记造成的损害,其证明力应高于商事登记,但至于是否应局限于初步证据原则还是证明责任倒置,则有待进一步研究。德国法上认为由于商法没有与《德国民法典》第891条相对应的规定,因此,土地登记具有证明责任倒置的推定力(die Beweislast umkehrende Vermutung);② 根据通说,商事登记仅为表见证明(Anscheinsbeweis)。③

四、无效、可撤销的登记行为与善意取得

形成性的登记、确认性登记和事实行为性登记基本上可以囊括所有登记类型。《民法典》所规定的登记类型④以及商事登记均属确认性登记,将已形成的权利或法律关系登记并公示。不动产移转登记、商事主体的设立登记,也不属于私法形成性的行政行为,不具有构成要件效力;在民事诉讼中对登记的实质正确性依然可以再次审查,待裁判结果与登记不一致时,当事人可要求登记机关重新确认民事关系,视具体情况进行变更、注销或撤销登记。因此,完全没必要中止民事诉讼,等待行政诉讼对行政登记行为做出审查结论。⑤

依据《最高人民法院关于执行〈中华人民共和国行政诉讼法〉若干问题的解释》第61条对登记行为进行的行政附带民事判决也未必可以实现诉讼经济的设计目的。在通过行政附带民事诉讼程序审理形式审查类行政登记时,必定要同时审查登记行为和其所依据的民事行为或事实。若登记行为程序上没有瑕疵,当事人提交了虚假或错误材料,即便是

---

① 参见沈德咏:《最高人民法院民事诉讼法解释理解与适用》(上),人民法院出版社2015年版,第376页。
② Vgl. Koch/Rudzio, ZZP 122 (2009), 37, 45 ff.
③ Vgl. Oetker, Handelsrecht, 8. Aufl. 2019, §3 Rn. 27;对通说的不同观点可参见 Karsten Schmidt, Handelsrecht, 6. Aufl. 2014, §13 Rn. 24 Fn. 42。
④ 《民法典》提及的登记事项有户籍登记和其他身份登记(第15、25条)、个体工商户登记、法人和非法人组织登记、特殊动产和不动产登记、用益物权和担保物权的登记、应收账款登记、婚姻登记和收养登记等。
⑤ "先行后民"观点认为,行政登记行为既然被作为一种具体行政行为纳入行政诉讼范畴,也就意味着它必然同样具备行政行为的公定力。以民事裁判直接否定具体行政登记行为,是无视行政登记行为的公定力,违反了正当程序原则。因此,应当对民事诉讼先予以中止,等待行政诉讼对行政登记行为做出审查结论,再作出民事判决。这也是公法领域一贯所坚持的代表公益的行政诉讼必须优先于私权诉讼原则的具体体现。囿于行政行为公定力理论与法院审判权限的分工,一般认为,民事诉讼本身无权对行政行为效力加以评判。若行政行为作为民事诉讼先决问题出现,必须通过行政诉讼对行政行为效力做出认定,在此基础上,民事诉讼才能合法展开。参见林莉红:《行政法治的理想与现实——〈行政诉讼法〉实施状况实证研究报告》,北京大学出版社2014年版,第126页;方世荣、羊琴:《论行政行为作为民事诉讼先决问题之解决——以行政行为效力存在差异为基础》,载王贵松主编:《行政与民事交织的难题——焦作房地产纠纷案的反思与展开》,法律出版社2005年版,第147页。

需要实质审查的不动产登记也存在登记与真实权属不一致的可能，但此处并不构成行政行为违法。若单纯确认行为合法则没有实现诉讼目的；若合法但却撤销行政行为，就需要在行政行为理论上进行突破。① 无论是公法还是私法上的撤销，都需要考虑信赖保护的问题。登记行为一旦作出并对外公示，就在外部形成了可信赖的权利外观，如同一部法律被公布，通常仅可能向后废止（Widerruf）。② 此问题仍需在行政行为理论上进一步细化。

在德国法上，不动产登记和商事登记等商事登记、土地登记等登记事件属于地方法院处理的非讼事件。根据《德国法院组织法施行法》（EGGVG）第23条之规定，以上登记行为属司法行政行为（Justizverwaltungsakt），基于事务相近性之考量（sachnähe），改向对民事、刑事司法（含执行）事务有娴熟专业知识与经验之普通法院寻求救济，而非行政法院。司法行政处分最主要之意义及功能乃在德国行政法院法第40条第1项对公法事件所建立行政法院概括审判权之上，基于划分出与普通法院审理民、刑司法事务相近之公法争议事件，由较具专业经验与知识之普通法院，审查司法行政处分之合法性，提供司法救济，并落实基本法第19条第4项之无漏洞权利保护。这种程序设计在一定程度上避免了无意义的行民交叉，使登记所确认的民事法律关系上的争议仍回到民法中进行裁判。

以最高院的一份行政裁定书为例，"本案名义上是因股权转让行政许可和登记引发的行政争议，而实质是投资权益争议，本质上属于民事权益纠纷，通过民事诉讼解决彼此间的权益纠纷似为最佳选择……争议的实质仍然集中在盛都公司股权比例问题，而解决该问题直接的、有效的方式是民事诉讼，即通过民事诉讼解决彼此对盛都公司所享股权之份额。据此，杨杰通过申请行政案件再审的方式以实现股权变更和投资权益维护，似有舍近求远之嫌，权利救济实效性不足，也无助于盛都公司开展正常经营活动。③ 该裁定书也说明了被登记所确认的民事行为的瑕疵或争议本质上仍是私法问题；只有行政机关所为的登记行为本身的瑕疵才属于真正的行政法问题，如登记程序瑕疵、错误登入等，这些瑕疵通常可以补正或重新作出，当然下文也会继续讨论不可补正的无效或可撤销的登记行为，这些无效或可撤销的登记行为会对登记的民法效力产生何种效力尚待研究。但是，登记中真正有价值的民行交叉是极少的，行政附带民事等不当的诉讼程序设计反而增加了虚假的交叉问题。

登记状态与真实状态不一致时，就有可能引发权利外观责任。尽管权利外观责任通常以一个外观事实存在为前提，但问题是，只要登入的事实都可以形成有效的外观么，或者说是否具有可被信赖性。可能存在疑问的情形是：第一，登记簿正确地记载了权利人，但他人冒充权利人之身份进行处分。此处实为对身份的信赖，而非对权利登记的信赖，并非

---

① 参见章禾舟：《论合法行政行为之撤销——以行政诉讼为研究视角》，载《法律适用》2014年第2期。
② 《德国行政程序法》第48条规定了违法行政行为的撤销（Rücknahme），而对合法行政行为的废止（Widerruf）规定在《德国行政程序法》第49条。
③ 最高院行政裁定书，（2017）最高法行申4779号。

本文的讨论重点。第二，登记簿不正确地记载了权利人，导致名义上的权利人向第三人进行了处分。但细究后一种情形，则又可分为多种可能性：登记机关的登记行为存在瑕疵导致错误登记；名义上的权利人伪造相关资料获得了登记；名义上的权利人与真实权利人的原因行为存在瑕疵，但还未变更登记。因此此处应当区分多种情况逐一讨论。

如上文所述，登记程序是登记机关进行的确认性行政行为，如果该行政行为本身存在瑕疵，是否会影响权利外观的生成？当不动产登记或者股权登记作为权利外观时，是否所有的登记都是"适格"的信赖外观？当登记正确地记载了权利人并且由该被记载的权利人进行处分时，自然无需讨论该问题。不生效力的权利外观是否还可以引发对第三人的信赖保护责任？下文将以对不动产登记和股权登记为例，讨论在权利外观不生效力时，第三人还能否善意取得。

（一）登记行为的无效、可撤销

登记行为整体上存在两类瑕疵，微小的可补正的瑕疵，并不影响登记行为的有效性；第二类则是严重的程序性违法，例如当事人与登记机关的工作人员串通进行虚假登记，登记行为因受胁迫而作出等，经该登记并取得的权利外观是否有效并导致第三人善意取得，迄今为止讨论不多。

如上文所述，德国主流观点认为不动产登记和商事登记等登记行为属于司法行政行为（Justizverwaltungsakt），是行政行为的一种特殊形式，根据《德国法院组织法施行法》（EGGVG）第23条之规定，以上登记行为属司法行政行为（Justizverwaltungsakt），基于事务相近性之考量（sachnähe），改向对民事、刑事司法（含执行）事务有娴熟专业知识与经验之普通法院寻求救济，而非行政法院。对该行为的性质尚存争议，也存在由司法辅助官作出的司法行为（Rechtspflegeakt）。但两种观点在很多问题上可以得出一致的结果。

严重的登记行为瑕疵可能该登记行为无效或可撤销。在德国法上，无效的土地登记事项——通常参照《德国行政程序法》第43（3）、44条——被视为无效。根据主流的意见，无效的登记事项不属于土地登记的一部分。① 它们既不导致登记方根据《民法典》第925条和873条取得权利，也不构成《民法典》第891条推定效力或《民法典》第892条善意效力的适当基础。② 而反对观点则主张平等对待所有权的形式瑕疵和实质瑕疵。根据这种观点，无效的土地登记簿记载也是土地登记簿的有效组成部分，因此构成善意取得的适当依据。而后一种观点即使在最严重的程序违法的情况下，也保护了买受人对土地登记簿所公示的权利的信赖，根据行政法，这种无效或可撤销的行为自始就无效。目前的主流

---

① Köhler, in: MünchKommBGB, §873 Rn. 93.
② Köhler, in: MünchKommBGB, §891 Rn. 4.

意见认为，无效的登记行为没有权利外观效力。但这一结果并不是从公法关于登记程序的规定中推出的，而是从私法角度进一步考察善意取得的合法性基础中获得的。①

（二）对善意取得正当性基础的重新考量

存在权利外观载体（Rechtsscheinträger）是善意取得的基础，也就是买受人的善意必须基于一个客观存在的权利外观基础，盲目的信任一般不值得保护。② 原则上，只有权利人处分自己的财产才是正当的，但善意取得是为了解决真正的所有人与善意第三人之间的利益冲突，更确切地说，所有人的利益不仅和买受人的利益对立，还与一般的交易安全与便捷性对立。

从制度的设计上来说，只有尽量减少交易成本才可能促进整体福利的最大化。买受人获得所有权后，当然希望确保这个权利以后不会再被人追夺。为了避免被人嗣后追夺的风险，买受人就不得不查看这个权利之前的交易情况是否有效，这样就不得不付出更多的成本，出于获利空间被压缩的考虑，自然不得不更谨慎地做出购买决定。出卖人也被迫需要承担更多的费用，因为需要说服潜在的买受人信赖自己真的拥有处分权。因此善意取得制度可以极大地减少交易方对该权利是否可能被追夺调查成本和交易成本，提高分配效率。③ 登记制度也在一定程度上减少了交易成本，通过登记簿的公示和可能的查阅可一定上降低无权处分的风险。如果登记簿总是或几乎可以一直正确地公示权利状态，尽管查看善意取得所依赖的外观载体也需要一定的成本，但该成本还是远低于没有善意取得时的调查成本。④

经济上对交易安全的考量仅是善意取得制度的其中一个正当性基础；另一个则是登记簿作为权利外观载体的正确性保障（Richtigkeitsgewähr）和可靠性（Verlässlichkeit）。⑤ 不动产登记簿错误记载的概率很低，正是这种可靠性与不动产善意取得制度的正当性密切相关。登记机构对正确性的保障才是登记公信力的基础。反过来说，如果登记程序经常无法保障登记的正确性，仅凭权利外观载体即可善意取得，登记簿也会逐渐失去公信力。权利外观载体的实质正确性。

但反对观点认为，从买受人的角度来看，若从外部无法辨认是否存在伪造或登记程序无效的情况，其仍应受到登记外观的保护。但是对登记的信赖所保护的不是对土地登记簿

---

① Jan Lieder: Die Lehre vom unwirksamen Rechtsscheinträger – Ein Beitrag zu den rechtsdogmatischen und rechtsökonomischen Grundlagen des redlichen Erwerbs, AcP 210 (2010), S. 869.

② Vgl. Claus - Wilhelm Canaris, Die Vertrauenshaftung im deutschen Privatrecht, 1971, S. 491.

③ Vgl. Schäfer/Ott, Lehrbuch der ökonomischen Analyse des Zivilrechts, 4. Aufl. 2005, 26 ff.; Leuschner, AcP 205 (2005), 205, 228 f.

④ Jan Lieder, Die Lehre vom unwirksamen Rechtsscheinträger – Ein Beitrag zu den rechtsdogmatischen und rechtsökonomischen Grundlagen des redlichen Erwerbs, AcP 210 (2010).

⑤ Jan Lieder, Die Lehre vom unwirksamen Rechtsscheinträger – Ein Beitrag zu den rechtsdogmatischen und rechtsökonomischen Grundlagen des redlichen Erwerbs, AcP 210 (2010), S. 870.

记载的正确性和完整性的具体信任。① 相反，根据目前德国的主流观点，土地登记簿和商事登记簿都是对合法预期的抽象保护。根据这种观点，买受人在作出法律行为是否查看过土地登记簿，并不重要；其也不必依赖具体的登记内容，也土地登记簿的记载与其法律行为之间也不一定具有因果关系。② 一方面，这体现了《德国民法典》第892条所保护的信赖的客观化和形式化特征。另一方面，物权法中善意取得的正当化基础与由国家机关保障的土地登记程序也密不可分。"并不是主观的的信赖，而是官方公告的客观可靠性才是公示的基础。"如果登记是伪造的，或者登记程序存在严重瑕疵，就应该拒绝对买受人进行抽象保护。③

从经济的角度，对"善意"进行限缩解释也是有必要的。无权处分人意识到自己的处分权缺失，通常更可能接受比真正的权利人更低的价格。这样就扭曲了正常的市场价格，不能准确地反映市场的稀缺状况，损害了市场调节价格的功能。④

因此，登记程序的严格遵守并尽量减少瑕疵登记的可能，才可以作为权利人丧失权利而由第三人善意取得的正当性基础。这也意味着，存在重大程序瑕疵的登记不能作为有效的权利外观载体，以此为基础的善意取得也就丧失了正当性。

德国法上有观点认为《德国民法典》第892条的登记簿的正确性并不是登记的正确性，而应被理解为符合规范的登记行为（Eintragungsakt）。因此，在缺乏相应的正当性基础时应排除善意取得。上文对基于无效登记行为排除善意取得的实质理由进行了概述，应当认为该实质理由在我国基于登记的权利外观责任中也应被考虑。

善意取得是所有权人丧失所有权的例外规定，本身就建立在所有权保护与交易安全的权衡基础上。基于登记的信赖固然值得保护，但所生成的权利外观应该符合正当的登记程序的检验。此考量甚至无需在归责层面考虑原所有权人的可归责性，因为此处并不存在一个可值得被信赖的外观。

（编辑：蒋太珂）

---

① Jan Lieder, Die Lehre vom unwirksamen Rechtsscheinträger – Ein Beitrag zu den rechtsdogmatischen und rechtsökonomischen Grundlagen des redlichen Erwerbs, AcP 210 (2010).
② Jan Lieder, Die Lehre vom unwirksamen Rechtsscheinträger – Ein Beitrag zu den rechtsdogmatischen und rechtsökonomischen Grundlagen des redlichen Erwerbs, AcP 210 (2010).
③ Gustav Boehmer, Einführung in das bürgerliche Recht, 2. Aufl., 1965, S. 322.
④ Lobinger, Rechtsgeschäftliche Verpflichtung und autonome Bindung, 1999, 59 ff.

妨害安全驾驶罪条款解析

彭辅顺

摘　要　《刑法修正案（十一）》增设了妨害安全驾驶罪，该罪与以危险方法危害公共安全罪的区分成为其司法适用中的重要问题。妨害安全驾驶罪条款中的第 3 款不是转化犯规定，而是妨害安全驾驶罪与他罪发生竞合时如何进行处断的指示规定。妨害安全驾驶的行为同时构成妨害安全驾驶罪与以危险方法危害公共安全罪的想象竞合时，两罪之间存在着不法程度的高低关系。如果妨害安全驾驶的行为已经造成"致人重伤、死亡或者使公私财产遭受重大损失"的严重后果，就应以危险方法危害公共安全罪处断；如果尚未造成这种严重后果的，就应根据行为、行车环境等因素综合判定妨害安全驾驶的行为对公共交通安全的现实危险是否与放火、爆炸等犯罪相当；如果具备相当性，就应以以危险方法危害公共安全罪处断，否则只能认定为妨害安全驾驶罪。

关键词　妨害安全驾驶罪　以危险方法危害公共安全罪　竞合

引　言

现实生活中，乘客对正在行驶中的公共交通工具的驾驶人员使用暴力或抢夺方向盘等操纵装置，干扰公共交通工具正常行驶，危及公共安全的违法行为常有发生。据 2018 年 11 月司法大数据专题报告《关于公交车司乘冲突引发刑事案件分析》，2016 年 1 月至 2018 年 10 月，全国各级法院一审结的 223 件公交车司乘冲突引发的刑事案件中，被告人身份为乘客的占 69.96%。[①] 2018 年重庆公交车坠江案引起了社会的广泛关注，民众对这种

---

* 本文系国家社会科学基金项目"刑法指示规定的理论构建与立法技术研究"（项目编号：17BFX077）的阶段性研究成果。
** 彭辅顺，男，湖南衡阳人，湖南大学法学院教授，研究方向为刑法学。
① 参见许永安主编：《中华人民共和国刑法修正案（十一）解读》，中国法制出版社 2021 年版，第 17 页。

行为追究刑事责任的要求很强烈。在舆情推动下，2019年1月，最高人民法院、最高人民检察院、公安部联合发布的《关于依法惩治妨害公共交通工具安全驾驶违法犯罪行为的指导意见》第1条明确规定：乘客在公共交通工具行驶过程中，抢夺方向盘、变速杆等操纵装置，殴打、拉拽驾驶人员，或者有其他妨害安全驾驶的行为，危害公共安全的，无论是造成了致人重伤、死亡或者使公私财产遭受重大损失的严重后果，还是尚未造成严重后果，都应当以以危险方法危害公共安全罪追究刑事责任。但是，以危险方法危害公共安全罪是法定最低刑为三年的重罪，对上述行为以该罪论处，司法实务中出现了重罪轻罚、刑与罪不相适应的倾向。① 甚至有的司法人员在没有仔细考量行为类型及其现实危险的情况下，就得出行为危害公共安全的结论，从而大量认定为以危险方法危害公共安全罪，出现定性不当的问题。② 基于此，《刑法修正案（十一）》新增了妨害安全驾驶罪条款（第2条），作为《刑法》第133条之二予以规定。这样既回应了保障民众出行安全的需求，又能实现对行为人追究刑事责任时的适当定罪处罚。

《刑法修正案（十一）》颁布之后不久，有论者在《法学》上发表了《公共安全犯罪的立法思路嬗变：以〈刑法修正案（十一）〉为视角》一文，对《刑法修正案（十一）》第2条进行了重点解读，认为该条新增的妨害安全驾驶罪是立法上新设的不同于传统的危害公共安全罪中的危险犯的"独立的危险犯"；③ 该条第3款是"转化犯之规定"。④ 笔者读完此文，深受启发，认为如下问题尚需进一步探讨：通过创制"独立的危险犯"概念来解释妨害安全驾驶罪是否有必要？妨害安全驾驶罪是抽象危险犯还是具体危险犯？妨害安全驾驶罪条款中的第3款是转化犯还是竞合犯规定？司法上如何在妨害安全驾驶罪与以危险方法危害公共安全罪之间做到准确适用？本文拟对这些问题略陈管见。

一、妨害安全驾驶罪的危险犯类型

保护法益是刑法的目的。根据法益侵害的程度不同，国内外学界有从构成要件的结果角度将犯罪区分为侵害犯（实害犯）与危险犯的观点；⑤ 将法益侵害作为构成要件的结果的犯罪称为侵害犯，而将法益侵害的危险作为构成要件的结果的犯罪称为危险犯。⑥ 对于

---

① 参见绥化市北林区人民法院（2017）黑1202刑初148号刑事判决书；赤峰市中级人民法院（2019）04内刑终319号刑事判决书；广州市花都区人民法院（2020）粤0114刑初80号刑事判决书等。
② 参见周光权：《论通过增设轻罪实现妥当的处罚——积极刑法立法观的再阐释》，载《比较法研究》2020年第6期，第46页。
③ 参见陈兴良：《公共安全犯罪的立法思路嬗变：以〈刑法修正案（十一）〉为视角》，载《法学》2021年第1期，第38页。
④ 参见陈兴良：《公共安全犯罪的立法思路嬗变：以〈刑法修正案（十一）〉为视角》，载《法学》2021年第1期，第39页。
⑤ 参见［日］西田典之：《日本刑法总论》，刘明祥、王昭武译，中国人民大学出版社2007年版，第62页；张明楷：《刑法学》（第6版），法律出版社2021年版，第214页。
⑥ 参见［日］山口厚：《刑法总论》（第3版），付立庆译，中国人民大学出版社2018年版，第46页。

构成要件结果意义上的危险犯，学界又将其区分为抽象危险犯（形式犯）和具体危险犯（实质犯），①但没有"独立的危险犯"与"不独立的危险犯"的分类之说。

（一）解释妨害安全驾驶罪无需使用"独立的危险犯"概念

《公共安全犯罪的立法思路嬗变》一文针对《刑法修正案（十一）》增设的妨害安全驾驶罪，提出了"独立的危险犯"概念，且在文中多处使用了这一概念，似乎有创制这一新的概念之意。该文指出："传统的危险犯存在与之对应的实害犯，而危害公共交通工具行驶罪则是将危险行为直接入罪，并不存在与之对应的实害犯，因而属于独立的危险犯。独立的危险犯之设立，在一定程度上弥补了刑法对公共安全罪的危险犯规定的不足，为惩治公共危险犯提供了刑法根据。"②由此可见，该文所提出的"独立的危险犯"，是指刑法规定的、不存在与之对应的实害犯的危险犯。也就是说，这种危险犯不依赖于相应的实害犯而独立存在。而该文所指的"传统的危险犯"，是指放火罪、破坏交通工具罪、破坏交通设施罪等犯罪的危险犯。这些危害公共安全的危险犯则是依赖于相应的实害犯而存在的，可谓不独立的危险犯。笔者认为，这种通过创制"独立的危险犯""传统的危险犯"概念来对危险犯进行分类解释没有必要性。

概念是认识主体反映客观对象基本特征的思维形式，虽然它"是构造理论的砖石，是研究范围内同一类现象的概括性表述"，③为人们思维和表达所必需，但是，不能随意创制它。张明楷教授指出："创制的概念必须符合概念的基本要求，并应当具有影响力和实际作用，否则便没有必要创制和使用新概念。"④刑法学概念有的是直接来源于刑法规定，如"犯罪""刑事责任""刑罚"等；而有的是对一些刑法规定的基本特征的归纳和提炼，如"犯罪构成""法定犯"等。这样的归纳性概念是为解释刑法规定服务的，应该具有解释力和适用力；也只有这样，创制的概念才具有生命力。如果创制的概念对于刑法规定的解释来说，可有可无，那么创制和使用这个概念，就没有必要性；反之，如果缺少这个概念，对有关刑法规定的解释就会出现难以到位甚至障碍，那就有其存在的必要性。"实害犯"与"危险犯"概念及其区分，之所以能够得到国内外刑法学界和实务界的广泛认可和运用，是因为"实害犯"与"危险犯"不但是对刑法分则有关具体犯罪规定的归纳，而且在犯罪成立上的要求确实不同，创制这对概念对于有关个罪成立的判断或认定有重要意义。学界在创制"危险犯"概念的基础上，进一步创制"抽象危险犯"和"具体危

---

① 参见［日］西田典之：《日本刑法总论》，刘明祥、王昭武译，中国人民大学出版社 2007 年版，第 62 - 63 页；［日］山口厚：《刑法总论》（第 3 版），付立庆译，中国人民大学出版社 2018 年版，第 46 - 47 页；张明楷：《刑法学》（第 6 版），法律出版社 2021 年版，第 214 页。

② 陈兴良：《公共安全犯罪的立法思路嬗变：以〈刑法修正案（十一）〉为视角》，载《法学》2021 年第 1 期，第 38 页。

③ 袁方主编：《社会研究方法教程》，北京大学出版社 2013 年版，第 55 页。

④ 张明楷：《刑法学中的概念使用与创制》，载《法商研究》2021 年第 1 期，第 22 页。

犯"这一对概念，也是因为刑法对这两种危险犯成立的具体标准有不同要求，其区分对于危险犯成立与既遂的认定具有实际意义。

而创制"独立的危险犯"概念不像"危险犯""具体危险犯""抽象危险犯"等概念一样，无论是对于犯罪成立与否的判断，还是对于犯罪既遂与否的认定，都没有实际意义。就拿妨害安全驾驶罪来说，该罪是一种危害公共交通安全的危险犯，具体是指"对行驶中的公共交通工具的驾驶人员使用暴力或者抢控驾驶操纵装置，干扰公共交通工具正常行驶"或者"驾驶人员在行驶的公共交通工具上擅离职守，与他人互殴或者殴打他人""危及公共安全"的行为。该罪成立与既遂的判断，无需考虑其是否有对应的实害犯，只要判断上述妨害安全驾驶的行为是否"危及公共安全"即可；如果行为危及公共安全，就可认定行为成立该罪既遂。而行为是否危及公共安全，需要进行具体判断，因此使用"危险犯""具体危险犯"等概念足以对其进行解释，无需使用"独立的危险犯"概念。

其实，《刑法修正案（十一）》之前，在危害公共安全罪中，没有对应的实害犯的危险犯就已经存在。例如，危险驾驶罪，非法制造、买卖、运输、储存危险物质罪，非法携带枪支、弹药、管制刀具、危险物品危及公共安全罪等犯罪都是危害公共安全的危险犯。这些犯罪不像放火罪、破坏交通工具罪、破坏交通设施罪等危险犯那样，在危险犯之后规定了相应的实害犯。在《公共安全犯罪的立法思路嬗变》一文提出"独立的危险犯"概念之前，学界对这些危险犯的成立与既遂的解释，都没有使用过"独立的危险犯"概念，而是使用了"具体危险犯"或"抽象危险犯"概念。而没有使用"独立的危险犯"概念，对这些没有对应的实害犯的危险犯的解释并不存在任何障碍；只要使用"抽象危险犯"或"具体危险犯"概念，就可反映其立法特征，并据此作出犯罪成立与否、既遂与否的判断。

（二）妨害安全驾驶罪属于具体危险犯

妨害安全驾驶罪属于危险犯，这在学界没有异议，但在其是具体危险犯还是抽象危险犯的问题上，学界存在着"具体危险犯说"和"抽象危险犯说"两种不同的观点。有的学者认为，妨害安全驾驶罪属于具体危险犯，[1] 但其对危险程度的要求低于刑法分则第二章"危害公共安全罪"中其他具体危险犯的要求。[2] 而有的学者虽然承认妨害安全驾驶罪所导致的对公共安全的危险低于以危险方法危害公共安全罪所代表的具体危险犯，但认为妨害安全驾驶罪属于抽象危险犯。[3] 笔者赞同"具体危险犯说"。

---

[1] 陈兴良：《公共安全犯罪的立法思路嬗变：以〈刑法修正案（十一）〉为视角》，载《法学》2021年第1期，第43页。

[2] 参见张明楷：《刑法学（下）》（第6版），法律出版社2021年版，第934页。

[3] 参见梅传强、胡雅岚：《妨害公共交通工具安全驾驶罪的理解与适用》，载《苏州大学学报（哲学社会科学版）》2021年第1期，第48页。

抽象危险犯是指立法者推定行为对法益的侵害具有危险性、无需司法者根据个案具体情况对这种危险性予以认定的危险犯类型。具体危险犯是指行为对法益侵害的危险需要司法者根据个案的具体情况进行判断的危险犯类型。可以说，危险犯中行为对法益侵害的危险是否需要司法者根据行为当时的具体情况进行判断，是抽象危险犯与具体危险犯的区分标准。据此而论，妨害安全驾驶罪属于具体危险犯。因为在妨害安全驾驶罪中，无论是行为人对行驶中的公共交通工具的驾驶人员使用暴力或者抢控驾驶操纵装置的行为，还是驾驶人员在行驶的公共交通工具上擅离职守、与他人互殴或者殴打他人的行为，是否"危及公共安全"，都需要司法者根据个案的具体情况进行判断。进一步说，如果立法者不需要司法者作出这种判断，也就不会在该罪的罪状中使用"危及公共安全"的表述。反之，如果该罪的罪状中没有使用"危及公共安全"的表述，那么意味着行为人只要对行驶中的公共交通工具的驾驶人员使用暴力或者抢控驾驶操纵装置，只要驾驶人员在行驶的公共交通工具上擅离职守、与他人互殴或者殴打他人，就构成该罪，无需司法者对这种行为作出是否"危及公共安全"的判断，这才是抽象危险犯。既然立法者要求妨害安全驾驶的行为只有"危及公共安全"才能构成该罪，那就应当认为该罪属于具体危险犯。

"抽象危险犯说"的理由是，妨害安全驾驶罪的罪状中使用了"危及公共安全"的表述，而不像放火罪、以危险方法危害公共安全罪等犯罪的罪状中使用的是"危害公共安全"的表述。这种观点由此推断"危及公共安全"与"危害公共安全"对公共安全的影响程度不同，进而认为罪状中有"危害公共安全"表述的犯罪如以危险方法危害公共安全罪属于具体危险犯，罪状中有"危及公共安全"表述的妨害安全驾驶罪属于抽象危险犯。笔者认为这种观点在"危及"与"危害"上做文章，区分抽象危险犯与具体危险犯，进而得出妨害安全驾驶罪属于抽象危险犯的结论，值得推敲。

第一，以妨害安全驾驶罪的罪状表述有"危及"为由，将其解释为抽象危险犯不符合体系解释的要求。我国刑法条文中有多处使用了"危及"一词。总则关于特殊防卫的规定中有"严重危及人身安全的暴力犯罪"的表述；分则罪状表述上使用了"危及"用语的犯罪也并非只有妨害安全驾驶罪，其实在暴力危及飞行安全罪、危险驾驶罪（违规运输危险化学品）、非法携带枪支、弹药、管制刀具、危险物品危及公共安全罪以及袭警罪（加重法定刑条件）的罪状表述中都使用了"危及"用语。如果认为"危及"表述的是抽象危险，那么将特殊防卫中的"危及人身安全"解释为抽象危险，将暴力危及飞行安全罪等犯罪解释为抽象危险犯，将袭警罪的"使用枪支、管制刀具，或者以驾驶机动车撞击等手段，严重危及其人身安全"解释为抽象危险，恐怕是不合适的，因为这些情形中的"危及人身安全""危及飞行安全""危及公共安全"都有赖于司法者根据个案情况进行具体判断。其实，从学界的已有观点来看，这些情形中的"危及"表述的是具体危险或具体危险犯。例如，关于特殊防卫中的"严重危及人身安全"，周光权教授认为，判断不法侵害人实施的暴力犯罪是否严重危及人身安全，应"考察该行为是否已对被侵害人的重大人身权利有现实的或者迫切的危害"。① 这里所提的"有现实的或者迫切的危害"显然是指具体危险，需要司法者根据个案的具体情况作出判断。刘志伟教授也认为，此处的"严重危及人身安全"应根据案件的具体情况进行判断。② 关于暴力危及飞行安全罪，有的学者认为该罪是具体危险犯，"危及飞行安全"是指行为人的行为致使飞行中的航空器处于危险状态。③ 张明楷教授认为，暴力危及飞行安全罪、非法携带枪支、弹药、管制刀具、危险物质危及公共安全罪以及违规运输危险化学品类型的危险驾驶罪都属于具体危险犯。④ 张明楷教授甚至认为刑法分则条文中的"危及公共安全""危及飞行安全"是具体危险犯的标志。⑤ 关于袭警罪中的"严重危及人身安全，"有的学者认为，行为人"使用枪支、管制刀具，或者以驾驶机动车撞击等手段"实施袭警行为是否"严重危及人身安全"，司法实务上"一定要结合具体危险情形、暴力袭击的手段作出合理的判断"。⑥ 可见该观点认为袭警罪中的"危及"表述的是具体危险。因此，无论是从体系解释的要求还是从学界的观点来看，将妨害安全驾驶罪解释为抽象危险犯是不合适的。不能说唯独妨害安全驾驶罪中的"危及"表述的是抽象危险，而其他条文中的"危及"表述的都是具体危险。

　　第二，以"危害+法益"的形式表述的犯罪不一定就是具体危险犯。例如，刑法分则第二章的章标题是"危害公共安全罪"。该类罪中的犯罪既有实害犯，又有危险犯；既有具体危险犯，又有抽象危险犯。诸如妨害安全驾驶罪、暴力危及飞行安全罪、危险驾驶罪（违规运输危险化学品）、非法携带枪支、弹药、管制刀具、危险物品危及公共安全罪等"危及公共安全"或"危及飞行安全"的犯罪都被立法者规定在这一章中。因此，不能说"危害公共安全"的犯罪一定就是具体危险犯，"危及公共安全"的犯罪就是抽象危险犯，否则难以解释"危及公共安全"的犯罪被规定在"危害公共安全"的犯罪中。又如，非法采集人类遗传资源、走私人类遗传资源材料罪的基本罪状中有"危害公众健康或者社会公共利益"的表述，擅自进口固体废物罪的基本罪状中有"严重危害人体健康"的表述，但这两个罪都不是具体危险犯。由此可以看出，不能将"危害+法益"（如危害公共安全、危害公众健康等）的罪状表述作为判断具体危险犯的唯一依据；判断某个罪是否具体危险犯，应看该罪的整个罪状表述。

　　综上，从体系解释来看，分则个罪罪状表述中的"危及公共安全"与"危害公共安全"不能作为抽象危险犯与具体危险犯的区分标志。不管是"危害公共安全"的犯罪还

---

① 周光权：《刑法总论》（第3版），中国人民大学出版社2016年版，第214页。
② 刘志伟：《可特殊防卫之犯罪范围的司法认定》，载《山东公安专科学校学报》2000年第6期，第8页。
③ 参见刘耀彬：《暴力危及飞行安全罪探析》，载《北京航空航天大学学报（社会科学版）》2015年第4期，第30页。
④ 参见张明楷：《刑法学（下）》（第6版），法律出版社2021年版，第910页、第920页、第933页。
⑤ 参见张明楷：《刑法学（上）》（第6版），法律出版社2021年版，第215页。
⑥ 李翔：《袭警罪的立法评析与司法适用》，载《上海政法学院学报（法治论丛）》2021年第5期，第11页。

是"危及公共安全"的犯罪，只要其侵害法益的危险需要司法者根据行为当时的具体情况进行判断，就是具体危险犯。据此，以危险方法危害公共安全罪和妨害安全驾驶罪都属于具体危险犯。

二、妨害安全驾驶罪条文第 3 款的规范性质

《刑法修正案（十一）》在妨害安全驾驶罪的罪状与法定刑的规定之后设置了第 3 款规定，即"有前两款行为，同时构成其他犯罪的，依照处罚较重的规定定罪处罚。"《公共安全犯罪的立法思路嬗变》一文认为，该款是转化犯的规定。笔者认为这种观点值得商榷。

（一）该款不是转化犯规定

关于转化犯的定义，我国学界存在各种不同的表述。比如，有的学者认为，"转化犯是指行为人在实施某些犯罪之时或之后，由于特定事实因素的出现，使整个行为符合另一犯罪的构成，法律规定以后一犯罪定罪处罚的犯罪形态。"[①] 有的学者认为，"转化犯是指行为人在实施某一犯罪过程中，因其行为出现过限，超出了该犯罪构成的范围，但与该犯罪构成要件相结合又符合刑法规定的另一犯罪构成，从而以另一犯罪定罪处罚的犯罪形态。"[②] 笔者在此无意对有关转化犯定义的学界观点进行介评，但认为，我国刑法理论上的转化犯概念是对我国刑法立法现象的一种概括，应该符合立法实际，从立法层面归纳其特征，赋予其含义。因此，转化犯应是指行为人实施的较轻之罪行为因符合刑法规定的特别条件或发生了刑法规定的严重后果而转化为较重的犯罪，并以此重罪定罪处罚的犯罪形态。其主要特征为：转化犯是较轻罪向较重罪的转化，且这种转化具有法定性。转化犯的法定性包括基本犯的法定性、转化理由的法定性和转化之罪的法定性三个方面。[③] 例如，在《刑法》第 292 条关于聚众斗殴罪的规定中，立法者作出了如此规定："聚众斗殴，致人重伤、死亡的，依照本法第 234 条、第 232 条的规定定罪处罚。"这是学界公认的转化犯规定。该款对于聚众斗殴罪向故意伤害罪、故意杀人罪转化，既规定了基本犯即聚众斗殴罪，又规定了转化理由即"致人重伤、死亡"，还规定了向何罪转化即向故意伤害罪、故意杀人罪转化，符合转化犯的三个"法定性"。

而妨害安全驾驶罪条文中的第 3 款规定并不具备转化犯的三个"法定性"。一方面，"有前两款行为，同时构成其他犯罪的"，只是指出了一行为构成数罪的情况，并没有明确转化理由；另一方面，"依照处罚较重的规定定罪处罚"也只是要求从数罪中选择一重罪

[①] 周少华：《现行刑法中的转化犯之立法检讨——兼论刑法规范的内部协调》，载《法律科学》2000 年第 5 期，第 108 页。
[②] 肖本山、赵永红：《转化犯基本问题研究》，载《法学评论》2012 年第 4 期，第 40 页。
[③] 参见龙洋：《论转化犯立法的理论根据》，载《法律科学》2009 年第 4 期，第 132 页。

定罪处罚，并没有明确向何种具体犯罪转化或者依照哪一较重罪定罪处罚。简言之，该款没有规定妨害安全驾驶罪在什么条件下或者造成什么严重后果转化为哪种具体犯罪，因此不能认为是转化犯规定。

退一步说，即便按照《公共安全犯罪的立法思路嬗变》一文所指的转化犯概念，妨害安全驾驶罪条文第 3 款也难以理解为转化犯规定。该文认为，"转化犯是指行为人在实施某一较轻的犯罪时，由于连带的行为又触犯了另一较重的犯罪，因而法律规定以较重的犯罪论处的情形。"① 照此说来，行为人实施的某一较轻的犯罪行为与其实施的"连带的行为"属于两个不同的行为，"连带的行为"构成的犯罪属于较重的犯罪。而该款规定指的是妨害安全驾驶罪的行为同时构成其他犯罪的情形，应该是指此一行为构成数个不同犯罪的情形，而不是指妨害安全驾驶的连带行为构成其他较重罪的情形，根本不是指不同行为构成数个不同犯罪的情形。因此，该款规定并不符合《公共安全犯罪的立法思路嬗变》一文所指的转化条件，也不能认为其是转化犯规定。

更退一步说，如果按照《公共安全犯罪的立法思路嬗变》一文的观点将上述规定看成是转化犯规定，就会出现妨害安全驾驶的行为在没有造成严重后果的情况下难以认定为以危险方法危害公共安全罪的结果。该文认为，《刑法修正案（十一）》第 2 条第 1、2 款规定之罪的法定刑较低，"在发生致人伤亡或者造成其他严重后果的情况下，几乎可以断定不可能以这两个罪论处，而只能是根据后果的形态转化为其他更重的犯罪。"② 照此理解，妨害安全驾驶的行为转化为其他更重的犯罪的理由是"发生致人伤亡或者造成其他严重后果"。如果这样理解，那么妨害安全驾驶罪要转化为以危险方法危害公共安全罪，就只能是造成了严重后果的情形；对于妨害安全驾驶的行为没有造成严重后果的，则不能转化为以危险方法危害公共安全罪。这种理解显然是不符合以危险方法危害公共安全罪的规定的。《刑法》第 114 条规定的以危险方法危害公共安全罪的基本犯构成并不要求造成严重后果。就妨害安全驾驶的行为而言，其对公共交通安全的危险性如果与放火、决水、爆炸、投放危险物质对公共安全的危险性相当，即便没有造成严重后果，也完全可以认定为以危险方法危害公共安全罪。因此，如果按照该文的观点来处理此类案件，就会导致应该认定为以危险方法危害公共安全罪而不能认定的结果，其合理性值得质疑。

此外，我国刑法分则中已有多款规定类同于妨害安全驾驶罪条文第 3 款，例如，第 133 条之一第 3 款、第 286 条之一第 3 款、第 287 条之一第 3 款，等等。这些条款规定的都是"有前两款行为，同时构成其他犯罪的，依照处罚较重的规定定罪处罚"。如果将这种规定理解为转化犯规定，根据体系解释，其他条文中这样的规定也应理解为转化犯规

---

① 参见陈兴良：《公共安全犯罪的立法思路嬗变：以〈刑法修正案（十一）〉为视角》，载《法学》2021 年第 1 期，第 39 页。

② 参见陈兴良：《公共安全犯罪的立法思路嬗变：以〈刑法修正案（十一）〉为视角》，载《法学》2021 年第 1 期，第 40 页。

定，这会导致转化犯概念的泛化，使其失去应有内涵和功能，还会导致转化犯概念与其他罪数概念的重叠。因此，从这个角度上说，该款也不宜理解为转化犯规定。

(二) 该款是竞合犯规定

我国罪数论上的竞合犯是指一行为触犯数罪名的犯罪形态，不包括数行为触犯数个不同罪名的实质竞合。其基本特征是：行为人实施的行为只有一个，该一行为触犯的罪名却有数个，形成了数罪名均可适用于该一行为的情况。此乃学界的共识。对于这种竞合犯的处断规则，无论是刑法规定、司法解释，还是学界主流观点，一般都认可"从一重罪处断"，即"依照处罚较重的规定定罪处罚"。之所以说该款是关于竞合犯的规定，是因为：其一，该款中的"有前两款行为，同时构成其他犯罪的"，指的是妨害安全驾驶的行为，除了构成妨害安全驾驶罪，同时还构成其他犯罪。这是一行为触犯数罪名的情况，符合竞合犯的基本特征。其二，该款中的"依照处罚较重的规定定罪处罚"，指的是妨害安全驾驶的行为同时触犯数个不同罪名的，应"从一重罪处断"。这符合竞合犯的处断规则。因此，该款是关于竞合犯的基本特征和处断规则的规定。

"一行为触犯数罪名"的竞合犯包括想象竞合和法条竞合。在肯定该款属于竞合犯规定的前提下，解释论上还需要明确属于何种竞合。想象竞合和法条竞合是有区别的，也是应当区分的。关于这两者的区分，学界存在形式标准说（法条关系说）、实质标准说（充分评价说）、"形式标准 + 实质标准"说等诸多观点。形式标准说认为，法条竞合是由于法条的错综规定导致数个法条之间存在包容或者交叉的逻辑关系。这种逻辑关系不需要借助具体案件事实的联结，通过对构成要件的解释即可发现，① 因而法条竞合是不以犯罪事实的发生为转移的。想象竞合则是行为人实施的一个行为偶然地触犯数个罪名，是因具体犯罪事实而导致数个罪名被触犯，且承载被触犯的数罪名的法条之间不具有包容或交叉的逻辑关系。因而想象竞合并非法条的错综规定所致，而是与行为人实施犯罪的具体情况有关。实质标准说认为，法条竞合与想象竞合的区分应从一行为触犯的数罪的保护法益来看，即看行为侵犯的法益能否为数罪中的某一个犯罪全面评价。如果根据法条竞合的适用规则选择适用的罪名能对数罪侵犯的法益作出全面评价的，即为法条竞合；如果一行为触犯的数罪名中的任何一个罪名均不能对数罪侵犯的法益作出全面评价的，则为想象竞合。② "形式标准 + 实质标准"说认为，法条竞合是逻辑关系，不是事实关系，故形式标准只是一个前提性标准，除了形式标准之外，还必须有实质标准。即是说，即使符合形式标准，如果不符合实质标准，也不能认定为法条竞合，而只能认定为想象竞合乃至实质的

---

① 参见张明楷：《法条竞合与想象竞合的区分》，载《法学研究》2016年第1期，第129 - 130页。
② 参见安文录、陈洪兵：《法规竞合与想象竞合比较研究》，载《同济大学学报（社会科学版）》2003年第3期，第79页。

数罪。① 实质标准是指法益的同一性与不法的包容性。不法的包容性是指一个行为同时触犯数个法条，只适用其中一个法条就能够充分、全面评价行为的所有不法内容时，数个法条之间的关系才可能是法条竞合；② 倘若适用任何一个法条都不能充分、全面评价行为的不法内容，即使符合形式标准与法益的同一性标准，也只能认定为想象竞合。

笔者认为，形式标准说值得肯定。因为法条竞合本来就是指法条之间的交错关系，所以只有从法条关系的角度来理解才符合其本义，而且只要科学界定法条竞合，就可采用排除法，将其他竞合关系认定为想象竞合。但是，完全采用形式标准说，也可能会导致以法条竞合认定不当的问题，或者说，可能导致不能充分评价数罪的法益侵害性。这就需要实质标准作补充。即看以数罪中的某一罪定罪处罚能否充分评价数罪的法益侵害性。若能充分评价，即为法条竞合；若不能充分评价，则为想象竞合。因为以数罪中的某一罪定罪处罚不能充分评价数罪的法益侵害性，就需要在裁判文书中明示数罪，以显示行为对数罪的法益的侵害性，发挥刑法的评价机能。这就是想象竞合的明示机能。如此说来，对于一行为触犯数罪名的情况，即便承载数个不同罪的法条之间存在包容或交叉的逻辑关系，也只能认定为想象竞合，不再认定为法条竞合。总之，采用形式标准来认定竞合关系，若承载数个罪的法条之间不存在逻辑上的包容和交叉关系，就能够直接认定为想象竞合；若承载数个罪的法条之间存在逻辑上的包容或交叉关系，还要考虑行为所触犯的数罪是否需要在裁判文书中予以明示，而是否需要明示，又应考虑以数罪中的某一罪定罪处罚能否充分评价行为触犯数罪的法益侵害性，如果能够，就不需要在裁判文书中明示构成数罪，就认定为法条竞合；如果不能，就需要明示构成数罪，就认定为想象竞合。

根据上述区分标准，该款规定的竞合犯究竟只是想象竞合抑或只是法条竞合，还是二者兼有，首先需要分析"前两款行为"即妨害安全驾驶罪的行为可能触犯的其他罪名，再分析承载妨害安全驾驶罪与其他犯罪的法条之间的关系。如果能够肯定承载不同罪的法条之间具有逻辑上的包容或交叉关系，就能初步认定其属于法条竞合，反之则为想象竞合。在认定为法条竞合的情况下，还应看以数罪中的某一罪定罪处罚能否充分评价数罪的法益侵害性，如果能够充分评价，即为法条竞合；若不能充分评价，则需要在裁判文书中明示，即为想象竞合。

从妨害安全驾驶罪条文第1、2款规定来看，妨害安全驾驶罪的行为包括三种，即对驾驶人员使用暴力；抢控驾驶操纵装置；驾驶人员与他人互殴或殴打他人。其中，对他人使用暴力和殴打他人以及与他人互殴是伤害他人身体的行为。这种行为造成他人身体伤害达到轻伤以上结果的，构成故意伤害罪；如果行为人具有杀人故意的，则构成故意杀人罪。上述行为对于公共交通安全的危险性类同放火、决水、爆炸、投放危险物质行为对公

---

① 参见张明楷：《法条竞合与想象竞合的区分》，载《法学研究》2016年第1期，第129－130页。
② 参见张明楷：《法条竞合与想象竞合的区分》，载《法学研究》2016年第1期，第146页。

共安全的危险性的，还构成以危险方法危害公共安全罪。由此可见，妨害安全驾驶罪的行为可能触犯的其他罪名包括故意伤害罪、故意杀人罪和以危险方法危害公共安全罪。

第一，妨害安全驾驶罪的行为同时触犯故意伤害罪或者故意杀人罪形成的竞合。妨害安全驾驶罪的行为同时触犯故意伤害罪或者故意杀人罪，是因为妨害安全驾驶罪中"暴力""殴打""互殴"的规定涉及故意伤害罪或故意杀人罪，所以，可以说，规定妨害安全驾驶罪与故意伤害罪、故意杀人罪的法条之间存在逻辑上的交叉关系，可以初步肯定其法条竞合关系。但是，妨害安全驾驶的行为同时构成妨害安全驾驶罪和故意伤害罪或故意杀人罪的，按照"从一重罪处断"的规则，应以故意伤害罪或故意杀人罪定罪处罚。由于故意伤害罪、故意杀人罪的保护法益是身体健康和生命权利，因此以故意伤害罪或故意杀人罪定罪处罚，并不能充分评价妨害安全驾驶罪所侵犯的法益即公共交通安全。这就有必要在裁判文书中明示行为触犯的妨害安全驾驶罪和故意伤害罪或故意杀人罪。因此这种情况最终应认定为想象竞合。

第二，妨害安全驾驶罪的行为同时触犯以危险方法危害公共安全罪形成的竞合。妨害安全驾驶罪的行为同时触犯以危险方法危害公共安全罪，是因为该行为事实上对公共交通安全的危险性达到了放火、决水、爆炸、投放危险物质对公共安全的危险性程度，能够认定为以危险方法危害公共安全罪的"其他危险方法"。① 但是，需要注意的是，一方面，妨害安全驾驶的行为能够认定为以危险方法危害公共安全罪的"其他危险方法"，并不意味着这种行为本身一定属于以危险方法危害公共安全罪的"其他危险方法"，而其是否属于以危险方法危害公共安全罪的"其他危险方法"，需要进行个案事实判断；另一方面，以危险方法危害公共安全罪的"其他危险方法"虽然具有多样性，但也不必然包含妨害安全驾驶的行为，而其是否包含妨害安全驾驶的行为，也取决于个案事实。这就是说，从法条关系上看，妨害安全驾驶罪与以危险方法危害公共安全罪之间不存在逻辑上的包容和交叉关系，不属于法条竞合，而属于想象竞合。

第三，妨害安全驾驶罪的行为同时触犯故意伤害罪、以危险方法危害公共安全罪形成的竞合。行为人对驾驶人员使用暴力造成驾驶人员轻伤以上结果的，或者是驾驶人员与他人互殴或殴打他人造成他人轻伤以上结果的，构成故意伤害罪，同时该行为对公共交通安全的危险性达到放火、决水、爆炸、投放危险物质行为对公共安全的危险性程度，又构成以危险方法危害公共安全罪。这就存在妨害安全驾驶罪、故意伤害罪、以危险方法危害公共安全罪这三个罪之间的竞合。关于妨害安全驾驶罪与故意伤害罪、以危险方法危害公共安全罪的竞合，前已述及，此处不再赘述。需要讨论的是故意伤害罪与以危险方法危害公共安全罪之间的竞合。故意伤害罪是故意伤害他人身体健康的行为，其侵害的法益一般是

---

① 关于"其他危险方法"的认定，在本文的第三部分"妨害安全驾驶罪与以危险方法危害公共安全罪的界分"中予以阐述。

特定个人的身体健康权；以危险方法危害公共安全罪是指放火、决水、爆炸、投放危险物质行为之外的、类同放火、决水、爆炸、投放危险物质，危害公共安全的行为，其侵犯的法益是不特定或者多数人的生命、健康或者重大公私财产安全。从规定这两个罪的法条来看，承载这两个罪的法条之间并不存在逻辑上的包容和交叉关系，因此这两个罪的竞合不属于法条竞合。再者，行为人在实行妨害安全驾驶的行为过程中，无论是暴力故意伤害驾驶人员，还是驾驶人员故意殴打伤害乘客，都是对特定个体的身体伤害；而该行为对公共交通安全的危害则是行驶中的公共交通工具内外不特定或者多数人的生命、健康或者重大公私财产安全。因此，这种情况下，无论是以故意伤害罪定罪处罚，还是以以危险方法危害公共安全罪定罪处罚，都无法充分评价这两个罪的法益侵害性，需要在裁判文书中明示，这两个罪的竞合属于想象竞合。

（三）该款是想象竞合的指示规定

指示规定是指刑法指示司法工作人员在多种处断规则或结论中如何选择其中一种作为处理案件的规则或结论的规定。它以需要进行罪数处断为存在前提，具有指引性和限定性特征。[①] 之所以说妨害安全驾驶罪条文第 3 款是想象竞合的指示规定，是因为：其一，妨害安全驾驶的行为在构成妨害安全驾驶罪的同时，还可能与故意伤害罪、故意杀人罪、以危险方法危害公共安全罪发生想象竞合；如果发生想象竞合，就需要按照一定的规则进行罪数处断。而关于想象竞合的处断规则，虽然主流观点是主张"从一重罪处断"，但还存在着"从一重罪从重处断说"[②]"数罪并罚说"[③] 等观点。不同的司法工作人员如果根据不同的观点对上述竞合进行处断，往往会得出不同的结论，这就需要立法者指引。而"依照处罚较重的规定定罪处罚"就是立法者针对上述想象竞合情形给司法者所作的指引。其二，该款限定了上述想象竞合的处断规则。虽然妨害安全驾驶的行为同时符合数个犯罪构成时，根据学界关于想象竞合的处断规则的观点，司法工作人员对其可以"从一重罪处断"，也可以适用"从一重罪从重处断"等其他处断规则，具有选择性，但是，既然刑法规定了"依照处罚较重的规定定罪处罚"，那就意味着立法者要司法者所作的选择是"从一重罪处断"，而不能适用其他处断规则。这就限定了司法工作人员遇到上述想象竞合情形时应该如何作出处断规则的选择，避免了司法工作人员针对同样的案件因采用不同的处断规则而作出不同的处断结论，有利于实现司法适用的统一性。由此可见，该款规定符合指示规定的指引性和限定性特征，是想象竞合的指示规定。

[①] 参见彭辅顺：《论刑法分则中指示规定与法律拟制的区分》，载《苏州大学学报（法学版）》2017 年第 2 期，第 41 页。
[②] 参见吴振兴：《罪数形态论》，中国检察出版社 1996 年版，第 68－69 页；何荣功、黄丽：《论想象竞合犯的处罚原则及其适用》，载《武汉大学学报（哲学社会科学版）》2005 年第 3 期，第 404 页。
[③] 参见庄劲：《犯罪竞合：罪数分析的结构与体系》，法律出版社 2006 年版，第 210－215 页。

三、妨害安全驾驶罪与以危险方法危害公共安全罪的界分

妨害安全驾驶罪增设之前，司法实务中对于乘客殴打行驶中的公共交通工具的驾驶人员或者抢控驾驶操纵装置的行为，大多以以危险方法危害公共安全罪定罪处罚。2019年《关于依法惩治妨害公共交通工具安全驾驶违法犯罪行为的指导意见》发布之后更是如此。《刑法修正案（十一）》新增妨害安全驾驶罪之后，司法实务对于这种行为的定罪处罚肯定要进行分流。如果行为只是构成妨害安全驾驶罪，就应以妨害安全驾驶罪定罪处罚；如果行为在构成妨害安全驾驶罪的同时还构成以危险方法危害公共安全罪，就应按照前述的想象竞合的"从一重罪处断"规则，以以危险方法危害公共安全罪定罪处罚。问题是，妨害安全驾驶的行为在何种情形下只能认定为妨害安全驾驶罪，而在何种情形下应认定为以危险方法危害公共安全罪？这就需要进一步讨论这两个罪之间的界分。

由于妨害安全驾驶罪和以危险方法危害公共安全罪都是"危及"或"危害"公共安全的具体危险犯，妨害安全驾驶的行为是因为其对公共交通安全的具体危险性达到了放火、决水、爆炸、投放危险物质对公共安全的危险性程度，才能被认定为以危险方法危害公共安全罪，因此，妨害安全驾驶的行为同时构成妨害安全驾驶罪和以危险方法危害公共安全罪时，这两罪之间存在不法程度的高低关系，后者的不法程度高于前者。正因为如此，司法上如何确定这两者的界限，做到定罪准确，防止对妨害安全驾驶的行为在这两个罪之间认定不当，必定是实践难点。

笔者认为，由于妨害安全驾驶罪是法定最高刑为一年有期徒刑的轻罪，设立的重要目的是保障公众出行安全，因此行为人只要实行了法定的妨害安全驾驶的行为，且对公共交通安全发生了具体的危险，即"可能导致公共交通工具不能安全行驶，车辆失控，随时可能发生乘客、道路上行人伤亡、车辆或者财产损失的现实危险"，[1] 原则上就应认定为妨害安全驾驶罪。但在认定为妨害安全驾驶罪的基础上，应进一步认定这种行为是否属于对公共交通安全的高度不法行为，即对公共交通安全的危险性是否达到了放火、决水、爆炸、投放危险物质对公共安全的危险性程度，这种行为能否认定为以危险方法危害公共安全罪中的"其他危险方法"；如果达到了这个程度，能够认定为"其他危险方法"，就应将其认定为以危险方法危害公共安全罪。这就是说，对于妨害安全驾驶的行为认定为以危险方法危害公共安全罪，应从不法的低度到高度的思路分步判断，在妨害安全驾驶罪的范围内限缩认定以危险方法危害公共安全罪。按照这个思路认定，可以防止随意将妨害安全驾驶的行为认定为以危险方法危害公共安全罪。这样一来，如果妨害安全驾驶的行为根本不能认定为妨害安全驾驶罪，就不能认定为以危险方法危害公共安全罪；即使行为能够认定为妨害安全驾驶罪，也要在更高的不法程度上才能认定为以危险方法危害公共安全罪。

---

[1] 许永安主编：《中华人民共和国刑法修正案（十一）解读》，中国法制出版社2021年版，第21页。

这就限缩了以危险方法危害公共安全罪在妨害安全驾驶行为上的适用，有利于实现设置妨害安全驾驶罪以实现妥当处罚的立法初衷。

在认定妨害安全驾驶的行为构成妨害安全驾驶罪的基础上，要认定该行为是否构成以危险方法危害公共安全罪，关键是要认定该行为为以危险方法危害公共安全罪中的类同放火、决水、爆炸、投放危险物质的"其他危险方法"。而要认定妨害安全驾驶的行为属于"其他危险方法"，就应从危险性质与危险程度两个方面进行判断。首先，危险性质上，妨害安全驾驶的行为对于公共交通安全的危险性应与放火、决水、爆炸、投放危险物质对公共安全的危险性相当，客观上具有导致严重后果即不特定或者多数人重伤、死亡或者使公私财产遭受重大损失的现实可能，否则就不能将其认定为以危险方法危害公共安全罪。其次，危险程度上，妨害安全驾驶的行为必须具备导致不特定或者多数人重伤、死亡或者公私财产遭受重大损失的直接性、迅速蔓延性与高度盖然性。所谓直接性，是指致人重伤、死亡或者使公私财产遭受重大损失的严重后果是妨害安全驾驶的行为直接导致的，而不是介入其他因素的结果；所谓迅速蔓延性，是指妨害安全驾驶的行为对公共交通安全危险现实化的进程非常短暂与迅速，行为所蕴含的危险一旦现实化便会迅速蔓延和不可控制；所谓高度盖然性，是指妨害安全驾驶的行为所蕴含的内在危险一般会合乎规律地导致上述严重后果的发生，从一般生活经验的角度来看，相关危险的现实化不是小概率事件，而是具有高度的现实可能性。① 若无论是从危险性质还是从危险程度上都能够认定妨害安全驾驶的行为符合以危险方法危害公共安全罪的"其他危险方法"的要求，就能被认定为以危险方法危害公共安全罪。

既然妨害安全驾驶的行为是被认定为妨害安全驾驶罪还是被认定为以危险方法危害公共安全罪，关键在于该行为对公共交通安全的危险性质与程度是否与放火、决水、爆炸、投放危险物质相当，那么就应判断这种相当性是否具备，以及在何种情况下具备。由于"致人重伤、死亡或者使公私财产遭受重大损失"的严重后果是《刑法》第115条规定的以危险方法危害公共安全罪的结果加重犯的要求，② 因此，如果妨害安全驾驶的行为已经造成了"致人重伤、死亡或者使公私财产遭受重大损失"的严重后果，就应当肯定这种相当性已经具备，应将其认定为以危险方法危害公共安全罪。而且也只有这样认定，才能做到罪责刑相适应，因为妨害安全驾驶罪是轻罪，构成要件上没有任何实害结果要求，更不能评价妨害安全驾驶的行为导致严重后果的情形。这就是说，在妨害安全驾驶的行为已经造成"致人重伤、死亡或者使公私财产遭受重大损失"的严重后果的情况下，这种严重后果就是妨害安全驾驶罪与以危险方法危害公共安全罪的分界线。

问题是，实务中妨害安全驾驶案件也许更多的是尚未造成上述严重后果的案件。在尚

---

① 参见劳东燕:《以危险方法危害公共安全罪的解释学研究》，载《政治与法律》2013年第3期，第29页。
② 参见张明楷:《刑法学（下）》（第5版），法律出版社2016年版，第692页。

未造成严重后果的情况下如何认定这种相当性的具备与否，就成为更需要研究的问题。笔者认为，应根据以下三个因素进行综合判定：第一个因素是行为因素。从行为方面看，行为人对驾驶人员使用暴力的速度与程度、暴力的连续性及次数；抢控驾驶操控装置的力度、持续性；驾驶人员擅离职守与他人互殴或殴打他人的时间长度。如果行为人对驾驶人员突然使用暴力，速度快，力度大，或者瞬间连续使用暴力；行为人抢控驾驶操纵装置速度快、力度大，时间较长；驾驶人员擅离职守与他人互殴或殴打他人时间较长，任凭交通工具行驶，就应当肯定这种行为对发生重大交通事故的现实危险性存在。在同时具备下述第二个或第三个因素的情况下，就应肯定上述相当性具备，从而应认定为以危险方法危害公共安全罪；否则就只能认定为妨害安全驾驶罪。即使该行为已经导致了一般的交通事故，如致人轻伤或轻微伤、造成较大的财产损失等，也只能这样认定。第二个因素是有关行驶中的公共交通工具的情况。从行驶中的公共交通工具方面，看交通工具的载客量、交通工具行驶速度。如果在具备第一个因素的情况下，交通工具的载客较多，行驶速度快到急刹车会导致重大交通事故，即"致人重伤、死亡或者使公私财产遭受重大损失"的严重后果，就应肯定这种相当性的具备，从而应认定为以危险方法危害公共安全罪；否则，如果交通工具上只有个别乘客，且行驶速度慢，不至于发生重大交通事故，就只能认定为妨害安全驾驶罪。第三个因素是行车环境。从行车环境方面，看交通工具行驶道路上的车流量、人流量或者道路所处的环境如桥梁、隧道、山路、陡坡、弯道等情况。在具备第一个因素的情况下，公共交通工具行驶的道路上车流量大、人流量大，具有发生重大交通事故的现实可能性，或者是在具备第一、二个因素的情况下，交通工具行驶在桥梁、隧道、山道、弯道等道路上，具有导致发生重大交通事故的现实可能性，就应肯定上述相当性的具备，从而应认定为以危险方法危害公共安全罪；否则公共交通工具行驶的道路上车少、人少，交通工具也不是在桥梁、隧道、弯道等道路上行驶，就只能认定为妨害安全驾驶罪。

总之，对于妨害安全行驶的行为，在其尚未造成严重后果的情况下，应结合上述三个因素综合考量，具体判断，认定其对于公共交通安全的现实危险是否与放火、决水、爆炸、投放危险物质对于公共安全的现实危险相当，是否有造成严重后果的现实可能性，从而确定是否将其认定为以危险方法危害公共安全罪。如果妨害安全驾驶的行为被认定为以危险方法危害公共安全罪，那么该行为肯定已经构成妨害安全驾驶罪，从而形成想象竞合，依据妨害安全驾驶罪条文第3款的规定，应以以危险方法危害公共安全罪定罪处罚。

（编辑：戴津伟）

司法解释关于行政机关协助法院执行行为可诉范围之澄清与拓展路径[*]

原浩洋[**]

摘 要 司法解释关于行政机关协助法院执行行为可诉范围的厘定，不仅与行为属性和可诉性判断的一般法理以及以往司法解释、答复和司法实践的惯常做法不相符合，而且疏漏了缩小范围执行行为和遗留范围上的不作为以及"采取违法方式"之外其他"违法采取措施"行为的可诉性。准确厘定协助执行行为的可诉范围，必须首先准确选择和统一适用行为属性和可诉性判断标准，明晰协助执行行为不可诉的法理与制度依据，以期最大限度地拓展可诉行为范围。

关键词 协助执行 范围 违法方式 标准 拓展路径

最高人民法院《关于适用〈行政诉讼法〉的解释》（以下简称《解释》）第1条第2款第（七）项规定："行政机关根据人民法院的生效裁判、协助执行通知书作出的执行行为，但行政机关扩大执行范围或者采取违法方式实施的除外。"其关于行政机关协助法院执行行为（以下简称"协助执行行为"）可诉范围的界定与以往司法解释、答复和司法实践惯常做法不一致，同时也引出下述几个值得商榷的问题：既然"扩大执行范围"可诉，那么，同属非原范围执行和行政意志的"缩小执行范围"为何不可诉？附着于遗留范围上的不作为是否可诉？为何将"采取违法方式"从"违法采取措施"中剥离出来设为可诉行为，尤其是在之前的司法解释和司法实践普遍认定后者可诉的背景之下？协助执行行为的法律属性和可诉性判断究竟应当秉持什么标准？协助执行行为不可诉的法理和制度依据是什么？前述问题急需理论上率先予以澄清，进而寻求可诉范围的最大值。

---

[*] 基金项目：山东省2017年社科规划重点项目"行政审判参照惯例问题研究"（编号：17BFXJ03）的阶段性成果。

[**] 作者简介：原浩洋，男，山东蓬莱人，山东大学法学院博士研究生，研究方向为行政法和行政诉讼法。

一、《解释》疏漏了系于缩小范围执行上的两个可诉行政行为

从法理上说，协助执行机关缩小范围执行必定生成两个行政行为：其一是缩小范围的协助执行行为。尽管其并未扩大范围，但并非原范围执行，而是改变范围或否定原范围。若按"采取违法方式实施"所秉持的"意志说"，除非生效裁判文书自身有问题或者客观上执行不能、执行力不足等特殊情形，否则缩小范围的协助执行行为只能定性为行政意志主导下的行政行为。尤其是，行政法上判断行为可诉与否的法定标准是《解释》第1条第2款第（十）项确立的"权利义务实际影响"，由是观之，无论是扩大范围还是缩小范围，都会产生超出原范围的新的"权利义务实际影响"，其中的"扩大范围"在给被执行人带来超出生效裁判之外的不利影响的同时，给权利人带来超范围的有利影响；而"缩小范围"在给权利人带来原范围之外的新的不利影响的同时，给被执行人带来相同范围的有利影响，这种改变范围的有利或不利影响在行政权能、行政意志等要件的合力之下，完全可以助成缩小范围的协助执行行为的可诉性。

其二是建立在遗留范围之上的不作为。这里的"不作为"并非"司法不作为"，而是可诉的"行政不作为"，因为一则从"意志说"看，除客观上执行不能、执行力不足等特殊情形之外，遗留范围实则出于行政意志，是由协助执行机关的"不表示"或者"否定的意思表示"所致；二则从"范围说"看，对原范围的否定不属于生效裁判所载司法意志；三则从司法政策看，2012年最高人民法院《关于行政机关不履行人民法院协助执行义务行为是否属于行政诉讼受案范围的答复》（以下简称"《答复》"）已经认同了"当事人认为行政机关不履行协助执行义务造成其损害，请求确认不履行协助执行义务行为违法并予以行政赔偿的，人民法院应当受理"，且历经多年的司法实践已形成惯例。

在缩小范围执行背景下存在两个极易被忽视的问题：一是并非只要未超范围就是司法意志或行为的延伸，缩小范围与扩大范围执行一样，也可能出自行政意志，也应可诉；二是并非只有扩大范围执行才会生成新的行政行为，遗留范围之上也有一个隐形的、可诉的行政不作为。

从制度设计看，缩小范围执行行为可诉早已被有关司法解释和司法文件所确认。一则2006年最高人民法院办公厅《关于房地产管理部门协助人民法院执行造成转移登记错误，人民法院对当事人提起的行政诉讼的受理及赔偿责任问题的复函》（以下简称"《复函》"）中载明："如果当事人认为行政机关在协助时缩小或扩大了范围或违法采取措施造成其损害，提起行政诉讼的，人民法院应当受理。"二则2010年最高人民法院《关于审理房屋登记案件若干问题的规定》（以下简称"《若干问题的规定》"）第2条第1款规定，"公民、法人或者其他组织认为登记与有关文书内容不一致的"，属于人民法院受案范围。三则2011年最高人民法院《关于审理涉及农村集体土地行政案件若干问题的规定》（以下简称"《规定》"）第2条规定，"土地权属登记机构登记的内容与法律文书的内容不一致时，登

记就有了独立于司法意志的因素,应为可诉。"

前述司法解释的内在理性在于:一则将"范围说"平等适用于所有协助执行行为的可诉性判断,只要不是原范围执行,不管是扩大抑或缩小范围,均属于可诉行为;二则将"意志说"作为协助执行行为属性判断的根本因素,除执行不能、执行力不足等特殊情形外,无论是扩大、缩小还是遗留范围均出于行政意志,只要改变了生效裁判所承载的司法意志,就当然属于可诉的行政行为。据此,协助执行过程可以析出三个可诉行政行为,即扩大或和缩小范围的协助执行行为以及遗留范围之上的行政不作为。

从司法实践看,不少个案裁判认同缩小范围的协助执行行为可诉。如有裁判认为,被告"将第三人张博的股权比例登记为59%,与抚顺市望花区人民法院作出的(2015)抚开民执字第239号执行裁定书确认的变更59.5%的股权登记比例存在差异",因而被诉行政登记行为属于受案范围。裁判文书引用了最高人民法院、国家工商总局《关于加强信息合作规范执行与协助执行的通知》(以下简称"《通知》")[法(2014)251号]第18条规定:"当事人认为工商行政管理机关在协助执行时扩大了范围或者违法采取措施造成其损害,提起行政诉讼的,人民法院应当受理。"① 这里明显将缩小范围执行归入了"违法采取措施"之列。本案中实则存在两个可诉行政行为:一是缩小范围将股权登记为59%行为;二是附着于遗留范围上、遗漏股权登记0.5%的不作为。若按《解释》,缩小范围、遗留范围和违法采取执行措施均不可诉,由此可知,《解释》实则缩小了以往司法解释和司法实践所确立和秉持的协助执行行为的可诉范围。

二、《解释》认定"采取违法方式"而非"违法采取措施"可诉值得商榷

基于"明示其一、排除其他"规则,《解释》认定"采取违法方式"可诉,等于否定了除方式违法以外其他"违法采取措施"的可诉性,而事实上,后者的可诉性早已被2004年最高人民法院《关于行政机关根据法院的协助执行通知书实施的行政行为是否属于人民法院行政诉讼受案范围的批复》(以下简称"《批复》")和《复函》等多个司法解释、答复所确认,且已在司法实践中适用多年、形成惯例。《解释》将可诉的协助执行行为由"违法采取措施"改为"采取违法方式",实则缩小了受案范围,这与行政诉讼立法一直秉承的受案范围"应逐步扩大,以利于行政诉讼制度的推行"的立法宗旨背道而驰。②

鉴于协助执行不作为属于"采取违法方式"之一种,而前者的可诉性已为《答复》所确认,据此可以说,表现为不作为方式的"采取违法方式"可诉已有制度铺垫,《解释》只是将该领域内的可诉行为范围从协助执行不作为拓展至所有"采取违法方式"而已。但尽管如此,"采取违法方式"与协助执行不作为之间的可诉机理并不相同。鉴于否

---

① 参见辽宁省抚顺市中级人民法院(2016)辽04行终110号行政裁定书。
② 参见1989年3月28日全国人大常委会副委员长、法制工作委员会主任王汉斌在第七届全国人民代表大会第二次会议上所作《关于〈行政诉讼法(草案)〉的说明》。

定原范围本质上就是超范围，所以协助执行不作为本质上属于超范围和行政意志，无论按照"范围说"或"意志说"还是前述相关司法解释、答复等规定都属于可诉行为，但"采取违法方式"并未超范围。

同时，尽管《行政诉讼法》第 12 条第 1 款也有从"违法方式"来界定受案范围的条款，如滥用行政权力排除或者限制竞争、违法要求履行其他义务等，但并无"采取违法方式"的协助执行行为可诉的"示例性列举"。而且，关于受案范围的"兜底条款"是以"权益"而非"违法方式"为基准的，即"侵犯其他人身权、财产权等合法权益"而非"以其他行为或方式侵犯人身权、财产权的"，很显然，"行为列举"较之于"权益列举"更有利于将"行为方式"纳入可诉范围，更容易融入以行政行为为脉络的法定及受案范围。鉴于《行政诉讼法》第 12 条第 2 款关于"除前款规定外，人民法院受理法律、法规规定可以提起诉讼的其他行政案件"的规定，《解释》并无拓展法定受案范围的法律授权，其关于协助执行行为可诉范围的厘定本质上属于适用性解释，而上位法并未明确协助执行行为的可诉范围，亦即司法解释并无解释依据或对象，所以，为填补法律空白或起码强化法律的明确性，要么将"采取违法方式""违法采取措施"等作为列举情形，要么将"兜底规定"修改为"行为概括"而非"权益概括"，即"侵犯人身权、财产权等合法权益的其他行政行为"。

协助执行行为的违法情形有很多种，除了《解释》所列"扩大范围""采取违法方式"之外，还有执行对象错误、执行标的错误、执行程序违法等多种情形，扩大范围的协助执行行为因其超越生效裁判所确立的范围而可诉尚且可以理解，但在众多未超范围的违法情形当中，《解释》为何唯独将"采取违法方式"从"违法采取措施"当中剥离出来纳入可诉范围？如果将可诉性归因于"新增违法情形"，那么为何不将同样属于该种情形的"违反法定程序"等其他"违法采取措施"设为可诉，尤其是在以往多个司法解释、答复等已经多次认同"违法采取措施"可诉，且已形成司法惯例的情况下？

假设《解释》是以"违法采取措施"情形中违法程度的严重性为标准确定可诉行为范围，那么，无论在质还是量的方面，方式违法均不是"违法采取措施"中社会危害程度、显明程度最大的，比如其不如违法手段、危害后果更具社会危害性，也不如违法后果更具显明性。

那么，《解释》为何唯独将"客观方面"中的"方式"作为可诉性衡量标准？该问题又可一分为二：其一，为何选择"客观方面"而不是"客体"？按基本法理，确定行为法律属性和司法介入的根本标准应为社会危害程度大小。① 鉴于我国行政法学领域缺少行政

---

① 值得反思的是，当下行政诉讼规范制度设计时常以某种行为或现象的"显明程度"作为司法介入的界限，如《行政诉讼法》第 70 条将行政行为"明显不当"而不是"重大不当"作为撤销判决理由、第 77 条将"行政处罚明显不当"而非"行政处罚重大不当"作为变更判决理由、《解释》第 69 条第（八）项将"行政行为对其合法权益明显不产生实际影响的"而非"经审查，行政行为对其合法权益确实不产生实际影响的"作为"驳回起诉"的理由。上述规定均值得质疑，因为"重大不当"较之"明显不当"更应当成为司法介入的理由。

违法行为构成理论，且其与犯罪行为的常态关系是量变质变关系，所以我们不妨借鉴犯罪构成理论来探求究竟应以客体还是客观方面作为确定社会危害性的根本标准。

对此，刑法学领域主要有两种观点：一种观点是"客体决定说"，认为"犯罪之所以具有社会危害性，首先是由其所侵犯的犯罪客体决定的"，①"确定了犯罪客体，在很大程度上就能确定犯的是什么罪和它的危害程度"。② 在犯罪构成要件中，只有犯罪客体才决定犯罪的本质，因为其不仅影响罪与非罪的判断，正所谓"犯罪的本质是对客体的侵害，这是认定所有犯罪及分析犯罪行为所应贯彻始终的"，且"形形色色的犯罪行为无一不是对刑法所保护的社会关系的侵害"③；而且影响量刑，"犯罪客体揭示了行为的实质违法性。对犯罪客体的侵害程度影响对犯罪行为的定罪和量刑"。④ 另一种观点是"客观方面决定说"，如有观点认为："手段也好，方法也好，都是行为的组成部分，是行为的表现形式，反映行为的危害程度。"⑤ 尽管客体与客观方面均能反映社会危害程度，但"客体说"较之"客观方面说"更加合理、客观，更具实践主导性。由是观之，《解释》将"违法方式"视为行为性质、责任归属的判断标准，并非仅仅将危害程度作为考量因素，而是将违法方式视为特别影响因素，并赋予其特殊功能，正所谓"当刑法把某种特定的手段、方法予以明确规定的时候，就把这种采取特定手段、方法实施的行为与没有采取这种手段、方法的行为加以区别而使行为特定化"。⑥ 但即便如此，前述推理也只是解决了立法者将违法方式作为社会危害性和司法介入的重要考量问题，并未回答为何要以方式违法作为区分法院与协助执行机关之间的责任分工问题，尤其在对象错误、标的错误等更应该归责于协助执行机关的情况下。

其二，为何只选择"客观方面"中的"方式"？尤其是在"违法行为的发生地、发生时间、采取的方法、手段等都是违法行为本身的客观表现"，都可以"构成行政违法客观方面的选择要件"的情况下，⑦ 即使如前述观点将违法方式与其他客观方面"加以区别而使行为特定化"，也应当有特别理由，并经得起合法性、合理性拷问，尤其在危害行为、方法手段等其他"客观方面"在协助执行行为中的作用同样重要甚至有过之的情况下。

即便按有观点所言，将组成客观方面的各要素"或者作为表明行为危害性的事实特征，或者作为表明行为危害程度的事实特征，或者作为区分行为违法类型的事实特征，都

---

① 杜波、贾成宽：《刑法学》，南海出版公司2007年版，第41页。
② 曾庆敏主编：《刑事法学词典》，上海辞书出版社1992年版，第159页。
③ 参见杜牧真：《从犯罪客体看偷换二维码行为的本质》，载《人民检察》2018年第13期，第75页。
④ 王飞：《侵犯公民个人信息罪若干实务问题探析——以犯罪客体为视角》，载《法律适用（司法案例）》2018年第18期，第110页。
⑤ 张智辉：《论犯罪构成的客观要件》，载《中国刑事法杂志》2016年第6期，第64页。
⑥ 张智辉：《论犯罪构成的客观要件》，载《中国刑事法杂志》2016年第6期，第64页。
⑦ 黄建刚、孔志洁：《行政违法行为构成要件实务研究》，载《中国工商行政管理》2015年第2期，第74页。

与行为之间具有密切的联系，因而在刑法中被作为行为构成犯罪的必要条件加以规定"①，那么违法方式应该作为哪一类"事实特征"呢？一则其不能作为"危害性的事实特征"，因为凡是违法的协助执行行为都有社会危害性，没有理由将违法方式及其危害性特别对待，尤其是在危害结果的社会危害性更甚的情况下；二则其不能成为"危害程度的事实特征"，因为违法手段、危害后果的社会危害性甚于违法方式；三则其可以作为"违法类型的事实特征"，因为其毕竟代表了一种违法类型，但《解释》为何唯独将此种违法类型的协助执行行为"另眼看待"，缺乏令人信服的特别理由。

《解释》置客体和其他客观方面因素对"诉之理由"的影响于不顾，唯独赋予"采取违法方式"以可诉性，在下述三点当受质疑：一则从"方式"的字义看，系指"言行所采用的方法和样式"，一般而言，"方式"具有通用性，其自身并无行为属性、责任归属和可诉性的界分功能，只是因为由不同机关采取，才会具有不同法律意义，并产生不同性质的行为。同一方式的行为，法院采取了就是司法行为，行政机关采取了就是行政行为。二则"违法"也不具有行为主体、责任的界分功能，不能因为协助执行行为合法了就是司法行为，违法了就是行政行为。即使在委托、协助、代理等法律关系领域，将"违法说"作为行为属性和责任划分标准也不具有实质与形式合法性。三则"违法方式"同样不能成为司法行为与行政行为的界分标准，如果说采用合法方式执行就是司法行为，而采用违法方式执行就是行政行为，法理上难以服人，实践中对协助执行机关也不公平，尤其在违法方式并非完全归咎于主观因素、行政意志的情况下。

尤其是，"采取违法方式"无论如何也不能作为界分协助执行行为究竟是不可诉的司法行为还是可诉的行政行为的标准，因为判断一个行为是否属于行政行为的标准可以是"名义说""意志说""阶段说""主体资格说""职权归属说"等，少有甚至没有"行为方式说"或"行为违法说"②之类的理论和制度设计。据此，我们只能哀叹：如果说"法的要保护性要素是刑事立法者基于立法政策的衡量而进行的法的价值判断的产物"③，那么，立法者、解释者的衡量、判断标准和结果最好对基本法理和一般人的认知水平给予起码的关照。

综上，合理方案是，要么将"采取违法方式"从可诉协助执行行为中剔除，要么将范围更加宽泛的所有"违法采取措施"一并纳入可诉协助执行行为范围。

---

① 张智辉：《论犯罪构成的客观要件》，载《中国刑事法杂志》2016年第6期，第80页。
② 目前"行为违法说"主要存在于司法解释、文件和个别裁判当中，如《最高人民法院关于认真贯彻执行〈关于办理申请人民法院强制执行国有土地上房屋征收补偿决定案件若干问题的规定〉的通知》（法〔2012〕97号）规定："对被执行人及利害关系人认为强制执行过程中具体行政行为违法而提起的行政诉讼或者行政赔偿诉讼，应当依法受理。"
③ ［日］关哲夫《法益概念与多元的保护法益论》，王充译，载《吉林大学社会科学学报》2006年第3期，第103页。

三、协助执行行为可诉范围界定必须明晰的几个问题

1. 协助执行行为的属性认定必须秉持统一标准

《解释》关于可诉协助执行行为性质和责任归属的认定摒弃了作为规范设计与实务做法通行标准的"名义说"和"职权归属说",而是主要秉持了"范围说"和"意志说",其中认定"扩大范围"的协助执行行为可诉主要依据了"范围说",认定"采取违法方式"的协助执行行为可诉则采用了"意志说"。司法个案裁判在协助执行行为可诉与否的说理当中也大都依据了这两个标准,如有裁判认为,"'行政机关扩大执行范围或者采取违法方式实施的协助执行行为'属于行政诉讼受案范围,是因为行政机关的此种行为已经失去了人民法院裁判文书的依托,超出了人民法院协助执行通知书的范围和本意,在性质上不再属于实施司法协助的执行行为,应当受到司法审查并独立承担法律责任。"[①] 其中的"范围和本意"分别代表了"范围说"和"意志说"。

《解释》将前述二说用于协助执行行为可诉性判断不能自圆其说,因为一则同样范围和同属行政意志的协助执行行为经常被"差别对待";二则一旦对相关学说、标准之间进行关联考察,就会陷入逻辑错误。

其一,"范围说"中值得商榷之处主要有:第一,条款中"范围"的内含外延并不确定,这本身就为协助执行行为陷入"尽管范围相同、但可诉性不同"的窘境埋下了伏笔。例如,如果协助执行行为扩大了标的范围、对象范围等,因产生了新的行政法上的"权利义务实际影响",当然可诉;但如果协助执行行为超越了时间范围,鉴于其并未超越生效裁判文书所确定的权利义务范围,也不属于"采取违法方式",自然不可诉。可见,尽管同为扩大范围,但可诉性不同。更为复杂的是,如果协助执行行为超越权限范围,则要看越权系为完成协助执行事务所必需,还是协助执行机关的自主行为,如属前者,则应视为法院委托违法,属于依法应予国家赔偿的"执行错误";如属后者,则协助执行行为属于可诉行政行为,因为其越权部分超出了生效裁判文书确定的权利义务范围,属于新增行政处理内容,当然可诉。

第二,并非所有扩大范围的协助执行行为都可诉。从文义上看,《解释》采用了"但行政机关扩大执行范围……的除外"的表述,寓意凡是扩大范围的协助执行行为都可诉,这明显忽略了协助执行行为是一个过程性行为,其中包括若干行政行为,如变更登记等;也有若干事实行为,如收回产权证书、强拆过程中的物理性动作等;还有若干不产生外部法律效果的内部行为,如请示、批示、征询、商榷等。上述行为都有可能扩大范围,但并非都是可诉的行政行为。据此,必须明晰几点:一是前述"但书"中必须植入"且依法属于行政诉讼受案范围"的限制条件;二是不具有外部性的扩大范围的协助执行行为不具

[①] 参见最高人民法院(2018)最高法行申 904 号行政裁定书。

有可诉性;三是扩大范围的事实行为可诉,但不能提起撤销之诉。

第三、各标准之间相互碰撞会产生诸多疑问:一则"范围说"与"意志说"相遇会引出下述疑问:既然"扩大范围"和"采取违法方式"都因系属行政意志而可诉,那么,《解释》为何不确认同为行政意志的"违法采取措施""缩小范围"的协助执行行为和不作为的可诉性?二则"范围说"与"既判力说"相遇会引出下述疑问:既然扩大范围的协助执行行为可诉,那么,"采取违法方式"的协助执行行为并不必然扩大范围,且其所执行的协助执行事项也为生效裁判所拘束,却为何可诉?三则"范围说"与"权利义务实际影响"的可诉标准相遇会引出下述疑问:既然扩大范围的协助执行行为因产生了新的"权利义务实际影响"而可诉,那么,缩小范围的协助执行行为和遗留范围上的协助执行不作为同样产生了新的"权利义务实际影响",却为何不可诉?

其二,"意志说"与不可诉、可诉标准碰撞会产生诸多疑问:一则"意志说"与不可诉理由之"既判力说"相遇会产生下述疑问:按照"既判力说",只要在生效裁判所确立的权利义务范围内,即使属于行政意志和行政行为,也不可诉,比如基于协助执行机关意志的缩小范围的协助执行行为,但《解释》为何将同为行政意志、且在生效裁判所确立的权利义务范围内的"采取违法方式"的协助执行行为界定为可诉?二则"意志说"与可诉标准之"权利义务实际影响"相遇会产生下述疑问:按照"权利义务实际影响"标准,只要未在生效裁判之外产生新的"权利义务实际影响",行政行为就不可诉,但《解释》为何将符合这一要求的"采取违法方式"界定为可诉?又为何将产生新的"权利义务实际影响"的缩小范围的协助执行行为和遗留范围上的不作为排除在可诉范围之外?

2. 其他学说、标准对协助执行行为属性判断的应然参考价值

其一,"主体资格说"。我国当下行政诉讼被告资格确定并非完全采用"谁名义、谁被告""谁意志、谁被告"的"名义说"和"意志说",而是主要采用"谁主体、谁被告"[①]的"主体资格说"。以"主体资格说"来审视协助执行行为可知,一则人民法院在生效裁判文书决定和执行上依法具有主体资格,如果出现生效裁判错误执行的情形,其应为赔偿义务机关。二则协助执行机关对协助执行事项依法具有主体资格,鉴于原范围的协助执行事务已为生效裁判所拘束,所以尽管其为行政行为,但不具有可诉性;与原范围不一致的协助执行行为,除存在客观上执行不能、执行力不足等特殊情况外,无论从"意志说""名义说""主体资格说""法定职权说"等何种角度说,都是可诉的行政行为。

但是,如果出现归责于法院的错误执行情形与归责于协助执行机关的"新增违法情形"并存的情况,当事人究竟如何维权取决于"新增违法情形"与协助执行行为之间是

---

① 有裁判认为,根据《行政诉讼法》第 26 条第 1 款关于"作出行政行为的行政机关是被告"的规定,"法定主体"原则包括两个要件:"第一,谁行为,谁为被告;第二,行为者,能为处分。"参见最高人民法院(2016)最高法行申 2719 号行政裁定书。笔者以为,鉴于"行为主体"在不具备行政主体资格的情况下也不能作为被告,所以行政诉讼被告确定的基础性原则应为"谁主体,谁被告"。

否可分。如果可分，如协助执行行为扩大范围，则实质上出现了相互之间界限清晰的两个行为：范围内的错误执行行为和超范围的协助执行行为，其可以分别向法院和协助执行机关通过国家赔偿和行政诉讼途径维权，两种程序之间不会发生审理对象、范围的交叉重叠情形；如果不可分，如协助执行行为违反法定程序，则实质上只存在一个既有范围内的错误执行又有违反法定程序情形的协助执行行为，当事人同样要通过国家赔偿程序和行政诉讼程序分别向法院和协助执行机关主张权利，但鉴于两个程序之间存在交叉重复地带，所以在行政诉讼程序中不能审理范围内的协助执行行为的实体部分，因为其已为生效裁判所拘束，而在国家赔偿程序中也不能审理违法法定程序问题，因为其已超出生效裁判文书范围，属于协助执行行为中新增行政违法情形。

其二，"委托+违法说"。当下的"采取违法方式"和曾经的"违法采取措施"的协助执行行为可诉，均折射出司法解释有意在协助执行关系领域确立一种"合法执行我负责，违法执行你负责"的责任划分规则。应然地说，《解释》单方面将行为合法与否作为协助执行行为属性、主体责任、可诉性的认定标准，较之于人民法院与协助执行机关之间以联合通知、联合发布等形式协商确定责任划分，起码在形式合法性方面当受质疑。

尤其是，该规则缺乏起码的法理和法律依据。鉴于除公法、公权力等因素所引起的是否基于自愿、是否可以随意放弃等差别外，行政法与民法上委托代理的一般法理是相通的，所以不妨以民法规范为参照考察以"违法说"作为协助执行行为可诉范围认定的正当性。应当承认，《答复》关于协助执行不作为可诉性的厘定，倒是与《民法通则》第66条关于"代理人不履行职责而给被代理人造成损害的，应当承担民事责任"的精神相一致，但《解释》的规定当受质疑：一是民法上代理人与被代理人责任划分的首要标准是权限范围，即只有在"没有代理权、超越代理权或者代理权终止后的行为"未被被代理人追认的情况下，代理人才担责，《解释》将"采取违法方式"视为行政行为和归责于协助执行机关与此不符，因为有无代理权或是否超越代理权与执行方式是否合法之间并非一回事；二是参照《民法通则》第67条关于"代理人知道被委托代理的事项违法仍然进行代理活动的，或者被代理人知道代理人的代理行为违法不表示反对的，由被代理人和代理人负连带责任"的规定，《解释》既没有考虑"采取违法方式"究竟是否归因于生效裁判、协助执行通知书所载司法意志，也没有考虑类似于"被代理人知道代理人的代理行为违法不表示反对"等被代理人失察或监督不力对责任划分的应然影响。

有司法个案裁判将委托执行领域责任划分规则概括为"要注意甄别、区分受托主体基于行政委托所实施的行为与基于其自主意识所实施的行为"，要防止泛化委托关系"而使受托主体不加区别地成为行政法律责任主体"，"更要防止无视行政委托权限"，违法阻断受托主体与委托人在委托范围内的法律联系。[①] 由是观之，"采取违法方式"完全可以称

[①] 参见最高人民法院（2019）最高法行再199号行政裁定书。

之为"基于司法委托而为"或"借受托之机所为",其极有可能内含于生效裁判或协助执行通知书当中,完全撇开委托关系,不分辨具体情形,仅以受托行为是否合法来厘定责任归属,不仅会让协助执行机关枉担其责,而且有违公平正义和责任自负原则。

其三,"阶段说"。德国法上对于公法上协助所生责任划分主要采"阶段说",如 1997 年《联邦德国行政程序法》第 7 条第(2)项规定:"请求协助机关对所涉及措施的合法性负责,被请求机关对职务协助的实施负责。"该标准界限清晰,操作简单,不仅合乎"权责统一"原则,而且可以避免因学说林立、众说交织所带来的繁琐复杂和标准不一。

按"阶段说"剖析协助执行行为可知,协助执行机关对所有超出生效裁判文书、协助执行通知书和人民法院准予执行裁定确定的范围的协助执行行为承担责任。应然地看,如果抛开一事不再理、既判力、禁止重复起诉等导致协助执行行为不可诉的真正理由,单纯从接力完成公务、协助执行等法律关系而言,将"阶段说"作为判明行为属性、责任归属的做法更具理性。尤其是,当出现归责于法院的错误执行情形与归责于协助执行机关的"新增违法情形"并存的情况下,适用"阶段说"更能做到责任区分清晰可见,处于司法阶段的未超过裁判范围的"错误执行"由法院承担国家赔偿责任,处于行政阶段的"新增违法情形"由协助执行机关承担行政与赔偿责任。

3. 协助执行行为并非司法行为

当下不少学术观点倾向于将协助执行行为不可诉归因于司法行为、司法协助行为、司法意志、司法行为延伸等,如有观点认为,协助执行的土地登记行为实质上应属于司法行为范畴,而不应简单划归严格意义上的行政行为。① 也有不少司法个案裁判秉持上述观点,如"行政机关作出的协助执行行为在性质上属于人民法院司法行为的延伸"②,或者"是法院司法意志的体现"③,或者"执行法院命令"④,是根据"人民法院作出的行政裁定实施的司法行为,并非行政行为"⑤ 等。笔者以"关于行政机关根据法院的协助执行通知书实施的行政行为是否属于人民法院行政诉讼受案范围的批复"为关键词,以 2007 - 2019 年为时间段,从"北大法宝网"共查询到 722 个案例,其中 106 个案件裁判认定协助执行行为属于司法行为、准司法行为、司法协助行为、司法权的实现等,并据此驳回起诉或诉讼请求,数量之多令人咋舌。

前述观点和做法值得商榷:第一,司法意志仅为协助执行行为的动因,而动因不能决定行为属性,这与应申请的行政行为并非行政相对人行为同理。尽管执行权本身具有"司法权与行政权二权合一双轨运行的特殊性"⑥,但真正主导协助执行过程的只能是协助执

---

① 参见郭晓伯:《行政机关能否再自行撤销该登记行为》,载《人民法院报》2010 年 6 月 30 日,第 6 版。
② 参见南昌铁路运输中级人民法院(2018)赣 71 行终 277 号行政裁定书。
③ 参见武汉市中级人民法院(2019)鄂 01 行终 285 号行政裁定书。
④ 参见最高人民法院(2019)最高法行申 7682 号行政裁定书。
⑤ 参见河北省高级人民法院(2019)冀行终 274 行政裁定书。
⑥ 沈德咏:《司法改革精要》,人民法院出版社 2003 年版,第 409 页。

行的行政机关基于行政职权、通过行政程序表达和实现的行政意志和行政法上的意思表示。尽管按有观点所言,"无法通过简单的权力性质分析"① 判断执行权的性质,且有司法个案裁判竟然认为协助执行事项"履行民事诉讼法规定的协助人民法院执行的法定义务的行为,并非行使行政职权的行为"②,但无论从一般法理还是法律规定看,法定职权归属必定是协助执行行为属性厘定的最基本条件。无论"行政协助ΧΧ的行为",只要依法属于行政机关的职权范围,本质上只能是行政行为。有观点认为,应当确立"行为主体+法律适用"作为协助执行行为的定性标准,即"以行为主体定性为原则,以法律适用定性为补充",③ 对此笔者不敢苟同,因为一则该观点不能合理解释当协助执行行为适用民事方面的司法解释时属于行政行为、而当其适用《刑法》及刑事方面的司法解释从事社区矫正等职能时却是司法行为;二则在法的跨部门适用的背景下,④ 法律适用标准不能准确认定所有法律行为的属性,如人民法院适用本质上属于行政法的"空白罪状条款""国家有关规定"定罪的行为只能是司法行为而非行政行为。

第二,主导协助执行过程的只能是行政意志,这已为司法文件所认同。前述《答复》早已认同协助执行机关的不作为属于行政意志,而实质上,并非只有"扩大范围"和"采取违法方式"属于行政意志,即使范围内的协助执行行为也是依法循着行政主体、行政职权、行政意志、行政过程、行政行为的脉络完成的。

实际上,不少域外国家制度设计并不认为"法定职责"基础上的协助执行行为属于"职务协助",而系职责所在机关的自主行为,如1966年《西德行政程序法标准草案》第3条第二项、1992年《德国行政程序法》第4条规定:"于下列情形,无职务上协助之存在……所协助之行为,被请求之官署应视为系从事自己之职务行为者。"1997年《联邦德国行政程序法》第4条规定,当"提供帮助的内容构成被请求机关分内工作"时,"不存在职务协助"。据此,以法定行政职权职责为依托的协助执行行为就是行政行为。

综上,有关协助执行行为的法律属性和可诉性判断,一则无论采用何种学说或标准,都必须"一把尺子量到底",不能标准不一、差别对待;二则不能违背委托等一般法理、行政程序和行政诉讼立法关于行政行为成立与可诉的规定以及基于多个司法文件而形成的司法实践惯常做法。

4. "法定协助义务"不能成为协助执行行为不可诉的理由

《批复》载明:"行政机关根据人民法院的协助执行通知书实施的行为,是行政机关

---

① 参见江必新、刘贵祥:《审判权和执行权相分离的最优模式》,载《法制日报》2016年2月3日,第012版。
② 参见江苏省淮安市中级人民法院(2018)苏08行终156号行政裁定书。
③ 参见胡建淼、刘威:《行政机关协助司法的行为性质及其可诉性研究》,载《法学论坛》2020年第5期,第57页。
④ 参见柳砚涛、刘海霞:《论依法行政之"法"的跨部门性》,载《山东大学学报》(哲学社会科学版)2015年第5期,第58页。

必须履行的法定协助义务，不属于人民法院行政诉讼受案范围。"据此，绝大多数涉及协助执行行为的个案裁判大都以"法定协助义务"为由否定协助执行行为的可诉性。在前述笔者查询到的722个案例中，以《批复》所载"法定协助义务"为由驳回起诉或诉讼请求的案件有294个，据此不予受理或不予立案的案件有59个，同时以"法定协助义务"和其他理由驳回起诉或诉讼请求的有139个，这里的"其他理由"包括原告无诉讼主体资格、被告不适格、超法定期限等。前述案件中，有半数裁判在说理部分进一步阐述了法定协助义务、法定司法执行义务、法定执行义务、法定义务等，并将此等义务视为协助执行行为不可诉的理由。

前述"是行政机关必须履行的法定协助义务"与"不属于人民法院行政诉讼受案范围"之间没有必然联系，"法定协助义务"并不寓意协助执行行为不可诉，因为凡是可诉行政行为必须以行政权能、法定职权职责为依托。即使是可诉的越权行政行为，也是以一定范围、限度的职权职责为基础的。

针对"法定协助义务"必须明晰两点：其一，人民法院与协助执行机关是协助执行关系的一方当事人，无权为另一方设定义务。《批复》所述之"法定协助义务"充其量是司法解释对有关协助执行关系和义务的"重述"。对此，《民事诉讼法》第114条明确规定了有关单位对生效裁判、协助执行通知书的协助执行义务，这才是协助执行行为作为"法定协助义务"的法律依据，如此才符合"职权法定"原则和《立法法》第8条第（二）项关于国家机关的"产生、组织和职权"属于法律的专属立法权范围的规定。

其二，协助执行行为可诉与否的法律依据只能从《行政诉讼法》中寻找，但可惜的是，一则尽管该法在第12条关于肯定范围的"示例性列举"中规定了行政强制执行可诉，但没有在第13条的否定范围中同时规定"没有超出生效裁判范围"的行政强制执行不可诉。二则前述否定范围中也未同时将"为生效裁判所拘束的行政行为"一并列入排除范围。虽然《解释》第69条第（九）项已将"诉讼标的已为生效裁判或者调解书所羁束的"列为"驳回起诉"的法定情形，但该规定不能看作是对前述行政强制执行可诉性的"适用性解释"，否则会陷入顺序颠倒，因为早在2000年最高人民法院《关于执行〈行政诉讼法〉若干问题的解释》第44条第（十）项已经将"诉讼标的为生效判决的效力所羁束的"作为了驳回起诉的条件，而行政强制执行的可诉性是此次修法新加入的内容。从法理上看，哪些行为可诉、哪些行为不可诉、司法最终裁判、行政终局决定等事项当属《立法法》第8条第（十）项所列"诉讼和仲裁制度"的范畴，应属法律的专属立法权范围。域外国家也大都秉持了前述事项只能由法律设定的原则，如美国《联邦行政程序法》第701条将"法律排除司法审查"和"法律赋予行政机关自由裁量权"作为司法审查的例外情形；德国《行政法院法》第40条规定，"一切未被联邦法律划归为属其他法院管辖的非宪法性质的公法上争议"，"均可提起行政诉讼"。日本宪法第32条则规定"不得剥夺任何人在法院接受审判的权利"，与此相呼应，"在行政诉讼中由法律规定了裁判保障国民权利利益的范围、程度等"。① 据上，协助执行行为的可诉范围界定应属法律的权限范围，司法解释予以厘定当受质疑。

5. 协助执行行为不可诉的制度与法理依据

协助执行行为不可诉的理由应当从一般法理和当下诉讼法律制度设计中去寻找，这便是一事不再理、既判力和禁止重复起诉。首先，协助执行行为执行的是生效裁判，如果协助执行行为可诉，有悖于一事不再理和既判力规则，这也正是《解释》认定扩大范围的协助执行行为可诉的根本原因，因为该部分内容已经超出生效裁判所确定的范围，成立了一个新的行政行为。其次，根据《解释》第69条规定，"重复起诉的""诉讼标的已为生效裁判或者调解书所羁束的"，应当"裁定驳回起诉"。既然协助执行事务已为生效裁判所拘束，自然不可以再诉。而且，本文所述的可诉协助执行行为并不符合《解释》第106条关于重复起诉的构成要件。就诉讼标的而言，尽管两个诉讼所指向的标的物相同，但标的不同，作为行政诉讼标的的协助执行行为增加了"超范围"或"新增行政处理"的限制条件，本质上属于新的"权利义务实际影响"。从"一事不再理"的内在逻辑看，"一事"已经由该原则生成早期的"同一法律事实"进化为"同一法律关系"，"不同法律关系"不能算作"一事"，"虽然是基于同一事实基础，但当事人据以主张的原因或依据不同，也会带来法律评价甚至后果的不同"，② 因而不能剥夺当事人基于"不同法律关系"和"法律评价"而享有的诉权。尤其是，在法国、德国等大陆法系国家，如果发现新事实，新证据，"一事不再理"原则将失去效力，③《欧洲人权公约》的《第7号议定书》第4条第2款对此也做了明确规定。据此，类似于非原范围执行或遗留范围之上的执行不作为，不仅符合前述"新事实"的成立要件，而且因产生了超出生效裁判文书的"权利义务实际影响"，进而符合法定可诉标准。

值得反思的是，在前述笔者从"北大法宝网"查询到的722个案例中，仅有7个案件裁判以重复起诉、生效裁判的既判力为由驳回起诉或诉讼请求，另有40个案件裁判将重复起诉、生效裁判的既判力以及《批复》一并作为驳回起诉或驳回诉讼请求的理由和依据，如此低的适用率与早在2000年最高人民法院即通过《关于执行〈行政诉讼法〉若干问题的解释》第44条第（十）项已经将"诉讼标的为生效判决的效力所羁束的"作为了"驳回起诉"的条件、且该规定一直延续至今之间形成巨大反差，给人以"有法不依"之感。

四、协助执行行为可诉性拓展的其他可能路径

结合之前与协助执行行为有关的司法解释、司法文件和司法实践做法，协助执行行为

---

① 参见江利红：《日本行政诉讼法》，知识产权出版社2008年版，第72-77页。
② 袁秀挺：《民事诉讼一事不再理原则新论》，载《法治论丛》2007年第5期，第48页。
③ 参见宋英辉、李哲：《一事不再理原则研究》，载《中国法学》2004年第5期，第130页。

的可诉范围尚有下述拓展路径:

其一,合理确定既判力范围与协助执行行为可诉范围之间的界限。鉴于可诉的协助执行行为主要是超越生效裁判范围的执行行为,而是否超范围则受制于既判力规则的作用范围,故在行政机关协助法院执行领域,既判力范围与可诉范围之间系属此消彼长关系,任何一方的扩张都会导致另一方的限缩,进而准确拿捏各自的尺度尤其重要。近年来,不少国家出于经济节约、成本效益等考量,不断拓展既判力范围,如大陆法系国家通过"争点效"制度使"诉讼标的以外当事人主张之重要争点",在"当事人已认真进行主张、举证,而法院亦已进行实质的审理而下判断时,就该争点之判断,应承认其拘束力",① 由此,"争点效"范畴内的相关争议便进入一事不再理范围。我国尽管尚无"争点效"的概念,但也有不少理论观点和司法个案承认生效裁判所基于的主要事实和列为争议焦点经质证辩论后认定的事实的既判力,更有裁判文书采用了"争点效"的称谓:"既判力的范围,不但包含前诉裁判的结果,而且涵盖了前诉的争点效。"② 前述做法尽管满足了当事人诉争辩论的实质,但未满足起诉权的程序和形式要件。从保障当事人诉权角度言,既判力范围不宜过度扩张,类似于"争点效"之类的制度设计和运行理应受限,因为毕竟在他诉当中一并审理、附带审查、偶有涉及某个问题与在本诉当中对该问题作标的性审理相比,后者更有利于诉权保障、充分辩论、查清事实和准确裁判。此外,基于协助执行通知书中超越生效裁判拘束范围的协助执行行为,如超标的额协助执行行为,并不属于既判力范围,尽管按"意志说"属于司法意志范围内,但按"范围说"已经超出生效裁判羁束范围,且符合"权利义务实际影响"的可诉标准,理应可诉,否则会使该部分权利义务在执行程序中被"司法最终裁判"。

可喜的是,绝大多数司法个案裁判在既判力范围的理解掌握上采取了审慎态度,如有裁判认定,既判力"仅限于生效裁判的判项"而非"本院认为"中的全部;③ 也有个案裁判在确认"生效裁判的既判力,仅限于裁判主文确定的范围"的同时,主张"也要赋予裁判理由中对案件争议焦点和主要法律事实的判断以一定程度的既判力";④ 更有个案裁判明示:"并不是前诉裁判文书记载的所有内容均具有既判力,也不意味着当事人均不得另行起诉或者均要受到羁束。"⑤ 前述裁判所折射出的司法谦抑、诉权保障的精神理念对拓展协助执行行为可诉范围极为有利。

其二,确认改变范围的协助执行行为可诉。《复函》中的"登记错误"和"缩小范围"、《规定》第2条中的"登记内容与有关文书内容不一致"、《若干问题的规定》第2

---

① 参见陈清秀:《行政诉讼法》,翰芦图书出版有限公司2000年版,第497页。
② 参见新疆维吾尔自治区喀什地区中级人民法院(2019)新31行初4号行政裁定书。
③ 参见四川省南充市中级人民法院(2020)川13民终4069号民事判决书。
④ 参见最高人民法院(2017)最高法行申265号行政裁定书。
⑤ 参见新疆维吾尔自治区喀什地区中级人民法院(2019)新31行初4号行政裁定书。

条第 2 款中的"登记与有关文书内容不一致"等，已经认定凡是改变原生效裁判范围的协助执行行为均可诉。这里的"错误""缩小"和"内容不一致"的内涵外延极其宽泛，既包括《解释》所列"扩大范围"，也包括对象、标的、数量等方面的"错误""不一致"等情形，还包括本质上属于"否定范围"的执行不作为。尽管《解释》第 163 条规定："最高人民法院以前发布的司法解释与本解释不一致的，不再适用。"但本文前述论证和前述司法解释、文件及其在司法实践适用多年的经验表明，无论从"范围说"还是"意志说"角度，改变范围的协助执行行为可诉不存在理论和实践障碍，缺少的是立法和法律解释机关的态度和决心。从立法的先进性角度言，如果时间在后的《解释》缩小了之前相关司法解释、答复和惯例所确定的可诉行为范围，实属立法上的退步。江必新曾撰文指出："既然《行政诉讼法》已经对受案范围作了规定，就必须严格执行法律规定，不能随意限缩行政诉讼受案范围。与此同时，还应该通过积极解释法律把应该受理的案件纳入受案范围。"① 在《行政诉讼法》第 12 条第（二）项已经将行政强制执行纳入受案范围的当下，更应当在生效裁判文书所确定的范围与可诉的协助执行行为之间划出一道科学合理的界限，其重要性从"国家社会科学基金项目 2020 年度课题指南"将"行政机关对司法的协助行为研究"确定为"备选课题"当中可窥一斑。

可喜的是，《解释》生效实施之后，仍有个案裁判依然适用之前的司法解释肯定"变更范围"的协助执行行为可诉："人民法院应按《最高人民法院关于行政机关根据法院的协助执行通知书实施的行政行为是否属于人民法院行政诉讼受案范围的批复》（法释〔2004〕6 号）关于'如果当事人认为行政机关在协助执行时扩大了范围或违法采取措施造成其损害，提起行政诉讼的，人民法院应当受理'的规定"，进而对"变更了权属范围"的协助执行行为立案受理。② 与前述《通知》相同，这里实则将"改变范围"归入"违法采取措施"，无论从文义、法理还是法律效果看，都不失为理性之举。

其三，将"诉之理由"由"采取违法方式"拓展至"违法采取措施"。法理上看，"违法采取措施"与"采取违法方式"之间没有本质差异，仅有的差异也不足以导致其中一个可诉、一个不可诉的差别对待。《解释》将后者从前者当中剥离出来列为可诉行为，并无足够的理论说服力和制度实践价值，而且极易陷入关于某个协助执行行为的违法情形究竟属于"违法采取措施"还是"采取违法方式"等概念纠缠之中。事实上，司法实践中已经出现两种与《解释》秉持不同观点的个案裁判：其一，混淆"违法采取措施"与"采取违法方式"之间的界限，"反方向"将前者纳入后者范围予以诉讼救济，如有裁判以协助执行机关违反《城市房地产管理法》第 37 条关于司法机关依法裁定查封或者以其

---

① 江必新：《行政诉讼三十年发展之剪影——从最高人民法院亲历者的角度》，载《中国法律评论》2019 年第 2 期，第 13 页。
② 参见广东省高级人民法院（2017）粤行终 1250 号行政裁定书，该裁判文书落款日期为《解释》生效实施之后的 2018 年 11 月 22 日。

他形式限制房地产权利的房地产不得转让的规定为由，认定协助执行行为"违反了城市房地产管理法、民事诉讼法的相关规定，系采取违法方式实施"，① 而按一般法理，此处应依法定性为"违法采取措施"，本案裁判实则将"违法采取措施"错误地融入了"采取违法方式"，只是这种错误的理解和操作收到了诉权保障的意外效果。应然地说，《解释》生效实施之前，完全可以将"采取违法方式"融入"违法采取措施"，如此做法既不违反逻辑，也合乎法律规定，因为那时协助执行行为的"诉之理由"系"违法采取措施"；但《解释》实施之后绝对不能将"违法采取措施"融入"采取违法方式"，如此做法既不合乎逻辑，也违反法律规定，因为按《解释》所定，"采取违法方式"之外的"违法采取措施"的协助执行行为不可诉。其二，仍然坚持以"违法"而非"方式违法"为标准界分协助执行行为的可诉性和责任归属，如有裁判认定："限期拆除决定合法，强制执行行为违法或超出限期拆除决定范围的，强制执行行为的实施主体应当承担相应赔偿责任。"② 这也说明"违法采取措施"的执行行为可诉已成法官的思维定式、类案裁判规则和司法惯例，《解释》关于"采取违法方式"的协助执行行为可诉只能带来的是制度变化上的突兀和司法实践中的不适应。

其四，协助执行不作为可诉。尽管《答复》已经认同了"行政机关不履行协助执行义务"的可诉性，且可以由此导出因缩小范围所致遗留范围上的协助执行不作为同样可诉的结论，但《解释》对此未予明示，是否寓意协助执行不作为不再可诉？理论上存在两种可能解读：一则肯定其可诉性，理由是"不作为"也是一种"行为方式"，所以协助执行不作为的可诉性不仅有前述《答复》支持，同时也在"采取违法方式实施"的射程范围以内。据此，一旦出现行政机关协助执行不作为、未足额执行、未完全执行、拖延执行等情形，属于行政诉讼受案范围。二则否定其可诉性，理由是这里的"采取违法方式实施"中的"实施"明显指向"积极作为"而非"消极不作为"，因为后者并未实施。而且，仅就文义而言，《解释》在"范围说"这一基准之下仅明示"扩大范围"可诉，并不包括"遗留范围"为基础的协助执行不作为。尤其是，鉴于协助执行行为可诉范围差异皆因最高人民法院的司法解释、答复的前后不一所致，本来可以根据2004年最高人民法院《关于审理行政案件适用法律规范问题的座谈会纪要》（以下简称"《座谈会纪要》"）所确立的"实体从旧、程序从新"及"适用新法对保护行政相对人的合法权益更为有利的"规则加以选择适用，但因前述规则的前提条件是"行政相对人的行为发生在新法施行以前，具体行政行为作出在新法施行以后，人民法院审查具体行政行为的合法性时"，加之《解释》第163条关于"最高人民法院以前发布的司法解释与本解释不一致的，不再适用"的规定，所以协助执行不作为不可诉才是《解释》的原意。

---

① 参见辽宁省大连市中级人民法院（2018）辽02行再8号行政判决书。
② 参见最高人民法院（2019）最高法行赔申344号行政赔偿裁定书。

笔者认为，不断扩大行政诉讼受案范围是行政诉讼制度发展的总体走向，也是人权保障、法治行政背景下的必然选项，在有关协助执行不作为可诉性的前后规定不一、理解差异的情况下，理应朝着受案范围不断拓展和有利于保障诉权的价值目标来理解把握相关规定及其精神实质。更何况，与行政行为自然包含"不作为行为"同理，"实施"一词也蕴含以不作为的方式实施，《解释》关于"采取违法方式实施"可诉的规定应当涵盖协助执行不作为的可诉性。

可喜的是，《解释》生效之后，仍有不少司法个案裁判认同协助执行不作为的可诉性："行政机关作为协助执行义务人不履行协助执行义务时，构成行政不作为，当事人通过行政诉讼途径解决确认不作为行为违法和行政赔偿问题，属于行政诉讼的受案范围，人民法院应依法受理。"① 这才合乎《座谈会纪要》关于适用法律"连续性"和"避免刻板僵化地理解和适用法律条文"的精神实质。

其五，"新增违法情形"的协助执行行为可诉。从行政行为成立与可诉的一般法理和法律规定来看，凡是超出生效裁判和据以申请执行的行政行为范围及其他"新增违法情形"的协助执行行为均应可诉，司法实践中已有这方面的典型案例，如在"郑世深诉五莲县人民政府行政强制执行、行政赔偿案"（以下简称"郑世深案"）中，法院认定："如果被执行人及利害关系人以行政机关实施的强制执行行为存在违反法定程序、与人民法院作出的准予执行裁定确定的范围、对象不符等特定情形，给其造成损失为由提起行政诉讼或者行政赔偿诉讼的，人民法院应当依法受理；但如果当事人仅以行政机关据以申请执行的行政行为或行政决定本身违法等为由主张行政机关实施的强制执行行为违法提起行政诉讼或者行政赔偿诉讼的，因行政机关据以申请执行的行政行为或行政决定已经经过司法审查，人民法院可不予受理。"② 这里的"违反法定程序""超范围"等"新增违法情形"既不属于生效裁判范围、据以申请执行的行政行为范围或人民法院准予执行裁定确定的范围，也不属于已过法定争讼期间或已为生效裁判所拘束，而是产生了新的"权利义务实际影响"的可诉行政行为。

笔者认为，第一，"超范围"或"新增违法情形"的协助执行行为是否可诉及属于何种类型的诉讼，尚取决于该行为的法律属性，如系行政行为，则可诉；如系事实行为，则不能提起"撤销之诉"；如系内部行为，则不可诉。

第二，如果协助执行行为仅仅因为存在"违反法定程序"而可诉，实则寓意"程序上的权利义务影响"同样符合"权利义务实际影响"的可诉标准，那么是否意味着全面开启程序行政行为的可诉性？前提是，尽管早在2003年就有裁判文书不设任何附加条件地肯定了"程序性影响"的可诉性，③ 但之后不少司法个案为程序行政行为可诉附加了不

---

① 广东省佛山市中级人民法院（2020）粤06行终392号行政裁定书。
② 参见山东省高级人民法院（2018）鲁行赔终1号行政裁定书。
③ 参见湖北省高级人民法院（2003）鄂行初字第1号行政判决书。

少限制条件，如最高人民法院发布的第14批指导性案例中第69号"王明德诉乐山市人力资源和社会保障局工伤认定案"中，法院认同具有最终性、对相对人权利义务产生实际影响、且无法通过提起针对相关的实体性行政行为的诉讼获得救济的程序性行政行为可诉；① 作为典型案例的"蔡某诉龙海市自然资源局其他行政管理行为案"及其"裁判要旨"为程序行政行为的可诉性同样设置了行政机关是否具有法定义务、是否属于行政行为的中间性程序、是否构成行政决定的构成要件三个条件。② 据此，如果协助执行行为仅有"违反法定程序"的"新增违法情形"，是否全面可诉及如何裁判，亟需制定统一标准。

第三，按前述"郑世深案"的裁判逻辑，如果行政强制执行行为在"据以申请执行的行政行为"或"人民法院准予执行裁定确定的范围、对象等"之外，新增了超越职权、滥用职权、明显不当等内容或情形，同样可诉，这对于将协助执行行为的"诉之理由"由"采取违法方式"拓展至"违法采取措施"、由"新增违法方式"拓展至"新增违法情形"有积极的推动作用。

进而言之，当"新增违法情形"的协助执行行为可诉时，其诉讼标的可以分为两种情形：一则当"新增违法情形"与协助执行行为之间可分时，即将"新增违法情形"剥离后不影响剩余部分仍然成立行政行为，如超范围执行行为，则"新增违法情形"自身就可以成立一个新的可诉行政行为；二则当"新增违法情形"与协助执行行为之间不可分时，如"违反法定程序"，则应将整个协助执行行为作为诉讼标的，但审理范围与裁判方式受限，因为本诉中不能审理协助执行行为中为生效裁判所羁束的内容，裁判方式也不能是撤销判决，因为诉讼标的已执行完毕。

（编辑：杨铜铜）

---

① 参见四川省乐山市中级人民法院（2013）乐行终字第74号行政裁定书。
② 参见《〈人民法院报〉行政案例裁判要旨汇编（2015－2019）》第11号"程序性行政行为可诉性之考量——福建漳浦法院裁定蔡某诉龙海市自然资源局其他行政管理行为案"及其"裁判要旨"；福建省漳浦县人民法院（2019）闽0623行初74号行政裁定书。

配偶短线交易利益返还责任的解释论展开*

张龄升**

摘　要　新《证券法》44 条第 2 款未明确规定配偶短线交易利益返还的责任承担形态，这需要通过法律解释促进该款在我国司法实践中的落地应用。我国填补该法律漏洞的解释论难点在于厘清"夫妻"与"股东"身份重叠下的责任承担形态。其涉及我国《民法典》第 1064 条夫妻共同承担连带责任与《公司法》第 3 条股东按股份承担有限责任的排斥性规范竞合，需结合《民法典》"民商合一"的思维义理以求解释论方案。仅通过文义、体系、目的解释均不能得出最佳解释路径，但论证了各路径的合理性。在此基础上经法律续造可知，配偶短线交易的利益返还责任原则上应由夫妻共同承担，例外情形下分别承担。这一路径有利于在司法实践中融贯民商，完善法典化时代"持法达变"的治理能力与司法公平正义。

关键词　民商合一　配偶短线交易　解释论　法律续造

一、问题的引出

当前，随着家庭财富来源逐步从有形资产（现金、房产）扩展到无形资产（股权、债券），夫妻团体的经济功能更加突出，民、商事规范间的竞合日益显著。我国对《民法典》的探究进入"解释时代"。① 故而，如何有效衔接《民法典》与《公司法》《证券法》

---

* 本文系 2017 年国家社会科学基金重大项目"大数据与审判体系和审判能力现代化研究"（项目编号：17ZDA130）的阶段性研究成果以及 2019 年司法部中青年课题"科创板主动退市中的投资者保护制度研究"（项目编号：19SFB3043）的阶段性研究成果。

** 张龄升，女，福建福州人。上海财经大学博士研究生，新加坡国立大学联合培养博士，研究方向为民商法、法经济学。

① 陈金钊：《民法典意义的法理诠释》，载《中国法学》2021 年第 1 期，第 65 页。

的商事规范适用，正是法学方法论的重点议题。① 从研究趋势上看，婚姻存续期内夫妻共有股权的相关法律问题在近几年引发了学界的关注。② 今学界主要以《公司法》为视角，聚焦于夫妻在非公众公司内的股权争议。本文受益于学界同仁丰厚的研究成果，在此基础上进一步拓宽研究视角至《证券法》，聚焦于配偶短线交易利益返还的责任承担问题。③

那么，利益究竟该如何"返还"呢？我国新《证券法》44条第2款移植台湾地区'证券交易法'第22之2第3项、第157条的立法例，④ 在这一问题上都存在相似的困惑。当前，域内外主要存在三条种观点："夫妻共同承担说"、"夫妻分别承担说"以及"内部人单独承担说"。首先，"夫妻共同承担说"是指夫妻就短线交易利益共同向上市公司承担连带返还责任。⑤ 在我国大陆地区，客观上存在原告请求夫妻或由夫妻各自实质控股的公司共同承担责任的利益诉求，但法院以原告资格不符、证据不足等理由不予认定。比如，在"汉威科技"一案中，⑥ 任某作为上市公司法定代表人与钟某系夫妻关系，两人分别利用自己的账户在6个月内买入和卖出该公司股票，但法院以代位诉讼的小股东资格不符为理由不予支持。在"银川新华百货"一案中，⑦ 虽外观上客观存在夫妻各自实质控股的公司作为大股东在6个月内持股买入、卖出目标公司的股份合并触及5%，但法院认为原告未能出具相应证据证明夫妻控股的公司在内部一致协同通过控制账户买卖股票及对敲交易，所以不予认定支持。不同的是，在我国台湾地区的"林氏夫妻"一案中，⑧ 台北士林地院则支持由夫妻共同对外连带返还短线交易利益。台湾地区亦有学者支持这一观点。⑨ 其次，"夫妻分别承担说"是指夫妻各自以其个人短线交易股份的利益所得为限，

---

① 参见王雷：《民法典适用衔接问题研究动态法源观的提出》，载《中外法学》2021年第1期，第87页。
② 参见周游：《股权利益分离视角下夫妻股权共有与继承问题省思》，载《法学》2021年第1期，167-178页；王涌、旷涵潇：《夫妻共有股权行使的困境及其应对——兼论商法与婚姻法的关系》，载《法学评论》2020年第1期，81-93页；冉克平、侯曼曼：《〈民法典〉视域下夫妻共有股权的单方处分与强制执行》，载《北方法学》2020年第5期，58-69页；朱程斌：《夫妻身份权优于股东的身份权——兼论民法分则增加家事代理》，载《时代法学》2018年第4期，第87-93页。
③ 我国也有学者注意到配偶短线交易利益返还责任承担的重要性，但并未具体系统论述。参见雷兴虎、温青美：《论公司对短线交易的介入权》，载《法治研究》2017年第3期，第154-155页；刘生国：《论〈证券法〉上短线交易的主体》，载《太平洋学报》2007年第4期，第36页。
④ 美国《1934年证券交易法》(Securities Exchange Act of 1934) 第16(b)条款仅设立了"利益所有人"(Beneficial Owner)的概念。在美国司法或监管实践中该概念被理解为可以涵摄配偶、子女等与内部人有特殊关系的主体。日本《金融商品取引法》第164条则尚未直接规定配偶是短线交易主体。
⑤ 参见刘连煜：《大股东与配偶短线交易归入权的法律问题（'最高法院'九十九年度台上字第一八三八号民事判决评析）》，载《月旦裁判时报》2013年第19期，第41页。
⑥ 参见郑州高新技术产业开发区人民法院（2019）豫0191民初10210号。
⑦ 参见宁夏回族自治区银川市中级人民法院（2018）宁01民终400号。
⑧ 台北地院士林分院八十年度重诉字第三一号。
⑨ 参见庄永丞：《论夫妻短线交易合并持股之归入权行使》，载《台大法学论丛》2019年第48卷，第258页。

分别向上市公司承担返还责任。① 在我国大陆地区"元力股份"一案中，② 虽商事外观上看夫妻各自通过账户进行短线交易，但法院基于证监会调查的证据确认大股东李宁才是"实质持有人"，故其配偶汤某无实际持股亦不返还李宁婚内短线交易所得利益。此外，在一些配偶短线交易量小的情况下，当内部人证明自己并不知情的前提下，也存在上市公司通过非诉路径仅向内部人的配偶请求利益返还的实例。③ 我国台湾地区实务与学界亦有持内部人与其配偶应分别承担利益返还责任的这一观点，④ 这与台湾地区'民法'中的法定夫妻分别财产制相衔接。最后，"内部人单独承担说"是指配偶短线交易的利益返还责任仅由特定内部人承担，配偶的短线交易仅关涉归入利益总额的确定。美国的司法判决多采这一观点，⑤ 台湾地区亦有学者支持。⑥ 为了从上述观点中选择出本土化适用的最佳路径，本文结合"民商合一"的思维义理，经解释到续造融贯民商以求解，试图为司法实践提供有价值的论证依据。

二、民商并列：责任承担路径的竞择

我国《民法典》采"民商合一"的立法例，进行短线交易的配偶可以视为民事"夫妻"中的一方，也可视为商事"股东"。民、商是私法的两个分支，二者是并列的，是"民商合一"的应有之义。⑦

针对《证券法》第44条第2款配偶短线交易责任承担形态的法律漏洞，我国究竟应该是以"夫妻"、还是"股东"优先作为规范适用的逻辑起点？民、商事身份的冲突造成了责任承担的争议，而其背后的实质在于民商合一的立法体例下民商并列的适用抉择。尊重民、商事规范平行适用的独立品格是"民商合一"的逻辑前提。⑧ 虽然《证券法》是商特别法，但这并不意味着该法规范漏洞的填补必然以商事思维优先，⑨ 二者应是并列的。

---

① 参见刘连煜：《大股东与配偶短线交易归入权的法律问题（'最高法院'九十九年度台上字第一八三八号民事判决评析）》，载《月旦裁判时报》2013年第19期，第42页。
② 中国证监会行政处罚决定书（李宁）〔2016〕39号；北京市高级人民法院（2017）京行终2138号。
③ 浙江亚太机电股份有限公司关于公司独立董事亲属短线交易及致歉的公告，载 https://pdf.dfcfw.com/pdf/H2_ AN202106251499942031_ 1. pdf? 1624652569000. pdf，2021年5月1日访问。
④ '最高法院'九十九年度台上字第一八三八号民事判决；参见曾宛如：《2010年公司法与证券法发展回顾》，载《台大法学论丛》2011年第40卷特刊，第1900页。
⑤ Altamil Corp. v. Pryor, 405 F. Supp. 1222（S. D. Ind 1975）；Whiting v. Dow Chemical Co., 523 F. 2d. 680 (2d Cir. 1975)；Marquette Cement Manufacturing Co. v. Andreas, 239 F. Supp. 962 (S. D. N. Y. 1965).
⑥ 参见张心悌：《短线交易百分之十大股东内部人身份之认定》，载《月旦裁判时报》2011年第7期，第82-83页。
⑦ 参见徐国栋：《民商合一的多重内涵与理论反思：以1942年〈意大利民法典〉民商合一模式的解读为中心》，载《中外法学》2019年第4期，第949页。
⑧ 参见赵万一：《后民法典时代商法独立性的理论证成及其在中国的实现》，载《法律科学》2021年第2期，第119-120页。
⑨ 参见钱玉林：《商法漏洞的特别法属性及其填补规则》，载《中国社会科学》2018年第12期，第91页。

不能简单套用"特别法优于一般法"的规则。①

因此，当前问题的关键在于，在民、商规范均可适用的情形下，是否能通过法律解释方法得出责任承担的最佳路径。

(一) 民商并列下文义解释的复数特征

法律漏洞的填补，一般实行文义解释优先。② 其以原意主义 (Originalism) 及文本主义 (Textualism) 为具体方法。③ 根据语言学家魏斯曼 (Waismann) 对现象主义的批判，语言结构 (Language Strata) 的基础是多元的，本义是模糊的。④ 模糊之中，亦使得民事"夫妻"与商事"股东"均有合理的文义解释空间，文义解释呈现复数性。

1. 《证券法》第44条第2款文义解释的不唯一性

《证券法》44条第2款在性质上是商事规范。对其文义解释将遵循商事规范文义解释的一般规律。

第一，相比民事规范的文义解释，商事规范的文义解释更具不确定性。⑤ 市民社会的亲缘身份与商业社会的商人身份可能混同于同一商事法律关系之中。有时候，商事身份的认定还需要刺透"名义"而直击"实质"，比如寻找证券交易账户背后的"实质控制人"、公司工商登记背后的"实质股东"等。由此推论，《证券法》44条第2款中的民事"夫妻"身份与商事"股东"身份是并列而非互斥的，且应采实质认定。

第二，商事规范的文义解释难达思维共识。由于民、商法的部门价值不同、客观语境不同，释法者对法律文本中"语词""句段"的含义、修辞、逻辑难达思维共识。若商事规范的法律漏洞仅依靠民法的解释力，而未能严格限制《民法典》的开放性，这将造成商法失去独立品格。同时可能人为地制造出额外的"开放结构"，加剧法律适用的不确定性。因此，我国在《民法典》颁布后至《商法典》(《商法总则》) 颁布前，都将面临民、商事规范在衔接与适用上的困境。由此推论，《证券法》第44条第2款的法律漏洞究竟应由《民法典》还是《公司法》等商特别法补充，仍无法轻易定论。

2. 《证券法》第44条第2款文义解释的思维桎梏

"配偶"可同义解释为"夫妻"的一方，或平义解释为上市公司"股东"、证券市场"股权投资者"。问题的关键在于这两种复数的文义解释是否存在优先顺位？本文认为，这两种文义解释均有正当性与合理性。二者是并列关系而无优位次序。近代社会为了破除封

---

① 参见杨峰：《商法思维的逻辑结构与司法适用》，载《中国法学》2020年第6期，第179–180页。
② 参见戴津伟：《法律解释方法的思维要素构造及其协调应用研究》，载《法律方法》2020年第3期，第199页。
③ 参见林超骏：《超越继受之宪法学－理想与现实》，台北元照出版公司2006年版，第123–125页。
④ See F. Waismnn, Language strata. Logic and language (Second Series), edited by A. G. N. Flew, Oxford: Basil Blackwell, 1953, pp. 21–31.
⑤ 参见杨峰：《商法思维的逻辑结构与司法适用》，载《中国法学》2020年第6期，第173页。

建王权对身份特权与财产权的捆绑,梅因(Maine)提出了"从身份到契约"的转变,①但现代社会随着资本主义商业繁荣,身份法不仅存在于亲属法之中,也包含于商事法内。比如,在企业内拥有身份权力的股东。②从法理上看,这符合法律"不满足于只看到某种人的行为或不行为组成义务或权利的内容,必须还存在某个具有义务或权利的人物。"③

由此可见,商事规范的文义解释需受制于民、商事思维的双重考量。"从契约到身份"的浪潮回溯中,主体因民、商身份产生的权利义务将影响行为认定、权义分配、与责任承担。当文义解释无法在民、商事规范竞合适用时确定最佳解释路径,司法实践也只能徒留疑惑。

(二)民商并列下体系解释的竞合适用

体系解释,其以逻辑建构法律外部表现形式,通过法律"规范之网"解决法律漏洞问题,④以促成"个别法律规定间事理上的一致性"。⑤

1. 民商事规范竞合

从立法例上看,这一问题在我国具有特殊性。纵观两大法系主要的司法管辖区,通过立法设立短线交易制度的国家或地区主要是美国、日本、中国大陆与台湾地区。⑥ 其中,我国新《证券法》44条第2款参照台湾地区'证券交易法'第22之2第3项、第157条的立法体例,明文规定配偶可以成为短线交易主体。但与台湾地区法定夫妻分别财产制不同的是,我国《民法典》采法定夫妻共同财产制。

我国《民法典》第1064条夫妻共同债务连带责任与《公司法》第3条公众公司的股东按股份承担有限责任是排斥性规范竞合。在《证券法》第44条的规定下,二者法律适用的区别在于:若解释适用《民法典》第1064条,则经配偶短线交易所得利益,原则上由夫妻共同对上市公司承担返还责任;若解释适用《公司法》第3条,则夫妻各自以其短线交易股份份额的所得利益为限,独立地对上市公司承担返还责任。

从私法体系上看,夫妻身份权与股东身份权都应受到平等保护。无论是"股东"还是"夫妻"中的一方都应视为是配偶这一特定人物的具体身份。从商事思维来看,配偶短线交易是证券市场的违法行为,应由《公司法》、《证券法》等商特别法来防范和约束内部人牟取暴利的行为。但从民事思维来看,配偶短线交易利益的返还在本质上是婚姻存续期间内的一种财产变动,这首先应放置在财产法的分析框架中,并结合夫妻身份财产制度具

---

① [英]梅因:《古代法》,沈景一译,商务印书馆1984年版,第97页。
② 参见童列春:《私法上财产关系的身份调整》,载《法商研究》2011年第5期,第63页。
③ [奥]凯尔森:《法与国家的一般理论》,沈宗灵译,中国大百科全书1996年版,第105页。
④ 参见杨铜铜:《体系解释的思维依据》,载《法律方法》2017年第2期,第170页。
⑤ [德]卡尔·拉伦茨:《法学方法论》,陈爱娥译,商务印书馆2003年版,第204页。
⑥ 相比之下,我国香港地区、英国、新加坡以及德国均未通过立法的方式设立短线交易制度。

体分析。① 因此，基于民商并列下规范应平行适用的基本逻辑，两条路径的适用都具合理性。

2. 社会习惯法变迁

体系解释在功能上提供正义之标准与社会习惯等资源。② 其中，"习惯被视为是人们一些具体的义务和责任。"③ 我国《民法典》第10条规定习惯是纠纷解决的法律渊源之一。

视夫妻、家族为"一体"的习惯是中国传统文化的重要基因。《仪礼·丧服传》："父子一体也，夫妇一体也。"夫妻是一个经济团体，④ 资产与负债一体。正因如此，适用《民法典》第1064条将配偶短线交易的利益返还责任视为由夫妻共同承担，在我国是符合民间传统习惯的。

但也应看到，随着现代商业社会风险的不断递增、神圣盟约在世俗纷扰中的褪色、与个人主义的兴起，现代夫妻之间的财产关系亦不断受到商事习惯的渗透与影响。一方面，得益于20世纪新中国的成立与改革开放，使得妇女进入公共领域的生产力得以解放，"妇女能顶半边天"的新民间传统不断冲击着"男主外女主内"的封建传统习惯。类似的，域外习惯法上因工业革命而兴起的女权运动，保障了已婚妇女独立从事商业活动的法律资格与权利。比如，在英国自治市镇的习惯法中，存在着婚姻存续期间内单身女商人（Feme Sole Trader）的规则。⑤ 另一方面，夫妻共同参与商业活动的方式逐步从以家庭手工作坊为代表的"合伙"过渡到现代西方组织中的"股份"。比如，随着在日本"家族企业"（Zaibatsu）、韩国"财阀"（Chaebol）、以及我国类似于李国庆与俞渝夫妇的"夫妻上市公司"。因此，强调夫妻各自在商业交易外观上的独立性，适用《公司法》第3条以各自所持股份份额之短线交易所得利益为限对上市公司分别承担返还责任，在我国也是符合现代社会习惯法的。

（三）民商并列下目的解释的路径指引

当文义解释与体系解释均不能在形式理性上得出最佳解释路径时，则需要诉诸实质理性的法律目的作出阐释，以规范目的为指引。⑥ 正如耶林（Jhering）在《法的目的》所

---

① 参见王涌、旷涵潇：《夫妻共有股权行使的困境及其应对——兼论商法与婚姻法的关系》，载《法学评论》2020年第1期，第84页。
② 参见杨铜铜：《体系解释的思维依据》，载《法律方法》2017年第2期，第176页。
③ ［美］博登海默：《法理学法律哲学与法律方法》，邓正来译，中国政法大学出版社2004年版，第379－380页。
④ 参见胡苷用：《婚姻合伙视野下夫妻共同财产制度研究》，法律出版社2010年版，第12页。
⑤ 徐奕斐：《"两分领域"之辨：以英国已婚妇女从商的法律问题为视角》，载《中华女子学院学报》2017年第6期，第93页。
⑥ 戴津伟：《法律解释方法的思维要素构造及其协调应用研究》，载《法律方法》2020年第3期，第201页。

言，法律是意志的产物。目的解释即探寻法律的"规范意旨"（ratio legis）。①民、商思维考证下的目的内涵是多层次的，目的解释的适用标准也不尽相同。如何"获取目的"，并"应用目的"，应成为商事规范目的解释的适用重点。

1.《证券法》第 44 条"目的"的本土意涵

"目的"的本身需要解释。② 我国《民法典》"民商合一"的体例使得商事规范目的内涵需进一步明确。

我国短线交易条款移植于美国《1934 年证券交易法》（Securities Exchange Act of 1934）第 16（b）条款。美国国会通过 16（b）条款直接表明了该规范的立法意图在于"防止（内部）信息的不正当使用（Unfair Use）"。不同于我国 44 条第 2 款，美国法在 16（b）款中并未直接规定配偶为"利益所有人"（Beneficial Owner）。而根据各州及联邦巡回法院的判例来看，当内部人与其配偶各自在 6 个月内前后买入或卖出股票时，法院虽也在短线交易计算范围中合并夫妻二人的交易总额，但通常只判决由作为内部人的夫妻一方对上市公司返还商事利益（Profits）所得。合理的解释是内部人应对其使得公司内部信息对外泄露的结果负责。即使在美国极少数施行夫妻共同财产制的州，法官也并不支持内部人仅返还一半利益的请求，③ 并认为当州法夫妻共同财产条款与证券交易法冲突时，④ 应参照先例 Wissner v. Wissner 采"联邦法优于州法"。⑤

从比较法解释的角度来看，我国《证券法》第 44 条的立法目的似乎也只限于"防止（内部）信息的不正当使用（Unfair Use）"，而采美国判例中的"内部人单独承担说"。但是经过对域外法的实证研究可知，⑥ 我国并不可完全照搬该立法目的与司法规律。⑦ 首先，普通法法系的法官有权通过"法官造法"化解州法与联邦法之间的冲突。而立法体例上，我国《民法典》颁布后的法律体系是统摄《证券法》的。其次，我国《证券法》第 44 条第 2 款明确通过立法将"配偶"纳入了短线交易主体范围。民法与商法思维均独立构成《证券法》第 44 条的解释基础。最后，我国没有商事代替责任一说，除非再次修法，否则配偶应作为责任主体，不应将行为责任转移至另一方。

---

① See R. Dworkin, Law's Empire, London, Fontana Press, 1986, pp. 315 – 316.
② 陈金钊教授曾指出"目的解释方法中的目的却不是任意确定的目的。"参见陈金钊：《目的解释方法及其意义》，载《法律科学》2004 年第 5 期，第 38 页。
③ 路易斯安那州的法官进一步解释了 16（b）立法目的主要是针对内部人自身。（"the unfair use of information... by an officer or director of the corporation by reason of his position"）See Jefferson Lake Sulphur Co. v. Walet, 104 F. Supp. 20（E. D. La. 1952，5 Cir）.
④ Article 2405, Louisiana Civil Code.
⑤ See Jefferson Lake Sulphur Co. v. Walet, 104 F. Supp. 20（E. D. La. 1952，5 Cir）.
⑥ 以大数据实证分析法为工具，笔者通过 LEXIS 数据库搜集到自 1934 年至 2021 年之间关于短线交易的 1018 份美国法判例。其中 969 份案例（占比约 95%）是由联邦巡回法庭进行审判，适用的是联邦法，并不适用各州夫妻财产条款。而余下 49 份（占比约 5%）适用州法的判例中，仅有 2 份判决与采夫妻共同所有制的州（加利福尼亚州与路易斯安那州）相关联。
⑦ 参见汤欣：《法律移植视角下的短线交易归入权制度》，载《清华法学》2014 年第 3 期，第 137 页。

"在法的国际化、趋同化的浪潮中,各个国家、各个民族都必然地会保留下一些自己本民族的法律。"① 我国社会土壤对"婚姻"和"个人"的理解是有民族特色的,商事规范本土化续造中应加以考虑。我国大陆地区与台湾地区直接通过立法将配偶视为短线交易,这恰恰说明血脉相连的华人文化使得家族亲缘关系是十分紧密的。实践中,通过亲缘关系进行短线交易或内幕交易的情形十分常见。

因此,我国《证券法》第44条的立法目的美国《1934年证券交易法》第16(b)条款的基础上,还应基于本土化考量加入"防治特殊身份关系的主体妨害证券市场公平交易秩序"这一立法目的,并且排除"内部人单独承担说"在我国的司法适用。

2. 目的解释下责任路径的功能评价

目的解释是实质法治的方法,调适法律与社会间的紧张关系。② 因此,经由目的解释考察规范的社会功能,③ 有助于抉择责任路径。

其中,《证券法》作为商事特别法,其立法目的是不唯一的。④ 在我国,《证券法》44条第2款的立法目的可直接从法律文本中推导出的就是上文论述的"防治(内部)信息的被内部人及与内部人有特殊身份关系的主体的不正当使用,维护证券市场公平交易秩序。"不过,该目的解释下的规范功能主要针对违法行为的"惩罚"。而基于我国《证券法》第1条的规定,在规范证券交易行为的同时,也应促进社会主义市场经济的发展。为了兼顾证券市场交易的活力,还应"保护"投资者的交易热情,减少身份关系束缚下资本的自由流动。因此,《证券法》44条第2款的立法目的同时具备"惩罚"与"保护"的不同面向。

在上述多元目的的引导下,各责任路径是否可以满足规范所指向的社会调适功能则需进一步评价。以《民法典》第1064条所展开的夫妻共同承担连带责任则是最大化地将利益返还的责任主体扩大,严惩短线交易行为。此路径有利于债权人请求权的实现,震慑证券市场潜在的短线交易行为。但不足之处在于,其可能会对未实质参与该短线交易投资决策的夫妻一方造成不公平的责任负担,从而对证券市场的健康与活力产生反作用力。相比之下,以《公司法》第3条所展开的股东以其认购的股份承担有限责任则更侧重于保护商事外观与证券市场的交易活力,并不轻易增加责任负担的主体与个体所应承担的责任范围。但不足之处在于,上市公司作为债权人通常无法像证监会一样穿透交易实质区分"名义持股人"与"实质持股人",其可能会面临夫妻间转移财产逃避利益返还责任、承担举证责任不利后果的情况,该款对内部人惩罚功能的震慑力下降等问题。由此可见,两条路

---

① 何勤华:《法的国际化与本土化:以中国近代移植外国法实践为中心的思考》,载《中国法学》2011年第4期,第52页。
② 参见陈金钊、吕玉赞:《法治改革及其方法论选择》,载《学术交流》2015年第9期,第72页。
③ 参见陈金钊:《目的解释方法及其意义》,载《法律科学》2004年第5期,第41页。
④ 目的渊源是多维的。我国学者认为目的解释体系包含"外部立场目的解释"、"内部立场目的解释"。参见谢晖:《论理解释与法律模糊的释明》,载《法律科学》2008年第6期,第31页。

径亦各有不足，但也呈现出互补的趋势。

综上，目的解释从实质理性的角度使我们对《证券法》第 44 条漏洞填补的解释标准在认知上更进一步，但是，其与文义解释、体系解释一样，仍尚不能在民商并列的思维下抉择出填补该法律漏洞的最佳路径。

三、民商一体：责任承担路径的合一

行文至此可知，虽经"民商并列"思维与文义、体系、目的解释方法的运用，但仍未能得出责任承担的最佳路径。然而，上文论证了我国以《民法典》第 1064 条为逻辑起点的"夫妻共同承担说"与《公司法》第 3 条为逻辑起点的"夫妻分别承担说"均可本土化适用的合理性，推理出二者在适用上亦各有所不足，功能上存在互补的趋势，并排除了美国判例法上"内部人单独承担说"。事实上，与"民商并列"相对应，在私法内实现民商"两法合体"是"民商合一"的另一个应有之义。① 主要表现为"民法商法化"与"商法民法化"的思维特征。②

法律续造与法律解释是同一思考过程的不同阶段。③ 为了明确《证券法》第 44 条第 2 款规范意义下的责任承担形态，本文将在当前规范解释的基础上进一步通过私法秩序内的续造填补法律漏洞，尝试确定责任承担的最佳路径，以融贯民商并维护群体之信念。

（一）民商一体下法律漏洞的透视

经上文论述可知，《证券法》第 44 条第 2 款的法律漏洞在于其未明确规定配偶短线交易利益返还的责任承担形态。责任承担形态这一漏洞的填补关涉到证券监管与司法的衔接、上市公司与短线交易主体之间举证责任不利后果的法定配置、以及证券市场的效率。

这一法律漏洞是"违反计划的不圆满性"。就"违反计划"而言，一方面其违反了《证券法》第 44 条配偶短线交易利益返还责任无争议实现的立法计划；另一方面其违反了法秩序整体有效衔接和适用的法律计划。进而体现为两方面的"不圆满性"。第一，规范功能的不完满性，法律后果在特定身份主体间存在争议。第二，民商法律规范衔接适用的不完满性，《民法典》"民商合一"的目标在实践中尚存疑虑。

性质上看，本条款的"不圆满性"是一种因规则不完备而产生的开放式漏洞。《证券法》第 44 条第 1 款的行为主体是内部人，而第 2 款的行为主体是内部人或（与）特定身份关系人。虽都从事短线交易行为，但行为主体并不完全同一。因此，在责任承担形态上

---

① 参见徐国栋：《民商合一的多重内涵与理论反思：以 1942 年〈意大利民法典〉民商合一模式的解读为中心》，载《中外法学》2019 年第 4 期，第 933 页。
② 参见赵万一：《论民法的商法化与商法的民法化——兼谈我国民法典编纂的基本理念和思路》，载《法学论坛》2005 年第 4 期，第 28 – 29 页。
③ ［德］卡尔·拉伦茨：《法学方法论》，陈爱娥译，商务印书馆 2003 年版，第 246 – 247 页。

应是类似性，而非同一性。虽立法者已考量到二者共性中的个性，有意将这两种情形在44条内分别以"款"规定，但未能在《证券法》移植的过程中本土化考量我国《民法典》法定夫妻共同财产制对夫妻关系及其内部财产、对外债务关系所造成的特殊影响，进而导致法律适用中利益返还责任形态的困惑。由于该款不仅欠缺了计划内所应包含之规则，同时所欠缺的规则恰恰是对责任条款适用的依据，① 所以构成了需要填补的商事规范开放式法律漏洞。

方法论上看，《证券法》第44条第2款的开放式漏洞应在私法秩序内填补。第一，在私法规范秩序内填补。② 商法规范秩序应在上文所述《公司法》第3条、《证券法》第44条的基础上，综合《公司法》《证券法》的其他规范，试图得出"商法民法化"的法内续造空间。民法规范秩序应在上文所述《民法典》1064条的基础上，拓展至与夫妻经济行为、生产经营活动相关的《民法典》条款，试图得出"民法商法化"的法内续造空间。第二，在私法价值秩序内填补。在强调商法价值独特性的同时，民商合一的立法体例也应注重民商法内优位价值、共性价值对漏洞填补的意义。由此，才能在填补商事规范的开放式漏洞中平衡社会利益与个人利益、民事一般利益与商事特殊利益。

(二) 商事规范开放式漏洞填补之类推适用

类推适用是"有所超越可能性文义范围"，"系就法律未规定之事项，比附援引与其性质类似之规定，而为适用。"③ 因而，商事规范开放式漏洞填补应基于民商合一的立法体例类推适用相似性规范。通过'整体类推'的程序，找寻规定之间共同的'法律理由'。④

1. 商事规范秩序内夫妻伦理要素的类推适用

经文义解释已知，短线交易流通股的"配偶"可同义解释为"夫妻"中的一方。经商事规范秩序展开，《上市公司信息披露管理办法》第71条视夫妻及关系密切的家庭成员为"关联自然人"，并考量夫妻之间投资决策的关联性。《上市公司股东、董监高减持股份的若干规定》第9条与11条的规定，将股东与其"一致行动人"所交易的股份合并计算。此为商事外观主义与伦理关系的综合考量。在"关联公司人格混同"的情形下，最高人民法院2013年发布的15号指导案例给出了"连带责任"的观点指引。徐工集团工程机械股份有限公司诉成都川交工贸有限公司等买卖合同纠纷的裁判要旨认为："三公司之间使用共同账户……表征人格的因素（人员、业务、财务等）高度混同，导致各自财产无法区分，已丧失独立人格，构成人格混同。"所以在责任层面上，"人格混同"有可能突破

---

① 陈金钊：《司法过程中的法律方法论》，载《法制与社会发展》2002年第4期，第34页。
② 参见钱玉林：《商法漏洞的特别法属性及其填补规则》，载《中国社会科学》2018年第12期，第106页。
③ 杨仁寿：《法学方法论》，中国政法大学出版社1999年版，第293页。
④ ［德］卡尔·拉伦茨：《法学方法论》，陈爱娥译，商务印书馆2003年版，第261-262页。

独立人格主体的单独责任或有限责任，而由双方或多方之间共同承担《公司法》20条第3款的连带责任。由此类推，在配偶短线交易过程中，若存在夫妻人格混同的情况，则应突破配偶作为"股东"的按份有限责任，合并计算夫妻作为"关联自然人"或"一致行动人"的股份份额，并以夫妻这一个经济共同体对外承担连带责任。

因此，当《证券法》第44条第2款的责任承担形态在商事规范秩序内整体类推适用时，原则上采"夫妻分别承担说"。但当夫妻双方之间高度"人格混同"的例外情形发生时，比如短线交易中证券交易账户与财产收益高度混同的特定情形，法官应例外突破股东自身所持股份的有限责任，留有连带责任的适用空间。不过，上市公司作为债权人需负担对"关联关系"与"人格混同"的举证责任。在续造效果上，这体现为"原则分别承担，例外共同承担"的责任承担路径。

2. 民事规范秩序内商业风险分摊机制的类推适用

《民法典》1062条规定了夫妻共同财产的前提"归夫妻共同所有""夫妻有平等的处理权""共同意思表示"。因此，当夫妻一方进行短线交易时，而另一方未能实质享有收益、未能平等的处理夫妻之间的财产关系、未能实质参与投资决策等特殊情形出现时，则有必要类推夫妻之间商事债务风险的区隔和分摊。此外，《民法典》第125条规定民事主体可以独立地享有股权与投资权利。这一路径在司法实践中也有类似的印证，比如《浙江省高级人民法院关于妥善审理涉夫妻债务纠纷案件的通知》浙高法〔2018〕89号就规定了"浙江作为民营企业大省，民间资金活跃，经商文化和投资氛围较为浓厚。对一些案件中，负债用于夫妻一方以单方名义经商办企业，或进行股票、期货、基金、私募等高风险投资的，不宜一律以'不能排除收益用于共同生活'为由，'一刀切'地认定为夫妻共同债务。"

因此，当《证券法》第44条第2款的责任承担形态在民事规范秩序内整体类推适用时，原则上采"夫妻共同承担说"为适用路径。但当夫妻关系存在失衡或破裂等例外情形时，比如丈夫通过家庭暴力等不平等手段夺取妇女的财产控制权、[1] 正处于离婚冷静期且社会外观已分居，[2] 法官应例外减轻、免除妇女对外承担短线交易的利益返还责任。此外，当交易数额小至无法为家庭共同生活所利用且可推定是配偶个人行为时，也可例外认定仅由配偶独立承担利益返还责任。在续造效果上，这体现为"原则共同承担，例外分别承担"的责任承担路径。

---

[1] 家庭暴力侵害妇女人身财产权益的事情在各国都屡见不鲜。比如，美国约有80%的家庭暴力事件不仅侵害妇女身体，也侵害妇女个人财产权益。See Weisberg, D. Kelly, "Property Damage in the Domestic Violence Context.", *Domestic Violence Report*, 2016, p. 29; See Klein, Catherine F. & Orloff, Leslye E, "Providing Legal Protection for Battered Women: An Analysis of State Statutes and Case Law", *Hofstra L. Rev*, 1993, p. 801, p. 873.

[2] 以我国《宁夏回族自治区妇女权益保障条例》的规定为例，夫妻在办理离婚期间或者离婚后，男方不得侵害女方及其近亲属的财产权益和人身权利。

3. 私法秩序内的价值衡量

那么我们究竟应在商事规范秩序内整体类推适用"原则分别承担,例外共同承担";还是在民事规范秩序内整体类推适用"原则共同承担,例外分别承担"以作为责任承担路径?类推适用本身就是一个价值和利益衡量的结果。① 私法价值的多元,使得类推过程中的价值衡量成为必要。在法律续造中应依据法的基本价值,衡量某种权益受影响程度,并适用比例原则。②

对这一规范漏洞填补路径的价值衡量应首先回溯到《证券法》第44条短线交易条款的规范功能。经上文目的解释指引,本条款的规范功能包含了"惩罚"与"保护"。从本质上看,"惩罚"反映了"公平"的价值,有利于尽快填平、消除短线交易对上市公司、市场秩序、市场投资者所造成的信息扭曲、诉讼成本等负外部性;③"保护"反映了"效益"的价值,鼓励投资行为,不以高违法成本捆绑特定投资者的行为结果,刺激证券市场的投资活力。

当前,经法律续造后的两条路径都完备了规范功能,但规范功能的比重并不相同。从价值位阶上看,司法者应先满足"平等"的社会价值,④ 及时复原违法者"损人利己"行为所造成的社会分配不公后果。而后再考量鼓励社会财富增长,满足商事"效益"的价值。《民法典》第1064条的连带责任在性质上继承了罗马法"整体之债"(obligationsolidum)的整体性特征,试图束缚所有相关主体而使债之消灭。这背后是市民社会发达的个体信用与家族主义背书。这意味着无论夫妻中的一方是否实质参与了短线交易的投资决策,都将与另一方共同尽快地向上市公司返还利益。这无疑能"高比重"地符合《证券法》第44条"惩罚"的规范功能,"公平"的价值取向。而在降低上市公司分别起诉的费用成本、举证责任负担加重等风险的同时,亦考量夫妻团体之间关系实质,通过"例外分别承担"分散商业风险、降低夫妻团体之间互相监管和压制的交易成本,实现"保护"证券市场的交易活力。

由此可见,在我国当前资本市场的发展阶段,基于《民法典》第1064条所展开的"原则共同承担,例外分别承担"这一责任承担路径,更有利于平衡社会利益与个人利益、民事一般利益与商事特殊利益。

---

① 参见屈茂辉:《类推适用的私法价值与司法运用》,载《法学研究》2005年第1期,第12页;郭富青:《论商法类推适用的依据、范围和正当性》,载《甘肃政法学院学报》2012年第5期,第38页。
② 参见宫冬冬:《司法过程中的法律续造》,载《法律方法》2005年第4期,第192页。
③ 参见胡元聪:《法与经济学视野中的外部性及其解决方法分析》,载《现代法学》2007年第6期,第130页。
④ 这一点可从法哲学价值推演中得到印证。星野英一教授在价值位阶的排序上,将人的尊严、平等和自由视为是至上的,是人类社会共通的财富。而后才是特定债权、特定财产等物质与价值。参见星野英一:《民法解釈論序説》,载《法哲学年報》1968年1967卷,第116页。

四、结论

在我国《民法典》"民商合一"的立法体例下,如何完善民、商事规范的衔接与适用是《民法典》解释时代的重要议题。本文针对新《证券法》第 44 条第 2 款配偶短线交易利益返还的责任承担,梳理了民事"夫妻"与商事"股东"身份相关的规范适用,融贯了民商思维下的规范要素,得出了"原则共同承担,例外分别承担"的解释论方案。同时,以《民法典》实施后商事规范的漏洞填补切入,旨在引起师友同仁对民商关系这一理论命题的进一步关注。因为这不仅关切到个案司法正义的实现,更考验现代法治国家在追求法典稳定性的同时是否具有"持法达变"的治理能力。① 这不仅是我国现代化发展对法律秩序供给所提出的必然需求,也是中华传统"家国"文化意象下国家权力对市民社会秩序的道德决定。②

(编辑:吴冬兴)

---

① 参见陈金钊:《法律如何调整变化的社会——对"持法达变"思维模式的诠释》,载《清华法学》2018 年第 6 期,第 93 页。

② 参见 [美] 穆瑞·罗斯巴德:《自由的伦理》,吕炳斌译,复旦大学出版社 2008 年版,第 244－249 页。

国际法和比较法中的法律方法

柔性国际法的疆界及其界定方法

姚选民[*]

摘 要 国际法跟国内法现象一样，亦是法的一种基本形态，国际法研究在法哲学层面上亦遵循着国内法现象的研究方法逻辑。在国际社会层面，国际官方法和软性国际法构成广义上法体系之基本法形态。国际官方法旨在保护全球社会范围内的国际政治秩序法益，最能彰显其法益疆界之国际官方法外延疆界的基本构成，要数国际强行法部分和国际刑法部分。软性国际法旨在保护全球社会范围内不同国际区域或领域亦即各种国际场域法域中的国际场域公共秩序法益，最能彰显其法益疆界之软性国际法，要算其国际软法部分和区域国际法部分。国际场域公共秩序逻辑决定着软性国际法的法益疆界和外延疆界，是廓清软性国际法疆界的基本法理依据。

关键词 柔性国家法 方法论 民间法

引 言

以国家法为参照，国际法与国家法律的标准相距甚远，但在当代大多数国家仍然被认为构成法律。国际法与国内法在认定标准上的差别也给我们的学术研究带来很多困惑。"国际法缺乏立法机构，且在未获得其预先同意之前，国家不能被带上国际法院，更何况国际社会中没有一个中央组织以及将制裁付诸实行的系统。"[①] 与此同时，国际法又具有事实上的规制效力。"世界各国政府毫无例外地都承认国际法是对国家有拘束力的法律。没有一个国家政府公然宣布不受国际法的拘束……在国际法上，对于违法行为，违反的国家不仅应负法律上的责任，而且还可能受法律的制裁"[②]。很难想象还有哪一种法外之规

---

[*] 姚选民，湖南省社会科学院副研究员、中国反腐败司法研究中心特聘研究员，法学博士后。
[①] ［英］H. L. A. 哈特：《法律的概念》（第二版），许家馨、李冠宜译，法律出版社2006年版，第4页。
[②] 王铁崖主编：《国际法》，法律出版社1995年版，第5页。

范具有如此强有力的管辖效力。此为矛盾困惑一。矛盾困惑二是，一者从整体来看，国际法是为一定国际社会目的而形成发展起来的。"各国为了建立、维持和发展平等互利的国际关系，需要相互承认、设立外交机关、互派使节、实施外交特权与豁免的规定；为了便利各国人民之间的来往，需要形成有关外国人待遇的一般原则、实施有关本国侨民的外交保护制度；为了促进国际交通，需要有海洋、陆地和空间的各种通行制度"① 等。另者从国际法史来看，"当代国际法主要脱胎于……'近代国际法'（指欧洲国际法），而只是到了后来，由于亚非拉等众多发展中国家纷纷独立进而打破了欧洲国家对国际法的垄断地位，才有了由世界上所有文明共同构建和具有普遍意义的'当代国际法'。"② 这两方面征引表明，国际法形成过程其实是西方国家法律全球化甚或是其国家法上升为国际"官方法"而非西方社会国家法"民间法"化或下降为软性国际法之过程。

上述困惑令人不禁追问：国际法不是国家法意义上法律，那作为广义上法体系中基本法形态的国际法是"民间法"吗？如回答是肯定的，亦即国际法不是官方法而是"民间法"，那为何全球社会法秩序会对各国形成一种有力秩序强制？如回答是质疑性的，亦即国际法某种程度上是官方法而非完全是"民间法"，那作为相对零散之全球社会法体系的天然构成部分，柔性国际法的界限或疆界又在哪里？缘于国家法研究方法思维及其法治实践的支配性影响力，国际法学界对国际法规范现象的审视和研究亦遵循着某种国家法研究方法思维。通过对柔性国际法疆界问题的探讨，我们可以深化对国际法规范现象的理性认识。国际法不仅仅是法，从广义上法哲学视角来看，国际法还可以进一步区分为国际官方法和柔性国际法，并在国际法治实践中践履着其各自特有的职责使命担当。缘于该问题内容之繁复性，本文从国内法研究方法拓展的维度对柔性国际法的探讨尚是尝试探索性的。

一、柔性国际法疆界界定之理论基础

探讨柔性国际法之疆界，首先得以民间法作为理论基础，面对的问题是何谓"民间法"。从前提性思考的层面来讲，民间法概念不仅有其常规性含义，亦即民间法是"国家法"（包括其所衍生的地方法）的对称，是国家法系统之外、对国家范围内不同区域或领域亦即各种场域法域进行社会控制和社会秩序构造的规范系统，是指在一切国家法规则（包括其所衍生的地方法）之外、对各种场域法域中社会成员的交往行为及其权利义务分配具有一定现实调整作用的社会规范。而且亦有一种民间法法学思维的法哲学内涵。民间法的法哲学层面内涵即民间法法学思维，主要包括两方面基本内涵。一者民间法是指与"官方法"（包括国家法和国际官方法）相对应的概念，它是国家或全球社会范围内不同区域或领域（包括国际区域或领域）亦即各种场域法域（包括国际场域法域）中不居于

---

① 梁西：《国际法的社会基础与法律性质》，载《武汉大学学报（社会科学版）》1992 年第 4 期，第 33 页。
② 李伯军：《非洲国际法初探》，载《西亚非洲》2006 年第 2 期，第 68 页。

意识形态中心地位的规范系统，是官方法规则之外，对国家或全球社会范围内不同区域或领域（包括国际区域或领域）亦即各种场域法域（包括国际场域法域）中社会主体（包括国际法主体成员）进行社会控制和社会秩序构造的规范系统。官方法则不仅是指法学研究领域中业已约定俗成的"由官方制定的法"或"适用于官方内部交往关系的法"①，更是指国家或全球社会范围内不同区域或领域（包括国际区域或领域）亦即各种场域法域（包括国际场域法域）中主导其意识形态者或拥有"政治"话语权者所促成的具有较强强制执行力的规则系统。

在国家或全球社会范围内，民间法呈现出多层次性，如村落民间法（主要包括乡规民约）、县域民间法（主要包括风俗习惯）、民族民间法（主要包括民族习惯法）、文化体民间法（主要包括宗教戒律）、区域国际社会民间法（主要包括区域国际法）、国际社会民间法（主要包括以全球社会名义推出的软性国际法）等。不仅如此，民间法在不同领域也会有不同渊源形式，如政治、经济、文化、社会、生态等领域的民间法（包括诸领域的柔性国际法）。另者民间法是指一种法秩序，包括国家层面民间法法秩序和国际社会层面软性国际法法秩序。其中民间法法秩序与官方法法秩序（包括国家法法秩序和国际官方法法秩序）相对应，而国家层面民间法法秩序与国家法法秩序相对应，国际社会层面柔性国际法法秩序则与国际官方法法秩序相对应。②

探讨软性国际法的疆界问题，亦会面临着何谓法之疆界的元追问。关于法是什么的问题，法学界代表性观点认为："法是由国家制定或认可并依靠国家强制力保证实施的，反映由特定社会物质生活条件所决定的统治阶级意志，以权利和义务为内容，以确认、保护和发展对统治阶级有利的社会关系和社会秩序为目的的行为规范系统。"③ 关于什么是法的问题，广义上法体系的外延主要包括两大类：一类是成文法（制定法），另一类是不成文法（非制定法）。关于法是什么和什么是法之问题的哲学层面思考表明了广义上法体系的应然内容是什么（显然道德的内容不是其应然内容），以及广义上法体系的实然内容是什么（显然道德规范不是其实然内容）。不仅如此，探讨柔性国际法或民间法的疆界问题会进一步追问"民间法是什么""什么是民间法"。从法益的视角来看，关于民间法是什么和什么是民间法的疆界问题，可替换为民间法的法益疆界和外延疆界问题。并且缘于法益视角之理论穿透力，法益疆界与外延疆界亦能成为探讨任意类型法（不仅仅是民间法，亦可以是国家法或其部门法）之疆界问题的基本分析框架。不论是国家法还是民间法或其他广义上法体系的基本法形态，法的法益疆界主要是指广义上法体系中任意类型法的内在规定性，即广义上法体系之任意类型法所维护的特定法益，从理论上讲符合该内在规定性

---

① 谢晖：《大、小传统的沟通理性》，中国政法大学出版社 2011 年版，第 344—345 页。
② 参见姚选民：《民间法哲学论：一种中国特色法哲学建构论纲》，社会科学文献出版社 2019 年版，第 15、31—32 页。
③ 张文显主编：《法理学》（第四版），高等教育出版社 2011 年版，第 47 页。

之法的表现形式都可以归于该特定法之范畴。法的外延疆界主要是指广义上法体系中之任意类型法的实然内容，主要包括符合广义上法体系中任意类型法之内在规定性的法之诸表现形式。从理论上讲，广义上法体系中之任意类型法的法益疆界与外延疆界在逻辑上是吻合的，且往往是其法益疆界决定着外延疆界。①

要弄清楚软性国际法的疆界，还会面临的追问是国际法是法吗。什么是国际法？关于国际法是什么的问题，从周全、严密的角度来看，国际法主要是指全球社会范围内调整不同国际法主体之间特别是不同国家之间关系的、有法律拘束力的原则、规则和制度总称。关于国际法的法律性质问题，国际法作为法为世界各国所遵守的客观事实给予了正面回答。"关于国际法的法律性质的理论上的辩论，就其中一些力图否定国际法的法律拘束力的论点而言，越来越表现为不现实，因为在实践上国际法不断地被各国政府承认为法律，它们认为它们的行动自由在法律上是受国际法的约束的。国家不仅在无数条约中承认国际法规则具有拘束力，而且经常确认它们之间存在有法律的事实。它们还要求它们的官员、法院和国民遵守国际法对国家所设定的义务，从而承认国际法。"② 关于什么是国际法的问题，从国际法的渊源视角来看，学界对什么是国际法之外延疆界问题的回答似有较大差异，但却都一致认为《和平解决国际争端公约》第三十八条对国际法渊源的认定最具权威性："一、法院对于陈诉各项争端，应依国际法裁判之，裁判时应适用：（子）不论普通或特别国际协约，确立诉讼当事国明白承认之规条者。（丑）国际习惯，作为通例之证明而经接受为法律者。（寅）一般法律原则为文明各国所承认者。（卯）在第五十九条规定之下，司法判例及各国权威最高之公法学家学说，作为确定法律原则之补助资料者。二、前项规定不妨碍法院经当事国同意本'公允及善良'原则裁判案件之权。"对什么是国际法之问题的回答，除了法的渊源或外延视角，亦包括国际法之部门法角度、所调整之国际关系性质角度、法的位阶序列角度等。就国际法的部门法视角言，国际法包括国际海洋法、国际航空法、外层空间法、国际环境法、国际条约法、国际私法等。就国际法所调整之国际关系的性质视角言，国际法主要包括国际刑法、国际经济法等。就国际法的位阶序列视角言，国际法主要包括国际强行法、国际任意法等。

二、国际官方法疆界及其参照意义

国家层面民间法的疆界，缘于国家法的强势，往往由国家法的疆界决定，这一现实逻辑在国际社会层面亦不例外。在国际社会中，国际法中的官方法或国际官方法是什么，主要包括哪些外延？直观来看，当前国际法主要呈现为两种状态。一方面状态，国际法从整

---

① 参见姚选民：《民间法哲学论：一种中国特色法哲学建构论纲》，社会科学文献出版社2019年版，第115—118页。

② [英]詹宁斯·瓦茨等修订：《奥本海国际法》（第一卷·第一分册），王铁崖等译，中国大百科全书出版社1995年版，第8页。

体来看，是零散状的、不成体系的。常常是出现一个人类难题或国际性问题，国际社会成员就一起琢磨着制定一项国际法文件，出现了许多特定领域，如国际犯罪、国际海洋、外太空等分支领域。另一方面状态，以《联合国宪章》（以下简称《宪章》）为代表的国际条约，虽旨在维护国际政治秩序，但该条约中并非所有条文在国际社会中获得了同等政治待遇。其他国际条约亦旨在其各自领域确保《宪章》之宗旨和原则落地，如规定"铭记着《联合国宪章》中有关维持国际和平与安全及促进各国间睦邻和友好关系与合作的宗旨和原则"① 等。

这意味着，国际官方法是一个理论化概念，遵循着某种国家法旨在维护政治秩序的基石法益逻辑②，意指国际法中旨在保护国际政治秩序法益的国际规则所构成的法体系。在以《宪章》为核心的国际法体系中并不存在旨在维护国际政治秩序法益的纯粹国际官方法外延。缘于这样两方面情况，笔者在廓清国际官方法之疆界时，便主要以典型规范类型指引的方式展开。整体来看，最能彰显国际官方法特质的可能要数国际法中的强行法部分和国际刑法部分。

就国际强行法言。《维也纳条约法公约》第五十三条规定："与一般国际法强制规律（强行法——引者注）抵触之条约。条约在缔结时与一般国际法强制规律抵触者无效。就适用本公约而言，一般国际法强制规律指国家之国际社会全体接受并公认为不许损抑且仅有以后具有同等性质之一般国际法规律始得更改之规律。"一般而论，国际强行法主要是国际社会成员或国际法主体作为整体，以国际条约或习惯的方式明示或默示地接受、并认可其绝对强制性的一系列国际法规范总称。这些规范因其强行性特征，相较于一般国际法规则而具有更高位阶的法律效力，能够更改国际强行法规则的只能是同等位阶的国际法规则（亦即国际强行法），其他国际法规则与国际强行法规则相冲突即丧失法律效力。

关于国际强行法的外延，《维也纳条约法公约》或其他国际法律文件没有明文列举。就国际强行法在现实国际法体系中的基本分布而言，《宪章》中一些规定可归属于国际强行法的范畴，如关于人权的相关规定、关于武力使用的相关规定、关于国家主权的相关规定等方面原则规定，除开这些原则规定，《宪章》中其他规定不含强行法成分，不可归属于国际强行法范畴。并不是所有国际强行法规则都包含在《宪章》中，如关于海盗、奴隶制度等国际强行规则就不包括在《宪章》明文规定中。怀特曼提出了一个国际法之强行规范（强行法）的拟议表，其中包括20个在国际法中为世界各国一致认为的强行法项目，这些项目宣布系列行为为非法：

（1）战争罪行；（2）占有外层空间或天体；（3）以武力强加的条约规定；

---

① 法律出版社法规中心编：《常用国际公约与国际惯例》，法律出版社2015年版，第494—495页。
② 参见姚选民：《民间法哲学论：一种中国特色法哲学建构论纲》，社会科学文献出版社2019年版，第62—65页。

(4)武装侵略;(5)污染空气、海洋或陆地以至有害或无用于人类;(6)散布细菌以伤害或消灭人的生命;(7)扰乱国际交通以搅乱和平;(8)破坏和平或人类安全罪行;(9)破坏和平和人道罪行;(10)奴隶制和奴隶贸易;(11)灭种;(12)空中交通劫持;(13)具有敌意地改变气候;(14)海盗;(15)对其他国家领土完整或政治独立的武力威胁或使用武力;(16)对包括侵略战果之以武力引起的情况的承认;(17)除自卫的战争;(18)包括恐怖活动的恐怖主义;(19)包括核武器在内的用于和平以外目的的所有大规模破坏方法;(20)旨在推翻世界银行体系、世界货币、世界能源供应或世界粮食供应的经济战。①

这些基本项目表明,国际强行法在国际秩序构造实践中的作用主要展现为两方面。一者对国际人权领域中的条约保留进行监督与评估。不符合国际强行法规范的条约保留是不能被国际社会所接受的,缔约国间的保留协议要让位于国际强行法,涉及国际强行法的原则和规范不允许适用保留制度。另者对作为主权国家之国家特权的"剥夺"。国际强行法会限制甚或"剥夺"主权国家在承认、引渡、外国管辖豁免和大赦等方面的主权,国家在行使这些权力时不得与国际强行法规范相抵触,否则相应的协议或行为丧失合法性。国际强行法的这些效力表现表明,国际强行法所调整的国际关系是对整个国际社会具有重要意义或具有重要影响的国际关系类型,是不允许当事国进行"自由"选择的。不仅如此,国际强行法亦是向所有主权国家和其他国际法主体发出了明确信号,即国际强行法中的禁止性规定体现了任何人不得背离的人类共同价值,并在事实上正在阻止有关主权国家以某种或特定方式行事,促使他们以与符合人类共同价值的方式实施政治行为。在此意义上讲,国际强行法所规范的是世界秩序,保护的是全球社会的国际政治秩序法益。

国际刑法构成国际强行法的重要组成部分。经过两次世界大战,国际基本政治关系和经济关系发生了巨大变化,国际刑法在国际法体系中占据着越来越重要的地位。一般而论,国际刑法主要确定国际犯罪,追究国际犯罪实施者的刑事责任,是国际公约中那些旨在维护全球社会或国际社会中各国共同利益而对国际犯罪实施者进行惩治的国际法规范总称。国际刑法规范,既包括实体法方面内容,如确定何种国际行为为国际犯罪、如何界定国际犯罪行为等,亦包括程序法方面内容,如对国际罪行的调查、起诉、审判和刑罚执行等。典型国际刑法规范主要集中在这样一些国际法文件中,如关于规定反人类罪的《防止和惩治灭种罪公约》和《禁止和惩治种族隔离罪的国际公约》,针对空中劫持罪的东京、海牙和蒙特利尔三公约,以及《关于防止和惩处侵害应受国际保护人员包括外交代表的罪行的公约》和《反对劫持人质国际公约》等。国际刑法学界有不少判定国际刑法规范的标准,其中巴西奥尼认为,国际法文件或国际法规范只要满足其所归纳之10项特征中的

---

① 转引自王铁崖主编:《国际法》,法律出版社1995年版,第35—36页。

一项即可纳入国际刑法范畴。① 基于国际刑法学者对这些文件内容的整理，违反国际刑法导致的国际罪行达28种。②

国际法学家朱文奇认为："国际刑法并不是对所有国际罪行进行惩治，它起诉和追究的只是严重性质的国际犯罪行为。"③ 依循该种国际法理逻辑，国际罪行可分为国际犯罪、国际违法行为、国际不法行为三种国际违法形态，其中违反国际刑法构成国际犯罪的主要包括11种："（1）侵略罪；（2）种族灭绝罪；（3）危害人类罪；（4）战争罪；（5）非法持有、使用或者放置武器罪；（6）盗窃核材料罪；（7）充当外国雇佣军罪；（8）种族隔离罪；（9）奴役及与奴役有关习俗的犯罪；（10）酷刑和其他残忍、不人道或有辱人格的待遇或处罚罪；（11）非法人体实验罪"。④ 关于这种归类，魏智通的解释是"国际法委员会将普适性义务纳入国家责任概念，将违背普适性义务（同样包括强行法）的行为视为国际'犯罪'。一切对国家共同体具有根本意义的国际法规范构成该义务，违背这种义务就是犯罪。而一切其他的（只具有相对影响的）义务违反则属于'侵权责任'。"⑤ 国际刑法规范是国际普适性义务的核心法源，亦是国际强行法的核心法源，国际刑法规制的是国际社会的基本政治秩序，倡导的是整个人类的基本共同价值，违反国际刑法规范，特别是其中的禁止性规范，会导致冲击全球社会政治秩序的后果，会对和平、发展等人类基本共同价值构成颠覆性消解。

从国际刑法的国际司法实践来看，国际刑法是国际公约中那些为了维护全球社会或国际社会中各国共同利益而对国际犯罪进行惩治的国际法规范。在全球一体化趋势下，整个国际社会逐渐形成了共同的利害关系和相对一致的利益追求，秉持着基本相同的道德判断标准和价值取向，在这种大环境下，一些国际罪行震撼了整个国际社会的公众良知，侵害了国际社会的共同利益，各国均认为它们构成了对全人类的犯罪，如侵略罪、种族灭绝罪、反人道罪、战争罪，及其他侵害人类尊严与权利的严重罪行。⑥ 国际刑法的产生及国际犯罪构成的设置要件表明，保护国际社会甚或整个人类的核心共同利益，有效打击层出不穷的国际犯罪，是国际刑法存在的核心目的，国际刑法是要在全球范围促成一种基本的国际政治秩序，保护的是全球社会范围内的国际政治秩序法益。

---

① 参见［美］M. 谢里夫·巴西奥尼：《国际刑法导论》，赵秉志、王文华等译，法律出版社2006年版，第101—102页。
② 参见［美］M. 谢里夫·巴西奥尼：《国际刑法导论》，赵秉志、王文华等译，法律出版社2006年版，第102页。
③ 朱文奇：《国际刑法》（第二版），中国人民大学出版社2014年版，第4页。
④ 参见［美］M. 谢里夫·巴西奥尼：《国际刑法导论》，赵秉志、王文华等译，法律出版社2006年版，第106—107页。
⑤ ［德］W. G. 魏智通主编：《国际法》（第五版），吴越、毛晓飞译，法律出版社2012年版，第24页。
⑥ 参见朱文奇：《国际刑法》（第二版），中国人民大学出版社2014年版，第3页。

三、柔性国际法范围与疆界研究

从理论上讲，软性国际法的疆界，在国际法体系中就是除去国际官方法规范的那部分。整体来看，软性国际法的疆界中最具典型性的两块要算国际软法部分和区域国际法部分。

就国际软法言。正式国际立法的迟缓与滞后难以适应国际社会的风云变幻，引发了系列新情况和新变化，在这种情况下国际软法得到了迅猛发展。"国际软法虽然不是严格意义上的法律，但其对国际关系行为体所发挥的非法律性约束力及对国际法发展的意义不可低估。国际软法的指引、约束力来自其自身的'内在理性'和国际治理的结构，它符合国际社会在这一时期的核心需求，迎合了国际共同体在这一时期的主导动机，反映了国际社会在这一时期的基本价值。"① 一般认为，国际软法主要是指全球社会中国际法主体成员为应对超出主权国家管辖范围之人类难题或国际性问题而制定的国际性规范，这些国际规范与一般国际法规范相比，在形式、效力等方面仍尚存在不小差距。国际软法的渊源外延形式，一般包括"宣言、号召、纲要、建议、指南、倡议、规程、章程、公约、标准、规范、规定、决定等"② 表现形式。

从国际软法的基本涵义及其外延形式来看，判断是不是国际软法可从四方面着手。其一，看其语言表述，如规则或规范文字表达是不是模棱两可。国际软法经常秉持建议性表达风格。其二，看例外情况的频率，如规定严格义务条款时是不是"但书"频出，严重削弱约束力；其三，看规范文件本身对自己的定位，如承载严格义务性条款的文件是否属于具有约束力的国际文件；其四，看规范文件的主旨意图，如规范制定是不是只是旨在倡导某种理念，施行与否主张自愿。如果某国际规范文件具有上述一项或几项特征，即可归入国际软法之外延范畴。③

在柔性国际法中，国际环境法软法与区域性国家法构成其重要组成部分。保护全球生态环境是国际软法着力的重要领域。在国际生态环境领域，国际环境软法主要采用比较柔性的方式或手段来实现全球生态维护的目的，这些柔性的手段方式和表现形态非常丰富，如国际生态环境标准、联合国大会的决议、国际组织产生的国际文件等。国际环境软法的外延形式，一般呈现为联合国关于全球环境保护的倡议、相关国际环保组织关于全球环境保护的决议、有关国际组织关于全球环保的宣言等渊源形式。国际环境软法的具体文件形式，典型有《世界自然资源保护大纲》《世界自然大宪章》《人类环境宣言》《人类环境行

---

① 何志鹏、孙璐：《国际软法的根源与发展》，载《国家治理的现代化与软法国际研讨会论文集》，北京大学法学院2014年版，第101页。
② 何志鹏、孙璐：《国际软法的根源与发展》，载《国家治理的现代化与软法国际研讨会论文集》，北京大学法学院2014年版，第105页。
③ 参见何志鹏、孙璐：《国际软法的根源与发展》，载《国家治理的现代化与软法国际研讨会论文集》，北京大学法学院2014年版，第102页。

动计划》《内罗毕宣言》《里约宣言》《关于森林问题的原则声明》《21世纪议程》等文件。

从国际环境法的实践应用来看，国际环境软法不具有通常国际法的效力，只是倡导某种环境理念，违反这种环境理念，不能说是违背国际法，不遵守某种国际义务。虽然如此，忽视国际环境软法也会导致一定后果，与之有关的国际环境软法的产生会使该事项脱离一个国家的国内管辖。在此意义上讲，国际环境软法无法完整彻底地落实国际环境治理领域的国际法精神，在现实实践中不得不打大的折扣，只能形成一种国际舆论或国际呼吁，其所维护的是全球社会范围内特定国际领域如国际环境领域中的公共秩序，保护国际环境领域的公共秩序法益。

区域国家法也构成柔性国际法的重要组成部分。"虽然国际法在本质上是普遍性的，但不可否认，国际社会中只有一小部分是'普遍性'的国际法规则，而另外大部分规则都是'特殊性'的国际法规则。"[1] 区域国际法的存在有其必然性。与国家社会相比，国际社会没有一个普遍性的最高权威。国际社会在总体上是一个权力分散型的社会，对大多数国家法主体成员都具有效力的国际法是很难形成的，很多部分国际法的效力范围是区域国际性的。国际社会成员或国际法主体之间的差异明显且较为普遍。在这种国际环境条件下，普遍国际法形成的条件往往比区域国际法形成的条件更为苛刻，区域国际法常常是国际法体系中的重要形态。[2] 区域国际法的形成不仅不是偶然，而且在国际法体系中还占据着不可挑战的重要位置。

区域国际法一般意指国际法主体基于特定的国际问题需要在它们彼此间的交往关系中发展起来并适用于它们的原则、规章和制度总体。区域国际法的承载主体往往是区域性国际组织。这些区域性组织，有的服务于特定国际空间的主权国家即为一般性区域性组织，有的是服务于整个国际社会的特定领域即为专门性区域组织，而专门性区域组织包括经济性区域组织、金融性区域组织、军事性区域组织等。其中一般性区域组织包括美洲国家组织、阿拉伯国家联盟等；经济性区域组织包括北美自由贸易区、阿拉伯石油输出国组织等；金融性区域组织主要有加勒比开发银行、中美洲经济一体化银行、泛美开发银行、亚洲开发银行、阿拉伯非洲经济经济开发银行、非洲开发银行、欧洲货币体系等；军事性区域组织包括西欧联盟、澳新美理事会、中央条约组织、东南亚集体防务条约组织等。[3]

欧盟法是区域国际法的典型的典型代表。"所谓欧盟法，指以建立欧盟、规制欧盟各国的国际条约为核心而建立起来的，包括欧盟自己为实施条约而制定的各项条例、指令、决定和判例以及欧盟各国的相关国内法，旨在调整欧盟各国对内和对外关系的国际法和国

---

① 李伯军：《非洲国际法初探》，载《西亚非洲》2006年第2期，第68页。
② 参见李伯军：《非洲国际法初探》，载《西亚非洲》2006年第2期，第68页。
③ 参见邵津主编：《国际法》（第五版），北京大学出版社2014年版，第308页。

内法规范的总称,是一个将国际条约的内容逐渐发展成为国内法规范的法律体系。"① 欧洲联盟或欧盟法律体系,除开成员国家法内容,大体包括两层面内容。第一层面内容是欧洲联盟得以形成的基本国际条约,主要有欧洲联盟得以成立的国际条约、欧洲联盟之前身即欧洲共同体得以成立的国际条约,以及后面陆续修改的系列国际条约。这些国际条约,基础性的包括《建立欧洲煤钢共同体条约》(即所谓的《巴黎条约》)《布鲁塞尔条约》(包括罗马条约以及《合并条约》)《单一欧洲文件》《申根协定》《欧洲联盟条约》(即《马斯特里赫特条约》)《阿姆斯特丹条约》和《尼斯条约》(即《欧洲联盟条约》的修订版),以及《里斯本条约》等。另一层面内容,是欧洲联盟法,具体包括能在欧洲联盟成员国中适用的条例、指令、决定等法规,还有欧洲法院所作出的判决,其中条例、指令、决定等法规是欧洲联盟主要机构包括欧洲议会、成员国部长理事会等以解释欧洲联盟之基本国际条约的方式订立的。② 经由欧洲联盟订立的基本国际条约以及欧洲联盟法,欧盟虽然对其成员国的主权进行了相较于其他国际区域中主权国家较为明显的限制,但各成员国仍是相对独立的主权国家。

欧盟跟一般国际组织不同,其他国际组织相较于欧盟没有这么大的主权限制权力,即便如此,欧盟亦仍是政府间的国际组织。③ 按照欧盟得以产生的国际条约规定,欧盟制定的法律能够适用于其各成员国。这一情形不仅难以否定欧盟法的柔性国际法性质,而且还是欧盟法是柔性国际法的典型外延表现。欧盟法对成员国之主权权力的限制主要是为了维护欧盟地区的国际场域公共秩序,在国际社会层面,欧盟仍然只是国际社会的一员,所保护的也只是欧盟区域这一特定国际场域法域的场域公共秩序法益,而不会是国际社会层面的国际政治秩序法益。

国际官方法之外的国际法规范部分就是柔性国际法的疆界,但若这样来廓清软性国际法的疆界是不够的,这仅是一种形式主义的逻辑推论。在这种情况下,一者要揭示出软性国际法之疆界的大致范围,即对软性国际法的疆界进行一种定性研究。另者亦要尽可能地论述清楚在广义国际法体系中怎么识别软性国际法规范,这种实证式研究就展现为对国际软法和区域国际法的分析。对国际软法和区域国际法的案例式研究旨在表明,具备国际软法或区域性国际法特征的国际法特定形式都隶属于软性国际法的外延疆界范畴。

在国际社会层面亦存在类似于国家场域公共秩序逻辑的国际场域公共秩序逻辑。在审视全球社会法体系的过程中,廓清软性国际法的疆界时,各个国家法体系被视为了一个个基本单位,不再是具体审视对象。戴着布尔迪厄的场域理论视镜,全球社会范围内的国际场域结构总体上展现为区域国际组织和以联合国为代表的全球社会这两个基本层级。就前

---

① 张晓东:《论欧盟法的性质及其对现代国际法的贡献》,载《欧洲研究》2010年第1期,第68页。
② 参见张晓东:《论欧盟法的性质及其对现代国际法的贡献》,载《欧洲研究》2010年第1期,第68—69页。
③ 参见张晓东:《论欧盟法的性质及其对现代国际法的贡献》,载《欧洲研究》2010年第1期,第71页。

者区域国际组织层级言,区域国际组织,一如前述,不仅包括一般性区域组织,而且包括专门性区域组织。在区域国际组织这一区域层面,其所形成的决议,缘于国际法的主权平等原则,主要对区域国际组织场域具有规制效力,维护的是区域性国际组织场域这一特定国际场域法域的国际场域公共秩序,保护的是区域国际组织这一特定国际场域法域的国际场域公共秩序法益。就后者以联合国为代表的全球社会层级言,在以联合国为标志的国际社会层面,如果联合国形成的决议是软法性的,缘于国际法的国家主权原则,这种软法性决议所维护的只能是全球社会范围内不同国际领域亦即各种国际场域法域如国际政治、国际经济、国际文化、国际社会、国际生态等领域的国际场域公共秩序,而不可能是类似国内政治秩序之国际社会层面国际政治秩序,保护的也只能是全球社会范围内不同国际领域亦即各种国际场域法域如国际政治、国际经济、国际文化、国际社会、国际生态等领域的国际场域公共秩序法益。在国际社会层面,基于软性国际法的法理型构思维即国际场域逻辑,软性国际法的基石或核心法理是国际场域公共秩序逻辑。

四、结语

不同的理论视镜或理论资源促成不同的理性认识,不同的理性认识产生不同的意义认知。国际法并非铁板一块,国际法体系中的不同规范对于国际法治实践的作用亦并非完全相同。从广义上法体系的法哲学视角来看,国际官方法对于国际法治实践的作用在于维护或捍卫国际政治秩序,以之为参照,软性国际法对于国际法治实践的作用在于维护特定国际场域法域的国际场域公共秩序。要充分发挥软性国际法的国际法治实践作用,须要探讨软性国际法的疆界(尤其是其外延疆界)问题,而要达此理论诉求,切不可忽视软性国际法疆界厘定的基本法理依据。场域公共秩序逻辑脱胎于国家范围内不同区域或领域亦即各种场域法域存在这一繁复事实,但缘于场域逻辑的理论穿透力。柔性国际法遵循着国际场域公共秩序逻辑,其基本表现包括柔性国际法在全球社会范围内不同国际区域或领域,亦即各种国际场域中处理国际官方法没有顾及的国际关系纠纷、国家秩序或公共利益。国际场域公共秩序逻辑意味着柔性国际法有其特有的法益疆界和外延疆界,国际场域公共秩序逻辑是软性国际法疆界厘定的基本法理依据。

(编辑:戴津伟)

论作为国际法渊源的一般法律原则

黄　骅[*]

> **摘　要**　《国际法院规约》明确规定，一般法律原则是国际法的渊源之一。所谓一般法律原则，是指确定各国法律体系中所共有的法律原则的存在和效力的国际法表现形式。相比其他国际法渊源，一般法律原则具有独立性和补充性的特征。一般法律原则，由直接从自然国际法基本原则中产生的一般原则构成。一般法律原则的具体涵盖范围包括自保原则、诚信原则、责任原则和程序原则。一般法律原则虽然和国际条约与国际习惯处于并行的地位，但又不完全等同于国际条约和国际习惯，而只属于辅助渊源。一般法律原则在国际法裁判中的识别方式包括了价值共识、正当性和完全性。一般法律原则在国际法裁判中的适用情形包括法律解释和法律推理，以及纠正法条失误。一般法律原则在国际法裁判中需依据客观标准，在实践中具体化并予以充分说理。
>
> **关键词**　国际法院规约　一般法律原则　国际法渊源　渊源识别

《国际法院规约》第三十八条规定："一、法院对于陈诉各项争端，应依国际法裁判之，裁判时应适用：（子）不论普通或特别国际协约，确立诉讼当事国明白承认之归条者。（丑）国际习惯，作为惯例之证明而经接受为法律者。（寅）一般法律原则为文明各国所承认者。（卯）在第五十九条规定之下，司法判例及各国权威最高之公法学家学说，作为确定法律原则之补助资料者。二、前项规定不妨碍法院经当事国同意本'公允及善良'原则裁判案件之权。"[①] 由此可见，国际条约、国际习惯及一般法律原则是被国际法院正式作为判案依据的三大国际法渊源。对于国际条约、国际习惯的国际法渊源地位，学界没有

---

[*] 黄骅，男，上海人，华东政法大学国际法学院博士研究生，研究方向为国际经济法、国际法。
[①] 参见《国际法院规约》第38条。

太大争论。① 但是，关于一般法律原则，自从其被写入《国际法院规约》第 38 条的那一刻起，直至现今，有关它的国际法渊源属性便一直广受争议。② 以童金为代表的苏联学者普遍认为："一般法律原则只是通过条约或习惯而产生的国际法原则，根本算不上一种渊源。"③ 以凯尔森为代表的一些西方学者也认为："一般法律原则只有在与条约或习惯重合时才可以适用，而此时它已经是多余的了。"④ 他们均绝对否定一般法律原则是国际法渊源。而以周鲠生为代表的部分中国国际法先驱也否认在条约与习惯之外还存在第三种国际法渊源。⑤ 虽然，曾有一段时期，大多数学者似乎接纳了一般法律原则作为国际法渊源属性地位的说法，但近几年来，否认一般法律原则为国际法渊源的声音似乎又有死灰复燃，甚嚣尘上之势。作为坚定支持一般法律原则就是国际法渊源之一的笔者，觉得很有必要在本文中详细阐述一下这个问题，以证明一般法律原则所具有的国际法渊源属性。

一、何谓国际法渊源和一般法律原则

（一）何谓国际法渊源

"渊源"是指泉源或水源，应该解释为一股水从地面流出。"渊源"与"根据"不同，法律的根据是指法律效力的依据；"渊源"与"起因"也不同，法律的起因是指法律产生和发展政治、经济、文化等因素；"渊源"与"证据"又不同，法律的证据是指证明法律所在的资料。

《奥本海国际法》（第八版）认为，"法律渊源"是一个名称，是指"行为规则"所以发生和取得法律效力的历史事实。⑥《奥本海国际法》（第九版）认为，国际法的形式渊源是指国际法规则产生其有效性的渊源，其与我们更为有关；而国际法的实质渊源，则表明该国际法规则的实质内容的出处。⑦ 周鲠生《国际法》认为，所谓国际法的渊源可以有两种意义：其一，是指国际法作为有效的法律规范所以形成的方式或程序；其他是指国际法的规范第一次出现的处所。同时认为，前一意义的渊源才是国际法的渊源，后一意义的渊源只能说是国际法的历史渊源。⑧ 王铁崖认为，法律渊源是指法律原则、规则和制度第一

---

① 学界中也曾有某些人对国际习惯是否为国际法的渊源，表示过怀疑。
② 虽然曾有一个阶段，学界似乎接受了一般法律原则作为国际法渊源的属性，但关于它的讨论其实一直没有真正停歇过。
③ ［苏］童金：《国际法理论问题》，刘慧珊等译，世界知识出版社 1965 年版，第 123－133 页。
④ ［美］凯尔森：《国际法原理》，王铁崖译，华夏出版社 1989 年版，第 328－329 页。
⑤ 周鲠生：《国际法》（上册），商务印书馆 1976 年版，第 13－14 页。
⑥ ［英］劳特派特修订：《奥本海国际法》（第八版）上卷第一分册，王铁崖、陈体强译，商务印书馆 1981 年版，第 17 页。
⑦ ［英］詹宁斯、瓦茨修订：《奥本海国际法》（第九版）第一卷第一分册，王铁崖等译，中国大百科全书出版社 1995 年版，第 14 页。
⑧ 周鲠生：《国际法》上册，商务印书馆 1976 年版，第 10 页。

次出现的地方。① 我们曾认为,就国际法目前的发展现状看,国际法渊源是指国际法作为有效规范之所以形成的方式或程序。② 随着国际法学界对国际法渊源问题研究的深入,关于国际法渊源的概念,我们更倾向于是指国际法作为有效法律规范的表现形式。③ 应当指出,目前,关于国际法渊源的理论观点莫衷一是,尚未在学界达成共识。④

尽管国际法学者对于国际法渊源的概念有不同的理解,但是,国际条约和国际习惯一般被认为是国际法的主要渊源。⑤ 根据《国际法院规约》第 38 条的规定,国际法院在裁判案件时,除了适用国际条约和国际习惯外,还有其他应当适用的法律和依据,而这其中就包括一般法律原则。虽然《国际法院规约》没有直接提及国际法的渊源,但它列举的是国际法院在裁判案件时应当适用的法律或依据,因而国际法学界普遍认为,这项规定是对国际法渊源最具权威性的说明。⑥ 可见,从《国际法院规约》的角度出发,一般法律原则已经被确定为了国际法的渊源之一。

(二)一般法律原则的概念

在探讨国际法上的一般法律原则之前,笔者认为有必要先对法理学中的法律原则做一个大致的了解和阐释,因为无论是否赞同一般法律原则是国际法的渊源,一般法律原则都离不开与法律原则的关系。

古代汉语中没有"原则"一词,它大致是在近代以后才出现的。⑦ 现代汉语中,"原则"是一个合成词,由"原"和"则"构成。"原"具有起始和归宿之义,意指根本、最初、发生;"则"指法则、模范、规则。有学者将原则界定为规则的来源、本源或者根本的规则。⑧ 现在对原则的一般解释为:作为推理或行动的基础的真理或信念,亦或指某种技术、科学基础要素之一。⑨ 什么是法律原则?《布莱克法律辞典》对法律原则的解释是"法律的基础性真理或原理,为其他规则提供基础性或本源的综合性规则或原则,是法律行为、法律秩序、法律决定的决定性规则"。我国学者陈金钊教授从立法技术的角度将法

---

① 王铁崖主编:《国际法》,法律出版社 1995 年版,第 7 页。
② 王虎华主编:《国际公法学》(第四版),北京大学出版社 2015 年版,第 13 页。
③ 王虎华主编:《国际公法学》(第四版),北京大学出版社 2015 年版,第 14 页。
④ 王虎华主编:《国际公法学》(第四版),北京大学出版社 2015 年版,第 14 页。
⑤ 《奥本海国际法》(第八版)认为,习惯和条约是国际法的两个主要渊源,但却不是仅有的渊源。1981 年王铁崖主编的《国际法》教科书认为,大家都承认的国际法渊源主要是两个,即条约和习惯。国际法是否还有其他渊源,是有争论的。周鲠生《国际法》认为,在前一意义上的国际法渊源,应该说只有惯例和条约两种。还认为,许多国际法权威对此意见基本相同。而在后一意义上的国际法渊源,则可以说除了惯例和条约之外,尚有各式各样的渊源。
⑥ 王虎华主编:《国际公法学》(第四版),北京大学出版社 2015 年版,第 14 页。
⑦ 徐国栋:《民法基本原则解释》,中国政法大学出版社 1992 年版,第 7 页。
⑧ 舒国滢:《法理学导论》,北京大学出版社 2006 年版,第 109 页。
⑨ 舒国滢:《法理学导论》,北京大学出版社 2006 年版,第 109 页。

律原则定义为针对整个社会或者某一种类的社会关系所作的宏观规定。① 张文显教授指出，法律原则是指可以作为法律规则的基础或本源的综合性、稳定性的原理或准则。②

原则与规则的区别可以说是法律理论中一个非常重要的问题，其涉及法律是什么的问题，当然也直接关系到法律原则能否具有独立的规范地位的问题。③ 对此，不同的学者有着不同的回答。德沃金把法律原则和法律规则都理解为针对特定情况下有关法律义务的特定决定，在他看来，两者可以做出性质上的区分。首先，两者的效力来源不同，规则的效力来自社会事实；原则的效力来自道德事实；其次，两者的拘束裁判效力不同，规则的适用是"全有或全无"，原则的适用不具有"全有或全无"的特点，它们只能为裁判提供不确定的指引，与规则相比，原则是有争议的、举足轻重的、数不清的、变化迅速且无法列举的；④ 再次，原则有着分量或重要性的向度，规则没有分量向度，两条规则发生冲突时，它们不可能同时得以适用，其中之一必然无效。

一般法律原则从法律原则中引申而来，但关于一般法律原则的准确定义，目前学界也是众说纷纭，没有一个统一的说法。笔者粗略统计了一下，有关一般法律原则概念的主要学说观点，大致有如下几种：（1）一般法律原则是派生于国际条约和国际习惯的原则。⑤ （2）一般法律原则与公允和善良原则等同。⑥ （3）一般法律原则是可一种可以解决具体国际争端的资料。⑦ （4）一般法律原则就是国际法的一般原则或基本原则。⑧ （5）一般法律原则是从共同的法律意识中引申出来的一些原则。⑨

上述各家观点流派，虽然有其一定的合理性，但在对一般法律原则概念的描述方面还是不够完整和准确，有一定的局限和缺漏。第（1）种观点将该"原则"片面的依附于国际条约和国际习惯，完全丧失了独立性，有失偏颇。⑩ 第（2）种观点将该"原则"完全等同于公允与善良原则，明显过于狭隘。⑪ 第（3）种观点将该"原则"看作查找国际法渊源的资料，似给人感觉有将其类比成《国际法院规约》第三十八条第一款第（四）项"补助资料"之规定，明显也不合理。⑫ 第（4）种观点将该"原则"等同于基本原则，

---

① 陈金钊：《作为方法的法律原则》，载《苏州大学学报（哲学社会科学版）》2004年第6期，第23-25页。
② 张文显：《规则、原则、概念——论法的模式》，载《现代法学》1989年第3期，第27-30页。
③ 李鑫：《法律原则适用的方法模式研究》，中国政法大学出版社2014年版，第33-34页。
④ [美] 罗纳德·德沃金：《认真对待权利》，信春鹰、吴玉章译，上海三联书店2008年版，第69页。
⑤ 主张该学说的国际法学者为前苏联和一些东欧国家的人士。
⑥ 主张该学说的国际法学者为考佩尔马纳斯。
⑦ 主张该学说的国际法学者是安奇洛蒂、莫勒利、施特雷贝尔、布朗李以及我国的周鲠生教授。
⑧ [苏] 童金：《国际法理论问题》，刘慧珊等译，世界知识出版社1965年版，第120-133页。
⑨ 胡夫：《重新考虑国际法渊源》英文版，1983年版，第137页。
⑩ 王铁崖主编：《国际法》，法律出版社1995年版，第10页
⑪ 王虎华主编：《国际公法学》（第四版），北京大学出版社2015年版，第20页。
⑫ 李浩培：《国际法的渊源和概念》，贵州人民出版社1994年版，第73页。

似有重叠之感，非但没有实际意义，反而扩大了国际法基本原则的内涵。① 第（5）种观点显得过于抽象。在政治制度、经济结构、文化传统、社会体制都不同的各个主权国家之间根本无法形成一种共通的法律意识，因此也不存在所谓的一般法律原则。②

关于一般法律原则的准确定义，目前学界较为能够接受的主流观点为："所谓一般法律原则，是各国法律体系所共有的原则。"③ 之所以说该表述较为准确，就是因为其点出了一般法律原则最为关键的两个特质"各国"与"共有"。"各国"说明了一般法律原则不是指单单某一个国家的国内法，它可以包括世界上每一个现存或曾经存在过的国家以及该些国家所拥有的独特法系，如：英美法系、大陆法系、罗马法系、德意志法系、北欧法系、社会主义法系、远东法系、伊斯兰法系、印度教法系、中华法系，等等所有的原则，其在横向范围上对一般法律原则有了一个较好的限定。而"共有"则说明了在如此众多因不同法系而形成的不同文化背景、不同意识形态、不同政治经济制度的国家中，能够找到一个所有国家都共同存在的准则，其在纵向程度上对一般法律原则有了一个贴切的认定。

笔者认为，关于一般法律原则的概念，可以进行如下表述，即："一般法律原则是确定各国法律体系中所共有的法律原则的存在和效力的国际法表现形式"。④

综上，根据一般法律原则的概念，我们可以看出，无论是就其内在含义而言，还是就其外在表现形式而言，一般法律原则都符合国际法渊源的属性。

（三）一般法律原则的特点

1. 独立性

所谓独立性，是指一般法律原则是作为独立于国际条约和国际习惯这两个国际法渊源而存在的，无需依附于上述两者。同时，一般法律原则也是由作为司法机构的国际法院独立适用的。

一般法律原则的独立性特征可以从其在《国际法院规约》中的起草过程及相关表述方式上就能够窥见一斑。在《常设国际法院规约》的起草过程中，与会专家都深知，在国际形势日趋复杂和多变的状态下，单纯依靠条约和习惯这两个固定死板的规范，恐怕很难有效地进行应对和判案。⑤ 而一般法律原则，作为包含诸多人类社会珍贵精华的灵活规范，可以作为必要且有益的补充，来解决各类疑难复杂的案件。⑥ 因此，一般法律原则能够作

---

① 王虎华主编：《国际公法学》（第四版），北京大学出版社 2015 年版，第 21 页。
② 王铁崖主编：《国际法》，法律出版社 1995 年版，第 11 页。
③ ［英］詹宁斯、瓦茨修订：《奥本海国际法》（第九版）第一卷第一分册，王铁崖等译，中国大百科全书出版社 1995 年版，第 36－37 页。
④ ［英］詹宁斯、瓦茨修订：《奥本海国际法》（第九版）第一卷第一分册，王铁崖等译，中国大百科全书出版社 1995 年版，第 21 页。
⑤ 郑斌：《国际法院与法庭适用的一般法律原则》，韩秀丽、蔡从燕译，法律出版社 2012 年版，第 7 页。
⑥ ［美］弗雷德里克·M. 阿伯特、托马斯·科迪尔、弗朗西斯·高锐：《世界经济一体化进程中的国际知识产权法》（上册），王清译，商务印书馆 2014 年版，第 24 页。

为独立渊源而规定在《国际法院规约》中，具有非常举足轻重的作用和深远的意义。

笔者在此列举"北海大陆架"案例来进一步说明一般法律原则的独立性特质。1967年，联邦德国与荷兰、丹麦围绕北海大陆架划界问题诉至国际法院，国际法院经审理于1969年作出判决。判决指出，荷兰、丹麦主张的1958年《大陆架公约》因联邦德国不是公约的缔约国而对联邦德国没有法律约束力；该公约第6条所确立的"等距离中间线"也不是国际习惯，因而对联邦德国同样没有约束力。① 在没有条约依据和国际习惯依据的情况下，国际法院利用包括《国际法院规约》第三十八条第一款第（四）项之规定所指的辅助资料在内，概况了一些具有开创意义的有关大陆架划界的"一般法律原则"。② 如：大陆架是陆地领土向海底的自然延伸这个规则是"与大陆架有关的所有法律规则中最基本的规则"。③ 大陆架的法律基础是自然延伸，不是近邻性。某块海底区域如果不是最近邻的国家的自然延伸，即使很靠近该沿海国，也不能成为该国的大陆架。④ 该判决书还确立了大陆架划界的"公平原则"并对其作出阐释："公平原则"不是一个抽象的"衡平"概念，而是一个以内在的法律义务把一切与公平确定一国领土自然延伸有关的因素加以考虑的规则。⑤ 从"北海大陆架"案的判决结果，我们可知，一般法律原则的适用，不需要依附于任何国际条约和国际习惯，其可以单独作为国际法渊源而被国际法院采纳并作为判案依据，一般法律原则具有一定的独立性。

2. 补充性

所谓补充性，是指国际法院在判案时，只有在没有国际条约和国际习惯可以适用时，一般法律原则才能被予以适用。⑥

与已经大量形成书面文字形式的国际条约和经过历史的长期时间考验的国际习惯相比，一般法律原则无论是在数量上还是在时间跨度上，都是不及前两者的。当国际条约与国际习惯已经能够足以应对国际法院的司法需求时，一般法律原则是没有多少用武之地的。但是，当国际条约和国际习惯无法依靠自身来解决纷繁复杂的国际争端时，一般法律原则就能在此时发挥其拾遗补阙的作用了。

证明一般法律原则补充性特征的案例，有：1928年的"霍茹夫工厂案"，以及1962年"隆端寺案"。在上述两案中，均因为没有直接相关的具体国际条约和国际习惯予以佐证与支持，所以法院适用了一般法律原则进行补充判案。前者适用了恢复原状原则，⑦ 后

---

① 参见北海大陆架案判决书。
② 参见北海大陆架案判决书。
③ 参见北海大陆架案判决书。
④ 参见北海大陆架案判决书。
⑤ 刘家琛、陈致中主编：《国际法案例》，法律出版社1998年版，第223－224页。
⑥ 一般法律原则虽然独立于国际条约和国际习惯，并和后两者并列共同作为国际法的渊源，但是，我们也应该看到，一般法律原则在国际法院的司法实践中毕竟还是起辅助作用的。
⑦ 参见霍茹夫工厂案判决书。

者适用了禁止反言原则。①

通过对上述一般法律原则特点的分析,我们也能非常清晰地看出,一般法律原则具备了国际法院在判案时需依据的所有要素,从而也就证明了一般法律原则具备了国际法渊源的属性。

(四)一般法律原则的构成

1920年,在《常设国际法院规约草案》及其报告等文件中,比利时法学家兼委员会主席德康男爵提出建议,希望在"条约"及"普遍承认的习惯"之后规定,法院应适用"文明各民族的法律良知所承认的国际法规则",或者,如法文原本提案所描述的,"确认为文明各民族法律良知的国际法"。委员会中的美国委员伊莱休·鲁特先生尽管并不反对法院适用"条约"和"习惯",但其对"国际法规则"这一说法表示不予同意,认为这种说法不仅侵害了各国的主权,而且还带有给各个国家的政治体制和文明程度强行予以贴上标记的趋势。在上述两者争论不下之时,英国代表菲利莫尔勋爵从中进行了斡旋与调和。其和鲁特之后联名提出了一项修正案,即将《常设国际法院规约》第三十八条第一款第(三)项表述为"一般法律原则为文明各国所承认者"。该修订草案在1920年12月13日国际联盟第一次会议上得到一致通过。除法文文本的一处文字修订外,在常设国际法院存续期间没有对该条款进行任何修订。当新的国际法院取代常设国际法院时,该条款予以了保留,并得到联合国的采用。② 可见,在当年起草《国际常设法院规约》的讨论时,有关一般法律原则的构成便有法律良知说、主权说、各国共有原则说等观点。

在起草《国际常设法院规约》100年后的今天,有关一般法律原则的构成依然有许多不同的观点。菲德罗斯认为,一般法律原则是由源于人性的"最低限度的共同价值标准"构成。③ 富尔采取了更为直截了当的说法,即,一般法律原则是从自然法或客观法中直接产生出来的,其最终基础是公平和道德的概念。④ 劳特派特相信,一般法律原则不过是自然法的近代制订。⑤ 阿斯奎斯法官则在一项国际仲裁裁决中指出,一般法律原则是一种现代自然法。⑥ 阿库斯特认为,只有把一般法律原则视为国际法一般原则与国内法一般原则的结合,才能够找到足够的填补条约与习惯的漏洞的机会。⑦ 王铁崖指出,各国法律体系

---

① 参见隆端寺案判决书。
② 郑斌:《国际法院与法庭适用的一般法律原则》,韩秀丽、蔡从燕译,法律出版社2012年版,第7-23页。
③ See Verdross und Simma, Universelles Volkerrecht, Duncker&Humblot, 1976, p. 310.
④ See Le Fur, Regles générales du droit de la paix, Recueil des Cours, Vol. 54, 1935-II, p. 205.
⑤ See Lauterpacht, International Law, Cambridge University Press, Vol. 1, 1970, p. 74.
⑥ See Petroleum Development Ltd. v. Sheikh of Abu Dhabi, ILR, Vol. 18, No. 37, 1954, p. 149.
⑦ See Michael Akehurst, A Modern Introduction to International Law, 5th edition, London: George Allen and Unwin, 1984, p. 34.

虽然有区别，但之间毕竟还有一些相同的原则，这些原则就构成一般法律原则。①

在上述众说纷纭的有关一般法律原则构成的学说中，笔者认为，武汉大学罗国强教授的解释较为合理，即：一般法律原则由直接从自然国际法基本原则中产生的一般原则构成，换言之，它是自然国际法基本原则的直接衍生。② 对该解释进行详细解剖，即：一般法律原则的确是由法律良知、公平和道德这些人类最为理性的价值观念构成，但是又不仅仅止于上述这些理念，一般法律原则还由国际法的一般原则构成，而这些国际法的一般原则常常是各国国内法所共有的原则，也就是说，一般法律原则包含了国际法与国内法两个不同的范畴领域，其在由自然法构成理论依据的同时，也由实在法构成了现实依据。

二、一般法律原则在国际法渊源中的地位

（一）一般法律原则与国际条约及国际习惯处于并行地位

何谓国际条约？奥本海、王铁崖、李浩培等前辈都对其进行过定义，彼此都没有太大的争议。概而言之，所谓国际条约，就是指两个或两个以上国际法主体依据国际法而缔结的规定其相互之间权利和义务的书面协议。③ 也就是说，条约必须包含具有缔约能力的两个以上的国际法主体，具有可以予以产生、改变或废止的国际事项客体，以及达成一致的意思表示这三个要素。④ 根据条约的内容划分，条约可以分为"造法性条约"和"契约性条约"。⑤ 但无论哪种条约，它们都是在当事国之间创立了权利义务关系，且这种权利义务具有一定的约束力，因此，凡是条约，就必须被当事国所遵守。

何谓国际习惯？国际习惯，是指在国际交往中，经过国家反复多次的实践，被世界各国公认为法律而逐渐形成的不成文的行为规则。⑥ 在国际条约出现之前，国际习惯即已存在，因此，国际习惯是最古老、最原始、最重要的渊源。⑦ 由于国际习惯是不成文的，故要查明国际习惯内容的话，必须依靠三种方式，即（1）以条约、宣言以及各种外交文书表现出来的国家之间的外交关系；（2）以国际组织的决议和国际司法机构的裁判表现出来的国际组织和国际司法机构的实践；（3）以国内法律、法规、行政命令以及国内法院的判决表现出来的国家内部的行为。而上述三种方式之所以能够成为查明国际习惯内容的依据，就是因为其体现了国际习惯形成所必需的两大要素，即（1）物质要素——通例的产生；（2）心理要素——通例被接受为法律。因此，凡是国际习惯，其肯定也是被当事国乃

---

① 王铁崖主编：《国际法》，法律出版社1995年版，第16页。
② 罗国强：《一般法律原则的困境与出路——从〈国际法院规约〉第38条的悖论谈起》，载《法学评论》2010年第2期，第77-83页。
③ 王虎华主编：《国际公法学》（第四版），北京大学出版社2015年版，第14页。
④ 李浩培：《国际法的渊源和概念》，贵州人民出版社1994年版，第55页。
⑤ 王虎华主编：《国际公法学》（第四版），北京大学出版社2015年版，第14页。
⑥ 王虎华主编：《国际公法学》（第四版），北京大学出版社2015年版，第17页。
⑦ 端木正主编：《国际法》，北京大学出版社2000年版，第22页。

至整个国际社会所公认并因法律确信而必须遵守的准则。①

通过以上对国际条约和国际习惯的分析，同时再与之前所阐述的一般法律原则内涵的对比，我们就能够看出，上述三者有一个共同点，即：它们都会因其内容被国际社会各个主权国家所确认，而令各个国家在行动上遵守了上述三者所包含的规则与准则，从而使其成为国际法院判案的依据，并作为国际法的渊源写入了《国际法院规约》第三十八条之中。② 由此可见，一般法律原则与国际条约、国际习惯一样，都是国际法的渊源，三者在国际法渊源中的地位是并行的。

（二）一般法律原则属于辅助渊源，而非辅助资料

有不少学者认为，国际法院主要是根据国际条约和国际习惯来判案的，只有在查找不到相应的条约依据或习惯适用时，一般法律原则可能才会被派上用处。而此时的一般法律原则也只是法官为了搜寻到正确和实在的国际条约或国际习惯而予以使用的辅助工具而已。因此，一般法律原则本身不是渊源，只是一种确认国际法渊源的辅助资料。③

笔者认为此种说法是完全错误的。一般法律原则在国际司法实践中确实只起辅助作用，其地位不如国际条约和国际习惯，但这并不代表一般法律原则就只是辅助资料，而不是国际法渊源。国际条约和国际习惯虽然在权利义务的分配上以及各个主权国家的内心确认上，似乎达到了一个非常完善的境界，它们涵盖了大多数国际司法争端的模式。但面对日益纷繁复杂的国际形势，条约和习惯不可能包罗所有万象。此时具有抽象法律精神实质的一般法律原则的粉墨登场，可以较好地缓解国际法院无法通过国际条约和国际习惯予以判案时的焦虑。通过一般法律原则必要和有益的补充，整个国际司法机制才能非常完好的进行运作，国际法院的法官也才能胸有成竹的安心判案。因此，一般法律原则是国际法的渊源，只不过其是辅助渊源而已。

另外，从《国际法院规约》第三十八条第一款第（四）项的规定中也能看出，真正的辅助资料是司法判例和权威公法学家学说，而非一般法律原则。④ 若一般法律原则真是辅助资料的话，其又何必与司法判例及各国权威最高之公法学家学说分开来规定呢？这明显在逻辑上说不通。故从此点也可以看出，一般法律原则就是国际法的辅助渊源，而不是辅助资料。

（三）一般法律原则是自然法渊源与实在法渊源的结合体

所谓自然法，是指由自然赋予和决定，普遍存在的现实的法，它是客观的、永恒的。

---

① 王虎华主编：《国际公法学》（第四版），北京大学出版社2015年版，第19页。
② 参见《国际法院规约》第38条。
③ 周鲠生：《国际法》上册，商务印书馆1976年版，第20页。
④ 参见《国际法院规约》第38条第1款第4项。

所谓实在法，是与自然法相对的一个概念，是指各个国家在各个历史时期由人类社会自己制定或认可的法律。自然法强调抽象与理性，而实在法强调具体与实证。有的学者认为，一般法律原则直接从自然法中产生而来，其更多的内在精髓乃是一种理性的表达，是一种抽象而概括的表现，并非起直接的指导作用。① 有的学者认为，一般法律原则虽然受到了自然法的影响，但它却把自然法所强调的抽象概念原则化、成文化了，因此，从本质上看，其还是属于实在法。②

笔者认为，上述两种观点都有其一定的合理性。就法律原则本身来说，抽象性是其最为显著的特点。其包含三层意思：其一，原则是超级规则，是制造其他规则的规则，换句话说，是规则模式或模型；③ 其二，原则起标准作用，即是人们用来衡量比他次要的规则的价值或效力的规则；④ 其三，原则是归纳出的抽象东西，是总结许多更小的具体规则的广泛和一般的规则。⑤ 因此，一般法律原则作为法律原则的种类之一，其也脱离不了法律原则所具有的抽象性属性，故从这个角度理解，一般法律原则应该属于自然法渊源。但是，《国际法院规约》第三十八条又将一般法律原则与国际条约、国际习惯予以并列规定，又充分说明了规约的制定者是非常希望一般法律原则能够在得到文明各国所承认的前提下，以对法官的自由裁量权予以限制，从而发挥其实在法的作用的。国际法院法官费南德斯也曾说过类似话语以肯定此种观点。⑥ 因此，从这个角度理解，一般法律原则又应该属于实在法渊源。可见，一般法律原则在国际法渊源中的地位，是结合了自然法与实在法的混合体。

(四) 一般法律原则是国际法渊源和国内法渊源的辩证统一

大多数西方学者主张，一般法律原则来自国内法。劳特派特认为，能够适用于国家间关系的一般法律原则是国内法中尤其是私法中的原则。⑦ 里佩尔认为，一般法律原则的精义与民法的精义较为相似，很多法律原则可以从民法中去找寻。⑧ 古特里奇则认为，无论

---

① 罗国强：《一般法律原则的困境与出路——从〈国际法院规约〉第38条的悖论谈起》，载《法学评论》2010年第2期，第77-83页。
② 陈斌彬：《略论国际法上一般法律原则认识的几个误区——兼与罗国强博士商榷》，载《华侨大学学报（哲学社会科学版）》2012年第4期，第70-77页。
③ [美] 弗里德曼：《法律制度》，李琼英、林欣译，中国政法大学出版社1994年版，第46-47页。
④ [美] 弗里德曼：《法律制度》，李琼英、林欣译，中国政法大学出版社1994年版，第46-47页。
⑤ [美] 弗里德曼：《法律制度》，李琼英、林欣译，中国政法大学出版社1994年版，第46-47页。
⑥ 费南德斯法官曾说过："不论个人对于一般法律原则的起源和基础采取什么立场，全世界人类都同意接收它们的存在和它们作为实在法渊源的适用"。
⑦ [英] 劳特派特修订：《奥本海国际法》（第八版）上卷第一分册，王铁崖、陈体强译，商务印书馆1981年版，第29页。
⑧ [德] 里佩尔：《可适用于国际关系的民法规则》，载《海牙国际法院演讲集》1993年第44卷，第582-584页。

是普通法系，还是大陆法系，一般法律原则都可以借用私法原则来填补不足。① 我国的一些学者也认为，从一般法律原则的产生过程、具体适用、实施效果、语法和法理角度分析，一般法律原则仅限于各国国内法体系中的原则，其来自国内法。② 但是，另一些学者则认为，就国际社会的现状来看，若一般法律原则来源于国内法原则的话，则由于国内法的原则很难被认定或专横的被认定，从而使得一般法律原则得不到任何有效的指导与保障，更谈不上顺利地发挥作用了。③ 而相比之下，在国际层面，一般法律原则可以得到国际社会的指引和保护，并得到国际法具体化原则的支持，从而在适用过程中可以忠于其原意。因此，一般法律原则是国际法，其是国际法基本原则的直接衍生。④

笔者认为，一般法律原则究竟是来源于国内法还是来源于国际法，现在确实还没有定论。但无论其是来源于哪里，一般法律原则所代表的人性中最普世的价值理念，如：正义、公平、善良、诚信，等等，却是国内法与国际法的基本原则所共同强调的法治基石。它们也形成了一般法律原则在国际法渊源中的特殊地位。

综上所述，我们能够非常清晰地看出，一般法律原则在国际法渊源中的地位是比较复杂的，虽然其在《国际法院规约》中和国际条约与国际习惯处于并行的地位，但其又不完全等同于国际条约和国际习惯，而只属于辅助渊源，同时，其结合了自然法渊源与实在法渊源，并形成了国际法渊源和国内法渊源的辩证统一。

三、一般法律原则在国际法裁判中的适用

（一）一般法律原则在国际法裁判中的识别

正如法律原则是法之要义与精髓一样，一般法律原则在国际法的裁判中也具有重要的司法意义，因此，对一般法律原则进行识别是一项非常重要的工作，笔者认为，识别一般法律原则的方法包括如下几种：

1. 一般法律原则要顺应国际社会的要求，反映国际社会的本然之理，并具有高度的价值共识

"法律以人类为其规范对象，并以将法理念或正义实现于人类生活为其规范目标，所以在规范的形成上，除了必须取向于法理念外，还必须取向于其所规范之对象的性质（即事物之理），方不会使法律因与人类的生活关系脱节，以致成为人类和平发展的障碍。"⑤ 事物本然之理是人类社会生活、法律秩序得以建立的基础。比如，"契约必须被遵守"

---

① ［英］古特里奇：《比较法与国际法》，载《英国国际法年刊》1994 年第 1 卷，第 3—4 页。
② 王铁崖主编：《国际法》，法律出版社 1995 年版，第 12 页。
③ 王虎华主编：《国际公法学》（第四版），北京大学出版社 2015 年版，第 19 页。
④ 罗国强：《一般法律原则的困境与出路——从〈国际法院规约〉第 38 条的悖论谈起》，载《法学评论》2010 年第 2 期，第 77 – 83 页。
⑤ 黄茂荣：《法学方法与现代民法》，中国政法大学出版社 2001 年版，第 390 页。

"诚实信用"就是人类生活和谐共处的本然之理,成为不管是公法关系还是私法关系上的最高原则和整个法治的基石。

在 Metzger & Co. 案（1900 年）中,独任仲裁员裁决认为:"在履行协定时,诚信对国家所施加的义务并不低于其对个人施加的义务。"① 对于诚信原则对法治状态下生存的个人的约束性,仲裁员的心里几无疑问,他的裁决认为,诚信原则同样约束国家。在 Venezuelan Preferential Claims 案（1904 年）中,常设仲裁院也明确确认了诚信原则"应当支配国际关系"。② 在 Germano – Lithuanian 仲裁案（1936 年）中,独仲裁员裁决:"一国必须诚信地履行其国际义务。"③ 因此,对于个人关系和国家关系,诚信原则同样适用。对此,希腊——土耳其仲裁庭也认为,诚信原则是"所有法律与所有条约的基石"。④ 所以,诚信原则是所有法律制度的基本原则。

2. 一般法律原则的力量来自正当性

法律原则的效力或其权威性主要不在于国家权力、强制威胁,而是基于其内容的正当性,原则的遵守"是公平、正义的要求,或者是其他道德层面的要求。"⑤ 也就是说,一般法律原则通常具有伦理性、正当性,并具有超强的生命力。缺乏正当性的东西不可能成为一般法律原则。

在 Jamaica 案（1798 年）中,根据 1794 年英美之间的《杰伊条约》第 7 条设立的混合仲裁委员会承认了一般法律原则的正义性。该案涉及一艘英国船舶,该船在公海上被最初在美国装备的法国私掠船烧毁。在当时席卷英国的新诞生的法兰西共和国的战争中,美国是中立国。在决定了该案不属于条约规定的范围后,形成多数的两个美国指派的委员,根据习惯国际法的观点审查了该案。两个人都裁定,责任必须取决于中立国存在的过失。在驳回原告的请求时,戈尔委员说:"根据作为国际法基础的正义原则,没有政府应对并非其造成的损害负赔偿责任,或对没有阻止他们权力范围之外的损失负赔偿责任,或对没有就其能力所及使用各种手段恢复被不法夺取的财产负责,因为此类财产从未在这些手段所能到达的范围内……""实际上,没有比使个人或政府承担恢复他的权力无法恢复的义务,或在此情况下,当损失发生时,没有可归责于此政府或个人的丝毫过失,却要其承担对没有恢复原状进行赔偿的义务,更不符合正义原则和国际法……""……如果没有过失,没有不履行义务,就没有什么能支持对责任的指控或证明控诉正当。⑥"所以,似乎很清楚,该委员会认为,根据同样适用于国家与个人的一般法律原则,责任必须基于被指控者

---

① See U. S. /Haiti, U. S. F. R. (1901), p. 262, at p. 271.
② See Germany, Great Britain, Italy/Venezuela et al., 1 H. C. R., p. 55, at p. 60
③ See Award (1937) 3 UNRIAA, p. 1719, at p. 1751 (Transl.).
④ See Megalidis Case (1928) 8 T. A. M., p. 386, at p. 395.
⑤ [美] 罗纳德·德沃金:《认真对待权利》,信春鹰、吴玉章译,中国大百科全书出版社 1998 年版,第 41 页。
⑥ See 4 Int. Arb. M. S., p. 489, at pp. 497 – 99.

的过失。

3. 一般法律原则反映了国际法的公理，具有完全性

公理之为公理，只在于从它能够推演出该门科学的全部定理或命题。① 换言之，一般法律原则整体上具有完全性，是能够推导出法律全部内容的最一般的命题，是元理论、元规则。② 比如：人民的安全是国家的最高法律，是整个现代公法、私法制度、规范的价值原点。

在 The Wimbledon 案（1923 年）中，安奇洛蒂法官和胡伯法官在他们发表的联合异议意见中便肯定了一般法律原则在保卫人民安全方面对于国家而言的至高无上性。他们主张，由于《凡尔赛和约》第 380 条并没有明确规定在第三国之间发生战争期间，德国有义务维持基尔运河自由及开放，因此，当德国的中立及内部安全受到威胁时，德国有权利采取暂时影响该条约条款适用的特别措施，以保护其中立或确保其国防安全。

（二）一般法律原则在国际法裁判中的适用情形

1. 作为法律解释和推理的依据

在国内法中，法律解释和法律推理是司法过程中的必要环节，在国际法中也同样如此。面对有可能相互冲突的国际条约或国际习惯，一般法律原则就是取舍和说理的依据，通过对国际条约或国际习惯进行合乎本意的解释，一般法律原则保障了推理结果与法律目的的一致性，使得国际司法裁判结果与法律明文相契合。

同样以 The Wimbledon 案（1923 年）为例，安奇洛蒂法官和胡伯法官在运用一般法律原则的解释和推理功能时认为，"国际法约束独立国家间的关系。所以，约束国家的法律规则源自它们自身在条约中，或表明了法律原则的、普遍接受的习惯中表明的自由意志，这些规则的确立是为了规制这些独立共存的社会之间的关系，或为了实现它们的共同目标。所以，对这些国家独立的限制不能进行推定"③，即使确实"根据一般国际法，每个国家有放弃独立甚至存在的自由"。④ "一国采取其认为最适于其安全存在紧急情况及维护其领土完整的行动是一项基本权利，一旦对条约的含义有疑问，条约规定不能解释为限制这一基本权利，即使这些规定与这一解释并不冲突。"⑤ "各国拥有的这一权利基于普遍接受的习惯，不能仅仅因为它在有些情况下可能被滥用就失去存在的理由。"⑥

2. 作为纠正法条失误的依据

由于人的理性的有限性，法律不可能完美无缺。在国际社会中，参与国际条约的洽

---

① 王海明：《伦理学方法》，商务印书馆 2003 年版，第 154 页。
② 庞凌：《法律原则的识别和适用》，载《法学》2004 年第 10 期，第 34-44 页。
③ See PCIJ: The Lotus (1927), A. 10. p. 18.
④ See PCIJ: Austro-German Customs Union (1931) Adv. Op., Ind. Op. by Anzilotti, A/B. 41, p. 59.
⑤ See PCIJ: The Wimbledon (1923), D. O. by Anzilotti and Huber, A. 1, p. 37.
⑥ See PCIJ: The Wimbledon (1923), D. O. by Anzilotti and Huber, A. 1, p. 36.

谈、签订的国家，也均是由个人或群体组成的，因此，国际条约也难免会有显明的失误。"尽管法律的规范性标准和一般性概括会防止法律变得过于不确定或不稳定，但是它的安排却要受制于人们根据社会生活的需要和公平与正义的要求所作出的定期性评价。"① 此时，一般法律原则作为法律精髓和国际社会价值观的公认准则，便会在纠正国际条约某些条款失误的同时，来保障个案正义的实现，以此促进国际社会与国际法律的和谐发展。

(三) 一般法律原则在国际法裁判中的适用方法

1. 适用一般法律原则必须依据客观标准

如同在国内法中，法律原则的适用是由法官针对个案依价值判断进行法益衡量而得出的结论，在国际法中，一般法律原则的适用过程也就是引入价值判断的过程。国际法院的法官在进行价值判断时也必须依据客观标准。"须适用存于社会上可以探知认识之客观伦理秩序、价值、规范及公平正义之原则，不能动用个人主观的法律感情。"②

在 Mendel 案中，德国——美国混合求偿委员会（1922 年）中的德国指派委员根据客观标准和基于明示的法律规定，重申了以下内容："当然，个人和政府，仅对其自己的行为或代理人的行为负责，不对第三方的独立行为负责，这是一个一般原则。任何对这一常识性原则的偏离都需要国内法和国际法中有特别规定。"③ 但是，个人责任原则如此至关重要，"承担责任"或"法律责任"如此特殊，以至于要某人对不是自己实施的行为所造成的损失承担赔偿义务，就必须有明确、清晰的规定。Mendel 案充分表明了明确、清晰的客观标准对于适用一般法律原则有多么的重要。

2. 适用一般法律原则必须在实践中具体化并予以充分说理

一般法律原则没有为国际条约的条款所必要的确定性和明确性，它只是一个纲领，需要借助特定的事实，并予以进一步规范化后才能直接适用于具体的案件。在国际司法实践中，国际法院的法官在对一般法律原则进行具体化时，必须予以充分的说理，且正当化的作出其价值判断，这样才能一方面建立起自己最终的权威，另一方面也能令当事各国心服口服。

在此，笔者举 Arakas（Georgios）一案（1927 年），来说明此方法的具体适用。该案中，希腊——保加利亚混合仲裁庭对该适用方法予以了充分说明。谈及作为捕获法庭的保加利亚军事委员会的裁决，仲裁庭说道："确实，各国有组织其捕获法庭的自由，并有规定其程序的自由，但是这些法庭有特殊性；因为尽管取决于国内法和国内政权机构，但由于捕获法庭职责的性质及需要正确适用国际公法，所以，它们具有某些国际方面的性质。

---

① [美] 博登海默：《法理学：法律哲学与法律方法》，邓正来译，中国政法大学出版社 1999 年版，第 242 页。
② 杨仁寿：《法学方法论》，中国政法大学出版社 1999 年版，第 136 页。
③ See Dec. &Op., p. 772, at pp. 780 - 1.

必须遵守司法程序，必须听取双方之词，所有裁决都应当是真正的司法裁决，必须不仅要基于国内法和国家利益，而且也要基于国际公法……""该委员会是可以合法地作为捕获法庭进行审判，但是从1912年12月11日的裁决中，看不出其遵守了司法程序。裁决书并没有表明委员会是否考虑了船舶的中立性，也没有表明其是否审查了《1907年海牙第十一公约》第3条提出的问题，根据该条，'本地贸易中（由于其吨位小，这似乎适用于耶奥约斯号）雇佣的小船免予捕获'。""由于该船是中立船舶，所以在宣布其为战时禁运品时，有必要解决某些基本的先决问题……""在提交给本案仲裁庭的裁决中，保加利亚军事委员会肯定了货物是运给马尔马拉和加利波利的土耳其军队的，但没有表明其所依据的证据或信息……""保加利亚军事委员会的裁决中没有表明可以解释这一裁决或作为裁决法律根据的信息或理由，这些严重的不作为可能证明了裁决违反任何人不得为自己案件之法官这一原则的观点……""尽管保加利亚军事委员会裁决中的这些明显缺陷，仲裁庭一如既往，渴望对既判力原则表示最大程度的尊重，仲裁庭不确认该委员会的裁决或使该委员会的裁决无效，而宁愿适用另一个国际性法律标准，以寻求解决提交给它的问题。"①因而，关于什么构成"司法程序"，仲裁庭承认存在某些客观标准。"司法程序"有独立于适用于司法程序的特殊性法律规则的法律概念的性质。在司法程序中，要听取双方的陈词。作为司法机关进行审判的机构必须有法律上的管辖权。存在任何人不得为自己案件之法官的原则——没有人可以在自己的诉讼中充当法官。法官一定不能疏漏对任何相关事实或法律的审查。裁决必须根据可适用的法律做出，并应当是正确的裁决。至少可以这样说：最可取的是应当标明裁决的事实与法律依据。最后，始终应当最大程度的尊重既判力原则。Arakas案作为审查如何在司法实践中对一般法律原则进行具体化并予以充分说理，确实非常有用。②

四、结语

《国际法院规约》第三十八条明确将"一般法律原则"规定为国际法院裁判的依据之一，③ 无论是先前的常设国际法院，还是之后取代它的联合国国际法院，一般法律原则都是作为国际法的固有组成部分而被予以适用，并且个别法官在他们发表的独立意见中也经常明确的援引一般法律原则。由此可见，一般法律原则业已成为国际法院的判案准则之一，其完全具备了国际法渊源的属性。

考察一些常用的一般法律原则所涵摄的主题，我们可以看出，一般法律原则在国际法律秩序，事实上在任何法律秩序中占据有非常重要的地位。它们构成法律制度的真正基石，对于法律制度的运作是不可或缺的。而这些地位和作用可以分成三种不同的类型来予

---

① See 7 T. A. M., p.89, at pp.43-5（Transl.）.
② 郑斌：《国际法院与法庭适用的一般法律原则》，韩秀丽、蔡从燕译，法律出版社2012年版，第263页。
③ 参见《国际法院规约》第38条。

以解读,即:第一,它们构成法律秩序的指导原则,据此为法律规则的解释与适用确立了方向。第二,如果针对特定事项缺乏既定的规则,一般法律原则可以直接予以适用。在一个像国际法这样的制度中——其中确切的既定规则是不多的,一般法律原则的这一作用具有特别的重要性,对于确定国家间的法律关系贡献甚著。第三,也是最为重要的一点,就是一般法律原则构成了许多法律规则的渊源,而其本身也是国际法的渊源更是毋庸置疑的。①

法律规则的确定总是要受到内部及外部的限制。② 期待在尊重法律的基础上规制它们之间的关系的国家自然会、并且也有必要把一般法律原则作为它们所开展的国际交往的基础。因为这些一般法律原则"深植于文明国家的良知以及共同实践",③ 并且,它们是"文明化的人类在长期的国内经验中认识到的可以带来正义的道路,如果它们有意在国家间确立法律与正义,就必须沿着这条道路"。④ 通过这段话,笔者想最后再次强调的一点就是:一般法律原则具有国际法渊源的一切属性,其无可争议的属于国际法的渊源。

(编辑:吕玉赞)

---

① 郑斌:《国际法院与法庭适用的一般法律原则》,韩秀丽、蔡从燕译,法律出版社2012年版,第408页。
② See Cf. mutatis mutandis, Dicey, op. cit., pp. 76 et seq.
③ See Abu Dhabi Oil Arbitration (1951), 1 I.C.L.Q. (1952), p. 247, at p. 251.
④ See Abu Dhabi Oil Arbitration (1951), 1 I.C.L.Q. (1952), p. 386.

基于霍夫斯坦德文化心理学理论的比较法案例选择

[荷兰] 戴夫·范·托尔[*] 著 陈宁祥[**] 译

摘　要　在比较法研究中，对案例的选择，缺乏一定的理论基础支撑。霍夫斯坦德等人提出的文化心理学维度理论，是20世纪最完善的心理学理论之一，可以为比较法研究的案例选择问题的解决，提供坚实的理论基础；同时，国家间文化心理维度上的差异可以帮助解释法律差异。霍夫斯坦德文化心理学分为六个维度，每个维度都通过大量的调查访问而为各个国家和地区标定了指数，这些指数可以作为比较研究中的独立变量，帮助对不同国家进行快速分类，准确选择案例，洞悉法律与文化之间的关系。

关键词　比较法研究　案例选择　文化心理学维度　方法论

比较法是一个奇怪的动物

Siems 2014，第9页

一、简介：比较研究中案例选择的理论缺陷

范布姆和范格斯特尔（van Boom & van Gestel）所作的实证研究表明，在572名受访的荷兰法律学者中，有61%涉足了比较法律研究（van Boom&van Gestel，2015年，第1344页）。这些数据表明，包括案例选择标准在内的比较研究的方法论，在比较法学中有着重要的地位（如果荷兰的调查在世界范围内具有代表性）。然而，"在进行系统的比较时，比较研究在方法和计划上，仍然缺乏理论支持并带有一定的模糊性"（Hirschl 2014，

---

[*] 戴夫·范·托尔（Dave van Toor），乌得勒支大学法学院刑法学与比较法学系副教授，原文发表于《Law and Method》2017年10月刊。本文已经获得作者中文翻译授权。

[**] 陈宁祥，男，江苏大丰人，华东政法大学2019级宪法学与行政法学博士研究生，研究方向宪法学。

第 3 页)。比较法律方法学中最困难和最有争议的要点之一就是案例的选择(Hirschl 2005,第 125 页;Palmer 2005,第 261-290 页),并且文献中也指出,总体而言,比较法律方法学还缺乏关于案例选择方法论的研究(Hirschl 2014;Siems 2014,第 33 页)。相似性、语种和法律传统(例如,普通法系与大陆法系,拿破仑刑法与德国刑法)常常被作为选择案例的标准,这三个标准都有着充分的运用理由。前两个标准可能类似于"排他性规则",因为在不了解一个国家的语言又不能直接访问该国的情况下,即使是在这个有谷歌翻译软件的时代,也无法对该国的法律制度进行研究。第三个标准是对国家进行分类时,一种广泛而通用的选择标准。

但是,上述三个标准存在一些缺点。前两个(实践)标准与一个国家的法律工作机制毫无关系,因此不能用作解释国家间差异的理论(独立)变量。[①] 第三个标准则过于宽泛,且存在以欧洲为中心的选择偏见。例如,在比较正当防卫的适用标准时,如何在具有普通法传统和大陆法传统的几个国家之间进行案例选择。再比如,"普通嫌疑人"[②] 概念经常会出现在比较研究中,并且往往被过度分析,特别是在北欧、撒哈拉以南非洲、中非以及东南亚地区仍然存在大量未知领域的情况下(Hirschl 2014,第 4 页;Hirschl 2011,第 452 页)。[③] 此外,法律体系对所选国家法律及其要素的运作也有影响(Siems 2014,第 16 页),[④] 因而,法律制度绝非孤立的可以排除因果关系的要素(Hirschl 2005,第 126、131 页)。

因此,重要的是,"即使当一个人的语言知识成为选择或剔除某个国家的主要原因时,研究者也应能够提供充分的理由,使他的选择从学术角度来看是可以接受的"(van Hoecke,2015 年,第 4 页)。根据赫斯科(Hirschl)的观点,有必要在研究设计和案例选择中更加注重推理导向原则,并充分体现因果关系(Hirschl 2014,第 5、228 页;Hirschl 2005,第 154 页)。[⑤] 简而言之,就是呼吁"方法论多元化"以及在比较法研究中使用跨学科研究设计(Hirschl 2014,第 280 页;Young 2016,第 1376 页;Law&Versteeg 2011,第 1248 页)。然而,关于案例选择标准的理论仍然匮乏。

赫斯科的理论选择原则提供了几种可用于比较法的研究设计建议,其中包括使用最相似案例、最迥异案例、关键案例、原型案例、最困难的案例和异常案例(Hirschl 2005,第

---

① 有关结论中的推理规则,参见 Hage 2014,第 2-4 页。
② 译者注:根据《牛津辞典》的解释,"普通嫌疑人"(usual suspects)一词最早出现于 1942 年美国电影《卡萨布兰卡》中雷诺上尉(Captain Louis Renault)的一句台词,后来在西方法学界逐渐演变成为一种固定用语,意为人们总是习惯性的在犯罪发生时被怀疑、拘留或逮捕,作为承担责任的替罪羊,而不是被当作一个合理的肇事者。
③ 但是,这种趋势正在改变。剑桥大学出版社出版的《亚洲比较法杂志》,自 2006 年以来,该期刊已发行 11 卷。也可参见:Kitagawa 2006;Dixon & Ginsburg 2014.
④ A. Huxley:《金轭的回顾:Rebecca Redwood French 的藏传佛教的法律宇宙论》;《中国古代的法律与道德:R. P. Peerenboom 的〈黄老丝绸手稿〉》,载《耶鲁法学杂志》1997 年第 6 期,第 1924-1925 页。
⑤ Also Jackson 2016, p.1360. Partly supporting Meuwese 2006.

132-152页)。但是,这些原则也有一个缺点:仅提供了一个设计,而没有提供随后的一个或多个案例选择的理论方法。想要使用其建议的设计之一的研究者,仍然须要制定案例选择标准。

大样本法(The large – N method)① 可以解决先入为主和偏见的不良影响(Hirschl 2014,第267页)。但是大样本法耗时又费钱,并且由于存在与语种、可及性和可用性有关的困难而并不实用。② 鉴于对一般案例选择和大样本法的批评,比较法研究中的案例选择,尤其是案例选择理论,还有很多内容值得探讨。

我的第一个设想是霍夫斯坦德(Hofstede)及其同事的文化心理学理论(Hofstede 1980;Hofstede 1984;Hofstede 1997;Hofstede & Hofstede 2005;Hofstede et al. 2011;Hofstede et al. 2002)可以为比较研究的案例选择提供坚实的基础。第二个设想是,国家文化心理维度上的差异可以帮助解释法律差异,并且可以洞悉法律与文化之间的关系。霍夫斯坦德的理论在六个不同的主题(维度)上区分国家的文化,例如,一个国家是否将个人绩效高于群体绩效作为个人主义-集体主义指数的一部分。为了检验关于是否以及为什么制定不同的法律,或在不同的文化中是如何定义各种概念的,比较法研究在案例选择时应以文化心理维度为基础(参见实验研究中的自变量)。这些标准可帮助研究者选择文化上相似或不相似的案例,在这些案例中(假设的)法律差异可以得到检验。③ 霍夫斯坦德的标准并非意使其他选择标准变得多余,而是要选择相似(或不相似)的文化进行比较。

在本文中,我将基于文化心理学研究介绍一个跨学科的案例选择标准理论。在第2节中,将讨论跨学科案例选择的必要性,至少是为了研究某个语境中法律的运作,而不是以(i)确定替代可能性,以及(ii)提出对国内法的批判观点来作为比较研究的目标。第3节介绍霍夫斯坦德及其同事的文化心理维度。该部分还将探讨在比较法中使用霍夫斯坦德维度理论进行研究的可能性。第3.3节将对文化心理学案例选择进行更深入的分析,以分析隐私的概念以及全球的隐私法律,来探索是否可以在各种文化中找到隐私保护的通用核心。

二、跨学科案例选择:文化心理学维度的运用

赛姆斯(Siems)提出,比较法具有三个方面:(1)法律领域(例如宪法和刑法);(2)法律制度(例如大陆法系和普通法系);(3)研究方法(尤其是经济和文化)(Siems 2014,第8页)。如果在比较研究中始终使用这三个"基石",则该研究必然是跨学科的。

---

① 译者注:大样本法就是指当研究对象的统计量趋于无穷大时的统计研究方法,用该种方法得到的概率结果收敛于某一常数,即对象总体均值。
② 难怪赫斯科(2016,第1422页)将语言天赋视为成为成功的比较学专家的重要因素。
③ 使用文化案例选择法的比较研究将是霍夫斯泰德理论的宝贵延伸,甚至可能会改变其理论的某些方面,如不同文化中的法律差异问题。

根据赛姆斯的说法，大多数法律人只对法律领域与法律制度之间的联系感兴趣。然而如果使用文化心理学维度研究方法作为案例选择标准的话，在比较法研究上将会起到一石二鸟的作用。

首先，当使用文化心理学维度时，第三个基石是比较研究的一部分，因为案例选择基于国家之间的文化差异。其次，基于文化心理学维度的案例选择方法有利于研究人员厘清因果关系。这些选择标准可以用于挑选在不同的文化心理维度上得分不同的国家，法律学者们可以评估所选国家是否根据选择标准制定了不同的法律。我的假设是，国家文化心理维度的差异可以帮助解释法律差异。赛姆斯已经看到了霍夫斯坦德的文化心理学研究的价值（Siems 2014，第21、309-311页），但这只是解释法律差异的一个因素。然而，由于案例选择是基于不相关或有偏见的标准，因此，这仍然可能导致比较研究在因果关系上存在偏差。为了充分利用霍夫斯坦德的研究成果，比较研究人员应提出有关文化心理维度对法律和法律制度影响的假设，以便可以保证研究的因果合理性。

这样，比较研究将利用国家之间的文化差异来（1）提出有关法律差异的假设，例如，尊重隐私权的程度取决于一个国家在个人主义指数（IDV）上的得分；（2）以文化心理维度为基础选择案例，这些维度在实验研究中作为独立变量，例如，两个国家的IDV得分高，两个得分中等，两个得分低；（3）解释法律差异（参见Siems 2014，第21、309-311页）。例如，假设美国的隐私法促进自主生活决策（隐私即自主）并保护隐私不被无授权的入侵（隐私即保密），而在危地马拉，只有"隐私即保密"受到宪法保护，据此，人们可以说一个国家的个人主义指数是可以成为影响隐私法律概念和隐私保护方面的因素。

霍夫斯坦德文化心理学维度作为案例选择标准的进一步优势在于，霍夫斯坦德的数据可以在线获得，① 这可以在设定了假设并确定了文化心理学维度的选择标准之后，快速、低成本地选择案例，从而客观地证明其合理性。霍夫斯坦德的维度是客观的，是经数十年实证研究所验证过的，是可复制和不断完善的，因此是一套完整独立的选择标准。而且，正如哈格（Hage）所强调的那样，好的假设是推动学术发展的重要动力（Hage 2014，第11页）。

在更深入地描述霍夫斯坦德的维度之前，我将在我的假设中添加两个说明。尽管文化心理维度作为案例选择的变量提供了合理且独立的选择，但这并不是比较方法论的"圣杯"。首先，比较学者应提出研究问题，并根据该问题确定选择标准。其次，如果比较研究的目的是制定替代规则，取代运行不正常的国家制度，则无需使用文化心理维度来阐明因果关系。比较研究的特点，就是可以使人们更深入地了解或以批判性的眼光看待自己的法律。

---

① 当前数据清单中包含102个国家和地区。参见 https://geert-hofstede.com/countries.html，最后访问时间2017年1月26日。

当比较研究的目标是解释不同国家法律或法律体系之间的差异时，使用独立的案例选择标准就显得至关重要。例如，布洛克（Blok）的博士系列研究《让"隐私权"一词的含义不再混乱》（题目为我对系列文章的个人总结）中对荷兰和美国隐私权的比较①（Blok 2002，第2页）。这项研究非常适合使用基于文化心理维度的案例选择法，因为不同的文化具有不同的隐私法，并且隐私概念通常会受到文化偏好的影响。此类研究（研究范围和问题广而多，尚未涉及法律方面的案例选择）将使大多数跨学科设计（尤其是跨学科案例选择标准）受益。接下来，我将简单介绍一下霍夫斯坦德的文化心理维度。霍夫斯坦德（及其同事，其中最著名的是霍夫斯坦德的儿子和Minkov）确立了以下几个文化差异的维度：（1）权力距离（power distance），（2）个人主义与集体主义（individualism versus collectivism），（3）男性气质与女性气质（masculinity versus femininity），（4）不确定性的规避（uncertainty avoidance），（5）长期取向与短期取向（long－term versus short－term orientation），（6）自身放纵与克制（indulgence versus restraint）（Hofstede 1980；Hofstede 1984；Hofstede 1997；Hofstede&Hofstede 2005；Hofstede et al. 2011；Hofstede et al. 2002）。

三、以霍夫斯坦德文化心理学研究为基础的比较法案例选择

从1960年代开始，霍夫斯坦德使用问卷调查②的形式，在大型跨国公司IBM中收集员工价值观的信息。该调查是在IBM位于72个国家和地区的分部进行的，受访者数量达到了惊人的116,000多名。为了确认在IBM获得的早期成果是否能够推广到各类人群，霍夫斯坦德又成功进行了六项后续的跨国研究，并且数据库仍在不断充实。霍夫斯坦德通过对数据库的因素分析，推导出文化在四个维度上存在差异（例如，Hofstede 2001，第351页）。1991年，他增加了第五个维度（长期取向与短期取向）。③后来，明科夫（Minkov）通过对数据进行的新分析④又增加了第六个维度（放纵与约束）（Hofstede等人，2010年）。

霍夫斯坦德使用这些维度来定性一个国家的文化，在每个维度上给每个国家都打出0到100分的分数。尽管后两个维度并未与前四个维度一样获得广泛的认同（Fang 2003，第

---

① 译者注：P. H. Blok 该篇文章名为《荷兰和美国法律中的"隐私权"含义比较研究》（Een onderzoek naar de betekenis van het begrip 'privacy' in het Nederlandse en Amerikaanse recht），2002年发表于Den Haag：Boom Juridische uitgevers。文中对美国和荷兰的隐私权问题进行了比较研究，得出了因为两国文化存在差异，所以在隐私权保护上已存在较大差异的结论。

② 可以从霍夫斯坦德的个人网站下载2008年和2013年的问卷：http://geerthofstede.com/. 该网站还包含调查中所涉及国家的数据。

③ 译者注：1991年，根据香港中文大学迈克尔·邦德（Michael Bond）教授对东西方文化对比的研究成果，霍夫斯泰德增加了能反应儒家化价值观的第五个维度：长期取向。

④ 译者注：迈克尔·明科夫（Micheal Minkov）对世界价值观调查（World Values Survey）数据的分析结果，为霍夫斯泰德增加第六个维度提供了依据。

347-368页),① 该理论还是被公认为上个世纪最健全的心理学理论之一（Kirkman 等人，2006，第285-320页；Wu，2016，第33-42页）。我无意深入讨论该理论及其评价，虽然它受到过一些批评，但是必须承认该理论是可靠的。我的观点是，霍氏维度是比较研究中案例选择的宝贵工具，相较于传统标准具有三重优势：霍氏维度可用于（1）提出关于法律差异的假设；（2）根据文化心理维度选择案例，将这些案例作为研究实验中的独立变量；（3）解释法律差异。第3.1节将对霍夫斯坦德的维度进行简要说明，② 第3.3节将会对前文中提到的关于隐私的概念及隐私法与个人主义得分之间关系的示例进行进一步的探讨。

3.1 霍夫斯坦德的维度

根据 IBM 调查分析得出的第一个维度称为权力距离。这个维度与一个社会中人们接受权力分配的程度有关。高权力距离的社会崇尚严格的权威和等级制，平等主义程度低。表现形式有多种，包括社会地位和声望（例如印度的阶级制度）、财富、教育以及不同群体的权利不平等。这类社会中权力较弱的公民倾向于接受这种不平等的权力分配。而低权力距离的社会强调平等主义和权力共享。在这样的社会中，领导者们的追求是平等第一（primus inter pares）。

第二个维度被标记为避免不确定性。不同社会的人们在应对未来的内在不确定性方面，通常会有所不同。应对不确定性属于各个社会的文化传统。在避免不确定性指数高的文化中，重视秩序、结构和可预测性，并倾向于高度重视规则和法律的权威。此类社会内的公民，往往对冲突的容忍度较低，并且相对于风险而言更重视安定。相反，在避免不确定性指数低的文化中，风险分担、结构缺陷和模棱两可都是常态。

第三个维度被称为个人主义与集体主义。这个维度描述了不同社会对个人或集体的价值取向。例如，人们的生活方式（居住在单身公寓，或是生活在一个大家庭中，又或是居住在集体农庄中）以及人们更愿意作为个人而不是作为团体成员的程度，可以从某种程度上反映出一个社会的个人主义或集体主义倾向。在个人主义指数高的文化中，强调个人的需求，重视个人的成就，人们敢于脱颖而出展示自己的独特性。集体主义文化则相反，集体成功比个人成就影响力更大，支持团体和更大社会目标的意愿比个人追求更为重要。

第四个维度的文化差异性被称为男性气质与女性气质。在各类文化中，有关此维度的关键点，是性别差异应该对性别在社会中的作用产生什么影响。在男性气质较高的国家，自信、表现、追求成功和敢于竞争等价值观（被视为典型的男性价值观）凌驾于诸如生活质量、保持和睦的人际关系、重视服务、照顾弱者和注重团结等价值（被视为典型的女性

---

① 主流的批评有：Ailon 2008，第885-904页；Baskerville 2003，第1-14页；McSweeney 2008，第89-117页。

② 可以在霍夫斯坦德的书和他的网站（可能是最新的）中找到详细的说明。

价值观）之上。

第五个维度是在1990年代添加的，它描述了文化的长期取向和短期取向之间的差异。这个维度解释了各类文化看待时间不同的方式，以及过去、现在和未来的重要性。它描述了不同文化中，人们关注未来而不是现在和过去的程度。长期取向文化中的人们重视可持续性、毅力、储蓄和适应能力。短期取向文化中的人们重视传统、当前的社会等级制度和履行社会义务。

第六个也是最后一个维度是在2010年添加的，它被称为放纵与克制。一个践行放纵的社会，为自由的追求人类基本需求、享受生活和放纵欲望提供了空间。克制型的社会抑制了对需求的满足，并努力通过严格的社会规范来控制它。

3.2 以霍夫斯坦德维度说作为选择标准的一些范例

使用霍夫斯坦德的文化心理维度作为案例选择标准的要点是，它们可以在实验研究中以自变量的方式发挥作用。如前所述，关于法律差异的假设应使用文化心理维度来表述，然后使用相同的维度来选择案例。如果在所选国家或地区发现法律差异，则可以使用文化心理学选择标准来解释出现差异的原因。霍夫斯坦德维度的这种用法是比较法研究向"文化主义"迈出的一步（Di Robilant，2016年，第1326页），且无需事先了解一个国家的文化。霍夫斯坦德各个维度的数据都可以很容易的在互联网上免费获得，并且这些数据涵盖了100多个国家和地区。此外，这些数据经过了数十年来大量研究和反复验证，都是客观可靠的。

例如，根据赛姆斯的观点，英格兰、苏格兰和荷兰从社会学的角度来看可能是相似的，因此研究为什么它们的司法制度和法律如此不同是很有意思的（Siems 2014，第124页）。为了评估法律制度上的差异，可以基于荷兰和英国之间的文化差异（在霍夫斯坦德数据库中的英格兰、苏格兰、威尔士和北爱尔兰结合在一起）进行假设。基于这些差异，可以得出这样的假设：如果一个国家的法律制度更加注重成文法，那么它在不确定性规避指数上的得分应该更高，因为成文法提供了更明确的结构和秩序。第二个假设是具有成文法的文化倾向于具有较高的长期取向，因为成文法倾向于更清晰地规范未来行为。从图1可以看出，两种文化在权力距离、个人主义和放纵上得分大致相等。男性气质的差异最大，避免不确定性和长期取向的差异较小。一方面是为了评估避免不确定性和长期取向之间的联系，另一方面是为了评估大陆法系和普通法系之间的联系，以及两个法系对成文法使用之间的联系，比较研究时应该涵盖更多具有不同体系的文化（或可以比较从1970年代到今天的文化评分，以评估社会避免不确定性的变化是否对成文法的使用和立法数量有任何影响。)①

另一个例子是，利用权力距离维度（这个维度与文化中的各种不平等有关，包括当局与平民之间的关系）来选择国家进行多主题的比较研究。例如，权力距离得分与民主化的过程有关（Wu 2016，第33–42页），因此可用于评估政治制度和投票权的差异。此外，可以假设一种文化的权力距离会影响劳动法和社会福利法的各个方面。又例如可以使用男性气质与女性气质的维度，作为比较国家产假差异的选择标准。文化层面与法律之间的第三个可能联系是前文提到的个人主义指数（IVD）得分与尊重隐私权之间的关系。有人认为，个人主义社会或集体主义社会之间的差异是造成不同社会中对隐私权重视程度不同的原因。（Hofstede 等人，2011，第134、138页）。

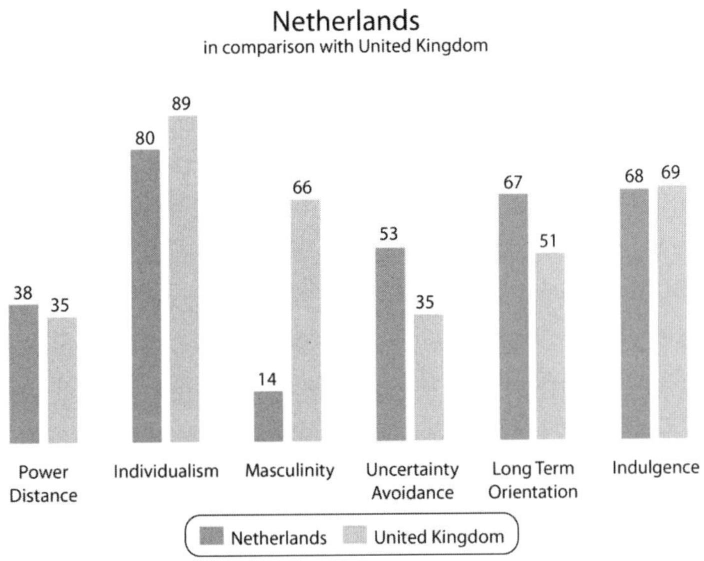

图1 荷兰文化与英国文化在六个维度上的比较

Note：https://geert-hofstede.com/netherlands.html, comparisonmade on 27 April 2017.

---

① 利用经验比较法学的信息，可以定量地检验几个假设。这方面有大量的经验法学和金融文献（有关概述，请参阅 Spamann 2015）。经验政治学也是如此（例如，参见伊斯顿（Easton）在1950年代和1960年代开创性的四部曲）。我使用文化价值观作为选择标准的后续想法之一是寻找文化与宪法之间的关系。因此，我正在建立一个具有文化价值的宪法统计资料数据库，正如霍夫斯坦德、Fearon（2003）、Alesina 等人（2003）、Schwartz（2006）所做的一样，内容包括如 Law&Versteeg（2011）对宪法全面性和意识形态的分析以及比较宪法项目的数据。通过首次对宪法中的权利数（DV）（来源：埃尔金斯、金斯伯和梅尔顿，比较宪法项目数据集）与（a）避免不确定性和（b）合法出身（法国系，普通法系，德国系，斯堪的纳维亚，葡萄牙语系，社会主义和伊斯兰系）进行分析，显示以下结果：

a 两个变量之间存在正相关性［$r=0.307$, $n=100$, $p=0.002$（双向）］：规避不确定性的得分越高，宪法中的人权就越多。

b 在七种条件下［$F(6.76)=3.506$, $p=0.004$］，合法出身对权利数量在 $p<0.05$ 级别上有显着影响，而在斯堪的纳维亚半岛（平均为36.4）、伊斯兰（37.4）和普通法（39.45）系国家的权利数量较少。相比之下，在具有法国体系的国家中，平均权利数量为57.29（当然，这对实际的人权保护没有任何解释）。

在个人主义文化中,"我"比"我们团体"更重要,原因是在 IVD 得分高的国家,隐私权受到了更多关注。盎格鲁-撒克逊国家①、北欧国家和西北欧国家在 IVD 上得分高,而南美国家、中美洲国家、东亚国家、东南亚国家、中东国家和非洲国家在 IVD 上得分低(因此在集体主义上得分高)。由此就不难理解,为什么在对美国(2011 年在 IVD 维度排名第一)和荷兰(2011 年在 IVD 维度排名第四)之间的法律进行对比之后(前文中布洛克也做过该对比),会导向两国在隐私权法方面的立法相似程度极高的结论了。作为范例,美国(IVD 得分为 91②)、荷兰(IVD 得分为 80(见图 1))、日本(IVD 得分为 46③)、俄罗斯(IVD 得分为 39④)和危地马拉(IVD 得分为 6⑤)之间的比较将为评估世界范围内的隐私权法是否具有共同的核心提供基础,而案例选择包括 IDV 得分不同的国家。

3.3 隐私权与文化

如前所述,霍夫斯坦德和法律学者们假设,隐私权的概念以及隐私权法律都根植于文化。在上述文化心理学研究的基础上,霍夫斯坦德及其同事认为,个人主义社会或集体主义社会之间的差异是造成不同社会中对隐私权重视程度不同的原因。(Hofstede 等人,2011,第 134、138 页)。个人主义作为一种文化维度,经常与隐私权相联系或者相比较。然而,大多数比较研究都是在 IDV 得分相对比较高的北美国家和欧洲国家之间进行的,⑥不同的 IDV 案例选择方式可能会推导出不同的结论。因此,有必要从文化的角度审视隐私权的概念,以评估隐私权保护是否普遍现象,隐私权以何种形式存在,或者它是否仅对某些民族、文化和社会群体有意义。

令人惊讶的是,霍夫斯坦德及其同事在提出"隐私权在个人主义社会中得到了更多重视"(Hofstede et al. 2011, pp.134, 138)的假说时,并未对隐私权的概念进行定义。因此浮现的问题是隐私权的概念是什么。个人主义社会的人们是否或多或少重视信息的保密性或生活的私密性?还是可以将惠特曼(Whitman)在"隐私即自由"与"隐私即尊严"(参见 Boustein 1977-1978)之间的区别(Whitman 2003-2004,第 1160、1208 页),用于分析个人主义和集体主义国家的隐私权法?库普斯(Koops)及其同事的八个隐私类别与文化有何关系(Koops 等,2016-2017,第 484 页)?他们的类型包括四种类型的"隐私即自由"(强调隐私为自由的来源)和四种类型的"隐私即尊严"(强调隐私为自由的

---

① 译者注:盎格鲁-撒克逊国家主要为五个国家:欧洲的英国,大洋洲的澳大利亚、新西兰,北美洲的美国和加拿大。
② https://geert-hofstede.com/united-states.html,访问时间 2017 年 4 月 27 日。
③ https://geert-hofstede.com/japan.html,访问时间 2017 年 4 月 27 日。
④ https://geert-hofstede.com/russia.html,访问时间 2017 年 5 月 31 日。
⑤ https://geert-hofstede.com/guatemala.html,访问时间 2017 年 4 月 27 日。
⑥ Whitman 对美国、德国和法国进行了隐私权概念的跨大西洋比较,Blok 对美国和荷兰之间的隐私权概念进行了比较。此外,Koops 等人也在 2016 年-2017 年跨大西洋对一些东欧国家进行了比较。

目的)。另外,尽管霍夫斯坦德关于隐私权的文化依存性的研究缺少对隐私权的定义或分类,但法律研究人员并没有以结构化的方式使用文化维度来提出假设、选择案例以及评估和分析隐私权法。尽管这不是本文的主要问题,但在下文中,我将简要探讨IDV得分不同的国家之间的一些差异,重点是传统集体主义国家日本和俄罗斯。

通常,隐私在集体主义社会中也很重要,但是重点与个人主义社会不同。日本社会看重匿名的个人表达(Adams等,2011;Farrall 2012。)并保护个人信息不被泄露给外人("外部群体"out-group),但是这些信息可以与"内部群体"(we-group)适当共享(Adams等,2009年,第332-334页)。转换为隐私类型的讲法:日本(以及IDV相似的其他东亚国家和地区)重视"隐私即保密"(例如,Gavison 1980,第428页),"隐私即信息管控"(例如Tavani 2007,第1-22页)或"隐私即有限访问"(例如Moor 1997,第3页)。这些类型总结下来无外乎以下两种情况,一个人可以将自己的个人信息处于保密状态,或者可以选择与谁共享其个人信息。

例如,与英国学生相比,大多数日本学生倾向于在互联网上使用昵称。此外,可用于确定互联网用户身份的个人信息(例如就学信息、工作信息、出生日期)很少发布(Adams等,2011)。在日本,有两种截然不同的交流形式,称为真相(honne)和"销售谈话"(tatemae)(Furuoka和Kato,2008;Adams等,2009,第332页)。与"内部群体"(获得认同的群体)一起分享真相,而与"外部群体"(陌生人、外人)则使用"销售谈话"进行交流。"内部群体"和"外部群体"之间的明显区别是日本个人主义得分较低的原因之一。这意味着在集体主义的日本,隐私权具有相当大的意义,因为某些信息仅与"内部群体"共享,并且互联网上的真实身份都被隐藏了。

《日本宪法》[①]还显示了日本更注重集体主义的特性:例如,宪法第1条规定,天皇是人民团结的象征,并且设有专门章节规定人民的责任。日本宪法中不存在"隐私权"一词和"个人生活"的句子,但它承认了隐私权的一些方面。第13条规定"全体人民应作为个人受到尊重"。第22条规定,人民可以在不干扰公共利益的范围内自由选择任何职业:这可能意味着,每个人可以根据自己的个人喜好和性格特点来选择自己的生活方式和工作种类。第35条提供了一项典型的"隐私即自由"类型的隐私权(Whitman 2003-2004,第1212页):人民受到保护,避免遭受无授权的侵入、搜查和扣押。

俄罗斯人对隐私价值的认识从其古典文学可见一斑,陀思妥耶夫斯基(Dostoevsky)的《罪与罚》中有一幕:列别齐亚尼科夫(Lebeziatnikov)和鲁津(Luzhin)对"进步思想"进行探讨时,列别齐亚尼科夫讨论了进步社区成员是否有权在任何时候进入进步社区另一成员的房间或房屋的问题,并得出结论认为确实有权如此。鲁津则指出,某些时候进

---

① 获取官方翻译请参见http://japan.kantei.go.jp/constitution_and_government_of_japan/constitution_e.html,访问时间2017年5月30日。

入他人房间可能会不合时宜。列别齐亚尼科夫回应他道:"我很懊恼我在阐述我们的体系时,过早的提到了个人隐私权问题!这个问题一直是影响像你这样的人进步的绊脚石。"(Dostoevsky 2000,第313页)由此可见,在19世纪下半叶,个人隐私权(在上述特定示例中,以防止不必要的住宅入侵的形式对隐私权进行保护)显然已经是集体主义①俄罗斯的一个众所周知的概念。②

与《日本宪法》相比,《俄罗斯宪法》③以更明确的方式承认和尊重隐私的权利:第23条第1款规定:"每个人都有私生活、个人和家庭秘密不受侵犯、维护其荣誉和良好声誉的权利。"《俄罗斯宪法》还承认住房(第25条)和通信(第24条)的不可侵犯性,但根据联邦法律定案或法院判决确定的案件除外。当然,目前尚不清楚俄罗斯各州政府和州官员在实践中的做法以及现行法律的运作效果,从欧洲人权法院(ECtHR)提交的和俄罗斯有关的依据《欧洲人权公约》第八条④投诉的数量来看,没有得到正面的佐证。但很明显,俄罗斯宪法承认隐私权的各个方面(至少以国际舞台上的"橱窗装扮"形式)。秘密不可侵犯性的增加以及荣誉和名誉的保护,可以解释为对"隐私即保密"、"隐私即信息管控"或"隐私即有限访问"的重视。相比之下,欧洲人权法院倾向于强调"隐私即自由",即基于"个人身份"⑤ 和"个人发展"⑥ 等概念来决定自己生活(品质)的自由。

此外,威斯汀(Westin)还根据许多原始文化的例子提出论证,认为它们也重视隐私权(Westin,1988年,第61-70页)。他分析了隐私权的各个方面,包括社会凝聚力、亲密性和排他性,这些因素在玻利维亚东部、巴厘岛和爪哇以及北非的图阿雷格部落等地区

---

① 在IDV指数中,俄罗斯在76个国家中排名第39(Hofstede等,2011年,第105页)。
② 查普曼认为,"即使在史前时代,也可以看到俄罗斯集体主义的起源"(Chapman 1998,第12-14页)。
③ 获取官方翻译请参见http://www.constitution.ru/en/10003000-03.htm,最后访问时间为2017年5月30日。
④ 译者注:《欧洲人权公约》第八条内容为隐私权和家庭生活:1. 人人有权享有使自己的私人和家庭生活、家庭和通信得到尊重的权利。2. 公共机构不得干预上述权利的行使,但是,依照法律规定的干预以及基于在民主社会中为了国家安全、公共安全或者国家的经济福利的利益考虑,为了防止混乱或者犯罪,为了保护健康或者道德,为了保护他人的权利与自由而有必要进行干预的,不受此限(ARTICLE 8 Right to respect for private and family life: 1. Everyone has the right to respect for his private and family life, his home and his correspondence. 2. There shall be no interference by a public authority with the exercise of this right except such as is in accordance with the law and is necessary in a democratic society in the interests of national security, public safety or the economic well-being of the country, for the prevention of disorder or crime, for the protection of health or morals, or for the protection of the rights and freedoms of others)。
⑤ 案例可参考ECtHR(GC)11 July2002,Appl. No. 28957/95,para. 90(Christine Goodwin v. The United Kingdom);ECtHR(GC)15 March 2012,Appl. Nos. 4149/04 & 41029/04,para. 58(Aksu v. Turkey)。
⑥ 案例可参考ECtHR 6 February 2001,Appl. No. 44599/98,para. 47(Bensaid v. The United Kingdom);ECtHR 12 June 2003,Appl. No. 35968/97,para. 69(Van Kuck v. Germany);ECtHR 12 January 2010,Appl. No. 4158/05,para. 61(Gillan & Quinton v. The United Kingdom),ECtHR 17 July 2012,Appl. No. 2913/06,para. 78(Munjaz v. The United Kingdom)。

发挥着作用。但是，危地马拉①宪法②也没有使用"隐私"一词或是"个人生活"这一语句，而是在第 2 条指出，国家有义务保障"生命、自由、正义、安全、和平以及个人的整体发展"。

因此，像霍夫斯坦德所论证的那样，在集体主义社会中隐私的重要性降低，只是因为它们更加重视牢固和紧密的（家庭）联系，而对"自我"的重视却不那么重要的结论是短视的。前文已经提到的布洛克的假设（他预计，由于两国之间的文化差异，荷兰和美国法律中的隐私权内容之间将存在重大差异）也被证明是短视的。霍夫斯坦德没有对隐私权概念进行明确定义，而布洛克则忽略了荷兰和美国之间的文化相似性。为了确定隐私权的文化依赖性，需要对隐私权的概念进行更精确的分析。此外，基于文化差异（尤其是 IDV）的更科学可靠的案例选择，一定可以推动普适性隐私概念的理论化。

四、结论

完善的方法论是研究的基石，对方法论的详细解释可以帮助他人理解为什么要以特定方式进行研究，并为理解项目重要性奠定基础。尽管比较法律研究的方法被广泛使用，但比较法在方法论方面仍未得到理论化，对于案例选择标准的选择尤其如此。霍夫斯坦德的文化维度可以作为案例选择的主要资源。如前文所述，这些维度经过了数十年来大量研究和反复验证，都是客观可靠的，霍夫斯坦德的理论也是上世纪最完善的心理学理论之一。根据文化的不同方面对国家进行快速分类，霍夫斯坦德准则的应用可以确定文化的各个方面对特地领域法律的特定方面会产生多少影响。同样，霍夫斯坦德的理论也可以帮助发现和解释哪些（某些方面）法律是文化的表达。这样，比较研究将利用国家之间的文化差异来（1）提出有关法律差异的假设；（2）根据文化心理学维度选择案例，并将这些维度作为自变量；（3）解释法律差异。

（编辑：蒋太珂）

---

① 危地马拉在 IDV 上得分最低，仅为 6。
② 获取翻译请参见 http://www.right2info.org/resources/publications/laws-1/guatemala_constitution_eng，最后访问时间为 2017 年 5 月 30 日。

附:《法律方法》稿约

《法律方法》是由华东政法大学法律方法论学科暨法律方法研究院编辑出版,陈金钊、谢晖教授共同主编的定期连续出版物。本刊自2002年创办以来已出版多卷,2007年入选CSSCI来源集刊,并继续入选近年来CSSCI来源集刊。从2019年起,本刊每年拟出版3至4卷。作为我国法律方法论研究的一方重要阵地,本刊诚挚欢迎海内外理论与实务界人士惠赐稿件。

稿件请以法律方法研究为主题(含译文),包括部门法学领域有关法律方法的研究论文。稿件正文应在1万字以上。本刊审稿实行明确的三审制度,对来稿以学术价值与质量为采稿标准,并由编辑委员会集体讨论提出相应的最终用稿意见。本刊已实行独立作者署名的制度。本刊将不断推进实施用稿与编辑质量提升计划。

一、栏目设置

本刊近几卷逐渐形成一些相对固定的栏目,如域外法律方法、法律方法理论、司法方法论、部门法方法论等。当然,也会根据当期稿件情况,相应设置一定的主题研讨栏目。

二、版权问题

为适应我国信息化建设,扩大本刊及作者知识信息交流渠道,本刊已被《中国学术期刊网络出版总库》及CNKI系列数据库收录,其作者文章著作权使用费与本刊稿酬一次性给付。如作者不同意文章被收录,请在来稿时声明,本刊将做适当处理。

三、来稿要求

1. 本刊属于专业研究集刊,只刊登有关法律方法论研究方面的稿件,故请将这方面的作品投稿本刊。

2. 稿件须是未曾在任何别的专著、文集、网络上出版、发表或挂出,否则本刊无法采用。

3. 来稿如是译文,需要提供外文原文和已获得版权的证明(书面或电子版均可)。

4. 来稿请将电子版发到本刊收稿邮箱falvfangfa@163.com即可,不需邮寄纸质稿件。发电子邮件投稿时,请在主题栏注明作者姓名与论文篇名;请用WORD文档投稿,附件WORD文件名也应包括作者姓名和论文篇名。请把作者联系方式(地址、邮编、电话、电子信箱等)注明在文档首页上,以便于联系。

5. 本刊一般在每年的6月和12月前集中审稿,请在此之前投稿。本刊不收任何形式的版面费,稿件一经采用即通知作者,出版后邮寄样刊。

6. 来稿需要有中文摘要（300字左右）、关键词（3-8个）。欢迎在稿件中注明基金项目。作者简介包括：姓名，性别，籍贯，工作（学习）单位与职称、学历和研究方向等。

7. 为方便作者，稿件请采用页下注释，注释符用"1、2、3…"即可，每页重新记序数。非直接引用原文时，注释前需要加"参见"，引用非原始资料时，需要注明"转引自"。每个注释即便是与前面一样，也要标注完整，不可出现"同前注…"、"同上"。正文中注释符的位置，应统一放在引用语句标点之后。

四、注释引用范例

1. 期刊论文

陈金钊：《法治之理的意义诠释》，载《法学》2015年第8期，第20页。

匡爱民、严杨：《论我国案例指导制度的构建》，载《中央民族大学学报（哲学社会科学版）》2009年第6期，第65页。

2. 文集论文

参见焦宝乾：《也论法律人思维的独特性》，载陈金钊、谢晖主编：《法律方法》（第22卷），中国法制出版社2017年版，第119~120页。

3. 专著

参见王泽鉴：《民法思维：请求权基础理论体系》，北京大学出版社2009年版，第165~166页。

4. 译著

[德] 卡尔·拉伦茨：《法学方法论》，陈爱娥译，商务印书馆2005年版，第160页。

5. 教材

张文显主编：《法理学》（第4版），高等教育出版社2011年版，第274页。

6. 报纸文章

葛洪义：《法律论证的"度"：一个制度问题》，载《人民法院报》2005年7月4日，第5版。

7. 学位论文

参见孙光宁：《可接受性：法律方法的一个分析视角》，山东大学2010年博士论文，第182页。

8. 网络文章

赵磊：《商事指导性案例的规范意义》，载中国法学网 http://www.iolaw.org.cn/showArticle.aspx?id=5535，最后访问日期：2018年6月21日。

9. 外文文献

See Joseph Raz, "Legal Principles and The Limits of Law", *Yale Law Journal*, vol. 81, 1972, p. 839.

See Aleksander Peczenik, *On Law and Reason*, Dordrecht/Boston/London: Kluwer Academic Publishers, 1989, p. 114 – 116.

Tom Ginsburg, "East Asian Constitutionalism in Comparative Perspective", in Albert H. Y. Chen, ed., *Constitutionalism in Asia in the Early Twenty – First Century*, Cambridge: Cambridge University Press, 2014, p. 39.

引用英文以外的外文文献请依照其习惯。

《法律方法》编辑部
2021 年 10 月于上海